南开大学马克思主义研究文库（第二辑）

阎 孟 伟 文 集

（上卷）

阎孟伟　著

南开大学出版社

天　津

图书在版编目(CIP)数据

阎孟伟文集. 上卷 / 阎孟伟著. —天津：南开大学出版社，2022.1
(南开大学马克思主义研究文库. 第二辑)
ISBN 978-7-310-06210-2

Ⅰ.①阎… Ⅱ.①阎… Ⅲ.①马克思主义哲学—文集 Ⅳ.①B0—0

中国版本图书馆 CIP 数据核字(2021)第 249154 号

阎孟伟文集(上卷)
YANMENGWEI WENJI (SHANGJUAN)

南开大学出版社出版发行
出版人：陈　敬
地址：天津市南开区卫津路 94 号　　邮政编码：300071
营销部电话：(022)23508339　营销部传真：(022)23508542
https://nkup.nankai.edu.cn

天津创先河普业印刷有限公司印刷　全国各地新华书店经销
2022 年 1 月第 1 版　　2022 年 1 月第 1 次印刷
240×170 毫米　16 开本　33 印张　4 插页　558 千字
定价：165.00 元

如遇图书印装质量问题，请与本社营销部联系调换，电话：(022)23508339

出版说明

今年是中国共产党成立一百周年，我国开启全面建设社会主义现代化国家新征程。在新的历史起点，为进一步加强和巩固马克思主义在哲学社会科学中的指导地位，推动加快构建中国特色哲学社会科学的理论体系和话语体系，我们在 2019 年出版了"南开大学马克思主义研究文库"第一辑后，又适时推出了该文库第二辑，旨在集中展示南开大学哲学社会科学领域的有关专家学者，长期以来在马克思主义理论应用、发展和创新方面所做的贡献。文库以专著、文选等多种形式，彰显马克思主义理论的强大活力和生命力。

此次出版的"南开大学马克思主义研究文库"第二辑，与第一辑一样，也是 10 种，分别为：《柳欣文集》（柳欣）、《杨谦文集》（杨谦）、《李淑梅文集》（李淑梅）、《阎孟伟文集》（阎孟伟）、《何自力文集》（何自力）、《刘骏民文集》（刘骏民）、《杨永志文集》（杨永志）、《辩证逻辑——认识史的总结》（封毓昌）、《社会资本——产业资本社会化发展研究》（张彤玉）、《马克思主义经典与新时代劳动关系研究》（杨晓玲）。需要说明的是，这些著述或收录于书中的一些文章，有不少之前在别的出版社出版或在报刊上发表过。由于时代和认识的局限，书中有些观点今天看来难免有所偏颇或值得商榷；语言文字、标点符号、计量单位、体例格式等方面，也有不符合现行规范之处。我们在编辑出版过程中，根据国家有关新闻出版的管理规定，对一些明显的错误做了更正，对个别不合时宜的内容做了适当删改，其他则遵从原著，未予改动。恳请广大读者在阅读这些著述时，能有所鉴别。

南开大学马克思主义学院

南开大学出版社

2021 年 12 月

目　录

马克思主义哲学基础理论研究

马克思主义政治哲学和道德哲学研究

马克思主义哲学基础理论研究

"感性世界" 的实践论诠释及哲学范式的变革

　　马克思在哲学上所实现的革命性变革比较集中地体现在《关于费尔巴哈的提纲》的第 11 条，即马克思写下的那段至今对于整个哲学不无震撼力的名言："哲学家们只是用不同的方式解释世界，而问题在于改变世界。"[①]在以往，这句话通常被人们理解为是对哲学功能的述说，但在本文看来，这句话在深层上蕴涵着哲学本体论意义上的革命，因而应当被理解为是马克思主义哲学的本体论命题，至少可以说是具有本体论意义的命题，它暗示着哲学范式的重大变革，即从"解释世界"的范式向"改变世界"的范式的转变。《关于费尔巴哈的提纲》可以说是马克思所要创立的现代唯物主义的理论纲要，其中的主要论点又在马克思与恩格斯合著的《德意志意识形态》一书中得到了比较充分的展开。而"哲学家们只是用不同的方式解释世界，而问题在于改变世界"这句名言的本体论含义则是通过马克思和恩格斯于该书中对"感性世界"的实践论诠释得以显现的。

　　哲学史上，最先对"感性世界"（Sinnenwelt）作出哲学阐释的哲学家是康德。在《未来形而上学导论》一书中，康德反复使用这个概念来陈述由人类的表象、经验所构成的世界与自在之物的区别，并由此确认人类理性的界限。因此，这个概念在康德哲学中实际上起到了对传统形而上学进行本体论批判的重要作用。尽管马克思和恩格斯关于"感性世界"的论述直接针对的不是康德的"批判理性"，而是费尔巴哈的"直观的唯物主义"，但我们依然可以通过比较马克思和康德关于"感性世界"理论的异同，以从中窥见马克思主义哲学的本体论精神。

---

① 马克思恩格斯选集：第 1 卷[M]．北京：人民出版社，1995：57．

一、康德"感性世界"理论的主要论点

在康德的哲学中，"感性世界"是与"自在之物"相对应的概念。首先，他认为，"感性世界无非是现象的总和"①。当然，康德所说的"现象"，是指自在之物作用于我们的感官，在我们心灵中引起的知觉或表象，而非自在之物自身的东西。感性世界就是由这些知觉或表象构成，因此感性世界的存在和连结"只发生在表象即经验里，因为感性世界不是自在的东西，而仅仅是一种表象样式"②。在这个意义上，"感性世界"相当于康德所说的"现象界"或"自然界"。其次，我们关于感性世界或"自然界"的一切经验或知识，就其所具有的普遍性、必然性的形式而言，也不是来自自在之物，而是来自我们的纯粹理智。我们是运用我们的纯粹理智概念，如因果性概念，把各个知觉或表象结合到一般的意识中，使之成为我们的经验或知识。因此，感性世界或自然界的普遍法则就是现象或表象在我们的一般意识中相互连结的原则，即理智法则。"感性世界不过是按照普遍法则把现象连结起来的一种连锁，因此它本身并没有自在性，它并不是自在之物本身。"③

康德确认感性世界没有自在性，它以自在之物为基础，但是对于这个基础我们却一无所知。正是由于这个观点，康德被称为欧洲近代哲学中"不可知论"的主要代表。然而需要指出的是，康德虽然否认了"自在世界"的可知性，但却没有否认"感性世界"的可知性。在他看来，这个"感性世界"固然不是自在之物，但却是自在之物表现给我们的样子。因此，"感性世界（即做成现象的总合的基础的一切）之与未知者之间的关系就好象一只钟表、一艘船、一团军队与钟表匠人、造船工程师、团长之间的关系一样。对于这个未知者，我固然并不认识它的'自在'的样子，然而我却认识它的'为我'的样子，也就是说，我认识它涉及世界的样子，而我是世界的一部分"④。这就是说，我们生存于感性世界之中，这个感性世界虽然以自在之物为其根源，但它的构成以及它的法则却来自人类主体的感性的和理智的形式，因而

---

① 康德. 未来形而上学导论[M]. 庞景仁译. 北京：商务印书馆，1978：126.
② 康德. 未来形而上学导论[M]. 庞景仁译. 北京：商务印书馆，1978：126.
③ 康德. 未来形而上学导论[M]. 庞景仁译. 北京：商务印书馆，1978：143.
④ 康德. 未来形而上学导论[M]. 庞景仁译. 北京：商务印书馆，1978：148.

它是一个"为我"的世界，我们不仅能够把握这个世界，而且我们对这个世界的把握，即关于这个世界的知识也不终止于某一点上，"数学上知识的扩大和不断新发明的可能性，它们的前途都是无止境的；同样通过连续的经验和经验通过理性的统一，我们对自然界的新性质、新力量和法则将不断得到发现，这种前途也是无止境的"①。只不过，人类知识的任何扩展都不能超出感性世界的范围，因为人类的一切感性的和理智的形式都必然是以感性世界中的现象为经验的内容。

显然，康德在这里所要论证的并不是人类理性的"无能"，而是要论证人类理性的使用界线。他认为，对于我们的理性来说，重要的不是自在之物本身是怎样的，而是自在之物与我们的感性世界的关系是怎样的。通过把握这个界线或关系，我们可以意识到，我们的一切经验和知识都是关于感性世界的经验和知识，而不是关于自在之物本身的知识。同时，在感性世界中，一切经验和知识都是有条件的，永远必须以事物之依存于其他事物为前提，并不具有无条件的必然性和统一性，因此人类理性的使用又不能局限在感性世界以内，而是要将其"在有关全部可能经验上推向最高程度"，也就是推到感性世界与自在之物的关系中去思考，以便为我们一切可能的经验和知识确立最终的根据。在康德看来，做到这一点的唯一可能的办法，"就是设定一个至上理性，把它当做世界里一切连结的原因"，也就是，"我们把理性当做属性搬过来，不是加给自在的原始存在体本身上，而仅仅是加给原始存在体对感性世界的关系上"②。这样，康德就在认识论的意义上给了上帝一个位置。但他明确指出，我们这样做的目的不是用理性这一属性去思维上帝，而是用它去思维世界，"不是为了规定任何有关纯粹理智存在体，也就是说，有关感性世界之外的东西，而是为了按照尽可能广泛的（理论的实践的）统一性原则指导感性世界以内的理性使用"③。很明显，依照康德的理论，理性不可能告诉我们自在之物的自在情况，但正因为如此，我们可以依据自在之物与感性世界的关系，把自在之物设定为"至上理性"或"纯粹理智存在体"，使之为理性在感性世界中的使用提供统一性的原则。这也就是说，感性世界中一切经验或知识的统一性虽然与自在之物有关，因为一切经验的根据不在经验本身，但也不是来自自在之物，而是来自我们理性的设定。

---

① 康德. 未来形而上学导论[M]. 庞景仁译. 北京：商务印书馆，1978：141-142.
② 康德. 未来形而上学导论[M]. 庞景仁译. 北京：商务印书馆，1978：150.
③ 康德. 未来形而上学导论[M]. 庞景仁译. 北京：商务印书馆，1978：154.

康德进而认为，设定"至上理性"的目的不只是从经验中把我们的概念解放出来，使我们看到一个感性绝对达不到的、仅仅作为理智的对象的境界，更重要的是为了"实践的原则"，因为，"如果面前没有象这样的一个境界来满足其必要的期待和希望，就不能达到理性为了道德的目的所绝对需要的普遍性"①。依照康德在《实践理性批判》中所陈述的观点，道德的普遍性就在于它是一种无条件的绝对命令。这种普遍性显然不可能来自感性世界，因为感性世界中的一切连结都是有条件的，而只能来自我们理性的设定，因为这种理性的设定不是现象，而是一切现象的根据。因此，"在纯粹理性源泉里，理性在形而上学方面的思辨的使用必然同理性在道德方面的实践的使用是统一的"②，也就是说，道德的普遍性不是以现象为根据，而是以我们的纯粹理性为根据。这样，理性在道德方面的实践的使用，就不是出于一种"自然的因果性"，而是出于"理性的因果性"。在感性世界里，原因和结果之间的一切连结却都取决于自然界的必然性，永远只能从被制约的对象向另一个被制约的对象前进，而理性的因果性则是"自由的原因"，它本身不是现象，而是感性世界中一切现象的根据，"只有对于并不是现象（虽然是现象的根据）的那种原因可以加之以自由"③。因而，"理性的因果性，对感性世界里的结果来说，必须是自由，……因为，理性的行动在这种情况下不会根据主观的条件，也就是说，不会根据任何时间条件，也不会根据用以规定这些条件的自然法则，因为理性的根据是普遍地、按照原则地给行动以规则，不受时间或地点情况的影响"④。我们的道德实践正是出于理性的因果性，因而是以自由为根据或前提的。

二、马克思和恩格斯对"直观唯物主义"的批判
和对"感性世界"的实践论诠释

马克思和恩格斯的感性世界理论直接起之于对费尔巴哈直观唯物主义的批判。费尔巴哈是当时德国哲学中第一位对黑格尔的思辨哲学提出理论挑战

---

① 康德. 未来形而上学导论[M]. 庞景仁译. 北京：商务印书馆，1978：156.
② 康德. 未来形而上学导论[M]. 庞景仁译. 北京：商务印书馆，1978：157.
③ 康德. 未来形而上学导论[M]. 庞景仁译. 北京：商务印书馆，1978：129-130.
④ 康德. 未来形而上学导论[M]. 庞景仁译. 北京：商务印书馆，1978：130.

的唯物主义哲学家，他对马克思完成与黑格尔哲学的决裂，起到了直接的推进作用。在费尔巴哈看来，黑格尔思辨哲学的要害在于割裂了思维与存在的真正统一，颠倒了思维和存在的关系，确认"思维就是存在，思维是主体，存在是宾词"。而思维和存在的真正关系是，"存在是主体，思维是宾词。思维是从存在而来的，然而存在并不来自思维"①。但是，费尔巴哈对存在的理解基本上是秉承近代欧洲经验论的传统，视存在为通过感觉感受到的"感性的实体"，他说："具有现实性的现实事物或作为现实的东西的现实事物，乃是感性事物。真理性，现实性，感性的意义是相同的。只有一个感性的实体，才是一个真正的，现实的实体。只有通过感觉，一个对象才能在真实的意义之下存在——并不是通过思维本身。"② 这样，费尔巴哈的观点尽管表现出推动德国哲学向唯物主义回归的努力，但是他对黑格尔哲学的无情批判，却没有在基本理论方面给唯物主义哲学带来实质性的进步。

我们知道，黑格尔在《精神现象学》一书中，已经扬弃了近代唯物主义的直观性，亦即不是把人当作自然发生的感性实体，而是把人的"活动"或"劳动"作为人的自我发生的"中介"。马克思给黑格尔的这个见解以高度评价，他说："黑格尔《现象学》及其最后成果——作为推动原则和创造原则的否定性的辩证法——的伟大之处首先在于，黑格尔把人的自我产生看作一个过程，把对象化看作失去对象，看作外化和这种外化的扬弃；因而，他抓住了劳动的本质，把对象性的人、现实的因而是真正的人理解为他自己的劳动的结果。"③费尔巴哈完全无视黑格尔的这个最基本的反思性见解，他只是把人理解为一个来自自然界的感性实体，它的存在以自然为根据，思维则是人的本质的一个必然的结果和属性。这使得他不能从人的活动或劳动出发去把握人与周围世界的对象性关系，而只能诉诸人的感性直观，并在感性直观的基础上确认人的主体性，如他所说："只有感觉，只有直观，才给我以一种作为主体的东西。"④为此，马克思批评说："费尔巴哈不满意抽象的思维而诉诸于感性的直观；但是他把感性不是看作实践的、人类感性的活动。"⑤正是由于这一点，费尔巴哈虽然力图"恢复唯物主义的权威"，但在理论的深层上

---

① 费尔巴哈哲学著作选集：上卷[M]. 北京：商务印书馆，1984：114-115.
② 费尔巴哈哲学著作选集：上卷[M]. 北京：商务印书馆，1984：166.
③ 马克思恩格斯全集：第42卷[M]. 北京：人民出版社，1972：163.
④ 费尔巴哈哲学著作选集：上卷[M]. 北京：商务印书馆，1984：156.
⑤ 马克思恩格斯选集：第1卷[M]. 北京：人民出版社，1974：17.

却表现为从黑格尔的倒退，这也正是马克思受费尔巴哈启发，但又很快超越费尔巴哈的关键之处。

马克思把包括费尔巴哈在内的近代唯物主义称之为"直观的唯物主义"，并指出了他们的共同缺陷："对事物、现实、感性，只是从客体的或者直观的形式去理解，而不是把它们当作人的感性活动，当作实践去理解，不是从主观方面去理解。"①这里的问题是，为什么马克思认为"直观的唯物主义"不能把事物、现实、感性当作人们的感性活动、当作实践去理解？或者说，马克思所言称的这种直观的唯物主义的"直观性"到底是指什么？本文认为，这个问题的答案只能来自马克思对"感性世界"这个概念的理解。

在《德意志意识形态》一书中，马克思展开了这个论题。他指出："费尔巴哈对感性世界的'理解'一方面仅仅局限于对这一世界的单纯的直观，另一方面仅仅局限于单纯的感觉……在前一种情况下，在对感性世界的直观中，他不可避免地碰到与他的意识和感觉相矛盾的东西，这些东西破坏着他所假定的感性世界一切部分的和谐，特别是人与自然界的和谐。为了消灭这个障碍，他不得不求助于某种二重性的直观，这种直观介于仅仅看到'眼前'的东西的普通直观和看出事物的'真正本质'的高级的哲学直观之间。他没有看到，他周围的感性世界决不是某种开天辟地以来就已经存在的、始终如一的东西，而是工业和社会状况的产物，是历史的产物，是世世代代活动的结果，其中每一代都在前一代所达到的基础上继续发展前一代的工业和交往方式，并随着需要的改变而改变它的社会制度。"②很明显，马克思认为直观的唯物主义的直观性，就在于它把"感性世界"混同于"自在世界"，认为我们生活于其中的"感性世界"是以其自身为根据的自在的实体。关于这一点，费尔巴哈本人说得也很清楚："存在是从自身、通过自身而来的——存在只能为存在所产生。存在的根据在它自身中，因为只有存在才是感性、理性、必然性、真理，简言之，存在是一切的一切。"③对于感性世界的这种理解，使以费尔巴哈为代表的旧唯物主义不能看到感性世界通过人的活动而对人的生成，不能看到人与感性世界之间的反思的对象性关系，即通过对象化的活动而在对象化的世界中确证自身的主体性，而只是把感性世界理解为一种自在的、直观的对象。

---

① 马克思恩格斯选集：第 1 卷[M]. 北京：人民出版社，1974：16.

② 马克思恩格斯选集：第 1 卷[M]. 北京：人民出版社，1974：48.

③ 费尔巴哈哲学著作选集：上卷[M]. 北京：商务印书馆，1984：115.

从马克思的上述观念可以看出，马克思与康德一样，没有把"感性世界"理解为"自在的世界"。但是，马克思对感性世界的理解既超越了费尔巴哈，也超越了康德。在康德那里，作为感性世界基础的不过是自在之物在人们的心灵中引起的知觉或表象，而在马克思那里，作为感性世界基础的是人的感性活动。这个感性世界不仅仅是以知觉和表象为基础而形成的可能经验的世界或现象界，而是由人的感性活动及其创造物所构成的生活世界。"打个比方说，费尔巴哈在曼彻斯特只看见一些工厂和机器，而在一百年以前在那里却只能看见脚踏纺车和织布机；或者他在罗马的康帕尼亚只发现一些牧场和沼泽，而在奥古斯都时代在那里却只能发现到处都是罗马资本家的茂密的葡萄园和讲究的别墅。"①因此，这个感性世界只能被理解为"工业和社会状况的产物""历史活动的结果""世世代代活动的结果"，它的存在根据不在"自在世界"中，而在人们的感性活动之中，"这种活动、这种连续不断的感性劳动和创造、这种生产，是整个现存感性世界的非常深刻基础"②。

只有把感性世界的基础理解为人的感性活动，康德所谓"自在世界"的"为我"的样子才能真正得到合理的解释。因为，感性世界作为一个"为我"的世界，不只是因为它是那个未知者在我的心灵中引起的我的知觉和表象，而是"我"的活动，即人类的实践活动实际地创造出了一个体现"我"的本质、意志、理想，从而也体现"我"的历史的世界。在这个感性世界中，一切"在者"或者是在人的感性活动中为人的感性活动所观察、所诠释、所规定的在者，或者本身就是人的感性活动的创造物，也就是说使这些"在者"在起来的那个"在"本身，不是别的，而是人的感性活动本身。因此我们必须把事物、现实、感性当作人的感性活动，当作实践去理解，从主体的方面去理解。这也正是马克思在《关于费尔巴哈的提纲》中所说的"哲学家们只是用不同的方式解释世界，而问题在于改变世界"这个命题所具有的本体论意义。

三、从解释世界到改变世界

把人的感性活动理解为现存"感性世界"的深刻基础，使马克思和恩格斯找到了扬弃以往一切旧哲学并创立新的唯物主义哲学的立足点。他说："过

---

① 马克思恩格斯选集：第 1 卷[M]．北京：人民出版社，1974：49.

② 马克思恩格斯选集：第 1 卷[M]．北京：人民出版社，1974：50.

去的一切历史观不是完全忽视了历史的这一现实基础，就是把它仅仅看成与历史过程没有任何联系的附带因素。……这样就把人对自然界的关系从历史中排除出去了，因而造成了自然和历史之间的对立。"①黑格尔为代表的唯心主义哲学，固然看到了这个世界的能动性，但它归根到底是把这个世界的能动性归结为自在世界的精神本质，或者说把能动性理解为世界自身的自在自为性，而人的活动或劳动不过是自在自为的精神的一个环节。因而它只是抽象地发展了能动性的方面，"因为唯心主义当然是不知道真正现实的、感性的活动本身的"②。以费尔巴哈为代表的唯物主义虽然想要研究跟思想客体确实不同的感性客体，但是它也没有把人的活动本身理解为客观的活动。因而，费尔巴哈虽然"也承认人是'感性的对象'。但是，毋庸讳言，他把人只看做是'感性的对象'，而不是'感性的活动'，因为他在这里也仍然停留在理论的领域内，而没有从人们现有的社会联系，从那些使人们成为现在这种样子的周围生活条件来观察人们；……他没有批判现在的生活关系，因而他从来没有把感性世界理解为构成这一世界的人共同的、活生生的、感性的活动，因此，比方说，当他看到的是大批患瘰疬病的、积劳成疾的和患肺痨的贫民而不是健康人的时候，便不得不诉诸'最高的直观'和理想的'类的平等化'，这就是说，正是共产主义的唯物主义看到改造工业和社会制度的必要性和条件的地方，他却重新陷入唯心主义"③。因此，只有把人的感性活动理解为感性世界的基础，才能真正建立起能够把自然观和历史观统一起来的彻底的唯物主义，因为以人的感性活动为基础感性世界是自然和历史统一的基础和现实。

马克思强调指出，只有把人的感性活动理解为感性世界的深刻基础，才能真正地"按照事物的本来面目及其产生情况来理解事物"，从而使任何深奥的哲学问题都可以被"简单地归结为某种经验的事实"。而所谓"解释世界"的哲学最基本的特征就是把我们生存于其中的世界理解为与人类的感性活动无关的"自在世界"，而有关这个世界的解释，无论是将其本质或者说"实体"述说为"物质""自然"，还是述说为"理念""精神"，都是在指称这个自在世界本身，这在理论上就必然把"改变世界"，或者把人类活动排除在"解释世界"之外。这可以说是马克思之前一切旧哲学的基本范式。而马克思所要

---

① 马克思恩格斯选集：第 1 卷[M]. 北京：人民出版社，1974：44.

② 马克思恩格斯选集：第 1 卷[M]. 北京：人民出版社，1974：16.

③ 马克思恩格斯选集：第 1 卷[M]. 北京：人民出版社，1974：50.

创立的"改变世界"的哲学范式，或者说，"实践哲学范式"，它的出发点就是把我们生存于其中的感性世界理解为人的感性活动或实践活动的产物或结果，因此，有关这个世界本性的理论把握，无论是哲学的，还是科学的，都不是以自在世界为根据，而是以人的感性活动为根据。再进一步说，对这个世界的理论把握原本就不是对自在世界的解释，而是对以人的感性活动为基础的感性世界的理论把握。这种理论把握也不是述说世界自身的图景，而是为人们在实践中改变世界或创造感性世界提供思维范式、文化策略和理论原则。

当然，马克思和恩格斯并没有否认"外部自然界"的"优先地位"，但他们明确指出，这种先在的或自在的外部自然界"当然不适用于原始的、通过自然发生途径产生的人们"，并且这种自然界，作为某种史前的东西，也就是作为不是人生活于其中的自然界，对人来说"也是不存在的自然界"①。因此，现代唯物主义，或者说"实践的唯物主义"，对任何哲学问题的解决都不是从这种先在的或自在的外部自然界出发，而是立足于人的感性活动以及以这种感性活动为基础的"感性世界"。例如，关于"人和自然的统一性"这个"产生了关于'实体'和'自我意识'的一切'高深莫测的创造物'的问题"，在马克思和恩格斯看来，就不是以自在的自然界为根据，而是以人的感性活动为根据，正如他们所说："如果考虑到，在工业中向来就有那个著名的'人和自然的统一性'，而且这种统一性在每一个时代都随着工业或快或慢的发展而不断改变，就象人与自然的'斗争'促进生产力在相应基础上的发展一样，那么上述问题自然也就不存在了。"②

在笔者看来，不仅"人和自然的统一性"这个命题是如此，"世界的物质统一性"这个最一般的唯物主义命题也是如此。这就是说，"世界的物质统一性"命题的真实根据不在"自在世界"本身之中，而是在人们的"感性活动"之中。人类的感性活动是人们运用物质的手段作用于物质对象的过程，这些物质手段和物质对象取材于外部自然界中的物质材料和能源，尽管这些物质材料和能源的自在形态必然要被人们的感性活动所扬弃，但它们的自在形态是不依赖于我们的感性活动的，相反，它们是先于我们的感性活动并作为我们感性活动的前提而存在的。正如马克思指出的那样："人并没有创造物质本身，甚至人创造物质的这种或那种生产能力，也只是在物质预先存在的条件

① 马克思恩格斯选集：第 1 卷[M]．北京：人民出版社，1974：50．

② 马克思恩格斯选集：第 1 卷[M]．北京：人民出版社，1974：49．

下才能进行的。"①因此，正是由于人类感性活动对于物质材料和能源的依赖，使我们意识到感性活动之外"自在世界"的存在，并且意识到以人们的感性活动为基础的"感性世界"与这个"自在世界"始终保持着物质的联系，由此，我们有理由排除对"自在世界"的非自然的或超自然的解释，确立"世界的物质统一性"这个命题。而这个命题与其说所指称的是世界的本性，不如说是"自在世界"与我们的"感性世界"的关系。它表明，人类的实践活动必然是有着物质内容和形式的"感性活动"，而不是一种纯粹精神的、理念的活动，以人的感性活动为基础的"感性世界"也不是像康德所说的那样，仅仅是由我们的知觉和表象所构成的"现象界"，而是由我们的感性活动及其物质创造物所构成的生活世界。

然而，应当进一步指出的是，肯定世界的物质统一性，并不意味着我们可以按照物质世界自在的形态认识物质世界，更不意味着可以把"感性世界"混同于自在的世界。我们对物质世界的认识是在通过实践活动不断地在深度上和广度上把自在世界转变为"感性世界"的过程中发生的。正如恩格斯指出的那样："人的思维的最本质和最切近的基础，正是人所引起的自然界的变化，而不单独是自然界本身。"②因此，我们关于事物、现实或感性对象的种种科学的或哲学的理论，都不是出自对自在世界的抽象把握，而是出自我们对实践范围内的各种对象或客体以及它们之间的相互作用关系的抽象把握。这些理论的真理性也不在于我们是否可以在自在世界中到处找到这些理论的原型，而在于它们是否真实地把握了实践范围内主客体之间以及客体之间相互作用过程所呈显出来的客观属性和客观关系。基于这一点，笔者认为，"自在世界"或物质世界的自在形态是否可知的问题是一个完全没有意义的问题，因为人类关于这个世界的任何可能的认识，都必然是以实践活动扬弃这个世界的自在性为前提。同时，实践活动对物质世界自在性的扬弃，也不仅仅在于只有扬弃这个世界的自在性，才能认识这个世界，更在于这种扬弃意味着人类的感性活动可以按照人类的需求和目的，改变自然物的自在形态，赋予它们新的存在形式，从而在自然界身上引起单凭自然界自身自在的演化不能发生的变化，亦即创造出体现人类意志、目的和价值追求的"感性世界"，或一个"为我"的世界。从这个意义上说，人类感性活动对世界的自在性的扬弃正是人类自由之所在。尽管在"感性世界"和"自在世界"之间始终保持

① 马克思恩格斯选集：第 2 卷[M]. 北京：人民出版社，1974：58.
② 马克思恩格斯选集：第 3 卷[M]. 北京：人民出版社，1974：551.

着物质的联系，并且这种物质的联系对人的感性活动具有一种客观制约性，但人类的感性活动毕竟赋予了自然物以新的存在形式、新的存在价值或意义，使之不同于"自在世界"。因此，人的感性活动是使"感性世界"成其为"感性世界"的"第一因"。康德所说的那个"理性的因果性"或"自由的因果性"并不像他所说的那样仅仅是发生在我们的理性观念中，或仅仅是发生在人们的道德实践中，而是发生在人们实际地创造感性世界的实践活动中。对于这个"感性世界"，我们必须从主体的方面去理解，必须把它当作人的感性活动来理解，既不能把它归之于自在世界，也没有必要去设想一个"至上理性"，将其作为感性世界的终极原因。

基于上述分析，笔者认为，"世界的物质统一性"这个命题固然是一切唯物主义哲学的基本命题，但是如果看不到人类感性活动基础上"感性世界"的生成，看不到感性世界与自在世界的根本区别，而是仅仅从自在世界的意义上理解或阐释这个命题，就会使这个命题变成无法得到任何确证的形而上学命题。因为，一旦把这个世界在整体上理解为自在的世界，这个命题就成为与人类实践无关的超验命题，亦即永远不可能在人类实践经验的范围内得到彻底证实或否证的命题。然而，对于这个命题，如果我们不是将其理解为对自在世界本身的解释，而是理解为对自在世界与感性世界之间物质关系的理论把握，也就是说，不是为了"解释世界"之用，而是为了"改变世界"之用，那么这个形而上的命题就能与我们的经验事实，也就是与我们改变世界的实践过程联系在一起。

事实上，对"世界统一性"的哲学探究原本就是出自实践理性对最高普遍性的追求。人类的实践活动本身具有通过工具理性和价值理性表现出来的普遍性品格。实践的工具理性所关注的是实践活动的条件、手段和方法论原则，实践的价值理性则主要关注的是实践主体的需求、目的和价值原则。实践理性的这两个层面都出自人们在实践活动中对事物、现实的"共性""本质"的理论把握，从而使实践活动表现为"普遍观念"的"外在化"或"对象化"过程。当然，实践理性不会满足于有关实践的局部领域的"共性""本质"的普遍性，而是要追求更高的普遍性，乃至最高的普遍性。实践理性之所以能够有这样的追求，首先在于对事物共性、本质和规律的理论把握既以局域性的经验为基础，同时又具有超越局域经验把握事物"全体"的特征。例如，"动物"的概念指向了动物的全体，而不局限于我们已经观察到的那些动物。人类理性的这种超越性特征能够起到统合人类知识的作用。有关动物的一般规定使我们能够把有关动物的各种知识统一起来，而"生物"的一般概念则使我们在更大范围内将动物、植物、微生物等各方面的知识整合起来。由此推论，哲学上有关"世界统一性"的探究所起到的重要作用就是要把我们来自实践的各个领域中的局域性知识或理论以及各种特殊的价值取向整合起来，形成统一的知识和价值体系。这种统一的知识和价值体系对于我们构筑感性世界的实践活动来说，是十分必要的，因为我们的实践活动总是感性的、具体的、有着千差万别的特殊内容，并服从各自特定的价值目标，而统一的知识体系和价值体系，作为内在于实践活动的普遍原则，则使各种各样的实践活动彼此相关、相互理解，互为前提和条件，从而使以实践活动为基础的感性世界成为体现人的普遍精神的整体。因此，实践理性对最高普遍性的追求不只是为了满足我们的知识系统对统一性和彻底性的寻求，更重要的是为我们创造感性世界奠定具有终极意义的理性根据。尽管在不同的民族文化、宗教文化体系中，在不同的哲学思潮、流派中，人们对"世界统一性"的文化诠释或理论诠释充满了差异、矛盾甚至冲突，尽管对这个世界的"终极意义"的理解不可避免地将随着人类实践活动的进展而不断更新，但实践理性的这种对最高普遍性的追求却是相同的。没有这种追求，无论是我们的知识，还是依照我们的知识建构起来的感性世界，都会成为杂乱无章的碎片，在其中我们无法理解，也无法生存。

（该文原载于《哲学研究》2004 年第 3 期）

"感性世界"实践论诠释的认识论意义

　　《哲学研究》2004 年第 3 期刊登了笔者《"感性世界"的实践论诠释及哲学范式的变革》一文。该文的基本观点是，马克思的那句名言"哲学家们只是用不同的方式解释世界，而问题在于改变世界"是具有本体论意义的哲学命题，这个命题的本体论含义是在马克思关于"感性世界"的实践论诠释中得以显现的，亦即马克思通过对"直观的唯物主义"的批判，明确强调："感性世界"并非是独立于人的、与人的活动无关的自在世界，而是以人的"感性活动"为深刻基础的属人的现实世界或"生活世界"。马克思的这一理论暗示着哲学范式的重大变革，即从"解释世界"的范式向"改变世界"的范式的转变。本文则是这个话题的继续，主要是探讨马克思的这个具有本体论意义的命题在认识论上的意义。

　　笔者之所以要继续这个话题，主要是因为本体论问题的解决离不开对人的认识过程、认识能力和方法的考察，也就是说，完成了的本体论必然是认识论，而完成了的认识论也必然是本体论。然而，依笔者的看法，马克思并没有把自己提出的这个具有本体论意义的命题在认识论上加以完成。其主要原因是，在马克思的那个时代，从认识论上完成这个命题的条件似乎并不成熟。认识论问题的解决总是与科学的发展密切相关，而在马克思在世之时，科学的认识论框架基本上也还是属于"解释世界"的范式，也就是从"解释自然"的意义上理解科学的认识过程和科学理论的内涵。从这种思维范式出发很难引申出足以支持马克思本体论命题的论据。但是，不管怎样说，这个本体论命题没有在认识论上得以完成，这虽然不能被理解为马克思的疏忽，但毕竟给马克思主义哲学在后来的发展带来了一些问题。其中最主要的问题是，由于忽视了马克思对感性世界的实践论的诠释，后来的所谓的马克思主义认识论研究在相当大的程度上滞留在"解释世界"的哲学范式中，亦即把感性世界理解为独立于人的活动的、自在的物质世界，而我们关于这个世界的科学的和哲学的理论把握，都被理解为对这种"自在世界"的认识。不客气地说，这实际上是倒退到马克思力图超越的旧唯物主义认识论立场中。针对这种情况，我们有理由把这个命题的认识论完成理解为马克思留给我们后人的理论任务，因而我们必须接着马克思往下说。当然，这个复杂的任务不是笔者一人所能完成的，本文在此提出一些看法，只是希望能够有助于学界同仁深化对这个问题的探讨。

一、"现象"及"实践场域内客体间相互作用"

马克思关于"感性世界"的实践论诠释并非完全没有涉及认识论的问题。在《德意志意识形态》一书中，马克思和恩格斯明确指出："甚至连最简单的'可靠的感性'的对象也只是由于社会发展，由于工业和商业往来才提供给他的。大家知道，樱桃树和几乎所有的果树一样，只是在数世纪以前依靠商业的结果才在我们这个地区出现。由此可见，樱桃树只是依靠一定的社会在一定时期的这种活动才为费尔巴哈的'可靠的感性'所感知。"[①]这就是说，认识的对象也不是自在的、现成的东西，而是由人类实践活动及其历史发展所提供的。后来，恩格斯在《自然辩证法》一书中也说过："人的思维的最本质和最切近的基础，正是人所引起的自然界的变化，而不单独是自然界本身。"[②]这些论述对于重新理解认识论问题当然是十分重要的。然而，仅仅指出认识对象来源于人的实践活动还不足以将"感性世界"的实践论诠释贯彻到底。关键的问题在于，一旦我们确认认识的基础是人的感性活动即实践活动，是"人所引起的自然界的变化"，那么在这种活动中怎样获得关于客体的认识，以及这种认识能否被确认为是对独立于人的意识、与人的实践活动无关的"自在世界"或"自在对象"的认识？

为回答这个问题，我们有必要首先探讨一下作为我们的认识起点和经验素材的、被我们称为"现象"的这种东西。在通行于我国高校的"哲学原理"教科书中，至今依然把"现象"定义为"客观事物的表面特征和外部联系"，即视"现象"为客观对象自身的东西或某种"自在"的东西。这种观点，作为常识也许是可以理解的，只要它不妨碍我们的生活。但是，作为一种理论

---

① 马克思恩格斯选集：第 1 卷[M]. 北京：人民出版社，1974：48-49.
② 马克思恩格斯选集：第 3 卷[M]. 北京：人民出版社，1972：551.

观点，却不能不说是一种未经反思的直观观念。人的认识活动作为一种"感性活动"，无论是观察、实验还是生产劳动，都是主体借助于一定的手段（人体器官、实验仪器、生产工具等）与客体相互作用的过程。从这个意义上说，能够作为我们的认识起点和认识对象的"现象"并不是什么"自在的"东西，而是这种相互作用的产物。当然，我们也可以设想"自在事物"之间的"自在的"相互作用，但只要这种相互作用的关系、过程和结果没有进入我们的观察、实验和生产活动的范围，那么这种自在的相互作用及其结果就不会作为"现象"而出现，我们对此也就一无所知。也就是说，"现象"之为"现象"总是某种"呈显"在主体面前的东西，这种"呈显"本身就已经是主客体之间的相互作用过程。因为哪怕是在最简单的观察过程中，被称为"现象"的东西就一定是"呈显"在主体的感受能力和感受形式之中的东西，并且，"现象"如果能够被述说出来也一定是被纳入主体的思维规定和话语方式之中的东西。离开了认识主体的感受形式、思维规定和话语方式，也就是离开了观察的主体，就无所谓客体的"显现"，也就不会有"现象"这种东西的发生。

现代物理学在认识论上的一个重要贡献，就在于突破了那种把"现象"归之于自在事物自身的东西的直观观念。如量子物理学的哥本哈根学派认为，我们不能直接观察到处在量子水平上的微观客体，只能看到客体在测量仪器干扰下显示出来的宏观效应，如云雾室中的水珠、盖革管中的闪光、照相底片或屏幕上的影像或痕迹等等。在这些宏观效应中，很难区分出哪一部分属于客体自身的运动状态，哪一部分属于仪器的干扰，主体和客体之间没有泾渭分明的界线。为此，量子物理学家玻尔指出："我们不再有任何根据去谈论一个物理客体的独立行动，因为在客体和测量仪器之间有个不可避免的相互作用，这个相互作用在原则上是不能说明的，如果这些仪器按其目的是要允许毫不含糊地使用描写经验所必需的各个概念的话。"[1]因此，在物理实验中所看到的"现象"，并不是"自在的"东西，而是主客体相互作用的结果。事实上，即便是对宏观对象的观测和实验，我们也没有多少理由谈论客体的独立行动，因为任何观测都只有在观测者通过工具行为与观测对象发生相互作用的过程中才是可能的。不仅如此，从人类实践活动的一般过程上看，任何实践活动（观察、实验、生产等等）都是实践主体使用工具（人体器官、实验仪器、生产工具等）与外在于主体的客观对象发生相互作用的过程，而作

---

① 卢鹤绂. 哥本哈根学派量子论考释[M]. 上海：复旦大学出版社，1984：57.

为我们一切认识活动的起点的"现象"都是在这个过程中发生的。

进一步的问题是，既然"现象"不是自在的东西，那么通过这种"现象"，我们能够获得什么样的认识，以及怎样获得这些认识？笔者认为，问题的答案存在于我们对实践活动的"中介"即工具行为的考察中。首先可以肯定，运用工具作用于客观对象，这个过程至少在表现形态上也是一种客观事物之间的相互作用，因为工具也是由物质的材料和能量构成的东西，工具所包含的物质材料和能量对于主体来说同样具有客体的意义，因而工具与客观对象之间的相互作用亦可以被理解为"客体间相互作用"。但是这种"客体间相互作用"不同于自在事物之间自在的相互作用，因为工具不是自然生成的东西，而是人的活动的创造物，也就是说，工具是按照我们的经验或理论置备出来的，在工具的技术性能中包含着我们的操作方式、观测方式、思维方式乃至话语方式，是对物质材料和能量的有规则的使用。这样，在工具行为中，虽然工具本身所包含的物质和能量与客观对象之间的相互作用表现为"客体间相互作用"，但它改变了这种相互作用的自在形态，也就是让整个工具行为中的客体按照我们可以理解、可以观测、可以述说的方式发生相互作用。这样，我们可以把工具行为所构成的实验或实践的条件和场所，称之为"实践场域"①，而把工具行为中所发生的相互作用过程称之为"实践场域内客体间相互作用"。由于工具行为规定了实践场域内客体间相互作用的方式和规则，在这种相互作用中呈显出来的"现象"就可以被纳入我们的概念系统或解释系统中，使我们能够按照一定的经验的或理论的规范语言对之进行规定和述说，也就是被我们所认识。由此可见，我们能够认识和把握的正是在实践场域内客体间相互作用中所发生的"事件"或所呈显出来的"现象"。对"现象"的把握是如此，对"规律"的把握亦是如此。"规律"这个概念所表述的也不是什么自在客体的独立运动，而是在实践场域内客体间相互作用过程中各种客观的基本因素之间相互作用关系的一般形式，这个一般形式同样与我们的工具行为密切相关。因为，"实践场域"这个概念意味着人类的感性活动创造了物质运动的特殊形态，即与实践主体相关并由此扬弃了"自在性"的物质运动形

①"实践场域"一词是借助于法国社会哲学家皮艾尔·布迪厄提出的"场域"（filed）概念而形成的。布迪厄的"场域"是指由一定的价值观和调控原则所界定的一个社会构建的空间（参见布迪厄、华康德著《实践与反思》，中央编译出版社1998年版）。本文中的"实践场域"的含义有所不同，特指由与某种实践活动相关的各方面因素所构成的一个实践活动空间，其中工具行为是主要的，但也包括来自社会不同部分的种种因素，因此它也不是通常意义上的实践领域，而是支配和影响实践活动的各种因素的总和。

态，任何"规律"都是对这种运动形态的一般形式的把握，它意味着只要置于这个实践场域之内，构成该实践场域的各种基本因素就必然会发生如此这般的相互作用关系，并必然地导致某种"现象"或"事件"的发生。

现代物理学亦证明了对物理客体的描述不能离开观测过程的实验安排。如在有关量子客体的实验中，科学家们普遍认为，量子客体有什么样的物理属性，这并不单方面地取决于对象客体自身，而是同时也取决于实验过程的技术安排。如果我们把量子客体置于测量粒子的实验安排中，它就呈现"粒子性"，如果我们把它置于测量波性的实验安排中，它就可以呈现出"波性"。在实验过程中，用于测量的试验仪器是按照经典物理学的理论制备出来的，而且有关"粒子性"和"波性"的一整套诠释也来自经典物理学的概念系统。这表明，所谓"粒子性"和"波性"并不是量子客体自身的属性，而是在量子客体与实验仪器相互作用的过程中所呈现出来的特性，并且这些物理特性也只有在我们已有的物理学概念系统中才能得到解释。说量子客体"既是粒子又是波"与说量子客体"既不是粒子也不是波"完全是等价的，因为离开了特定的实验场合和我们的概念系统，谁也说不清楚量子客体自身是什么。为此，玻尔指出："对原子物理学中所能观测到的事实，我们仍然能够使用经典物理学的客观化语言；但对原子本身我们不能讲什么。根据观测结果作出预言就要和提出如何观测，观测什么有关，而观测者对此就有其选择自由了。"[①]更为一般地说，客观事物只是在我们的实践场域中才是我们认识活动的客体，这种客体具有什么属性一方面取决于在实践场域内客体间相互作用中所呈显出来的可被感知的"现象"或"特征"，另一方面取决于在实践场域的设置中所包含的我们用以把握这些现象或特性的观测方式、操作方式、思维方式以及作为理解和诠释的基础的理论形式和概念系统。也就是说，离开了实践场域，我们不可能认识任何事物，而在实践场域之内，对客体的认识就必然包含主体的在场。这就是马克思为什么强调对事物、现实的理解不能仅仅从客体的方面去理解，而必须从人的感性活动、从主体的方面去理解。

---

① 卢鹤绂. 哥本哈根学派量子论考释[M]. 上海：复旦大学出版社，1984：66.

二、知识的客观性和普遍性

"现象"能否被理解为是客观事物自身的东西？这个问题曾经是困扰近代经验论哲学的一个主要问题。休谟从怀疑论立场出发，拒绝回答这个问题，他说："除了对知觉而外，我们对任何事物都没有一个完善的观念。一个实体是和一个知觉完全差异的。因此，我们并没有一个实体观念。……当人们问：知觉还是寓存在于一个物质的实体中，还是寓存于一个非物质的（精神的）实体中时，我们甚至不懂得这个问题的含义，那么如何还可能加以答复呢？"①康德肯定了那个作为我们知觉和表象的根源的"自在之物"的存在，但他认为"现象"不过是自在之物作用于我们的感官而在我们心灵中引起的"知觉"或"表象"，而不属于自在之物自身。依笔者在前面阐述的观点看，休谟和康德没有把现象归结为自在之物是正确的，但他们的共同缺陷是，没有把"现象"放到人的感性活动中加以理解，也就是没有看到"现象"在"实践场域内客体间相互作用"过程中的发生，因而他们就把"现象"仅仅归结为我们的"知觉"和"表象"，亦即仅仅从主观性的意义上确认"现象"的发生。这使他们无法对知识的客观性和普遍性做出可靠的论证。例如，当康德断言"经验判断"的客观有效性"只意味着经验判断的必然的普遍有效性"时，他是把所谓"普遍有效性"归结为我们的用于把握经验的理智概念，他说："这种普遍有效性，……决不根据经验的条件，甚至一般说来，也决不根据感性这一条件，而是根据一个纯粹理智概念。自在的客体永远是不知道的；但是，客体既然给我们的感性提供表象，当这些表象的连结被理智概念规定成为普遍有效时，它就通过这个关系而被规定成为对象，而且判断就是客观的了。"②这就等于说，知识的客观有效性并不在于我们的经验，而在于我们是否把表象连结到我们普遍的意识即理智概念中。比方说，如果把"太阳晒"和"石头热"这两个表象连结到因果关系的理智概念中，我们就得到了"由于太阳晒，所以石头热"这样一个普遍必然性的判断或一个客观有效的判断。然而，在康德的这个推论中却潜藏着"普遍必然性"与"客观有效性"之间的断裂。如果我们把上述两个表象以相反的方式连结到因果关系的概念中，

---

① 休谟. 人性论[M]. 关文运译. 北京：商务印书馆，1980：262.
② 康德. 未来形而上学导论[M]. 庞景仁译. 北京：商务印书馆，1978：64-65.

形成"由于石头热，所以太阳晒"这样一个判断，那么这个判断会因其普遍必然的形式而具有客观有效性吗？当然，康德可以反驳说，这个判断是不成立的，因为我们可以在经验中找到它的否证，但这样一来，判断的客观有效性就不是取决于它的普遍必然的形式，而是取决于经验的可证实性。随之而来的问题就是，经验的可证实性又怎样达到判断的普遍必然性呢？

指出我们所能认识的只是在"实践场域内客体间相互作用"过程呈显出来的"现象""特征"和"规律"，并指出这些认识必然包含主体的在场，并不意味着我们可以怀疑乃至否认客体的客观实在性，怀疑乃至否认科学知识或理论的客观有效性。在这个问题上，如何理解在"实践场域"中所发生的"客体间相互作用"是非常关键的。量子力学哥本哈根学派的某些物理学家，仅仅把实验仪器看作是主体的一部分，而没有看到实验仪器所包含的物质和能量也是一种客体，由此把实践场域内客体间相互作用简单地或抽象地归结为主客体间不可分割的相互作用，从而怀疑量子客体的客观实在性。如著名物理学家海森堡就认为："其最后结果是，在量子论中用数学表述的自然界定律不再和基本粒子打交道，而是和我们关于这些粒子的知识打交道。也不再有可能去追问这些粒子是否在空间和时间上客观存在着，因为我们所指的当作在发生的过程只是那些代表这些粒子和其他物理体系（即观测仪器）的相互作用的过程。这样一来，基本粒子的客观实在奇怪地消失了，不是消失在某种新的不明确或仍然不能解释的实在概念的迷雾中。而是消失在一种数学的透彻澄清之中，这种数学不再描述基本粒子的行动，而是描写我们关于这些行动的知识。"①海森堡的这个观点显然混淆了量子客体与测量仪器之间的相互作用过程和观测主体对这个过程的理论诠释（即知识）。我们固然没有理由谈论量子客体本身的独立运动或自在属性，但同样也没有理由认为在仪器与量子客体的相互作用中所呈显出来的"现象""特征"没有客观实在性。因为实践场域内客体间相互作用仅仅表示我们把客体间相互作用纳入我们可理解、可观测的方式中，而并不意味着我们可以任意地左右相互作用的结果。在相同的实践方式或实验安排（我们可以不断地重复这种实践方式或实验安排）下，客体间的相互作用就必然会呈显出这些"现象"或"特征"，它们作为客观事实也绝不取决于观测者个人的意志和主观情态。同样，这些现象和特征（如粒子性、波动性等），由于它们发生在实践场域内，因而可以被我们

---

① 卢鹤绂. 哥本哈根学派量子论考释[M]. 上海：复旦大学出版社，1984：149.

的理论语言所规定和理解，但它们绝不仅仅是我们理论知识的产物。在实践场域中，我们已经通过一系列实验安排预设了从观念上接收和诠释可能发生的现象的话语方式或概念系统，但是，当实践场域中呈显出的现象或特征与诠释它们的理论语言或概念系统发生冲突时，我们不能改变这些现象或特征使之适合于我们的理论，而只能改造或变革我们的理论以更好地诠释这些现象和特征。因此，理论的变革就在于形成一种能够成功地、统摄性地诠释全部新经验事实的新理论（如量子力学对经典物理学的改造）。当这种理论能够用数学的、概念的和逻辑的方式对在实践场域内客体间相互作用中呈显出来的全部现象做出完备的解释，对可能发生的现象做出准确的预测，并使预测在进一步的实验中得到证实，这种理论就是客观有效的理论。由此可见，科学理论的客观有效性既不在于它反映了客观对象的独立活动或自在属性，也不像康德所说的那样仅仅取决于表象在一般意识中的连结形式或先验的理智形式，而在于它能够为在实践场域内客体间相互作用中发生的客观事实提供具有统摄性的、合理的、经得起验证的理论诠释或数学模式。

同样，"规律"的客观普遍性或普遍必然性也只能在实践场域内得到理解和确证。所谓"规律"亦是对实践场域内客体间相互作用关系的理论把握，这种理论把握赋予客体间相互作用关系以普遍必然的形式（如因果形式）。然而，我们之所以能够将实践场域内客体间相互作用关系的一般形式表述为具有普遍必然性的"规律"，不是因为我们可以在自在的世界中到处找到这种相互作用的原型，这种相互作用只能在人的感性活动中发生，也不是因为它带有普遍必然性的形式，而是因为只要我们设置了相同的实践场域，该场域内客体间相互作用的关系就必然会导致某种客观现象和客观事实的反复发生。这表明，规律的可重复性或普遍性，或者说，我们之所以能够赋予这种相互作用关系以普遍的、必然的形式，就在于我们能够重复设置使这种规律发挥作用的实践场域。我们生活于其中的"感性世界"是以我们的感性活动为基础的，因而就是由各个领域、各个方面的"实践场域"构成的。任何科学规律来自我们的实践场域，又应用于实践场域的不断扩展。这样，规律的普遍性、必然性不只是在实验室中反复得到证明，更重要的是在生产实践中，也就是在感性世界的建构中得到证明，因为生产实践无非是科学实验所建构的实践场域在感性世界中的放大。从这个意义上说，规律同样不是"解释世界"的根据，而是"改变世界"的根据，因为只有在我们那些可以重复的"改变世界"的实践场域中，"实践场域内客体间相互作用"的关系在其一般形式上才可以作为规律而存在，并且也只有在实践场域中，规律才有可能真正地作为规律发挥作用。

三、"不可知论"的误区

实践场域是我们的一切知识或理论的发源地，这本是一个平淡无奇的结论。但是，如果我们说，我们的一切知识或理论都只是对实践场域内客体间相互作用中所呈显出来的"现象"、所发生的"事实"及其"规律"的把握，而不是对自在的事物或自在的相互作用的认识，这是不是意味着我们倒退到康德的"不可知论"的立场上呢？对于这个问题的回答，我们首先有必要指出的是，如果康德的自在之物是指某种不与任何其他的事物相互作用的单纯的"事物自身"或"物自体"，那么这个"自在之物"概念就是一个形而上学的虚构。这个虚构源自由古希腊哲学家苏格拉底和柏拉图奠定的追寻"事物本身"理性思维传统，而自笛卡尔以来，这个思维传统又被纳入主体和客体二元对立的哲学范式中。这种哲学范式不仅设定了绝对的从而也是孤独化的"主体自身"，而且也设定出绝对的从而也是孤独化的"客体自身"，并假定我们的一切知识或理论如果没有达到对客体自身的认识就绝对没有完成任务。当代哲学和科学的发展可以说已经突破了这种主客二元对立的哲学范式。如哈贝马斯基于对"交往理性"的分析，指出主体性并不像自笛卡尔以来的主体哲学所确认的那种"孤立的认知和行为主体与自身关系的主体性"，而是在主体之间互动的语言结构中建立起来的主体性，即所谓主体间性。关于这一点，国内外学界都有比较充分的论证。在这里，笔者想要补充的是，不仅绝对的、孤立的主体是不存在的，而且仅仅与自身相关的、绝对的、孤立的客体也是不存在的。就像主体具有间性特征一样，作为认识对象的客体同样具有间性特征。法国当代著名思想家埃德加·莫兰指出，以往的科学研究曾必须采取简化的方法，"把被研究的对象既孤立于研究它的主体又孤立于其环境"。这种简化的方法曾经导致了科学的了不起的进展，但时至今日，这种方法已经达到了极限。我们可以在方法上暂时地使对象脱离它的环境，但更重要的是，我们必须在方法上把对象看成是"只能联系环境来认识的开放系统，亦即看到它们和环境的相互作用；这些相互作用构成它们的组成部分，同时它们本身又构成环境的组成部分”①。这些观念并不是说主客体的划分是完全没有意义的，而是说无论对于主体还是客体，我们都不能作孤立的理解，二者在其存在的意义上都是间性的。

指出客体具有间性特征，就是认为客体即便作为自在存在的事物，尽管它们在时间和空间上是可以相互分离的，但它们的属性、规律只能在它们之间的相互作用过程中才能产生，抑或说，它们本身就是相互作用的产物。纯粹孤立自在的客观事物是根本不存在的。正如恩格斯所说：“相互作用是事物的真正的终极原因。我们不能追溯到比对这个相互作用的认识更远的地方，因为正是在它的背后没有什么要认识的了。”②我们的任何认识，都是对在客体间相互作用中呈显出来的客观属性和规律的认识。但是，我们还必须承认，如果客观事物之间的相互作用是纯粹自在意义上的相互作用，我们对这种相互作用的过程和结果就不能产生确切的知识。因为纯粹自在的相互作用是在我们的视野之外，或者说是在我们的“实践场域”之外，我们不可能脱离“实践场域”形成对客观对象的什么认识。“实践场域”是我们的认识的发源地，因为实践场域意味着客体间相互作用采取了与主体相关的形式，也就是创造出了客体间相互作用的新的形态，因而这种相互作用的过程和结果可以纳入我们的操作方式、观测方式、概念系统或话语方式中加以理解。然而，这样一来，我们也就扬弃了客体间相互作用的自在性。人类的实践活动本身就是以扬弃客观对象的自在性为基本特征的。从这个意义上说，离开了“实践场域”，离开了对自在性的扬弃，谈论“世界是否可以认识”是没有任何意义的。指出这一点，并不意味着本文赞同不可知论的主张，而是认为，不可知论的真正要害在于没有看到，自人类产生以来，在原本是自在的相互作用中就产生了扬弃了自在性的相互作用过程，即与人类主体相关的“实践场域内客体间相互作用”，而我们的任何认识或知识原则上正是对这种特殊形态的客观的相互作用过程的把握。因此，不可知论同样是离开了实践场域，或者说把实践场域内客体间相互作用视为客体间自在的相互作用，而把在这种相互作用过程中呈显出来的“现象”归结为我们的“知觉”和“表象”，从而否认我们的知识具有客观性和普遍性（如休谟），或者不能对知识的客观性和普遍性做出可靠的论证（如康德）。

我们的一切知识和理论源于我们的实践场域，而不是来自自在世界。肯

---

① 埃德加·莫兰. 复杂思想：自觉的科学[M]. 北京：北京大学出版社，2001：76-77.

② 马克思恩格斯选集：第 3 卷[M]. 北京：人民出版社，1972：552.

定这一点，并不意味着贬低人类智能的伟大。在我们生存于其中的"感性世界"的周围有一个更为广大的"自在世界"，尽管这个世界中所发生的相互作用在其自在的意义上不能为我们所知，但是在那里面也没有什么东西不能被纳入人类的实践场域内。人类实践能力的伟大就在于它是把自在世界转变成感性世界的中介，它表明在自在世界和感性世界之间没有不可逾越的界限或鸿沟，人类能够不断地从广度上和深度上把那个未知的"自在世界"变成我们可以理解、把握，并体现我们意志、理想和价值追求的"感性世界"。除此之外，我们人类还需要有更多的奢望吗？

当然，尽管我们的一切知识或理论都来自我们的实践场域，但这也并不妨碍我们运用这些知识或理论去推论客观事物间自在的相互作用及其结果，从而构成对自然现象的解释。而且只要我们在实验室中模拟出某种类似的"自然现象"的发生，我们就可以推论导致这种自然现象发生的自在过程可能与发生在实践场域内的客体间相互作用过程有着同样的客观机制，从而使我们在实验中所获得的知识成为我们解释这个自然现象的根据，据此，我们有理由排除对自然现象的超自然解释，或如韦伯所说，科学的发展具有"祛魅"的作用。但需要说明的是，纯粹的自然过程不是出于人的安排，不是发生在实践场域内，因而我们对此做出的推论性解释是不可能彻底地摘除"假说"的帽子的。

上述分析自然也会涉及我们对"世界的物质统一性"这个唯物主义的基本命题的理解。这个命题所指称的无疑是整个世界，既包括了我们生活于其中的"感性世界"，也包括那个未知的"自在世界"。然而这个命题的可靠根据依然是来自人类的实践场域。只要科学上可以证明有意识的人类是自然界长期演化的产物，而任何精神现象或理智能力只是属于人类这种特定的存在物的，只要科学上可以证明在人类的实践活动向自在世界不断挺进的过程中，与我们打交道的始终是自然的物质和能量，而没有人之外的精神因素或超自然因素，我们就可以一般地肯定那个广袤的自在世界是一个物质世界，因为在没有人的活动参与其间的自在世界中是不会发生精神的过程或为精神因素所操纵的过程。不过，我们还必须明了，对于像"世界的统一性"这样的哲学命题，任何来自科学的"证明"都不会是一劳永逸的，毋宁说是一个没有间歇的过程。正如恩格斯所指出的那样："世界的真正统一性是在于它的物质性，而这种物质性不是魔术师的三两句话所能证明的，而是由哲学和自然科学的长期的和持续的发展来证明的。"①对于恩格斯的这句话，我们至少可以做出这样的理解：单凭自然科学是不可能对世界的物质统一性做出完备的证明的，因为经验的、实证的自然科学所能证明的只是我们从"实践场域"中所获得的知识，尽管这个"实践场域"是在不断地扩大的。人类理性要超越"实践场域"或"感性世界"达到对世界整体的理解，就必须依靠哲学的思索。问题只在于，哲学对"世界统一性"问题的思索虽然超越了经验世界的范围，但又不能不依赖于对经验世界的理解，如果哲学思索不能依据科学对经验世界的把握，那就只能诉诸各种非科学的观念。而要使哲学能够有助于我们生活世界的进步，有助于我们对感性世界的科学把握，就必然要求哲学的思索能够提供与经验科学的论据相吻合的关于整个世界的见解，并排除有违经验科学的种种哲学观念。在人类的"感性世界"的不断深化和拓展的过程中，科学的发展是没有止境的，与此相应，哲学的思索也不会终止在某一个点上。唯物主义哲学，特别是马克思主义哲学，优于其他哲学的地方，就在于它有关世界的物质统一性的论断，虽然超越了经验科学的有限性，但没有脱离经验科学的基础，并始终与经验科学保持一致。应当说，这也是健康的哲学所能做的一切。

（该文原载于《哲学研究》2005 年第 4 期）

---

① 马克思恩格斯选集：第 3 卷[M]．北京：人民出版社，1972：83．

马克思的"感性世界"理论与现象学运动

推进马克思主义哲学在当代的发展，不能只是反复咀嚼马克思已经说过的东西，更重要的是必须通过分析和比较各种现代哲学理论去发现马克思在他那个时代没有说但在现代哲学中必须说的东西，去研究我们能否以及怎样从马克思的哲学基本观念出发去探索现当代哲学的主题或问题，从而把马克思主义哲学的基本观念延伸到当代哲学的论域中。

哈贝马斯在他的《后形而上学思想》一书中，把最具影响力的现代哲学思潮概括为四个：分析哲学、现象学、西方马克思主义和结构主义。如果我们进一步浓缩一下，大致可将这四个思潮归结为两个理论领域，其中西方马克思主义和结构主义属于社会哲学、政治哲学理论领域，或者说是"社会理论"领域；而分析哲学和现象学则是一种涉及本体论、认识论等形而上学诸问题的理论领域，哈贝马斯称之为"纯粹哲学"领域。显然，在社会理论领域，马克思的影响真可说是无所不在，他的思想不仅构成了这个领域的最重要的理论资源，而且可以被看成是贯穿这个领域的灵魂。在这个领域，要绕开马克思，是不可能产生好的理论的。然而，与之成鲜明对照的是，在所谓"纯粹哲学"领域，我们几乎看不到马克思的身影，或者说马克思基本上"不在场"。这不是说这个领域中的哲学家，如罗素、维特根斯坦、胡塞尔、海德格尔等绝口不谈马克思的理论，而是说当他们在创立和阐释自己的理论时，基本上不需要从马克思那里获取理论资源。当然，这两个理论领域的划分并不是泾渭分明的。在社会理论领域，阿多诺的《否定的辩证法》多少把社会理论还原为一种纯粹哲学，但在阿多诺心目中，传统辩证法的主要代表却是柏拉图和黑格尔。在现象学运动中，萨特的存在主义表现出向马克思靠拢的倾向，但萨特的存在主义实际上已经消解了现象学运动，在很大程度上也属于一种社会理论了。

为什么马克思在现代纯粹哲学领域中"不在场"呢？依本文之见，这一问题的解答与马克思的"感性世界"理论所隐含的认识论问题密切相关。为此，本文将论证，马克思的这一理论事实上内在地蕴含着现代西方纯粹哲学领域的主题，但他本人却没有介入这个主题的理论旨趣。因此，一方面事实上存在着把马克思主义哲学延伸到现代纯粹哲学领域的理论空间，但另一方面，这个空间的开发必须经过我们这一代人的理论努力。

一、马克思"感性世界"理论所隐含的认识论问题

关于马克思的"感性世界"理论，笔者已在《"感性世界"的实践论诠释及哲学范式的变革》（《哲学研究》2004 年第 3 期）和《"感性世界"实践论诠释的认识论意义》（《哲学研究》2005 年第 4 期）两篇文章中做出了比较详细的阐述。概括起来说，马克思所讲的"感性世界"并不是先于人的存在并外在于人的活动"自在世界"，而是以人的感性活动为深刻基础，并随着人的感性活动的不断发展而发生着历史性变化的现实生活世界。把人的感性活动理解为现存"感性世界"的深刻基础，使马克思找到了扬弃以往一切旧哲学并创立新的唯物主义哲学的立足点，亦即只有把人感性活动理解为感性世界的基础，才能真正建立起能够把自然观和历史观统一起来的彻底的唯物主义，因为以人的感性活动为基础感性世界本身是自然和历史统一的基础和现实。正是在这里，人的感性活动（实践）真正获得了本体论的意义。这表明，马克思的感性世界理论已经为解决传统的本体论问题提供了一个新的思路，或新的理论基点。然而，如果我们认真地解读马克思的感性世界理论，我们就会发现这一理论隐含着一个至关重要的问题。

我们知道，在"感性世界"与"自在世界"的关系问题上，马克思一方面肯定了自在世界的存在，强调外部自然的"优先地位"，另一方面又认为这个外部的自在世界对人来说是没有意义的。在《1844 年经济学哲学手稿》中，马克思曾指出，外在于人的或脱离人而独立的自然界不过是一种"非对象性的存在物，是一种非现实性的、非感性的、只是思想上的即只是虚构出来的存在物，是抽象的东西"[①]，也就是说，现实的、感性的存在物，必然是对于人来说的对象性的存在物，而人（我）则构成了这种存在物的他物或它的

---

① 马克思恩格斯全集：第 42 卷[M]. 北京：人民出版社，1979：169.

对象，即另一个现实。如果设想脱离人独立存在的自然界，那么这种自然界就既不是对象，也没有对象，因而不可能是现实的、感性的存在物，只能是思想上抽象出来的东西。可以设想这种自然界先于人而存在，"但是，被抽象地孤立地理解的、被固定为与人分离的自然界，对人来说也是无"，或者说，"它是无意义的，或者只具有应被扬弃的外在性的意义"。①在《德意志意识形态》中，马克思通过对费尔巴哈为代表的直观唯物主义的批判，继续陈述这个观点，他说："外部自然界的优先地位仍然会保存着，而这一切当然不适用于原始的、通过自然发生的途径产生的人们。但是，这种区别只有在人被看作是某种与自然界不同的东西时才有意义。"显然，马克思力主哲学的思考应当立足于"感性世界"而不是"自在世界"，因为自在世界，即那个独立于人、不依赖于人的自然界，由于它脱离了人的感性活动，就只能表现为思想上的没有任何具体规定的抽象物。这个观点构成了马克思主义哲学与旧唯物主义或直观唯物主义的基本区别。如果说，康德取消了认识自在世界的可能性，那么马克思则是取消了认识自在世界的必要性。然而，问题也就随之产生：首先，究竟为什么认识"自在世界"是没有必要的或没有意义的？其次，一旦我们确认认识的基础是人的感性活动即实践活动，那么我们关于客体的知识是如何从这种活动中获得的？这种知识能否被确认为是对独立于人的意识、与人的实践活动无关的"自在世界"或"自在对象"本身的认识？或者说，我们能否以及如何确证我们关于客体的认识是与客体本身相一致的。

很明显，上述问题都是认识论问题。它表明，本体论问题必须依靠认识论来澄清。但是，恰恰就是在这里，马克思放弃了纯哲学的思考。也就是说，他没有把他创立的新的本体论原则在认识论上加以完成。这很可能是因为马克思通过强调以人的感性活动为基础的感性世界，确认哲学的根本任务是改变世界，而不是解释世界，从而有意地放弃了传统哲学的论域，更重视对现实社会做出批判性的考察。但不管怎么说，马克思没有在认识论上完成这个本体论原则直接导致了马克思在现代纯粹哲学领域中的"不在场"。更为严重的是，后来的马克思主义者几乎完全忽视了马克思的感性世界理论，更没有意识到这个理论在认识论上的重大意义，因而当他们企图在所谓"原理教科书"中阐释马克思主义哲学的认识论问题时，其理论观点总体上没有超出旧唯物主义或直观唯物主义的范畴。亦即，无论是在本体论上，还是在认识论

---

① 马克思恩格斯全集：第 42 卷[M]. 北京：人民出版社，1979：178.

上都倒退到旧唯物主义的立场上。

显然，要改变这一状况，就必须把马克思的感性世界理论所蕴含的本体论原则在认识论上加以完成，因为恰恰是这一理论所隐含的认识论问题真正构成了马克思主义哲学与当代西方哲学的契合点。这也就是说，绕开马克思的感性世界理论，就不可能真正地把马克思主义哲学延伸到现代哲学中来。

二、"感性世界"的实践论诠释与胡塞尔现象学的认识批判

可以说，马克思留下来的认识论问题恰恰也正是现象学运动的起点。1907 年胡塞尔在哥廷根大学执教时曾对现象学的进程和思路进行了梳理，他说："认识批判的方法是现象学的方法，现象学是一般的本质学说，关于认识本质的科学也包含在其中。"[①]他开宗明义地区分了关于认识的两种思维，即自然的思维和哲学的思维，两种思维的区别是"生活和科学中的自然的思维对认识的可能性的问题是漠不关心的——而哲学的思维则取决于对认识可能性问题的态度"[②]。而有关认识的可能性问题，就是这样一个问题："人是如何能够确信自己与自在的事物一致，如何能够'切中'这些事物？自在事物同我们的思维活动和那些给它们以规则的逻辑规律是一种什么关系？"[③]或者进一步说："认识如何能够超越自身，它如何能够切中在意识框架内无法找到的存在？"[④]

胡塞尔认为，按照自然的态度，所谓"现实客体"就是指在我们之外存在之物，"我们看着它，站在它的面前，我们使自己的目光牢牢地指向他，然后我们描述它，并做出关于它的陈述，正如我们发现它在空间中面对着我们而存在着那样"[⑤]。例如，"在自然的态度中，苹果树对我们来说是某种存在于超越的空间现实中的东西，而知觉及喜爱对我们来说是真实的人所有的心理状态"[⑥]。但是这种自然的态度，实际上已经包含着超验的设定，如，已经预先假定在我们之外存在着一个物理世界，而客体存在于这个世界的某个

---

① 埃德蒙德·胡塞尔. 现象学的观念[M]. 倪梁康译. 上海：上海译文出版社，1986.7.
② 埃德蒙德·胡塞尔. 现象学的观念[M]. 倪梁康译. 上海：上海译文出版社，1986.7.
③ 埃德蒙德·胡塞尔. 现象学的观念[M]. 倪梁康译. 上海：上海译文出版社，1986.7.
④ 埃德蒙德·胡塞尔. 现象学的观念[M]. 倪梁康译. 上海：上海译文出版社，1977：9.
⑤ 埃德蒙德·胡塞尔. 纯粹现象学通论[M]. 李幼蒸译. 北京：商务印书馆，1997：230.
⑥ 埃德蒙德·胡塞尔. 纯粹现象学通论[M]. 李幼蒸译. 北京：商务印书馆，1997：225.

空间位置中。这种超验的设定内在于我们的知觉，构成了我们知觉判断的前提。因此，为了澄清认识的可能性问题，就必须对我们有关客体的知觉判断实行现象学的还原，也就是将这些内在于知觉的超验设定排除出去或放到括号中不加判断。这样，"在知觉和被知觉之间的实在关系的现实存在，连同整个物理的和心理的世界都被排除了"。但是，"在知觉和被知觉之间的（以及在喜爱和被喜爱者之间的）关系却明显存留下来"，现象学的还原终止了所有对"现实的"的超验的自然设定，但它并未阻止对事实的现实性的判断，即知觉是对一现实的意识，只不过关于现实的描述是对呈现在知觉中的"现实本身"的描述，这个现实是以特殊方式出现的。①这表明，在我们认识活动中，作为对象的被给予之物，并不是外在于我们的对象自身，而是我们对对象的种种知觉和判断，"这些和那些视觉内容，这些和那些统摄，这些和那些判断，这才是被给予之物，真实意义上的唯一被给予之物"②。

据此，胡塞尔的现象学断言，我们所能把握的只是事物在知觉中显现给我们的样子，事物自身的存在并没有向我们显现出来。我们可以通过知觉判断加以描述的事物并不是自在地存在的，而是由意识构成的。如果说任何一种知识都是关于存在者的知识，那么这个存在者作为认识对象实际上是在我们的意识中构造自身，而超越人的内在意识或者说在人的内在意识之外而存在的客体自身是不可能获得明证性的，这也就是胡塞尔所说的"存在在意识中的消融"（die Auflösung des Seins in Bewuβtsein）。因此，真正的问题不在于对象自身是否可知，也不在于我们要不要把握事物自身，而在于对象是如何在意识中构造自身的。为了达到判断的明证性，我们可以把有关事物自身存在的信念悬置起来，或者说把事物的存在乃至作为认识主体的人的存在问题放到括号中，对此进行彻底的"中止判断"。这样，通过现象学的还原，使"存在"回复到"意识"中，进而研究对象如何在意识中构造自己。

对象在意识中的构造也就是认识活动中对象的被给予方式。在胡塞尔看来，一切哲学和科学的知识都是在语言形式中通过述谓判断来陈述和表达的，这种判断都是以预先给定的或被给予的对象（存在者）为前提，即"每个判断都有一个前提，即有一个对象摆在那里，被预先给予了我们，它就是陈述与之相关的东西"③。因此，认识活动要达到知识或判断的明证性，只针对

① 埃德蒙德·胡塞尔. 纯粹现象学通论[M]. 李幼蒸译. 北京：商务印书馆，1997：230.
② 埃德蒙德·胡塞尔. 现象学的观念[M]. 倪梁康译. 上海：上海译文出版社，1977：7.
③ 埃德蒙德·胡塞尔. 经验与判断[M]. 邓晓芒，张廷国译. 北京：生活·读书·新知三联书店，1999:28.

这些预先给定的对象做出判断是不够的，还必须对于对象本身的被给予性方式进行考察，"即当它们自身被给予之际，它们自身必须是明证的"①。为此，胡塞尔区分了"述谓判断明证性"和"前述谓判断明证性"。所谓前述谓判断就是指述谓判断中对象本身的明证性。胡塞尔认为一个陈述句要想成为明证的述谓判断，对象本身的明证性是最基本的，它决定了有关这个对象的述谓判断是否具有明证性。只有对前述谓经验进行彻底的澄清才能真正理解述谓判断及其人类知识的起源和构成。

在这里，胡塞尔提出的前述谓经验的澄清，就是必须对世界以何种方式显现给人们做出解释性的构造分析，或者说研究前述谓经验的本质和结构。胡塞尔注意到，在一切认识活动之前，都先已存在一个作为普遍基础的世界（周围环境）。在认识活动开始之前，周围环境作为认识对象就已经以信念的方式存在于认识者的意识中。它本身不是借助判断活动才获得的，而是一切述谓判断的前提。此外，对于认识者而言，作为一切述谓判断或一切知识的前提的这个整体世界并不是外在于人的，与人的认知活动毫无关系的世界，而是一个已经有知识以各种方式在其中起过作用的世界，任何对象自身被观看时都必然带有对于此物的共识或前识。这种前识构成了认识活动的经验视域（Horizont）。整体的世界就是作为包含着各种前识和共识的经验视域而存在的。因此，在意识活动中或意向体验中现时地被意指的那个"对象"，永远不会孤立地、完全不确定地和未知地被经验，而是作为某个处在联系之中的东西，作为某个在经验视域中和出自经验视域的东西而被经验到。经验视域表明事物意识与世界意识之间存在着不可分离的联系，所有存在者都是作为这个世界的某物而存在，因而关于一个事物的经验过程是在作为这个世界的存在信仰基础上被预设的。

对于胡塞尔现象学的上述观点，学界以往大都是采取一种缺乏反思的、"直观唯物主义"的态度，即几乎是不假思索地将之指责为唯心主义并弃置一边。这种态度既无视了现象学在哲学认识论中的重要贡献，也遮蔽了在马克思的感性世界理论与现象学理论之间的某种契合之处。胡塞尔所讲的作为人的经验视域的"整体世界"和马克思所讲的作为人的感性活动的产物的"感性世界"，都不是外在于人的、与人的活动无关的"自在世界"，并且更为重要的是，马克思同样没有把"自在世界"，而是把"感性世界"视为人的认识

---

① 埃德蒙德·胡塞尔. 经验与判断[M]. 邓晓芒，张廷国译. 北京：生活·读书·新知三联书店，1999：34.

的前提或基础。对于这一点，他本人有着十分清楚的表述，他说："甚至连最简单的'可靠的感性'的对象也只是由于社会发展，由于工业和商业往来才提供给他的。大家知道，樱桃树和几乎所有的果树一样，只是在数世纪以前依靠商业的结果才在我们这个地区出现。由此可见，樱桃树只是依靠一定的社会在一定时期的这种活动才为费尔巴哈的'可靠的感性'所感知。"①这就是说，认识的对象不是自在的，而是由人类的社会性、历史性实践活动提供的，或者说是在人类实践中被给予的。如果这个理解不错的话，那么我们不仅可以看到胡塞尔现象学理论在哲学认识论发展中的重大贡献，而且我们还可以尝试着把现象学的主要论点放到感性世界的实践诠释中重新阐释，从中得出新的理论观念。

其一，笔者认为，马克思的"感性世界"较之胡塞尔的"整体世界"，潜存着更为丰富的理论内涵。在胡塞尔那里，作为人的经验视域的"整体世界"是由各种"前识"和"共识"，或者说有各种起作用的知识所构成的主观意义上的世界，因而它实际上是存在于认识者的意识范围之内。这个世界作为认识的前提或基础，也仅仅是认识的主观条件。相比之下，马克思讲的"感性世界"则是一个由人的感性活动创造出来的对象化的世界，即由人们的感性活动及其创造物构成的属人的世界，一个超越了人的内在意识的客观化了的世界。由前识和共识所构成的经验视域毫无疑问地属于这个感性世界，是这个感性世界的主观表达，并且只有在这个感性世界中才能形成并发挥作用，因为能够成为人们的前识和共识的东西只能是那些在实际地改变这个世界的感性活动及其结果中得到确证和反复确证的东西，是在感性世界中起作用的各种知识。正是由于人们的感性活动使这些知识超越了纯粹的意识范围，才真正使它们成为人们的前识或共识，并进而成为认识的主观条件。胡塞尔与休谟、康德一样，在人与周围世界的关系中，他只看到了人的感知、直观、表象、判断这些属于纯粹意识范围内的东西，而没有看到人的超越纯粹意识的能动的感性活动，因而他也就看不到是什么东西能够使"认识超越自身，切中在意识框架内无法找到的存在"，这就使他最后得出的结论没有超出传统经验论或怀疑论的范畴，如他本人所说："但我接受真实的事物，接受外在于我的事物，这是根据什么信用呢？根据外在知觉的信用？简单一瞥便可以把握我的事物环境直至最遥远的恒星。但这一切可能是梦，是感官的欺骗。这

---

① 马克思恩格斯选集：第 1 卷[M]. 北京：人民出版社，1995：76.

些和那些知觉内容，这些和那些统摄，这些和那些判断，这才是被给予之物，真实意义上的唯一被给予之物。对于这种超越的功效，是否在知觉中有一种明证性？但明证性除了是某种心理特征之外还能是什么呢？知觉和明证性特征，这便是被给予之物，而为什么必然有某物与知觉和明证性特征这个混合物相符合，则是个谜。"①

其二，马克思对感性世界的实践论诠释，包含着这样的含义：感性世界是通过人的感性活动而呈现给我们的。感性活动是人以其工具行为与周围世界的相互作用，而"现象"则是在这种相互作用中所发生的"事物"或"事件"。人们的工具行为实际上是工具本身所具有的物质和能量与对象本身所具有的物质和能量之间的相互作用。这种相互作用不同于客体之间自在的相互作用，因为工具行为的基本特征就是把主体的前识、共识，或者说经验知识、观测方式、认知模式和思维模式预设到工具行为中，在更为广阔的意义上，还包括了各种自然的和社会的因素，从而围绕人们的工具行为形成了一个"实践场域"，使工具和对象之间按照我们可以认知、理解和把握的方式发生相互作用，这也就是笔者曾经提出的"实践场域内客体间相互作用"②。因此，恰恰是这个实践场域决定了对象的显现方式，或者用胡塞尔的话说，决定了对象的被给予方式。如此看来，这个"实践场域"包含了胡塞尔称之为"前述谓经验"的东西。只不过胡塞尔把前述谓经验局限在纯粹意识范围之内，而"实践场域"则是感性活动的领域，是超越了纯粹意识的感性世界。如果我们把胡塞尔所说的"前述谓经验"放到"实践场域"中，或者说，放到"感性世界"中加以考察，这个前述谓经验就不仅是一个意识结构的问题，而且也是一个生活实践结构的问题，而意识结构不过是生活实践结构的一个有机的组成部分。这样看来，前述谓经验的形成问题，不仅仅是一个个体发生学的问题，而更是一个人类学问题。

其三，我们的认识之所以能够"切中"在我们意识范围之外的客体，就是因为能够被切中的"客体"就是在实践场域内客体间相互作用中发生的现象、事件或事物，也就是按照我们能够认知、理解的方式而发生的事物。这种客体既不是自在的事物，因为它在人们的感性活动中已经扬弃了其自在性，也不是纯粹的意识（感知、表象、直觉、判断等），因为它是人们的感性活动及其创造物的。在这个意义上，一方面我们可以肯定，在我们的感性活动中，

---

① 埃德蒙德·胡塞尔. 现象学的观念[M]. 倪梁康译. 上海：上海译文出版社，1986：69.

② 阎孟伟. "感性世界"的实践论诠释及哲学范式的变革[J]. 哲学研究，2004（3）：21-28.

我们的认识是可以超越纯粹的内在意识而"切中"外在于我们的事物，只要这个外在于我们的事物是在"实践场域内客体间相互作用"呈显出来的现象、事件和事物。以我们的感性活动为基础的感性世界，就是一个在"为我"的意义上的可知世界。另一方面，我们也必须承认，我们的认识不可能超越"感性世界"而"切中""自在世界"或自在事物。因为任何现象都是在实践场域中呈显出来的，这表明主体参与了"现象"的发生过程，或者干脆说，主体"制造"了现象的发生过程。这种现象原本就不是自在世界的自在状况，而我们的科学和哲学所能把握的也只有这种"现象"。因此，一切能够为我们感知、认识和把握的存在物，都是作为人的感性活动的产物的存在物，是感性世界中的存在物。对于任何自在的事物来说，我们只有通过感性活动扬弃它的自在性，或者说只有在人们的前述谓经验中被给予时，它才能按照"为我"的样子呈显出来，并被我们所把握。

总之，"认识如何能够超越自身，它如何能够切中在意识框架内无法找到的存在？"这个问题在纯粹意识范围内，不可能找到确切的答案。正如马克思所说："人的思维是否具有客观的真理性，这不是一个理论的问题，而是一个实践的问题。人应该在实践中证明自己思维的真理性，即自己思维的现实性和力量，亦即自己思维的此岸性。关于离开实践的思维是否具有现实性的争论，是一个纯粹经院哲学的问题。"①对马克思的这句话，我们应当作这样的理解，思维的客观真理性，就是思维的现实性，也就是通过人的实践活动创造出一个感性世界，从而使思维在现实的此岸中实现自身。在通过感性活动超越内在意识的意义上，"存在"的自明性或明证性恰恰是由感性活动的自明性和明证性来确证的。

三、"感性世界"的实践论诠释与海德格尔的存在论

海德格尔存在论的显著特征之一就是他区分了"存在"和"存在者"，认为"存在"本身是使"存在者"成其为"存在者"的那个东西。对于"存在"本身我们不能下定义，它只是一个使在者"在起来"的事实。因此，我们不能问"在"本身是什么，只能问"在者"怎样在，为何而在，也就是追问存

① 马克思恩格斯选集：第 1 卷[M]. 北京：人民出版社，1995：16.

在者的存在意义。因此，海德格尔认为，"存在论"的首要任务就是澄清或破解存在的意义。他说："任何存在论，如果它未首先充分地澄清存在的意义并把澄清存在的意义理解为自己的基本任务，那么，无论它具备多么丰富多么紧凑的范畴体系，归根到底他仍然是盲目的，并背离了它最本己的意图。"①进而，海德格尔指出，对存在者存在意义的发问，本身就是追究存在者的存在方式。而在一切存在者中，人是唯一能够对存在的意义发问的存在者，因而是有别于其他存在者的"此在"。此在"这个存在者为它的存在本身而存在。……此在在它的存在中无论以任何一种方式、任何一种表述都领会着自身。这种存在者的情况是：它的存在是随着它的存在并通过它的存在而对它本身开展出来的。对存在的领悟本身就是此在的存在规定。此在作为存在者的与众不同之处在于：它存在论地存在"②。也就是说，此在即人的存在就在于领悟存在的意义，即"此在总是从它的生存来领会自己本身；总是从它本身的可能性——是它自身或不是它自身——来领会自己本身。……生存只是被当下的此在自己以抓紧或者耽误的方式决定着。生存问题总是只有通过生存活动本身才能弄清楚"③。因此对生存论状态的分析所具有的就是生存论上的领会的性质。显然，海德格尔实际上是把传统形而上学中的"存在论"，转换为"此在论"或"生存论"。

更为重要的是，海德格尔认为，此在通过它的生存所领悟的不仅是它自身，而且也涉及世界之内的其他存在者，他说："此在本质上就是：存在在世界中。因此这种属于此在的对存在的领悟将同样源始地关涉到对诸如'世界'这样的东西的领会以及对在世界之内可通达的存在者的存在的领会了。"④也就是说，"此在"的基本的存在机制，就是一般的"在世界之中存在"。依照这个理解，问题显然首先是如何理解"世界"这个概念。在这里，海德格尔突破了胡塞尔现象学的理解。他认为，"从现象学的意义来看，'现象'在形式上一向被规定为作为存在及存在结构显现出来的东西"，"据此看来，现象学地去描写'世界'就等于说：把世界之内的现成存在者的存在展示出来并从概念上范畴上固定下来"。⑤对此，海德格尔问道："但我们这样问是在存

---

① 海德格尔. 存在与时间[M]. 陈嘉映，王庆节译. 北京：生活·读书·新知三联书店，1987：15.
② 海德格尔. 存在与时间[M]. 陈嘉映，王庆节译. 北京：生活·读书·新知三联书店，1987：16.
③ 海德格尔. 存在与时间[M]. 陈嘉映，王庆节译. 北京：生活·读书·新知三联书店，1987：16.
④ 海德格尔. 存在与时间[M]. 陈嘉映，王庆节译. 北京：生活·读书·新知三联书店，1987：17.
⑤ 海德格尔. 存在与时间[M]. 陈嘉映，王庆节译. 北京：生活·读书·新知三联书店，1987：79.

在论的意义上追问'世界'吗？毫无疑问，已经标画出来的全部问题的提法都是具有存在论性质的。不过，即使这些问题自己竟成功地得到了自然的存在的最纯粹解说，而这些解说又同数学式的自然科学就这种存在者所给出的那些基本命题相协调，这一存在论还是不沾'世界'现象的边际。"①与上述这种对世界的理解不同，海德格尔认为："'世界之为世界'是一个存在论概念，指的是'在世界之中'的一个组建环节的结构。而我们把在世认作此在的生存论规定性。由此看来，世界之为世界本身是一个生存论环节。如果我们对'世界'作存在论的追问，那么我们绝没有离开此在分析的专题园地。'世界'在存在论上绝非那种在本质上并不是此在的存在者的规定，而是此在本身的一种性质。这并不排斥下述做法：对'世界'这一现象的研究必须通过研究世界之内的存在者及其存在的途径。"②正因为，这个世界是生存论的环节，所以我们才能领会我们的在世状态，世间的事物以及它们之间的关系才对我们是敞亮的。

海德格尔的上述思想的确从根本上改变了"存在论"的致思路向，使存在论摆脱了对人漠不关心的传统形而上学，而成为对人的生存状态的思考。然而，如果把他的这些思想同马克思的感性世界理论加以比较，我们亦不难发现，马克思的感性世界理论也正是在本体论上把哲学的注意力从与人无关的自在世界转向属人的生存世界或生活世界。

海德格尔认为存在论的任务就是追问、破解或领悟存在的意义，而"对存在的领悟本身就是此在的存在规定"。这个观点标志着海德格尔与传统形而上学的一个根本的区别。而这个观念也恰恰是蕴含在马克思感性世界理论中的主题，并且这个主题也恰恰标志着马克思的哲学与以往旧哲学的根本区别。马克思在《关于费尔巴哈的提纲》中指出："从前的一切唯物主义（包括费尔巴哈的唯物主义）的主要缺陷是对对象、现实、感性，只是从客体的或者直观的形式去理解，而不是把它们当作感性的人的活动，当作实践去理解，不是从主体方面去理解。"③马克思在这里之所以强调对"对象、现实、感性"亦即现实的、感性的存在物，必须从主体的方面去理解，实际上也就是要求追问存在的意义，因为能够从主体的方面去理解的也只能是存在的意义。

---

① 海德格尔. 存在与时间[M]. 陈嘉映，王庆节译. 北京：生活·读书·新知三联书店，1987：79.
② 海德格尔. 存在与时间[M]. 陈嘉映，王庆节译. 北京：生活·读书·新知三联书店，1987：80.
③ 马克思恩格斯选集：第1卷[M]. 北京：人民出版社，1994：58.

从主体的方面去理解，就是要把现实的、感性的存在物当作"感性的人的活动"或"实践"去理解。在马克思看来，"一个种的全部特性、种的类特性就在于生命活动的性质，而人的类特性恰恰就是自由的自觉的活动"。他认为："动物和它的生命活动是直接同一的。动物不把自己同自己的生命活动区别开来。它就是这种生命活动。人则使自己的生命活动本身变成自己的意志和意识的对象。"①因此，只有人，也就是能够把自己的生命活动作为自己的意志和意识对象的人才能领悟自己的本质。不难看出，尽管马克思在这一观念的理论表述中没有使用"生存活动"这样的概念，至少没有把这个概念当作他的基本范畴，而是用"生命活动"和"感性活动"这样的概念来统摄他的基本观点，但这个观念几乎可以说与海德格尔关于"此在总是从它的生存来领会自己本身"，"生存问题总是只有通过生存活动本身才能弄清楚"的观念逐点相合。"感性活动""生命活动"归根到底就是"生存活动"，反之亦然，很难再做出其他解释。这意味着，马克思的"感性世界"理论本质上亦是一种生存论，至少蕴含着生存论的主题。而且，正是由于马克思把人的感性活动或生命活动理解为现存感性世界的深刻基础，因而就如同海德格尔的"在世"论把世界本身理解为"生存论的一个环节"一样，马克思的"感性世界"理论也把感性世界理解为人的生命活动的展示。如他在《1844年经济学哲学手稿》中明确指出："如果把工业看成人的本质力量的公开的展示，那么，自然界的人的本质，或者人的自然的本质，也就可以理解了；……在人类历史中即在人类社会的产生过程中形成的自然界是人的现实的自然界；因此，通过工业——尽管以异化的形式——形成的自然界，是真正的、人类学的自然界。"②

应当看到，海德格尔对"存在"的理解虽然拒绝了同时也的确超越了传统形而上学拘泥于"存在者"而忘记了"存在"本身的思路和方法，但他终究没有像马克思那样彻底地超出追问、领会、体验、解释等主观精神的范围，从而没有也不能从他的生存论体验中引申出变革世界的积极结论，而只能陷于对"沉论""被抛""烦""畏""死亡"等"在世"的过程和结构的领悟和体验，或者只能从语言中寻找存在的家，并最终谋求在没有受到概念和逻辑思维浸染的诗的语言中谛听存在的真理。与海德格尔不同，马克思的感

---

① 马克思恩格斯全集：第42卷[M]. 北京：人民出版社，1979：96.
② 马克思恩格斯全集：第42卷[M]. 北京：人民出版社，1979：128.

性世界理论中所包含的对存在之意义的理解,不是建立在主观体验之中,而是建立在人的感性活动之上。从归根到底的意义上说,"存在"之为"存在",首先不在于它是一个最普遍的、自明的概念,而在于它是人的感性的活动。

海德格尔强调使一切"存在者"成其为"存在者"的那个"存在"本身是最普遍的也是最晦暗的概念,是不可定义的但却是自明的概念。这个说法,多少使"存在"概念具有一种抹不去的神秘性。美国著名的系统神学家和哲学家蒂利希干脆接过了这个话题,称使一切存在者成为存在者的那个"存在"本身,就是"上帝"。上帝赋予存在者特别是"此在"以存在的终极意义。这表明,海德格尔对"存在"本身的理解包含着通向信仰主义的路径。事实上,我们是可以依据马克思对感性世界的实践论诠释把"存在"还给人本身,因为在感性世界中,一切存在者,无论是我们仅仅通过观察而发现的所谓自然的存在者,还是作为我们生产活动、科学活动、政治活动和艺术活动的过程和产物的存在者,都是人类的感性活动或实践活动的产物。是人类的感性活动使一切存在者称其为存在者,并赋予存在着以存在的意义。"此在"之所以不同于其他的存在者,就在于它是感性活动的主体和承担者,它也通过自身的感性活动而获得了属于自身的生命存在及其终极价值或意义。因此,是一切存在者成其为存在者的那个"存在"本身,就是人的"感性活动"或"实践"。离开了人的感性活动,任何存在物的存在都是无可回答的问题,或者终究是没有意义的问题。

本文对马克思关于感性世界的实践论诠释的理解是初步的,而把马克思的感性世界理论所蕴含的哲学问题与现代西方哲学中最有影响的哲学潮流之一——现象学运动进行比较,则更是初步的、尝试性的。如读者所见,本文并没有涉及现象学运动这个庞大的学术阵营的全部,就是对胡塞尔和海德格尔,本文也不过是浅尝辄止,所及之处不过是这两位哲学大师的丰富理论的冰山一角,更未达及他们的理论的深处。本文的意图只是想表明,马克思的感性世界理论事实上蕴含着现代西方所谓"纯粹哲学"所关注重大的主题或问题,而且也包含着解决这些主题或问题的可能的思路和方法,只不过马克思本人没有进入这些主题或问题,因而必须依靠我们这些马克思的后人充分运用马克思的遗产进行创造性的理论开掘。在这个方面,现代西方哲学不仅在现代哲学主题或问题的研究方面提供了丰厚的理论,而且也启发了我们重新认识马克思哲学的基本精神和亟待开发的学术内容。不仅现象学是如此,而且分析哲学和语言哲学也是如此,只是由于篇幅所限,本文没有将马克思的感性世界理论同分析哲学、语言哲学进行比较，这个任务将在本人的另一篇文章中予以完成。

（该文原载于《哲学研究》2006 年第 6 期）

马克思主义哲学与现代纯粹哲学

哈贝马斯在《后形而上学思想》一书中，把最具影响力的现代哲学思潮概括为四个：分析哲学、现象学、西方马克思主义和结构主义，进而又将这四个思潮归结为两个理论领域，一是由分析哲学和现象学为代表的"纯粹哲学"领域；一是由西方马克思主义和结构主义为代表的"社会理论"领域。所谓"纯粹哲学"是指"元哲学"层面的理论研究，以哲学本体论、认识论、方法论等形上问题的探讨为主要论域；所谓"社会理论"则是对社会生活及其历史发展的哲学探究，其中特别是对现代社会或现代性的哲学层面的批判性考察。应当说，哈贝马斯的这一归结，还是比较准确地反映了现代哲学发展的基本路向。①

马克思主义哲学与现代哲学发展的这两个基本路向是什么关系呢？在现代社会理论研究领域，马克思的影响可以说是无所不在，他的思想不仅构成了这个领域的最重要的理论资源，而且可以被看成是贯穿这个领域的灵魂。不仅西方马克思主义诸种学说、流派、思潮均直接宣称自身来源于马克思外，那些非马克思主义的社会理论在阐述自身的理论时也不能不把马克思的理论学说作为问题的来源、理论的参照或批评攻击的靶子。因此，在这个领域，要绕开马克思，绝无可能产生好的社会理论。然而，就马克思主义哲学与当代"纯粹哲学"的关系而言，我们就不能不承认这样一个多少令人尴尬的窘境，即在当代西方纯粹哲学领域，马克思基本上"不在场"。这不是说这个领域中的哲学家，如罗素、维特根斯坦、胡塞尔、海德格尔等绝口不谈马克思的理论，而是说当他们在创立和阐释自己的理论时，基本上不需要从马克思

---

① 当然，这两个理论领域的划分并不是泾渭分明的。在社会理论领域，阿多诺的《否定的辩证法》多少把社会理论还原为一种纯粹哲学，但在阿多诺心目中，传统辩证法的主要代表却是柏拉图和黑格尔，而不是马克思。在现象学运动中，萨特的存在主义表现出向马克思主义靠拢的倾向，但萨特的存在主义实际上已经消解了现象学运动，在很大程度上也属于一种社会理论了。

那里获取理论资源。这种情况也十分明显地表现在国内马克思主义哲学研究中。尽管国内不少学者都力图从当代西方纯粹哲学中汲取理论资源重新阐释马克思的哲学理论，因而一度出现了"以西（西方哲学）解马"的理论努力，但这没有使我们从根本上摆脱这一窘境。因为，当学者们面对当代纯粹哲学那些复杂的理论问题时，他们很少能够从马克思的哲学文本中找到直接可用的话语，以至于在深入阐释纯粹哲学理论问题时经常"忘掉"马克思。面对这种情况，我们有必要严肃地、深入地思考一个问题：马克思的哲学理论是否具有进入当代"纯粹哲学"论域的可能性？

很明显，如何回答这个问题首先取决于这样一个问题，即马克思的哲学理论是否遇到了或者说能够触及当代纯粹哲学所遇到的原初性理论问题？这个所谓的原初性理论问题的"原初性"，即指这个问题构成了当代纯粹哲学的理论起点。毫无疑问，如果马克思的哲学理论根本没有遇到这个问题，那么马克思的哲学就不可能进入当代纯粹哲学论域之中，或者说在纯粹哲学方面，它就可能仅仅是传统形而上学的延伸。因为把当代哲学和传统哲学区分开来的，首先就是这个"原初性"问题，其次才是对这个问题的解答。同理，如果我们在研究中没有发现马克思的哲学遇到了或可能会触及这个原初性问题，甚至根本就不知道这个原初性问题之所在，那么即便我们把马克思的理论强行拉入当代纯粹哲学的论域中，也是没有意义的。目前，马哲学界出现的所谓"以西解马"，尽管不乏深入之见，但总起来说都会有一种"无根性"的忧虑，因为没有对那个"原初性问题"的清醒意识，不能从对这个问题的探索中延伸出解决这个问题的独特思路，马克思的哲学就依然外在于当代纯粹哲学的论域，无论如何论证，其结果依然是：这个领域不需要马克思。因此，本文所要的做的工作是回答两个问题：马克思的哲学理论是否会遇到作为当代纯粹哲学理论起点的"原初性问题"？从马克思的哲学理论中是否可以延伸出解决这一问题的独特思路呢？

一、什么是现代西方纯粹哲学的原初性问题

欧洲近代哲学开始于笛卡尔的"我思"。这个"我思"奠定了近代哲学，特别是近代理性主义哲学的"内在性原则"，"按照这个内在性原则，思维，独立的思维，在内在的东西，最纯粹的内在顶峰，就是现在自觉地提出的这

种内在性"①。思维的内在性原则一方面确立了独立的、自由的思维或自我意识在哲学中的核心地位，但另一方面也预设了一个至关重要的问题，即思维能否以及如何超越自身的内在性去认识和把握那原本不在思维或自我意识范围内的自在的事物。现代西方纯粹哲学的发展正是以对这个问题的思考为起点的。

1907 年胡塞尔在哥廷根大学执教时曾对现象学的进程和思路进行了梳理，他说："认识批判的方法是现象学的方法，现象学是一般的本质学说，关于认识本质的科学也包含在其中。"②他明确地区分了关于认识的两种思维，即自然的思维和哲学的思维，两种思维的区别是"生活和科学中的自然的思维对认识的可能性的问题是漠不关心的——而哲学的思维则取决于对认识可能性问题的态度"③。而有关认识的可能性问题，就是这样一个问题："人是如何能够确信自己与自在的事物一致，如何能够'切中'这些事物？自在事物同我们的思维活动和那些给它们以规则的逻辑规律是一种什么关系？"④或者进一步说："认识如何能够超越自身，它如何能够切中在意识框架内无法找到的存在？"⑤在胡塞尔之后，海德格尔以同样明确的方式提出了这个问题。他认为，在人这种物体身上，认识不是现成的，不能像肉体属性那样从外部加以规定，因而认识一定是"内在的"，问题在于"这个正在进行认识的主体怎么从他的内在'范围'出来并进入'一个不同的外在的'范围，认识究竟怎么能有一个对象，必须怎样来设想这个对象才能使主体最终认识这个对象而且冒跃入另一个范围之险？"换句话说，"认识究竟如何能够从这个'内在范围''出去'，如何获得'超越'"⑥？

这个问题不仅是现象学认识批判的起点问题，而且也隐含在分析哲学的语言批判中。如在科学陈述的检验问题上，人们一直围绕着"陈述是否必须与事实比较"这一问题争论不休。逻辑实证论的著名代表人物卡尔纳普在他的一篇非常重要的论文《真理与验证》中对此作出评析。他反对用"比较"这个词，而主张用"对照"这个词来描述陈述与事实的关系，认为使用"比较"的表述谈论"事实"或"实在"，容易使人们滑向一种关于实在的绝对主

① 黑格尔. 哲学史讲录录：第 4 卷[M]. 贺麟，王太庆译. 北京：商务印书馆，1981：59.
② 埃德蒙德·胡塞尔. 现象学的观念[M]. 倪梁康译. 上海：上海译文出版社，1986：7.
③ 埃德蒙德·胡塞尔. 现象学的观念[M]. 倪梁康译. 上海：上海译文出版社，1986：7.
④ 埃德蒙德·胡塞尔. 现象学的观念[M]. 倪梁康译. 上海：上海译文出版社，1986：7.
⑤ 埃德蒙德·胡塞尔. 现象学的观念[M]. 倪梁康译. 上海：上海译文出版社，1986：9.
⑥ 海德格尔. 存在与时间[M]. 陈嘉映，王庆节译. 北京：生活·读书·新知三联书店，1987：75.

义的观点，这种观点假定实在的性质是固定不变的，不依赖于为描写它所选择的语句。"然而，关于实在问题的答案不仅取决于这个'实在'或取决于事实，而且也取决于描写所使用的语言的结构（以及概念的集合）。"①从卡尔纳普的这一观点可以看出，尽管逻辑经验论者总是力图通过经验的证实或否证来解决陈述与事实之间的矛盾，但是既然科学陈述所涉及的事实或实在"依赖于为描写它所选择的语句"，"取决于描写所使用的语言的结构"，这就等于说，关于事实或实在的知识（科学陈述）并没有超出意识的内在范围，"我们的认识如何能够超越自身，如何能够切中在意识框架内无法找到的存在"这一问题就不会因对实证经验的强调而彻底地消失。为此，卡尔纳普不能不承认："经验科学的陈述具有这样的性质，即他们永远不能被确定地接受或拒斥，它们只能在某种程度上被验证或否证。"②维特根斯坦在其《逻辑哲学论》中描述了两个对称的系统，即由事实构成的本体论系统和由命题构成的逻辑系统，并把两个系统的关系理解为"图像"与"实在"（或事实）的关系，或语言与世界的关系，提出"命题是实在的图像"这一命题。在维特根斯坦看来，一个命题就是一个图像，进一步说，命题只有具备一定的逻辑结构才能成为事态的图像，而图像的逻辑结构必须与实在的结构有共同之处，才能描绘实在。这样一来，问题就产生了，作为命题的图像如何能够与作为事实的实在相吻合？用现象学的话说，命题如何能够"切中"实在？维特根斯坦径直宣称命题与实在或语言与世界之间具有同构关系，因而语言能够描述世界并且也确实成功地描述了世界（如科学）。但同时，他又认为语言与世界的逻辑同构性本身又是不可被陈述的，或者说不能被直接论证，而只能自身显示。因此，他不得不说："凡是能够说的事情，都能够说清楚，而凡是不能说的事情，就应该沉默。"③维特根斯坦在其后期哲学，之所以对自己早期的"图像论"进行严肃的批判，也主要是因为他意识到，如果把语言视为世界的图像，那么一系列本体论问题（什么才是真实存在的）和认识论问题（图像如何以及能否正确地反映世界）就会随之产生。

　　总之，意识的内在性问题就是作为当代纯粹哲学理论起点的那个"原初性问题"。对于这个问题，我国学者吴晓明教授亦有清醒、深刻的洞见，他指出："'意识的内在性'之成为真正的问题，一方面是由于它被把握为全部近

---

① 涂纪亮主编. 语言哲学名著选辑[C]. 北京：生活·读书·新知三联书店，1988：295.

② 涂纪亮主编. 语言哲学名著选辑[C]. 北京：生活·读书·新知三联书店，1988：292.

③ 维特根斯坦. 逻辑哲学论[M]. 郭英译. 北京：商务印书馆，1962：20.

代哲学的基本前提和基本状况，另一方面则是由于它同时也被了解为根本的矛盾和无法解脱的困境。"①应当说，这个理解是相当准确、相当有概括力和解释力的。需要补充一点的是，这个问题的确是近代形而上学的核心问题，但对近代形而上学来说这个问题却不是作为问题而是作为原则出现的。无论是笛卡尔、莱布尼茨、康德，还是康德之后的谢林、费希特、黑格尔，归根到底都是在"我思"或"自我意识"的范围内自认为达到了对认识论问题的一般解决。在现代哲学中，只是由于对认识之可能性问题的思考，才使这个作为近代哲学的核心和原则意识内在性问题作为问题浮现出来。很明显，这个问题恰恰是发生在西方近代哲学和现代哲学交接点，因而本文将其称之为现代西方纯粹哲学的原初性问题。

二、马克思的哲学是否遇到纯粹哲学的原初性问题

马克思的哲学理论遇到这个问题了吗？本文的回答是肯定的。只不过这个问题在马克思的哲学中处在被遮蔽的状态，是隐而不见的，需要我们通过理论探究把这个问题显现出来。

我们知道，马克思创立自己的哲学理论，最关键的理论契机，是对"直观的唯物主义"的批判。这个"直观的唯物主义"是马克思对一切旧唯物主义的总称。他指出这种"直观的唯物主义"的共同缺陷是："对对象、现实、感性，只是从客体的或者直观的形式去理解，而不是把它们当作感性的人的活动，当作实践去理解，不是从主体方面去理解。"②问题在于，马克思所言称的这种直观的唯物主义的"直观性"到底是指什么？通常我们总是从认识论意义上理解直观这个概念，因而也就仅仅从认识论意义上"批判"直观的唯物主义。事实上，马克思所言称的"直观的唯物主义"不仅仅是指这种唯物主义在认识论上的缺陷，更是指其在本体论上的缺陷。在马克思看来，旧唯物主义对"感性世界"的理解，一方面仅仅局限于对这一世界的单纯的直观，另一方面仅仅局限于单纯的感觉，因而它没有看到，人周围的感性世界"决不是某种开天辟地以来就已经存在的、始终如一的东西，而是工业和社会状况的产物，是历史的产物，是世世代代活动的结果，其中每一代都在前一

---

① 吴晓明. 马克思主义哲学中的主体性问题[J]. 复旦学报，2005（5）：7-14.
② 马克思恩格斯选集：第 1 卷[M]. 北京：人民出版社，1995：58.

代所达到的基础上继续发展前一代的工业和交往方式，并随着需要的改变而改变它的社会制度"①。很明显，马克思认为直观的唯物主义的直观性，就在于它直观地把握"感性世界"，把"感性世界"理解为以其自身为根据的自在的自然界，而完全没有看到，我们生活于其中的感性世界本质上是以人的感性活动为基础、为人的感性活动历史地改变着的世界。

不难看出，马克思在其"感性世界"的理论中，明确地区分了感性世界和那种离开人而独立的自然界或"自在世界"，把"感性世界"理解为"工业和社会状况的产物""历史的产物""世世代代活动的结果"等等。当然，马克思没有否认自在世界的存在，但他认为这个外部的自在世界对人来说是没有意义的。在《1844年经济学哲学手稿》中，他曾指出，外在于人的或脱离人而独立的自然界不过是一种"非对象性的存在物，是一种非现实性的、非感性的、只是思想上的即只是虚构出来的存在物，是抽象的东西"②，也就是说，现实的、感性的存在物，必然是对于人来说的对象性的存在物，而人（我）则构成了这种存在物的他物或它的对象，即另一个现实。如果设想脱离人独立存在的自然界，那么这种自然界就既不是对象，也没有对象，因而不可能是现实的、感性的存在物，只能是思想上抽象出来的东西。可以设想这种自然界先于人而存在，"但是，被抽象地孤立地理解的、被固定为与人分离的自然界，对人来说也是无"，或者说，"它是无意义的，或者只具有应被扬弃的外在性的意义"。③在《德意志意识形态》中，马克思通过对费尔巴哈为代表的直观唯物主义的批判，继续陈述这个观点，他说："外部自然界的优先地位仍然会保存着，而这一切当然不适用于原始的、通过自然发生的途径产生的人们。但是，这种区别只有在人被看作是某种与自然界不同的东西时才有意义。"显然，马克思力主哲学的思考应当立足于"感性世界"而不是"自在世界"，因为自在世界，即那个独立于人、不依赖于人的自然界，由于它脱离了人的感性活动，就只能表现为思想上的没有任何具体规定的抽象物。

对"感性世界"的理解构成了马克思主义哲学与旧唯物主义或直观唯物主义的基本区别。如果说，康德取消了认识自在世界的可能性，那么马克思则是取消了认识自在世界的必要性。然而，问题也就随之产生：究竟为什么认识"自在世界"是没有必要的或没有意义的？我们能否认识自在世界？一

---

① 马克思恩格斯选集：第1卷[M]. 北京：人民出版社，1995：76.
② 马克思恩格斯全集：第42卷[M]. 北京：人民出版社，1979：169.
③ 马克思恩格斯全集：第42卷[M]. 北京：人民出版社，1979：178.

且我们确认认识的基础是人的感性活动即实践活动，那么我们关于客体的知识能否被确认为是对独立于人的意识、与人的实践活动无关的"自在世界"或"自在事物"本身的认识？用纯粹哲学的话语来说，就是认识如何能够切中在意识框架内无法找到的存在？人是如何能够确信自己与自在的事物一致，如何能够"切中"这些事物？或者，命题、图像、语言如何能够与实在、事实、世界相一致？毋庸置疑，这正是作为当代纯粹哲学理论起点的原初问题。只不过这个问题在马克思的哲学中是隐含着的。

三、关键的问题在于如何理解对象的被给予方式

"原初问题"即"如何走出意识的内在性"问题是认识论问题，它表明，本体论问题必须依靠认识论来澄清。因此，这个问题启动了现象学的认识批判和分析哲学的语言批判，并引领了几乎一个世纪西方纯粹哲学的发展。但是，也恰恰是在这个问题上，马克思放弃了纯粹哲学的思考。也就是说，他没有把他创立的"感性世界"理论在认识论上加以完成。这就直接导致了马克思在现代纯粹哲学领域中的"不在场"。更为严重的是，后来的"马克思主义哲学原理"教科书的编撰几乎完全忽视了马克思的感性世界理论，更没有意识到这个理论在认识论上的重大意义，因而这种通行了近一个世纪的所谓"原理教科书"，尽管有许多种版本，但都无一例外地把人生活于其中的感性世界不经反思地理解为离开人而独立的"自在世界"（或称物质世界），并将其作为马克思主义哲学的前提、基础或立足点，这就使"原理教科书"对马克思主义哲学的理解总体上倒退到直观唯物主义的立场上。

当然，仅仅是接触到这个问题还是不够的，更进一步的问题是，从马克思的感性世界理论中是否可以延伸出解决这一原初问题的独特思路？对于这个问题，在马克思的文本中找不到现成的答案，因此我们必须沿着马克思开创的思路，在马克思的"放弃之处"接着思考，并把这个"思考"同当代纯粹哲学进行比较，由此使马克思主义哲学研究进入当代纯粹哲学的论域中。

我们知道，在回答"认识如何能够超越自身，它如何能够切中在意识框架内无法找到的存在"这一问题方面，现象学首先排除的是"自然的思维"或"自然的态度"，而这种自然的思维或自然的态度，恰恰就是马克思所批判的"直观唯物主义"观念。胡塞尔认为，按照自然的态度，所谓"现实客体"

就是指在我们之外存在之物，"我们看着它，站在它的面前，我们使自己的目光牢牢地指向他，然后我们描述它，并做出关于它的陈述，正如我们发现它在空间中面对着我们而存在着那样"①。例如，"在自然的态度中，苹果树对我们来说是某种存在于超越的空间现实中的东西，而知觉及喜爱对我们来说是真实的人所有的心理状态"②。然而，这种自然的态度是缺乏反思的，它完全没有看到，关于客体的这一假定实际上已经包含着超验的设定，即已经预先假定在我们之外存在着一个物理世界，而客体存在于这个世界的某个空间位置中。这种超验的设定内在于我们的知觉，构成了我们知觉判断的前提。因此，为了澄清认识的可能性问题，就必须对我们有关客体的知觉判断实行现象学的还原，也就是将这些内在于知觉的超验设定排除出去或放到括号中不加判断。这种还原终止了所有对"现实的"的超验的自然设定，但它并未阻止对事实的现实性的判断，即知觉是对一现实的意识，只不过关于现实的描述是对呈现在知觉中的"现实本身"的描述，这个现实是以特殊方式出现的。③这表明，在我们认识活动中，作为对象的被给予之物，并不是外在于我们的对象自身，而是我们对对象的种种知觉和判断，"这些和那些视觉内容，这些和那些统摄，这些和那些判断，这才是被给予之物，真实意义上的唯一被给予之物"④。

对于胡塞尔现象学的上述观点，学界以往大都是采取一种缺乏反思的、"直观唯物主义"的态度，即几乎是不假思索地将之指责为唯心主义并弃置一边。这种态度既无视了现象学在哲学认识论中的重要贡献，也遮蔽了在马克思的"感性世界"理论与现象学理论，也就是和现代西方纯粹哲学之间的某种契合之处。胡塞尔所讲的作为人的经验视域的"整体世界"和马克思所讲的作为人的感性活动的产物的"感性世界"，都不是外在于人的、与人的活动无关的"自在世界"，并且更为重要的是，马克思同样没有把"自在世界"，而是把"感性世界"视为人的认识的前提或基础。在这个问题上，特别值得一提的是，同胡塞尔的"苹果树例证"一样，马克思举出了一个"樱桃树例证"，他说："甚至连最简单的'可靠的感性'的对象也只是由于社会发展，由于工业和商业往来才提供给他的。大家知道，樱桃树和几乎所有的果树一

---

① 埃德蒙德·胡塞尔. 纯粹现象学通论[M]. 李幼蒸译. 北京：商务印书馆，1997：230.
② 埃德蒙德·胡塞尔. 纯粹现象学通论[M]. 李幼蒸译. 北京：商务印书馆，1997：225.
③ 埃德蒙德·胡塞尔. 纯粹现象学通论[M]. 李幼蒸译. 北京：商务印书馆，1997：230.
④ 埃德蒙德·胡塞尔. 现象学的观念[M]. 倪梁康译. 上海：上海译文出版社，1986：7.

样，只是在数世纪以前依靠商业的结果才在我们这个地区出现。由此可见，樱桃树只是依靠一定的社会在一定时期的这种活动才为费尔巴哈的'可靠的感性'所感知。"①这就是说，认识的对象不是自在的，而是由人类的社会性、历史性实践活动提供的，或者说是在人类实践中被给予的。

由此可见，马克思和胡塞尔都强调认识对象不是直接的、现成的，而是被给予的，重要的区别在于如何理解认识对象的被给予方式。胡塞尔注意到，在一切认识活动之前，都先已存在一个作为普遍基础的世界（周围环境）。在认识活动开始之前，周围环境作为认识对象就已经以信念的方式存在于认识者的意识中。它本身不是借助判断活动才获得的，而是一切判断的前提。此外，对于认识者而言，作为一切判断或一切知识的前提的这个整体世界并不是外在于人的，与人的认知活动毫无关系的世界，而是一个已经有知识以各种方式在其中起过作用的世界，任何对象自身被观看时都必然带有对于此物的共识或前识。这种前识构成了认识活动的经验视域（Horizont）。整体的世界就是作为包含着各种前识和共识的经验视域而存在的。因此，在意识活动中或意向体验中现时地被意指的那个"对象"永远不会孤立地、完全不确定地和未知地被经验，而是作为某个处在联系之中的东西，作为某个在经验视域中和出自经验视域的东西而被经验到。经验视域表明事物意识与世界意识之间存在着不可分离的联系，所有存在者都是作为这个世界的某物而存在，因而关于一个事物的经验过程是在作为这个世界的存在信仰基础上被预设的。

可以说，胡塞尔的上述理论是对哲学认识论发展的重大贡献，而问题在于，胡塞尔对认识对象的被给予方式的理解停留在意识的构造中。这使他最终没有超出"我思"或意识的"内在性范围"。正如海德格尔所指出的那样，尽管胡塞尔的意向性概念揭示了认识对象所具有的"本己的存有特性"（Bestandhaftigkeit），但这个概念依然是包含在内在性之中，即"把对象嵌入意识的内在性之中"②，因此胡塞尔并没有真正地改变传统形而上学的基本建制。在胡塞尔看来，我们所能把握的只是事物在知觉中显现给我们的样子，事物自身的存在并没有向我们显现出来。我们可以通过知觉判断加以描述的事物并不是自在地存在的，而是由意识构成的。如果说任何一种知识都是关于存在者的知识，那么这个存在者作为认识对象实际上是在我们的意识中构

① 马克思恩格斯选集：第 1 卷[M]. 北京：人民出版社，1995：76.

② 晚期海德格尔的三天讨论班纪要[J]. 丁耘译. 哲学译丛，2001（3）：52-59.

造自身，而超越人的内在意识或者说在人的内在意识之外而存在的客体自身是不可能获得明证性的。如他本人所说："但我接受真实的事物，接受外在于我的事物，这是根据什么信用呢？根据外在知觉的信用？简单一瞥便可以把握我的事物环境直至最遥远的恒星。但这一切可能是梦，是感官的欺骗。这些和那些知觉内容，这些和那些统摄，这些和那些判断，这才是被给予之物，真实意义上的唯一被给予之物。对于这种超越的功效，是否在知觉中有一种明证性？但明证性除了是某种心理特征之外还能是什么呢？知觉和明证性特征，这便是被给予之物，而为什么必然有某物与知觉和明证性特征这个混合物相符合，则是个谜。"[①]基于这种理解，胡塞尔认为，重要的问题只在于弄清对象是如何在意识中构造自身的。为了达到判断的明证性，我们可以把有关事物自身存在的信念悬置起来，或者说把事物的存在乃至作为认识主体的人的存在问题放到括号中，对此进行彻底的"中止判断"。这样，通过现象学的还原，使"存在"回复到"意识"中，进而研究对象如何在意识中构造自己。这也就是胡塞尔所说的"存在在意识中的消融"（die Auflósung des Seins in Bewuβtsein）。

四、"感性活动"与解决原初问题的可能方案

从胡塞尔的上述结论中可以看出，如果在人与周围世界的关系中，只看到了人的感知、直观、表象、判断、意志、前见、共识以及语言结构之类属于纯粹意识范围内的东西，对对象的被给予方式的理解就不可能超出纯粹意识范围，因而也就无法理解归根到底是什么东西能够使"认识超越自身，切中在意识框架内无法找到的存在"。这就意味着，要解决这个原初性问题，就必须找到那种不能被"我思"或意识的内在性范围所同化的东西。正如海德格尔所说："必须从某种与我思不同的东西出发。"

问题在于，什么东西是与"我思"不同的东西。海德格尔的解决方案是确立"此在"的"在外性"。"此在"，简单地说，就是作为存在者的人的存在。海德格尔认为，当人们的认识"在指向某某东西之际，在把捉之际，此在并非要从它早先被囚禁于其中的内在范围出去，相反倒是：按照它本来的存在

---

① 埃德蒙德·胡塞尔. 现象学的观念[M]. 倪梁康译. 上海：上海译文出版社，1986：69.

方式，此在一向已经'在外'，一向滞留于属于己被揭示的世界的照面着的存在者。有所规定地滞留于有待认识的存在者那里，这并非离开内在性范围，而是说，此在的这种依寓于对象的'在外存在'就是真正意义上的'在内'。这就是说，此在本身就是作为认识着的'在世界之中'"①。海德格尔在这里所讲的世界，是作为"生存论环节"的世界，即"一个实际上此在作为此在'生活''在其中'的东西"②，而不是与此在的生存无关的自在世界。因此，此在的"在内"，就其最本己的意义而言，就是"在世界中"，即在此在自身的生存论环节之中。同时，既"在世界之中"，就无可避免地同此在的外部存在者照面，即"在世界中寓于外部存在者处"，因而"认识着的此在依然作为此在而在外"③。但是，海德格尔关于此在的在外性的阐释，似乎依然没有从根本上解决问题。既然此在的在外性缘于此在寓于外部存在者处，那么此在如何与外部存在者照面？

从此在的生存结构即"在世界之中"来规定此在的"在外性"，无疑是解决意识的内在性的正确思路。然而，要从根本上解决这一问题，还必须对此在的生存方式作出更为透彻的诠释。笔者认为，恰恰就是在这一问题上，马克思的"感性世界"理论蕴含着解决现代纯粹哲学原初性问题即意识的内在性问题的可能性。

如前所述，马克思的"感性世界"不同于胡塞尔的"整体世界"的地方在于强调感性世界是一个由人的感性活动创造出来的对象化的世界，即由人们的感性活动及其创造物构成的属人的世界，一个超越了人的内在意识的客观化了的世界。由前识和共识所构成的经验视域毫无疑问地属于这个感性世界，是这个感性世界的主观表达，并且只有在这个感性世界中才能形成并发挥作用，因为能够成为人们的前识和共识的东西只能是那些在实际地改变这个世界的感性活动及其结果中得到确证和反复确证的东西，是在感性世界中起作用的各种知识。正是由于人们的感性活动使这些知识超越了纯粹的意识范围，才真正使它们成为人们的前识或共识，并进而成为认识的主观条件。因此，对于"认识如何能够超越自身，它如何能够切中在意识框架内无法找到的存在"这个问题，如果我们把认识活动仅仅看成是发生在意识范围内的东西，而把认识的对象或客体看成仅仅是外在于我们的自在的客体，那就不

① 海德格尔. 存在与时间[M]. 陈嘉映，王庆节译. 北京：生活·读书·新知三联书店，1987：77.
② 海德格尔. 存在与时间[M]. 陈嘉映，王庆节译. 北京：生活·读书·新知三联书店，1987：81.
③ 海德格尔. 存在与时间[M]. 陈嘉映，王庆节译. 北京：生活·读书·新知三联书店，1987：77.

可能找到确切的答案，或者只能找到否定的答案。而一旦答案是否定的，我们也就无从理解人类的认识活动何以能够改变我们生活于其中的这个世界。因此，马克思的"感性活动"理论无疑为我们重新思考这个问题提供一个强有力的理论支撑点。正如马克思所说："人的思维是否具有客观的真理性，这不是一个理论的问题，而是一个实践的问题。人应该在实践中证明自己思维的真理性，即自己思维的现实性和力量，亦即自己思维的此岸性。关于离开实践的思维是否具有现实性的争论，是一个纯粹经院哲学的问题。"①对马克思的这句话，我们应当作这样的理解，思维的客观真理性，就是思维的现实性，也就是通过人的实践活动创造出一个感性世界，从而使思维在现实的此岸中实现自身。在通过感性活动超越内在意识的意义上，"存在"的自明性或明证性恰恰是由感性活动的自明性和明证性来确证的。

我国学者吴晓明事实上已经注意到，必须用马克思的感性活动或"对象性活动"的概念来界说此在的"在外性"，他认为马克思走出意识内在性的关键是"在'对象性的活动'这一原则提法中"②。在他的另一篇文章中更为明确地指出：彻底颠覆那种由"我思"、由意识的内在性所预设的主题性关系范式是马克思的"感性-对象性"的关系范式，"而这种关系还必须进入'感性的活动'或'对象性的活动'的统摄理解中，亦即必须依循马克思的'实践'原则来得到充分说明"③。我国另一青年学者王国坛也觉得有必要追问此在的"在外性"，并对吴晓明从"对象性活动"出发解释此在的"在外性"也表示出不同意见。他认为，如果只是一般地以"在外性"就可以"走出"意识的内在性，那么马克思就又可能根本走不出意识的内在性。因为，马克思虽然赋予存在较之意识的优先地位，但马克思所说的存在依然是"被意识到的存在"，马克思所理解的对象性活动，也是"被意识到的活动"。为此，他主张把"劳动"，特别是物质生产劳动，理解为马克思走出意识内在性的主题，指出："马克思的劳动是指物质生产劳动，是感性活动，而且是感性活动的最'基底样式'。"④实际上吴晓明的观点与王国坛的观点没有根本的分歧，二者都在最根本的意义上把"感性活动"理解为马克思走出意识内在性的理论契机。不过，王国坛对吴晓明的反驳却是值得商榷的。人的存在和人的对

① 马克思恩格斯选集：第 1 卷[M]. 北京：人民出版社，1995：16.

② 吴晓明. 马克思主义哲学中的主体性问题[J]. 复旦学报，2005（5）：7-14.

③ 吴晓明. 马克思对主体哲学的批判与当代哲学的语言学转向[J]. 复旦学报，2006（3）：1-9.

④ 王国坛. 马克思哲学劳动主题引论[J]. 天津社会科学，2006（6）：33-38.

象性活动，不会因为是"被意识到的存在"和"被意识到的活动"就成为在意识内在性范围内的存在或活动，亦即不会因其被意识到而失去现实的、感性的特征。如果把"被意识到"同"在意识内在性范围内"等同起来，王国坛主张的"劳动主题"同样没有走出意识的内在性范围，因为"劳动"或"物质生产劳动"无疑是"被意识到的"活动。笔者认为，在"感性活动""对象性的活动"和"劳动"这三个概念中，"感性活动"可能是最具有根本性的意义。如果不从"感性活动"的意义上理解"对象性的活动"和"劳动"，这后两个概念就完全有可能——如同黑格尔哲学已经做到的那样——被同化到纯粹意识的内在性范围中。只有"感性活动"本身才是一个拒绝被"我思"或"纯粹意识"所同化的概念，因为，它是"现实的、肉体的、站在坚实的呈圆形的地球上呼出和吸入一切自然力的人通过自己的外化把自己现实的、对象性的本质力量设定为异己的对象"的活动，"因此，并不是它在设定这一行动中从自己的'纯粹的活动'转而创造对象，而是它的对象性的产物仅仅证实了它的对象性活动，证实了它的活动是对象性的自然存在物的活动"①。或者用当代英国著名哲学家乔纳森·沃尔夫更为直白的话说："人们实际上感到了自己才能的充分发挥。他们改变世界不仅仅是通过改变他们将它概念化的方式，而且还要通过在物质上改变它：用镐头和铁锹，用犁和挖掘机，用织机和车床。在改变世界的活动中，他们通过发展新技能，还有新需要，也改变了自己。"②从这个意义上说，"超越意识的内在性"就当是指感性活动本身的内在规定性。据此，以感性活动为基础的"感性世界"也同样是不能被"我思"或"纯粹意识"所同化的东西。因为这个世界就是有人的现实的、感性的、外在化或对象化的活动以及这个活动的产物所构成的，就是超越意识内在性范围的现实体现。尽管对于这个世界的一切存在者以及这个世界本身的理解为我们的前见、共识、话语方式、思维形式、前述谓经验等因素构成的意识结构所包摄，但它的可感知的特性决定了它的存在不可能消融在纯粹意识中。

从"感性活动"出发，我们可以进一步理解认识对象的被给予方式这个关键性问题。人的认识活动总是要指向那些外部的、自在的、未知的事物，但这并不是说这些外部的、自在的事物可以直接地、现成地成为我们的认识对象。只有当它们通过我们的感性活动而呈现给我们时，才能成为我们的认

① 马克思恩格斯全集：第 42 卷[M]. 北京：人民出版社，1979：324.

② 乔纳森·沃尔夫. 当今为什么还要研究马克思[M]. 北京：高等教育出版社，2006：21.

识对象。正如马克思所举的"樱桃树"的例子那样，认识对象只有依靠一定的社会在一定时期的感性活动才能为我们所感知。而当外在的事物通过人的感性活动而呈现出来时，所呈现出来的事物就绝非外在事物自在的形态。因为，感性活动是人以其工具行为与周围世界的相互作用活动，而人们的工具行为实际上是工具本身所具有的物质和能量与外部事物所具有的物质和能量之间的相互作用。只不过这种相互作用不同于外部事物之间自在的相互作用，因为工具行为的基本特征就是把主体的前识、共识，或者说经验知识、观测方式、认知模式、思维模式和话语方式预设到工具行为中，在更为广阔的意义上，还包括了各种自然的和社会的因素，从而围绕人们的工具行为形成了一个"实践场域"，使工具和外部事物按照我们可以认知、理解和把握的方式发生相互作用，这也就是笔者曾经提出的"实践场域内客体间相互作用"①。在这个过程中，外部事物的自在性被扬弃了。因而，真正作为我们的认识对象的东西绝不是游离在人的感性活动之外的自在事物本身，而是在实践场域中亦即在实践场域内客体间相互作用过程中所发生的"事物"或"事件"。因此，恰恰是这个实践场域决定了对象的显现方式，或者用胡塞尔的话说，决定了对象的被给予方式。只不过胡塞尔把前述谓经验局限在纯粹意识范围之内，而"实践场域"则是感性活动的领域，是超越了纯粹意识的感性世界。如果我们把胡塞尔所说的"前述谓经验"放到"实践场域"中，或者说，放到"感性世界"中加以考察，这个前述谓经验就不仅是一个意识结构的问题，而且也是一个生活实践结构的问题，而意识结构不过是生活实践结构的一个有机的组成部分。这样看来，前述谓经验的形成问题，不仅仅是一个个体发生学的问题，而更是一个人类学问题。

我们的认识之所以能够"切中"在我们意识范围之外的客体，就是因为能够被切中的"客体"就是在实践场域内客体间相互作用中发生的现象、事件或事物，也就是按照我们能够认知、理解的方式而发生的事物。这种客体既不是自在的事物，因为它在人们的感性活动中已经扬弃了其自在性，也不是纯粹的意识（感知、表象、直觉、判断等），因为它是人们的感性活动及其创造物，因而是在人的意识内在性范围之外的事物。在这个意义上，一方面我们可以肯定，在我们的感性活动中，我们的认识是可以超越纯粹的内在意识而"切中"外在于我们的事物，只要这个外在于我们的事物是在"实践场

---

① 阎孟伟. "感性世界"的实践论诠释及哲学范式的变革[J]. 哲学研究，2004（3）：21-28.

域内客体间相互作用"呈显出来的现象、事件和事物。另一方面，我们也必须承认，我们的认识不可能超越"感性世界"而"切中""自在世界"或自在事物。因为任何现象都是在实践场域中呈显出来的，这表明主体参与了"对象"的被给予过程。只有这种对象才是科学和哲学所能把握的对象。因此，一切能够为我们感知、认识和把握的存在物，都是作为人的感性活动的产物的存在物，是感性世界中的存在物。这就是为什么马克思强调，对"对象、现实、感性"必须"从主体的方面去理解"，必须把它们"当作感性的人的活动，当作实践"去理解。

（该文原载于《哲学研究》2008 年第 4 期）

马克思的实践哲学及其理论形态

把马克思主义哲学理解为一种实践哲学，一种实践的唯物主义，这是 30 年来中国马克思主义哲学研究领域最重要的理论贡献之一。然而，从理论上论证马克思主义哲学是一种实践哲学，这还仅仅是我们重新认识和把握马克思主义哲学的理论特质的开端，更进一步的问题还没有得到真正的解决。本文意欲分析三个相互关联的问题：怎样理解马克思实践哲学的形成过程以及它的本体论内涵？这一本体论内涵使马克思实践哲学采取了怎样一种理论形态？这种理论形态对于我们思考马克思主义哲学的中国化意味着什么？

一、马克思实践哲学的最初表达

从马克思思想发展的历史脉络上看，马克思创立实践哲学的动机早已萌生在他早年对哲学与现实世界的关系的独特思考中。1836 年，他从波恩大学转入柏林大学之后，起初曾专心于法哲学的研究，并试图仿效康德先验哲学和费希特构建体系的公理化方法，从法的思维规定出发先验地构造出"法的形而上学"的公理体系。但在阅读了黑格尔的《精神现象学》和法哲学理论之后，马克思开始意识到，他所建立的法的形而上学以及建立这种形而上学的方法遇到了理论与现实、实有与应有之间的矛盾。黑格尔在他的《法哲学原理》中把法哲学定义为"以法的理念，即法的概念及其现实化为对象"的科学，即认为，一方面法的概念其自身规定性的展开必然具有现实性，必然会成为现实化的各个环节，而不会仅仅停留在思维的抽象规定中；另一方面现实存在的具体事物及其发展也必然要体现概念的必然性，从而具有合理性。黑格尔的这一思想对马克思的影响显然是相当深刻的，它促使马克思从积极的方面领会黑格尔哲学，放弃了建构法哲学公理体系念头转而从国家和法的现实形态中探究法的理念。如他所说：在法、国家、自然界、全部哲学方面，"我们必须从对象的发展上细心研究对象本身，决不能任意分割它们；事物本身的理性在这里应当作为一种自身矛盾的东西展开，并且在自身求得自己的统一"①。这一思考强化了马克思对哲学与世界、理论与现实的理解，更注重理念的现实化，他声称："哲学已经不再是为了认识而注视着外部世界；它作为一个登上了舞台的人物，可以说与世界的阴谋发生了瓜葛，……然而象普罗米修斯从天上盗来了天火之后开始在地上盖屋安家那样，哲学把握了整个世界以后就起来反对现象世界。"②正是在这个意义上，马克思把哲学称之为一种能够变成实践力量的自由的理论精神，面向那存在于理论精神之外的尘世的现实。尽管在这个时候他对实践的理解主要还是取之于黑格尔的精神哲学，而不是他后来所强调的"感性活动"，但他在最初使用实践这个概念时，就赋予它"改变世界"这个基本含义，这在马克思那里是始终如一的。

马克思所处的那个时代，正是西欧各国从传统的封建社会向现代资本主义社会过渡的转型时期，经济上和政治上相对保守、落后的德国在英法政治革命的强烈震撼下也到处涌动着变革的潮流。面对这种社会境况，马克思强烈地意识到，哲学已经不能再将自身封闭于自身之内，而应当在危机四伏的现实世界中冲锋陷阵。在他看来，哲学并不是在世界之外的遐想，而是在这个世界中产生出来的，并且只有同这个世界相互作用才能保持自己旺盛的生命力。他激情满怀地说："哲学家并不像蘑菇那样是从地里冒出来的，他们是自己的时代、自己的人民的产物，人民的最美好、最珍贵和最隐蔽的精髓都汇集在哲学思想里。正是那种用工人的双手建筑铁路的精神，在哲学家的头脑中建立哲学体系。"③为此，马克思对当时"喜欢幽静孤寂、闭关自守并醉心于淡漠的自我直观"的德国哲学非常不满，强调哲学作为一种意志力量，必然要同外部世界发生关系，变成一种实践力量同世界相互作用。由此，马克思第一次提到了哲学的外部表现形态问题。他坚信，真正的哲学作为自己时代精神的精华必然要与自己时代的现实世界接触并相互作用，"那时，哲学不再是同其他各特定体系相对的特定体系，而是变成面对世界的一般哲学，变成当代世界的哲学。各种外部表现证明，哲学正获得这样的意义，哲学正

---

① 马克思恩格斯全集：第40卷[M]. 北京：人民出版社，1982：10-11.
② 马克思恩格斯全集：第40卷[M]. 北京：人民出版社，1982：135-136.
③ 马克思恩格斯全集：第1卷[M]. 北京：人民出版社，1995：219-220.

变成文化的活的灵魂，哲学正在世界化，而世界正在哲学化"①。不难看出，这个思想已经预示着马克思同传统形而上学彻底决裂的独特方式，即不仅从内容上，而且从外部表现形态上重新定位哲学，重新考察哲学所面临的问题。

在大学毕业后的《莱茵报》时期，马克思就是抱着使"自由的理论精神成为实践力量"的信念投入到对德国封建专制制度乃至现代资本主义制度的政治批判中。此间，他接触到大量的有关物质利益与国家和法的关系问题，并发现黑格尔的国家理念在现实中处处碰壁，这使他不能不怀疑黑格尔国家观是否真的具有现实化的可能。《莱茵报》被普鲁士政府查封后，马克思对黑格尔的国家观不再抱任何希望，他认识到，国家根本不像黑格尔所理解的那样是普遍理性的体现，更不像黑格尔所说的那样是作为家庭和市民社会的"外在必然性"和"内在目的"决定着家庭和市民社会，相反，家庭和市民社会才是政治国家的天然基础和人为基础，是国家的前提。黑格尔把绝对的伦理理念看成是"无限的现实精神"，而把来自市民社会普遍经验的市民精神看成是"假象"或"现象"，并认为绝对的、无限的伦理精神把自己分为家庭和市民社会两个有限的领域，目的是返回自身。对此，马克思毫不客气地指出，这是一种"逻辑的、泛神论的神秘主义"。在这个逻辑中，作为出发点的事实没有被理解为事实本身，而是被理解为神秘的结果，而观念除了"形成自为的无限的现实的精神"这一逻辑的目的外，没有任何其他的目的。②哲学的实践精神必须摆脱思辨哲学的神秘逻辑，它不是绝对理念回归自身的逻辑运动，面对现实世界中的苦难的呼声，它应成为改变世界的思想武器。1844年春，马克思发表在《德法年鉴》上的两篇文章《论犹太人问题》和《黑格尔法哲学批判导言》初步奠定了马克思实践哲学的主题即人的解放。在《论犹太人问题》一文中，马克思把人的解放理解为从政治解放到人类解放的历史过程，肯定了资产阶级政治解放的历史进步价值，同时也指出了政治解放的历史局限性和不彻底性，提出将政治解放推进到人类解放的历史任务；在《黑格尔法哲学批判导言》中，马克思称人的解放就是宣布人是人的最高本质的革命，这个解放的头脑是哲学，它的心脏是无产阶级。

---

① 马克思恩格斯全集：第 1 卷[M]. 北京：人民出版社，1995：220.
② 马克思恩格斯全集：第 3 卷[M]. 北京：人民出版社，2002：12.

二、马克思实践哲学在本体论上的完成

一种哲学理论能够采取怎样的理论形态，不仅取决于它的理论内容，更取决于它所秉承的本体论原则。马克思实践哲学在理论上的完成也正在于它对哲学本体论问题的解决。《1844年经济学哲学手稿》可以说是马克思实践哲学本体论的发端。在这部手稿中，马克思开始从物质生产劳动的意义上对实践概念作出新的哲学阐释。他认为，劳动不仅是生产的真正灵魂，而且是人的生命活动，因而劳动对人来说不只是满足肉体生存需要的手段，而且是体现人的类特性的"自由的有意识的活动"。这种"劳动"也不是黑格尔所理解的"抽象精神的劳动"，作为创造对象世界、改造无机界的实践活动，它是人们现实的、感性的物质活动，是人的本质力量的公开展示。进而，马克思又在与恩格斯共同撰写的《神圣家族》中，对思辨哲学完全抹杀人的生活的物质要素的观点进行了批判，强调人的实践活动，特别是物质生产活动在人类历史发展中的决定性作用，指出历史的发源地不是在天上的云雾中，而是在"尘世的粗糙的物质生产"中，只有从实践的观点，也就是从自然科学和工业的观点出发才能达到对历史现实的认识。不久，马克思在1845年春所写的《关于费尔巴哈的提纲》中，进一步把实践界定为人的现实的感性活动，从而使实践概念成为马克思实践哲学有别于以往任何哲学的理论出发点，成为一个本体论范畴。在这个意义上，马克思的实践哲学就是一种实践本体论。

把马克思的实践哲学理解为一种实践本体论，这在我国学界引起了颇多的争议。不少学者认为，马克思主义哲学作为唯物主义哲学必然要主张世界统一于物质而非精神，因而无论如何论证都似乎没有足够的理由将实践确认为世界的本体。依本人的理解，这种观点很大程度上是没有看到，早在欧洲近代哲学发端之际，哲学的本体论追问就已经发生了根本性的转变。西方古代哲学中的本体论追问均致思于"世界的本体"，把世界的本体或者归结为某种自然物质或物质性的元素，或者归结为"存在""理念""实体"或"上帝"。然而，说"世界本体是什么"其实不过是说"我认为世界本体是什么"，说出的只是一个观念，问题在于这种观念的根据是什么？对这个问题的解答不可避免地使哲学的本体论问题转变为哲学理论思维的出发点问题，即把对世界本体的追问转向了对观念根据的追问，转变为对思维和存在的同一性的追问，

转变为对思想观念的客观真理性的追问，这就是我们通常所说的认识论转向。在这个转向中，出现了形而上学唯心主义与经验论唯物主义的对立，前者秉持思维本体论的路线，后者则坚守自然本体论的路线。

近代形而上学唯心主义的思维本体论肇端于笛卡尔哲学。笛卡尔通过普遍怀疑为观念确立了无可怀疑的根据，即作为思维主体的"自我"，这是一个纯粹的精神实体，它的全部本质或本性只是思想。在这里，笛卡尔并不是把这个纯粹的精神实体预设为世界的本体，而只是将其设定为思维的牢固的出发点。在他看来，一切有关上帝的观念或关于世界的观念只有在自我的"纯思"中才能得到确认。黑格尔把笛卡尔的这种从"我思"出发的理论原则，称之为思维的"内在性原则"，即把思维本身作为全部哲学的出发点，确认一切应当得到思维承认的规定都应当取自思维自身，而无须借助任何感性经验，仅通过"纯思"推论出具有普遍性、必然性、绝对性和确定性的真理，由此构建出形而上学的公理体系。这种思维本体论本着思维的内在性原则在其发展中最终倾向于把思维本身看成是独立自行的理智存在体，而把不同于思维的外部世界理解为思维的派生物或外在化，因而它所能证明的充其量也只是思维与自身的同一。并且，坚持思维本体论的哲学几乎无一例外地借助神学命题来消解思维与存在的矛盾。在笛卡尔那里，上帝作为最高的实体在心灵和物质世界这两个实体之间起着中介的作用；在斯宾诺莎那里，实体就是神，思维和广延之所以一致，只因为它们都是实体的属性或样式；在莱布尼茨那里，神则是灵魂和形体、思维和存在具有同一性的终极根据；在谢林那里，思维与存在的同一性根源于凌驾它们之上的"绝对同一性"，而这种"绝对同一性"就是"上帝"；在黑格尔哲学中，这种思维本体论发展成为一种绝对唯心论，并称这种绝对唯心论"不仅只是哲学上的特有财产，而且又构成一切宗教意识的基础，因为宗教也相信我们所看见的当前世界，一切存在的总体，都是出于上帝的创造，受上帝的统治"①。承认"神"的地位，这并不是由于思想家的意志薄弱而向神学妥协，确切地说，这是思维本体论原则必然导致的理论归结。仅仅从思维本身出发推导并论证思维的真理性，否认从感性经验出发达到这种知识的可能性，这就使思维和存在的同一性要么不能从思维本身中得到论证，也不能从感性经验中得到论证，而只能借助神学命题来沟通思维和存在的关系，要么把思维本身设想为能够创生或同化外部世界的

---

① 黑格尔. 小逻辑[M]. 贺麟译. 北京：商务印书馆，1980：127-128.

最高的理智存在体，从而使之具有神学命题的意义。无论哪一种情况，都会在终极逻辑上把思维的真理性推向"神圣的彼岸"，由此导致一种理论上的神秘主义。

欧洲近代的经验论哲学同样是把哲学的关注落在观念的根据上。这条哲学路线显示出自然本体论的深刻影响。这种自然本体论，就是把自然界理解为与我们的观念和活动无关的自在世界。弗兰西斯·培根就是一个态度明确的自然本体论者，他认为哲学研究的唯一对象就是客观的自然界，而全部对自然的解释从感觉开始。洛克通过对观念的分析进一步将经验论原则系统化。他认为，我们的一切观念，无论是简单观念、复杂观念，还是抽象观念，归根到底都是来自感性经验，观念的真理性、客观性最终也只能在感性经验中得到判定。在这条经验论的思维路线上产生了以法国唯物论为代表的近代唯物主义哲学。这种唯物论从经验论原则出发，认为能够作用于我们的感官并引起我们的感觉的东西肯定是外在于我们的物质实体，而不是某种精神实体，所谓自然就是物质实体的总和，它不依赖于我们的感官而存在，但我们可以凭感官认识自然的奥秘，从而达到思维的客观真理性。然而，经验论唯物主义所坚持的自然本体论路线同样不能真正解决思维与存在的同一性问题。从经验论原则出发，固然可以断定能够作用于我们的感官并引起我们感觉的东西肯定某种物质的实体，而非精神的实体，但这并不能在认识论的意义上论证感官印象及其所引起的内部器官的变化能够真实地反映了外部存在物自身的情况。如果仅仅把自然理解为某种自在的东西，而将我们的感觉观念理解为对这个自在世界的直观，就很难突破感觉观念这个屏障，至多只能形成一个直观的、抽象的、没有任何规定性的自然概念或物质概念。这种唯物论观念很难抵挡来自唯心论和怀疑论的反驳。英国唯心主义经验论哲学家贝克莱就认为，观念只能与观念相似，而不能与别的东西相似。如果说，感觉观念所描绘或所代表的是外在于感官的外物，那么这个外物是否可以被感知？如果是能被感知的，那么我们所能比较的仍然是观念；如果说这个外物是不能被感知的，那么，断言颜色与某种不可见的东西相似或软硬与某种不可感知的东西相似，这种说法有意义吗？事实上，无论是物质（自然）实体还是精神（心灵）实体，在彻底的经验论原则中都不可能得到切实的论证，如休谟所言，实体观念只是简单观念的集合体，"除了对知觉而外，我们对任何事物都没有一个完善的观念。……当人们问：知觉还是寓存于一个物质的实体中，还是寓存于一个非物质的（精神的）实体中时，我们甚至不懂得这个问题的含义，那么如何还可能加以答复呢"①？

马克思的实践哲学之所以是一种实践本体论，所回答的问题同样是观念的根据问题。在马克思看来，形而上学唯心主义和经验论唯物主义的共同缺陷就是不知道、不懂得"现实的、感性的活动本身"，从而离开人的感性的、物质的实践活动来讨论思维的真理性问题。而"人的思维是否具有客观的真理性，这不是一个理论问题，而是一个实践的问题。人应该在实践中证明自己思维的真理性，即自己思维的现实性和力量，自己思维的此岸性。关于离开实践的思维的现实性或非现实性的争论，是一个纯粹经院哲学的问题"②。形而上学唯心主义的思维本体论最终在思维的真理性问题中融进神学命题，由此导致理论上的神秘主义。对此，马克思指出："凡是把理论导致神秘主义的神秘的东西，都能在人的实践中以及对这个实践的理解中得到合理的解决。"③同样，近代唯物主义的根本缺陷也在于"对对象、现实、感性，只是从客体的或者直观的形式去理解，而不是把它们当作人的感性活动，当作实践去理解，不是从主体方面去理解"④。这种唯物主义想要研究与思想客体确实不同的感性客体，却没有把人的活动本身理解为对象性的活动，不是把感性看作实践的、人的感性活动，而是把感性客体仅仅理解为与人的感性活动无关的自在自然而诉诸感性的直观，因而这种唯物主义是一种"直观唯物主义"，"即不是把感性理解为实践活动的唯物主义"。⑤

由此可见，马克思实践哲学的实践本体论，并不是把人的感性活动即实践理解为世界的本体，而是将其确立为全部理论的基础和出发点。它没有否认"世界的物质性"这个唯物主义的基本观念，相反却为这个观念找到了更为可靠的根据。旧唯物主义把感性世界归结为与人的感性活动无关的自在世界，并仅仅依靠对这个世界的感性直观来论证世界的物质性，这说到底依然是以观念为根据，因为外在于人的或脱离人而独立的自然界不过是一种"非对象性的存在物，是一种非现实性的、非感性的、只是思想上的即只是虚构出来的存在物，是抽象的东西"⑥，即便承认自然界先于人而存在，"但是，被抽象地孤立地理解的、被固定为与人分离的自然界，对人来说也是无"，或

---

① 休谟. 人性论[M]. 关文运译. 北京：商务印书馆，1980：262.

② 马克思恩格斯选集：第 1 卷[M]. 北京：人民出版社，1995：58-59.

③ 马克思恩格斯选集：第 1 卷[M]. 北京：人民出版社，1995：60.

④ 马克思恩格斯选集：第 1 卷[M]. 北京：人民出版社，1995：58.

⑤ 马克思恩格斯选集：第 1 卷[M]. 北京：人民出版社，1995：60.

⑥ 马克思恩格斯全集：第 42 卷[M]. 北京：人民出版社，1979：169.

者说，"它是无意义的，或者只具有应被扬弃的外在性的意义"①。在马克思看来，真正的感性客体是人们的感性活动即对象性活动及其产物，"世界的物质性"这个观念的根据既不在自在世界之中，也不在人的感性直观之中，而恰恰在于人的感性活动之中。感性活动之为感性活动，就在于这种活动是人用其自身的感性的物质力量与外部世界中感性的物质对象相互作用，而不是同单纯的观念或超自然的东西打交道。人们的感觉经验以及以感觉经验为基础的一切观念都是在人们的感性活动中发生的，这些观念是否具有客观真理性也只有在人们实际地改变世界的感性活动中得以确证。因此，必须"从物质实践出发解释观念的形成"，这正是思维的真理性、思维的现实性和力量、思维的此岸性。现代唯物主义，或者说"实践的唯物主义"，对任何哲学问题的解决都不是从这种先在的或自在的外部自然界出发，而必须立足于人的感性活动以及以这种感性活动为基础的"感性世界"。也许有人会问，"实践本体论"难道不也是一种观念吗？这种观念的根据是什么？对这样的问题，我们能够作出的回答是，"实践本体论"这个观念，它的根据既不在于抽象的自然和对抽象自然的感性直观，也不在于抽象的精神或自我的纯思，而恰恰在于感性活动本身，也就是说，感性活动是一切观念的根据，而它本身是以自身为根据。正因为如此，感性活动即实践才是一个真正的本体论范畴。只有以人的感性活动为依据，思维与存在、主体与客体、自由与必然、有限和无限的矛盾才能得到合理的解决。

三、怎样理解马克思实践哲学的理论形态

立足于实践的本体论原则，马克思从根本超越了传统哲学中思维本体论和自然本体论的对立，彻底地改变使哲学理论纠缠于自身矛盾的思维范式，确立了新的思维范式。这就是他在《关于费尔巴哈的提纲》的第11条写下的那段至今对于整个哲学不无震撼力的名言："哲学家们只是用不同的方式解释世界，而问题在于改变世界。"②而改变世界，对于"实践的唯物主义者即共产主义者来说，全部问题都在于使现存世界革命化，实际地反对并改变现

① 马克思恩格斯全集：第42卷[M]．北京：人民出版社，1979：178.
② 马克思恩格斯选集：第1卷[M]．北京：人民出版社，1995：61.

存的事物"①。

显然，形而上学唯心主义和直观的唯物主义根本不可能担当起使世界革命化的历史责任。尽管它们不乏批判精神，但这种批判归根到底不过是思想批判，甚或"词句批判"。正如马克思在指责青年黑格尔的基本思想倾向时所说的那样："青年黑格尔派玄想家们尽管满口讲的都是所谓'震撼世界的'词句，却是最大的保守派。如果说，他们之中最年轻的人宣称只为反对'词句'而斗争，那就确切地表达了他们的活动。不过他们忘记了：他们只是用词句来反对这些词句；既然他们仅仅反对这个世界的词句，那么他们就绝对不是反对现实的现存世界。"②同样，直观唯物主义终究也不可能转变成一种改变世界的实践力量。正如马克思在批判费尔巴哈的直观唯物论时所指出的那样，费尔巴哈虽然"承认人也是'感性对象'。但是，他把人只看作是'感性对象'，而不是'感性活动'，因为他在这里也仍然停留在理论的领域内，没有从人们现有的社会联系，从那些使人们成为现在这种样子的周围生活条件来观察人们。……可见，他从来没有把感性世界理解为构成这一世界的个人的全部活生生的感性活动，因而比方说，当他看到的是大批患瘰疬病的、积劳成疾的和患肺痨的穷苦人而不是健康人的时候，他便不得不求助于'最高的直观'和观念上的'类的平等化'，这就是说，正是共产主义的唯物主义看到改造工业和社会制度的必要性和条件的地方，他却重新陷入唯心主义"③。

只有从人的感性活动出发，把人的感性活动理解为感性世界的深刻基础，把感性世界理解为人的感性活动的产物，才能真正地按照事物的真实面目及其产生情况来理解事物，"只要描述出这个能动的生活过程，历史就不再像那些本身还是抽象的经验论者所认为的那样，是一些僵死的事实的汇集，也不再像唯心主义所认为的那样，是想象的主体的想象活动"④。因此，马克思不能不从哲学本体论上彻底颠覆旧哲学的传统，以人的感性活动即实践作为全部理论的立脚点，把"改变世界"作为哲学活动的宗旨，由此展开对现实的现存世界的批判，特别是对现代资本主义的批判。因此，正是由于把人的感性活动作为哲学的本体论原则，马克思的实践哲学才从根本上超越了传统

---

① 马克思恩格斯选集：第1卷[M]. 北京：人民出版社，1995：75.
② 马克思恩格斯选集：第1卷[M]. 北京：人民出版社，1995：66.
③ 马克思恩格斯选集：第1卷[M]. 北京：人民出版社，1995：77-78.
④ 马克思恩格斯选集：第1卷[M]. 北京：人民出版社，1995：73.

的思维本体论和自然本体论,从人的感性活动也就是从人们的物质实践出发,阐释社会历史发展过程,揭示其中的客观规律,由此创立了历史唯物主义的学说。就此而论,这个具有划时代意义的学说,并不是马克思实践哲学的一个部分,而是它的全部。这种历史观既然把物质生活的生产和再生产理解为全部历史的现实基础,因而它必然内在地包含着自然观,不过这种自然观所说的自然不是那种与人的感性活动无关的自在自然,而是作为人的历史活动之结果、体现着人类历史进步过程的自然,即"历史的自然",也就是只有通过人的感性活动及其历史发展才能得以理解和说明的自然。这种历史观也绝不否认人类理性精神对于历史发展的先导作用和创造历史的精神价值,但认为只有在感性活动的基础上,也就是物质生产活动的基础上,理性精神的自我实现或理念的现实化才是可能的;这种历史观同时又是基于对社会历史过程的经验考察,即根据经验来解释社会结构和政治结构同生产的联系,而不带有任何神秘的和思辨哲学的色彩。"在思辨终止的地方,在现实生活面前,正是描述人们实践活动和实际发展过程的真正的实证科学开始的地方。关于意识的空话将终止,它们一定会被真正的知识所代替。对现实的描述会使独立的哲学失去生存环境,能够取而代之的充其量不过是从对人类历史发展的考察中抽象出来的最一般的结果的概括。这些抽象本身离开了现实的历史就没有任何价值。"①

由此,我们就可以理解,马克思为什么没有像以往的哲学家们所热衷的那样去构建一个形而上的哲学体系,而是把他所创立的新的哲学世界观即历史唯物主义渗透到、贯穿到他对现存资本主义世界的批判中。正如我们所熟悉的,马克思就是在《黑格尔法哲学批判》《论犹太人问题》《黑格尔法哲学批判导言》《1844 年经济学哲学手稿》《神圣家族》《德意志意识形态》《共产党宣言》《法兰西内战》《政治经济学批判》《资本论》等等一系列著述中考察了欧洲社会转型时期阶级矛盾和阶级斗争的发展状况,深入剖析了资本主义社会的经济结构、政治结构和思想意识形态结构,揭示了资本主义生产方式的内在矛盾和动态规律。在此基础上,马克思对资本的统治所导致的现代奴役制度、人的全面异化和人的实质性自由与平等的丧失等资本主义社会本身所固有的矛盾和问题进行了全面的、深刻的分析和批判,并由此探讨无产阶级革命和人类解放的现实途径。这些批判性的著述就是马克思实践哲学所采

---

① 马克思恩格斯选集:第 1 卷[M]. 北京:人民出版社,1995:74.

取的理论形态，它清晰地表现出哲学与世界的相互作用，表现出理论与实践的密切结合，体现出实践哲学"改变世界"的精神特质。

四、如何推进马克思实践哲学在中国的发展

如前所述，马克思实践哲学的理论形态就是马克思批判现存世界的各种理论著述。可以说，实践哲学就是切中时代主题并对时代主题作出深入考察和理论阐发的哲学，就是通过对现时代人类的生存困境的批判性研究，寻求实现人类基本价值之途的学说。扪心自问，在我国的哲学研究领域是否已经产生出了这样的实践哲学？

近些年来，我国学界不少学者就如何理解马克思主义哲学是一种"实践哲学"展开了比较集中的讨论。通过对自古希腊哲学以来"实践"概念的历史演变的重新梳理，学者们区分了理论哲学和实践哲学，并卓有成效地论证了马克思主义哲学是一种实践哲学。应当说，我国学者的这些努力的确深化和更新了我们对马克思主义哲学的理解。但还应当进一步指出的是，仅仅述说马克思主义哲学作为一种实践哲学有哪些基本论点、基本特征等等，并不等于真正理解了马克思的实践哲学，或者说，这还只是用理论哲学的方式来述说一种实践哲学。马克思的实践哲学是一种以改变世界为基本目的的哲学，因而从理论形态上看，它不是某种以公理体系的形式出现的纯粹哲学，它所面对的不是抽象的概念和逻辑，而是在现实世界中实际发生的矛盾和问题。哲学的观念和原则必然默化到对现实问题的分析中，或者说同对现实问题的研究交融在一起。唯其如此，实践哲学才能因其对现实问题的理论把握，因其为解决社会发展过程所面临的各种矛盾提供基本理念、思想原则和理论策略，而发挥它"改变世界"的功能。

从以上我们对马克思实践哲学的理论形态的分析中可以明显地看出，推进马克思实践哲学在中国的发展当是中国马克思主义哲学研究的重要任务。当今中国正处在经济与社会发展的关键时期。一方面，30 余年市场取向的改革已经取得了令世人瞩目、令国人振奋的辉煌成果，使中国再次以强盛的大国姿态屹立于世界民族之林。它已经能够向世界表明，市场经济作为现代社会的经济形态并不是资本主义社会的"专利品"，而是完全可以在社会主义基本制度的前提下建立起来，并完全有可能为实现社会主义社会本身所具有的

价值理念提供强大的经济支持。另一方面，市场取向的改革在成功地解决了计划经济体制留给我们的各种困难问题的同时也衍生出一系列新的甚至更为棘手的社会矛盾和社会问题。这原本并不奇怪，当我们用几十年的时间走过西方国家数百年的现代化过程时，这个过程所必然要经历的各种社会矛盾和问题也会在较短的时间内爆发出来。但我们必须看到，社会转型过程的快速发展以及我国社会市场经济体制和民主政治体制的不够完善，使这些社会矛盾和问题具有频繁出现、迅速集结、相互交织和综合发生的特征，如果得不到合理的解决，不仅会危及社会的和谐与稳定，而且有可能全局性地危及社会主义市场经济体系和社会主义的基本制度，或使其偏离正常的发展轨道。对此,任何对中国社会发展命运负有责任感和使命感的哲人都不能等闲视之。

因此，充分理解马克思实践哲学的理论形态对于发展中国马克思主义是至关重要的。在这方面，我们倒是应当很好地思量近一个世纪以来西方马克思主义所作出的卓越的理论贡献。西方马克思主义之所以可以被称为马克思主义，不仅是因为属于这个学术群体的学者基本上都把马克思主义理论接受为自己的思想渊源，更重要的是他们都通过自己的理解把马克思主义的批判精神贯彻到对现代社会发展现实的考察中。他们身处现代资本主义社会的发展现实之中，对现代资本主义社会的内在矛盾和问题有着深切的体验，因而他们不是从理论教条出发，而是把剖析当代资本主义这个活的有机体作为理论主题。这样，当代资本主义在其发展中产生出来的新特征和涌现出来的巨量的新矛盾、新问题，就使得西方马克思主义者们能够通过自己的理论努力不断创造出新的理论学说。尽管在西方马克思主义这个庞大的学术群体中，学者们的观点并不是一致的，而是充满了差异和矛盾，甚至可以说，他们之间的相互批判绝不亚于他们共同面对的非马克思主义的挑战，但独立思考、自由思维和批判精神显然是这个学术群体唯一可以识别的共同特征，密切地关注和把握活生生的现实生活是这个学术群体最有魅力的精神特质。

现实生活永远是孕育理论的沃土。当代中国社会是一个变动中的社会，但正是变动中的社会更能为学术繁荣提供最为活跃的舞台。历史上，那些卓越的思想理论，无论是形而上的，还是形而下的，大都产生于变动社会之中。因为，只有当社会处于剧烈的变动之时，社会生活中的各种矛盾、问题以及社会的结构性的、规律性的东西才能更为集中、更为清晰地展露出来。同时剧烈的社会变动也会以空前未有的方式激发学者们探究现实问题的理论热情。马克思的实践哲学不正是产生于欧洲社会的转型时期吗？不正是一种对欧洲社会变动的理论把握吗？在经济全球化迅速发展的今天，中国已然成为世界的焦点，它可能预示着一种新的发展趋向。越来越多的外国学者和研究机构正在以极大的热情关注和研究当代中国的发展问题，或者是积极地、客观地探讨中国独特的发展模式，或者是居心叵测地试图捞取某种诋毁或阻挠中国社会发展的政治资本。我们当然欢迎外国人研究中国的问题，不管这种研究是出于善意还是出于恶意，但重要问题在于中国的故事还必须由中国人来讲。因为，只有我们这些亲历中国变革过程、体验社会变动的中国学者对中国问题才最有发言权。但是，如果我们一而再，再而三地错过这个时机，这个发言权就难免会落到他人手里。同时，我们更应当看到，对中国社会发展问题的理论把握必然要求哲学的努力，没有哲学的积极参与，就必然导致黑格尔曾经说过的那种"一切透彻认识的沦丧"。因此，我们不能仅仅做那种无关社会之痛痒的书斋学问，我们应当把我们民族文化的思想资源、外来文化的积极成果兼收并蓄用于把握当代中国社会的变革过程，研究在这个过程中所产生出来的重大现实问题。只有这样，我们才有可能创造出可以配称"中国马克思主义"的理论学说。

（该文原载于《哲学研究》2012 年第 3 期，人大复印资料《哲学原理》2012 年第 6 期转载）

对形而上学的实践哲学反思

本文所讲的"形而上学"是指在亚里士多德或笛卡尔那里作为"第一哲学"而出现的那个形而上学。在欧洲哲学的传统脉络中，这种形而上学或者表现为追究世界万物得以存在的终极本体，或者表现为追究人的思维、观念得以确立的终极根据。这种形而上学曾有过自己辉煌的历史，最起码，它使哲学作为哲学获得了自身独立存在的地位和意义。然而，早在17、18世纪这种形而上学就遭到了经验论哲学的质疑和排斥。20世纪以来，"形而上学终结论"的声音更是不绝于耳。虽说我们不能把哲学等同于或归结为形而上学，但形而上学可能构成了哲学的最核心的部分。一旦终结了形而上学，似乎也就终结了哲学本身。于是，随之而来的真的就是"哲学的终结"这一令人更为困惑的说辞。这不能不使我们满腹纠结地思考一个问题：形而上学能否被终结？或者说形而上学本身是否有什么东西使自身不能被终结？

一、形而上学理论思维的基本特征

回答上述问题，首先需要我们对"形而上学"有一个比较准确的理解。笼统地说，西方传统形而上学就是一种"存在论"，或一种思维本体论，其理论思维的基本特征就是确认在我们的头脑中存在着某种具有普遍性和必然性的观念或命题，这种观念或命题不是来自经验的，也不需要通过经验来证明。古希腊爱利亚学派巴曼尼得斯的"存在论"是这种思维本体论的奠基学说。巴曼尼得斯确认"思维和存在是同一个东西"，对存在的把握不能诉诸来自经验的各种"意见"，而只能依靠理智这个唯一通达存在之真理的道路。柏拉图在他构设的"理念世界"（可知世界）中，作为最高实在的理念不与任何感性的存在物相联系，只与理念相联系，对于这种理念，"不靠使用任何感性事物，而只使用理念，从一个理念到另一个理念，并且最后归结到理念"①。亚里士多德同样把人的理性能力区分为两个层次：被动理性和能动理性，前者用于处理来自感性经验的知识内容；后者则仅仅是以思维自身为对象的认识活动，是思想与思想对象的直接同一。近代以来，形而上学的思维本体论发生了从本体论形而上学向认识论或知识论形而上学的转变。笛卡尔通过普遍怀疑言之凿凿地确信他已通过不依赖于经验的"纯思"为观念确立了无可怀疑的根据，这就是作为思维主体的"自我"，并将其设定为思维的牢固的出发点，构筑出他的以"自我""上帝"和"世界"三种实体为基本框架的形而上学体系。笛卡尔之后，斯宾诺莎和莱布尼茨分别以不同的方式把这一思维原则贯彻下去，分别构建出各自的形而上学体系。

这种形而上学作为理性主义（唯理论）在近代受到了经验论哲学的挑战。两种哲学反复较量的结果便形成了"两种知识"或"两种真理"的观念，其典型的代表是休谟和莱布尼茨。休谟认为，在我们的知识体系中存在着两种知识，一种是解证的（推理的）知识，如几何学命题和数学命题，它们涉及的只是各种观念的关系，具有逻辑上的普遍性和必然性，其正确性不需要通过经验来证明；另一类知识，则是涉及经验事实的知识，这种知识不具有普遍性和必然性，只具有或然性，其真理性只能通过经验事实来验证。受经验论哲学的影响，莱布尼茨同样区分了事实的真理和推理的真理，前者作为经验科学知识具有真理性但不具有普遍性必然性，后者则是感觉经验不能提供的普遍性、必然性知识，它们是从"天启""直觉"或"公理"中演绎推论出来的真理，因而无须经验之助，理性就能建立起可靠的规律。

由此可见，形而上学理论思维都坚信具有普遍性、必然性、绝对性的真理不能来自经验事实，而只能来自人的理性思维本身。尽管历史上产生的各种形而上学体系观点各异甚或尖锐对立，但它们都是设定某种先验的思维存在体（实体、理念、心灵、单子或上帝等等）作为思维的出发点，进而用合乎逻辑地推导出的一系列范畴和原理构建形而上学理论体系。

---

① 柏拉图. 理想国[M]. 郭斌和，张竹明译. 北京：商务印书馆，1986：270.

二、康德对欧洲传统形而上学的颠覆

尽管早在 17、18 世纪，以笛卡尔为代表的传统形而上学就遭到了来自经验论哲学的质疑和排斥，但真正颠覆欧洲传统形而上学的是受到休谟启发的康德。康德像法国唯物论者那样，承认在我们的感觉之外存在着一个刺激我们感官的"自在之物"，而"现象"就是"自在之物"在我们心灵中引起的知觉和表象。这就是说，自在之物是现象的原因。同时，他又像怀疑论者那样，否认人的理性能力能够透过现象达到对物自体的认识。他认为人的先验的感性直观形式和先验的知性形式作为认识工具只能用于把握经验中的对象，一旦超出了经验或现象界，它们就会因缺乏任何直观作为它们的根据而变得毫无意义。但是，由于理智范畴作为思维的纯形式先验地存在于我们的头脑中，因而"它会引诱我们去做超验的使用"，这就导致了理性的一种超验的企图，亦即力图把知性范畴的使用扩展到自在之物，探讨经验完全不能提供的纯粹理智存在体或思维存在体。但当理性一旦这样做，就必然会在理性思维中遭遇"二律背反"，即我们可以合乎逻辑地、无矛盾地推论出正题，也可以合乎逻辑地、无矛盾地推论出反题。

据此，康德确信，以往形而上学之所以体系林立且彼此间陷入无休无止的争论，原因均在于此。他说："人们在形而上学里可以犯各种各样的错误而不必担心错误被发觉。问题只在于不自相矛盾；而不自相矛盾，这在综合命题里，即使在完全虚构的综合命题里，是完全有可能的。"①当理性把理智范畴的使用推向自在之物或所谓纯粹思维存在体时，之所以会合乎逻辑地推导出相互对立的命题，是因为"在所有这些情况下，我们所连结的概念都不过是一些理念，这些理念（就其全部内容而言）决不能在经验里提供，因而就决不能通过经验来反驳"②。因此，这种形而上学是虚假的，"只能是一种空虚的辩证艺术，在这上面，这一个学派在运气上可能胜过另一个学派，但是无论哪一个学派都决不会受到合理的、持久的赞成"③。这样，康德就通过这种纯粹理性批判，结束了传统形而上学的教条主义、独断主义迷梦。

---

① 康德. 未来形而上学导论[M]. 庞景仁译. 北京：商务印书馆，1978：123.
② 康德. 未来形而上学导论[M]. 庞景仁译. 北京：商务印书馆，1978：123.
③ 康德. 未来形而上学导论[M]. 庞景仁译. 北京：商务印书馆，1978：160.

但是，康德虽然颠覆了传统形而上学，但却没有颠覆形而上学本身。他认为，形而上学作为理性的一种自然趋向是实在的。他相信，每个善于思考的人都要有形而上学，因为形而上学是自然界本身建立在我们心里的东西，而不是一个信手拈来的产物，要使人类精神一劳永逸放弃形而上学研究，那就无异于因噎废食。因此，康德认为，在一切教条主义的形而上学衰落时刻到来之时，有必要去探讨"作为科学的形而上学"的可能性。康德虽然并没有给我们勾画出这种科学的形而上学所应具有的理论形态，但他提出了建构这种形而上学的基本原则，这就是"批判"。这个批判首先在于订立理性的限度，这就是让理性给全部理智范畴的使用划定一个界线，不让其超出经验世界或感性世界。但这个界线恰恰是经验本身不能提供的，只有通过理性的批判才能找到。为此，康德宣称："批判，而且只有批判才含有能使形而上学成为科学的、经过充分研究和证实的整个方案，以至一切办法。"①

康德的这个理性批判并不意味着把理性自身限制在感性世界或经验世界以内。他赞同休谟所说的"不要教条主义式地把理性使用推到一切可能经验领域之外去"这一原则，但他认为，还应用另一个被休谟所忽视的原则来加以补充，即"我们的理性不要把可能经验的领域视为对它自身的限制"。这两个原则看上去似乎是矛盾的、不能相容的，但康德相信只要我们把"现象内原因"同"现象的原因"区分开来，这两个命题就可以同时并存。所谓"现象内原因"是指感性世界中各种现象之间的因果联系，按照自然的因果法则现象世界中没有任何具有绝对必然性的存在性原因；"现象的原因"是指自在之物，亦即把感性世界连结到一个必然的存在体作为它的原因。人们之所以认为这两个命题不能相容，完全是出于这样一个误解，即把仅仅对现象有效的东西扩展到自在之物身上。"自在之物"是康德全部哲学的一个前提。在他看来，如果不承认任何自在之物，就会把我们的经验当作对物的唯一可能的认识样式，从而把经验的可能性原则视为自在之物本身的普遍条件。因而理性批判的重要作用就是把我们引导到这样一个界线上，使我们看到了经验世界与自在之物的关系。这个自在之物是一切可能经验的最高根据，但对于它本身是什么我们不可能知道，而且也没有必要知道，"对于这个未知者，我固然并不认识它的'自在'的样子，然而我却认识它的'为我'的样子，也就

---

① 康德. 未来形而上学导论[M]. 庞景仁译. 北京：商务印书馆，1978：160-161.

是说，我认识它涉及世界的样子，而我是世界的一个部分"①。

三、从理性批判到实践哲学

不少学者认为，康德的纯粹理性或认识论关系到自然，而他的实践理性和本体论则关系到自由。对于理解康德哲学来说，这是一个致命的误解。因为，如果康德不能在纯粹理性的批判中为理性自由确立根据，他就无法把理性自由奠定为实践理性的前提。

在康德看来，"自由这一理念仅仅发生在理智的东西（作为原因）对现象（作为结果）之间的关系上"②。所谓"理智的东西"就是指具有理性能力的人，也可说是人的理性能力。在这个问题上，康德区分了"原因的因果性"和"理性的因果性"。所谓"原因的因果性"是指现象世界中各种经验对象之间的普遍的因果联系，这种联系受自然界必然性法则的支配；所谓"理性的因果性"是指人作为"理智的东西"其行为并不是以经验世界的因果性为根据，而是以自身的理性能力为根据，不论其行为在经验世界中引起怎样的结果，人的理性能力则必然是这种结果的规定者。尽管人的理性行动在感性世界中引起的变化作为现象依然是受感性世界的因果法则即原因的因果性的制约，但人作为"理性的存在体的一切行动，由于它们是（发生在任何一种经验里边的）现象的原故，都受自然界必然性支配；然而，同是这些行动，如果仅就有关理性主体以及这个主体完全按照理性而行动的能力来说，它们是自由的"③，只要他的行动是以自身的普遍的理性法则为根据，他的行动在实践上就是自由的，并且永远是"第一起始"，尽管这个行动在现象的系列中不过是一个从属的起始。康德正是通过对纯粹理性的分析中确定了人这种理性存在体的自由本质，同时也为形而上学在实践理性或实践哲学中的运用奠定了认识论的基础。

康德实践哲学主要就是指他的道德哲学，其中包括他的政治哲学即"权利的科学"。康德之所以把他的道德哲学称作"道德形而上学"，是因为，在他看来，人们在实践中所遵从的道德律绝不是在经验世界中按照自然法则而

① 康德. 未来形而上学导论[M]. 庞景仁译. 北京：商务印书馆，1978：148.
② 康德. 未来形而上学导论[M]. 庞景仁译. 北京：商务印书馆，1978：129.
③ 康德. 未来形而上学导论[M]. 庞景仁译. 北京：商务印书馆，1978：131.

形成的，而必然是来自人的纯粹理性。因此，"这种形而上学必须谨慎地清除一切经验的东西"，以便知道在这种情况下纯粹理性能做什么事情。"除非在一种纯粹哲学里，在任何地方都找不到在实践上至关重要的、真纯的道德规律。所以，形而上学必须是个出发点，没有形而上学，不论在什么地方也不会有道德哲学。"①

康德认为，人们的一切道德行为（包括政治行为）都是以作为理性存在体的人的自由为前提的，因而道德法则就是有别于自然法则的自由法则。然而，"自由的概念是一个纯粹理性的概念。因此，对于理论哲学来说自由是超验的。因为这一概念在任何可能存在的经验中，都无法找到或不能提供相应的事例，结果，自由不能被描述成为（对我们是可能存在的）任何理论认识的一个对象"②。也就是说，自由这个具有普遍性和必然性的概念是不可能从经验中建立起来的，我们纵然确信"人生而自由"，但在经验世界中我们能够看到的则是"无所不在枷锁之中"。所以，"道德法则却与自然法则不同。道德法则作为有效的法则，仅仅在于它们能够合乎理性地建立在先验的原则之上并被理解为必然的。事实上，对于我们自己和我们行动的概念和判断，如果它们的内容仅仅是那些我们可以从经验中学得到的东西，那就没有道德的含义了"③。如果有人想通过经验的东西来制定道德原则的话，他就会"陷入最糟糕，最致命的错误的危险之中了"。

康德通过纯粹理性批判确认了人作为理性存在体的自由本质，把自由看成是人所具有的唯一的天赋权利，并将其作为他的实践哲学的出发点。他认为，人的选择行为虽然是受感官冲动或刺激影响的，但不是由它们来决定的。自由意志的积极意义在于这种意志是纯粹理性实现自己的能力，它能够为人们的各种行为确定能够付诸实现的普遍法则，在这个意义上，"可以把纯粹理性看成是一种制定法规的能力"④。这种能力不依靠任何经验的素材，而仅仅是依据人的自由本质来为人的意志行为制定出最高法则，作为禁止做的或必须做的绝对命令。

康德相信他已经从人的自由出发依靠纯粹理性推导出了这个绝对命令，这个绝对命令作为道德的普遍法则就是"依照一个可以同时被承认为普遍法

---

① 康德. 道德形而上学原理[M]. 苗力田译. 上海：上海人民出版社，2012：3.
② 康德. 法的形而上学原理——权利的科学[M]. 沈叔平译. 北京：商务印书馆，1991：23.
③ 康德. 法的形而上学原理——权利的科学[M]. 沈叔平译. 北京：商务印书馆，1991：15.
④ 康德. 法的形而上学原理——权利的科学[M]. 沈叔平译. 北京：商务印书馆，1991：13.

则的准则行事"①；作为权利的普遍法则就是"任何一个行为，如果它本身是正确的，或者它依据的准则是正确的，那么，这个行为根据一条普遍法则，能够在行为上和每一个人的意志自由同时并存"②。康德的这个绝对命令一经提出就遭到了来自各个方面的质疑、非议乃至攻击。但绝大多数的反对者都是从经验的立场上提出反驳。因而对于这些反对意见，康德似乎并不在意。面对经验事实，康德既不聋，也不瞎，他完全知道在人们现实的道德实践中，存在着大量的行善望报的伪道德行为和弃善从恶的非道德行为，他承认，由于我们是人类，具有一种受到感觉官能影响的意志活动，因而这种意志的活动可能与纯粹意志不一致，甚至经常与它冲突。但是绝对命令不会因此失去它的道德价值，因为道德原则给每个人颁下命令，仅仅因为我们每个人都是自由的并且有实践的理性，它并不考虑每个人的特殊爱好，而只是告诉我们按照自己的理性应当如何行动。因此，即便在经验世界中找不到这类行动的榜样，这个绝对命令本身的正确性依然是不容置疑的。至于这种理性行动能否给我们带来好处，康德回答说，理性绝不考虑这个问题，这种好处事实上只有经验才能真正告诉我们。这样，康德就在颠覆了传统形而上学的同时又在他的实践哲学中为形而上学找到了栖身之地，那就是人依靠自身的理性为自身立法，亦即为人的道德实践和政治实践奠定普遍的法则。

四、从"解释世界"到"改变世界"

康德对传统形而上学的颠覆并没有即刻在德国乃至欧洲哲学的发展中引起革命性的变化。康德之后，德国哲学的发展，如费希特、谢林、黑格尔等似乎都是在力图通过消解康德的"自在之物"来打破康德在感性世界或经验世界与自在世界之间划定的界限。这些哲学努力在各自的论域中都有其令人称道的理论建树，但在总体上都没有真正走出传统形而上学的范畴。

真正给哲学发展带来革命性变化的是马克思的实践哲学。如果说，旧哲学本体论不是把世界归结为抽象的精神，就是归结为抽象的自然界，那么马克思的实践哲学则完全立足于人的感性活动或人的对象性的活动即实践，从而在总体上实现了对传统形而上学思维本体论和旧唯物主义的自然本体论的

① 康德. 法的形而上学原理——权利的科学[M]. 沈叔平译. 北京：商务印书馆，1991：28.
② 康德. 法的形而上学原理——权利的科学[M]. 沈叔平译. 北京：商务印书馆，1991：40.

超越。这个超越特别体现在马克思关于"感性世界"的理论中。

和康德一样，马克思没有把"感性世界"理解为与人的活动无关的"自在世界"，但马克思对感性世界的理解又极大地不同于康德。在感性世界中，康德看到的只是自在之物在人们的心灵中引起的知觉或表象，而在马克思那里，作为感性世界基础的是人的感性活动。这个感性世界不仅仅是由知觉和表象所构成的现象界，而是由人的感性活动及其创造物所构成的生活世界。因此，这个感性世界只能被理解为"工业和社会状况的产物""历史活动的结果"，它的存在根据不在"自在世界"中，而在于人们的感性活动中，"这种活动、这种连续不断的感性劳动和创造、这种生产，正是整个现存的感性世界的基础"①。只有把感性世界的基础理解为人的感性活动，康德所谓"自在世界"的"为我"的样子才能真正得到合理的解释。因为，在这个感性世界中，一切"存在者"作为人的感性活动的创造物，只有通过人的感性活动才能加以理解和诠释，因此我们必须把事物、现实、感性当作人的感性活动、当作实践去理解，从主体的方面去理解。

据此，马克思也和康德一样拒绝了在感性世界之外建构形而上学体系的任何努力，而是把自己的全部哲学建构在以人的感性活动为基础的感性世界中。这也正是马克思在《关于费尔巴哈的提纲》中所说的"哲学家们只是用不同的方式解释世界，而问题在于改变世界"这个命题所具有的根本重要性。在这个命题中，马克思所指称的"解释世界的哲学"就是把人们身处于其中的世界理解为与人的感性活动无关的自在世界，因而或者在感性世界之外设想出一个至上的思维存在体作为述说这个世界根据，或者在感性经验范围以内寻找述说这个世界的根据，以为一旦找到这个根据，这个世界就一目了然地摆在我们面前了。然而，在马克思看来，这个感性世界的存在根据并不在于自在世界，而在于人的改变世界的感性活动。所以，"改变世界的哲学"就是以人的感性活动为理论出发点，探索随着人的感性活动的发展感性世界所发生的历史性变化。它不把感性世界的既定形态看成是最终的，而是致力于使现存世界发生变化。

---

① 马克思恩格斯选集：第 1 卷[M]. 北京：人民出版社，1995：77.

五、形而上学的实践哲学之用

马克思的以人的感性活动为根据的实践哲学，较之康德的实践哲学，视野要宽阔得多。这种实践哲学是把人的感性活动，特别是人们每日每时都在进行着的物质生产活动——这种活动被以往的实践哲学完全忽视了——理解为人的感性世界的基础，理解为人的全部理论活动的发源地和最终归宿，因而是一种全面的、彻底的以"改变世界"为宗旨的实践哲学。

说到这里，我们可以进一步讨论形而上学对马克思实践哲学有什么意义这个问题。对于这个问题，我们从马克思的理论文本中似乎找不到现成的答案。但是只要我们不是着眼于"解释世界"，而是着眼于"改变世界"，形而上学问题就必然会在理论思维中浮现出来。如果说，形而上学理论思维的基本特征就是确信具有普遍性、必然性的真理不是来自经验的而是来自人的理性能力，来自人的理性思维本身，那么形而上学对实践哲学的意义就变成了这样一个问题：在我们的实践活动中是否存在着不是来自经验而是来自人的理性能力或理性思维本身的普遍法则和普遍理念？或者，我们是否必须从我们的理性能力或思维本身追问那些普遍法则和普遍理念的根据。

首先必须肯定一点，无论是对康德的实践哲学来说，还是对马克思的实践哲学来说，人的自由本质都是绝对的前提。只不过，与以往哲学不同，马克思是把人的自由本质建基在人的感性活动中，建基在人的生命活动即劳动中。在这里，马克思并不否认人的自由意志，而是将人的自由意志置于人的感性的生命活动中予以理解，指出人的生命活动才是人的存在的根本，而人的自由意志不过是这种生命活动的自觉性特征。如果把自由意志同人的生命活动剥离开来，那就只能把自由意志想象为某种与人的生命活动无关的、自在的从而也是神秘的精神存在物。

改变世界的实践活动就是人的自由活动，而当人们力图通过自身的感性活动赋予对象以新的存在形态时，就不仅要从实证的意义上把握对象的客观属性和规律，还必须思考，哪样一种可能的存在形态更符合人的意愿，哪样一种存在形态更具有价值合理性和正当性？哪样一种存在形态更能体现人的自由本质和存在意义？而一当我们做这样的考虑时，我们就必然会面对一系列重要的价值理念、价值准则、价值标准和价值规范，如自由、平等、公平、正义、幸福、美丑、善恶等等。并且，自古以来，人们就在持续不懈地追索这些价值理念的普遍性和必然性，因为这些价值理念如果缺乏普遍性和必然性，我们将失去对人的道德行为和政治行为进行价值判断的标准，失去对现实的社会生活进行价值批判的根据，失去在社会演进的多种可能性空间中作出价值选择的依据。

问题在于，这些价值理念的普遍性必然性来自什么呢？来自对经验事实的归纳和概括吗？显然不是，如果你俯首经验世界，你到处可以看到奴役、剥削、压迫，到处可以看到对人的自由的践踏和非正义所带来的灾难，如果你愿意对经验事实进行归纳概括，充其量你只能获得一个概率上的统计，而绝无可能使你确信自由、正义这一类的价值理念具有普遍性和必然性。不是来自经验，当然也不是来自上帝之类超自然的至上存在体，不是来自抽象的"心灵"或被抽象地理解的"实体"，而只能来自我们的以自由为前提的理性能力。在这一点上，自康德以来的德国哲学所作出的划时代的贡献，就在于把人的自由确定为推导人类行为的普遍法则的绝对前提。而当马克思从人的生命活动出发确证人的自由本质时，这个绝对前提就彻底摆脱了唯心主义的羁绊，使我们能够从"人是自由的存在物"这个基本命题出发，依靠我们的理性能力，去推导实践活动本身所应遵循的具有普遍性、必然性的价值理念和价值准则，并从人的自由的现实化过程中，历史地从而也是实证地考察这些价值理念在人类实践发展的不同阶段上所具有的现实内容和历史内涵。

当然，我们没有必要像康德那样，把人的纯粹理性设想成蜘蛛一样的东西，只从自己肚子里抽丝就能为人的道德实践编制出规则体系。我们倒是可以设想，我们的理性面对着经验世界，这个经验世界是我们感性活动的产物，因而我们的理性不是虚离于这个经验世界，而是密切地关注着它，把社会生活在其现实的结构性运动中产生出来的各种因素，置于人的自由本质及其现实化的前提下进行理性的考量，使那些与人的自由本质根本一致的社会因素普遍化，成为社会进步的现实内容。这不是靠经验的归纳和概括，某种社会因素能够被普遍化，不是因为这种社会因素在经验世界中概率最大，而是因为它与人的自由本质存在着逻辑上的必然关联。从历史上看，某些价值理念在其刚刚出现的时候，通常是经验世界中概率最小的事件，例如"政教分离"作为一种政治原则，在欧洲中世纪封建专制制度下几乎全无踪影，在文艺复兴时期也还只是少数人的主张，在启蒙运动中逐渐成为政治理性的强烈呼声，而在现代社会中则成为政治建构的普遍原则，这正是因为政教分离确认人的存在的独立、自由与平等，反对国家的政治建构依据人的宗教信仰来有区别地对待它的国民，而要求国家确认和维护公民平等享有的各种自由权利。人类改变世界的实践活动的一个最为重要的特征，就是能够把经验世界中概率最小的可能性变成现实，只要它与人的自由本质是根本一致的。

基于理性而形成的价值命题不同于基于经验而形成的科学命题。科学命题如果不符合事实，就必须依据事实来纠正。价值命题则不同，正如我们不会因为到处都有偷盗现象，就改变我们关于"不许偷盗"的普遍法则一样，我们也不会因为到处都有奴役和压迫就否认自由、平等、正义的普遍意义，相反，我们应当尽可能地按照这个价值准则去改变现存的经验世界。这就是价值理念和价值准则所具有的规范性作用，而这种规范性作用无疑来自我们每个人都具有的理性能力。只要这种价值理念、价值准则是依据人的自由本质推导出来的，那么确如康德所说，不管人们在经验世界中是否按这些价值理念去行事，这些价值理念本身都是正确的。即便满世界找不到多少遵从这种价值理念的经验案例，这些价值理念也会像珠宝一样自己发光。

依靠我们的理性能力为我们"改变世界"的实践哲学确立普遍的实践法则和价值理念，从一定意义上说，正是形而上学的实践哲学之用，亦即形而上学必然要担当起理性地为人类行为立法的重大责任。然而，自近代以来，形而上学的努力先是遭到了经验主义的拒斥，而后又遭到了后现代主义的颠覆。过度地强调人的理性能力的有限性，使人们不再相信人类理性能力具有建构普遍的道德法则和政治法则的可能性，不得不转而从经验世界中为道德法则和正义法则寻找根据。然而，无视人的理性能力，这种看似非常现实的经验考察，就使围绕有关自由、平等、正义之类的价值理念的探讨陷入无休无止的争论中。由此看来，我们现在需要思考的一个问题就是重新评估人的理性能力。我们不否认人的理性能力的有限性，也不认为单凭人的理性能力就能解决我们所面对的各种问题。但是，我们也不能因此否认人的理性为人的道德实践和政治实践确立普遍原则的能力，更不能否认人按照自身的理性法则行事的能力。实践哲学必然要面对所有价值规范并将其吸收到对人们改变世界的实践活动的理解中。这就是实践哲学自身的事业，也是形而上学在实践哲学中的存在价值。

（该文原载于《哲学研究》2019 年第 4 期）

实践哲学的理性之维

　　说到实践哲学的理性之维，并不是暗示我们的实践哲学如道德哲学和政治哲学的研究缺乏理性的思考。事实上，我们的思想从未驻留在对经验事实的观察上，而是从经验事实出发，经过理性的归纳和概括，使经验性的认知上升为普遍的原理或原则。长期以来，人们普遍认为，只有来自经验世界并在经验世界中得到验证的理性知识才具有真理性与合理性，才有可能成为指导人们的实践行为的有效原则。然而，对理性的这种理解，无论是将其看作对感性经验材料的归纳概括，还是将其视为从感性到理性的质的飞跃，都不是本文在这里所要说的理性之维，因为这种理解并没有超出历史上经验论哲学对理性的一般规定。对于这个意义上的"理性"，柏拉图将其视之为与感性世界密切相关的"假设"，亚里士多德将其视之为处理感性材料的"消极理性"，而康德则直接把这种意义上的理性称之为"知性"。

　　本文所谈到的"理性之维"是基于这样一种看法：即便我们不像康德那样把人们的理论思维区分为"知性"和"理性"，也不应忽视，人类理性的两个基本层次：一个是与经验世界密切相关的理性，这种理性为人们把握经验事实提供思维形式和方法，以探索存在于经验世界中的普遍规律（如自然科学）；另一个是完全不依赖于经验世界的所谓"纯粹理性"，它可以用于经验世界，但却不出于经验世界，而来自我们的理性能力，为我们提供逻辑上具有普遍性和必然性的命题。前一种理性，是我们所熟知的，并且一直被倡导，后一种理性则似乎被看作形而上学的无意义的文字游戏，几乎失去了存在的合法性。本文所要探究的问题正是，这种不依赖于经验世界的"纯粹理性"是否真的像许多人所认为的那样是完全没有意义的？抑或，它对于我们的实践哲学来说是须臾不可分离的？

一、从休谟的难题说起

18世纪英国经验论哲学家休谟曾提出了一个著名的难题，即从"事实判断"中推不出"价值判断"来，或从"是如此"推不出"应如此"。他说，当他在任何一个道德学体系中看到人们按照通常的推理方式对人事作出评论时，突然大吃一惊地发现，"我所遇到的不再是命题中通常的'是'与'不是'等连系词，而是没有一个命题不是由一个'应该'或一个'不应该'联系起来的。这个变化虽是不知不觉的，却是有极其重大的关系的。因为这个应该或不应该既然表示一种新的关系或肯定，所以就必需加以论述和说明；同时对于这种似乎完全不可思议的事情，即这个新关系如何能由完全不同的另外一些关系推出来的，也应当举出理由加以说明"①。他确信，这个发现足以推翻一切通俗的道德学体系。

这个难题提出之后，很多学者试图破解这个难题，力图消解事实判断（命题）与价值判断（命题）之间的对立。但迄今为止没有一个是成功的。美国哲学家希拉里·普特南在《理性、真理与历史》（1981）和《事实与价值二分法的崩溃》（2002）两本书中对休谟难题做出逻辑分析，试图消解"事实"与"价值"的对立。不少人认为"休谟难题"已被普特南细致精到的逻辑分析推翻了。但在我看来，普特南对休谟难题的颠覆是一个不大不小的学术乌龙事件。休谟难题分明是讲两种命题之间的关系，即认为从以"是"或"不是"为连接词的命题中推导不出以"应该"或"不应该"为连接词的命题，尽管我们可以说前者是关于"事实"的命题，后者是关于"价值"的命题，但关于事实的命题不等于"事实"本身，关于价值的命题亦不等于价值本身，而普特南的全部问题就在于把两种命题之间的关系归结为命题内容即"事实"与"价值"的关系，从而简单地把不能从事实判断中推导出价值判断归结为不能从事实中推导出价值，并据此否认休谟关于"事实"与"价值"二分的合理性。

普特南认为，休谟的观念是图像式的，即把观念看成是对事实的摹写，无所谓正确的（right）的"事实内容"和关于美德的事实内容，也就是说，

---

① 休谟. 人性论：下[M]. 关文运译. 北京：商务印书馆，2008：509-510.

休谟关于"事实"的观念是一个纯粹"客观"的观念，它本身不包含任何价值，因而人们不能从"是"推出"应当"来。应当说，休谟把观念归结为一种对事实的图像式摹写，这表现出经验论哲学对于"事实"的狭隘理解，它不能涵盖对"事实"的描述。但就事实和价值本身而言，普特南认为，事实和价值通常是相互缠绕的。他举出一系列既可以说是事实描述，又可以说是价值评判的概念，如冷酷、粗鲁、熟练、慷慨、高尚、强壮、笨拙、虚弱等，还有用于描述科学活动和自然现象的范畴如"融贯性""似然性""简单性""合理性"等，这些概念在命题中的使用既可以被看作是对事实的描述，同时也包含着规范性的价值评价。尤其是在人们的社会生活或社会行为中发生的事实通常都与价值相互缠结。例如，当我们说"某甲偷了某乙的东西"，这句话既是对一个事实的陈述，同时也包含着某乙的价值谴责。为此，普特南认为，有关这个事实的事实判断，本身就包含着价值判断，认为从事实判断中推导不出价值判断是没有道理的。

普特南所说的价值与事实的相互缠绕并没有错，但他混淆了一个至关重要的问题，即他把事实与价值的关系等同于事实判断与价值判断的关系。即便包含着价值评价因素的事实本身也只是一个可以描述的事实，对这样的事实的描述也只能是一种用"是"或"不是"为连接词的事实判断，而不是用"应当"或"不应当"为连接词的价值判断。例如，当我说"他非常冷酷"时，就是描述了一个包含价值评价因素的事实，亦即包含了对"他"的批评，暗含了一个价值判断，即"人不应当冷酷"。但问题是，"人不应当冷酷"这个价值判断是从哪里来的？是从"他是冷酷的"这个事实判断中推导出来的吗？显然不是，因为"人不应当是冷酷的"这个价值判断早在对"他"进行描述之前就已经存在了。正是因为这种价值判断的预先存在，才有可能使事实与价值相互缠绕，使对事实的描述可能包含价值评价的成分。所以，问题不在于事实本身是否与价值相互缠绕，而在于与事实相缠绕的价值评价是从哪里来的？之所以从关于事实的判断推导不出关于价值的判断，是因为任何关于事实的判断本身都不包含价值判断的根据。即便事实与价值在现实中相互缠结，但只要你追问该事实的价值成分时，就会发现其根据必然在该事实之外。正如，我们在"他是冷酷的"这个描述性判断中，推不出"人不应当是冷酷的"这个价值评判的根据。

这表明，价值判断的因素可以并存于对经验事实的描述中，但对任何经验事实的价值判断，必然要以某种更为抽象的价值理念为依据，而这些抽象的价值理念无一来自对经验事实的归纳概括，而只能是来自我们的纯粹理性能力。这主要是因为，任何一种道德规律或实践法则，若要成为约束人的行为的规范根据，其本身必须具有绝对必然性和普遍有效性。从人类的知识结构上看，任何对人的道德实践和政治实践具有普遍有效性的命题，如道德规范和权利法则，都不可能来自对经验事实的归纳和概括，而必然是从某个或某几个自明的前提或公理出发，通过演绎推理推导出来的。它们可以应用于经验，但不是来自经验。例如，我们不可能从到处都有偷盗现象的经验世界中，概括出"人不得偷盗"这个普遍的价值规范，这个价值规范必然出自我们关于人的自由的理性设定。最典型的例证就是欧式几何。欧式几何从五个基本公理出发，合乎逻辑地推出一系列定理（合乎逻辑的真命题），进而可以推导出无限多个几何命题。这些命题都是具有不容置疑的绝对必然性和普遍有效性的命题。它们的正确性并不需要在经验中进行验证。休谟将这种命题称之为解证的（或分析的）命题，在他看来，对于这类命题，我们只凭思想作用，就可以把它们发现出来，并不需要在经验世界中找到相应的东西。即便我们满世界都找不到一个圆或三角形，通过几何公理推导出来的命题也会永久保持其确实性和明白性。休谟的这个思想，往往被人们所忽视，就连彻底的经验论者休谟似乎也不大看重这类命题在人类知识体系中的作用。注重科学和知识进步的思想家更关注的是从经验中发现的真理，而这种解证的知识通常被贬为形而上学的无聊的游戏。

然而，人们普遍地忽视了一个问题：这种并非来自经验的命题却可以用于经验。所谓用于经验，不是说在经验观察中发现这些命题，而是说可以用于人们的经验性的实践活动。最典型的例证，就是我们可以运用几何学的知识进行工程设计，使我们可以建造出单凭自然界的演化绝无可能产生出来的建筑物。因为，正是这些几何学或数学的知识以其强大的逻辑必然性构成了我们改变自然的技术规范和工艺流程的根据，以保证我们在地球上的工程可以达到准确无误的程度。这说明了什么？这说明，通过演绎推理获得的普遍性必然性的知识，虽然在经验事实中得不到验证，但却能够成为人们实践活动的原则，使人们确信按照这个原则产生的实践结果在现实中是可能的。唯如此，我们人类才能把自然界中最不可几的可能性变成现实。

二、实践哲学中的纯粹理性

几何命题的实践效用，足以提醒我们从一般意义上理解实践哲学的理性之维。亦即对于道德实践和政治实践来说，那些真正能够构成实践原则的东西，到底是来自经验的归纳和概括，还是来自我们的理性能力？这里首先必须弄清的是，道德哲学和政治哲学作为传统意义上的实践哲学，其原则性的东西不外是一系列对人的道德行为和政治行为具有约束力的价值规范。这些规范对任何人以及任何人所做的任何事都具有普遍有效性，也就是说，任何人都可以凭借自己的理性发现这些规范。因而，这些规范对人的理性行为来说，都是具有普遍有效性的命题。这种命题的普遍性、有效性显然不是通过归纳概括经验事实而形成的，经验世界永远也不会为人们的道德行为和政治行为提供具有普遍性、必然性的命题，而是自我们自身的理性能力，或用康德的话说，来自我们的纯粹理性，如果我们必须排除上帝的启示之类的说教。因为，如前所述，具有普遍性和必然性的命题必然是通过演绎推理从理性自身设定的前提出发而推导出来的。这也正是形而上学思维方式的基本特征。因为，在形而上学的思维方式中，并不是所有的知识或命题都来自经验，而必有至少一部分来自我们的纯粹理性。所以康德说："除非在一种纯粹哲学里，在任何地方都找不到在实践上至关重要的、真纯的道德规律。所以，形而上学必须是个出发点，没有形而上学，不论在什么地方也不会有道德哲学。"①

如果说作为道德实践和政治实践的实践哲学的基本目的是获得美好生活和稳定和谐的社会秩序，那么，它所需要的就是这种具有普遍性和必然性的规范性命题。这里所说的普遍性和必然性不是指这些命题普遍地、必然地符合经验事实，而是说这些命题仅仅同一个理性地设定的前提有关，是从这个前提中合乎逻辑地推导出来的，它们完全不在乎经验中发生的事情是否与它们相符合。因此，康德认为，道德法则不同于自然法则，自然法则需要我们在经验世界中找到根据，而道德法则只能合乎理性地建立在先验原则之上才能被理解为必然的，如果道德法则的内容仅仅是那些来自经验的东西，那就会失去道德的含义，因此，"如果说，有人错误地想通过经验所得出的任何东西来制

---

① 康德. 形而上学原理[M]. 苗力田译. 上海：上海人民出版社，2012：3.

定道德原则的话，他就已经陷入最糟糕、最致命的错误的危险之中了。"①

　　进一步的问题是，什么东西可以通过人的理性的设定而成为实践法则（包括道德法则和权利法则）的前提？康德认为，理性设定的前提必然与人的理性的本质相一致，这就是人的"自由"。康德确信，人作为理性存在体，所能获得的唯一天赋权利就是自由，而人之所以能够承担道德义务履行道德责任就在于人因其理性而是自由的，尽管人的行为在经验世界中所产生的结果必然受到自然因果性的制约，但人的行为以自身的理性为根据或"初始原因"，因而必然是自由的。正因为如此，人才能对自己的行动在经验世界中产生的结果承担道德责任。如果人的行为不是以自己的理性为根据，而是以经验世界中自然因果性为根据，那么他就可以在经验世界中到处找到解脱道德责任和法律责任的理由。所以，"自由的概念是一个纯粹理性的概念。因此，对于理论哲学来说自由是超验的。因为这一概念在任何可能存在的经验中，都无法找到或不能提供相应的事例，结果，自由不能被描述成为（对我们是可能存在的）任何理论认识的一个对象"②。因而，康德坚决否认从经验世界中寻找东西来建立道德原则的任何可能性。

　　至少从康德开始，人的自由或自由意志就成为人们思考和建立道德原则和法权原则的不言而喻的前提。康德之后，费希特就把"绝对自我"视为一切经验的先验根据，而"自我"设定自身，便是自我的"原始本能行动"，同时也就是本原意义上的自由，正是由于这种自由，自我才能设定自身并在自身内设定有限的自我与有限的非我的对立，最终通过这种自由达到自我与非我的统一。这种本原意义上的自由，同时也是任何一个行动着的自我所具有或所追求的"自由意志"，它构成了所有道德行为的终极目的。这种本原意义上的自由同时也是政治自由的根据，它是每个国家都应该有的，是任何法律的权利所依据的根据。费希特并不像康德那样完全否认了以经验世界的感性冲动为依据的自由，但他指出，如果我们的自由是以对自然冲动的意识为依据，受感性冲动的支配，按照自然事物的原则选择我们的行动，那么，我们充其量只能获得"形式的自由"，只有当我们出自伦理的或纯粹精神的冲动，按照为自由而自由的原则，克制自身的体现物欲原则的自然冲动，我们才能真正获得"实质的自由"。谢林同样是把自由确立为他的思想体系的核心，尽管他的自由概念是与神学的信仰主义融在一起，认为个体自由体现着神性的

---

　　① 康德. 法的形而上学原理——权利的科学[M]. 沈叔平译. 北京：商务印书馆，1991：15.
　　② 康德. 法的形而上学原理——权利的科学[M]. 沈叔平译. 北京：商务印书馆，1991：23.

必然性，但他依然是把自由视为人类的本质，并且是政治哲学和历史哲学的先验起点。黑格尔的法哲学理论直截了当地把自由意志设定为全部法哲学理论的不言自明的前提。他在《法哲学原理》中强调，法的确定地位和出发点就是自由意志，因而"自由就构成法的实体和规定性"。他认为，对于意志的自由用不着像经验心理学那样用迂回的方法加以确定，不如直截了当地把自由当作现成的意识事实而对它不能不信。就像重量是物体的根本规定一样，自由就是意志的根本规定，说意志而没有自由，那就是一句空话。从这个不言而喻的自由意志出发，黑格尔视"法"为自由的定在，以思辨哲学的方式，推导出法律的、道德的普遍原则和规范，并将人们生活于其中的伦理世界视为自由意志的现实化。

当然，把自由设定为推导道德法则和法权原则的理性前提，并不是几位哲学家头脑风暴中的主观臆想，而是在人类的社会实践和人类文明的漫长发展过程中锤炼出来的。我们可以说，人从其诞生的那一天起，在本性上就是自由的。但人能够真正认识到自己的自由本性却是经历了相当长也相当坎坷的历史发展过程，这个过程充满了少数人对多数人的压迫、剥削和奴役。但在这个过程中，人们也体会到自由的可贵，因为没有人愿意在受屈辱、受奴役的境况中苟延残喘。终于，在反抗封建专制的斗争中，人的自由本性在人的意志中觉醒，"人生而自由"这个强烈的呼声成为反抗专制暴政的思想武器。对此，黑格尔发出这样的感叹，他说："为什么，到这样晚的时候，人的尊严才受到尊重？为什么，到这样晚的时候，人的自由禀赋才得到承认？这种禀赋把他和一切大人物置于同一行列中。我认为，人类自身象这样地被尊重就是时代的最好标志，它证明压迫者和人间上帝们头上的灵光消失了。哲学家们论证了这种尊严，人们学会感到这种尊严，并且把他们被践踏的权利夺回来，不是去祈求，而是把它牢牢地夺到自己手里。"①

三、马克思实践哲学的自由前提

应当说，在马克思之前，德国古典哲学在理论上十分明确地把自由确定为道德哲学和政治哲学的前提，由此推导和论证道德实践和政治实践的一系

---

① 黑格尔. 黑格尔通信百封[M]. 苗力田译. 上海：上海人民出版社，1985：43.

列原则和规范，这堪称是对人类文明史的巨大贡献。马克思秉承了这一传统，他的实践哲学，确切地说，他的政治哲学，同样是以人的自由为前提并把实现人的自由即人的解放为最终目的。只不过马克思并不像康德那样把人的自由本质建基在纯粹理性的自我批判中，也不像黑格尔那样，把自由意志设定为某种可以通过思辨运动而实现自身的客观精神，而是从人的感性活动或人的生命活动中发现和确证人的自由本质，用他的话说："一个种的全部特性、种的类特性就在于生命活动的性质，而人的类特性恰恰就是自由的自觉的活动。"①在这里，马克思当然没有否认人的自由意志及其在人的感性活动中的重要作用，但他不是将人的自由意志建基在空泛的精神活动中，而是将其置于人的感性的生命活动中加以理解，指出人的自由意志不过是这种生命活动的自觉性特征。这种自由意志从根本上说就在于人能够在实践上和理论上把自身当作现有的、有生命的类来对待，从而能够把自身当作普遍的因而也是自由的存在物来对待。因此，"有意识的生命活动把人同动物的生命活动直接区别开来。正是由于这一点，人才是类的存在物。或者说，正因为人是类的存在物，它才是有意识的存在物，就是说，它自己的生活对他来说是对象。仅仅由于这一点，他的活动才是自由的活动"②。如果脱离开人的生命活动，把人的自由意志设想为与人的生命活动无关的、独立自存精神存在物，就只能导致一种逻辑的神秘主义。

马克思把人的自由确立为自己全部理论的基本前提，从而也就必然要从人的自由本质出发理解人的全部历史活动和历史命运。当马克思把人的感性活动确定为自由的根基时，马克思就创立了彻底的实践哲学。正如我们所熟知的那样，这种实践哲学不仅仅是传统意义上的道德实践和政治实践，而是把人们的最基本的感性活动即改变世界的物质生产活动纳入实践哲学的范畴中，使实践哲学拥有了自然与历史相统一的宏大视野，并从人们的物质生产活动出发，把人的自由理解为一个随着物质生产活动的发展而不断现实化的过程。因而马克思一改德国思辨哲学的传统，不是从人的自由前提出发推导道德实践和政治实践的原则和规范，并以经验的实证的方式揭示人的自由在不同的历史发展阶段上所具有的不同的历史内容、发展的不同程度以及所面对的历史矛盾，探索人的自由得以实现的现实路径，关注的是人的自由得以现实化的历史过程。

① 马克思恩格斯全集：第 3 卷[M]. 北京：人民出版社，2002：273.
② 马克思恩格斯全集：第 3 卷[M]. 北京：人民出版社，2002：273.

　　黑格尔的法哲学其实也反对把人的自由看成是一个抽象的概念，而是强调自由意志作为理念是自由的概念及其现实化的过程，但在他的哲学中，自由的现实化不过是一个思辨理性自我运动的过程，这个过程终究在日耳曼精神的统治中达到终点。马克思则是从人的感性活动即劳动中，特别是物质生产活动中探索人的自由的现实化过程。因而马克思从来不是仅仅从经济学的意义上理解人们的物质生产活动，而是把物质生产活动理解为人的自由的现实形态或"实在的自由"，并从人的物质生产活动的历史发展过程揭示人的自由在不同历史发展阶段上所能具有的历史内涵。为此，马克思和恩格斯在《德意志意识形态》中从人的生产活动的内在矛盾出发阐释了使人的自由本质得以现实化的历史过程及其规律。他们指出，在人们的物质生产活动中，生产力与交往形式的关系就是交往形式与个人的自主活动的关系。当人们之间的交往形式即生产关系与生产力的发展水平相适应的时候，一定形式的交往关系就是在人们的自主活动中产生出来的，并且是每个个人自主活动的条件；而当随着生产力的发展，交往形式不再适应生产力发展要求的时候，一定形式的交往关系就由自主活动的条件转变为自主活动的桎梏，这样，交往关系和生产力的关系"在整个历史发展过程中构成一个有联系的交往形式的序列，交往形式的联系就在于：已成为桎梏的旧交往形式被适应于比较发达的生产力，因而也适应于进步的个人自主活动方式的新交往形式所代替；新的交往形式又会成为桎梏，然后又为别的交往形式所代替。由于这些条件在历史发展的每一个阶段都是与同一时期的生产力的发展相适应的，所以它们的历史同时也是发展着的、由每一个新的一代承受下来的生产力的历史，从而也是个人本身力量发展的历史"①。马克思和恩格斯的这段堪称经典的论述构成了历史唯物主义的基本观点，从这个观点出发，马克思也推导出了他对"正义"的基本理解。如在《资本论》，马克思针对资本主义生产方式的正义性问题明确指出，生产当事人之间进行交易的正义性在于这种交易是从资本主义生产方式中产生出来的自然结果，这种交易作为当事人的共同意志的表示，或者说作为当事人之间的契约，表现在法律形式上。这个法律形式只是表示这个内容，但不能决定这个内容本身，"这个内容，只要与生产方式相适应，相一致，就是正义的；只要与生产方式相矛盾，就是非正义的"②。这里的"正义"和"非正义"，从根本上说，就是人的"自由"和"不自由"。

① 马克思恩格斯选集：第1卷[M].北京：人民出版社，1995：123-124.
② 马克思恩格斯全集：第46卷[M].北京：人民出版社，2003：379.

当生产方式与生产力相适应的时候，这种生产方式就是人的自主活动和自由活动的条件，因而是正义的；反之，就是非正义的。因而，对于"何为正义"这个问题，只有同人的自由本质相联系，才能得到确切的解答。不谈自由，莫谈正义。

由此可见，马克思并不是从人的自由意志出发，而是从人在其感性活动特别是物质生产活动中体现出来的自由本质出发，来揭示正义的历史内涵。在他看来，康德也好，黑格尔也好，都没有意识到，他们的理论思想不过是由一定历史阶段上的物质生产关系所决定的意志为基础，是由在这种生产关系产生出来的物质利益在理论上的表达。他们所能做的就是把这种理论表达从它所表达的物质利益中抽象出来，将其说成是"自由意志"或"自在和自为的意志"的纯粹自我规定，并进而以这种变成纯粹思想的自由意志出发推导出道德假设和法权原则。而事实上，他们从所谓自由意志出发推导出来的道德体系和法权体系不过是一定的生产关系的道德的和法律的形式，这个形式的正当性就在于它建立了并维护了与生产力的一定发展阶段相适应的生产方式。

正因为如此，马克思从来不否认资本主义政治制度和法律制度所具有的历史进步价值和历史正义性。尽管马克思并不把资产阶级的争取自由的政治解放看成是"一般人类解放的最后形式"，但当自由主义运动遭到封建主义势力的贬损和抗拒时，马克思依然毫不犹豫地把摧毁封建专制的斗争作为整个革命运动的首要任务，以维护自由主义运动的积极成果。为此，马克思尖锐地批判了当时德国代表小资产阶级或小市民利益的所谓"真正的"社会主义，指出这种"真正的"社会主义并不是以反抗和摧毁封建主义统治为前提的，而是把社会主义的要求同反抗封建专制的政治运动对立起来，站在封建主义的立场上，把自由主义、代议制国家、资产阶级的竞争、资产阶级的新闻出版自由、资产阶级的法、资产阶级的自由和平等等通通当作异端邪说加以诅咒。因此，这种所谓的"真正的"社会主义不过是充当了反动的普鲁士政府对付德国资产阶级的武器。基于这个判断，马克思明确主张，工人阶级及其政党应当与一切反对现存专制制度的进步力量或民主政党站在同一条战线上，亦即与站在反对派立场上的党派联合起来，共同反抗专制王权。①

然而，立足于人的源自感性活动的自由本质来看，康德、黑格尔对资本

---

① 马克思恩格斯全集：第 6 卷[M]. 北京：人民出版社，1961：688.

主义社会的道德体系和法权体系的推导和论证，并不像他们所想象的那样，可以使自由得到终极意义上的实现，可以使人的自由一劳永逸地免受干预和侵犯。他们从人的自由意志出发推导出来的实践原则和规范体系，使人摆脱了封建等级制、宗法制和君主专制套在人身上的封建枷锁，使人真正获得了形式上的、法律上的自由与平等，这无疑是人的自由本质现实化的一个极为重要的历史阶段。但这并不是人的自由本质现实化的最终阶段，因为，这种形式上的、法律上的自由与平等是与资本主义市场经济的发展相适应的，是交换价值基础上的自由与平等的法权表现形式，体现的是"以物的依赖性为基础的人的独立性"。在马克思看来，在资本主义私有制条件下，由于资本与劳动的分离和雇佣劳动制的普遍实行，这种形式上的自由与平等并不能消除事实上的、实质上的剥削、奴役与压迫。因此，建立在交换价值基础上的平等与自由本质上具有不彻底性和表面性。对此，马克思指出："在现存的资产阶级社会的总体上，商品表现为价格以及商品的流通等等，只是表面的过程，而在这一过程的背后，在深处，进行的完全是不同的另一些过程，在这些过程中个人之间的表面的平等和自由就消失了。"①在这里，马克思所讲的"深处的""完全不同的另一些过程"显然是指内在于资本主义生产方式，确切地说，内在于资本主义市场经济体系中的不以人的意志为转移的客观过程的机制和规律。在资本主义生产方式中，由于资本与劳动的分离，交换价值作为整个生产的客观基础，决定了生产活动必然采取雇佣劳动制的形式，这就决定了资本主义社会中个人在实质上的不自由，因为这种交换价值基础上的生产从一开始就已经包含着对个人的强制。在这种情况下，"个人相互之间的社会联系作为凌驾于他们之上的独立的东西，不论被想象为自然的权力、偶然的现象，还是其他形式的东西，都是下述状况的必然结果，这就是：这里的出发点不是自由的社会个人"②。由此可见，与以往强调人的"自由意志"并把人所获得的形式上的自由与平等视为终极意义上的自由与平等的思想家不同，马克思立足的不是"市民社会"，而是"社会化的人类"，其出发点是"自由的社会个人"，关注的是人的实质意义上的自由与平等的实现，这也是马克思正义观的最基本内容。

由此可见，马克思对资产阶级法权关系和法权制度的历史进步价值和历史正义性的肯定，以及他对资本主义基本制度的非正义性的批判，都是基于

① 马克思恩格斯全集：第 46 卷（上）[M]. 北京：人民出版社，1979：200.
② 马克思恩格斯全集：第 46 卷（上）[M]. 北京：人民出版社，1979：145.

人的自由本质这一基本前提。本文认为，人的自由本质及其现实化就是马克思实践哲学的形而上学前提，只有从这个前提出发，才能合乎逻辑地推导出实践哲学的普遍原则，并对人的自由在其现实化过程中所具有的历史内容做出准确的分析和评价，才能使自由、平等、正义等价值理念获得确切的理解。这就是本文所说的实践哲学的理性之维。没有这个理性之维，仅仅从经验世界中为实践哲学寻找普遍原则，就很难避免是所有有关实践哲学价值理念的讨论，如关于正义、平等、自由等的讨论，陷入众说纷纭而毫无头绪的窘境，甚至陷入无批判的经验描述。

实践哲学的这个理性之维是人类"改变世界"的创造力的体现。改变世界，既需要我们深入到经验世界中探索经验世界运动变化的规律，同时又需要我们根据自身理性设定的原则为改变世界提供普遍的价值准则。尽管，我们不认为单凭人的理性就能够解决我们在实践中所遇到的所有问题，但没有人的理性，人的活动就不可能具有高于动物的水平。尤其在我们的道德实践和政治实践中，我们绝不应忽视人的纯粹理性为人类行为的立法能力，更不能忽视人按照自己的理性法则行事的能力。

（该文原载于《武汉大学学报》2020 年第 4 期）

从"感性世界"观念看马克思与费希特的理论关联

　　本文选择"感性世界"（Sinnenwelt）这个概念作为基本理论线索，分析马克思的哲学与费希特哲学的理论关联。之所以选择这个线索，首先是因为马克思在《德意志意识形态》中就"感性世界"所作出的实践论诠释对于我们理解马克思哲学的本体论内涵具有十分重要、十分独特的意义。而在马克思之前，康德和费希特都对"感性世界"这个观念做出了各具特色的理论阐释，从而使"感性世界"观念在德国古典哲学中有一个比较清晰的发展脉络。首先是康德在他的纯粹理性批判中反复使用这个概念来陈述由人类的表象、经验所构成的世界与自在之物的区别，并由此确认人类理性的界限。然后是费希特从纯粹自我的"本原行动"出发将对感性世界的理解建立在他的实践哲学的基础上。马克思批判地继承了前人的观念，以人的现实的、感性的对象性活动为依据，把"感性世界"理解为由人的能动的实践活动所创造出来的对象化世界。

一、费希特哲学中的"感性世界"观念

　　在分析费希特费的感性世界观念之前，我们还是有必要概述一下康德对感性世界的理解。在德国古典哲学中，康德是第一个对"感性世界"这个概念做出哲学阐释的理论家。在康德的哲学中，"感性世界"是与"自在之物"相对应的概念。他认为，"感性世界无非是现象的总和"①。康德所说的"现象"是指自在之物作用于我们的感官，在我们心灵中引起的知觉或表象，因此感性世界的存在和连结"只发生在表象即经验里，因为感性世界不是自在

---

① 康德. 未来形而上学导论[M]. 庞景仁译. 北京：商务印书馆，1978：126.

的东西，而仅仅是一种表象样式"①。在这个意义上，"感性世界"相当于康德所说的"现象界"或"自然界"。据此，康德确认感性世界没有自在性，它以自在之物为基础，但是对于这个基础我们却一无所知。然而，值得注意的是，康德虽然否认了"自在世界"的可知性，但却没有否认"感性世界"的可知性。在他看来，这个"感性世界"固然不是自在之物，但却是自在之物表现给我们的样子。因此，"感性世界（即做成现象的总合的基础的一切）之与未知者之间的关系就好像一只钟表、一艘船、一团军队与钟表匠人、造船工程师、团长之间的关系一样。对于这个未知者，我固然并不认识它的'自在'的样子，然而我却认识它的'为我'的样子，也就是说，我认识它涉及世界的样子，而我是世界的一部分"②。这就是说，我们生存于感性世界之中，这个感性世界虽然以自在之物为其根源，但它的构成以及它的法则却来自人类主体的感性的和理智的形式，因而它是一个"为我"的世界，我们完全可以把握这个世界。只不过，人类知识的任何扩展都不能超出感性世界的范围。

费希特最先发难康德的"自在之物"理论。在他看来，康德既然认为人的认识只能局限在经验之内，那他就没有任何理由肯定经验之外"物自体"的存在，"物自身是一种纯粹的虚构，完全没有实在性"③。费希特同样接受了经验论的基本观念，主张人们的一切知识来源于感觉经验。但受康德启发，他着力探究"经验的根据是什么"这样一个问题。对这个问题的思考，使他又超越了经验论的视界，而努力去建构一个形而上学的公理体系。

费希特认为，哲学应当把出现在意识中的唯一确定的东西作为出发点。而当我们把出现在意识中的一切不确定的东西排除之后，剩下的不可排除的东西就是进行排除活动的"自我"和自我的排除活动。这个"自我"不是经验上的自我，而是纯粹的自我以及纯粹自我的"纯粹活动"。费希特对自我的论证颇像笛卡尔的"我思故我在"。但在笛卡尔思想中，作为哲学出发点的"我"仅与思维直接同一。而费希特则把自我确立为一个行动的、能动的、自由的、自主的主体，认为自我既是行动者，又是行动的产物。他把这个作为纯粹自我的纯粹活动称之为"本原行动"，自我的存在与这个本原行动是直接统一的，即"'自我存在'乃是对一种本原行动的表述，但也是对整个知识

① 康德. 未来形而上学导论[M]. 庞景仁译. 北京：商务印书馆，1978：126.
② 康德. 未来形而上学导论[M]. 庞景仁译. 北京：商务印书馆，1978：148.
③ 费希特. 十八世纪末—十九世纪初德国哲学[M]. 北京：商务印书馆，1960：142.

学里必定出现的那唯一可能的本原行动的表述"①。这种"本原行动"不以任何对象为前提，而是产生对象本身，因而它是一切经验和知识的绝对的无条件的前提。我们固然可以说，一切知识来源于感性经验，但任何感性经验的产生必然要以自我的本原行动为前提。

从这个作为"本原行动"的"自我"出发，费希特为自己的哲学体系确立了逻辑上相互关联的三个命题。

其一，正题："自我设定自身"，即"自我原初无条件地设定它自己的存在"②。所谓"自我无条件地设定自身"就是说自我设定自身是不借助于任何经验和任何概念的。用黑格尔的话说，自我可以将自身从一切有限的、特殊的规定性中抽象出来，由此形成一个"纯粹的自我"。而在费希特看来，"自我设定自身"即是自我对一切感性的、有限的、不确定性因素的彻底排除。因此，"自我设定自身"就是自我的"本原行动"，"自我设定"和"自我存在"是同一回事。自我的本原行动既是自我设定的行动，又是对这一行动的直接意识，因而它就是一种直观，它无须用概念来说明自我对自身的确认，而是不证自明的，"一切意识经验的事实的理由根据就在于，在自我中的一切设定以前，自我本身就先已设定了"③。

其二，反题："自我设定非我"。费希特所讲的"非我"不是康德意义上的"物自体"，也不是作为纯粹的知觉和表象的"现象界"，而是以自我为根据或前提的"感性世界"。这个"感性世界"本身包含着两个层面的基本含义。

首先，"整个客观体系对于自我必定是由自我本身创造的"④。对于费希特的这个思想，国内学界以往的看法，是将其当作彻底的唯心主义命题加以批判。但实际上，费希特这句话的意思并不是说自我创造出了一个自在的、自然的物质体系。在费希特看来，自我的存在是二重化的。一方面，每一自我，就其为理性存在者而言，都是一个可以无条件地设定自身的"纯粹自我"，从而每一自我都是一个作为"本原行动"的能动主体，在本质上是自由的；另一方面，每一自我同时又是一个感性的、有限的理性存在者，他的自由不是仅仅体现在"纯思"中，而是体现在他的能动的实践活动中，并通过这种实践来设定自身。而现实的实践活动必然是与各种感性的有限的事物打交道，

① 费希特著作选集：第 1 卷[M]. 北京：商务印书馆，1990：515.
② 费希特著作选集：第 2 卷[M]. 北京：商务印书馆，1994：698.
③ 费希特. 全部知识学的基础[M]. 北京：商务印书馆，1986：10.
④ 费希特著作选集：第 2 卷[M]. 北京：商务印书馆，1994：284.

从而必然要受到有限事物及其自然规律的限制。换句话说，正是由于"自我"是能动的、自由的，"自我"才能在实践中感受到或意识到自我与外部世界的对立，才能意识到外部世界的存在。如他本人所说："自我在自我意识中只能从实践方面设定自身，除了有限的东西就根本不能设定任何东西，因而同时必须给自己的实践能动性设定一个界限，所以，自我必定要设定一个在自身之外的世界。"①可以肯定地说，费希特根本就没有否认外部世界的客观存在，只不过对他来说，"外部世界"或"客观体系"的这个概念只有以"自我"为根据才能在经验中被设定出来，亦即只有以"自我"为前提才能成立。没有自我，也就无所谓外部世界。例如，动物没有自我意识，因而对于动物来说，也就无所谓外部世界。由此观之，康德所说的那个在经验之外的"物自体"之所以是一个虚构，就在于它不是以自我为前提的，也与人的经验毫不相干，因而是没有任何根据的。因此，"整个客观体系对于自我必定是由自我本身创造的"，就是说，整个客观体系就是以自我为根据并在自我的能动实践中经验地建立起来的，它表现为人的实践能动性的界限。这就是费希特"感性世界"概念的最基本的含义。

费希特"感性世界"概念的第二层含义，涉及我们今天常说的"主体间性"这个问题。在费希特看来，"纯粹自我"是属于每一个人的，因而每一个人都是一个独立的、自由的、理性的主体，但在感性世界中，每个人又都是一个有限的自我、经验的自我，其能动的实践必然受到外部世界因果律的限制。这个"外部世界"作为"感性世界"不仅包括各种自然的外部事物，同时也包括其他同样作为主体的"自我"。因此，"感性世界"是一个由诸多理性存在物构成的"公共活动场所"或"共同体"。为此，费希特为感性世界中各个理智主体之间的关系设定了三个定理：第一，"一个有限理性存在者不认为自身有一种自由的效用性，就不能设定自身"；第二，"一个有限理性存在者不认为其他有限理性存在者有一种自由的效用性，因而也不假定在自身之外有其他理性存在者，就不能认为自身在感性世界中有自由的效用性"；第三，"一个有限理性存在者不把自身设定为能与其他有限理性存在者处于一种确定的、人们称之为法权关系的关系中，就不能假定在自身之外还有其他有限理性存在者"。②这三个定理是依次递进的。第一定理是说，在感性世界中，任何一个有限理性存在者都是一个自由的主体，他可以设定自身，即设

---

① 费希特著作选集：第 2 卷[M]. 北京：商务印书馆，1994：281.

② 费希特. 自然法权基础[M]. 谢地坤，程志民译. 北京：商务印书馆，2004：17.

定"我之为我"；第二定理是说，任何一个有限理性存在者必须承认自身之外的他人同样是一个自由的主体，否则就不能确认自己在感性世界中是一个自由主体；第三定理是说，感性世界中各个有限理性存在者之间存在着一种确定的法权关系，否则就不能确定在自身之外还有其他有限理性存在者。因此，在感性世界中，个人作为有限理性存在者是通过各种形式的自由行动才会发生相互作用。个体的自由只有在这样的行动中才能表现出来：他的这种行动是和其他人的行动密切相关的，他的自由只有在和他人的共同活动中才能实现。这样，在感性世界中，主体之间的自由活动必然存在着相互限制的因果性，这种相互限制的因果性构成了主体之间的法权关系。如费希特所说："如果你想作自由人，你就应当用他人也自由的概念来限定自己的自由。法的关系就是这样产生的。"①因而"只有在感性世界中通过行动，通过自由行动的各种表现，各个理性存在物才会产生相互作用。因此，法权概念只涉及在感性世界中表现出来的东西"②。同时这也意味着，如果各个主体之间彼此相互承认为一个共同体或诸理性存在体系的成员，那就必须把感性世界作为这种承认的先决条件。"理性存在物这样设定其发挥自己自由效用性的能力，就设定并规定了一个在自身之外的感性世界。"③

其三，合题："自我设定自我和非我的统一"。自我设定非我，将自我置身于感性世界中，成为有限的"经验自我"。但经验自我依然是以绝对自我为根据的，并与绝对自我保持自身同一性，与此同时，感性世界作为非我也是以绝对自我为根据的，因而经验自我源于绝对自我，并与非我统一于绝对自我。因此，"自我"的存在必然是二重化的。一方面，人作为"纯粹的自我"，是理性的存在物，也是自由的存在物，在理性的范围内，自我设定自身，没有任何矛盾；但另一方面，在感性世界中，人作为有限的自我又是感性的自我，经验的自我，人的感觉和以感觉为对象的表象不取决于人自身，而是受外部事物和自然规律的制约，因而又是受动的、不自由的。这表明，人的存在既具有经验性，又具有超验性，既具有感性，又具有超感性，既是受动的，又是能动的，是经验自我与纯粹自我的统一体。如果人仅仅是一个感性的、经验的存在物，那他在感性世界中就如同动物一样，完全被同化到感性世界中，既没有与自然的对立，也没有对自然的超越。而人作为理性的存在物，

① 古雷加. 德国古典哲学新论[M]. 沈真，侯鸿勋译. 北京：中国社会科学出版社，1993：151.
② 费希特著作选集：第2卷[M]. 北京：商务印书馆，1994：314.
③ 费希特著作选集：第2卷[M]. 北京：商务印书馆，1994：280.

在本质上是自由的，同时自由又是人所希求的东西，这就是说，人在感性世界中必然要受到自然因果律和自由因果律的制约，但人作为理性的、能动的主体终究不能让某种异己的东西来决定自己，而应当自己决定自己，不断地通过自己的实践活动打破异己物的限制，使自己成为超越的存在物。为了实现这个目标，人的实践活动就应当与外部事物相一致，以便使人能够按照客观规律去驾驭感性世界。这也是知识学的全部努力。

费希特认为，自我存在的二重化，意味着自我作为行动的主体必然面临两个"为我的世界"，即感性世界和"理智世界"或"超感性世界"。"凡是与我的行动相对立的东西——我必须将某种东西与我的行动相对立，因为我是有限的——就是感性世界，凡是应当由我的行动产生的东西，就是理智世界。"而把这两个世界连接在一起的就自我的"本原行动"。因此，"只有通过自身能动的自我的这种理智直观才可能成立的行动概念，是把两个为我们存在的世界，即感性世界和理智世界联合在一起的唯一概念"。因此，哲学不能从事实出发，如果从事实出发就会把自身置于存在和有限性的世界中，而难以找到通向无限事物和超感性事物的道路。哲学只能从本原行动出发，这样哲学才能恰好站在感性世界和理智世界的连接点上，从而对两个世界一目了然。

显然，费希特区分感性世界和超感性世界，其目的是力图用超感性世界来确认和张扬人性的尊严，而这种人性的尊严集中地体现在人的存在的道德价值上。因此，费希特所理解的"超感性世界"就是一个由道德秩序所构成的世界。如果说，在感性世界中，起支配作用的是各种自然因果律和体现为法权关系的自由的因果律，那么在"超感性世界"中，起支配作用的则是道德律，而正是这种道德律体现了人的存在的超越性，体现出人与单纯的感性存在物不同的地方，亦即体现出人的存在的尊严。因此，"超感性世界是我们的诞生地，是我们的惟一坚实的立脚点；感性世界只是超感性世界的反映"①。

在费希特看来，道德秩序在感性世界中找不到自己的因果律，因而它不是知识学的对象，而只能是信仰的对象。知识范畴从整体上说是关于我们经验世界的学问，因而知识学不可能理解这个超感性世界，唯有通过信仰才可能到达这个世界。在这个意义上，"那种生动的和发挥作用的道德秩序本身就是上帝；我们不需要任何其他的上帝，也不可能理解任何其他的上帝"②。这样看来，费希特的确是把信仰主义融入他的理论，并使他的理论由此而具

① 费希特著作选集：第 3 卷[M]. 北京：商务印书馆，1997：418.
② 费希特著作选集：第 3 卷[M]. 北京：商务印书馆，1997：392.

有宗教哲学的特征。不过，费希特的宗教观念的实质在于把宗教道德化和把道德宗教化。对他来说，道德与宗教是一回事，两者都是对超感性东西的把握，前者是通过行动，后者是通过信仰。上帝作为道德秩序之所以是超感性的，就是因为感性世界中的一切都是感性的、相对的、世俗的，在时间和空间上都是有限的，而构成道德秩序的那些普遍的道德法则和道德根据是理性的、绝对的、神圣的，是不受时空的任何限制的。因此，道德秩序不可能来自感性世界而只能来自超感性世界。在这个意义上，道德秩序就是上帝，崇尚道德秩序就是崇尚上帝，而且人们也是通过对道德秩序的崇尚而建立起对上帝的信仰。普遍的道德法则及其对意志的道德规定只有在作为超感性世界的道德秩序即上帝的监督和仲裁下才能发挥效力，也就是只有借助于信仰的力量才能在感性世界中发挥作用。因此，在费希特的理论中，道德秩序高于法权关系，前者属于超感性的神圣世界，后者属于现实的感性世界。

费希特虽然在理论上划分出"感性世界"和"超感性世界"，并把"超感性世界"归属于信仰的领域，但他并不像康德那样把作为道德秩序的超感性世界看成是可望而不可即的彼岸世界，而是强调这两个世界的结合，这个结合的要旨就是把超感性世界的道德秩序建构到感性世界中。如他对宗教的"天启"概念所作的界定那样，"天启概念就是关于上帝的超自然原因在感性世界里引起结果的概念，通过这类结果上帝将其自身宣示为道德立法者"①，并且"上帝必须在感性世界里将他自身和他的意志向一切道德存在物宣示为对他们具有法律效力的"，因为"上帝为道德法则所决定，用一切合乎道德的手段去促进一切理性存在物有尽可能高的道德"②。而能够把感性世界和超感性世界结合起来的就是"自身能动的自我"。虽然"自我"作为个体的人或有限的感性存在物，生存于感性世界之中，受到非我的限制，从而人的理性本质常常会被感性本质所侵蚀，出现道德败坏的现象。但同时任何个人又都是理性的存在物，具有纯粹自我的超验性，可以自己决定自己，因此人作为自身能动的自我是可以站立在两个世界的结合点上，把道德原则诉诸自己的能动实践，从而不仅是"我应当"，而且是"我能够"，即能够把超感性世界的道德法则通过自己的行动而实现在或映现在感性世界中，在感性世界中建立起道德秩序。

费希特以这三个命题为框架构建出一个从抽象到具体的形而上学体系。

---

① 费希特著作选集：第 1 卷[M]. 北京：商务印书馆，1990：23—24.
② 费希特著作选集：第 1 卷[M]. 北京：商务印书馆，1990：42—43.

其核心概念就是作为"本原行动"而存在的"自我"。他的哲学的突出贡献在于启发人们从能动的主体即自我的活动中重新理解"感性世界",把感性世界理解为人的活动的产物。这在一定程度上克服了康德"物自体"和"现象"的抽象对立。

二、马克思对费希特哲学的批判与超越

马克思对费希特理论的批判继承主要体现在他的《1844 年经济学哲学手稿》中。我们知道,这部手稿的第三束手稿中有相当大的篇幅是讨论人的对象性存在和对象性活动问题。这方面理论看上去直接针对的是黑格尔的"整个辩证法",特别是黑格尔《现象学》和《逻辑学》中有关辩证法的论述,但从理论内容上看,却同时包含着对费希特哲学的逐点分析和批判,显示出费希特哲学对马克思的深刻影响。

第一,马克思对费希特哲学第一命题的消解。费希特的第一哲学命题是"自我设定非我"。通过这个命题,费希特确立了"纯粹自我"的"纯粹活动"即"本原行动"为全部哲学的出发点。马克思是否曾经接受过费希特的这个命题,现在很难考证,但马克思在他的对象性理论中明显地包含着对费希特这一哲学命题的批判,也许这也是他思想转变的一个理论契机。受费尔巴哈的深刻影响,马克思摈弃了费希特关于抽象的纯粹自我的理论设定,而是确认人直接地是自然存在物,而作为自然存在物就必然是对象性的存在物,即"人直接地是自然存在物。人作为自然存在物,而且作为有生命的自然存在物,一方面具有自然力、生命力,是能动的自然存在物;这些力量作为天赋和才能、作为欲望存在于人身上;另一方面,人作为自然的、肉体的、感性的和受限制的存在物,就是说,他的欲望的对象是作为不依赖于他的对象而存在于他之外的;但是,这些对象是他的需要的对象;是表现和确证他的本质力量所不可缺少的、重要的对象"①。作为有生命的自然存在物,人的活动也不是单纯的、抽象的、思想中的"纯粹活动"或"本原行动",而是感性的生命活动。而人的生命活动又不同于动物的生命活动。动物不能把自己同自己的生命活动区别开来,人则使自己的生命活动变成自己意志的和自己意识的

---

① 马克思恩格斯全集:第 3 卷[M]. 北京:人民出版社,2002:324-325.

对象，因而是一种有意识的生命活动，并且由于这一点，人的活动才是自由的活动。因此，自由的有意识的活动恰恰就是人的类特性，是生命活动的性质。

比照之下，费希特所确立的"自我设定自身"，实际上所设定的就一个非对象的存在物。因为"一个存在物如果在自身之外没有自己的自然界，就不是自然存在物，就不能参加自然界的生活。一个存在物如果在自身之外没有对象，就不是对象性存在物。一个存在物如果本身不是第三存在物的对象，就没有任何存在物作为自己的对象，就是说，它没有对象性的关系，它的存在就不是对象性的存在。非对象性的存在物就是非存在物[Unwsen]"①。也就是说，费希特所设立的自我就是一个本身既不是对象，又没有对象的，孤零零地独自存在着的唯一存在物，这种"非对象性的存在物，是一种非现实的、非感性的、只是思想上的即只是想象出来的存在物，是抽象的东西"②。

第二，马克思对费希特哲学第二命题的改造。费希特的第二命题是"自我设定非我"，如前所析，费希特在这个命题中表明：由于"自我"是能动的、自由的，"自我"才能在实践中感受到或意识到自我与外部世界的对立，才能意识到外部世界的存在，因此作为"非我"的感性世界必然是以自我为根据的。马克思没有完全否认这个命题，但从人的对象性存在和对象性活动的意义上改造了这个命题。

马克思把费希特"自我设定非我"表述为"自我意识的外化设定物性"。马克思批评说，按照这个观点，人等于自我意识，而人的外化的、对象性的本质即物性等于外化的自我意识。也就是说，自我意识通过自己的外化所能设定的只是物性，即只是抽象物、抽象的物，而不是现实的物。这样，所谓的物性对自我意识来说就绝不是什么独立的、实质的东西，而只是纯粹的创造物，是自我意识所设定的东西，这个被设定的东西并不证实自己，即并不证实自己为某种独立的、实质的东西，而只是证实"设定"这一行动。这表明，如果把自我仅仅理解为抽象的"自我意识"，那么"自我设定非我"或"自我意识的外化设定物性"，就变成了一个神秘莫测的命题，即所能设定的物性或"非我"就只是抽象物或抽象的物，而不是现实的物。对此，马克思从人的存在的对象性意义上改造了"自我设定非我"这个命题的内涵。他指出，"自我"并不是抽象的自我意识，而是"一个有生命的、自然的、具备并赋有对象性的即物质的本质力量的存在物，既拥有它的本质的现实的、自然的对

---

① 马克思恩格斯全集：第 3 卷[M]. 北京：人民出版社，2002：325.

② 马克思恩格斯全集：第 3 卷[M]. 北京：人民出版社，2002：325.

象，而它的自我外化又设定一个现实的、却以外在性的形式表现出来因而不属于它的本质的、极其强大的对象世界，这是十分自然的。这里并没有什么不可捉摸的和神秘莫测的东西"①。也就是说，只有把人理解为有生命的、自然的、现实的、对象性存在物，"自我设定非我"这个命题才是可以理解的，而非神秘莫测的命题。

在这里，马克思也同样否认了旧唯物主义的抽象的自然观。在马克思看来，无论是抽象的、非对象性的"自我"，还是抽象的、非对象性的"自然"，只要是非对象性的存在物，都是一种非现实的、非感性的、只是在思想上想象出来的东西，而不是现实的东西。也就是说，现实的、感性的存在物，必然是对于人来说的对象性的存在物，而人（我）则构成了这种存在物的他物或它的对象，即另一个现实。无对象性的"纯粹自我"不过是思想中想象出来的或抽象出来的东西，而并不是现实的自我，现实的自我必然是对象性的存在。同样，如果设想脱离人独立存在的自然界，那么这种自然界就既不是对象，也没有对象，因而不可能是现实的、感性的存在物，只能是思想上抽象出来的东西。可以设想这种自然界先于人而存在，"但是，被抽象地理解的，自为的，被确定为与人分隔开来的自然界，对人来说也是无"②，或者说，如果把人（自我）理解为一种无对象的抽象的"自我意识"，而把自然界同样理解为一个与这个抽象的自我意识不同的另一个无对象的抽象存在物，那么"作为自然界的自然界"，即"与这些抽象概念分隔开来并与这些抽象概念不同的自然界，就是无，是证明自己为无的无，是无意义的，或者只具有应被扬弃的外在性的意义"③。

马克思对"自我设定非我"这个命题的改造，体现出马克思实践哲学与费希特实践哲学的重大区别。费希特在这个命题中所讲的"自我设定非我"，仅仅是指经验的、有限的、感性的自我在感性世界中感受到或意识到外部世界与自我的对立和对自我的限制。而马克思所讲的"设定"并不是一种思想活动，而是人的现实的、能动的、对象性的感性活动，他说："当现实的、肉体的、站在坚实的呈圆形的地球上呼出和吸入一切自然力的人通过自己的外化把自己现实的、对象性的本质力量设定为异己的对象时，设定并不是主体；它是对象性的本质力量的主体性，因而这些本质力量的活动也必须是对象性

---

① 马克思恩格斯全集：第3卷[M]. 北京：人民出版社，2002：323-324.
② 马克思恩格斯全集：第3卷[M]. 北京：人民出版社，2002：335.
③ 马克思恩格斯全集：第3卷[M]. 北京：人民出版社，2002：336.

的活动。对象性的存在物进行对象性活动，如果它的本质规定中不包含对象性的东西，它就不进行对象性的活动。它所以只创造或设定对象，因为它是被对象设定的，因为它本来就是自然界。因此，并不是它在设定这一行动中从自己的'纯粹的活动'转而创造对象，而是它的对象性的产物仅仅证实了它的对象性活动，证实了它的活动是对象性的、自然存在物的活动。"①马克思的这段话有三重含义：其一，人作为自然存在物是通过自己的外化把自己现实的、对象性力量设定为异己的对象。所谓"设定为异己的对象"，就是说，通过感性的物质活动把自己的本质力量对象化为自己的活动的创造物。因此"设定不是主体"，设定是主体的感性活动。其二，这种活动是对象性的本质力量的主体性，亦即是对象性存在物即主体的活动，因而这种本质力量的活动必然是对象性活动，即对象性的存在物的对象性活动，在对象性的存在物的本质规定里就包含着对象性的东西。其三，对象性的存在物即感性活动的主体之所以创造或设定对象，就是因为它本身就是被对象所设定的，因为它本身就是自然的存在物。所以，"自我设定非我"并不像费希特所说的那样，从"自我"的"纯粹活动"中创造对象即"非我"，而是主体的对象性活动的产物或创造物证实了它的对象性活动，证实了这种对象性活动是对象性的、自然存在物的活动。

第三，马克思对费希特哲学第三命题的超越。费希特哲学的第三个命题是"自我设定自我与非我的统一"。这个命题首先包含着对人的存在的二重化的理解。费希特在这个命题中，是从"纯粹自我"的"纯粹活动"出发论证人的存在的二重化，即一方面人在自我设定自身的纯粹抽象中是理性的、能动的、纯粹自我；另一方面人在感性世界中又是经验的、受动的、有限的自我。因此，费希特所论证的只是人在精神上使自己二重化。与费希特不同，马克思则是从现实的、感性的人及其感性活动即劳动出发，强调人在现实中的二重化，即"劳动的对象是人的类生活的对象化：人不仅像在意识中那样在精神上使自己二重化，而且能动地、现实地使自己二重化，从而在他所创造的世界中直观自身"②。

因此，人的存在的受动性与能动性只有从人的感性的、现实的存在来说明。人是感性的、现实的，就是说，在他自身之外有他自身的感性的对象，他必然受自身的感性对象的制约，因而必然是受动的。因此，人作为对象性

---

① 马克思恩格斯全集：第3卷[M]. 北京：人民出版社，2002：324.

② 马克思恩格斯全集：第3卷[M]. 北京：人民出版社，2002：273.

的、感性的存在物必然是受动的存在物。但同时，人又能感受到自己是受动的，因而必然要改变自己的这种受动状态，这就是说，他必然又是一个能动的、有激情的、自为的存在物，人的自然存在物，强烈追求自己的对象的本质力量，并且必须既在自己的存在中也在自己的知识中确证并表现自身。这也就是说，自我与非我、人的存在的能动性与受动性不是统一于抽象的"纯粹自我"，也不是统一于虚构出来的"超感性世界"，而是统一于人的感性的、对象性的现实活动及其产物中。从而人的自由与尊严无须借助信仰的力量来实现，而是通过自身的能动实践来达成。"通过实践创造对象世界，改造无机界，人证明自己是有意识的类存在物，就是说这样一种存在物，它把类看作自己的本质，或者说把自身看作类存在物。"①并且，"正是在改造对象世界中，人才真正地证明自己是类存在物。这种生产是人的能动的类生活。通过这种生产，自然界才表现为他的作品和他的现实"②。从而人能够在自己所创造的世界中直观自身。

三、马克思对"感性世界"的实践论界说

从马克思的上述理论可以看出，马克思在《1844 年经济学哲学手稿》中阐述的关于人的对象性存在和对象性活动的理论，既是针对黑格尔，但在很大程度上针对的是费希特哲学，特别是费希特在"自我设定非我"这个命题中所包含的感性世界理论。因此，可以说如果避开了费希特哲学，就不能很好地理解马克思的观点。尽管马克思在《1844 年经济学哲学手稿》中没有使用"感性世界"这个概念，但他关于人的对象性存在和对象性活动的论述，所谈到的都是与对感性世界的理解密切相关的。在这里，马克思与康德和费希特感性世界理论的思想关联，首先体现在，他们都没有把感性世界理解为自在的抽象的自然界。不同的是，康德在感性世界中所看到的只是人的直觉和表象，从而把感性世界理解为由人的知觉和表象所构成的"现象世界"，并认为这个作为现象世界的感性世界是以理性无法把握的物自体为基础的；费希特摈弃了康德的物自体，从"纯粹自我"的"本原行动"出发，把感性世界理解为是以人的能动的、自由的实践活动为前提和根据的"非我世界"，但

---

① 马克思恩格斯全集：第 3 卷[M]. 北京：人民出版社，2002：273.
② 马克思恩格斯全集：第 3 卷[M]. 北京：人民出版社，2002：274.

他在感性世界中，看到的仅仅是外部世界的自然律与人的能动活动的对立，或对人的能动活动的限制；马克思则从人的对象性存在和人的感性的、对象性活动即能动的实践活动出发，把"感性世界"理解为通过实践而创造出来的"对象世界"。这个思想，后来在《德意志意识形态》一书中得到了更为明确的阐发。在这本书中，马克思批评了费尔巴哈对感性世界的抽象的、直观的理解，指出费尔巴哈"没有看到，他周围的感性世界决不是某种开天辟地以来就直接存在的、始终如一的东西，而是工业和社会状况的产物，是历史的产物，是世世代代活动的结果，其中每一代都立足于前一代所达到的基础上，继续发展前一代的工业和交往，并随着需要的改变而改变它的社会制度"①。因此，感性世界存在的根据不在"自在世界"中，不在抽象的"物自体"中，也不在抽象的"纯粹自我"中，而在于人们的感性活动之中，"这种活动、这种连续不断的感性劳动和创造、这种生产，正是整个现存的感性世界的基础"②。

理解马克思的"感性世界"理论对于我们理解马克思哲学的本体论基础是非常重要的。因为马克思的唯物主义理论与旧的、直观的唯物主义的根本不同，就在于马克思的全部理论不是以自在的、抽象的物质世界为出发点，而是以人的感性活动和以这种感性活动为基础的"感性世界"为出发点。马克思固然没有否认"外部自然界的优先地位"，但他明确指出，这种独立于人的外部自然界"当然不适用于原始的、通过自然发生的途径产生的人们"。与人的活动无关的外部自然界，是非对象性的存在物，归根到底也只是一种思想上的抽象，因而对于理解人的生存，对于理解自然和历史的统一来说，是没有意义的。后来的马克思主义者几乎完全忽视了马克思的感性世界理论，因而当他们企图在所谓"原理教科书"中阐释马克思主义哲学的本体论问题时，其理论观点总体上没有超出旧唯物主义或直观唯物主义的范畴。亦即，无论是在本体论上，还是在认识论上都倒退到旧唯物主义的立场上。

（该文原载于《教学与研究》2013 年第 2 期，《新华文摘》2013 年第 10 期论点摘编，人大复印资料《哲学原理》2013 年第 5 期转载）

---

① 马克思恩格斯选集：第 1 卷[M]. 北京：人民出版社，1995：76.
② 马克思恩格斯选集：第 1 卷[M]. 北京：人民出版社，1995：77.

马克思与欧洲自由主义运动

自由主义是近代欧洲启蒙运动中形成的最为强大的政治学或政治哲学思潮。就追求政治自由、反对扼杀个人自由的僧侣主义和专制主义这个比较宽泛的意义来说，欧洲近代进步思想家所提出的政治理论和政治主张均属于政治自由主义。本文所论评的则是源自英国的经验论传统的自由主义思潮，这种自由主义以个人主义为前提，从维护个人权利和个人自由的角度来论证国家权力的合法性，并把个人权利和个人自由理解为全部国家生活的终极目的。在法国大革命前，英国经验论哲学家为这种自由主义奠定了思想基础。而在法国大革命后，出于对法国革命及其政治后果的总结，这种自由主义与那种主张个人权利和个人自由服从国家理性及道德精神的国家主义和道德理想主义分道扬镳。在现当代，这种自由主义政治学说走向了极端，而与主张"公共善"的社群主义相对立，当然也与追求事实上的或实质上的人的自由与平等的社会主义和马克思主义相对立。

马克思是欧洲启蒙运动自由理论的伟大继承者。他既充分地肯定了近代自由主义运动的历史进步价值，同时又深刻地揭示出自由主义运动的历史局限性、内在矛盾性和不彻底性。马克思对自由主义运动的分析和批判包含着他对启蒙运动以来欧洲政治运动的理论和实践的深刻总结，构成了他的政治哲学的基本理论主张。在今天，盛行于西方世界的自由主义思潮对中国市场取向的改革产生了深刻的影响，如何正确地分析和评价自由主义的理论主张及其对中国的影响，直接关系到对当代中国政治文明建设的基本理解。

一、马克思对自由主义历史进步价值的肯定

马克思对自由主义运动的总体性批判包含在他关于人的解放的理论中。

1843 年春，马克思在《德法年鉴》上发表的《论犹太人问题》一文可以说是系统地阐释解放理论的纲领性文献。在这篇文章中，马克思把人的"解放"理解为从"政治解放"到"人类解放"的历史过程，并把自由主义放在政治解放的范畴内予以分析和评价。在马克思看来，自由主义所倡导的个人自由在一般含义上就是指"可以做和可以从事任何不损害他人的事情的权利"，这种个人自由，作为人权，是建立在人与人相分隔的基础上，是狭隘的、局限于自身的个人权利。因此，对于自由这一人权，"只有用政治国家对市民社会的关系，用政治解放的本质来解释"①。在政治解放的范畴内，马克思主要分析了三个方面的问题：国家与宗教的关系问题、人的基本权利问题和国家与市民社会的关系问题。

首先，就国家与宗教的关系而言，政治解放是国家摆脱一切宗教的解放，即"当国家作为一个国家，不再信奉任何宗教，信奉作为国家的自身时，国家才以自身的形式，以自己本质所固有的方式，作为一个国家，从宗教中解放出来"②。这同时也是把人在政治上从宗教中解放出来，宗教不再是国家的精神。马克思将此称为国家生活中的"无神论"。当然，把国家从宗教中解放出来并不意味着把个人从宗教中解放出来，而是说把宗教信仰从国家生活中驱逐出去，使之成为市民社会的精神，成为市民社会成员私人领域的事情。

其次，在人的基本权利问题上，马克思分析指出，人的基本权利分为两个部分，一部分是政治权利，即只有同别人一起才能行使的权利，这种权利的内容就是参加这个政治共同体或国家。这种权利属于政治自由的范畴，属于公民权利的范畴。人的基本权利的另一部分，马克思称之为与公民权不同的"人权"，也就是市民社会成员作为"利己的人"所享有的自由权利。这些自由权利体现在市民社会生活的物质因素上就是私有财产权利，亦即"自由这一人权的实际应用就是私有财产这一人权"③；体现在市民社会生活的精神性因素上就是信仰自由的权利。所谓"平等"，从非政治的意义上说，就是上述自由的平等；"安全"则是市民社会的最高社会概念，"按照这个概念，整个社会的存在只是为了保证维护自己每个成员的人身、权利和财产"④。通过对人权的分析，马克思指出自由主义权利主张的基本性质无非是利己主

---

① 马克思恩格斯全集：第 3 卷[M]. 北京：人民出版社，2002：182.
② 马克思恩格斯全集：第 3 卷[M]. 北京：人民出版社，2002：170.
③ 马克思恩格斯全集：第 3 卷[M]. 北京：人民出版社，2002：183.
④ 马克思恩格斯全集：第 3 卷[M]. 北京：人民出版社，2002：185.

义的人的自由和承认这种自由，即承认构成这种人的生活内容的精神要素和物质要素的不可阻挡的运动，"因此，人并没有摆脱宗教，他取得了信仰宗教的自由。他没有摆脱财产，他取得了占有财产的自由。他没有摆脱行业的利己主义，他取得了行业自由"①。

最后，在国家和市民社会的关系问题上，马克思发挥了他在《黑格尔法哲学批判》一书中所确立的市民社会决定国家的观点，进一步指出，国家只有承认、恢复和服从市民社会的统治才能使自己成为完备的政治国家。因此，政治国家和政治解放都必须是建立在市民社会的基础上，即"它把市民社会，也就是把需要、劳动、私人利益和私人权利等领域看作自己持续存在的基础，看作无须进一步论证的前提，从而看作自己的自然基础"②。国家或政府本身也只是为了保护个人的这些基本权利。如法国 1791 年宪法第 2 条称："一切政治结合的目的都是为了维护自然的和不可剥夺的人权。"或如 1793 年宪法所规定："政府的设立是为了使人能够行使自然的和不可剥夺的权利。"马克思对此评论说："政治生活在其热情还富有朝气而且以后由于形势所迫而又走向极端的时候，就宣布自己只是一种手段，而这种手段的目的是市民社会生活。"③从这个意义上可以说，马克思在批判了黑格尔国家观之后，恢复了欧洲近代自由主义学说对国家的政治功能的一般理解，即认为现代资本主义国家归根到底是以维护这种私有财产权利为基本目的，而不可能像黑格尔所宣称的那样是作为普遍理性和最高伦理目的而存在的。

不难看出，马克思上述三个方面的论述正是欧洲启蒙运动以来自由主义政治学说的最基本的理论主张。马克思十分明确地从政治解放的角度肯定了这些政治主张的历史进步价值。他指出："政治解放当然是一大进步，尽管它不是一般人的解放的最后形式，但在迄今为止的世界制度内，它是人的解放的最后形式。不言而喻，我们这里指的是现实的、实际的解放。"④政治解放之所以是一大进步，就在于政治解放同时也是同人民相异化的国家制度即统治者的权力所依据的旧社会即封建主义社会的解体，"政治革命打倒了这种统治者的权力，把国家事务提升为人民事务，把政治国家组成为普遍事务，就是说，组成为现实的国家；这种革命必然要摧毁一切等级、同业公会、行帮

---

① 马克思恩格斯全集：第 3 卷[M]．北京：人民出版社，2002：188.
② 马克思恩格斯全集：第 3 卷[M]．北京：人民出版社，2002：188.
③ 马克思恩格斯全集：第 3 卷[M]．北京：人民出版社，2002：185.
④ 马克思恩格斯全集：第 3 卷[M]．北京：人民出版社，2002：174.

和特权，因为这些是人民同自己的共同体相分离的众多表现"①。这就是说，政治解放尽管不是"一般人的解放的最后形式"，但是，如果不彻底地瓦解封建专制制度，不实现完整意义上的政治解放，不实现个人在政治生活中的公民权利和在市民生活中的自由权利，进一步的解放即人类解放就是不可能的。

基于上述观念，当这种争取政治解放的自由主义运动遭到封建主义势力的贬损和抗拒时，马克思态度鲜明地为自由主义运动进行辩护。如在《共产党宣言》中，马克思和恩格斯针对当时德国代表小资产阶级或小市民利益的所谓"真正的"社会主义做出了尖锐的批评，指出："德国的特别是普鲁士的资产阶级反对封建主和专制王朝的斗争，一句话，自由主义运动，越来越严重了。于是，'真正的'社会主义就得到了一个好机会，把社会主义的要求同政治运动对立起来，用诅咒异端邪说的传统办法诅咒自由主义，诅咒代议制国家，诅咒资产阶级的竞争、资产阶级的新闻出版自由、资产阶级的法、资产阶级的自由和平等，并且向人民群众大肆宣扬，说什么在这个资产阶级运动中，人民群众非但一无所得，反而会失去一切。德国的社会主义恰好忘记了，法国的批判（德国的社会主义是这种批判的可怜的回声）原以现代的资产阶级社会以及相应的物质生活条件和相当的政治制度为前提的，而这一切前提当时在德国正是尚待争取的。"②他们毫不客气地指责这种"真正的"社会主义不过是反动的普鲁士政府对付德国资产阶级的武器，它"直接代表了一种反动的利益"。

正是由于把政治解放即反对封建专制统治的自由主义运动理解为人的解放的不可逾越的历史阶段，马克思才明确主张，工人阶级及其政党是与一切反对现存专制制度的进步力量或民主政党站在同一条战线上的。在那些尚未完成政治解放的民族国家，如当时的德国，"只要资产阶级采取革命的行动，共产党就同它一起去反对专制君主制、封建土地所有制和小市民的反动性"③。即便对于已经在政治上觉醒了的无产阶级来说，反对封建王权的斗争也依然具有首要性。对于这一点，马克思在 1849 年 1 月 15 日科伦工人联合会委员会会议上发表意见指出："当前的问题不在于获得某种原则上重大的结果，而在于起来反对政府、反对专制制度、反对封建主的统治；而这连普通的民主主义者，即所谓的自由主义者也是能做到的，因为他们也完全不满

---

① 马克思恩格斯全集：第 3 卷[M]. 北京：人民出版社，2002：187.
② 马克思恩格斯选集：第 1 卷[M]. 北京：人民出版社，1995：299-300.
③ 马克思恩格斯选集：第 1 卷[M]. 北京：人民出版社，1995：306.

意现存政府。考虑问题必须从实际出发。既然现在重要的是要建立一个尽可能强大的反对现存专制制度的反对派，那末根据常识也可以判断：如果已明白在选举中不可能捍卫住自己的原则性观点，那就应该与其他也是站在反对派立场上的党派联合起来，不让我们的共同敌人——专制王权获得胜利。"①

二、马克思对自由主义历史局限性的批判

把人的解放理解为从政治解放到人类解放的历史过程，这使马克思不仅在政治解放的范畴内历史地肯定了自由主义运动的进步价值，同时又从人类解放的意义上深刻地揭示和分析了政治解放也就是自由主义运动的自我矛盾性和历史局限性。在《论犹太人问题》一文中，马克思主要从国家生活和个人生活这两个方面揭示了政治解放的自我矛盾性。首先，从国家生活的角度上看，当现代国家宣告人民的每一成员都是人民主权的平等享有者时，国家就以自己的方式在政治上废除了个人之间的实际差别。从这个意义上说，现代国家从政治上废除了私有财产。但是尽管如此，国家并没有在市民社会的现实生活中废除私有财产，反而以私有财产为基础，因而它根本没有在现实生活中废除这些实际差别，并且只有以这些差别为前提，它才存在，才感到自己是政治国家，才会实现自己的普遍性。②其次，从个人生活的角度上看，政治解放造成人的存在的"二重化"：一方面把人变成公民，变成法人，另一方面把人变成市民社会的成员，变成利己的、独立的个人，"这种人，市民社会的成员，就是政治国家的基础、前提。他就是国家通过人权予以承认的人"③。自由主义所竭力推崇的"个人"，也就是这种作为市民社会成员的利己主义的个人。

由于现代国家必然要以市民社会中的私有财产权利和信仰自由的权利为自身存在的基础和前提，因此，个人在现实的市民社会生活中依然受到"世俗桎梏"——作为物质因素的私有财产和作为精神因素的宗教信仰——对人的限制。在这种世俗桎梏中，市民社会的利己主义性质不可避免地导致自由公民的宗教狭隘性和生活实践中人的自我异化，而要消灭宗教狭隘性和人的

① 马克思恩格斯全集：第 6 卷[M]. 北京：人民出版社，1961：688.
② 马克思恩格斯全集：第 1 卷[M]. 北京：人民出版社，2002：172.
③ 马克思恩格斯全集：第 1 卷[M]. 北京：人民出版社，2002：188.

自我异化就必须消灭这种世俗桎梏。但这不是政治解放所能做到的，只有诉诸人类解放，即"只有当现实的个人把抽象的公民复归于自身，并且作为个人，在自己的经验生活、自己的个体劳动、自己的个体关系中间，成为类存在物的时候，只有当人认识到自身'固有的力量'是社会力量，并把这种力量组织起来而不再把社会力量以政治力量的形式同自己分离的时候，只有到了那个时候，人的解放才能完成"①。在《德法年鉴》的另一篇文章《〈黑格尔法哲学批判〉导言》中，马克思旗帜鲜明地把人的解放同无产阶级的解放联系在一起，宣称无产阶级是一个表明人的完全丧失并因而"只有通过人的完全回复才能回复自己本身"②的特殊等级。此后，在《1844年经济学哲学手稿》和《神圣家族》中，马克思用异化劳动理论对资本主义生产关系的非人性进行了哲学批判，并对共产主义做出了唯物主义的人道主义论证。由此可以理解，马克思在1845年《关于费尔巴哈的提纲》中所说那句著名的话："旧唯物主义的立脚点是市民社会；新唯物主义的立脚点则是人类社会或社会的人类。"③这句话道出了马克思的政治理论与自由主义政治学说的明确界线。

对自由主义的更为深刻、更为系统的批判来自马克思的政治经济学。马克思认为，资本主义生产是一种以资本为基础的生产。这种生产"在纯粹资本范围内的个人运动"就表现为"个人的自由"，或个人之间的自由竞争。因此，"自由竞争是资本的现实发展。它使符合资本本性，符合以资本为基础的生产方式，符合资本概念的东西，表现为单个资本的外在必然性"④。自由竞争越发展，资本运动的形式就表现得越纯粹。因此，从根本上说，自由竞争不过是个别资本的自由运动，在这个运动中，自由的并不是个人，而是资本。

以资本为基础的生产本质上就是交换价值的生产，相应地，资本主义社会中的平等与自由，也就是建立在交换价值基础上的平等与自由。"如果说经济形式，交换，确立了主体之间的全面平等，那么内容，即促使人们去进行交换的个人材料和物质材料，则确立了自由。可见，平等和自由不仅在以交换价值为基础的交换中受到尊重，而且交换价值的交换是一切平等和自由的

① 马克思恩格斯全集：第1卷[M]. 北京：人民出版社，2002：189.
② 马克思恩格斯选集：第1卷[M]. 北京：人民出版社，1995：15-16.
③ 马克思恩格斯选集：第1卷[M]. 北京：人民出版社，1995：56.
④ 马克思恩格斯全集：第46卷（下）[M]. 北京：人民出版社，1979：159.

生产的、现实的基础。作为纯粹观念，平等和自由仅仅是交换价值的交换的一种理想化的表现；作为法律的、政治的、社会的关系上发展了的东西，平等和自由不过是另一次方的这种基础而已。"①

这种在交换价值基础上形成的平等和自由具有彻底的利己主义性质。因为在交换价值的生产和交换中，每一个人都把另一个人当作自己的手段互相利用，这种相互关联把他们的利益当作排斥他人的利益，不顾他人的利益而加以满足。这样，人们在这种交换关系中是平等的，因为他们彼此只是作为商品所有者发生关系。这种交换关系也必然排斥任何等级和特权，人们只承认竞争的权威，而不承认其他任何权威。同样，个人作为交换主体，也"确立了个人的完全自由"，即自愿的交易。劳动力的买者和卖者，只取决于自己的自由意志。他们是作为自由的、在法律上平等的人缔结契约的。从交换的动因和交换者之间的关系来看，也就是从人的需求和欲望之类的自然动因来看，当然也具有某种强制性，"但是这种关系，从一方面来看，本身只是表示另一个人对我的需要本身毫无关系，对我的自然个性毫无关系，也就是表示他同我平等和他有自由，但是他的自由同样也是我的自由的前提；另一方面，就我受到我的需要的决定和强制来说，对我实施强制的，不是异己的东西，只是作为需要和欲望的总体的我自己的自然（或者说，处在普遍的反思形式上的我的利益）。但使我能强制另一个人，驱使他进入交换制度的，也正是这一方面"②。但交换行为和交换关系归根到底"是自私的利益，并没有更高的东西要去实现"。

通过上述分析，马克思对于这种建立在交换价值基础上的平等和自由做出了如下概括："劳动力的买和卖是在流通领域或商品交换领域的界限以内进行的，这个领域确实是天赋人权的真正乐园。那里占统治地位的只是自由、平等、所有权和边沁。自由！因为商品例如劳动力的买者和卖者，只取决于自己的自由意志。它们是作为自由的、在法律上平等的人缔结契约的。契约是他们的意志借以得到共同的法律表现的最后结果。平等！因为他们彼此只是作为商品所有者发生关系，用等价物交换等价物。所有权！因为他们都只支配自己的东西。边沁！因为双方都只顾自己。使他们连在一起并发生关系的唯一力量，是他们的利己心，是他们的特殊利益，是他们的私人利益。正因为人人只顾自己，谁也不管别人，所以大家都是在事物的预定和谐下。或者

---

① 马克思恩格斯全集：第 46 卷（上）[M]. 北京：人民出版社，1979：197.
② 马克思恩格斯全集：第 46 卷（上）[M]. 北京：人民出版社，1979：198.

说，在全能的神的保佑下，完成着互惠互利、共同利益、全体有利的事业。"①

进而，马克思揭示出交换价值基础上的平等和自由的不彻底性和表面性。他指出："在现存的资产阶级社会的总体上，商品表现为价格以及商品的流通等等，只是表面的过程，而在这一过程的背后，在深处，进行的完全是不同的另一些过程，在这些过程中个人之间的表面的平等和自由就消失了。"②马克思在这里所讲的"在深处""完全是不同的另一些过程"显然是指决定其表面特征的那些内在的、不以人的意志为转移的客观机制和规律。这些客观机制和规律决定了现代资本主义社会中个人在本质上的不自由，亦即"交换价值作为整个生产的客观基础这一前提，从一开始就已经包含着对个人的强制"③。产生这种强制的客观机制在于，私人利益本身已经是社会所决定的利益，它的内容以及实现的形式和手段都是由不以任何人的意志为转移的社会条件所决定的。这样一来，个人之间的全面的相互依赖性使物化的社会关系成为外在于每一个个人的异己的力量，而个人则被置于这种无法控制的异己力量之中。"这一运动的整体虽然表现为社会过程，这一运动的各个因素虽然产生于个人的自觉意志和特殊目的，然而过程的总体表现为一种自发的客观联系；这种联系尽管来自自觉个人的相互作用，但既不存在于他们的意识之中，作为总体也不受他们支配。他们本身的相互冲突为他们创造了一种凌驾于他们之上的社会权力；……个人相互之间的社会联系作为凌驾于他们之上的独立的东西，不论被想象为自然的权力，偶然的现象，还是其他形式的东西，都是下述状况的必然结果，这就是：这里的出发点不是自由的社会个人。"④

基于上述分析，马克思既肯定了交换价值基础上的自由和平等这一事实，同时又揭示了这种自由和平等在现实中的悖论。他指出，交换价值、货币制度事实上就是平等和自由的制度，这个制度在其发展中对平等和自由所起的干扰作用正是这个制度所固有的干扰，因此，"这种平等和自由证明本身就是不平等和不自由"⑤。自由主义把自由竞争看成是人类自由的终极形式，认为否定自由竞争就等于否定个人自由。对此，马克思指出，自由竞争中的自由不过是"在资本统治的基础上的自由发展。因此，这种个人自由同时也是

---

① 马克思恩格斯全集：第 23 卷[M]. 北京：人民出版社，1979：199.
② 马克思恩格斯全集：第 46 卷（上）[M]. 北京：人民出版社，1979：200.
③ 马克思恩格斯全集：第 46 卷（上）[M]. 北京：人民出版社，1979：200.
④ 马克思恩格斯全集：第 46 卷（上）[M]. 北京：人民出版社，1979：145.
⑤ 马克思恩格斯全集：第 46 卷（上）[M]. 北京：人民出版社，1979：201.

彻底地取消任何个人自由，而使个性完全屈从于这样的社会条件，这些社会条件采取物的权力形式，而且是极其强大的物，离开彼此发生关系的个人本身而独立的物"①。这表明，交换价值基础上的自由本身就是一个悖论，其奥秘就在于"自由竞争"的本性，"一旦把竞争看作自由个性的所谓绝对形式这种幻想消失了，那么这种情况就证明，竞争的条件，即以资本为基础的生产的条件，已经被人们当作限制而感觉到和考虑到了，因而这些条件已经成为而且越来越成为这样的限制了。断言自由竞争等于生产力发展的终极形式，因而也就是人类自由的终极形式，这无非是说中产阶级统治就是世界历史的终结——对前天的暴发户们来说这当然是一个愉快的想法"②。

　　从马克思的上述理论中，我们完全可以看出马克思主义与自由主义的根本对立。无疑，自由主义崇尚个人自由，但它所言称的个人不过是相互分离的自私自利的个人，它所追求的自由与平等，不过是交换价值基础上的自由与平等。在资本统治下，这种自由和平等通过自由竞争不可避免地引发个人之间的相互对抗，导致贫富分化，使社会财富越来越多地集中在少数资产者手中，而使越来越多的社会成员沦为无产者。如果像黑格尔所说的那样，财产是自由的定在，那么也恰恰是由于这一点，占人口绝大多数的无产者因丧失了财产而在事实上和实质上丧失了自由与平等，并因之不能不遭受他人的剥削和奴役，留给他们的不过是空洞的、法律意义上的私有财产权利，而这种权利在现实中意味着每个个人的自由发展必然以牺牲和奴役他人为代价。法律上的或形式上的平等掩盖的正是事实上或实质上的不平等和不自由。因此，马克思的人的解放的理念就是要从根本上消灭产生这种事实上或实质上不自由和不平等的社会根源，即资本主义私有制，以实现"每个人的自由发展是一切人自由发展的条件"这样一种共产主义的社会。

三、如何看待自由主义思潮对当代中国的影响

　　只有在人的解放的意义上，并把人的解放理解为从政治解放到人类解放的历史过程，才能对自由主义运动的历史进步价值和历史局限性做出准确的分析和评价。同样，也只有依据马克思的这一基本观点，才能对自由主义思

① 马克思恩格斯全集：第 46 卷（下）[M]. 北京：人民出版社，1979：160-161.
② 马克思恩格斯全集：第 46 卷（下）[M]. 北京：人民出版社，1979：161.

潮于当代中国改革开放进程的影响做出整群的分析和评价。

毋庸置疑，随着中国市场取向改革的不断发展，来自西方的自由主义经济理论和政治思潮大踏步地进驻中国思想界，并引发了深入持久的讨论。两种较为极端的观点至今依然处在各执一端的交锋之中。一种观点从根本上否认和拒绝自由主义的政治主张与权利要求，把自由主义看成是导致社会灾难的洪水猛兽。主张这种观点的人通常自居为"新左派"或"真正的马克思主义"，并倾向于把中国改革开放过程中出现的社会问题完全归罪于自由主义思潮的传播。另一种观点则极力推崇自由主义，公开地或隐晦地把自由主义看成是中国经济改革和政治建构所能找到的最合适的理论。主张这种观点的人通常自称为"市场派""改革派"或干脆自命为"新自由主义"，并倾向于把中国改革开放所取得的巨大成就理解为自由主义在中国的胜利。对自由主义的这两种极端的态度影响了我们对中国市场取向的改革和政治文明建设的正确理解。

面对这两种极端的观点，我们首先应当思考的是，为什么自由主义思潮能够对致力于建立和完善社会主义市场经济体制的中国产生深刻的影响？这个问题显然不能仅仅从自由主义思想家的头脑中和语辞中寻找答案。正如马克思批评当年德国小资产阶级思想家仅仅从思想和抽象的自我意志出发理解和批判市民自由主义时所指出的那样："如果像柏林的思想家一样，停留在德国地方性印象的圈子里议论自由主义和国家，或者仅限于批判德国市民关于自由主义的幻想，而不从自由主义与它所由产生的并赖以确实存在的现实利益的联系上去理解自由主义，那末，自然就要得出世界上最荒谬的结论。"①

自由主义所由产生的并赖以存在的现实利益，从根本上说，就是自由的市场经济。自由主义所能达到的政治解放归根到底是为市场经济的发展和健康运行创造必要的政治条件。首先，政治解放之所以是把国家从宗教和信仰中解放出来，就是要求政治国家必须从人的类的共同性或者说从人格的一般性上平等地对待自己的公民，明白地确认每个公民在政治上享有的平等权利，使国家生活真正成为公共生活或共同生活，并把权利和义务公平地分配给每一个社会成员。同时，确认每个公民作为市场主体就是一个都把自身利益作为目的私人，他们在商品交换中拥有平等的权利，从而使交换手段打破种族、地域、阶级、阶层、宗教乃至民族、国家的界限成为普遍的交往手段。

---

① 马克思恩格斯全集：第 3 卷[M]．北京：人民出版社，1956：213．

其次，政治解放的核心内容就是要使国家按自己的规范，用合乎自己本质的方法去实现和维护个人基本权利。其中最重要的，就是维护个人的自由权利，即私有财产权利和信仰自由的权利。市场经济就是以市场主体独立地、自主地和自由地追求特殊利益或私利为内在的驱动力。正是由于市场主体能够任意地、和别人无关地、不受社会束缚地使用和处理自己的财产，才有可能形成各种市场机制，如竞争机制、价格机制、供求机制和资源配置机制等，才能产生巨大的市场效率。从这个意义上说，否认了私有财产权利，也就否认了市场经济本身。最后，在国家与市民社会的关系问题上，现代国家把市民社会作为自己的当然前提和自然基础，因而它的最基本的政治责任就是维护市民社会成员个人的基本权利。需要、劳动、私人利益和私人权利，从根本上说，就是市场经济、市场机制或市场体系的最基本的构成因素，也是催生现代政治和现代国家的自然基础。如果以市场经济为基础的现代国家不能通过国家行为切实地维护市民社会成员个人的基本权利，那就无异于摧毁市场经济本身，也就是摧毁自身赖以生存的自然基础。

由此可见，自由主义的政治主张和权利要求并不是自由主义思想家产物，而不过是市场经济对政治条件的要求在理论上的反映。不是由于有了自由主义学说才有了这些政治主张和权利要求，而是由于市场经济本身的发展孕育出了这些政治主张和权利要求，才有了关于这些主张和要求的理论即自由主义学说。政治自由主义之所以在现代西方资本主义世界占据强势地位并对当今中国产生强烈的影响，也主要是因为这种学说在其理论原则上反映着、表达着以市场经济为基础的现代社会的一般要求。只要搞市场经济，不管是资本主义市场经济还是社会主义市场经济，这些政治主张和权利要求都是必不可少的。从这个意义上说，这些政治主张和权利要求是否具有合理性，不是取决于自由主义是否具有合理性，而是取决于中国市场取向改革的合理性，取决于建立和完善中国社会主义市场经济体制的合理性。马克思曾经十分明确地把经济的社会形态的发展理解为一种自然史的过程，并强调，一个社会即使探索到了本身运动的自然规律，"它还是既不能跳过也不能用法令取消自然的发展阶段，但是它能缩短和减轻分娩的痛苦"[①]。毋庸置疑，马克思在这里所讲的"既不能跳过也不能用法令取消自然的发展阶段"就是指"发达的商品经济"也就是"市场经济"这一社会的经济形态。中国 60 余年社会

---

① 马克思恩格斯选集：第 2 卷[M]．北京：人民出版社，1995：101．

主义建设的历程也充分证明了马克思的这一基本论断。我们在理论上已经非常明确地认识到，市场经济是现代经济发展的不可逾越的历史阶段，在实践上我们正在深化和拓展市场取向的改革，并已取得令世界瞩目的成就。因此，对于自由主义学说，我们不能采取一概否定的态度，而应当重视对其的研究，批判地吸取和借鉴其积极内容，以深化我们对市场经济的本质、机制和运行过程的理论把握，完善我们对政治解放的理论理解。

当然，中国作为社会主义国家最终是以人类解放为价值旨归的，但这绝不是一个单凭政治热情和政治口号就可以推动完成的过程。没有市场经济的发展为这一解放创造出必要的社会条件和政治条件，人类解放就是一个缺乏现实可能性的空洞理智，甚至有可能导致实践上非常有害的政治行为。马克思在《经济学手稿（1857—1858 年）》中曾以人的发展为中心线索，把社会形态的发展划分为三个阶段，其中第三个阶段被称为"建立在个人全面发展和他们共同的社会生产能力成为他们的社会财富这一基础上的自由个性"①，这个阶段实际上也就是马克思所设想的人类解放的阶段。但这个阶段的产生是有前提的，即"全面发展的个人——他们的社会关系作为他们自己的共同的关系，也是服从于他们自己的共同的控制的——不是自然的产物，而是历史的产物。要使这种个性成为可能，能力的发展就要达到一定的程度和全面性，这正是以建立在交换价值基础上的生产为前提的，这种生产才在产生出个人同自己和同别人的普遍异化的同时，也产生出个人关系和个人能力的普遍性和全面性"②。这里，"建立在交换价值基础上的生产"，不正是发达的商品经济或市场经济吗？

中国市场取向的改革雄辩地证实了马克思关于经济形态发展的客观性的科学论断。而根据政治解放与市场经济的关系，我们也完全可以从马克思的这一科学论断出发合乎逻辑地做出推断：如果说市场经济是经济形态发展的不可逾越的历史阶段，那么为市场经济的形成与发展创造必不可少的政治条件的政治解放——不论我们赋予它什么新的称谓——也必然是人类政治文明发展的不可逾越的历史阶段，这个历史阶段同样是合乎规律的，具有"既不能跳过也不能用法令取消"的客观性质。进一步说，如果建立和完善社会主义市场经济体制是当代中国经济与社会发展的主题，那么在社会主义条件下完成政治解放就应当是当代中国政治文明建设的基本内涵，因为没有政治解

---

① 马克思恩格斯全集：第 46 卷（下）[M]. 北京：人民出版社，1979：104.
② 马克思恩格斯全集：第 46 卷（下）[M]. 北京：人民出版社，1979：108-109.

放为市场经济的完善和发展创立必要的政治条件，就不可能建立起完备的社会主义市场经济体制。

事实上，目前中国的市场取向的改革和政治文明的建设正在沿着政治解放的路线行进。2004 年 3 月 14 日，第十届全国人民代表大会第二次会议通过的《中华人民共和国宪法修正案》更为明确地规定了中华人民共和国公民所享有的平等的政治权利和基本人权，第一次将"公民的合法的私有财产不受侵犯"这一条款郑重地写入宪法，并强调公民的人身自由、人格尊严和住宅不受侵犯。于 2007 年 10 月 1 日起正式施行的我国第一部"物权法"——《中华人民共和国物权法》——对公民的私人财产权利以及对这种私人财产权利的法律保护作出了更为详尽的法律规定。如前所述，政治解放的核心内容就是要使国家能够作为一个国家，按自己的规范，用合乎自己本质的方法去实现和维护个人的基本权利，特别是维护公民的私人财产权利和信仰自由的权利。我国的《宪法修正案》和《物权法》的颁布和施行正是体现了现代政治国家的这一基本精神。国内某些对自由主义采取极端反对态度的人，对这些重要的改革成果也持有怀疑乃至否定的态度，这表明他们本质上不是拒斥自由主义，而是拒斥了市场经济本身，拒斥中国市场取向的改革。

当然，强调社会主义条件下的政治解放应当以实现上述政治主张和权利要求为基本内容，并不等于我们接受甚至全盘照搬自由主义政治理念。对于人类解放的历史过程来说，政治解放不是它的完成，而只是它的一个必不可少的阶段。即便在社会主义条件下，政治解放也同样有着它的不彻底性和矛盾性。这种不彻底性和矛盾性同样表现为它所能实现的只是人的"交换价值基础上的自由和平等"，亦即形式上的或法律上的平等和自由，而非实质上的或事实上的平等和自由。如法律上可以明确地肯定并维护每个人平等地拥有私人财产权利，但使人在事实上获得平等和自由的不是财产权利，而是财产本身。市场经济的自发倾向总是不可避免地产生贫富差别，并自发地将这种分化不断推向极端，如果没有国家必要的分配调节，势必造成贫富两极分化，将越来越多的人置于事实上丧失自由和平等的弱势地位。自由主义政治学说所反对的恰恰是国家在利益分配上的调节作用。以哈耶克为代表的老牌自由主义者对贫富两极分化就采取完全漠视的态度。而以诺齐克为代表的新自由主义者则坚决主张个人所拥有的不可侵犯的生命权、自由权和财产权仅仅具有否定的意义。一个无家可归者具有生命权，因而固然需要食物和住房，但他既没有权利强求富人也没有权利要求国家为他提供食物和住房，国家可以对他的这种要求无动于衷。由此可见，自由主义完全将自身封闭在政治解放的局限性和内在矛盾性之中，对于人的事实上的、实质上的自由根本不予丝毫的考虑。其实这也正是自由资本主义的本性。

马克思与自由主义的原则区别就在于他毕生所追求的人类解放始终是以实现人的事实上的、实质上的自由与平等为价值旨归的。同样，当代中国社会主义政治文明建设归根到底是以马克思的人的解放理论为思想基础，必然要以人类解放为终极目标。我们认识到政治解放是人的解放的不可逾越的历史阶段，从而把在社会主义条件下完成政治解放作为政治文明建设的核心内容，但这并不是说，我们应当放弃人类解放的目标，甚至不意味着暂时地放弃这个目标，而是要自觉地将政治解放同人类解放衔接起来。就此而论，当代中国社会主义条件下的政治解放本质上"旨在人类解放的政治解放"。它应当旗帜鲜明地以人类解放为基本价值尺度，合理解决政治解放的局限性所带来的社会矛盾和社会问题。正是在这一点上，体现出有中国特色的社会主义与自由主义的根本对立。自由主义的立足点是市民社会，它所维护的个人自由和个人权利看上去指向社会中的每一个个人，但在市场经济的发展导致贫富分化的事实面前，它在事实上或实质上所维护的只是少数有产者的个人自由和个人权利，而使大多数人陷入遭受奴役和剥削的境地，甚至公开拒绝任何追求事实上和实质上自由与平等的政治主张。与此相反，旨在人类解放的政治解放，它的立足点不是市民社会而是"人类社会和社会的人类"，它固然要全面地实现人在形式上的和法律上的自由和平等，尊重和维护个人的自由权利，但它所关注的不是少数个人的自由和权利，而是"人民群众"的普遍利益和他们在事实上和实质上的自由和平等。因此，面对政治解放的内在矛盾性和历史局限性，社会主义国家较之资本主义国家更有理由加强国家对市场经济的调节作用，运用国家手段合理地调整经济利益和其他社会利益的分配格局，合理地限制贫富分化，并随着综合国力的不断增长，不断增进所有公民的财产性收入和社会福利，解决人民群众所面临的各种民生问题，由此逐步地为人类解放创造出日益充分的社会条件和制度框架。

（该文原载于《哲学研究》2010 年第 6 期）

西方"形而上学"的复兴与哲学研究的改革

自 20 世纪四五十年代以来，随着科学和社会的飞速发展，在西方科学和哲学领域普遍出现了复兴"形而上学"（即传统哲学理论的别称）的思潮。研究西方科学和哲学发展的这一基本动态，对我们重新认识哲学的对象、性质和作用有着重要的意义。

一

西方"形而上学"的复兴，起之于对长期以来在西方科学和哲学界占据重要地位的实证主义哲学的批判。实证主义哲学发端于 19 世纪中期。法国哲学家孔德和英国科学家斯宾塞，首先把实证性视为他们所创造的所谓"新哲学"的本质。他们标榜自己的哲学向人们提供的都是有用的、确定的、精确的知识，而把几千年来哲学上反复讨论的基本理论，如思维、存在、实体、无限等当作经验无法证实的、不确定的、含糊不清的形而上学加以坚决抛弃。他们把哲学的任务局限于陈述经验事实的外部联系，并断言，任何企图在经验事实的背后寻找支配事物存在和发展的本质原因或动因的做法都是神学的遐想和形而上学的烦琐论证。19 世纪末 20 世纪初，马赫主义把实证主义的基本精神贯彻到科学研究领域，确认科学所研究的并不是客观对象本身，而是人们的主观感觉之间的联系。因此，马赫主义力主排除一切形而上学问题及其对科学研究的干扰，认为哲学仅在于描述那些表征感觉经验的各种符号、记号以及它们之间的关系，并确定调节这些关系的原则。20 世纪 20 年代以来，以维也纳学派为代表的逻辑实证主义把孔德以来的实证主义哲学发展到极端，形成了彻底的经验主义。该学派代表人物卡尔纳普连篇累牍地发表文章论证"形而上学"领域内的一切问题都是经验不能证实的毫无意义的伪命题。一切科学的命题都是经验知识，都可以直接或间接地由经验加以证实。哲学的任务就是对经验科学的命题和概念进行逻辑分析，以确定哪些是有意义的、哪些是无意义的。

实证主义、经验主义对"形而上学"的排斥尽管在清除传统哲学中脱离实际的玄学特征上起了一定的积极作用，但在本质上都贬损理论思维在科学研究中的地位，无视哲学世界观和哲学逻辑范畴在建构科学理论中的作用，把哲学变成实证科学的附庸。这在总体上与科学理论的本性相悖。与实证哲学的基本精神相反，20 世纪以来的自然科学和社会科学的发展不仅没有使科学理论的研究避开传统哲学问题的探讨，反而在理论的深层结构上自觉地踏入哲学的殿堂。例如，在 20 世纪 30 年代前后，量子力学这个物理学大厦已宣告落成。但围绕量子力学而展开的哲学争论至今方兴未艾。其根本原因就在于量子力学理论在物理学领域引起了革命性变革，不仅猛烈地冲击了传统的物理学理论，而且还改变了人们传统的思维方式以及作为这种思维方式的概念基础和逻辑前提的哲学世界观。微观客体的量子状态不能由感官直接把握，只能依据客体在仪器的干扰下呈现出来的宏观效应进行间接的理论推断。在观测过程中，客体和仪器之间存在着不可分割、不可控制的相互作用，宏观效应是这种相互作用的综合结果。因此，对微观客体量子状态的界说就离不开观测过程、观测手段及观测者的理论准备。这样一来，确认主体可以不干扰客体而认识客体的独立本质的信念就被动摇了，人们不得不重新讨论主体和客体之间关系这一古老的哲学问题。此外，随着玻恩把反映量子波性特征的波函数解释为大量粒子在空间中的统计分布以及海森堡"测不准关系"原理的建立，统计性被视为量子力学的本质特征，这就导致一大批物理学家和哲学家围绕量子力学的统计特征展开了决定论与非决定论之争。在这场争论中，原因和结果、必然和偶然、可能和现实、形式和内容（或质料）、本质和现象、时间和空间等一系列最基本的哲学范畴的内涵都在经受着新科学材料的审查。类似的哲学争论不仅发生在物理学领域而且也广泛地发生在现代化学、生物学以及门类繁多的社会科学领域中。

20 世纪 40 年代，系统理论的创立，则在更大的范围内，更深的层次上突出了哲学理论思维的作用。这不仅表现在系统理论像量子力学等现代科学理论那样，使传统哲学的一般问题在新的材料中经受锤炼，更突出地表现在它使人们的思维方式以及作为思维方式的理论基础的哲学世界观发生了根本变革。上一世纪，支配科学研究的主要是一种"还原论"的思维方式，即世界可以分解为若干部分、过程或方面，科学的任务就在于深入细致地研究每一部分、过程或方面的基本特性，并从中找到某些基本因素或基元来解释各类事件。20世纪以来，自然科学和社会科学的发展使这种思维方式日趋崩溃。人们注意到，由各种因素彼此按一定结构方式相互作用而构成的物质系统，其整体的性质和功能具有不可还原的特点，这样，科学研究的角度和方法就发生了根本性转变：从注重要素的性质过渡到注重系统结构和功能，从注重分析过渡到注重综合；而"还原论"的思维方式是以确信世界统一于某些基元的"原子论"式的哲学世界观和本体论为逻辑前提的。因此，用综合性思维方式取代"还原论"的思维方式就必须从哲学的高度更新人们的世界观和本体论。自1945年，奥地利生物学家贝塔朗菲发表了《关于一般系统论》的论文以来，系统论日渐哲学化。到了六七十年代，美国的拉兹洛，加拿大的邦格分别在一般系统论的基础上发展出了系统哲学体系，用一般系统论的基本思想重新刻画了科学的世界图景，使系统论具有哲学本体论、认识论和价值论的意义，使综合性思维方式有了较为确定的理论基础，并为我们从世界的多样性中研究世界的物质统一性提供了新的角度和方法。

随着科学的探讨不断深入到哲学领域，西方科学界和哲学界相应地响起了"复兴形而上学"的呼声。1968年9月，在维也纳召开的第十四届国际哲学会议上，英国哲学家孟德尔声称："由不列颠的哲学家来重新继承2500年的传统并回到认识论和形而上学的时代无疑已经来临。"[①]批判实证主义、经验主义、恢复理性思维在科学研究中的权威，澄清哲学的性质及其在建构科学理论中的作用，是这次所谓"形而上学复兴"的主要内容。在这方面，西方科学哲学界在近几十年的发展中取得了令人称道的成果。波普尔针对经验主义、实证主义注重归纳，轻视理论演绎的片面性错误，指出观察依赖于观察者的经验、知识、期望以及内心状态，因此，观察本身就是在某种理论的指导下进行的，包含着观察者的主观因素。科学理论的发展并非起之于对观察材料、感性经验的单纯归纳，而是从问题即从传统理论与新的观察材料之间的矛盾开始的。科学家首先针对问题提出新的预见、假设或理论，然后用演绎的方法，从理论中推出个别的陈述，并将它们与实际应用和实验结果相比较，通过证实或证伪这些个别陈述来判别理论本身的正确性。波普尔的这一思想，在一定程度上揭示了理性思维在科学研究中的重要地位。受波普尔

---

① 科普宁. 作为认识论和逻辑的辩证法[M]. 彭漪莲，王天厚等译. 上海：华东师范大学出版社，1984：8.

影响，以库恩为代表的"历史主义学派"把逻辑实证主义"拒斥"形而上学的立场，称之为传统哲学中"非人化"倾向的一个重要表现。库恩指出：一定的科学理论总是"从它同某种形而上学的关系中吸取力量"。哲学和科学知识一样，是一种基本工具，学习哲学可以克服科学研究中的盲目性。但库恩本人否认客观真理的存在，因而归根到底是用相对主义和非理性主义解释科学理论的发展，强调不同科学"范式"之间的"不可通约性"，否认科学理论的发展本质上是不断接近客观真理。六七十年代产生的"新历史主义"学派，批判了库恩的非理性主义和相对主义，进一步肯定哲学世界观在建构科学理论中的作用。麦克斯威尔的"形而上学蓝图论"和格汀的"科学概念框架论"，注重对科学认识的"世界观分析"，认为由一整套对世界的最基本看法构成的最基本的概念，是解释一切自然现象，形成各学科局部理论的最后根据。美国的科学哲学家夏佩尔的"信息域"理论，瓦托夫斯基的"历史认识论"和麦克穆林等人的"科学实在论"，都强调科学对象的客观实在性，承认客观真理的存在，认为科学的根本目的在于逐步接近客观真理，进而理解客观实在的本质和规律。

二

分析西方世界"复兴形而上学"的趋势，我们不难看到，人们日益在科学理论的发展和思维方式的变革中加深了对哲学的性质与作用的理解，力求自觉地从哲学的高度上消化 20 世纪以来科学发展的丰富成果。具体地说，哲学在科学认识活动中的作用主要表现在以下几个方面。

第一，哲学理论默化在科学家的主观世界中，并通过科学家的思维方法、科学家的态度和信仰表现出来。科学家在自己的研究领域中并不总是直接地讨论哲学问题，摆弄哲学范畴，也不是从某种哲学理论中推演出科学理论，但他们的思维方法、科学态度和信仰却总是同他们的哲学世界观密切联系的。20 世纪二三十年代，爱因斯坦和玻尔围绕量子力学是否完备问题的激烈争论，把科学家在哲学世界观上的冲突明朗化。爱因斯坦坚信客体的客观实在性，坚信客观世界具有完美和谐的结构，因而断言量子力学是不完备的，不是物理学的终极真理；玻尔为代表的哥本哈根学派则强调主客体的不可分割的相互作用，拒绝回答有否离开观察者而独立的客观实在，从而认为量子力学已概括了迄今物理科学所提供的一切信息，是完备的理论。现代系统科学的发展也表明，原子本体论世界观支配着"还原论"的思维方式，系统本体论世界观支配着"综合性"思维方式，因此，思维方式的变革就必然伴随着哲学世界观和本体论的更新。由此可见，哲学是科学思维方法、科学态度和信仰的理论基础和逻辑前提。当科学的发展与传统的思维方法、科学态度和信仰发生矛盾时，哲学就自然会跻身于科学舞台。

第二，哲学的范畴和理论反映了周围世界的最基本特征和最普遍规律，人们借助它整理纷繁复杂的感性材料以至建构科学理论，因此，哲学的概念系统在人们的认识活动中起着最普遍的思维形式和规律的作用，离开哲学的范畴体系，我们连经验的认识都不能产生。正如美国科学哲学家瓦托夫斯基所说："不论人们愿意与否，不论我们是否有意识地试图整理这些概念，它们总是以多多少少成系统的方式相互联系着，而且这样一种概念系统构成了共同的框架，在这个框架中，我们才能相互理解和自我理解，所以，这种概念框架是一种我们用以理性地整理我们知识的方式。"①哲学从来也没有离开过科学，只不过当科学的发展尚未从根本上冲击传统理论的时候，哲学的范畴和理论只是作为既定的思维形式和规律消融在科学理论的逻辑结构中，而当新的材料和观点同这些普遍的范畴和理论发生矛盾冲突时，出于建设新理论的需要，科学家不得不对新的理论的逻辑结构进行反思时，科学的探讨就变成了哲学的探讨，这种探讨的根本目的，就是用新的科学材料来审查或重新表述理论思维的逻辑范畴，使思维形式能够适应变化了的情况。哥本哈根学派物理学家海森堡说得好："在原子物理学中，我们可以从对于整个认识论的最基本讨论中吸取营养。这就是关于把世界划分为主体客体的困难讨论。作为现代物理学特征的许多抽象，我们发现哲学上在几百年前就讨论过了。在当时，只重视实际的自然科学家把这些抽象看作是观念上的游戏而不予理会，但是今天，现代物理学实验技术的提高迫使得我们不得不严肃地来讨论它们。"②

第三，随着系统科学的发展，综合性思维方式的确立，科学发展的整体化趋势已经形成，各门科学理论之间的相互渗透大大加强，使得哲学探讨的作用尤其突出。科学的整体化本质上是世界的物质统一性的理论再现，因此，科学理论相互渗透并不仅仅是简单的类比和概念的移植，而是要依据科学理

---

① 瓦托夫斯基. 科学思想的概念基础[M]. 范岱年等译. 北京：求实出版社，1982：11.
② 海森堡. 量子论的物理原理[M]. 王正行等译. 北京：科学出版社，1984：52.

论的内在联系，在更深的层次揭示知识体系的统一性、一致性、并协性和系统性。因此，理论的综合产生于对科学理论的分析中，产生于科学认识的反思中，而分析科学思想、反思科学认识正是一种哲学探讨。只有通过这种探讨才能为理论的综合提供反映客观世界普遍本质并能容纳各门科学材料的思维形式或概念框架，为理论间的相互渗透过渡提供符合客观世界一般规律的逻辑方法，从而避免盲目性，使科学整体化，能够确切地反映客观世界的物质统一性和普遍联系及运动发展的特性。

三

　　研究分析西方科学和哲学界复兴形而上学的趋势，对我们改革马克思主义哲学研究大有裨益。依据现代科学和社会实践的发展所提出来的各种新经验、新问题、新知识，澄清对马克思主义哲学的性质和作用的认识，是我们这场改革的根本性问题。

　　早在 19 世纪，恩格斯就对马克思主义哲学的对象和性质做了比较全面的规定，他一方面多次指出辩证法是关于自然、社会和思维的最普遍规律的科学，另一方面又反复强调，辩证法是关于思维及其规律的科学。这表明马克思主义哲学既非纯粹的本体论，亦非纯粹的认识论，而是本体论和认识论的统一。理解这个统一的关键是恩格斯在唯物主义反映论基础上一再昭示于我们的存在规律与思维规律在实质上的同一性，即马克思主义哲学的范畴体系既是对客观世界普遍本质和一般规律的反映，又是我们借以加工整理感性材料，形成科学理论的最基本的思维形式和规律。只有向人们提供科学的思维形式和规律，才能确切地发挥马克思主义哲学对各门具体科学的指导作用；反之，科学思维形式和规律也不是主观自生或先天赋予的，而是来自对客观世界的正确反映。长期以来，我国哲学界对马克思主义哲学的性质和作用的认识存在着不少误解，如把唯物论和辩证法看成是描述世界"是什么"和"怎么样"的本体论，而把认识论仅仅归结为关于认识发生过程和规律的科学，这在很大程度上割裂了本体论和认识论的统一。因此，我们认为，消除上述误解，结合现代科学和哲学已有的成就，研究马克思主义哲学如何在人们的科学研究和社会实践活动中发挥思维形式和规律的作用，是我们这次哲学改革的一项重要内容，西方形而上学的复兴所突出的也正是哲学的这种认识论功能。

既然思维的形式和规律是对客观世界的本质和规律的反映，那么，存在规律与思维规律的同一，本质上也是有差别的同一。随着实践的发展和认识的深化，人们的思维形式和规律也会不断变化、不断发展。恩格斯指出："每一时代的理论思维，从而我们时代的理论思维，都是一种历史的产物，在不同的时代具有非常不同的形式，并因而具有非常不同的内容。"①马克思主义哲学产生于 19 世纪，用今天的眼光来看，经典作家们在那时进行哲学理论探讨所依据的科学材料业已陈旧。20 世纪以来，自然科学和社会科学的重大发展，在许多方面已刷新了对于传统哲学理论、哲学范畴的理解。因此，马克思主义哲学研究应当改变过去那种长期脱离现代科学和社会发展状况，一味追求从经典作家的著述中演绎个别理论的做法。要花大力量概括和总结当今科学和社会发展成果，在坚持马克思主义哲学的基本原则立场、观点和方法的同时，根据当今科学和社会发展的最新成就来完善、丰富和发展马克思主义哲学，使马克思主义哲学研究具有强烈的时代感和现实感。从现代西方形而上学的复兴中可以看到，形而上学的复兴并不意味着把传统哲学原封不动地搬来套用，而是要用新的科学材料对传统哲学理论进行改造，用科学最新成就批判性地考察哲学理论，这正是从哲学的高度消化科学成果，为科学的进一步发展提供理论准备。只有这样，才能使我们的哲学富于时代感，才能使我们的思维方式不断更新以适应不断变化的情况。

马克思主义哲学研究的改革所要解决的一个重要问题是理论和实际的关系问题。根据上述西方形而上学复兴趋势的分析和对马克思主义哲学的性质和作用的分析，我们认为，不能对哲学理论与实际的关系做简单的、直观的理解。哲学理论的探讨不同于部门科学理论的探讨。从总体上说，哲学理论也同其他科学理论一样来自社会实践，但哲学理论应不是来自某一时代、某一领域的实践，而是来自人类社会实践的总体，它并不直接地深入到具体的实践活动中，而是深入到由各个实践领域所提供的思想材料中。因此，哲学探讨应不囿于某一时代的实践成果，而是要不断地反思哲学领域和科学思想的发展史，从社会实践的历史发展中，从历史和逻辑的统一中，研究哲学理论范畴的关系或体系，以向人们提供理论化、系统化的世界观和方法论。哲学探讨必须依据具体科学和社会实践的认识成果，但哲学范畴和理论的形成

---

① 马克思恩格斯选集：第 3 卷[M]. 北京：人民出版社，1974：465.

必须通过抽象、概括和总结，而舍弃各门科学材料和实践经验的个性特征，以便能够反映整个世界最普遍本质和最一般规律。高度的抽象性、概括性是哲学探讨的特点，舍此便无哲学。因此，根据人类社会实践的发展不断深入研究哲学的理论和范畴，不断完善哲学的逻辑体系和结构，是哲学工作者永恒的任务。应当反对的不是哲学的抽象性、概括性，而是那种无视时代进步趋势的教条主义的"注经解经"，同理，哲学同实际结合，也不是奢求哲学理论去越俎代庖地解决来自特殊实践领域中的必须由具体科学的艰苦探索才能解决的具体问题，而是让哲学在科学研究和实践活动中发挥思维形式和规律的作用，为解决实际问题提供普遍的科学的思维方法。在这方面，批判至今在我国还严重存在的轻视理论、轻视哲学的实证主义、经验主义倾向与哲学本身的改革有同等重要的意义。

近一个时期，我国哲学界不少学者提出要把开展"应用哲学"的研究当作哲学理论改革的重要内容和主攻方向。不能否认，这一要求包含着善良的愿望。但我们认为"应用哲学"这一提法本身是值得商榷的。当各门具体科学的发展同传统的思维方式发生矛盾冲突时，科学领域内部的讨论就会延伸到哲学领域。但是，这种发自某一科学领域的哲学理论，本质上已超越了该领域狭隘的范围。因为，尽管这种哲学讨论所依据的材料大都来自这个科学领域，但他们讨论的问题却不仅仅属于这一个领域，也绝不是依靠这一个领域的科学材料就能解决的。而当哲学作为最基本的思维形式和规律同具体科学的实践结合起来的时候，哲学理论也会超出自身的范围，默化到科学家和实际工作者的主观世界中，构成他们的思维方法、科学态度和信仰，并作为科学理论的概念框架和逻辑基础强化到科学理论与实践活动中。此外，随着综合化思维方式的确立，科学理论正朝着总体化、一体化的方向发展，哲学应从当代知识总体的一致性、统一性上为科学理论的综合、渗透提供可靠的理论基础和逻辑前提。无视这种趋势，而力图分门别类地建立"应用哲学"，显然与时代精神相违。总之，我们认为，哲学和科学、哲学和具体实践活动的结合，并不需要一个中间层次，如果说这种结合有中介的话，那也只能是"互为中介"。

（该文原载于《南开学报》1991 年第 2 期）

马克思主义哲学研究
应当加强对中国社会发展问题的总体观照

近些年来，越来越多哲学研究领域的学者开始把理论的热情投向对当代中国社会发展问题的研究中。这当然是一件好事，因为哲学的介入能够把对现实问题的研究引向深入。但哲学如何介入对现实问题的研究？或者说，怎样介入才算得上是哲学的介入？哲学的介入有什么特殊的意义？对于这样的问题，我们至今没有清楚明白的认识，以致当我们力图切入中国社会的发展现实时，竟然很难找到哲学的话语，或者说很难找到哲学学者说话的空间。现实中直接、具体的经验事实通常都是具有实证性的社会科学各学科的研究对象，似乎没有哲学说话的余地。这当然不是说哲学就不能面对直接、具体的经验事实，但是要追问的是，对于这些直接、具体的经验事实，哲学能说出比实证性社会科学更多的东西吗？或者说，离开了社会科学的实证性话语，我们还能说出什么来吗？提出这样的问题不是质疑哲学的存在价值，而是要认清哲学研究特别是我们的马克思主义哲学研究必须要在对现实问题的研究中找到自己的立足点，找到哲学切入现实的方法和角度。

在这方面，我觉得我们可以从近一个世纪以来西方马克思主义的发展中受到某些启发。我们知道，西方马克思主义尽管学派、思潮众多，但有一个共同点，就是把他们所理解的马克思主义视为考察、分析和批判现代资本主义的学说。如詹姆逊所说："马克思主义是关于资本主义的科学，或为了给资本主义和马克思主义这两个术语以更深刻的含义，我们还可以说马克思主义是关于资本主义固有矛盾的科学。"[①]在他看来，马克思主义最重要的特征就是将抽象的理论思辨转移到对社会现实的分析中。在这一点上，我认为，西

---

① 弗雷德里克·詹姆逊. 詹姆逊文集：第 1 卷[C]. 王逢振译. 北京：中国人民大学出版社，2004：308.

方马克思主义者在某种意义上更像马克思。因为，马克思早就从哲学与世界相互作用的意义上宣告了体系化哲学的破产，他的全部学说就是通过对资本主义生产方式和资本主义基本制度的经济学批判、政治批判和意识形态批判阐发出来的。西方马克思主义也正是着力于从不同角度、不同方面展开对现当代资本主义的批判或所谓现代性批判，由此形成的各种学说或理论对于我们均有充分的启发意义和借鉴意义。

但在这里，我要谈的不是西方马克思主义诸学派、思潮、人物的理论观点，而是他们在方法论上的一个基本特征，这就是早期西方马克思主义者卢卡奇、柯尔施、葛兰西等明确提出并予以论证的总体性观点和方法。我认为，尽管这种总体性的观念和方法未必是哲学切入现实的唯一路径，但从总体性的意义上考察和研究现实问题，至少有助于我们对现实问题的深度把握，并形成追问现实问题的基本思路，而不至于陷入扑朔迷离的经验事实中。

一、总体性的方法及其在研究中的运用

卢卡奇在《历史与阶级意识》一书中，阐释了总体性的观念和方法的三个方面的理论内涵。

首先，总体是一个整体，即总体的整体性。总体的观念在于把社会生活及其历史发展理解为一个有机的整体，所有局部现象或领域都是这个整体的因素或环节。对于这些因素或环节，整体具有全面、决定性的统治地位。这个整体有其内部的核心或内在的本质，而局部的现象、因素或环节都是这个内部核心的表现形式。任何局部现象或发生在社会生活中的各种"事实"只有被置于整体中，找到它们与总体的内部核心或内在本质相互连接的中间环节，才能被真正地理解。因此，"要正确了解事实，就必须清楚地和准确地掌握它们的实际存在同它们的内部核心之间、它们的表象和它们的概念之间的区别。这种区别是真正的科学研究的首要前提"①。

其次，总体是具体的，即总体的具体性。卢卡奇指出："总体的范畴决不是把它的各个环节归结为无差别的统一性、同一性。只有在这些环节彼此间处于一种动态的辩证关系，并且能被认为是一个同样动态的和辩证的整体的

---

① 卢卡奇. 历史与阶级意识[M]. 杜章智，任立，燕宏远译. 北京：商务印书馆，1992：55.

动态的辩证的环节这层意义上，它们在资本主义生产制度中所具有的表面的独立和自主才是一种假象。"①这就是说，总体的具体性不是指个别事实或现象在感性经验意义上的具体，而是指这些事实或现象作为简单、直接的规定在思维中达到的综合，达到多方面规定性的统一，从而能够在思维中再现现实。因此，"具体的总体是真正的现实范畴"②。离开总体而孤立地考察个别经验事实，并不能真正地把握现实。

最后，总体是具有历史性质和历史结构的总体，即总体的历史性或时间性。卢卡奇认为，被资产阶级科学以"纯粹性"掌握的经验"事实"，本质上就是历史发展的产物，就其客观结构来说，它们是人类社会一定历史时期即资本主义的产物。从总体上说，资本主义社会不过是人类历史的一个发展阶段，并不是历史的终结，也不具有存在的永恒性。资本主义社会的这种历史性决定了那些作为资本主义社会产物的各种"事实"所具有的存在的时间性，它们的性质必然是同资本主义社会的历史性质密切关联，并随着资本主义社会本身的发展而处于不断变化中的。

总体的整体性、具体性和历史性体现出社会生活的辩证本性，也构成了考察社会生活的辩证方法。这种辩证的方法确认构成总体的各个环节处在动态的辩证关系中，因而"辩证法不顾所有这些孤立的和导致孤立的事实以及局部的体系，坚持整体的具体统一性"③。这种辩证的方法确认构成总体的各个环节必然具有与总体的历史结构密切相关的历史性质，从而既具有存在的现实性同时又因其内在矛盾而具有自我否定性，"这种双重性，这种对直接存在的同时既承认又扬弃，正是辩证的关系"④。这种辩证的总体观看上去远离现实，但实际上它是唯一能够在思维中再现和把握现实的科学方法。

卢卡奇提出总体性观点和方法的主旨在于指出马克思主义与资产阶级科学的根本区别。他认为："马克思的辩证方法，旨在把社会作为总体来认识。"⑤与这种总体性的观念不同，资产阶级学者对资本主义社会的研究和考察求助于自然科学的方法，即通过观察、抽象、实验等取得"纯事实"并找出它们的联系，从而把经济生活中的每一个情况、每一份统计数字、每一件

---

① 卢卡奇. 历史与阶级意识[M]. 杜章智，任立，燕宏远译. 北京：商务印书馆，1992：61.
② 卢卡奇. 历史与阶级意识[M]. 杜章智，任立，燕宏远译. 北京：商务印书馆，1992：5.
③ 卢卡奇. 历史与阶级意识[M]. 杜章智，任立，燕宏远译. 北京：商务印书馆，1992：53.
④ 卢卡奇. 历史与阶级意识[M]. 杜章智，任立，燕宏远译. 北京：商务印书馆，1992：56.
⑤ 卢卡奇. 历史与阶级意识[M]. 杜章智，任立，燕宏远译. 北京：商务印书馆，1992：778.

素材都看成是很重要的"事实"。这种方法自以为是从所谓"纯粹的"经验事实出发，看上去很科学，但实际上并不科学。因为，在科学研究中没有脱离总体的所谓"纯事实"。事实只有在一定的方法论的加工下，只有得到一定的理论概念的界定，才能成为事实。因此，即便是简单地列举事实，这种列举本身就已经是一种"解释"，并被一种方法所把握，从而就把这种发生的"事例"或统计数据从原来所处的生活联系中抽取出来，并将其置于某种理论中。也就是说，所谓"纯事实"其实是被置于某种理论前提下和思维框架中的事实，这种理论前提和思维框架决定了研究者对事实的确认和理解。

卢卡奇的总体性观念和方法对于我们正确地理解与把握当代中国社会的发展过程以及在这个过程中所涌现出来的各种社会矛盾、社会问题有着十分重要的启发意义。当然，卢卡奇的总体性观点和方法主要是用于对现代资本主义的总体性批判，而我们要确立的总体性观点和方法虽然也是对中国现实社会的批判性考察，但根本目的是要推进中国特色社会主义社会的自我发展和自我完善。

事实上，就中国社会发展现实看，我们似乎并不缺乏有关中国社会发展的总体性话语。在改革开放 40 年的实践历程中形成的"中国特色社会主义"这个概念本质上就是一个反映我国现时期社会发展过程的总体性观念。十八大报告明确表达了这个总体性观念的内涵："建设中国特色社会主义，总依据是社会主义初级阶段，总布局是五位一体，总任务是实现社会主义现代化和中华民族的伟大复兴。"此后，相继提出的"四个全面"战略布局以及"创新、协调、绿色、开放、共享"五大发展理念等都是这个总体观念的体现、延伸和发展。特别是十九大报告提出，我国社会主要矛盾已经转化为人民日益增长的美好生活需要和不平衡不充分的发展之间的矛盾，这一思想更可以看作是一个事关全局的总体性观念。对于这个总体，社会科学各个学科都能找到自身理论研究的重心，因为不平衡、不充分问题实实在在地存在于我国社会发展的各个领域和方面。

问题在于我国马克思主义哲学研究如何切入"中国特色社会主义"这个总体。我认为，哲学切入的关键是把握这个总体的"内部核心"。而这个内部核心，就是建立和完善社会主义市场经济体制，也就是市场化改革。如果说改革开放是中国特色社会主义发展道路的总体策略，那么建立社会主义市场经济体制则是改革开放最为重要的核心内容，它奠定了改革开放的基本路径和走向，也给中国社会方方面面带来了巨大的变化。尤其需要指出的是，当我们把社会主义市场经济确定为中国特色社会主义这个总体的内部核心时，这个内部核心有其特定内涵，即市场经济这种高效率的经济形态与社会主义基本制度的融合。这种融合旨在利用市场配置资源的有效性和决定性促进国民经济高效增长，推进经济增长方式的改变和经济结构的变迁，为社会主义社会的自我完善与发展、社会主义制度的价值目标即"人的解放"的实现，提供强大的经济动力和丰厚的物质基础。从这个意义上说，社会主义基本制度与市场经济的融合，既有别于资本主义市场经济又有别于以往的社会主义计划经济，它构成了总体的内部核心的实质内涵。它决定了我国现时期经济、政治和思想文化的种种外在表现形式，决定了在社会生活中涌现出来的各种直接的事实或现象哪些具有存在的必然性和现实性，哪些具有存在的虚无性或应当被否定的性质。因此，考察和研究中国社会的发展问题，绝不能偏离社会主义市场经济这个总体的内部核心。偏离这个内部核心就必然会使所谓的科学考察和研究陷入思想混乱的状态。

但就目前情况来看，我国学界对现实问题的研究，在很大程度上仍局限于对直接的经验事实的考察和分析，而没有将这些研究同中国特色社会主义这个具体、历史的总体联系在一起，或者说，没有从总体的内部核心与其外部表现形式的区别上把握经验事实的本质特征。很多研究看上去采用了非常科学的方法，如采集经验数据、建立理论模型或数学模型等，但由于局限在对个别经验事实的直接把握，而没有将这些经验事实置于总体内部各个环节的动态关系中予以考察，因而所形成的看似科学的认识依然不过是对事实的抽象的理解。这种情况可称之为"总体的遗忘"。对总体的遗忘不但使各个方面的研究没有真正厘清问题并导出解决问题的合理策略，反而在很大程度上陷入了众说纷纭、莫衷一是的思想混乱中。因此，确立总体观并从总体性的角度审视和研究中国社会发展所面临的主要问题，显然是十分迫切和重要的理论任务。

二、从历史运动的角度把握社会主义市场经济

仅仅说社会主义市场经济是中国特色社会主义这个总体的核心，看上去并没有什么新意。但是我认为，我们至今仍缺乏对于社会主义市场经济体制本身完整、透彻的理解，从而在市场化改革的合法性或合理性问题上产生了

思想混乱，也产生了发展策略上的游移不定。对社会主义市场经济体制本身缺乏完整、透彻的理解，主要表现为缺乏对社会主义市场经济体制得以产生的历史运动的理解。

马克思在《哲学的贫困》的第 2 章中以"政治经济学的形而上学"为题，批判了当时资产阶级政治经济学把以自由市场制度为基础的资产阶级生产关系看成是天然、永恒的东西的观念。他说："经济学家所以说现存的关系（资产阶级生产关系）是天然的，是想以此说明，这些关系正是使生产财富和发展生产力得以按照自然规律进行的那些关系。因此，这些关系是不受时间影响的自然规律。这是应当永远支配社会的永恒规律。"①而资产阶级政治经济学的使命"只是表明在资产阶级生产关系下如何获得财富，只是将这些关系表述为范畴、规律并证明这些规律、范畴比封建社会的规律和范畴更有利于财富的生产"②。对此，马克思指出，资产阶级经济学家"向我们解释了生产怎样在上述关系下进行，但是没有说明这些关系是怎样产生的，也就是说，没有说明产生这些关系的历史运动"③。马克思认为，一切存在物、一切生活在地上和水中的东西，只是由于某种运动才得以存在、生活，"社会关系和生产力密切相联。随着新生产力的获得，人们改变自己的生产方式，随着生产方式即谋生的方式的改变，人们也就会改变自己的一切社会关系"④。马克思所说的资产阶级生产关系就是指交换手段充分发达的市场经济。这种经济形态最初就是作为资本主义生产方式而产生和发展起来的。但在马克思看来，这种经济形态是在一定的历史条件下产生的，主要是生产力的发展最终改变了封建主义的生产关系而产生的历史结果。因而马克思确信，生产力的进一步发展也终究会改变资产阶级的生产关系。凡是在历史中产生的必然会在历史中消失。因此，市场经济这种经济形态不可能是永恒不变的，而是历史的、暂时的。反映资产阶级生产关系的那些观念、范畴、规律"也同它们所表现的关系一样，不是永恒的。它们是历史的、暂时的产物"⑤。

从马克思的上述观点可以看出，我们对社会主义市场经济的完整理解需要研究和阐释社会主义市场经济体制是怎样在生产关系的历史运动中产生

① 马克思恩格斯文集：第 1 卷[M]. 北京：人民出版社，2009：612-613.
② 马克思恩格斯文集：第 1 卷[M]. 北京：人民出版社，2009：615.
③ 马克思恩格斯文集：第 1 卷[M]. 北京：人民出版社，2009：598.
④ 马克思恩格斯文集：第 1 卷[M]. 北京：人民出版社，2009：602.
⑤ 马克思恩格斯文集：第 1 卷[M]. 北京：人民出版社，2009：603.

的，也就是说必须弄清社会主义市场经济体制的产生和发展需要怎样的经济条件、政治条件、社会条件和思想文化条件。我们知道，我国的社会主义市场经济体制的产生与西方资本主义市场经济的产生有着显著的区别。首先是形成路径不同，西方资本主义市场经济的形成基本上走的是一个自下而上的自生自发的自然演化过程，而我国的社会主义市场经济体制的建立走的是一个由国家自上而下引导和推进的自觉发展过程。其次，资本主义市场经济是以生产资料的资本主义私有制为主导的，基本上排斥公有制经济存在的可能性；而我国的社会主义市场经济则坚持生产资料公有制的主体地位和主导地位，力图把市场经济体制同社会主义基本制度融合起来。这两个方面的不同就带来了一系列的问题。如资本主义市场经济得以形成的各种历史条件和社会条件，是在较为漫长的演化过程中逐渐孕育出来的，而社会主义市场经济得以形成的条件则需要国家的自觉努力创造出来。

既如此，就需要对形成社会主义市场经济所必需的社会历史条件作充分的研究。在这方面，我们不能说没有一点研究，但研究得极不充分。以往我们更多地侧重从产生经济效率的市场机制上理解市场经济的必要性，但对社会主义市场经济需要怎样的政治条件、社会条件和思想文化条件缺乏足够充分、深入的认识和理解。即便是经济学意义上的考虑也不是很充分，例如我们完全低估了市场经济导致的利益分配格局的变化以及由此产生的更为广泛的社会效应，我们也完全低估了政府与市场关系的复杂性。再比如，把市场机制同社会主义基本制度融合起来固然是一个很有吸引力的目标，但要实现这个目标就需要探讨市场机制与社会主义基本制度及其基本价值理念之间是否存在着矛盾，这种矛盾能否在市场化的实践中得到消解以及怎样消解。

与社会主义市场经济这一生产关系的历史运动密切相关的另一个重要问题，就是社会主义市场经济作为生产关系的历史运动是否具有历史性和暂时性。这个话题今天看上去好像比较遥远。很多学者特别是经济学家都有意避开这个问题，或者不愿探讨这个问题。但我认为，尽管讨论这个话题似乎为时过早，但至少有两个方面的问题需要我们现在就要进行思考。

其一，如果说社会主义市场经济作为生产关系的历史运动同样具有历史性和暂时性，那么这是否意味着可能会产生一种高于市场经济形态的新的社会经济形态？在什么样的社会历史条件下，才有可能促使市场经济形态向更为高级的非市场经济形态过渡？这个问题无疑涉及马克思的共产主义理论或自由人联合体的理论以及自由王国的理论。也就是说，对马克思的这方面理论的探讨，如果不想虚设空泛，就必须立足市场经济历史运动，特别是探讨市场经济本身是否存在着自身无法克服的矛盾，以至于必须扬弃它才能化解这些矛盾。如果不探讨扬弃市场经济所必须具有的社会历史条件，就必然会使有关共产主义的探讨空洞不堪乃至毫无意义。

其二，如果说社会主义市场经济在一定的社会历史条件下有可能向更为高级的社会经济形态过渡，那么这个过渡有可能采取什么方式？是否必须再次通过剧烈的政治革命，还是说，在社会主义基本制度下有可能通过循序渐进的进化过程来实现过渡？

总之，我们应当从历史运动的角度来研究中国特色社会主义市场经济的发展现状并探索其未来的可能走向。如果说，以往这个角度的研究很不充分是可以理解的，毕竟事物本身有一个发展过程，对事物的认识也有一个过程，但是，今天我国的市场化改革已经走过了 40 年的发展历程，其中衍生出来的矛盾和问题已经足以使我们反思社会主义市场经济体制的建立和完善需要哪些必备的社会历史条件。

三、正确地理解社会主义市场经济的历史必然性和客观合理性

另一个重要问题就是如何正确、完整地理解和把握社会主义市场经济的历史必然性和客观合理性。我们知道，马克思虽然强调要从历史性和暂时性的意义上认识资产阶级经济关系即资本主义市场经济，但他从来没有否认市场经济作为现代社会的经济形态其存在和发展的客观必然性、历史合理性。马克思的《资本论》就是以揭示"现代社会的经济运动规律"为最终目的的，为此，他在《资本论》第 1 卷第 1 版序言中，明确声称"我的观点是把经济的社会形态的发展理解为一种自然史的过程"①，并指出"一个社会即使探索到了本身运动的自然规律，——本书的最终目的就是揭示现代社会的经济运动规律，——它还是既不能跳过也不能用法令取消自然的发展阶段，但是它能缩短和减轻分娩的痛苦"②。马克思在这里所说的"现代社会的经济运

---

① 马克思恩格斯选集：第 2 卷[M]．北京：人民出版社，1995：101-102.
② 马克思恩格斯选集：第 2 卷[M]．北京：人民出版社，1995：101.

动规律"，也就是"既不能跳过也不能用法令取消自然的发展阶段"就是指市场经济。马克思固然追求的是能够使个人得到全面而自由发展的共产主义社会，但他同时又指出"全面发展的个人——他们的社会关系作为他们自己的共同的关系，也是服从于他们自己的共同的控制的——不是自然的产物，而是历史的产物。要使这种个性成为可能，能力的发展就要达到一定的程度和全面性，这正是以建立在交换价值基础上的生产为前提的，这种生产才在产生出个人同自己和同别人的普遍异化的同时，也产生出个人关系和个人能力的普遍性和全面性"①。毫无疑问，所谓"建立在交换价值基础上的生产"，就是指发达的商品经济或市场经济。

从马克思的上述论述中我们完全可以确认，中国共产党领导下的市场取向改革完全符合经济形态发展的客观规律，因为市场经济是现代经济形态发展不可逾越的历史阶段。尽管市场经济的发展会产生"个人同自己和同别人的普遍异化"，但没有市场经济的充分发展，就不可能产生出个人关系和个人能力的全面性，亦即不能产生出共产主义社会得以产生并赖以存在的基础和前提。从这个意义上说，离开了市场经济的充分发展去谈论共产主义或人的全面发展，不过是脱离现实的空谈，特别是一旦看到市场经济发展出了种种异化现象，就试图用共产主义理念对市场经济予以抽象的否定，就会把原本正确的理念虚无化，甚至变成对真正实现这个理念的历史过程十分有害的东西。

进一步的问题是，既然承认社会主义市场经济的客观性、必然性和现实性，就必须相应地承认使市场经济得以存在的那个根本性的前提，即市场主体平等享有的私有财产权利。市场经济作为交换手段充分发达的经济形态就是由追求自身特殊利益或私利的市场主体所构成的一个有着内在差别的体系，而其中私有财产权利就是市场主体个人自由的权利，如马克思所说："私有财产这一人权就是任意地、同别人无关地、不受社会影响地享用和处理自己的财产的权利；这项权利是自私自利的权利。这种个人自由和对这种自由的应用构成了市民社会的基础。"②市场经济之所以能够形成并产生巨大的市场效率，就在于市场主体能够自由地运用自己的私有财产权利谋取自身特殊利益的最大化，也正是由于这一点，才有了所谓的市场竞争机制，进而有了市场的价格机制、供求机制和资源配置机制。社会主义市场经济作为市场经

---

① 马克思恩格斯全集：第 46 卷[M]. 北京：人民出版社，1979：108-109.

② 马克思恩格斯全集：第 3 卷[M]. 北京：人民出版社，2002：184.

济也必然要以市场主体的这一个人自由权利为基础和前提。没有或不承认市场主体的私人财产权利就等于否认了市场经济本身。

事实上，随着我国社会主义市场经济的深入发展，我国政府始终坚持"两个毫不动摇"原则：毫不动摇地巩固和发展公有制经济，推行公有制多种实现形式；毫不动摇地鼓励、支持、引导非公有制经济发展，保证各种所有制经济依法平等使用生产要素、公平参与市场竞争、同等受到法律保护，并从基本制度上确认和保护公民私人财产权利的法律地位。如 2004 年 3 月颁布的《中华人民共和国宪法修正案》第一次将"公民的合法的私有财产不受侵犯"这一条款郑重地写入宪法，强调公民的人身自由、人格尊严和住宅不受侵犯。2007 年，我国政府又颁布了《物权法》，对公民的基本权利作出了更为详尽的规定。2018 年十三届全国人大一次会议上，李克强总理在《政府工作报告》中再次强调："支持民营企业发展。坚持'两个毫不动摇'，坚持权利平等、机会平等、规则平等，全面落实支持非公有制经济发展的政策措施，认真解决民营企业反映的突出问题，坚决破除各种隐性壁垒。构建亲清新型政商关系，健全企业家参与涉企政策制定机制。激发和保护企业家精神，增强企业家信心，让民营企业在市场经济浪潮中尽显身手。"①从总体上看，中央政府维护公民基本权利的指导思想和基本态度是明确的，是符合社会主义市场经济发展的内在规律的，是有利于社会主义市场经济的完善和发展的。

然而，在当下，维护私有财产权利的观点和支持非公有制经济的做法，却引发了极大的争议，甚至遭到恶意的攻击。有学者把马克思和恩格斯在《共产党宣言》中所说的"共产党人可以把自己的理论概括为一句话：消灭私有制"②拿出来质疑和指责维护私人产权和支持非公经济的理论和实践，由此造成了极大的思想混乱。从现实上看，我国目前非公经济所占比重超过 60%，不仅涉及非公经济主体的合法权益，而且涉及大量社会成员的就业、收入来源问题，这种不负责任的言论必然会造成极大的恐慌。从理论上看，这种言论完全出自对马克思"消灭私有制"思想的抽象理解和断章取义的引用。

首先，在马克思那里，"私有制"这个概念并不是一个笼统的抽象概念。在《资本论》第 1 卷中，马克思区分了两种意义上的私有制，一是以生产者自身的劳动为基础的私有制，二是以剥削他人劳动为基础的私有制。他说：

---

① 李克强. 2018 年政府工作报告[R/OL]. (2018-03-05) [2018-04-01]. http://www.gov.cn/zhuanti/2018lh/2018zfgzbg/zfgzbg.htm.

② 马克思. 资本论：第 1 卷[M]. 北京：人民出版社，2004：833.

"政治经济学在原则上把两种极不相同的私有制混同起来了。其中一种是以生产者自己的劳动为基础，另一种是以剥削别人的劳动为基础。"①马克思所说的"消灭私有制"显然是指消灭那种以剥削别人的劳动为基础的私有制，而绝不是以生产者自己的劳动为基础的私有制。在马克思看来，个人自己劳动得来的财产是构成个人的一切自由、活动和独立的基础的财产，因而在《共产党宣言》中，他明确强调："共产主义并不剥夺任何人占有社会产品的权利，它只剥夺利用这种占有去奴役他人劳动的权利。"②而现代资产阶级私有制是建立在阶级对立上，建立在一些人对另一些人的剥削上的占有的最后而又最完备的表现，因此，"从这个意义上说，共产党人可以把自己的理论概括为一句话：消灭私有制"③。发表上述言论的人和资产阶级学者一样，混淆了两种极不相同的私有制，因而把消灭私有制悄悄地变成了消灭个人的私有财产和私有财产权利，这不能不说是一个极为有害、极为荒诞的论调。随着我国社会主义市场经济的发展，个人拥有的私有财产只能越来越多，而不是越来越少，在这种情况下，个人的私有财产和私有财产权利能够被剥夺吗？难道不需要通过国家的宪法和法律来建立维护个人的私有财产权利吗？

其次，在我国的社会主义初级阶段，或者说在社会主义市场经济发展阶段，提出消灭以剥削他人劳动为基础的私有制也是不切实际、不符合社会发展客观规律的。既然我们承认市场经济是现代经济发展不可逾越的历史阶段，我们就应当承认，市场经济的竞争机制必然会导致市场主体之间产生贫富差别。这种差别的存在会使一部分市场主体自己积累起来的财产用于投资、办工厂、做生意，以谋求自身利益的最大化。这样就会在市场主体中产生出一批民营企业家，他们也会雇用工人为他们劳动，通过占有工人的剩余劳动来实现资本的价值增值，从而客观上也就会产生剥削、异化等社会现象。但从总体上看，民营企业或各种非公经济形式能够普遍地发展起来，就表明民营企业或非公经济形式适合我国社会生产力的发展状况，有利于产生出个人关系和个人能力的普遍性和全面性。马克思说："资本的文明面之一是，它榨取剩余劳动的方式和条件，同以往的奴隶制、农奴制等形式相比，都更有利于生产力的发展，有利于社会关系的发展。"④至于消灭以剥削他人劳动为基础

---

① 马克思恩格斯选集：第 1 卷[M]. 北京：人民出版社，1995：288.
② 马克思恩格斯选集：第 1 卷[M]. 北京：人民出版社，1995：288.
③ 马克思. 资本论：第 2 卷[M]. 北京：人民出版社，2004：925.
④ 马克思恩格斯选集：第 2 卷[M]. 北京：人民出版社，1995：33.

的私有制，只有当交换价值基础上的生产即市场经济充分发展起来之后才是可能的。这就是说，市场经济不可避免地产生以剥削他人劳动为基础的私有制，但要消灭这种私有制，要依靠市场经济的充分发展所创造出来的社会条件。如马克思所说："无论哪一种社会形态，在它们所能容纳的全部生产力发挥出来以前，是决不会灭亡的；而新的更高的生产关系，在它存在的物质条件在旧社会的胎胞里成熟以前，是决不会出现的。"[①] "人类始终只提出自己能够解决的任务，因为只要仔细考察就可以发现，任务本身，只有在解决它的物质条件已经存在或者至少是在生成过程中的时候，才会产生。"[②] 在不具备消灭这种私有制的历史条件下，提出消灭私有制，不过是把消灭私有制变成一句十足的空话。因此，某些人提出消灭私有制口号，其要害不是消灭私有制，而是否定社会主义市场经济体制，否定我国的市场化改革。

与所有制问题相关的另一个重要问题就是公有制的多种存在形式问题。令人多少感到奇怪的是，尽管我们强调公有制经济的主导地位和主体地位，但对公有制经济本身的探讨却贫乏至极。直到今天，人们一提到公有制经济，脑子里想到的就仅仅是国有制经济和集体所有制经济，而且在集体所有制普遍衰落的情况下，更是把公有制归结为国有制。一提到公有制的主导地位和主体地位，想到的就是扩大和加强国有制经济。当然，国有制经济肯定是公有制的一种存在形式，扩大和加强公有制经济也的确是我国发展社会主义市场经济的一个基本策略。但是把公有制的主体地位和主导地位归结为国有经济的加强与扩大确实很成问题。马克思之所以主张消灭资本主义私有制，主要是因为资本主义私有制造成了资本与劳动的分离，从而使资本能够通过榨取工人的剩余劳动而获得价值增值。所以消灭资产阶级私有制就是要消灭资本与劳动相分离的状态。但国有制并不能从根本上解决资本与劳动相分离的问题。因为，资本掌握在国家手中，而劳动者除了生活消费资料外，在国有企业中并不拥有任何产权，依然依靠出卖自身的劳动力来获得收入来源。因此，国有制并不能消灭资本与劳动的分离状态，相反，在资本与劳动相分离的情况下也完全可以建立国有经济，当代发达的资本主义国家不同程度地拥有一定比重的国有经济就是一个明证。

马克思把公有制一般地界定为对生产资料的共同占有，但他很少甚至几乎可以说从来没有用国有制来理解公有制。这就意味着，我们不否认国有制

---

① 马克思恩格斯选集：第 2 卷[M]. 北京：人民出版社，1995：33.
② 马克思恩格斯全集：第 23 卷[M]. 北京：人民出版社，1972：832.

是公有制的一种存在形式，但也不能把公有制归结为国有制，而应当积极地探讨公有制的多种存在形式。事实上，马克思在《资本论》第1卷的结论中，曾经提出了"重新建立个人所有制"的主张。他说：资本主义私有制取代以个人劳动为基础的私有制是第一个否定，"但资本主义生产由于自然过程的必然性，造成了对自身的否定，这是否定的否定。这种否定不是重新建立私有制，而是在资本主义时代的成就的基础上，也就是说，在协作和对土地及靠劳动本身生产的生产资料的共同占有的基础上，重新建立个人所有制"①。然而，对于马克思的"个人所有制"思想至今没有作出像样的研究。

个人所有制显然不是私有制，但也不是国有制，而应当是在协作和对土地及靠劳动本身生产的生产资料的共同占有的基础上建立起来的一种公有制，或者说是公有制的一种存在形态。在以往计划经济体制之下，这种个人所有制是根本不可能想象的。权力的高度集中和强调经济发展的全面计划性使追求生产资料的国有化成为主导趋势，社会成员除生活消费资料外并不拥有任何具有产权意义的生产资料。因此，计划经济体系不具备"重建个人所有制"的可能性，或者说根本就不允许重建个人所有制。个人所有制或许只有在市场经济充分发展的基础上才有可能产生。随着市场经济的发展，生产和经营的社会化程度不断提高，企业的规模不断扩大，从而使资本积累的方式从以往主要通过竞争来积聚个人资本（个别资本或单个资本）转变为主要通过股份制的方式或股份合作的方式将个别资本或单个资本整合为社会资本。这样，以股份制经济为特征的社会资本的形成就创造出了个人产权的社会联合方式，这种联合方式在社会主义市场经济体系中就完全有可能转变为社会主义个人所有制的形成方式。例如，通过发展股份制或股份合作制经济建立和发展适应市场经济运行机制的社会主义个人所有制企业。社会成员个人可以通过购买股票、企业内部股份以及投入知识产权等多种投资方式而享有一定份额的企业产权，而企业作为个人产权的直接联合在整体上则属于联合起来的个人共同所有。这种个人所有制企业最大的特点，就是消解了资本与劳动的分离和对立，使劳动者将自己的劳动生产出来和积累起来的财富（个别资本）通过一种社会的联合方式形成对生产资料的共同占有。这种公有制是不是更符合马克思对公有制的设想呢？当然，对于个人所有制到底应该以怎样的方式存在我们还很难作出推断，有很多问题需要留给经济学家们

---

① 马克思恩格斯全集：第23卷[M]. 北京：人民出版社，1972：832.

去研究。但有一点是肯定的，在社会主义市场经济体系中占主导地位或主体地位的公有制不能仅仅是国有制，还应该包括那种能够真正消除资本与劳动的分离和对立的公有制。

四、客观地分析和把握社会主义市场经济
在其发展中所引发的各种社会矛盾和问题

与完整准确地把握社会主义市场经济这个"内部核心"密切相关的另一个方面，就是要对我国社会主义市场经济在其发展中所引发的各种社会矛盾和社会问题进行批判性研究。中国特色社会主义作为一个具体的总体本身包含着多种因素、多种环节和多方面规定性。如果将中国社会在其发展中所面临的各种现实问题置于这个总体内部各种因素、环节和规定性的辩证关系中予以理解，这些问题就不是离散、各自孤立的现象之总和，而是彼此相关而构成的一个有着内在逻辑的问题域。在这个问题域中，各种问题都是与这个总体的内部核心即社会主义市场经济体制密切关联的外部表现形式。在这里，我们重点讨论三个方面的问题，即民权问题、民生问题和公权问题。

1. 民权问题

所谓民权问题就是指公民的基本权利问题。在现代社会中，公民所享有的基本权利主要包含两个基本的方面：其一是公民在民主政治体制中所平等享有的各种政治权利，如选举权和被选举权、思想自由和言论自由的权利、通过合法的民主渠道参政议政的权利等等；其二是公民在物质生活和精神生活中所平等享有的个人自由的权利，如我国宪法所规定的属于公民个人的私有财产权利、信仰自由的权利以及劳动权、福利权、受教育权等等。

公民权利问题的重要性主要体现在现代市场经济体制建构和民主政治体制建构两个方面。首先，从市场经济体制的建构方面看，公民的基本权利特别是其中公民个人所享有的私人财产权利，是市场经济这种高效率的经济形态本身的内在要素和基本前提。只有当公民的基本权利得到政府和法律的公开承认和有效保护，才能使公民真正成为独立自主的市场主体，由此才能产生所谓的市场机制。从历史上看，欧洲近代政治哲学从 17 世纪到 18 世纪 200 多年的时间里反复探究的一个问题就是公民的基本权利问题，这就是有关自

然权利和自然法的旷日持久的讨论。这场讨论明确了公民权利的基本内容及其法律内涵，并深深地植根于欧洲国家的民众的思想意识和心理结构中，为日后资本主义市场经济的形成起到了良好的奠基作用。

其次，从民主政治体制建构方面看，既然公民基本权利是市场经济体制的内在要素和基本前提，那么维护公民的基本权利就必然是现代民主政治的基本内容，也是其合法性的根据。不仅公民平等享有的政治权利本身就属于民主政治的范畴，而且公民所享有的个人自由权利特别是其中的私有财产权利，也同样有着明确的政治内涵。眼下，人们谈到民主政治的时候，一般所想到的就是选举制、投票权、代议制、议会制、三权分立等，但这样思考民主不免有本末倒置之嫌。其实，民主政治不仅意味着人民有权参与国家事务和公共事务的管理，而且意味着国家没有权力侵犯和剥夺公民所应享有的自由权利。在这个意义上，维护公民权利本身就构成了对国家权力的制约和限制，而这正是民主政治的最本质的特征。只有从这个角度去思考，我们才有可能认识民主政治所采取的那些基本的制度形式到底有什么意义，特别是有助于我们去思考社会主义民主政治应当采取哪些基本的制度形式。

我国的宪法和法律对确认和维护公民的基本权利已经有了相当明确的法律规定。但在实践中，我们却不难发现，我国现时期社会发展中围绕公民权利问题所发生的矛盾和冲突依然相当严重。这主要表现在如下两个方面：首先，无视、侵犯乃至剥夺公民基本权利的现象比较严重，由此导致部分公民丧失对政府和法律的信任，也使政府因公信度的降低而削弱对社会生活的规范调节能力。此外，由于保护私权的政策和法治环境不稳定，造成大量私产流失境外。其次，公民的权利意识虽然已经觉醒，但还不成熟，尚未达到现代社会理性公民的要求。理性公民必须要有健全的权利义务观念，明确自己享有哪些由宪法和法律所赋予的权利，必须履行哪些为宪法和法律所规定的义务。但在我国，公民权利意识的不成熟、不健全突出地表现为义务观念和法治观念的薄弱。公民缺乏健全的权利义务观念必然会加深社会治理的难度，加大社会治理的成本。

从以上情况来看，公民权利问题在我国已经成为社会矛盾和社会冲突的聚合点。绝大多数的群发事件基本上都与公民权利问题密切相关。如果对公民权利问题没有足够清醒的认识，不能有效地遏制侵犯公民权利行为的进一步蔓延，不能自觉地培育人民群众的理性公民意识，公民权利问题就有可能演变为威胁社会稳定和国家安全的严重问题。

2. 民生问题

所谓"民生问题"，用孙中山先生的话说，就是人民的生活问题。在这个问题上，我国市场化改革的一个主要缺陷就是严重低估了市场经济导致贫富分化的自发倾向以及由此造成的社会问题。

面对贫富分化问题，我们首先必须明确的是，在以市场经济为基础的现代社会中，财富分配上的不平等是与市场经济的本性和运作机制密切相关的。市场经济是以市场主体独立、自主地追求自身的特殊利益或私利为内在驱动力的，因而市场主体在资本、技术、天然禀赋上的个体差异必然会导致财富分配上的差异。这就是说，市场经济本身的自发倾向必然产生财富分配上的不平等即贫富差别。而且，正是这种贫富差别所带来的市场差别，客观上鼓励市场主体在竞争中尽其才智和资本来使个人的特殊利益最大化，从而也就使整个市场体系充满活力并产生效率。所以，我们不能用一种抽象的平等观来看待贫富分化问题，把任何差别都看成是不公平的或不合理的。中国既然选择了市场经济的发展道路，就应当认识到市场体系产生贫富差别的客观性。没有任何差别就意味着一种平均主义。这种平均主义只能导致社会经济的低水平循环和人民群众的共同贫穷。

但是，我们同时也必须看到，贫富差别的极端化即贫富两极分化又是引起社会矛盾、造成社会摩擦、导致社会动荡的根源。这主要是因为财富分配的不平等本身具有累积性和延伸性。它自发地导致财富越来越多地集中在少数富人阶层，同时使越来越多的人陷入贫困，形成日益庞大的弱势群体，其结果一方面是财富的积累，另一方面是贫困的积累，经济发展的利益不能普及整个社会，由此形成社会的总体不合理、总体不公正。在这种情况下，财富的不平等也会自发地延展到个人生活的各个方面，使那些原本平等的权利要么受到事实上的侵犯，要么就是变成了无法兑现的空洞的承诺，使占人口多数的低收入社会成员普遍产生被剥夺感。而当各种社会力量不能改变弱势群体的生存境遇，反而不断恶化这种境遇时，这些社会力量对于弱势群体来说就成为异己、不可理解、与自己相对立的力量，这就必然会加剧弱势群体对社会不公正的感受，引发穷人阶层对富人阶层的仇恨情绪以及弱势群体对政府的不满。从我国目前的现实情况上看，由于贫富分化速度快、程度高，已经出现财富分配的不平等延伸为社会不平等苗头。

基于上述分析，解决我国现时期贫富分化问题的基本策略，不是要消灭贫富差别，而是要合理地限制贫富分化的程度，防止贫富两极分化。在这方面，国家有责任加大对利益分配格局的调节力度，在不影响市场效率的前提下，充分利用财政政策、税收政策、价格政策、社会福利政策，实施更为完善的社会保障制度，逐步降低贫富分化的程度，将之限制和保持在合理的范围之内。

从更根本的意义上说，贫富分化问题的合理解决同样具有明确的政治意义。因为，与资本主义社会不同，社会主义国家不仅要追求和实现人们在法律上或形式上的平等和自由，更要追求和实现广大人民群众在事实上或实质上的平等与自由。这在我国就充分地体现在"共同富裕"这一价值目标上。在这一点上，我们不能把"共同富裕"仅仅理解为实现消除贫困、改善民生状况、避免两极分化和防止社会动荡等这些直接的经济目标和政治目标，而应当将其理解为社会主义基本制度的实质精神，使广大人民群众日益获得实质性的自由与平等，促使这种自由与平等不断深化和扩展，由此逐步实现每个人全面而自由的发展。这是不同于资本主义社会的自由精神，本着这种自由精神，社会主义国家应当在合理地限制贫富差别方面较资本主义国家做得更好。

3. 公权问题

所谓公权问题，主要针对的问题是如何加强对公共权力的限制与监督，防止权力的滥用导致政治腐败的深度蔓延。

我们知道，在我国目前的行政体制中，各级地方政府对土地、资金等重要经济资源握有很大的支配权，能够通过直接审批投资项目、设置市场准入的行政许可、管制价格等手段对微观经济活动实施频繁的干预，并且由于法治基础不健全，地方政府在使用这些手段方面有很大的自由裁量权。这种情况客观上为政府官员以权谋私的腐败行为开辟了广阔的空间。如果不能有效地监督和限制公共权力的使用，就有可能使政府官员利用手中掌握的公共权力进行权力"寻租"，甚至进行权力"设租"或"创租"，把公共资源转换为私人的利益。与此同时，经济活动的主体，特别是私营或民营企业，也有用贿赂的方式从政府官员手中获取公共资源或寻求政治庇护的情形。毫无疑问，资本与权力的这种畸形的结合是造成政治腐败的主要原因。因此，加强对公共权力的限制和监督，已成为公民的普遍呼声，同时也成为我国民主政治建设必须予以优先考虑的迫切问题。

客观地说，我国政府在反腐方面也确实下了很大功夫，并取得了重大成就。特别是党的十八大以来，以习近平同志为核心的中央领导集体，加大了反腐力度，对腐败分子和腐败行为形成了高压态势，展现出廉政建设的乐观前景。当然，更为重要的问题是必须认识到不受监督、限制和制约的公共权力必然会导致政治上的腐败这一规律。这个规律不仅在封建专制国家、资本主义国家中是如此，就是在社会主义国家中也是如此。尽管我们在理论原则上确认社会主义国家的政权本质上依然是无产阶级专政或人民民主专政，国家的一切权力属于人民。但是，"阶级统治"或"人民统治"与"政治统治"是两个不同的概念。阶级统治或人民统治是指国家政权的阶级基础和人民基础，是指在经济上占统治地位的阶级客观上要求国家的政治统治能够维护和表达它们的利益和意志。政治统治则表现为一定的公共活动，即一定的公共权力机构运用公共权力，建立和维护公共秩序的活动。即便在阶级社会中，这种公共权力很可能归根到底主要维护的是统治阶级的利益，但在任何社会中，统治阶级无论是其个人还是整体都不可能直接掌管或行使公共权力，这种公共权力必然是掌握在"第三种力量"手中，即由官吏组成的公共机构或国家机构手中。特别是在以市场经济为基础的现代社会中，政府官员同样是有着私人利益的个人，同样有满足和发展私人利益的要求，因此，在他们的权力得不到有效的监督、制约的情况下，没有什么铁的必然性可以保证他们不把手中的权力变成满足私利的工具；在社会的阶层结构中，政府官员由于其职业的性质和功能，他们也同样是一个特定的社会阶层，即有着自身特定的收入来源和利益要求的阶层，因此在公共权力缺乏有效的监督和制约的情况下，也没有什么铁的必然性可以保证这个阶层不成为剥夺民利的集团。

（该文原载于《社会科学辑刊》2018 年第 5 期）

总体性：哲学切入现实的基本方法

2016 年 5 月 20 日，习近平同志在哲学社会科学工作座谈会上发表重要讲话，强调指出，我们的哲学社会科学有没有中国特色，归根到底要看有没有主体性、原创性。这对于建构和发展中国的哲学社会科学来说是至关重要的要求。坚持主体性和原创性，最根本的就是要立足于中国的实际，研究中国的问题。中国特色社会主义发展道路本身就是人类历史上最具创造性的伟大实践，也是我们的原创性理论的发源地。如习近平同志所说："我国哲学社会科学应该以我们正在做的事情为中心，从我国改革发展的实践中挖掘新材料、发现新问题、提出新观点、构建新理论，加强对改革开放和社会主义现代化建设实践经验的系统总结，加强对发展社会主义市场经济、民主政治、先进文化、和谐社会、生态文明以及党的执政能力建设等领域的分析研究，加强对党中央治国理政新理念新思想新战略的研究阐释，提炼出有学理性的新理论，概括出有规律性的新实践。这是构建中国特色哲学社会科学的着力点、着重点。"[1]

近些年来，越来越多的来自哲学研究领域的学者开始把理论的热情投向当代中国社会的发展问题。毫无疑问，哲学的介入应当能够把对现实问题的研究引向深入，直至海德格尔所说的"深入到历史的本质性一度中去"。当然，这也就面临一个方法论方面的问题，即哲学如何介入对现实问题的研究？或者说，怎样一种介入才是哲学的介入。在这方面，一个世纪以来，国外马克思主义哲学在现代性批判，特别是在现代资本主义批判中所形成的各种学说或理论对于我们均有充分的启发意义和借鉴意义。但就方法论而言，西方马克思主义哲学的奠基者卢卡奇提出的总体性观点和方法是最值得深思和借鉴的。如我们所知，这种总体性的观念和方法后来成为西方马克思主义诸多学

---

[1] 习近平. 在哲学社会科学工作座谈会上的讲话[M]. 北京：人民出版社，2016.

派或学说的一个基本理论特征。尽管总体性的观念和方法未必是哲学介入现实的全部路径或唯一路径，但从总体性的意义上考察和研究现实问题，至少有助于我们对现实问题的深度把握，并形成追问现实问题的基本思路，而不至于陷入扑朔迷离的经验事实中。

按照卢卡奇的理解，总体首先是一个整体，总体的观念就在于把社会生活及其历史发展理解为一个有机的整体，所有局部现象或领域都是这个整体的因素或环节。对于这些因素或环节，整体具有全面的、决定性的统治地位。这个整体有其内部的核心或内在的本质，而局部的现象、因素或环节都是这个内部核心的表现形式。任何局部现象或发生在社会生活中的各种"事实"只有被置于整体中，找到它们与总体的内部核心或内在本质相互连接的中间环节，才能被真正地理解。这就是说，"要正确了解事实，就必须清楚地和准确地掌握它们的实际存在同它们的内部核心之间、它们的表象和它们的概念之间的区别。这种区别是真正的科学研究的首要前提"①。

在我国，近 40 年改革开放实践历程中形成的"中国特色社会主义"这个概念本质上就是一个反映我国现时期社会发展过程的总体性观念。十八大报告明确地表达了这个总体性观念的内涵，即"建设中国特色社会主义，总依据是社会主义初级阶段，总布局是五位一体，总任务是实现社会主义现代化和中华民族的伟大复兴"。其中，"五位一体"总布局就是指全面落实经济建设、政治建设、文化建设、社会建设、生态文明建设，促进现代化建设各方面相互协调发展。这就是说，中国特色社会主义发展道路就是一个由来自经济、政治、文化和社会生活诸领域的各种因素、各个环节构成的一个整体。此后，在党的十八大历次会议上相继提出的"四个全面"战略布局、实现"两个一百年"奋斗目标、实现中华民族伟大复兴的中国梦以及"创新、协调、绿色、开放、共享"五大发展理念等都是这个总体观念的体现、延伸和发展。

认识"中国特色社会主义"这个总体，首要的问题在于把握这个总体的"内部核心"。这个内部核心就是建立和完善社会主义市场经济体制。马克思曾在《资本论》中把市场经济即"现代社会的经济运动规律"称之为"既不能跳过也不能用法令取消自然的发展阶段"。中国特色社会主义之所以选择市场经济的发展道路，就是因为市场经济是现代经济形态发展的不可逾越的历史阶段。因此，中国共产党领导下的市场化改革完全符合经济形态发展的客

---

① 卢卡奇. 历史与阶级意识[M]. 杜章智，任立，燕宏远译. 北京：商务印书馆，1992：55.

观规律，而它在发展中所取得的辉煌成就也充分论证了马克思的科学论断。正如《人民日报》于 2012 年 7 月 10 日发表的一篇重要评论文章所指出的那样："如果说改革开放是决定当代中国命运的关键抉择，它为社会主义市场经济的确立，打开了现实的大门；那么建立社会主义市场经济体制，则确立了改革开放最为重要的核心内容，奏响了改革大业最激荡人心的恢弘乐章。它不仅奠定了改革开放的基本路径和走向，更造就了中国大地上波澜壮阔的时代巨变。"①

需要指出的是，当我们把社会主义市场经济确定为中国特色社会主义这个总体的内部核心时，这个内部核心既不是单纯意义上的或资本主义模式下的市场经济，也不是传统意义上的或计划经济模式下的社会主义，而是市场经济这种高效率的经济形态与社会主义基本制度的融合。这种融合旨在利用市场配置资源的有效性，运用促进国民经济高效增长的市场机制，推进经济增长方式的改变和经济结构的变迁，为社会主义社会的自我完善和发展，为实现社会主义基本制度的价值目标即"人的解放"提供强大的经济动力和丰厚的物质基础。在这个意义上，社会主义市场经济作为中国特色社会主义的内部核心，决定了我国现时期经济与社会发展过程的基本特征及其种种外在表现形式，决定了在社会生活中所涌现出来的各种直接的事实或现象，哪些具有存在的必然性和现实性，哪些具有存在的虚无性或应当被否定的性质。因此，考察和研究中国社会的发展问题，绝不能偏离社会主义市场经济这个总体的内部核心。偏离这个内部核心就必然会使所谓的科学考察和研究陷入扑朔迷离的思想混乱状态。

社会主义市场经济作为总体的内部核心，同时也决定了中国特色社会主义发展道路这一总体的历史性或时间性，这就是作为"总依据"的"社会主义初级阶段"，亦即这个"总体"作为历史发展的一个阶段是社会主义的而非资本主义的，因而它必然要始终坚持社会主义的基本制度，坚持社会主义关于人的解放的价值理念；同时这个总体是社会主义的初级阶段而非它的终极阶段，它决定了在这个阶段上总体所包含的各种规定性或各个环节以及这些规定性的各种外部表现形式必然具有与总体的历史结构密切相关的历史性质，从而既具有存在的现实性，同时又因其内在矛盾而具有自我否定性，"这

---

① 任仲平. 社会主义市场经济改变中国命运[N]. 人民日报，2012-07-10（1）.

种双重性，这种对直接存在的同时既承认又扬弃，正是辩证的关系"①。认识总体的这种历史性或时间性，在于明确实践活动的具体性和历史性，一方面要立足于社会主义初级阶段，把握这一阶段上的各种历史条件，研究和解决在这一阶段上产生的各种社会矛盾和问题，另一方面也要从社会发展的现实可能性出发，思考怎样的发展目标和策略更有助于为社会主义价值目标的逐步实现创造必要的社会条件和历史条件。社会主义价值目标的实现必然要经历一个漫长的现实化过程，忽视这个现实化过程，只能把社会主义的价值理想变成没有现实规定性的空洞理念，而无视这个现实化过程本身所具有的社会条件和历史条件，硬要把这个空洞理念变成当下必须推行的目标，就势必给实践本身带来灾难性的后果。在这个方面，我们应当牢记马克思的教导："人类始终只提出自己能够解决的任务，因为只要仔细考察就可以发现，任务本身，只有在解决它的物质条件已经存在或者至少是在生成过程中的时候，才会产生。"②

中国特色社会主义作为一个总体，其各种因素或环节以及它们的种种直接的、外在的表现形式即各种事实、现象或问题彼此处在复杂的动态关系中，因而是一个包含了丰富多样的内在规定性于一身的具体总体。正如马克思所说："具体之所以具体，因为它是许多规定的综合，因而是多样性的统一。"也就是说，具体的总体并不意味着可以把它的各个环节归结为无差别的统一性、同一性，而是指这些环节彼此间处于一种动态的辩证关系，因而是一个动态的和辩证的整体。因此，总体的具体性不是指众多经验事实或现象的聚合，而是指这些经验事实或现象产生于总体的结构关系和矛盾运动中，并且只有在总体的这种动态的辩证关系中才能获得自身的现实规定性。离开总体的结构关系和矛盾运动，任何直接的经验事实或现象没有独立存在的价值，也不可能被真实地理解。因此，"具体的总体是真正的现实范畴"③。离开总体而孤立地考察个别经验事实，尽管看上去有经验依据，但却不能真正地反映现实。"只有在这种把社会生活中的孤立事实作为历史发展的环节并把它们归结为一个总体的情况下，对事实的认识才能成为对现实的认识。"④

对于中国特色社会主义这个总体来说，作为社会经济结构的社会主义市

① 卢卡奇. 历史与阶级意识[M]. 杜章智、任立、燕宏远译. 北京：商务印书馆，1992：56.

② 马克思恩格斯选集：第 2 卷[M]. 北京：人民出版社，1995：33.

③ 卢卡奇. 历史与阶级意识[M]. 杜章智，任立，燕宏远译. 北京：商务印书馆，1992：58.

④ 卢卡奇. 历史与阶级意识[M]. 杜章智，任立，燕宏远译. 北京：商务印书馆，1992：56.

场经济体系、建立在社会主义市场经济基础上的作为社会政治结构的社会主义民主政治体系、与社会主义市场经济体系和民主政治体系相吻合的社会思想文化体系、处理国家与社会或政府与民众之间关系的社会治理体系以及处理人与自然关系的生态体系，都是这个具体总体的基本内容。来自这些领域的各个方面的社会因素之间的相互制约和相互作用的辩证关系与辩证运动构成了这个总体的内在结构，它决定了我国社会发展过程中所产生的各种矛盾和问题的基本性质及可能的动态趋势，也决定了解决这些矛盾和问题所应采取的基本策略。中国社会在其发展过程中已经取得的辉煌成就以及所面对的一系列新的社会矛盾和社会问题，都与这个过程的总体内在相关，或者是这个总体的内在环节，或者是这个总体及其内部核心的外部表现形式，或者是这个总体的内在的各个环节因其发展不够完善、不够平衡而衍生出来。在社会发展的总体过程中，并没有什么脱离总体的所谓"纯粹的"经验事实，也没有孤立存在的问题。只有立足于总体来考察和研究这些现实问题，我们才能获得对这些问题的真实理解，只有以推进中国特色社会主义这个总体的自我发展和自我完善为基本准则，我们才能找到解决这些问题的可靠策略。

但就目前情况来看，我国学界对现实问题的研究，在很大程度上仍局限于对直接的经验事实的考察和分析，而没有将这些研究同中国特色社会主义这个具体的、历史的总体联系在一起，或者说，没有从总体的内部核心与其外部表现形式的区别上把握经验事实的本质特征。很多研究，看上去采用了非常科学的方法，如采集经验数据、建立理论模型或数学模型等，但由于局限在对个别经验事实的直接把握，而没有将这些经验事实置于总体内部各个环节的动态关系中予以考察，因而所形成的看似科学的认识依然不过是对事实的抽象的理解。这种情况可称之为"总体的遗忘"。对总体的遗忘，使来自各个方面的问题研究，不但没有真正厘清问题并导出解决问题的合理策略，反而在很大程度上陷入了众说纷纭、莫衷一是的思想混乱中。因此，确立总体的观念，并从总体性的角度审视和研究中国社会发展所面临的主要问题，显然是十分迫切、十分重要的理论任务。

基于上述理解，笔者认为，总体性应当是考察和研究中国问题的基本立足点，更应当是哲学切入中国问题的根本出发点。中国社会正处在剧烈的社会转型时期，各种社会矛盾和社会问题以前所未有的方式在思想界折射出来，各种思潮相互胶着、相互撞击，其中尤其是一些偏离中国特色社会主义这一总体的极端思潮在人们头脑中造成了极大的思想混乱。在这种情况下，确立总体性思维方式，从中国特色社会主义发展道路这一总体性质和过程出发考察和研究中国社会发展所面临的各种矛盾和问题，就显得尤为重要。近一个世纪以来，西方马克思主义各种学说和流派所产生出的那些值得赞叹的理论成就，从根本上说，都是以对现代资本主义社会的总体性批判为基本特征的。中国马克思主义哲学研究更应当发挥中国学者自身的主体意识，牢牢把握中国社会发展的总体性质和过程，通过系统地总结中国改革开放和社会主义现代化建设实践经验，通过挖掘新材料、研究新问题，通过吸收和借鉴中国优秀的文化遗产和世界范围内哲学社会科学发展的积极成果，创造出足以推进中国社会主义现代化建设事业和人类文明进程的新的、具有原创性的学科体系、学术体系和话语体系，增强我们的文化自信。

（该文原载于《理论视野》2016 年第 6 期）

关注现实，发展中国马克思主义哲学

如何推进马克思主义哲学在中国的发展？对这个问题的思考，西方马克思主义哲学的确为我们提供了一个很好的参照。一个不可否认的事实是，20世纪以来，西方马克思主义哲学为推进马克思主义哲学在西方资本主义社会中的发展作出了卓越的理论贡献。尽管在这个庞大的理论阵营中产生出了诸多的学派或思潮，尽管这些学派或思潮之间充满了分歧甚或对立，尽管他们的学说或观点未必与马克思主义理论的基本观点保持完全的一致，但它们的共同特征就是把全部理论置于对现代资本主义的批判性研究中。但凡我们粗略地翻阅西方马克思主义诸学派的理论著述，就会发现纷呈于我们眼前的便是各种各样的"批判理论"，如卢卡奇对资本主义物化现实的批判、葛兰西对资本主义文化霸权的批判、霍克海默和阿多诺对资本主义技术理性和文化工业的批判、弗洛姆和马尔库塞对资本主义的心理学批判、哈贝马斯基于交往理性对现代资本主义的生活世界批判、列斐伏尔对资本主义的日常生活批判以及詹姆逊对资本主义的文化逻辑的批判等等。如果我们愿意对这些批判理论进行理论上的统合，就不难发现，它们几乎构成了对现代资本主义发展现实的全方位透视。从这一点上看，西方马克思主义哲学虽阵容庞大、学说庞杂，但都秉承了马克思主义哲学的一个基本精神，即把哲学建构在对现实问题的研究中。因而，可以说，没有对现代资本主义的批判性研究，就不会有西方马克思主义哲学。

以此为参照，如何推进马克思主义哲学在中国的发展？答案似乎只有一个，那就是对中国社会发展的现实过程进行批判性的考察和研究，通过反思和把握中国社会在其发展中所涌现出来的新经验、新矛盾和新问题，创造性地把马克思主义哲学推向新的理论境界。在这方面，西方马克思主义哲学的理论成果对于我们肯定有十分重要的借鉴意义。这也是我们下功夫研究西方马克思主义哲学的主要动因。因而，近十几年来，研究西方马克思主义哲学在我国马克思主义哲学研究领域成为名副其实的"显学"，相当一批学者，特别是中青年学者将主要精力和学术热情投入到对当代西方马克思主义哲学的诸学派、诸人物、诸理论的研究中，由此产生了巨量的研究成果，这对于我们充分吸收国外马克思主义哲学研究的优秀成果起到了十分积极的推进作用，同时也为我们创建和发展当今时代的"中国马克思主义哲学"提供了丰厚的理论资源。然而，问题的另一个方面是，"他山之石可以攻玉"，西方马克思主义哲学这块"他山之石"只有用于攻中国社会发展现实这块"玉"才能显示其充分的理论价值。中国是一个变动中的社会，而正是变动中的社会更能为学术繁荣提供最为活跃的舞台。历史上，那些卓越的思想理论，无论是形而上的，还是形而下的，大都产生于变动社会之中。因为，只有当社会处于剧烈的变动之时，社会生活中的各种矛盾、问题以及社会的结构性的、规律性的东西才能更为集中、更为清晰地展露出来，并激发学者们探究现实问题的理论热情。况且，就现代社会的建构而言，变动中的中国展现出来的是不同于西方资本主义社会的独特发展道路，它所取得的成就、所产生出来的问题以及所显示出来的发展趋向，均具有世界历史意义。因此，我们目前迫切需要通过吸收和借鉴西方马克思主义哲学理论的思想精髓，本着批判思维的问题意识，将这些理论所提供的富有启发性的观念、方法和视角结合到对当代中国社会发展的现实问题的研究中。如果抱着"石头"不撒手，或如毛泽东更为形象的说法，只知把箭拿在手里搓来搓去，连声赞说好箭好箭，却就是不愿意放出去，就会使西方马克思主义哲学的研究失去其应有的实践意义，而仅仅成为学者个人的学术旨趣。我们应当竭力避免那种只是片面地崇尚西学的学术性，而不愿研究、不敢研究或不能研究现实问题的"学术犬儒主义"。只是一味地咀嚼西方马克思主义哲学的研究成果，而不深切地关注中国社会发展的现实过程，绝无可能产生真正的、当之无愧的"中国马克思主义哲学"。

笼统地说，近一个世纪以来，西方马克思主义哲学在其发展中产生出来的各种学说或理论对于我们研究中国社会的发展问题均有充分的启发意义和借鉴价值。但就如何研究中国社会发展的现实问题而言，我认为，应当得到优先注重的首先是由西方马克思主义哲学的奠基者卢卡奇提出的并在以后成为西方马克思主义哲学基本理论特征的总体性观点和方法。中国特色社会主义发展道路本身就是一个具体的、历史的、辩证的总体。在这个总体中，来自经济、政治和文化诸领域的各种因素、各个环节构成了一个整体，各种因素或环节以及它们的种种直接的或间接的外在表现形式即各种事实、现象或问题彼此处在复杂的动态关系中。这就是说，确立总体的观念，意味着我们不能抽象地、孤立地考察和研究在社会生活中浮出的各种事实、现象和问题，而应当将它们置于中国特色社会主义这个总体中予以理解，应当从这个总体内部各个环节或各个因素彼此相互关联的辩证关系中予以理解。

近些年来，我国社会科学的各个学科领域对中国社会发展的现实问题的研究已经显示出十分强劲的势头。特别是大量的针对现实问题的研究课题得到了政府的资助，从而使现实问题的研究得到了学者们的广泛关注和积极投入，每年都能产生出数量惊人的研究成果。但就目前情况来看，我国学界对现实问题的研究，在很大程度上仍局限于对直接的经验事实的考察和分析，明显缺乏对中国特色社会主义发展道路这个总体过程的完整理解，或者说，没有从这个总体的内部核心与其外部表现形式的关系上把握经验事实的本质特征。一些研究，看上去采用了非常科学的方法，如采集经验数据、建立理论模型或数学模型等，但由于局限在对个别经验事实的直接把握，而没有将这些经验事实置于总体内部各个环节的动态关系中予以考察，因而所形成的看似科学的认识依然不过是对经验事实的抽象的理解。我把这种情况称之为"总体的遗忘"。对总体的遗忘，使来自各个方面的问题研究，不但难以真正厘清问题并导出解决问题的合理策略，反而在一定程度上易于陷入众说纷纭、莫衷一是的思想混乱中。相反，如果将中国社会在其发展中所面临的各种现实问题置于这个总体内部的辩证关系中予以理解，这些问题就不是离散的、各自孤立的现象之总和，而是彼此相关地构成一个有着内在逻辑的"问题域"。只有把握这个问题域，才能使我们能够依据问题域的内在结构关系认清各种社会现象和社会问题的本质和特征，并进而提供解决问题的有效策略。

从总体上把握中国特色社会主义发展道路，更需要注重对这个总体过程的历史性或时间性的理解。从现代社会的成熟程度上看，中国社会与西方发达国家显然处在不同的发展阶段上。西方马克思主义哲学密切关注的问题，基本上属于成熟的现代社会所衍生出来的现代性问题。而中国社会尚处在现代社会的起步阶段，现代社会在其基本建构上所面临的问题还没有完全解决，我们甚至还面对许多前现代性的问题。正如许多学者所意识到的那样，中国社会目前就是处在前现代性问题、现代性问题和后现代性问题的交汇之中。对于这种高度复杂的情况，我们必须有一个清醒的认识：当现代社会的基本建构还没有完成时，现代性问题乃至后现代性问题就必然缺乏现实的结构性根源，而在很大程度上表现为局部的现象和可能的征兆。当然，研究这些现代性问题和后现代性问题也是十分必要的，它可以启发我们对现代社会的基本建构进行总体的反思，使中国特色社会主义现代社会的基本建构在其发展中有可能最大限度地避开现代性问题的困扰。因此，无论我们面对什么问题，对这些问题的研究都需要我们运用总体性的观点和方法对中国社会的发展问题做出理论关照。

　　总之，确立总体的观念和方法，并从总体性的角度审视和研究中国社会发展所面临的主要问题，显然是十分迫切、十分重要的理论任务。而确立总体的观念和方法必然需要哲学的介入，只有哲学的介入才能真正把对现实问题的研究引向深入，直至达到如海德格尔所说的"深入到历史的本质性一度中去"。

（该文原载于《哲学动态》2013 年第 2 期）

体现马克思主义哲学当代价值的三个时代主题

马克思主义哲学作为"实践的唯物主义",其基本精神是"改变世界",而不是"解释世界"。为此,马克思在他的一生的科学研究和理论著述中,始终关注的不是建构一个"形而上"的哲学体系,而是直面生活世界,在理解、把握所处时代社会变革过程的性质、特征、规律和趋势的基础上,通过对现实社会的批判性考察,为推进社会的变革与发展提供坚实的理论依据。

马克思主义哲学对现实社会的批判性研究大致可以概括为三个主题,即社会转型、现代性批判和全球化问题。很明显,尽管与马克思所处的时代相比,当今世界范围内经济、政治与科学文化的发展已经产生了巨大的变化,但这三个时代主题不仅没有完结,而且继续在深度上和广度上不断拓展。因此,这三个主题构成了马克思那个时代与我们这个时代的历史契合点,而马克思主义哲学的当代价值也正是比较充分地体现在这三个时代主题中。

一、关于社会转型

所谓社会转型主要是指从以自然经济为基础、体现农业文明的传统社会向以市场经济为基础、体现工业文明和科技文明的现代社会过渡的社会变革过程。笔者认为,从世界历史角度来看,这个社会转型过程已经经历了两个大的发展阶段。第一个阶段开始于 16 世纪,止于第二次世界大战结束。其主要特征是:殖民主义扩张,世界市场的开拓,以英、法、德、美等为代表的西方国家通过资产阶级革命率先完成向资本主义社会的过渡,以及随着资本主义的发展而发生的主要资本主义国家为争夺世界领土和势力范围而展开的角逐。第二个阶段是从第二次世界大战结束至今。其主要特征是:殖民主义崩溃,绝大多数发展中国家在非殖民化过程中,通过民族革命获得国家主权,走上自主发展的道路。这些发展中国家目前尚处在社会转型的过程之中。

马克思处于社会转型的第一个阶段，即欧洲的社会转型时期，他的社会哲学理论就是以把握这个社会变革过程的特征和规律为主旨。其主要理论内容至少应当包括如下两个方面：第一，马克思研究了商品经济产生、发展和演变的历史过程，分析了商品经济的本质和内在规律，从商品经济的历史发展过程中揭示了资本主义社会形态产生的历史必然性，深入剖析了资本主义社会的经济结构、政治结构和意识形态结构的实质及其发展的内在逻辑，考察了转型时期欧洲社会阶级矛盾和阶级斗争的发展状况，指出了资本主义社会的暂时性和被新的社会形态所取代的历史趋势。第二，马克思不仅着力揭示人类社会发展的一般规律，而且探讨了不同民族国家社会发展道路的特殊性，特别是相对落后的民族实现跨越发展的可能性。如马克思晚年在人类学和历史学研究中，对俄国革命问题的探讨，对亚细亚生产方式、日耳曼社会和斯拉夫社会历史发展特殊性问题的研究等等。在这些研究中，马克思高度注重社会形态发展的多样性，指出不同民族国家在历史上各自经历了不同于西欧社会的、有着自身民族个性的特殊发展道路，因而未来的发展也不一定遵循西欧社会的发展模式，而是有可能在充分吸收现代资本主义发展的一切积极成果的基础上，跨越资本主义的"卡夫丁峡谷"，实现向共产主义社会的转变。

由于从传统社会向现代社会的转型过程在世界范围内并没有结束，因而马克思的上述理论对于我们把握正在经历的社会转型过程具有直接的理论意义。一方面，在通往现代化的道路上，市场经济是社会经济形态发展的不可逾越的阶段，包括中国在内的绝大多数发展中国家也仍在致力于建立和完善市场经济体制以加速现代化的进程。因此马克思关于商品经济形态基本性质和规律的学说，关于对资本主义市场经济社会经济、政治和文化结构的分析，正是我们科学地把握市场经济体系以及现代社会基本性质、特征和规律的不可多得的理论资源。另一方面，中国和绝大多数发展中国家在历史上都经历了各自的特殊发展道路，因此在能否根据自身的特殊国情选择发展现代化的特殊模式问题上，马克思晚年有关人类学和历史学的研究为我们提供了重要的理论指导和方法论启发。中国建立和完善社会主义市场经济体制的努力，既是吸收现代资本主义一切积极成果的方式，又是依据自身国情跨越资本主义发展阶段的尝试。从这个意义上说，中国社会的变革过程正是在创造性地践履马克思的社会发展理论。

二、关于现代性批判

现代性批判是当代国内外学界普遍关注的重大主题，而马克思则是现代性批判的当之无愧的思想先驱。需要指出的是，马克思对现代资本主义的批判始终包含着"科学批判"和"价值批判"两个维度。所谓科学批判的维度，是指马克思在揭示资本主义社会经济、政治和思想文化结构的性质、矛盾和演变规律的基础上，对资本主义社会做出的经济学批判、政治批判和意识形态批判。这些批判注重对资本主义社会本身的客观关系、客观矛盾、客观事实和客观过程及其规律的分析，既客观地肯定了资本主义社会产生和发展的历史必然性和积极的历史作用，同时又客观地指出资本主义社会在其发展中包含着自身无法克服的矛盾，因而内在地包含着自我否定的因素和趋势。所谓价值批判的维度，是指马克思从人的本质和人的发展的角度揭示资本主义方式所具有的压迫人和奴役人的本性，指出资本主义生产关系对人性的扭曲以及由此造成的人与人之间的普遍的相互对抗。在这个方面，马克思早年提出的"异化劳动"理论构成了他的价值批判的核心内容。而在后来的理论研究中，马克思把这种价值批判同科学批判结合起来：一方面探讨了资本主义商品经济的发展怎样使人从传统社会中"人的依赖关系"摆脱出来，获得了"以物的依赖性为基础的人的独立性"，分析了商品经济的发展如何使人的全面的社会关系和人的全面的能力体系得以形成；另一方面又阐释了资本主义商品经济怎样导致了社会关系的全面"物化"和人的全面"异化"，以及这种"物化"和"异化"在资本主义社会政治结构与意识形态中的表现，并指出了实现人的全面发展和自由个性的现实条件和途径。

在马克思主义哲学中，科学批判和价值批判这两个维度是相互关联、相互贯通的，而不是相互排斥的。价值批判总是基于某种基本的价值准则或价值目标而对现实社会做出"合理"或"不合理"的价值判断，但是，如果价值批判不是植根于现实的客观关系或客观可能性之中，那么这种批判除了寄托人们的某种"乌托邦"情怀之外，是不会结出现实果实的。因此，价值批判必须建立在科学批判的基础上。马克思也正是通过对资本主义社会的科学批判为他的价值批判提供了客观依据。同样，科学批判也不能脱离价值批判，并始终受价值批判的引导。人类社会的发展既取决于社会系统发展的客观规律和现实条件，又取决于社会主体在社会发展的可能性空间中做出的价值选择，而这种价值选择正是通过价值批判来实现的。这种价值批判一方面依据一定的价值准则或目标，指出现实社会的不合理之处，亦即指出社会变革的必要性，一方面引导人们通过社会实践创造条件，促使更合乎价值理想的可能性变成现实。因此，价值批判不只是一种观念评判，也是人们改变世界、创造历史的前提和动力。

在当代学术领域，现代性批判所面临的社会现实问题较之马克思那个时代更为复杂。特别是在第二次世界大战以后，西方主要资本主义国家持续不断地加强了对自身经济结构和政治结构的调整，使其经济与社会的发展呈现出新的态势，并由此衍生了一系列新的社会矛盾和社会问题。然而，从总体上说，资本主义现代社会的发展并没有从根本上解除对人的奴役和压迫，而是使这种奴役和压迫具有更为隐秘的方式和更为复杂的形态。正是由于这一点，马克思对资本主义社会的批判成为当代社会批判思潮的理论渊源。以卢卡奇为代表的早期西方马克思主义者，以霍克海默、阿多诺、马尔库塞、哈贝马斯为代表的法兰克福学派哲学家以及以福科、德里达、利奥塔、德勒兹、詹姆逊等为代表的后现代思想家均从不同的角度，以不同的方式对现代资本主义社会的经济、政治和文化结构进行了深入的剖析和批判，而他们的理论无不受马克思主义哲学的深刻影响和启发。

三、关于全球化问题

从以自然经济为基础的传统社会向以市场经济为基础的现代社会的转型过程同时也就是全球化的历史进程，这个历史进程也同样经历了殖民化与非殖民化两个大的历史阶段。马克思对欧洲国家社会转型过程的理论研究以及对他那个时代资本主义社会的批判，本身就包含着对全球化进程的第一个阶段即殖民化阶段的理论把握。这主要体现在马克思的"世界市场"和"世界历史"的理论中。

首先，马克思指出"世界市场是资本主义生产方式的基础和生活条件"[①]。因为，资本的扩张本性决定了它"一方面要求摧毁交往即交换的一切地方限

---

① 马克思恩格斯全集：第 25 卷[M]. 北京：人民出版社，1975：126-127.

制，夺得整个地球作为它的市场，另一方面，它又力求用时间去消灭空间，就是说，把商品从一个地方转移到另一个地方所花费的时间缩短到最低限度。资本越发展，……资本同时也就越是力求在空间上更加扩大市场，力求用时间去更多地消灭空间"①。这个观点实际上已经预示了全球化的基本趋势。其次，随着资本的世界性扩张，"私人交换产生出世界贸易，私人的独立性产生出对所谓世界市场的完全的依赖性"②。在这种情况下，任何国家的经济都成为世界市场的一个分子。如果说，市场经济的发展必然要打破自然经济的自给自足性，那么世界市场拓展的必然趋势就是要打破任何国家的闭关自守，"使一切国家的生产和消费都成为世界性的了"，"过去那种地方的和民族的自给自足和闭关自守状态，被各民族的各方面的互相往来和各方面的互相依赖所代替了"③。再次，马克思指出，世界市场的形成与发展，不仅意味着创造出一个普遍相互依赖的世界性、全球性经济体系，更重要的是，普遍的经济交往使世界市场产生了在质态上不能还原为民族经济的整体性质和规律。世界市场自身的运行规律一经产生，就作为一种独立的、强大的力量支配着各国的经济乃至私人的经济。正如马克思所说："世界市场，……对生产当事人表现为不可抗拒的、自发地统治着他们的自然规律，并且作为盲目的必然性对他们发生作用。"④最后，马克思通过对世界市场的性质、规律和形成过程的分析，提出了自己著名的"世界历史"理论。他明确指出，世界史是大工业、世界贸易和世界市场发展的历史结果。这种"世界历史"起步于"需求的世界历史性发展"。这种发展使需求本身渐渐失去地方性特征，不仅逐渐创造了世界市场，而且"它首次开创了世界历史，因为它使每个文明国家以及这些国家中的每一个人的需要的满足都依赖于整个世界，因为它消灭了各国以往自然形成的闭关自守的状态"⑤。由此发生了民族国家的历史向世界历史的转变。

目前国内学界对马克思的上述理论是否属于"全球化"理论持有不同的看法。如有学者认为，马克思当时还没有遇到像今天这样的全球性问题，也没有系统的全球性理论，只是从全球的视野阐发了"世界历史"的重要思想。

---

① 马克思恩格斯全集：第46卷（下）[M]. 北京：人民出版社，1979：33.
② 马克思恩格斯全集：第46卷（上）[M]. 北京：人民出版社，1979：105.
③ 马克思恩格斯选集：第1卷[M]. 北京：人民出版社，1995：276.
④ 马克思恩格斯全集：第25卷[M]. 北京：人民出版社，1975：939.
⑤ 马克思恩格斯选集：第1卷[M]. 北京：人民出版社，1995：114.

笔者认为，这种观点固然有一定道理，但缺乏对全球化过程的根本性质的准确理解。依本文之见，马克思的"世界市场"和"世界历史"理论当为全球化理论的早期形态。尽管当今时代的全球化过程无论在广度上还是在深度上都远非马克思的时代所能比拟，但从总体上看，全球化在实质上仍然是市场经济的全球性拓展，而马克思的世界历史理论也恰恰是以揭示资本主义市场经济的全球性拓展为最基本的理论依据。因此，马克思的"世界市场"和"世界历史"理论对于把握全球化过程的实质有着相当重要的意义。

（该文原载于《浙江社会科学》2004 年第 2 期）

自由的理念与现实

从历史哲学的一般观念上说，唯物史观就是一种辩证的历史决定论。首先，它不同于任何形式的历史非决定论，它确认并强调，社会历史主体创造历史的活动必然会受到客观历史条件的制约，其创造性的活动也必然具有一定的、不依人的意志为转移的客观规律性，并指出历史活动的客观条件和客观规律，恰恰是人的自由自觉活动的基本前提，即这些历史条件和客观规律不是把人的自由活动化为乌有，而是使之成为可能。其次，它也不同于任何形式的机械决定论和历史宿命论，它不认为历史的客观条件和客观规律本身能够机械地决定社会历史唯一的发展方向或趋势，而仅仅是为社会历史提供出具有多种可能性的发展空间。但追求自由的社会历史主体可以通过价值选择并创造历史条件使最有利于人的自由生存的可能性逐渐变成现实，从而也就使社会历史发展必然朝着人的自由性不断深化和不断扩大的方向发展。所以，辩证的历史决定论归根到底是一种真正的关于人的自由的理论，这种理论所探讨的就是人的现实自由何以可能，何以能够在社会历史进程中不断扩展和深化。自由问题既是辩证的历史决定论的出发点，也是他的理论归宿点。然而，在当今国内外学界中，极端的自由主义思潮却不遗余力地将马克思的辩证的历史决定论贬损为否认人类自由的理论，甚至将其视为专制制度的思想基础。为此，我们有必要深入研究内在于辩证历史决定论中的自由问题，以回应自由主义自由观的挑战。

一、自由问题的两个层次

辩证的历史决定论在理论上所探求的自由，是人类的现实自由，即人在现实活动或现实生活中的自由。当然，给"自由"冠之以"现实"二字，并不是否认人的意志自由的崇高价值，相反，必须指出，意志自由就是人类自由的本质特征，设想没有意志的自由或没有自由的意志都是不可想象的。但更重要的是，对于意志自由不能做主观的、抽象的理解，即把意志自由归结为单纯的主观自由。意志自由本质上是一种实践理性，它必然要通过人们改变现实的实践活动突破意志的主观性而在人们的现实生活中找到自己的实存。纯粹意义上的主观自由，固然可以被理解为人的最为自由的世界，在这个世界中，人们可以抛开任何现实的规律、条件而天马行空似的任意想象。然而，尽管这种自由能力可以给予人类的思维和想象以无穷的创造力，但它毕竟不能代替现实，人一旦置身于现实活动或现实生活中，想象中抛开的各种限制就会尽数回到人的身边，构成对人的这种主观自由的制约。正如卢梭在《社会契约论》中所说的那句名言："人是生而自由的，但却无往不在枷锁之中。"这句看似自相矛盾却又耐人寻味的话，至少启发我们思考自由的一般方式，即对自由的理解，应当从它的反面，即从"枷锁"的方面去理解，也就是追问，什么东西在支配着、限制着、制约着人的自由？这种支配、限制、制约是对人的自由的单纯否定，还是人的自由的现实性所必然包含的内容。黑格尔曾把所谓的"限制"（如法、道德、伦理）理解为"自由的定在"，亦即所谓限制不过是自由意志的现实性。然而问题在于，是否任何限制都可以被理解为"自由的定在"呢？

如果从"支配""制约""限制"的角度来考察人的自由的现实性，那就不难看到，自由问题应当包含着两个层次的含义。

其一是自由与奴役的关系，即所谓政治自由。在古希腊哲学中，"自由"（ελευθερια）一词最初是涉及主奴关系的一个政治概念，即指当权者或奴隶主依照法律释放那些屈从于他们的权力的人，如奴隶、囚徒等，解除它们的奴隶身份或囚禁状态以及其他方面的奴役。与此相应地，在古希腊乃至后来的古罗马社会中那些在人身上不依附于任何他人的人，那些免受他人奴役和管制的人，也包括解脱了奴籍的人就被称为"自由人"（ελευθεροζ）。这也就是"自由"（freedom，liberty）一词的最初含义，即"免除……""从……解脱或解放出来"等。在这个意义上，自由意味着能够按照自己的意愿去生活、去选择、去活动的权利，亦即一种自主的权利，自己做出决定的权利。自由同时也就是这种权利的不可剥夺性，亦即免除任何加诸个人的任意的约束和强制。这种自由当然不是不受任何限制的为所欲为，而是要求制约或限制人们活动的仅仅是那种公认的、普遍的规则。没有这种规则任何个人的自由都有可能丧失殆尽，因此，这种规则是为了人的自由而对人的自由进行的限制，黑格尔把这种规则恰当地称之为"自由的定在"。在近代哲学中，洛克为这种自由做出了原则性的表述，他说："处在政府之下的人们的自由，应有长期有效的规则作为生活的准绳，这种规则为社会一切成员所共同遵守，并为社会所建立的立法机关所制定。这是在规则未加规定的一切事情上能按照我自己的意志去做的自由，而不受另一人的反复无常的、事前不知道的和武断的意志的支配；如同自然的自由是除了自然法以外不受其它约束那样。"①

其二是自由与必然的关系，即在人们的活动中，客观对象的客观属性、客观规律对人的活动的支配、制约或限定。在西方哲学中，伊壁鸠鲁可能是最早从这个意义上来理解自由的。他在称颂那种能够与美德和愉快的生活共存的人时说："他不信有些人拿来当作万物之主的那个命运，他认为我们拥有决定事变的主要力量，他把一些事物归因于必然，一些事物归因于机遇，一些事物归因于我们自己，因为必然取消了责任，机遇是不经常的，而我们的行动是自由的，这种自由就形成了使我们承受褒贬的责任。"②伊壁鸠鲁把自由理解为"拥有决定事变的主要力量"和"归因于我们自己的事物"。他不仅把"自由"和责任联系起来，而且还把"自由"同"必然"和"偶然"（机遇）联系起来加以思考，从而提出的问题是，在客观必然性面前，人类能否获得自由。因此，自斯宾诺莎明确提出自由是对必然性的认识这一著名论断之后，自由和必然的关系就至少在近代理性主义思维进路中成为有关自由问题的主要议题。黑格尔以其深邃的思辨逻辑强化了自由是对必然的认识这一观念，指出必然和自由不是绝对对立的。他说："无疑地，必然作为必然还不是自由；但是自由以必然为前提，包含必然性在自身内，作为扬弃了的东西。"③尽管他在法哲学理论中明确地区分了自然界和精神世界（伦理国家）、区分了自然规律和法律这两种不同的规律，提出法是自由意志的定在，是作为理念的自由的重要命题，但他依然是把自由理解为理念自我展开的必然性。这实际上也就是把道德领域和政治领域中的自由问题全部地纳入自由和必然的关系中加以探讨。在这里，制约人的活动的必然性，既包括存在于人与自然的相互作用中的各种客观必然性，也包括存在于人的社会活动中各种客观必然性。

就自由问题的上述两个层次而言，辩证的历史决定论必须能够对自由的

① 洛克. 政府论：下[M]. 叶启芳，瞿菊农译. 北京：商务印书馆，2004：17.
② 北京大学哲学系外国哲学教研室编译. 古希腊罗马哲学[M].北京：商务印书馆，1961：369.
③ 黑格尔. 小逻辑[M]. 贺麟译. 北京：商务印书馆，1980：323.

两个层次的问题做出自己的解答，以揭示自由与奴役的关系和自由与必然的关系之间的内在联系。

二、自由主义的自由观

与决定论观念不同，当代自由主义理论，作为一种竭力反对决定论的非决定论，则把目光仅仅盯在自由与奴役的关系上，把自由与必然的关系问题看成是假问题，并将其排除在自由问题之外。在这一点上，哈耶克的观点是最为典型的。他十分明确地否认了讨论自由与必然的关系的必要性，从而把自由问题限定在一个十分狭小的范围内，认为自由就是一种"人的状态"，"在此状态中，一些人对另一些人所施加的强制，在社会中被减至最小可能之限度"。[①]显然，这种"自由"仅涉及人与他人间的关系，对自由的侵犯亦仅来自人的强制。这就意味着，一个人在特定场合所能选择的各种物理可能性的范围大小与他是否自由毫无关联，一个陷于困境的攀登者，虽说只看到一种方法能救命，很难有其他选择，但他此时依然是自由的，因为它并没有受到他人的强制，而只是困顿于物理必然性中。也就是说，个人是否自由，不取决于他可选择的范围大小，而取决于他能否期望按其现有的意图形成自己的行动途径，或者取决于他人是否有权力操纵各种条件以使他按照他人的意志而非行动者本人的意志行事。来自他人的强制之所以构成了对个人自由的侵犯，是因为这种"强制"使一个人的环境为他人所控制，以至于为了避免所谓更大的危害，他被迫服务于强制者的目的。这种强制就是一种"恶"，因为它实际上是把人彻底地沦为实现他人目标的工具。

当然，哈耶克并不一般地排斥对人的活动的限制或强制，在他看来，对"个人自由"危害最大的"自由观"是鼓吹那种不受限制的"无所不能的自由"。这种自由观把"自由"称之为"做我想做的事情的实质能力"，而把任何限制都看成是自由的障碍。他指出，对于个人自由来说，强制不能完全避免，因为防止强制的方法只能依靠强制，但必须把行使强制的垄断权赋予国家，并全力把国家对这项权力的使用限制在制止私人采取强制行为的场合。[②]也就是要求国家用抽象规则代替所谓共同的具体目标，而政府的必要性仅仅

---

① 哈耶克. 自由秩序原理[M]. 邓正来译. 北京：生活·读书·新知三联书店，1997：3.

② 哈耶克. 自由秩序原理[M]. 邓正来译. 北京：生活·读书·新知三联书店，1997：17.

在于实施这些抽象规则，以此保护个人的自由领域不受他人的强制或侵犯。这样，与没有限制的自由相比，通过服从抽象规则而实现的自由，是"秩序之母，而不是它的女儿"，由此形成的秩序就是"个人主义秩序"或"自由秩序"。

不能否认，哈耶克的这些思想对于以市场经济为基础的现代社会来说，都是非常重要的理论主张或政治主张。这些主张对于维护个人的基本权利，对于维护市场经济的内在机制和制度建构都具有充分的、积极的政治价值。但问题不在于市场社会中的自由是否应该如此，而在于我们能不能把哈耶克的自由观看成是对人的自由或个人自由的一种终极理解？哈耶克所推崇的"自由秩序"是不是可以在事实上免除人与人之间的奴役和被奴役的关系？对这个问题的回答，需要我们了解市场经济和市场制度的本性。这意味着，对自由问题的探讨必须从自由与奴役的关系延展到自由与必然的关系中。

我们知道，市场经济本身是以市场主体独立地、自主地追求私利为内在驱动力的。在这个意义上，个人的独立性、自主性和自由性是与个人的私有财产权利联系在一起的。要使市场机制能够充分地发挥作用，就必须建立确保个人的基本权利不受侵犯的市场制度和法律规则，由此实现人们在法律上和形式上的平等与自由。然而，问题的另一方面是，在市场体系中，市场主体在个体上的差异客观上必然会导致财富分配上的差异。如黑格尔所说：分享普遍财富的可能性，"一方面受到自己的直接基础（资本）的制约，另一方面受到技能的制约，而技能本身又转而受到资本，而且也受到偶然情况的制约；后者的多样性产生了原来不平等的禀赋和体质在发展上的差异。这种差异在特殊性的领域中表现在一切方面和一切阶段，并且连同其他偶然性和任性，产生了各个人的财富和技能的不平等为其必然结果"[①]。这就是说，市场经济本身的自发倾向是必然导致财富分配的不平等，也就是产生贫富分化。而且，如果政府不实施必要的遏制手段来限制贫富分化的速度和程度，市场经济本身所导致的这种贫富分化趋势是没有止境的，它会使越来越多的人丧失财产沦入贫困者阶层。而在市场经济社会中，对于个人自由来说，真正能够使人免除他人强制和奴役的不是财产权利，而是财产本身，一个人完全有可能在没有任何财产的情况下，亦然平等地享有财产权利。但丧失财产的人，即便为了生计，也不能不接受资产者对他的奴役和强制。如果说，自由即意

---

① 黑格尔. 法哲学原理[M]. 范扬，张企泰译. 北京：商务印书馆，1961：211.

味着"一些人对另一些人所施加的强制，在社会中被减至最小可能之限度"，那么哈耶克所倡导的自由却不可避免地使这句话事实上对于绝大多数人来说变成了十足的空话。如 19 世纪末德国法学家门格（A.Menger）所言："通过完全平等的方式对待所有公民，而不论其个人品质和经济地位为何，并且通过允许他们之间展开无限制的竞争的方式，导致了这样一种结果，即商品的生产也得到了无限的增长；但是，贫困的弱者仅能得到此一产出中的一小部分。新的经济立法和社会立法都应力图保护弱者以对抗强者，并确使他们也能在一定程度上获得良好生活所必需的财富。这是因为在今天，人们已经认识到，最大的非正义莫过于对事实上不平等的现象做平等的对待"。①

哈耶克所崇尚的"自由秩序"或"个人主义秩序"必然是以人们之间事实上的不平等和不自由为实质内容的。对此，哈耶克本人也是十分清楚的。他毫无隐讳地反对在他所倡导的自由制度之下追求事实上的平等。用他的话说，"平等地待人"与"使他们平等"是两回事。前者是指任何个人都不能受到他人的强制，都有按照自己的知识和信念行事的权利，反对对个人可能取得的地位的强制限制，因而这是一个自由社会的前提条件；后者则是用强制限制的方式，使人们彼此相同，这意味着"一种新的奴役形式"。他直截了当地宣称："个人主义的主要原则是，任何人或集团都无权决定另外一个人的情形应该怎样，并且认为这是自由的一个非常必要的条件，决不能为了满足我们的公平意识和妒忌心理而牺牲掉这样的条件。"②

由此可见，以哈耶克为代表的自由主义政治学说把自由与必然的关系从自由问题的论域中排除出去，这本身就已经潜藏着一个重大的政治玄机，即为一种事实上的或实质上的奴役关系或奴役制度辩护。因为，这种事实上的、实质上的奴役关系，并不是出于某种制度的有意安排，而是根源于市场经济的客观必然性和规律性，表现出自由与奴役和自由与必然之间的深刻的内在联系。而以哈耶克为代表的自由主义无非想要告诉人们，法律上的、形式上的平等和自由就是你所能获得的全部平等和自由，至于事实上的、实质上的贫困与无权以及因此遭受他人的奴役和强制根本就与自由问题无关，因为你不会因此丧失法律上的平等和自由，甚至可以说，你是平等地、自由地受他人的奴役和强制。

---

① Menger, Anton. Das bürgerliche Recht und diebesitzlosen Volksklassen (1896). 3rd ed. Tübingen, 1904. 31.

② 哈耶克. 个人主义与经济秩序[M]. 贾湛，文跃然等译. 北京：北京经济学院出版社，1989：29.

三、来自马克思的批判性分析

同欧洲近代所有进步的思想家一样，马克思的历史哲学和政治哲学的全部理论都是以肯定人的自由本性为基点的。在《1844 年经济学哲学手稿》中，马克思指出："一个种的全部特性、种的类特性就在于生命活动的性质，而人的类特性恰恰就是自由的自觉的活动。"①也就是说，劳动（或更广义地说实践活动）既是人的自由的根源，也是人的自由本质的体现。人因其自由自觉的活动即劳动而成其为人，同样，人也因其自由自觉的活动而成为自由的人。在以后的著述中，马克思始终保持着这个基本论点。如在《经济学手稿（1857—1858）》中，他在批评亚当·斯密将劳动看作"诅咒"的观点时指出："诚然，劳动尺度本身在这里是由外面提供的，是由必须达到的目的和为达到这个目的而必须由劳动来克服的那些障碍所提供的。但是克服这种障碍本身，就是自由的实现，而且进一步说，外在目的失掉了单纯外在必然性的外观，被看作个人自己自我提出的目的，因而被看作自我实现，主体的物化，也就是实在的自由，——而这种自由见之于活动恰恰就是劳动，——这些也是亚当·斯密料想不到的。"②这就是说，作为自由见之于活动的劳动之所以构成人的自由本性。

基于对人的自由本质的理解，马克思对资本主义社会中的自由和平等作了深入的分析。他并不否认资本主义生产所能达到的那种"个人自由"。他指出，资本主义生产是一种以资本为基础的生产，只要这种生产还是发展社会生产力所必需的，是生产力发展的适当形式，这种生产"在纯粹资本范围内的个人运动"就表现为"个人的自由"，或个人之间的自由竞争。以资本为基础的生产本质上就是交换价值的生产，相应地，资本主义社会中的平等与自由，也就是建立在交换价值基础上的平等与自由。这种平等和自由具有彻底的利己主义性质。因为在交换价值的生产和交换过程中，每个人为另一个人服务，目的是为自己服务，从而每一个人都把另一个人当作自己的手段互相利用。因而，在这种交换关系中，人们是平等的，每个人"都自身反映为排

---

① 马克思恩格斯全集：第 42 卷[M]．北京：人民出版社，1979：96．
② 马克思恩格斯全集：第 46 卷（下）[M]．北京：人民出版社，1979：112．

他的并占支配地位的（具有决定作用的）交换主体"①，"他们彼此只是作为
商品所有者发生关系，用等价物交换等价物"。同时，在这种交换关系中，"人
们只承认竞争的权威，而不承认其他任何权威"，因而也"确立了个人的完全
自由"，即自愿的交易，任何一方都不使用暴力或其他强制手段。这表明，"商
品例如劳动力的买者和卖者，只取决于自己的自由意志。它们是作为自由的、
在法律上平等的人缔结契约的。契约是他们的意志借以得到共同的法律表现
的最后结果"。从契约关系的角度看，商品所有者之间的交换关系当然也具有
某种强制性，"但是这种关系，从一方面来看，本身只是表示另一个人对我的
需要本身毫无关系，对我的自然个性毫无关系，也就是表示他同我平等和他
有自由，但是他的自由同样也是我的自由的前提；另一方面，就我受到我的
需要的决定和强制来说，对我实施强制的，不是异己的东西，只是作为需要
和欲望的总体的我自己的自然（或者说，处在普遍的反思形式上的我的利益）。
但使我能强制另一个人，驱使他进入交换制度的，也正是这一方面"②。因
此，交换行为和交换关系归根到底"是自私的利益，并没有更高的东西要去
实现"。总之，资本主义社会中的个人自由集中地体现为个人之间的自由竞
争，而"自由竞争是资本的现实发展。它是符合资本本性，符合以资本为基
础的生产方式，符合资本概念的东西，表现为单个资本的外在必然性"③。
这表明，以资本为基础的生产本身就意味着资本的统治是自由竞争的前提，
自由竞争则是资本生产过程的最适当形式。自由竞争越发展，资本运动的形
式就表现得越纯粹。因此，从根本上说，自由竞争不过是个别资本的自由运
动，在这个运动中，自由的并不是个人，而是资本。

马克思的上述观点，可以说是对资本主义社会中个人自由的基本性质和
实质内容的最为深刻的揭示。在马克思看来，既然自由竞争是个别资本的自
由运动，在这种自由运动中实现了人们在交换价值基础上的平等和自由，因
此维护资本统治的制度可以说就是一种"自由制度"。但是，马克思进而指出，
在这种自由制度之下的个人的平等与自由只具有一种表面性，而不具有彻底
性。他说："在现存的资产阶级社会的总体上，商品表现为价格以及商品的流
通等等，只是表面的过程，而在这一过程的背后，在深处，进行的完全是不

---

① 马克思恩格斯全集：第 46 卷（上）[M]．北京：人民出版社，1979：194-198．
② 马克思恩格斯全集：第 46 卷（上）[M]．北京：人民出版社，1979：198．
③ 马克思恩格斯全集：第 46 卷（下）[M]．北京：人民出版社，1979：159．

同的另一些过程，在这些过程中个人之间的表面的平等和自由就消失了。"①
这里所讲的"深处的""完全不同的另一些过程"显然是指蕴含在资本主义生
产方式中的那些内在的、不以人的意志为转移的客观机制和规律。这些客观
机制和规律决定了现代资本主义社会中个人在实质上和事实上的不自由，亦
即"交换价值作为整个生产的客观基础这一前提，从一开始就已经包含着对
个人的强制"②。这种强制的客观机制在于：交换价值的实现意味着，我的
产品只有对于别人成为产品，亦即只有转让出去，对别人成为产品，对我才
是产品，同样，别人只有把自己的产品转让出去，我的产品对他才是产品，
因此，生产对我不是表现为目的本身，而是表现为手段。③这表明，"私人利
益本身已经是社会所决定的利益，而且只有在社会所创造的条件下并使用社
会所提供的手段，才能达到；……这是私人利益；但它的内容以及实现的形
式和手段则是由不以任何人为转移的社会条件所决定的"④。这样一来，个
人之间的全面的相互依赖性使物化的社会关系成为外在于每一个个人的异己
的力量。个人能否获得自己的生存条件和他所期望的社会地位，不取决于他
个人的意图和目的，而是取决于他的活动和结果能否成为商品同他人进行交
换。因而，"这一运动的整体虽然表现为社会过程，这一运动的各个因素虽然
产生于个人的自觉意志和特殊目的，然而过程的总体表现为一种自发的客观
联系；这种联系尽管来自自觉个人的相互作用，但既不存在于他们的意识之
中，作为总体也不受他们支配。他们本身的相互冲突为他们创造了一种凌驾
于他们之上的社会权力；……个人相互之间的社会联系作为凌驾于他们之上
的独立的东西，不论被想象为自然的权力，偶然的现象，还是其他形式的东
西，都是下述状况的必然结果，这就是：这里的出发点不是自由的社会个
人"⑤。在这种情况下，自由与奴役的关系就深深地嵌于自由与必然的关系
中。因此，当自由主义者"把自由竞争看成是人类自由的终极发展，认为否
定自由竞争就等于否定个人自由，等于否定以个人自由为基础的社会生产"
时，马克思指出：自由竞争中的自由不过是"在资本统治的基础上的自由发
展。因此，这种个人自由同时也是彻底地取消任何个人自由，而使个性完全

---

① 马克思恩格斯全集：第46卷（上）[M]. 北京：人民出版社，1979：200.
② 马克思恩格斯全集：第46卷（上）[M]. 北京：人民出版社，1979：200.
③ 马克思恩格斯全集：第46卷（上）[M]. 北京：人民出版社，1979：145.
④ 马克思恩格斯全集：第46卷（上）[M]. 北京：人民出版社，1979：102-103.
⑤ 马克思恩格斯全集：第46卷（上）[M]. 北京：人民出版社，1979：145.

屈从于这样的社会条件，这些社会条件采取物的权力形式，而且是极其强大的物，离开彼此发生关系的个人本身而独立的物"①。

资本主义的"自由制度"之所以把个人自由在事实上化为乌有，其根本原因就在于，资本主义私有制必然造成个人的分散和对立，从而对于每一个个人来说，"他们自身的生活条件、劳动，以及当代社会的全部生存条件都已变成了一种偶然的东西，单个无产者是无法加以控制的。而且也没有任何社会组织能使他们加以控制"②。因此，只有消灭了私有制，建立公有制为基本特征的社会，才能实现"联合起来的个人对全部生产力总和的占有"。这样的社会"推翻一切旧的生产关系和交往关系的基础，并且破天荒第一次自觉地把一切自发形成的前提看作是前人的创造，消除这些前提的自发性，使它们受联合起来的个人的支配"③。显然，马克思主义的历史哲学作为一种辩证的历史决定论，所谋求的正是对社会过程及其历史发展的自觉控制，而这种控制的终极目的就是要真正达到"经济运动所引向的人道目标"，也就是使人真正摆脱资本主义制度下事实上受奴役、受压迫、受剥削的地位，成为"自由的社会个人"。

四、现实的自由是一个历史过程

从马克思的上述论述中，我们可以看出，辩证的历史决定论始终是从自由与奴役和自由与必然的双重关系中探究人的自由的可能性和现实性。这意味着必须把人的自由放到不断发展着的社会历史过程中予以考察。

首先，如同历史上所有自由理论一样，辩证的历史决定论在其逻辑起点上肯定人在其本质上或本性上是自由的。这种自由体现在人的生命活动即劳动中，劳动作为有意识的自由活动，正是人的自由意志的实践本质。人的这种自由本质构成了感受和评价自身活动或生活境况的基本价值尺度，从而也构成了人类历史进步的终极价值。从最抽象的意义上说，人类改造自然和社会的一切活动在其终极意义上就是要努力使人的自主性和自由性得到深化和扩展，历史发展的基本趋势必然包含人类对自由的深层追求。但也正是由于

---

① 马克思恩格斯全集：第 46 卷（下）[M]．北京：人民出版社，1979：160-161.
② 马克思恩格斯选集：第 1 卷[M]．北京：人民出版社，1995：120.
③ 马克思恩格斯选集：第 1 卷[M]．北京：人民出版社，1995：122.

人的自由本质体现在人的生命活动即劳动中，因而不能对人的自由作抽象的理解。人的活动，特别是作为社会生活基础的物质生产活动，是在一定的历史条件下进行的现实活动。社会历史条件的现实性决定了人的自由在一定历史阶段上的现实内容。如果抛开这些现实内容，人的自由就成了或无规定性的抽象观念。这种抽象的自由观念最容易以一种政治激情表现出来，但由于它毫无规定性，也就更容易表现为对各种现实规定、各种限制的对抗，从而使自由的热情变成了盲目对抗一切秩序的政治行为。

其次，从自由的现实性角度看，人的自由必然在历史上呈现出不断深化和扩展的过程。相对于奴隶社会和封建社会，资本主义社会本身就是人类自由的一个历史发展阶段。它以资本的统治代替了封建王权的统治，实现了交换价值基础上的平等与自由，从而使人彻底地摆脱了封建等级制下的人身依附关系，从法律上确立了人的独立性和自主性，也就是确立了人在法律上和形式上的平等与自由。然而，资本主义社会既以资本的统治为基础，它又不可避免地滞于这种法律上的和形式上的平等和自由，而这种平等和自由在雇佣劳动制下又是以牺牲人们的事实上的、实质上的平等与自由为代价，并把人置于产生于物化关系的社会异己力量的控制中。在雇佣劳动中，当劳动对于劳动者来说不是他自我提出的目的，而仅仅是服从于他人的意志，他在这种劳动中就不是一个自由的人。这并不是说他丧失了自己的自由本性，而是说，他在本性上虽然是自由的，但他的现实存在则是不自由的，是受奴役的，他的本质和它的存在相脱离。正因为如此，他的自由本性才会与现实的社会条件发生冲突，显示出个人与社会之间的深刻矛盾。所以，马克思认为，在奴隶劳动、徭役劳动、雇佣劳动这样一些劳动的历史形式下，劳动始终是令人厌恶的事情，始终是外在的强制劳动，而与此相反，不劳动却是"自由和幸福"，这表明，"一方面是这种对立的劳动；另一方面与此有关，是这样的劳动，这种劳动还没有为自己创造出（或者同牧人等等的状况相比，是丧失了）这样一些主观的和客观的条件，在这些条件下劳动会成为吸引人的劳动，成为个人的自我实现"①。

最后，社会主义社会从其基本的价值理念上说就是要追求人的事实上的、实质上的平等与自由。因而，在自由与奴役的关系上，社会主义最终要从根本上消灭一切形式的奴役制度，也就是消灭那种每个人的发展都必然以牺牲

---

① 马克思恩格斯全集：第46卷（下）[M]. 北京：人民出版社，1979：113.

他人为代价的社会，建立起每个人的发展是一切人发展的前提的社会；在自由与必然的关系上，社会主义最终要自觉地驾驭来自自然和社会的各种客观力量，"自觉地把一切自发形成的前提看作是前人的创造，消除这些前提的自发性，使它们受联合起来的个人的支配"①。这表明，从人的自由的角度看，社会主义社会的基本性质就在于它把人的事实上的、实质上的自由作为自身合法性的终极依据，这是社会主义社会的自由本质。

然而，面对现实，当我们思考社会主义社会的自由本质时，又必须看到，这种自由本质的实现是有前提的。马克思曾指出："全面发展的个人——他们的社会关系作为他们自己的共同的关系，也是服从于他们自己的共同的控制的——不是自然的产物，而是历史的产物。要使这种个性成为可能，能力的发展就要达到一定的程度和全面性，这正是以建立在交换价值基础上的生产为前提的，这种生产才在产生出个人同自己和同别人的普遍异化的同时，也产生出个人关系和个人能力的普遍性和全面性。"②马克思在这里所讲的"建立在交换价值基础上的生产"，无疑是指发达的商品经济或市场经济。也就是说，社会主义社会所要实现的人的全面发展和人的事实上的、实质上的自由，必须以市场经济的充分发展为前提。市场经济不仅是经济形态发展的不可逾越的历史阶段，也是人的自由的发展的不可逾越的历史阶段，它体现出自由与必然的关系的现实内涵。从这个意义上说，对于当代中国正在进行着的市场取向的改革，不仅应当从经济效率的意义上予以理解，更应当从人的自由的现实性上予以理解。因此，在社会主义市场经济的发展阶段，我们必须首先全面地实现人在法律上和形式的自由与平等，也就是通过政治努力，建立起普遍法制的公民社会，维护公民的各种自由权利。尽管这种自由与平等并不直接意味着人的事实上和实质上的自由，但前者是后者的不可取消的前提条件，具有首要性和基础性。当然，指出这一点，并不意味着我们要放弃社会主义的自由目标，甚至不意味着在现阶段暂时地放弃这个目标。必须承认，即便在社会主义市场经济的发展中，资本的逻辑也必然会成为经济生活的普遍原则，市场的自发倾向也必然会导致贫富两极分化，雇佣劳动的存在也不可避免地衍生人们之间的奴役和被奴役的关系。面对这些客观过程所引发的客观问题，社会主义国家应当而且能够对资本逻辑和市场经济的自发倾向保持必要的制约力，把资本的逻辑限制在经济过程之中，防止它泛化为普遍的

① 马克思恩格斯选集：第 1 卷[M]. 北京：人民出版社，1995：122.
② 马克思恩格斯全集：第 46 卷（上）[M]. 北京：人民出版社，1979：108-109.

社会原则，合理地限制贫富分化的程度，不断增加公民的财产性收入，扩大社会的中间阶层，从而不断地为社会主义社会自由目标的实现创造充分的物质条件和社会条件。"建立在个人全面发展和他们共同的社会生产能力成为他们的社会财富这一基础上的自由个性"①是社会主义社会的基本目的，但是要使这个目的具有现实可能性，就必须为达此目标创造必要的社会条件，否则就会使之成为无聊的空话。正如马克思所说的那样："人类始终只提出自己能够解决的任务，因为只要仔细考察就可以发现，任务本身，只有在解决它的物质条件已经存在或者至少是在生成过程中的时候，才会产生。"②这也正是辩证的历史决定论面对人的自由问题所要采取的基本态度。

（该文原载于《高校理论战线》2011 年第 2 期）

---

① 马克思恩格斯全集：第 46 卷（上）［M］. 北京：人民出版社，1979：104.
② 马克思恩格斯选集：第 2 卷［M］. 北京：人民出版社，1972：33.

人的自由本质及其现实化过程

——重温马克思的自由观和"自由王国"理论

　　人在本质上是自由的,但对人的自由本质的理解自古以来却充满了歧义。这种歧义不仅表现在对"自由"概念的抽象理解上，更表现为人们在充满强权、奴役、剥削和压迫的历史过程中对人的自由本质的疑虑。人到底有没有自由？到底应当怎样理解人的自由？人的自由能否实现以及怎样实现？这些问题困扰着人们对自身处境和未来命运的理解。这些问题在经济与科学技术高速发展的现代社会似乎更为突出。马克思从人的生命活动即劳动出发确认人是自由的存在物，但他并没有停留在对人的自由本质的抽象理解中，而是指出人的自由本质同时又是一个充满矛盾的现实化过程。本文认为，马克思的自由理论为这些问题的解答提供了重要的思想资源。

一、如何理解人的自由本质

　　马克思是从人的生命活动即劳动来确认人的自由本质的。在他看来，劳动对于人来说，就是生产生活本身，就是人的"类生活"，就是产生生命的生活，"一个种的全部特性、种的类特性就在于生命活动的性质，而人的类特性恰恰就是自由的有意识的活动"①。而劳动之所以是一种自由的有意识的活动，就在于人们不仅和动物一样有自己的生命活动，而且能够意识到自己的生命活动，能够通过自己的意识活动认识和把握劳动对象的客观属性和规律，并把自己的需求和理想作为目的设定到劳动活动中，从而通过劳动克服来自

---

① 马克思恩格斯全集：第 42 卷[M]．北京：人民出版社，1979：96．

自然或社会的障碍，打破劳动对象自在形态对人的限制，赋予对象以新的、体现自己意志和目的的存在形式。正是由于这一点，人的生命活动即劳动，也包括随着历史进步而不断发展出来的各种社会实践活动，才是自由的活动，人也因此就是一个"自由的存在物"。

　　然而，尽管人在自身的生命活动即劳动中体现出自己的自由本质，但这并不是说，在社会发展的任何一个历史阶段上或者在任何一种社会历史条件下，劳动中的人就是自由的人。人的自由本质是从人的生命活动的类特征上对人的存在的一种概念意义上的抽象规定，即"有意识的生命活动把人同动物的生命活动直接区别开来"①。这种抽象规定表明人的活动在其自在的意义上是自由的，或者说符合自由的概念。如果我们对人的自由的理解停留在这种概念的抽象规定上，或者仅仅从自在的意义上理解人的自由，那么自由，对于人来说，就只是一种可能性或能力，而不具有现实性和实在性。正如黑格尔所说，"最初自在地存在的东西，还不是在它的现实性中存在着"，只有当人们能够真正意识到自己的自由本质，并真正置身于以自由为目的的现实活动或劳动中，人才能在自为的意义上成为自由的人。因此，人的自由本质必然是一个随着人的劳动或人的实践活动的发展而不断使自身现实化的历史过程。

　　人的自由本质的现实性取决于人的活动或劳动的具体性和历史性。在社会发展的不同历史阶段上，人们的劳动或生产活动必然要受到各种既定的社会条件和历史条件的制约，这些社会条件和历史条件规定了人们的生产劳动的所能具有的特定内容和所能采取的社会形式，从而也就决定了劳动者的现实处境。从历史上看，随着分工和私有制的发展，社会成员中划分出占有生产资料的阶级或阶层和丧失生产资料的阶级或阶层（如奴隶和奴隶主、农奴和领主、雇佣工人和资本家等），由此造成了生产资料与劳动者的分离。在这种情况下，劳动者的劳动在很大程度上不再是出于他自己的意志和目的，而是不得不服从他人（生产资料占有者）的意志和目的，并且他在劳动过程中完全失去了自主性，受到他人的管制和奴役。处在这种社会境遇中的劳动者在劳动中就不是一个自由的人。这并不是说劳动不再是人的自由本质的体现，而是说劳动者在这种社会境遇中的现实存在是不自由的，是受他人的奴役和剥削的，他因丧失生产资料而被迫屈从于他人的意志和目的，他只是为了维

① 马克思恩格斯选集：第 1 卷[M]. 北京：人民出版社，1995：46.

持生计才从事这种劳动。在这种情况下，他的自由本质和他的现实存在相分离，也就是说，他把自己的生命活动，自己的本质变成仅仅维持自己生存的手段。马克思在《1844年经济学哲学手稿》中对"异化劳动"的分析表明，正因为人在本质上是自由的存在物，因而才有可能在资本与劳动相分离的前提下出现异化劳动这种历史现象，对于动物的生命活动来说不存在所谓异化的问题。异化劳动表现出，在资本主义生产方式中人的现实存在与人的自由本质是对立的，是人的本质的异己化。所以，马克思说："在奴隶劳动、徭役劳动、雇佣劳动这样一些劳动的历史形式下，劳动始终是令人厌恶的事情，始终是外在的强制劳动，而与此相反，不劳动却是'自由和幸福'。"这种与"自由和幸福"相对立的劳动表明，"这种劳动还没有为自己创造出（或者同牧人等等的状况相比，是丧失了）这样一些主观的和客观的条件，在这些条件下劳动会成为吸引人的劳动，成为个人的自我实现"[①]，或者说，只有在这些条件下，劳动才能真正成为人的自由本质的现实化，人才能真正成为自由的人。

二、马克思对自由主义自由平等观的批判

近代以来，随着商品经济的发展和工业革命的爆发，欧洲一些国家率先实现了从以自然经济为基础的体现农业文明的传统社会向以市场经济为基础的体现工业文明的现代社会的过渡。在反抗封建专制制度、宗法制度和等级制度的革命过程中，人们的自由平等意识普遍觉醒，并使之成为最终瓦解封建主义统治的思想武器。可以说，这是人的自由本质现实化的一个极为重要的历史阶段。因为，在反抗封建主义的斗争中诞生的资本主义社会，在其基本的宪法法律制度上，确认和维护社会成员在人格上的平等，确认和维护每个人平等享有的政治自由权利（如选举权和被选举权等）及个人自由权利（如私有财产权利等），这无疑具有重要的历史进步价值。因而，自由主义者至今特别推崇资本主义基本制度下所能实现的自由与平等，甚至视其为人类自由平等的终极形式。

马克思并不否认资本主义制度所具有的历史进步价值，但他通过对资本

---

① 马克思恩格斯全集：第46卷（下）[M]. 北京：人民出版社，1979：113.

主义生产方式的深刻剖析，指出资本主义制度充其量只能实现形式上的自由与平等，而在客观上必然会造成社会成员在实质上的不自由和不平等。尽管这种形式上的自由和平等具有否定封建等级制、宗法制和人身依附关系的重大历史进步价值，但它并没有消除反而加重了生产资料与劳动的分离，因而也就没有消除反而加重了存在于社会经济生活中的奴役、剥削与压迫。从这个意义上说，资本主义制度下所实现的人的自由与平等是不彻底的，它只是人的自由的现实化的一个历史阶段，而绝非人的自由与平等的终极阶段或终极形式。

首先，资本主义生产本身就是一种以追求资本的价值增殖为根本目的的生产，因而在资本主义市场经济中，每个人作为独立的自主的市场主体都平等地享有自由地处置自己的财产或劳动力的权利，都力求通过竞争把自身的特殊利益或私利最大化，这样，"在纯粹资本范围内的个人运动"就表现为"个人的自由"，或个人之间的自由竞争。因此，"自由竞争是资本的现实发展。它是符合资本本性，符合以资本为基础的生产方式，符合资本概念的东西，表现为单个资本的外在必然性。各资本在竞争中相互之间施加的以及资本对劳动等等施加的那种相互强制（工人之间的竞争仅仅是各资本竞争的另一种形式），就是作为资本的财富得到的自由的同时也是现实的发展"①。然而，自由竞争是以资本的统治为前提的，它不过是资本运动的形式。表面上看来，自由竞争是个人之间的竞争，但由于能否参与竞争并不取决于个人的主观意愿，而是取决于个人是否拥有参与竞争的资本，因而自由竞争本质上不是个人运动而是个别资本的自由运动。在这个运动中，自由的并不是个人，而是资本。

其次，资本主义市场经济是交换手段充分发达的经济形态，在这种经济形态中，全部生产都是交换价值的生产，与此相应，在这种经济形态中所能实现的平等与自由，也必然是一种建立在交换价值基础上的平等与自由。马克思指出："如果说经济形式，交换，确立了主体之间的全面平等，那么内容，即促使人们去进行交换的个人材料和物质材料，则确立了自由。可见，平等和自由不仅在以交换价值为基础的交换中受到尊重，而且交换价值的交换是一切平等和自由的生产的、现实的基础。作为纯粹观念，平等和自由仅仅是交换价值的交换的一种理想化的表现；作为法律的、政治的、社会的关系上

---

① 马克思恩格斯全集：第 46 卷（下）[M]. 北京：人民出版社，1979：159.

发展了的东西，平等和自由不过是另一次方的这种基础而已。"①然而，这种交换价值基础上的平等和自由是以扩大私人利益为目的的，因而是以个人之间在利益上的相互博弈为基本特征。因为在交换价值的生产和交换过程中，个人作为商品的所有者彼此之间形成的是一种平等的契约关系。这种契约关系确认契约双方都是独立的、自主的个体，契约中的每一方都只为自己的目的服务，并把对方视为实现自己目的的手段。这样契约双方仅仅是作为商品所有者发生关系，他们只是按照等价交换的原则进行交易，而完全不考虑个人在身份或地位上的差别。因此这种平等的契约关系完全排除了等级和特权的权威，亦即除了竞争的权威，人们不承认任何其他的权威。同时，"每个人在契约关系中都是起决定作用的并占支配地位的交换主体"，这就"确立了个人的完全自由"②，即交易出自双方的自愿决定，而不受强制手段的约束。这样，"商品例如劳动力的买者和卖者，只取决于自己的自由意志。它们是作为自由的、在法律上平等的人缔结契约的。契约是他们的意志借以得到共同的法律表现的最后结果"③。

通过上述分析，马克思深刻地揭示出交换价值基础上的平等和自由所具有的不彻底性和表面性。他指出："在现存的资产阶级社会的总体上，商品表现为价格以及商品的流通等等，只是表面的过程，而在这一过程的背后，在深处，进行的完全是不同的另一些过程，在这些过程中个人之间的表面的平等和自由就消失了。"④马克思在这里所讲的"深处的""完全不同的另一些过程"显然是指内在于资本主义生产方式之中的，内在于交换价值的生产和交换过程之中的，不仅不依任何个人的意志而转移反而制约着支配着个人意志的客观机制或客观规律。因为，在交换价值的生产和交换过程中，个人的存在仅在于他是交换价值的生产者，而交换价值作为个人活动的前提，既不是从个人意志中产生的，也不为个人意志所左右，而是作为社会的和历史的前提支配着每个人的经济活动，因此"交换价值作为整个生产的客观基础这一前提，从一开始就已经包含着对个人的强制"⑤，使个人成为是由社会所决定的人了。商品生产者只有把自己的产品作为商品转让出去或交换出去，

① 马克思恩格斯全集：第46卷（上）[M]. 北京：人民出版社，1979：197.
② 马克思恩格斯全集：第46卷（上）[M]. 北京：人民出版社，1979：196.
③ 马克思恩格斯全集：第23卷[M]. 北京：人民出版社，1979：199.
④ 马克思恩格斯全集：第46卷（上）[M]. 北京：人民出版社，1979：200.
⑤ 马克思恩格斯全集：第46卷（上）[M]. 北京：人民出版社，1979：200.

才能实现自己的目的，但他的产品能否作为商品转让出去，不取决于他的主观意志，而是取决于他人对自己产品的认可，取决于市场供求关系的变动，取决于遍布市场的大量的偶然因素。这就意味着，在交换手段充分发达的市场社会中，"私人利益本身已经是社会所决定的利益，而且只有在社会所创造的条件下并使用社会所提供的手段，才能达到；也就是说，私人利益是与这些条件和手段的再生产相联系的。这是私人利益；但它的内容以及实现的形式和手段则是由不以任何人为转移的社会条件所决定的"①。在交换价值的生产中，人们之间的商品交换关系本质上不过是物化了的社会关系，但是由于交换价值的形成不是取决于个人的意志，而是取决于个人不能驾驭的社会客观机制和难以操控的大量的偶然因素，因而这种物化的社会关系就成为外在于每一个个人的异己的力量。对此，马克思指出："这一运动的整体虽然表现为社会过程，这一运动的各个因素虽然产生于个人的自觉意志和特殊目的，然而过程的总体表现为一种自发的客观联系；这种联系尽管来自自觉个人的相互作用，但既不存在于他们的意识之中，作为总体也不受他们支配。他们本身的相互冲突为他们创造了一种凌驾于他们之上的社会权力；……个人相互之间的社会联系作为凌驾于他们之上的独立的东西，不论被想象为自然的权力，偶然的现象，还是其他形式的东西，都是下述状况的必然结果，这就是：这里的出发点不是自由的社会个人。"②

马克思进而指出，交换价值基础上的自由和平等必然在现实中陷入悖论。他说："交换价值，或者更确切地说，货币制度，事实上是平等和自由的制度，而在这个制度更详尽的发展中对平等和自由起干扰作用的，是这个制度所固有的干扰，这正好是平等和自由的实现，这种平等和自由证明本身就是不平等和不自由。"③据此，他断然拒绝了那种把自由竞争视为人类自由的终极形式的自由主义政治观念。他指出，自由竞争中的自由不过是"在资本统治的基础上的自由发展。因此，这种个人自由同时也是彻底地取消任何个人自由，而使个性完全屈从于这样的社会条件，这些社会条件采取物的权力的形式，而且是极其强大的物，离开彼此发生关系的个人本身而独立的物"④。因此，"一旦把竞争看作自由个性的所谓绝对形式这种幻想消失了，那么这种情况就

---

① 马克思恩格斯全集：第46卷（上）[M]. 北京：人民出版社，1979：102-103.
② 马克思恩格斯全集：第46卷（上）[M]. 北京：人民出版社，1979：145.
③ 马克思恩格斯全集：第46卷（上）[M]. 北京：人民出版社，1979：201.
④ 马克思恩格斯全集：第46卷（下）[M]. 北京：人民出版社，1979：161.

证明，竞争的条件，即以资本为基础的生产的条件，已经被人们当作限制而感觉到了和考虑到了，因而这些条件已经成为而且越来越成为这样的限制了。断言自由竞争等于生产力发展的终极形式，因而也就是人类自由的终极形式，这无非是说中产阶级统治就是世界历史的终结——对前天的暴发户们来说这当然是一个愉快的想法"①。

三、走向实质上的自由——马克思对"自由王国"的构想

马克思对交换价值基础上的自由与平等的批判性分析，其最终目的就是要彻底地改变那种事实上的人奴役人、人压迫人的社会关系，实现人的实质上的自由与平等。从而使人的自由本质的现实化达到一个更高的发展阶段。这个目的集中地体现在马克思关于必然王国和自由王国的理论中。马克思在其《资本论》的第三卷中阐述了他对"自由王国"的理论构想。他说："事实上，自由王国只是在由必需和外在目的规定要做的劳动终止的地方才开始；因而按照事物的本性来说，它存在于真正物质生产领域的彼岸。……在这个必然王国的彼岸，作为目的本身的人类能力的发展，真正的自由王国，就开始了。但是，这个自由王国只有建立在必然王国的基础上，才能繁荣起来。工作日的缩短是根本条件。"②

从这段话中，我们可以看出，既然"自由王国只是在由必需和外在目的规定要做的劳动终止的地方才开始"，那么，"必然王国"就是由必需和外在目的规定要做的劳动的领域，即真正的物质生产领域。这里所谓"必需和外在目的"是指以满足人们对物质生活条件的需求为目的，而不是以劳动本身和发展人类能力为目的。在任何社会形态、任何生产方式中都必然存在着由必需和外在目的所规定的生产活动，因而这个作为真正的物质生产领域的必然王国是始终存在的，并且随着人的发展和需要的扩大，这个必然王国也会扩大。但是，马克思没有把必然王国理解为仅仅由盲目必然性所操控的领域，而是明确指出作为自由王国基础的必然王国领域也必须是具有自由性质的必然王国领域。这种必然王国中的自由只能是"社会化的人，联合起来的生产者，将合理地调节他们和自然之间的物质变换，把它置于他们的共同控制之

---

① 马克思恩格斯全集：第 46 卷（下）[M]. 北京：人民出版社，1979：161.
② 马克思恩格斯全集：第 25 卷[M]. 北京：人民出版社，1974：926-927.

下，而不让它作为盲目的力量来统治自己；靠消耗最小的力量，在最无愧于和最适合于他们的人类本性的条件下来进行这种物质变换"①。显然，马克思区分了两种不同性质的必然王国领域，一种是缺乏自由的必然王国领域，一种是具有自由性质的必然王国领域。这种具有自由性质的必然王国领域只有在共产主义社会中才能实现，或者说是共产主义社会中的必然王国领域。因此，这个"必然王国"不同于以资本的统治为基础的、以异化劳动为特征的物质生产领域，它不是"自由王国"的对立物，而恰恰是"自由王国"得以繁荣的基础。

"自由王国"是"必然王国"的彼岸，所谓彼岸是指真正的物质生产领域终止的地方，即自由王国是以人类能力的发展为目的的，是以人本身为目的的。这个自由王国只能建立在实现了自由或具有自由性质的必然王国的基础上。这意味着，人们能否进入自由王国，以及在多大程度上进入自由王国，取决于人们能否以及在多大程度上超越"真正的物质生产领域"。也就是说，对于这个自由王国来说，"工作日的缩短是根本条件"。

在马克思看来，"时间是人类发展的空间"②，真正的经济是劳动时间的节约，而"节约劳动时间等于增加自由时间，即增加使个人得到充分发展的时间，而个人的充分发展又作为最大的生产力反作用于劳动生产力"③，因此，"整个人类发展，就其超出对人的自然存在直接需要的发展来说，无非是对这种自由时间的运用，并且整个人类发展的前提就是把这种自由时间的运用作为必要的基础"④。当然，自由时间并不是与直接劳动时间处在抽象对立中，亦即自由时间的获得并不意味着人们进入一种纯粹的非劳动状态。在自由时间中，人们可以从事科学研究、艺术创作、文化娱乐等活动，也就是进入一种真正以自我实现为目的本身的劳动中，"自由时间——不论是闲暇时间还是从事较高级活动的时间——自然要把占有它的人变成另一主体，于是他作为这另一主体又加入直接生产过程"⑤。

当然，仅仅有一定自由时间，并不意味着自由王国在一定程度上的实现。在这个问题上，马克思对劳动时间做出了更为细致的分析。首先，他依据资

---

① 马克思恩格斯全集：第 25 卷[M]. 北京：人民出版社，1974：926.
② 马克思恩格斯全集：第 47 卷[M]. 北京：人民出版社，1979：195.
③ 马克思恩格斯全集：第 46 卷（下）[M]. 北京：人民出版社，1979：225.
④ 马克思恩格斯全集：第 47 卷[M]. 北京：人民出版社，1979：216.
⑤ 马克思恩格斯全集：第 46 卷（下）[M]. 北京：人民出版社，1979：225-226.

本主义生产方式的性质，指出资本在与它相适应的社会生产过程中，总是要无偿地占有工人的剩余劳动，这种剩余劳动看起来是工人和资本家之间自由协商同意的结果，但本质上依然是强制劳动。这是资本的剥削本性。但是资本又有其文明的一面，即"它榨取剩余劳动的方式和条件，同以前的奴隶制、农奴制等形式相比，都更有利于生产力的发展，有利于社会关系的发展，有利于更高级的新形态的各种要素的创造"①。因此，资本的发展最终会导致一个新的发展阶段，在这个阶段上，"社会上的一部分人靠牺牲另一部分人来强制和垄断社会发展（包括这种发展的物质方面和精神方面的利益）的现象将会消灭"，同时，这个阶段又会"为这样一些关系创造出物质手段和萌芽，这些关系在一个更高级的社会形态内，使这种剩余劳动能够同一般物质劳动所占用的时间的较显著的缩短结合在一起"②。马克思在这里所说的，"剩余劳动"与"一般物质劳动所占用的时间的较显著的缩短"结合在一起，是指随着科学技术的发展，一般物质劳动所占用的时间就会缩短，而这不会导致剩余劳动的减少，"因为，按照劳动生产力发展的不同情况，剩余劳动可以在一个小的总工作日中显得大，也可以在一个大的总工作日中相对地显得小"③。这就是说，增长社会财富和扩大社会再生产的可能性并不取决于剩余劳动时间的长短，而是取决于剩余劳动的生产率和这种剩余劳动借以完成的优劣程度不等的生产条件。从这个意义上看，资本的发展有可能导致一般物质劳动时间的缩短，而这种缩短不仅不会造成剩余劳动的减少，而且还会推动剩余劳动的增长，也就是推进社会财富的增长和社会再生产的扩大。一般物质劳动时间的缩短，就为自由时间的增加提供了可能性。

当然，资本的发展创造了进入自由王国领域的可能性，但为资本而进行的生产或资本主义生产方式本身却不能将这种可能性变成现实。这不是说，在资本主义社会中，资本的发展不能创造出自由时间，而是说这种事实上可以成为自由时间的劳动时间依然被资本家占用为剩余劳动时间，以扩大对工人的剥削，亦即"资本的不变趋势一方面是创造可以自由支配的时间，另一方面是把这些可以自由支配的时间变为剩余劳动"④。这样，在资本主义社会中，资本的发展所创造出来的自由时间，"是靠工人超出维持他们本身的生

① 马克思恩格斯全集：第 25 卷[M]. 北京：人民出版社，1974：925-926.
② 马克思恩格斯全集：第 25 卷[M]. 北京：人民出版社，1974：926.
③ 马克思恩格斯全集：第 25 卷[M]. 北京：人民出版社，1974：926.
④ 马克思恩格斯全集：第 46 卷（下）[M]. 北京：人民出版社，1979：221.

存所需要的劳动时间而延长的劳动时间而产生的。同一方的自由时间相应的
是另一方的被奴役的时间"。在这种情况下，可以自由支配的时间是与剩余劳
动时间相对立的，而不是相结合的。工人阶级不可能成为自由时间的真正主
体，真正主体只能是资本家。所以马克思不无激愤地说：资本家窃取了工人
为社会创造的自由时间。

因此，要真正实现"剩余劳动"与"一般物质劳动所占用的时间的较显
著的缩短"相结合，就必须消灭私有制，进入以联合起来的个人对生产资料
共同占有为基础的社会形态中，在这种社会形态中，生产的目的不是为了少
数人榨取更多的剩余价值，而是为全体社会成员争取更多的自由时间。如马
克思所说："如果共同生产已成为前提，时间的规定当然仍有重要意义。社会
为生产小麦、牲畜等等所需要的时间越少，他所赢得的从事其他生产，物质
的或精神的生产的时间就越多。正像单个人的情况一样，社会发展、社会享
用和社会活动的全面性，都取决于时间的节省。一切节约归根到底都是时间
的节约。正像单个人必须正确地分配时间，才能以适当的比例获得知识或满
足对他的活动所提出的各种要求，社会必须合理地分配自己的时间，才能实
现符合社会全部需要的生产。因此，时间的节约，以及劳动时间在不同的生
产部门之间的有计划的分配，在共同生产的基础上仍然是首要的经济规律。
这甚至在更加高得多的程度上成为规律。"①

在这种社会形态中，尽管人们依然要从事"由需要和外在目的规定要做
的劳动"，但一方面这种劳动的社会条件已经掌握在联合起来的个人手中，改
变了剥削与被剥削、奴役与被奴役的性质，因而这是一个有着自由性质的必
然王国领域；另一方面，在这种劳动中，由于实现了"剩余劳动"与"一般
物质劳动所占用的时间的较显著的缩短"的结合，因而创造出了更多的自由
时间，即随着物质生产的发展，一旦用于满足谋生需要的劳动成为次要的时
候，"资本就会违背自己的意志，成了为社会可以自由支配的时间创造条件的
工具，使整个社会的劳动时间缩减到不断下降的最低限度，从而为全体（社
会成员）本身的发展腾出时间"②。在这种情况下，社会财富的尺度就不再
是劳动时间，而是自由时间。因为，"以劳动时间作为财富的尺度，这表明财
富本身是建立在贫困的基础上的，而可以自由支配的时间是同剩余劳动时间
相对立而存在的，或者说，个人的全部时间成为劳动时间，从而使人降到仅

---

① 马克思恩格斯全集：第 46 卷（下）[M]. 北京：人民出版社，1979：120.
② 马克思恩格斯选集：第 2 卷[M]. 北京：人民出版社，1995：103-104.

仅是工人的地位，使他从属于劳动"①。这是资本主义生产方式的本质特征，也是人的自由本质与人的存在相分离的基本表现，因为，一旦把工人锁定在以谋生为全部目的劳动过程中，人就失去了现实的自由，这种劳动也不可能真正创造出作为自身发展的直接形式的自由时间。而"一旦直接形式的劳动不再是财富的巨大源泉，劳动时间就不再是，而且必然不是财富的尺度，因而交换价值也不再是使用价值的尺度，……于是，以交换价值为基础的生产便会崩溃，直接的物质生产过程本身也就摆脱了贫困和对抗性的形式。个性得到自由发展，因此，并不是为了获得剩余劳动而缩短必要劳动时间，而是直接把社会必要劳动缩减到最低限度，那时，与此相适应，由于给所有的人腾出了时间和创造了手段，个人会在艺术、科学等方面得到发展"②。

马克思的上述理论十分清楚地表明，马克思提出的"自由王国"的构想不仅仅是提供了一个寄托人类美好愿望的前景，而且揭示出实现这个美好前景的现实可能性。随着现代科学技术的发展及其在物质生产领域中的广泛应用，直接的劳动时间事实上已经被大大地缩短了，但是在资本逻辑的统治下，劳动时间的缩短并不必然地为广大的劳动者带来更多的自由时间。这表明，自由时间的增加乃至自由王国的实现，并不仅仅是科学技术的进步程度问题，而是一个更为严肃的社会问题。在资本主义社会中，资本逻辑统治下的生产不是以满足社会需求为目的，而是以价值增殖为目的，因而由科学技术的进步所创造出来的自由时间，事实上只能更多地被资本所有者再次变成直接劳动时间，以攫取更大的资本利润，而对于广大的劳动者来说，则很可能意味着失业和贫困的扩大，或者意味着在劳动时间中耗尽血汗。

中国是社会主义国家。社会主义社会与资本主义社会的一个根本不同，就在于社会主义的生产活动在总体上不是为了满足资本的价值增值，而是为了满足人民群众日益增长着的物质和文化的需求。当然，在我国社会主义初级阶段上，我们同样要通过发展社会主义市场经济来增强我国的综合国力，因而不可避免地要在经济活动领域贯彻以价值增殖为目的的资本逻辑，从而也就不可避免地面临劳动时间与自由时间的对立以及由此引发的各种社会问题。但是社会主义国家应当能够自觉地把握社会进步的过程，使资本的运作成为为社会可以自由支配的时间创造条件的工具。这不是遥远的以后才能做的事情，而是现在就能做的事情。今天，我国科学技术的快速发展和广泛应

---

① 马克思恩格斯选集：第2卷[M].北京：人民出版社，1995：104.

② 马克思恩格斯全集：第46卷（下）[M].北京：人民出版社，1979：218-219.

用已经为必要劳动时间的缩短和自由时间的增加提供了现实可能性，国家完全可以通过利益格局的调整和工作制度的改进，合理地解决直接劳动时间和自由时间的矛盾，逐步增加社会成员的自由时间，使人们能够在更多的自由时间里从事和发展体现自己本质与能力的自由活动。我国的民生建设不仅要考虑如何增进社会成员的财产性收入、提高人们的生活质量、健全社会保障制度，还应当把如何增加人们的自由时间作为基本内容。

（该文原载于《理论与现代化》2017 年第 5 期）

马克思主义整体性与国外马克思主义

开展马克思主义整体性的研究，可以借鉴国外马克思主义的研究成果。国外马克思主义主要是指国外那些有别于苏联为代表的所谓"正统马克思主义"的各种各样的"马克思主义"学说，其中特别是所谓"西方马克思主义"。国外马克思主义思潮林立、学说观点繁杂，但它们有一个大致的共同点，即它们中的绝大多数，都没有把马克思主义划分为三个组成部分，而是自觉不自觉地都是把马克思主义理论作为一个整体来加以研究、理解和发挥。在理论上主要表现为把马克思主义理解为一种社会理论、社会哲学，或者更为具体地说，是一种对资本主义社会或现代社会的、迄今为止最为卓越的社会批判理论。

早期西方马克思主义的著名代表人物乔治·卢卡奇在其代表作《历史与阶级意识》一书中明确声称，他"始终把马克思的世界观看作本质上是一个不可分割的整体"①。在他看来，坚持马克思主义并不在于固守马克思提出的一些具体结论，而在于坚持马克思主义的辩证方法。但这种辩证法不是那种与人的历史活动无关的"自然辩证法"，而是蕴含在历史主客体相互作用过程的历史辩证法。这种辩证法确立了马克思社会历史研究的总体性观点，即把所有局部现象都看作是整体——被理解为思想和历史统一的辩证过程——的因素，也就是把社会作为总体来认识，"因此，对马克思主义来说，归根结底就没有什么独立的法学、政治经济学、历史科学等等，而只有一门唯一的、统一的——历史的辩证的——关于社会（作为总体）发展的科学"②。科学马克思主义的本质"就在于认识到历史的真正动力是独立于人对它的（心理学上的）意识的"③。卢卡奇从理论与实践的统一出发，指出马克思主义理论

---

① 卢卡奇. 历史与阶级意识[M]. 杜章智等译. 北京：商务印书馆，1999：22.
② 卢卡奇. 历史与阶级意识[M]. 杜章智等译. 北京：商务印书馆，1999：77.
③ 卢卡奇. 历史与阶级意识[M]. 杜章智等译. 北京：商务印书馆，1999：99.

的根本目的就是要揭示资本主义的历史局限性，通过无产阶级革命实现对资本主义的总体性改造。为此，他指出："对马克思主义来说，如果对资本主义历史局限性（积累问题）的认识成为生命攸关的问题，那么它之所以如此，是因为只有在这种联系中，在理论和实践的统一中，社会革命即对社会总体的总体改造的必然性才显得是有根据的。"①

早期西方马克思主义另一主要代表人物柯尔施则更侧重于从社会历史发展过程的整体性中理解马克思主义理论的整体性。他认为，马克思主义理论是它的时代的必然产物，因此我们应当力图理解它们一般表达的历史-社会过程的总体对它们的决定作用。他指出，马克思主义理论最初产生的时候就是一种"把社会发展作为活的整体来理解和把握的理论，或者更确切地说，它是一种把社会革命作为活的整体来把握和实践的理论。在这一阶段，毫无疑问，任何把这一整体的经济、政治和思想的要素划分为知识的各个分支的作法，甚至在每一个分支的具体特征被把握时，都是以历史的忠实性去分析和批判的。当然，不仅经济、政治和意识形态，而且历史过程和有意识的社会行动，都继续构成了'革命的实践'的活的统一体。这一作为社会革命理论的马克思主义理论的早期和富有青春活力的形式的最好例子，显然就是《共产党宣言》"②。在马克思和恩格斯的后期著作中，马克思主义理论的这一核心特征仍然没有变化，"因为在后期的论述中，马克思和恩格斯的马克思主义作为科学社会主义，仍然是社会革命理论的唯一整体。不同之处仅仅在于，在较后阶段；这个总体的各个组成部分，它们经济的、政治的和意识形态的要素，科学理论和社会实践，进一步分离出来了。我们可以使用马克思自己的一种表达说，它的自然联系的脐带已经断了。但是，在马克思和恩格斯那里，这决不会产生代替整体的大量的各个独立要素。这仅仅是体系的组成部分的另一种结合开始以更大的科学精确性发展起来，并在政治经济学批判的基础上建立起来。在它的创立者的著作中，马克思主义体系自身从未消溶在各个知识分支的总和之中，尽管它的成果的实际的和外在的应用暗示着这样的结论"③。柯尔施与卢卡奇一样，强调理论与实践的不可分割的相互联系是马克思主义理论与方法的本质特征。他反对那种认为马克思的后期著述已经用纯粹理论取代了革命意志的看法，指出革命意志在马克思的著作中从未

① 卢卡奇. 历史与阶级意识[M]. 杜章智等译. 北京：商务印书馆，1999：91-92.
② 卡尔·柯尔施. 马克思主义和哲学[M]. 王南湜，荣新海译. 重庆：重庆出版社，1989：23.
③ 卡尔·柯尔施. 马克思主义和哲学[M]. 王南湜，荣新海译. 重庆：重庆出版社，1989：24.

衰竭，"这种革命意志在马克思著作的每一个句子之中都是潜在的——然而是存在的，潜在于每一决定性的章节中，尤其是在《资本论》第一卷中一再地喷发出来"①。

当代国外马克思主义的诸多学者或学派的一个基本共识，就是在整体上将马克思主义理解为考察、分析和批判现代资本主义的学说，并在这个意义上肯定马克思主义理论的历史价值和当代意义。如当代后马克思主义思潮的主要代表人物詹姆逊就明确指出："马克思主义是关于资本主义的科学，或为了给资本主义和马克思主义这两个术语以更深刻的含义，我们还可以说马克思主义是关于资本主义固有矛盾的科学。"②在他看来，马克思主义最重要的特征就是将抽象的理论思辨转移到对社会现实的分析中，他说："马克思和恩格斯的成就在于，他们把这种对于理论的自我永恒化的分析，对抽象过程倾向于用自身来替代现实客体的那种内在力量的分析，转移到对我们身处其中的社会文化世界的日常理解的领域。商品拜物教的概念，自然是对这种感性上的晦涩的明确阐述，因为它是由我们自己历史社会的结构所决定的。"③美国马克思主义者波特尔·奥尔曼在他新近出版的《辩证法的舞蹈——马克思方法的步骤》一书中认为，马克思的学术关注点是资本主义。他说："如何研究随着时间的推移而不断演进和变化的现代社会这个无限复杂的有机体呢？马克思主义作为解决这个问题的最为系统的（尽管显然还是不完整的）理论进入了这一视野。通过对资本主义时代商品的生产、交换和分配方式的关注，马克思主义试图说明全部社会系统的结构和动力，包括它的起源和可能的未来。"④同卢卡奇一样，奥尔曼特别注重对马克思主义辩证法的研究，但他并不把马克思的辩证法看成是可以同对资本主义的研究相脱离的纯粹的理论思辨，而是把辩证法理解为马克思思考和研究资本主义这个真实系统的要素及其关系的思维方式。因而他说："为什么需要辩证法？因为它是研究由处于不断演进中的相互依存的过程所构成的世界的唯一明智的方法，也是解读这一方法的最主要研究者马克思的唯一明智的方法。正是对于以下方面而言，辩证法是必要的：理解巨大而又复杂的资本主义、理解帮助我们认识资本主

---

① 卡尔·柯尔施. 马克思主义和哲学[M]. 王南湜，荣新海译. 重庆：重庆出版社，1989：25.

② 王逢振主编. 詹姆逊文集：第1卷[M]. 北京：中国人民大学出版社，2004：308.

③ 王逢振主编. 詹姆逊文集：第1卷[M]. 北京：中国人民大学出版社，2004：54.

④ 奥尔曼. 辩证法的舞蹈——马克思方法的步骤[M]. 田世锭，何霜梅译. 北京：高等教育出版社，2006：12.

义的马克思主义、指导我们从事离开鹅的公有地的研究、帮助我们发展一种收回公有地的政治策略。资本主义总是并且完全是辩证的，所以马克思主义对于理解资本主义也总是必要的，而辩证法对于正确理解马克思主义又总是必要的。"①

从上述观点可以看出，国外马克思主义的大多数学者或学派，之所以能够从整体上理解马克思主义理论，就在于它们同样是把认识和把握现代社会的具体的现实问题作为理论的基点或着眼点。因而，他们能够从不同的角度、针对不同的问题重新理解和阐释马克思主义，并发挥、运用马克思主义的理论和方法对现代社会，特别是对现代资本主义社会进行批判性研究，由此产生了名目繁多、论域宽阔、各具特色的各种现代马克思主义学说。值得肯定的是，由于自 20 世纪以来，资本主义社会较之马克思那个时代已经发生了许多重大变化，因而国外马克思主义诸学派不满足马克思、恩格斯本人所创立的理论，而是不断地发展、改造马克思主义理论，使之能够面对新的经验、新的变化和新的问题，这就大大地拓展了马克思主义理论的研究领域，形成了批判现代资本主义的各种学说，如卢卡奇的总体性理论、物化理论和阶级意识理论，葛兰西的西方革命理论和布洛赫的乌托邦精神与人的自我解放理论，法兰克福学派批判理论的意识形态批判、技术理性批判、大众文化批判、社会心理批判以及列斐伏尔的日常生活批判，等等。一些国外马克思主义学派还竭力把马克思主义和现代西方颇具影响力的学说结合起来，从而产生了所谓存在主义的马克思主义、结构主义的马克思主义、弗洛伊德主义的马克思主义等等。

尽管国外马克思主义学说观点庞杂，充满了差异和对立，甚至包含着对马克思主义理论的误解和曲解，但它们从现实问题出发理解和运用马克思主义理论的方法，却可以启发我们对马克思主义整体性的理解。马克思主义理论的整体性不仅仅在于把不同的组成部分拼接在一起，更重要的是必须从理论与实践的统一出发，把马克思主义的理论和方法不可分割地运用于对现实问题的研究，并从现实问题的具体性或现实问题多方面规定性的统一中理解和把握马克思主义的整体性。

（该文原载于《南开学报》2008 年第 4 期）

---

① 奥尔曼. 辩证法的舞蹈——马克思方法的步骤[M]. 田世锭，何霜梅译. 北京：高等教育出版社，2006：203-204.

统计规律与因果决定论

　　当代非决定论思潮的兴起与 19 世纪中叶以来统计规律在各门科学中的广泛应用密切相关。当代非决定论与古典朴素的非决定论有所不同，它表面上并不否认因果联系的普遍性，而是力图取消因果联系的必然性，把因果关系归结为，至少部分地归结为或然的、几率性的联系。它宣称，人类活动于其中的那个世界在本质上服从于统计规律，必然的因果律是不存在的，或者只适用于理想客体，是现象间几率性联系的极限情况，偶然性、或然性才是这个世界的本质特征。由此看来，弄清统计规律的性质和作用已成为现今决定论和非决定论之争的核心问题之一。本文试图就此谈一些粗浅的看法。

一、怎样理解统计规律的性质

　　概率或统计规律是研究随机现象（偶然现象）的规律的数学理论，它的广泛应用是以偶然现象的大量存在为前提的。实验证明，在同等实验条件（通常为一组因素组合成的综合条件）任意多次地重复下，与这组实验条件相关的随机事件的发生频率或大量随机变量的分布状态总是无限趋近于一个稳定的比率，即概率（记作 $P（A）=m/n$）。概率的存在表明随机现象的发生频率或分布状态有一种非随机的稳定性趋势。概率论用数学方法揭示了这种稳定性的规律，如"大数定律"（贝努里定理、中心极限定理等），也就是我们通常所言的"统计规律"。

　　运用统计规律可以在一定意义上揭示大量随机现象在整体上表现出来的必然性特征。例如，现代分子生物学证明，在生物体的细胞中，一个基因产生一个能明显改变相应蛋白质功能的突变的几率大约是百万分之一到一亿分之一，但是在由几十亿个细胞构成的群体中，所有突变体的总数估计为十万个到一百万个。这样看来，基因突变的个别发生是偶然的，但对于一个群体或一个高等生物体来说，就成了一种必然发生的事情。对此，主张非决定论观点的法国生物学家兼哲学家雅克·莫诺也承认："在这么大的群体中，突变不是一些例外的现象，而是一种规律。"①

但是，统计规律所显示的必然性归根到底只是大量随机事件发生频率或分布状态的稳定性，而不是现象间因果联系的必然性。统计规律以大量随机变量的算术平均为基础，它并不涉及个别随机现象的个性特征，只表达大量随机变量的平均结果。因此，概率或统计规律本质上属于归纳概括。运用统计规律，我们只能从随机现象发生频率或分布状态上来估计所发生事件与其条件之间的密切程度，而不能确定二者间是否存在着因果联系。换句话说，统计规律至多只能对现象间的因果联系提供外在的描述，而不能揭示因果联系本身所蕴含的规律性、必然性。例如，在进行观测时，不可避免地会有许多随机因素引起观测误差，如仪器状况、外界温度和气压的变化、观测者个人的情绪等等。按中心极限定理，这些误差服从正态分布，于是我们便得到一个"总的误差"，但却不能由此说明其中某一误差产生的原因，也不能说明某一误差在观测中引起的个别结果。要说明这些，就必须超出单纯的统计描述，揭示个别事件的因果联系。

有人认为，几率是对必然性和偶然性的概括，它比这两个概念具有量的精确性，必然性不过是几率为1的几率，偶然性不过是几率近于0的几率。这种观点把概率上关于必然事件和偶然事件的形式规定同哲学上讲的必然和偶然及其统一混同起来，从而把必然性和偶然性的统一理解为几率大小。我们并不否认必然性和偶然性可以用概率的形式表达，但概率本身既不能说明必然性，也不能说明偶然性。所谓概率为1的事件就是指：每当某种条件实现一次，与之相关的事件就发生一次，给铁棒加热一万次，铁棒就膨胀一万次。但概率本身并没有告诉我们，这个条件为什么一定会导致这个事件的发生。而要解决这个问题，就必须确知条件和事件间因果联系所蕴含的规律，否则就不能说明这种必然性的内容。假如我们不知道金属受热膨胀的规律，就不能断定，铁棒加热到一万零一次，它还会不会膨胀。同样，对于不可能事件，即概率为0的事件，也不能单凭统计规律来说明其不可能。宣布创造永动机是不可能的，并不仅仅是因为创造永动机的成功率为0，而是以热力

---

① 雅克·莫诺. 偶然性和必然性[M]. 上海外国自然科学哲学著作编译组译. 上海：上海人民出版社，1977：88.

学定律为最终判据。

概率为 1 或 0 的事件不能真正昭示必然性的存在，同样，概率小于 1 大于 0 的事件即或然的或随机的事件，也绝不意味着缺乏必然性。一块麦田中并非所有的麦种都能顺利地长出麦穗来，成活率也不会是百分之百。但这并不意味着小麦的生长规律缺乏必然性，只要认真分析，总可以发现有其他原因阻碍了某些麦种的正常发育。任何偶然事件，无论其发生的几率多么小，它总是有原因的，总是包含一定的因果必然性，亦即它是一种合乎规律的事件。不合乎规律的事件是不可能发生的。

二、统计规律与运动形式规律

统计规律本质上属于归纳概括，因此，仅仅运用统计规律不能对运动过程作出严格的因果论证，只能提供或然的统计描述。因果论证则要求揭示过程本身所包含的因果关系以及在因果关系中蕴含的运动形式规律。

统计规律和运动形式规律是两种不同的规律。石里克认为："统计规律正是由于包含偶然因素而与因果规律相区别。"[①]这话说得很对。运动形式规律是构成某种运动形式的基本因素之间的必然的稳定的联系。要揭示这种规律，就必须在实验中和理论上尽可能排除那些无关紧要的、不确定的因素。为此，我们总是"净化"实验条件，并在理论上设想"理想客体"的"理想运动"，如"质点""刚体""弹性碰撞"等等。只有排除了偶然性才能使必然性以"纯粹"的形式显示出来。运动形式规律是现实因果运动具有内在必然性的根据，把握这种规律就可以对事物的运动状态作出严格的因果论证，并对其未来趋势或演化状态作出基本正确的预测。

但运动形式规律的"优点"也是它的"缺点"。任何客体都是一个由大量因素构成的物质系统，其内部存在着复杂的相互作用。同时，任何客体又都是在复杂的、易变的环境中运动，偶然的、不确定的因素总是大量存在，这些因素或者分别地，或者综合地作用于客体，影响着客体的总体运动状况。单纯的运动形式规律不能全面地刻画运动过程的现实情况。当偶然性因素对客体的干扰十分微小，并有可能尽量降低时，出于实用的目的，我们可以忽

---

① 洪谦主编. 逻辑经验主义[C]. 北京：商务印书馆，1982：413.

略这些偶然因素引起的误差,或者通过人为的安排使运动的精确性不断提高。而当偶然因素的干扰十分显著,并且完全不能排除时,运动形式规律就显得不足而必须借助统计规律来描述运动的现实情况。如统计热力学就是把气体的压强和温度理解为大量无规则运动的气体分子的平均动能的统计平均与分子平均动能的量度。

运动形式规律和统计规律尽管是两种不同的规律,但并不分属两种不同的过程,而是从两个不同的方面来揭示同一过程的实在内容。前者揭示了过程的内在必然性,但它并不考虑偶然因素对过程的影响;后者则描述偶然性对过程的影响程度,但不追究偶然因素产生的原因。由此可见,这两种规律不能互相取代,而是可以互相补充。现实的运动过程是必然和偶然的统一,因此,在绝大多数情况下,只有把这两种规律结合起来才能全面地刻画现实的运动过程。

现代生物学确认基因突变的偶然性,但这绝不意味着生物学家们仅满足于用统计规律来说明"突变"发生的频率和分布状态。他们至今仍不遗余力地探究引起基因突变的种种原因。个别的基因突变是偶然的,但对于诱发它发生的原因来说,却具有因果必然性,亦即它的发生过程本身也蕴含着某种规律。揭示其中的规律有助于人类操纵、控制生物的演化。同样,马克思主义在研究人类社会发展过程的时候,一方面把人类社会看成是一种物质运动形式并揭示其中的基本规律,另一方面又充分意识到,人类社会是一个复杂的物质系统,包含着多种因素和过程的相互作用。基本规律不是独立于这些因素或过程之外,而是存在于它们的相互作用之中,这样,它的表现以及它所导致的社会发展结果就有一种统计特征。关于这一点,恩格斯在1890年致布洛赫的一封信中就曾指出,历史的最终结果总是从许多单个的意志的相互冲突中产生出来的,各个人的意志虽然都达不到自己的愿望,而是"融合为一个总的平均数,一个总的合力,然而从这一事实中决不应作出结论说,这些意志等于零。相反地,每个意志都对合力有所贡献,因而是包括在这个合力里面的"[①]。

---

① 马克思恩格斯选集:第 4 卷[M]. 北京:人民出版社,1995:478-479.

三、关于统计规律的机械决定论观点和非决定论观点

当统计规律尚在草创之际，人们还没有意识到它会给决定论思想带来何种危机。机械决定论的著名代表人物拉普拉斯本人就是主张古典概率论的。这表明，机械决定论者并非绝对排斥统计规律的运用。在他们看来，尽管物理学的运动规律是一种纯粹的必然性，但由于各种外界因素或其他过程的干扰，难免会使某一物理客体的运动偏离我们根据它的初始条件所做的预言，即产生误差。统计规律起初就是为了分析、限定误差的程度和范围而应用于经典物理学的误差理论。但机械决定论者根本否认偶然性的客观存在，因而也就否认统计规律的客观性，把统计规律的应用视为由于人们不能把握运动的全部初始条件而不得已采用的权宜之计。在他们看来，复杂的运动不过是简单运动的组合，宇宙间一切物体的运动状态的变化皆由宇宙的某个初始状态的全部条件严格决定，只要我们能够确知这些条件就能把宇宙在其后的任一时刻的状态准确无误地计算出来。拉普拉斯设想出"神灵"的计算本领就是企图说明这一点。机械决定论者往往举出下述事实来说明自己的观点：尽管物理实验中总是不可避免地产生误差，但通过人为的干预，精确性可以不断提高，误差可以不断减少，并可以最终在理论上抵消。

机械决定论观点的错误是比较明显的。复杂的因果运动总是汇合或交叉着多种因果过程，尽管原则上我们可以把汇合在一起的每一个别因果过程的规律都搞清楚，但运动在其总体上并不因此失去偶然性。因为，我们至多可以根据规律预计当这些过程汇合起来时将产生何种结果，但不能从其中任一过程的规律中推导出这些过程必定如此这般地汇合。例如，小麦的生长过程和雹灾的形成过程各有其因果必然性，但在这两个过程的规律中并不包含着它们必然相遇的根据。因此，无论我们是否把握了雹灾和小麦的生成条件和规律，雹灾对于小麦都是一种偶然性。精确性可以不断提高，这既是对必然性的证明，也是对偶然性的证明。没有必然性，精确性可以无限提高便是一句空话；没有偶然性，提高精确性就毫无意义。统计规律同运动形式规律一样是客观的普遍的科学规律，它是由偶然性的客观存在所决定。现代科学的发展使人们的视野越来越宽阔、越来越深入，但统计规律却没有因此而逐渐远离科学舞台，而是越来越广泛地成为现代科学的基础，这个事实本身就是

对机械决定论的有力批驳。

与机械决定论相反，非决定论者则把统计规律的运用看成是对因果必然性的否定。赖欣巴哈根据热力学第二定律的统计特征断言，对这一定律的统计解释的"理论后果却具有极大意义。以前本是一种严格的自然规律的东西，现在被发现只是一种统计规律；自然规律的确定性被一个高的概率所代替。"他宣称，严格的因果律是不存在的，"自然中的事件与其说象运动着的星体不如说是象流动着的骰子；这些事件为概率所控制，而不是为因果性所控制，科学家与其说象先知，不如说是象赌博者"①。可见，在统计规律上，非决定论者走向了与机械决定论相反的另一极端：肯定偶然性，否认偶然事件有其发生的原因，或否认因果必然性，用统计规律取代一切自然规律。

非决定论的错误在于否认运动形式规律的客观实在性，无视统计规律与运动形式规律在描述现实因果过程中的内在联系。以热力学理论为例，在由大量气体分子构成的热力学系统中，由于系统内部和外部多种因素的干扰，每个分子在相互碰撞中的运动完全是不规则的，它的速度、能量及自由运动的路程都是偶然的量值。偶然性的大量存在以及在理论上的不可排除，使统计规律的运用成为必然。热力学第二定律所指出的热量不能自动地由低温物体传向高温物体这个不可逆的过程就不是必然的而仅仅是一个统计推断，即高温物体向低温物体传递热量的几率最大，而低温物体向高温物体传递热量的几率最小，可以说是微不足道。

但是，热力学的统计特征绝不像赖欣巴哈所断言的那样意味着统计规律代替于一切自然规律，自然事件只为概率控制，而不为因果性所控制。热力学理论一开始就把气体分子理解为经典的质点，确认每个分子的运动都遵从质点运动规律。例如，热力学理论把气体的压强看成是大量分子对器壁不断碰撞的综合结果，其公式为：

$$P = \frac{1}{3}\bar{n}mv$$

其中，$P = mv$ 是经典的动量公式。这表明统计力学肯定个别分子对器壁的碰撞所产生的动量严格遵循经典动量定律。由此可见，热力学理论的统计性并没有"代替"，更没有取消严格的运动形式规律，反而以它为前提和基础。假如分子的运动不遵循任何运动形式规律，是一种纯粹的偶然性，那么热力学

---

① 赖欣巴哈. 科学哲学的兴起[M]. 北京：商务印书馆，1984：126，192.

的任何统计假设都不能形成。因此，热力学的统计特征并不表明热力学系统的演化过程缺少必然性，而仅仅表明这种演化过程是必然性和偶然性的统一。

四、量子论统计特征说明了什么？

现代非决定论者中的大部分人也都承认统计热力学构不成对决定论原则的彻底否定。而当量子力学产生之后，量子论的统计性使他们受到极大的鼓舞。他们欣喜若狂地认为，对量子论的统计诠释使决定论原则从根本上受到了末日的宣判。回答非决定论的这种挑战，必须弄清使量子论具有统计性特征的主要原因。

量子论的统计诠释起之于对薛定谔"波动方程"中状态函数（波函数）"Ψ"的几率说明。按量子论，原子客体运动状态随时间的演进可由"薛定谔波动方程"

$$i\hbar\frac{\partial \Psi}{\partial t} = -\frac{\hbar^2}{2m}\nabla^2\Psi + V\Psi \quad (h为普朗克常数)$$

完全描述。从方程的形式上看，微观客体在不同时刻的状态之间保持着类似经典物理学规律的严格确定性。但在观测实验中，波函数"Ψ"所反映的过程并非经典意义上的在三维空间中连续传播的一列波，反映客体波性的电子衍射图样是由相当数量的点状粒子的不规则分布构成的。对此哥本哈根学派的代表人物玻恩运用统计规律率先把"Ψ"解释为"几率波"。他认为，实验所显示的电子的波性是许多电子在同一实验中的统计结果，或是一个电子在许多相同实验中的统计结果。波函数在空间某一点的强度（即振幅绝对值的平方 $|\Psi|^2$）与在该点找到粒子的几率成正比。按照这种解释，薛定谔方程并不能确切地预言单个粒子在 t_2 时刻将必然会落到空间哪一点上，只能预言它在空间各点出现的几率。

基于上述解释，大多数物理学家，特别是哥本哈根学派的物理学家都认为，统计性是量子力学的本质特征，而传统的力学决定论观点应从根本上废弃。海森堡明确表示："量子论实际上迫使我们正是作为统计定律来表述这些定律，并且从根本上离开决定论。"哥本哈根学派的另一位物理学家魏扎克进一步指出，"量子论本质上是个新的几率理论"，它比经典力学更概括，"经典力学作为一个极限情况被包括在内"。这就意味着，几率性也是经典物理学的本质特征。从量子论中产生出来的非决定论观点迅速扩展到其他科学领域，并逐渐形成一种非决定论的世界观。我国学术界亦有相当一批学者把统计性、或然性视为微观世界的本质特征。

我们绝不怀疑对量子论统计性的科学论证，而且应当指出，量子论的统计特征以及对它的解释表明经典力学为基础的机械决定论观点已彻底破产。哥本哈根学派的大部分论据原则上都适用于对机械决定论的批判。但这是否意味着决定论的原则已完全失败？量子论的统计性是否意味着微观运动本身不存在必然的因果联系呢？要回答这些问题，不妨先找一下导致量子力学统计特征的原因。

值得注意的是，量子论的统计诠释并非描述微观客体自身的运动状态，而是应用于解释测量过程和结果。普林斯顿大学教授维格纳指出："量子力学理论有两部分：运动方程和观察理论。……当我们试图用运动方程描写观察过程时，我们立刻碰到一个矛盾：运动方程是决定论的，而观察结果则服从机遇定律。"[1]

观测过程和结果的统计性之所以不可避免，主要原因之一是，在观测过程中，主体（包括测量仪器）与客体之间存在着不可分割、不可控制的相互作用。玻尔指出："放弃因果性这个理想观念的逻辑基础仅在于：我们不再有任何根据去谈论一个物理客体的独立行动，因为在客体和测量仪器之间有个不可避免的相互作用，这个相互作用在原则上是不能说明的。"[2]哥本哈根学派物理学家们认为，关于自然过程中存在着严格因果律的观念是以有可能不给对象施加明显影响地进行观测这一假设为前提的。但我们不能直接观察处在量子水平上的微观客体，只能看到客体在测量仪器干扰下显示出来的宏观效应，如云雾室中的水珠、盖革管中的放电、照相底片或屏幕上的闪光等等。在这些宏观效应中，很难区分哪一部分属于客体自身的运动状态，哪一部分属于仪器的干扰，主客体之间并没有泾渭分明的界线。这种不可分割的相互作用必然会带来测量上的不确定性，从而无法确切地把握客体的全部初始条件。海森堡对此作出理论说明，提出著名的"测不准关系"原理：在描述量子状态的数学方程中，成对出现的正则共轭量 A 与 B（A 和 B 分别代表两个可测的量）服从不对易关系，即：

---

① 卢鹤绂. 哥本哈根学派量子论考释[M]. 上海：复旦大学出版社，1984：164.

② 卢鹤绂. 哥本哈根学派量子论考释[M]. 上海：复旦大学出版社，1984：57.

$$AB - BA = i\hbar$$

A 与 B 在测量上不能同时有确定值。为此，海森堡说："从量子论的观点看，关于'实在的'知识就其本质来说永远是个不完备的知识。同理，微观物理学定律的统计本性是不能避免的。"[①]

导致量子论统计性的另一个主要原因是，原子客体本身具有不同于宏观客体的特殊性质，这种特殊性质原则上是不能用按经典理论制备出来和加以解释的仪器确知的。说原子客体是"粒子"或"波"，或者说"既是粒子又是波"，都是不确切的。"粒子"和"波"是经典物理学所能提供的关于物理实在的两大类图景，在描述原子客体的量子状态时，这两类图景按德布罗意关系联系起来，即：

$$E = mc^2 = hv, \quad P = mv = \frac{\hbar}{\lambda}$$

这意味着，其中任一图景都不能单独对量子状态做出完善描述。这样，在描述量子状态时，经典物理学语言具有极大的局限性，这就造成了量子论的统计性。海森堡说："量子论哥本哈根解释开始于一个佯谬。出发点是我们用经典物理学词汇描述实验。同时我们知道这些概念不准确地和自然界吻合。这两个出发点的紧张局面是量子论统计特征的根源所在。"[②]为解决这一矛盾，玻尔提出并协性原理。他认为，在描述量子状态时，物理学的两大图景互斥互补，使我们不能对微观客体做出确定的因果描述，而必须把量子论的因果性定律（波动方程）同对观察结果的几率解释互斥互补的联系起来。

从以上两方面的原因可以看出，量子论的统计性并不表明统计性是微观世界的自身特征。首先，原子客体的性质尚未真正确定，它的运动状态也就难以精确描述。在每次重复的实验中，测量仪器和实验安排尽管在宏观上是一致的，但在微观上是不确定的。这就意味着，客体运动状态的变化是在缺乏严格控制条件下的随机行为，必然性没有真正显示出来，但不能证明它的运动变化缺乏必然的因果联系。其次，我们可以把波函数"Ψ"看成是由大量粒子构成的统计系综，但它原则上不同于热力学的统计系综，它不是由大量粒子互相碰撞最终按自由度均匀分布，而是可以构成由波函数平方严格规定的衍射图样。这就暗示着某种必然的因果律的存在。在这种情况下，宣称

① 卢鹤绂. 哥本哈根学派量子论考释[M]. 上海：复旦大学出版社，1984：57.

② 卢鹤绂. 哥本哈根学派量子论考释[M]. 上海：复旦大学出版社，1984：55.

以确认必然的因果联系为基本原则的决定论已寿终正寝是没有充分根据的。哥本哈根学派把概率的作用看成是本质的，这实际上是把粒子性当成客体的根本属性，这不能不同哥本哈根学派的一贯主张自相矛盾。正如波普尔所言："玻恩把波幅平方诠释为找到粒子的概率，并且得到公认，这时玻尔的包括'波粒二元论'在内的'互补原理'链条就中断了。实际上这就承认粒子诠释是基本的。从这一时刻起，哥本哈根阵营就全乱了。"①

总之，量子论的统计诠释虽然已尽物理学语言之所能，创造性地概括了迄今为止所有实验观测所提供的关于客体的宏观信息。但它并不是究竟之极的，并不说明微观客体的运动只服从统计规律。美国科普作家阿西莫夫说得好，"测不准原理只不过表明，宇宙比我们所想象的复杂一些，但它并不表明宇宙是毫无条理的"②。也许正是由于量子论的统计性，使人们对它不满足。20 世纪 70 年代起，英国物理学家斯沃兹·格林和法国物理学家内维在统一场论的研究中，提出"超弦论"，认为微观客体既不是粒子也不是波，而是细到只有一维的"弦"。不管这种理论本身是否正确，但它告诉人们，决定论的原则并没有失效，它像灵魂一样支配着科学家的头脑。科学家们坚持不懈的艰苦探索就足以证明。

（该文原载于《哲学研究》1991 年第 3 期）

---

① 卡尔·波普尔. 论量子论的实在论诠释和常识诠释[J]. 纪树立译. 自然科学哲学问题丛刊, 1984(3)
② 阿西莫夫. 从元素到基本粒子[M]. 何笑松译. 北京：科学出版社，1977：194.

量子力学统计特征的认识论问题

一、量子力学的统计特征及其认识论问题

量子力学的统计诠释起之于对薛定谔"波动方程"中所含的状态函数（波函数）"Ψ"的几率说明。按量子理论，微观客体的量子态随时间的演进可由"薛定谔方程"

$$i\hbar \frac{\partial \Psi}{\partial t} = -\frac{\hbar^2}{2m} \nabla^2 \Psi + V\Psi$$

完全描述。其中"Ψ"是代表微观客体波性的状态函数，即"波函数"。从方程的形式上看，量子客体在不同时刻的状态之间保持着类似经典物理学规律那样的严格确定性。但需注意的是，在观测实验中，波函数 Ψ 所反映的过程并不是经典波动学意义上的在三维空间中连续传播的一列波，而是同时也可以被理解为非连续的粒子运动。如表现量子客体波性特征的电子衍射图样就可以被视为由相当数量的点状粒子构成。当入射电子流强度很大时（即入射电子数目很多），衍射图样可尽快形成；当入射电子流强度较小时，在屏幕上或照相底片上先是出现一系列不规则分布的点，随时间延长，逐渐显示出衍射图样。这同经典波动理论对波的传播的解释完全不同。对此，哥本哈根学派的代表人物玻恩运用统计规律首先把"Ψ"解释为"几率波"。他认为，实验所显示的电子的波性是许多电子在同一实验中的统计结果，或者是一个电子在许多相同的实验中的统计结果。波函数在空间某一点的强度（即振幅绝对值平方 $|\Psi|^2$）与在该点找到粒子的几率成正比。相当数量的粒子被衍射到空间后，几率较大（振幅较强）的地方聚集较多的粒子，几率较小的地方，只可以找到较少的粒子。几率波的大小由波函数的振幅绝对值平方确定，这

样就形成了由一系列大小值构成的衍射图样。按照这种几率波的解释，薛定谔方程不能确切地预言单个粒子在 t_2 时刻将必然落在空间的哪一点上，只能预言它在空间各点上出现的几率，或者说，单个粒子在 t_2 时刻的状态同它在 t_1 时刻的状态之间只有几率的联系。

哥本哈根学派物理学家们进一步指出，量子论的统计诠释是不可避免的。因为，要确切地描述物理客体的状态变化，就必须能够测出该客体的全部状态参量，亦即掌握物理客体的全部初始条件。但对于量子水平上的微观客体，我们原则上不可能获得有关初始条件的确切信息。海森堡对此做出理论上的证明，即著名的"测不准关系"原理：在描述量子状态的数学方程中，成对出现的正则共轭量 A 与 B（这两个量分别代表两个可观测的量，如位置和动量）服从不对易关系。"测不准关系"意味着我们原则上不可能精确地测定量子状态在 t_2 时刻的全部初始条件。不过，需要特别指出的是，量子力学的统计特征并非描述微观客体在不受干扰的情况下自身的运动状态，而是用于解释测量的过程和结果。如普林斯顿大学教授维格纳所指出的："量子力学理论有两部分：运动方程和观察理论。运动方程决定一个体系的量子力学状态——状态矢量——随时间的改变。观察理论用状态矢量给出对体系观察所得各种结果出现的几率。……当我们试图用运动方程描写观察过程时，我们立刻碰到一个矛盾：运动方程是决定论的，而观察结果则服从机遇定律。"①

量子力学的统计特征从根本上改变了经典物理学所提供的世界图景，从而围绕对量子力学统计特征的解释引发了旷日持久的哲学论战。其中，认识论问题是这场论战的主题之一。

根据哥本哈根学派物理学家的理解，由于量子论统计特征主要是发生在对观测过程和结果的解释中，其所涉及的认识论问题主要有两个方面。首先是观测过程中主客体关系问题。观测过程和结果的统计特性之所以不可避免，主要原因之一是，在观测过程中，主体（包括测量仪器）与客体之间存在着不可分割、不可控制的相互作用。哥本哈根学派物理学家们认为，关于自然过程中存在严格因果律的观念是与有可能不给对象施加明显影响地进行观察这一假设为前提的。然而这个假设对于量子力学的观测过程则不能成立。因为我们不能直接观察到处在量子水平上的微观客体，只能看到客体在测量仪器干扰下显示出来的宏观效应，如云雾室中的水珠、盖革管中的放电、照相

---

① 卢鹤绂. 哥本哈根学派量子论考释[M]. 上海：复旦大学出版社，1984：164.

底片或屏幕上的闪光等等。在这些宏观效应中，很难区分哪一部分属于客体自身的运动状态，哪一部分属于仪器的干扰，主体和客体之间没有泾渭分明的界线。测不准关系原理所表达的限制"不仅显得是量子力学数学表示中有成对正则共轭量不可对易的数学关系的直接后果，而且是直接反映被观测体系和测量仪器之间的相互作用"[①]。主客体之间的这种不可分割的相互作用必然会带来测量上的不确定性，亦即无法在实验中确切地把握客体的全部初始条件。初始条件的不确定性使同一仪器安排上对同一方式制备出来的原子客体所做的测量可以发生各种不同的单个量子过程，每次结果各以一定的几率出现，这就迫使人们不得不用统计规律来解释观测结果。因此，玻尔指出："放弃因果性这个理想观念的逻辑基础仅在于：我们不再有任何根据去谈论一个物理客体的独立行动，因为在客体和测量仪器之间有个不可避免的相互作用，这个相互作用在原则上是不能说明的，如果这些仪器按其目的是要允许毫不含糊地使用描写经验所必需的各个概念的话。"[②]另一位物理学家海森堡也说："从量子论的观点来看，关于'实在的'知识就其本质来说永远是个不完备的知识，同理，微观物理学定律的统计本性是不可避免的。"[③]

其次，量子力学在其理论建构上所面临着一个困难，即经典物理学语言的局限性。我们知道，"粒子"和"波"是经典物理学所能提供的关于物理实在的两大类图景，但是在观测过程中量子客体既可以表现出粒子性，也可以表现出波动性。而在描述原子客体的量子状态时，可以将这两类图景按德布罗意关系联系起来，即：

$$E = mc = \hbar v \quad P = mv = \frac{\hbar}{\lambda}$$

这就意味着，其中任一图景都不能单独对量子状态做出完备的描述。如果我们把原子客体看成是同时可以具有确切位置和动量的经典粒子，那么在实验中马上可以看到，量子状态不完全服从质点运动的规律，即成对出现的力学量不能同时有确定的值，不确定程度恰好可以用波动特征来说明。此外，可以把波函数"Ψ"看成是由大量粒子构成的统计系综，但这个统计系综又不同于热力学统计系综，它不是大量粒子互相碰撞最终按自由度均匀分布，而

① 玻尔. 原子物理学和人的知识[M]. 郁韬译. 北京：商务印书馆，1964. 卢鹤绂. 哥本哈根学派量子论考释[M]. 上海：复旦大学出版社，1984：108.

② 卢鹤绂. 哥本哈根学派量子论考释[M]. 上海：复旦大学出版社，1984：57.

③ 卢鹤绂. 哥本哈根学派量子论考释[M]. 上海：复旦大学出版社，1984：147.

是构成具有大小值的衍射图样，即一列波。同样，如果我们用单纯的波动图景来描述量子状态，也会遇到明显的矛盾。首先，电子的衍射图样不是经典意义上的连续的波，而是表现为一系列分立的点；其次，波函数在空间各点的强度与振幅大小无关，而对经典的波来说，体系的状态将按振幅的大小而变化。这种情况表明，量子现象远远超出了经典物理学语言的解释范围。然而困难的问题是除了经典物理学语言，没有别的语言可以用来描述量子客体的性质，正如魏扎克所说："物理学实验首先必须在经典物理学的语言中来描述，否则，其结果是不能同已证实了某些方面实验的其它物理学家进行交流。……经典物理学的概念，其中包括空间、时间和因果律，只要他们必定被运用于实验的说明，或者让我们更慎重一点说，只要它们在这儿被现实地运用，就可以说是相对论和量子论的先决条件。"①在描述量子状态时，经典物理学语言表现出来的这种极大的局限性，被看作是量子论统计特征的主要根源之一。对此，海森堡说道："量子论哥本哈根解释开始于一个佯谬。出发点是我们用经典物理学词汇描述实验。同时我们知道这些概念不准确地和自然界吻合。这两个出发点的紧张局面是量子论统计特征的根源所在。"②为解决这一矛盾，玻尔提出并协性（互补性）原理。他认为，在描述量子状态时，这两类图景互相排斥、互相限制，同时又必须互相联系、互相补充才能解释原子客体在仪器上显示出来的全部宏观信息。

基于上述理由，哥本哈根学派的物理学家将测量过程中主客体不可分割的相互作用关系上升为一般认识论问题。如玻尔指出："每个物理过程都可以说有其客观和主观特色。今天我们知道，十九世纪的客观世界是个理想的极限情况，而不是整个实在。要承认，即使在今后和实在接触时，我们还要区分客体主体两方面，在两者之间划一界限。但是这个界限的所在就决定于你如何看这个问题了；在某种程度上你可以随意选择。"③

哥本哈根学派量子论的非决定论观点受到了薛定谔、爱因斯坦、德布罗意、普朗克等许多物理学家的怀疑和批评。其中爱因斯坦与玻尔的论战影响最为深远。爱因斯坦确信任何物理现象都应服从统一的因果定律，用他的话说：上帝不会掷骰子。1935 年，他与波多尔斯基和罗森合写了《能认为量子力学对物理实在的描述是完备的吗？》这篇论文，提出一个测量由两个粒子

① 海森堡. 原子物理学的发展和社会[M]. 马名驹等译. 北京：中国社会科学出版社，1985：132.
② 卢鹤绂. 哥本哈根学派量子论考释[M]. 上海：复旦大学出版社，1984：55.
③ 卢鹤绂. 哥本哈根学派量子论考释[M]. 上海：复旦大学出版社，1984：66.

组成的物理体系的位置和动量的思想实验，以证明量子力学的不完备性，通称"EPR 佯谬"。该佯谬假定，当两个客体在某时刻发生已知的相互作用时，其联合态的演变可由薛定谔方程计算，而当两客体在次一时刻彼此分离并且不存在物理相互作用时，运用态迭加原理，通过分别测定其中某一客体的位置和动量，就可以在不干扰另一客体的情况下，精确地预言另一客体的位置和动量，但按"测不准关系"原理，客体的两个不对易的物理量不能同时有确定值，因此，量子力学是不完备的。玻尔立即提出反驳。他指出，物理量的确定是同测量过程、条件、方法密切相关的，不干扰客体并能确定客体的物理量是不可能的。此外，爱因斯坦等人的论证所依据的是场论中的"近距作用原理"，认定在空间上分离的客体有相对独立性，亦即具有局域性。而原子客体与测量仪器之间相互作用的特性已表明，量子论本质上是非局域性的。玻尔的反驳似乎也被贝尔定理和半个世纪以来的大量物理实验所证实。

二、马克思的"感性世界"理论与量子论认识论问题的解决方案

本文认为，量子论所涉及的认识论问题事实上已经宣告了"直观唯物主义"认识论的破产。这种直观唯物主义认识论是一种"镜式反映论"，即认为作为认识客体的客观事物是自在的、与人的存在和活动无关的客观实在，而人的认识就是对这种客观实在的"复写、摄影、反映"，或者说是对这种客观实在的现象、本质和规律的把握，而真理就是符合这种客观实在的本质和规律的认识。毋庸讳言，本文所指称的"直观唯物主义"认识论包括在我国高校《马克思主义哲学原理》教科书中所阐释的所谓"能动的反映论"，这种反映论除了在认识的过程和方式上承认实践活动的作用外，其关于主客体性质的基本观点与旧唯物主义直观反映论没有什么本质的区别。但必须指出的是，这种直观唯物主义认识论的破产并不是马克思主义哲学认识论的破产，相反，马克思主义哲学作为一种实践的唯物主义，从它的"感性世界"理论所蕴含的认识论原则中完全可以引申出对量子论认识论问题的新的解答。

对于马克思的"感性世界"理论，笔者曾在《哲学研究》2004 年第 3 期上发表《"感性世界"的实践论诠释及哲学范式的变革》一文进行了比较深入的论述。该文的基本观点是，马克思通过对"直观的唯物主义"的批判，

明确强调："感性世界"并非独立于人的、与人的活动无关的自在世界，而是以人的"感性活动"为深刻基础的属人的现实世界或"生活世界"。马克思的这一理论不仅具有重大的本体论意义，而且更具有重大的认识论意义。也就是说，马克思主义哲学认识论立足于人的"实践"或人的"感性活动"，就是立足于"感性世界"，而不是立足于"自在世界"。马克思和恩格斯在《德意志意识形态》一书中就明确指出："甚至连最简单的'可靠的感性'的对象也只是由于社会发展，由于工业和商业往来才提供给他的。大家知道，樱桃树和几乎所有的果树一样，只是在数世纪以前依靠商业的结果才在我们这个地区出现。由此可见，樱桃树只是依靠一定的社会在一定时期的这种活动才为费尔巴哈的'可靠的感性'所感知。"①这就是说，认识的对象也不是自在的、现成的东西，而是由人类实践活动及其历史发展所提供的。后来恩格斯在《自然辩证法》一书中也说："人的思维的最本质和最切近的基础，正是人所引起的自然界的变化，而不单独是自然界本身。"②这些论述对于重新理解认识论问题当然是十分重要的。

依据上述理论，我们有必要首先探讨一下作为我们的认识起点和经验素材的、被我们称为"现象"的这种东西。在通行于我国高校的"哲学原理"教科书中，至今依然把"现象"定义为"客观事物的表面特征和外部联系"，即视"现象"为客观对象自身的东西或某种"自在"的东西。这种观点，作为常识也许是可以理解的，只要它不妨碍我们的生活。但是，作为一种理论观点，却不能不说是一种未经反思的直观观念。人的认识活动作为一种"感性活动"，无论是观察、实验还是生产劳动，都是主体借助于一定的手段（人体器官、实验仪器、生产工具等）与客体相互作用的过程。从这个意义上说，"现象"并不是什么"自在的"东西，而是这种相互作用的产物。亦即，"现象"之为"现象"总是某种"呈显"在主体面前的东西，哪怕是在最简单的观察过程中，被称为"现象"的东西就一定是"呈显"在主体的感受能力和感受形式之中的东西，并且，"现象"如果能够被述说出来也一定是被纳入主体的思维规定和话语方式之中的东西。离开了认识主体的感受形式、思维规定和话语方式，也就是离开了观察的主体，就无所谓客体的"显现"，也就不会有"现象"这种东西的发生。当然，我们也可以设想"自在事物"之间的"自在的"相互作用，但只要这种相互作用没有进入我们的观察、实验和生产

① 马克思恩格斯选集[M]. 北京：人民出版社，1974：48-49.
② 马克思恩格斯选集：第3卷[M]. 北京：人民出版社，1972：551.

活动的范围，那么这种自在的相互作用及其结果就不会作为"现象"而出现，我们对此也就一无所知。

量子论认识论问题的重要贡献，首先就在于突破了那种把"现象"归之于自在事物自身的东西的直观观念。量子物理学哥本哈根学派认为，我们不能直接观察到处在量子水平上的微观客体，只能看到客体在测量仪器干扰下显示出来的宏观效应，如云雾室中的水珠、盖革管中的闪光、照相底片或屏幕上的影像或痕迹等等。在这些宏观效应中，很难区分出哪一部分属于客体自身的运动状态，哪一部分属于仪器的干扰，主体和客体之间没有泾渭分明的界线。为此，物理学家玻尔指出："我们不再有任何根据去谈论一个物理客体的独立行动，因为在客体和测量仪器之间有个不可避免的相互作用，这个相互作用在原则上是不能说明的，如果这些仪器按其目的是要允许毫不含糊地使用描写经验所必需的各个概念的话。"[①]因此，在物理实验中所看到的"现象"，并不是"自在的"东西，而是主客体相互作用的结果。事实上，即便是对宏观对象的观测和实验，我们也没有多少理由谈论客体的独立行动，因为任何观测都只有在观测者通过工具行为与观测对象发生相互作用的过程中才是可能的。不仅如此，从人类实践活动的一般过程上看，任何实践活动（观察、实验、生产等等）都是实践主体使用工具（人体器官、实验仪器、生产工具等）与外在于主体的客观对象发生相互作用的过程，而作为我们一切认识活动的起点的"现象"都是在这个过程中发生的。

进一步的问题是，既然"现象"不是自在的东西，那么通过这种"现象"，我们能够获得什么样的认识，以及怎样获得这些认识？笔者认为，问题的答案存在于我们对实践活动的"中介"即工具行为的考察中。首先可以肯定，运用工具作用于客观对象，这个过程至少在表现形态上也是一种客观事物之间的相互作用，因为工具也是由物质的材料和能量构成的东西，工具所包含的物质材料和能量对于主体来说同样具有客体的意义，因而工具与客观对象之间的相互作用亦可以被理解为"客体间相互作用"。但是这种"客体间相互作用"不同于自在事物之间自在的相互作用，因为工具不是自然生成的东西，而是人的活动的创造物，也就是说，工具是按照我们的经验或理论制备出来的，在工具的技术性能中包含着我们的操作方式、观测方式、思维方式乃至话语方式，是对物质材料和能量的有规则的使用。这样，在工具行为中，虽

---

① 卢鹤绂. 哥本哈根学派量子论考释[M]. 上海：复旦大学出版社，1984：57.

然工具本身所包含的物质和能量与客观对象之间的相互作用表现为"客体间相互作用"，但它改变了这种相互作用的自在形态，也就是让整个工具行为中的客体按照我们可以理解、可以观测、可以述说的方式发生相互作用。这样，我们可以把工具行为所构成的实验或实践的条件和场所，称之为"实践场域"，而把工具行为中所发生的相互作用过程称之为"实践场域内客体间相互作用"。由于工具行为规定了实践场域内客体间相互作用的方式和规则，在这种相互作用中呈显出来的"现象"就可以被纳入我们的概念系统或解释系统中，使我们能够按照一定的经验的或理论的规范语言对之进行规定和述说，也就是被我们所认识。由此可见，我们能够认识和把握的正是在实践场域内客体间相互作用中所发生的"事件"或所呈显出来的"现象"。对"现象"的把握是如此，对"规律"的把握亦是如此。"规律"这个概念所表述的也不是什么自在客体的独立运动，而是在实践场域内客体间相互作用过程中各种客观的基本因素之间相互作用关系的一般形式，这个一般形式同样与我们的工具行为密切相关。因为，"实践场域"这个概念意味着人类的感性活动创造了物质运动的特殊形态，即与实践主体相关并由此扬弃了"自在性"的物质运动形态，任何"规律"都是对这种运动形态的一般形式的把握，它意味着只要置于这个实践场域之内，构成该实践场域的各种基本因素就必然会发生如此这般的相互作用关系，并必然地导致某种"现象"或"事件"的发生。

　　量子力学十分确切地证明了观测实验过程中"实践场域"的存在。在有关量子客体的实验中，科学家们普遍认为，量子客体的物理属性是与实验过程的技术安排密切相关的。如果我们把量子客体置于测量粒子的实验安排中，它就呈现"粒子性"，如果我们把它置于测量波性的实验安排中，它就可以呈现"波性"。在实验过程中，用于测量的试验仪器是按照经典物理学的理论制备出来的，而且有关"粒子性"和"波性"的一整套诠释也来自经典物理学的概念系统。这表明，所谓"粒子性"和"波性"并不能被理解为量子客体自身的属性，而是在量子客体与实验仪器相互作用的过程中所呈现出来的特性，并且这些物理特性也只有在我们已有的物理学概念系统中才能得到解释。说量子客体"既是粒子又是波"与说量子客体"既不是粒子也不是波"完全是等价的，因为离开了特定的实验场合和我们的概念系统，谁也说不清楚量子客体自身是什么。为此，玻尔指出："对原子物理学中所能观测到的事实，我们仍然能够使用经典物理学的客观化语言；但对原子本身我们不能讲什么。根据观测结果做出预言就要和提出如何观测，观测什么有关，而观测者对此就有其选择自由了。"①更为一般地说，客观事物只是在我们的实践场域中才是我们认识活动的客体，这种客体具有什么属性一方面取决于在实践场域内客体间相互作用中所呈显出来的可被感知的"现象"或"特征"，另一方面取决于在实践场域的设置中所包含的我们用以把握这些现象或特性的观测方式、操作方式、思维方式以及作为理解和诠释的基础的理论形式和概念系统。也就是说，离开了实践场域，我们不可能认识任何事物，而在实践场域之内，对客体的认识就必然包含主体的在场。这就是马克思为什么强调对事物、现实的理解不能仅仅从客体的方面去理解，而必须从人的感性活动、从主体的方面去理解。

指出我们所能认识的只是在"实践场域内客体间相互作用"过程呈显出来的"现象""特征"和"规律"，并指出这些认识必然包含主体的在场，并不意味着我们可以怀疑乃至否认客体的客观实在性，怀疑乃至否认科学知识或理论的客观有效性。在这个问题上，如何理解在"实践场域"中所发生的"客体间相互作用"是非常关键的。量子力学哥本哈根学派的某些物理学家，仅仅把实验仪器看作是主体的一部分，而没有看到实验仪器所包含的物质和能量也是一种客体，由此把实践场域内客体间相互作用简单地或抽象地归结为主客体间不可分割的相互作用，从而怀疑量子客体的客观实在性。如著名物理学家海森堡就认为："其最后结果是，在量子论中用数学表述的自然界定律不再和基本粒子打交道，而是和我们关于这些粒子的知识打交道。也不再有可能去追问这些粒子是否在空间和时间上客观存在着，因为我们所指的当作在发生的过程只是那些代表这些粒子和其他物理体系（即观测仪器）的相互作用的过程。这样一来，基本粒子的客观实在奇怪地消失了，不是消失在某种新的不明确或仍然不能解释的实在概念的迷雾中。而是消失在一种数学的透彻澄清之中，这种数学不再描述基本粒子的行动，而是描写我们关于这些行动的知识。"②海森堡的这个观点显然混淆了量子客体与测量仪器之间的相互作用过程和观测主体对这个过程的理论诠释（即知识）。

我们固然没有理由谈论量子客体本身的独立运动或自在属性，但同样也没有理由认为在仪器与量子客体的相互作用中所呈显出来的"现象""特征"没有客观实在性。因为实践场域内客体间相互作用仅仅表示我们把客体间相互作用纳入我们可理解、可观测的方式中，而并不意味着我们可以任意地左

① 卢鹤绂. 哥本哈根学派量子论考释[M]. 上海：复旦大学出版社，1984：66.
② 卢鹤绂. 哥本哈根学派量子论考释[M]. 上海：复旦大学出版社，1984：149.

右相互作用的结果。在相同的实践方式或实验安排（我们可以不断地重复这种实践方式或实验安排）下，客体间的相互作用就必然会呈显出这些"现象"或"特征"，它们作为客观事实也绝不取决于观测者个人的意志和主观情态。同样，这些现象和特征（如粒子性、波动性等），由于它们发生在实践场域内，因而可以被我们的理论语言所规定和理解，但它们绝不仅仅是我们理论知识的产物。在实践场域中，我们已经通过一系列实验安排预设了从观念上接收和诠释可能发生的现象的话语方式或概念系统，但是，当实践场域中呈显出的现象或特征与诠释它们的理论语言或概念系统发生冲突时，我们不能改变这些现象或特征使之适合于我们的理论，而只能改造或变革我们的理论以更好地诠释这些现象和特征。因此，理论的变革就在于形成一种能够成功地、统摄性地诠释全部新经验事实的新理论（如量子力学对经典物理学的改造）。当这种理论能够用数学的、概念的和逻辑的方式对在实践场域内客体间相互作用中呈显出来的全部现象做出完备的解释，对可能发生的现象做出准确的预测，并使预测在进一步的实验中得到证实，这种理论就是客观有效的理论。由此可见，科学理论的客观有效性既不在于它反映了客观对象的独立活动或自在属性，也不像康德所说的那样仅仅取决于表象在一般意识中的连结形式或先验的理智形式，而在于它能够为在实践场域内客体间相互作用中发生的客观事实提供具有统摄性的、合理的、经得起验证的理论诠释或数学模式。

三、"实践场域"与现象学的"经验视域"

本文提出的"实践场域"一词是借助于法国社会哲学家皮艾尔·布迪厄提出的"场域"（filed）概念而形成的，或者说是从他那里借用过来的。布迪厄的"场域"是指由一定的价值观和调控原则所界定的一个社会构建的空间。①本文中"实践场域"的含义有所不同，特指由与某种实践活动相关的各方面因素所构成的一个实践活动的场合或空间，其中工具行为是主要的，但也包括来自社会不同部分的种种因素，因此它也不是通常意义上的实践领域，而是构成实践活动的各种因素的总和，这些因素可以来自社会生活的各个领域，是一个高度复杂的系统。本文认为，认识论的主要问题可能都蕴含

---

① 参见布迪厄、华康德《实践与反思》，中央编译出版社 1998 年版。

在对这个实践场域的剖析中。

事实上，以量子力学为代表的现代物理学的发展已经迫使现代西方哲学超越以往"反映论"和"先验论"之争，重新考察认识论问题。如胡塞尔的现象学断言，我们所能把握的只是事物在知觉中显现给我们的样子，事物自身的存在并没有向我们显现出来。我们可以通过知觉判断加以描述的事物并不是自在地存在的，而是由意识构成的。因此，真正的问题不在于对象自身是否可知，也不在于我们要不要把握事物自身，而在于对象是如何在意识中构造自身的。对象在意识中的构造也就是认识活动中对象的被给予方式。在胡塞尔看来，一切哲学和科学的知识都是在语言形式中通过述谓判断来陈述和表达的，这种判断都是以预先给定的或被给予的对象（存在者）为前提，即"每个判断都有一个前提，即有一个对象摆在那里，被预先给予了我们，它就是陈述与之相关的东西"①。因此，只有对前述谓经验进行彻底的澄清才能真正理解述谓判断及其人类知识的起源和构成。在这个问题上，胡塞尔注意到，在一切认识活动之前，都先已存在一个作为普遍基础的世界（周围环境）。在认识活动开始之前，周围环境作为认识对象就已经以信念的方式存在于认识者的意识中。它本身不是借助判断活动才获得的，而是一切述谓判断的前提。此外，对于认识者而言，作为一切述谓判断或一切知识的前提的这个整体世界并不是外在于人的、与人的认知活动毫无关系的世界，而是一个已经有知识以各种方式在其中起过作用的世界，任何对象自身被观看时都必然带有对于此物的共识或前识。这种前识构成了认识活动的经验视域（Horizont）。整体的世界就是作为包含着各种前识和共识的经验视域而存在的。经验视域表明事物意识与世界意识之间存在着不可分离的联系，所有存在者都是作为这个世界的某物而存在，因而关于一个事物的经验过程是在作为这个世界的存在信仰基础上被预设的。

对于胡塞尔现象学的上述观点，学界以往大都是采取一种缺乏反思的、"直观唯物主义"的态度，即几乎是不假思索地将之指责为唯心主义并弃置一边。这种态度既无视了现象学在哲学认识论中的重要贡献，也遮蔽了在马克思的感性世界理论与现象学理论之间的某种契合之处。其实，胡塞尔所讲的作为人的经验视域的"整体世界"和马克思所讲的作为人的感性活动的产物的"感性世界"，都不是外在于人的、与人的活动无关的"自在世界"。更为

---

① 埃德蒙德·胡塞尔. 经验与判断[M]. 邓晓芒，张延国译. 北京：生活·读书·新知三联书店，1999：28.

重要的是，马克思同样没有把"自在世界"，而是把"感性世界"视为人的认识的前提或基础，同样认为认识的对象不是自在的，而是由人类的社会性、历史性实践活动提供的，或者说是在人类实践中被给予的。

当然，依笔者之见，马克思的"感性世界"较之胡塞尔的"整体世界"，潜存着更为丰富的理论内涵。在胡塞尔那里，作为人的经验视域的"整体世界"是由各种"前识"和"共识"所构成的主观意义上的世界，没有超出认识者的意识范围。相比之下，马克思讲的"感性世界"则是一个由人的感性活动创造出来的对象化的世界，即由人们的感性活动及其创造物构成的属人的世界，一个超越了人的内在意识的客观化了的世界。这表明，胡塞尔与休谟、康德一样，在人与周围世界的关系中，他只看到了人的感知、直观、表象、判断这些属于纯粹意识范围内的东西，而没有看到人的超越纯粹意识的能动的感性活动，因而他也就看不到是什么东西能够使"认识超越自身，切中在意识框架内无法找到的存在"，这就使他最后得出的结论没有超出传统经验论或怀疑论的范畴，如他本人所说："但我接受真实的事物，接受外在于我的事物，这是根据什么信用呢？根据外在知觉的信用？简单一瞥便可以把握我的事物环境直至最遥远的恒星。但这一切可能是梦，是感官的欺骗。这些和那些知觉内容，这些和那些统摄，这些和那些判断，这才是被给予之物，真实意义上的唯一被给予之物。对于这种超越的功效，是否在知觉中有一种明证性？但明证性除了是某种心理特征之外还能是什么呢？知觉和明证性特征，这便是被给予之物，而为什么必然有某物与知觉和明证性特征这个混合物相符合，则是个谜。"①

上述区别也构成了现象学的"经验视域"与本文从马克思"感性世界"理论引申出的"实践场域"的根本差别。构成实践场域的那些因素，不知是人们观念中的前识或共识，重要的是人们的工具系统和工具行为，在实践场域中所发生的也不仅仅是观念活动，而是"实践场域内客体间相互作用"。人们把主体的前识、共识，或者说经验知识、观测方式、认知模式、思维模式、话语系统预设到工具行为中，在更为广阔的意义上，还包括了各种自然的和社会的因素，由此构成了以人们的工具系统和工具行为为核心的"实践场域"。因此，恰恰是这个实践场域决定了对象的显现方式，或者用胡塞尔的话说，决定了对象的被给予方式。如此看来，这个"实践场域"包含了胡塞

---

① 埃德蒙德·胡塞尔. 现象学的观念[M]. 倪梁康译. 上海：上海译文出版社，1986：69.

尔称之为"前述谓经验"的东西。只不过胡塞尔把前述谓经验局限在纯粹意识范围之内，而"实践场域"则是感性活动的领域，是超越了纯粹意识的感性世界。如果我们把胡塞尔所说的"前述谓经验"放到"实践场域"中，或者说，放到"感性世界"中加以考察，这个前述谓经验就不仅是一个意识结构的问题，而且也是一个生活实践结构的问题，而意识结构不过是生活实践结构的一个有机的组成部分。

（该文原载于《科学技术与辩证法》2007 年第 4 期）

量子过程与思维过程的类比

——《量子理论》述介

很少有人把量子过程同思维过程联系起来。美国物理学家、量子理论的奠基者之一 D. 玻姆却在其《量子理论》（侯德彭译，商务印书馆 1982 年版）一著中出人意料地将这两个过程放在一起加以比较，指出这二者几乎"逐点类似"。这个比较看上去似乎别出心裁，但又确实发人深思。现将这个比较简要地呈于读者。

一、测不准原理与思维过程的不确定性

测不准原理是量子理论的一个重要结论。在观测原子客体的量子状态时，由于观测原子仪器与原子客体间有着不可分割、不可完全控制的相互作用关系，原子客体的量子状态在实验中既可显示出波动性，又可显示出粒子性，从而使量子系统中成对出现的正则共轭量（如位置和动量）不能同时有确定的量值。例如，当原子客体的位置可以精确测定时，其动量则越发不能确定，反之，当动量可以精确测定时，其位置又失去了确定性。

玻姆注意到，思维过程也有类似的不确定性。当一个人正在考虑某个问题时，他的思维的主题和动向与思维过程的所有成分处在不可分割的联系中，而当他在同一时刻想要知道自己正在想些什么的时候，他就在自己以后的思路中引入一个不可预言不可控制的变化，特别是当他试图精确地描述自己此一时刻的思维状态时，他的思想的主题和动向都将变得与他试图注意它们之前的情况很不相同。这样，给定时刻的思维状态就类似于原子客体的位置，而思维变化的一般动向就类似于原子客体的动量。一旦某人去注视他的

思维状态并力图精确地描述自己的思路时，他的思维动向的发展反而变得不确定了。

玻姆认为，思维过程与量子过程的这种类似是因为这两个过程有共同特征，即整体性。量子系统的许多特性（如波动性、粒子性）与周围物体（如观测仪器）有着不可分割和不可完全控制的量子联系，而在测量过程中，必须用不同的仪器分别测量系统的不同特性，并用反映波动性和粒子性的那些在经典物理学中有确定意义的概念来描述这些特性，这就难免在一定程度上破坏了系统的整体性，并使量子系统出现顾此失彼的不确定性。同样，思维过程的所有成分（各种思想、观念等等）也都是密切相关的，每一成分的"内部"性质或意义都部分地产生于它与其他成分的相互联系中。如果试图用语言来精确地描述思维状态，就不可避免地要把思维过程分析成若干精细成分，割裂每一成分同其他成分的关系，这样一来，思维的主题或动向就会发生各种各样不可预料、不可完全控制的变化，部分地失去原来的意义。

二、量子理论的经典极限和思维过程的逻辑性

量子理论是借助经典物理学语言建构起来的。量子状态的种种特性彼此密切相关、不可分割，但要把握量子状态的运动规律，就必须运用如位置、动量、频率、波长等经典物理学概念来规定量子系统在实验中表现出来的种种特性，并借助经典的因果律把这些规定综合起来形成反映量子状态演化规律的运动方程（如薛定愕的波动方程）。事实上，经典概念和经典的因果律并不能十分确切地反映量子状态的微观特征，只能概括量子态在实验中呈现出来的宏观信息，因而它们被视为量子理论的经典极限。但尽管如此，没有经典语言和经典因果律就不可能形成量子理论。

类似的情况也出现在思维过程中。思维活动要遵从逻辑法则，即要求把思维的各种成分（观念和思想）进行分类，并把这些类别看成是相互独立的，然后再用逻辑法则把它们联系起来。但思维过程的基本成分并不是独立的，而是不断地、不可分地变动着的，如果把它们分析成独立成分，就会破坏或改变它们原来的意义。然而，有某些类型的概念则可以不考虑它们与其他概念的不可分的和不可控制的联系，这些概念的联系则可以看成是有因果联系，并遵从逻辑法则的。因此，逻辑法则一方面起到了把思维各种成分联系起来

的作用，另一方面又或多或少地改变了思维成分的原意，就像经典因果律不能十分确切地表述量子过程的微观性质一样。

三、量子跃变和新观念的产生

逻辑思维在思维过程中是十分重要的，没有逻辑思维的发展，我们就没有明确的方法来表达我们思维的结果，就无法检验它们是否正确。但玻姆认为，基本的思维过程也许不能看成是逻辑过程。大量事实可以表明，经过长期失败的探索而看不出任何直接原因之后，新观念会突然而来。假如我们只考察思维过程的逻辑性的一面，而忽略了思维过程中不可分的、不可完全控制的非逻辑阶段，那么，新观念的产生就与量子跃变十分类似。所谓量子跃变就是指量子系统在观测过程中由一个分立的能级向另一个分立能级的不连续的突变。量子论假定，量子系统在未受干扰时处在若干本征态的叠加中，当它受到仪器的干扰时，系统就会由叠加态突然跃迁到某一个确定的本征态上。这种跃变由于没有经过任何居间的能量值，因而被看成是非连续的或分立的。玻姆指出，把量子过程描述为不连续的跃变，多少是由于日常语言不够用的结果。量子系统的性质总有一部分是潜在的，不完全确定的，由于这些性质的存在，量子系统由一个能级向另一个能级的过渡在一定意义上也可以说是连续的。但日常语言和经典的因果律不能确切地描述这些性质和过程，因而当系统由一个能级不经任何居间的能量值过渡到另一个能级时就被理解为不连续的突变。同样，在思维过程中，以逻辑形式表示出来的确定概念与思维过程中那些居间的非逻辑的阶段或环节密切相关，过程可能是连续变化的。但由于只有逻辑过程才能被精确地表述出来，非逻辑的环节通常被忽略，这样，新观念的产生就显得像量子跃变那样突然发生。

以上便是玻姆所注意到的量子过程与思维过程的类似之处。关于这两个过程的关系，丹麦物理学家玻尔曾假设，思维过程涉及的能量很小，因此可能与大脑复杂结构中的量子过程有密切关系。这个假设既没有得到确证，也没有得到反驳。玻姆认为，把这两个过程联系起来可能会解释我们思维的许多特征。如果思维过程真在本质上与大脑中的量子力学基元有关；那么思维过程对量子现象可以提供直接经验。即使这种假设是错误的，这两个过程的类似也有重要意义，它可以使我们对量子理论有一较好的"感觉"。

玻姆比较的目的并非想要说明思维过程与量子过程有着物理上的联系，而是着力指出，量子理论并非超越常况，相反它比经典物理学理论更接近日常经验。在人们各个认识领域中，到处可以看到与量子过程相类似的特征，只是由于经典物理学的巨量成果使我们过于信服它的理论和方法，习惯于它的思维方式，进而使我们对量子过程中那些与经典理论相矛盾的特征感到惊讶和困惑，因此，就理解量子理论来说，改变旧的观念，更新思维方式，变换考察问题的角度是尤其重要的。

尽管玻姆的比较只是一种外在的类比，但它对于我们重新考察思维活动的特征也是极富于启发性的。长期以来，我们偏重强调思维活动中的逻辑性和确定性方面，甚至把思维活动归结为由概念、判断、推理三个环节组成的严密的逻辑过程。对于思维活动中那些非逻辑性的阶段、环节或不确定性的方面却很少有人去研究，甚至把这些因素视为理性思维不能容忍的"异端"加以排斥。然而，思维活动的创造很难归结为严密的推理过程。像"直觉""想象""灵感""顿悟"之类的思想变化一方面同严密的逻辑思维相关，另一方面又带有一定的非逻辑性。由此看来，对思维活动的考察，也需要调整我们的视角，必须把思维活动中的逻辑性和非逻辑性、确定性和不确定性统一起来。这样做，说不定我们真的能弄清思维活动的许多基本特征呢。

（该文原载于《哲学动态》1987 年第 12 期）

人的生命活动的时间结构及其当代意义

　　人是一种时间性的存在物，"时间实际上是人的积极存在，它不仅是人的生命的尺度，而且是人的发展的空间"①。生命是一个时间概念，生命的结构必然包含时间结构。因而，人的存在的时间性可以从人的生命活动的时间结构来理解。马克思认为，人的生命活动是一种自由的有意识的活动即劳动；人的自由本质体现在人的生命活动中。因此，人的生命活动的时间结构就是人的自由本质的时间结构。这个结构可以通过对人的生命活动即劳动的考察和研究加以发现。

一、人的生命活动的时间结构

　　马克思高度注重人的自由本质与人的生命活动的时间结构的关系。他在《资本论》及其手稿中对"劳动时间"和"自由时间"以及二者之间关系进行理论分析，并认为，劳动时间是具有客观必然性的和强制性的时间，是人们不能自主支配的时间，自由时间则是人们能够自主支配的时间。所以，人的自由程度在现实性上就体现为在多大程度上占有自由时间，而自由时间的长短则成为衡量人的自由活动之程度的尺度。据此，捷克新马克思主义者克莱尔·科西克认为："马克思把自由问题与创造自由时间（free time）联系起来是完全顺理成章的。创造自由时间的一个重要方面就是缩短劳动时间。在这个意义上，他可以把必然与自由的问题转换成劳动时间与自由时间的关系问题。"②德国法兰克福学派的马克思主义哲学家 A. 施密特也说："马克思把人

---

　　① 马克思恩格斯全集：第 47 卷[M]. 北京：人民出版社，1979：532.
　　② 卡莱尔·科西克. 具体的辩证法——关于人与世界问题的研究[M]. 北京：社会科学文献出版社，1989：164.

的自由问题还原为自由时间的问题。"①

根据人的生命活动内容，我们大致可以把人的生命活动的时间结构划分为三个基本方面：（1）劳动时间或工作时间，包括为人们的物质生活、精神生活和社会生活提供必要的物质基础和物质条件而必须进行的生产活动所占用的时间，还包括从事政治统治、社会治理、文化教育、医疗卫生等非物质生产活动的一切工作所占用的时间；（2）生理调整时间，即为恢复体力和精力而进行生理调整的时间，如饮食、睡眠等；（3）自由时间，即生命活动的主体可以自由支配的时间，或者说是实践主体能够随心所欲地从事自己认为有乐趣或有意义的活动或劳动所占用的时间。这三个基本层次的时间按一定比例相互结合，构成了人的生命活动的一般时间结构。其中，劳动时间和生理时间可以说是由客观必然性所决定的时间。劳动时间由人的存在的物质需求和社会存在发展的客观必然性所决定；生理时间由人的存在和发展的自然必然性所决定。它们都具有一定的刚性特征，不以人的意志为转移，只有自由时间是生命活动的主体可以自主决定的时间。如果进一步划分，我们还可以在"劳动时间"中区分出"必要劳动时间"和"剩余劳动时间"，前者是劳动者为满足自身生存和发展的需要而必须进行的劳动所占用的时间，后者是为创造和积累财富而必须进行的劳动所占用的时间②；生理时间也可以区分为"饮食时间"和"休息（特别是睡眠）时间"，这两种时间对于恢复劳动者的体力和智力，特别是对于劳动力的再生产来说是必不可少的；同样，"自由时间"也可以进一步区分为"闲暇（休闲）时间"和"自由劳动时间"，这两者主要表现为人们在自由时间中的活动。

二、对于自由时间的不同理解

在时间结构的三个基本层次中，最为重要的问题，也是一个颇有争议的问题，是对"自由时间"的理解。国内外都有学者认为，闲暇时间不属于自由时间。如科西克就认为，"作为有组织的闲暇的自由时间概念与马克思毫不相干。自由时间与闲暇不同，后者可以是历史性异化的一部分。自由时间

---

① A.施密特.马克思的自然概念[M].北京：商务印书馆，1988：153-154.
② 在资本与劳动相分离的私有制社会中，剩余劳动时间在很大程度上是被生产资料所有者无偿占有，使之成为资本利润的来源。

的存在，不仅假定劳动时间的缩短，而且还以物像化的扬弃为前提"①。法兰克福学派的哲学家马尔库塞也认为，"马克思的'自由时间'（free time）不是'闲暇时间'（leisure time），因为实现个人的全面发展并不是一种闲暇的事情。自由时间是属于自由社会的，而闲暇时间是属于强制性社会的。然而，在后一种社会中，工作日必须大大缩减，闲暇时间必须组织起来，甚至被治理。对于劳动者、雇员或行政人员来讲，必须按照他的社会身份所属的性质、态度、价值和行为方式来享受闲暇生活；他的存在就是为了别人更好的存在；他的积极闲暇或消极的闲暇将只是他的社会特性的延长或再现；他将不再是一个'独立的个体'"②。基于上述理解，科西克和马尔库塞都主张，只有在共产主义社会中才会有真正的自由时间，而在前共产主义社会中只存在"闲暇时间"，这是历史性异化的一部分。这个看法并不符合马克思对自由时间的理解。从马克思对自由时间的论述中，我们不难看到，马克思对自由时间的理解至少包含如下四个方面：（1）自由时间是满足绝对需求所需要的劳动留下来的剩余时间，这种时间是"个人受教育的时间，发展智力的时间，履行社会职能的时间，进行社交活动的时间，自由运用体力和智力的时间"③；（2）个人可以自由支配的时间，"这种时间不被直接生产劳动所吸收，而是用于娱乐和休息，从而为自由活动和发展开辟广阔天地"④；（3）用于发展不追求任何实践目的的人的能力和社会潜力的时间；（4）用于休闲和从事较高级活动的时间。由此可见，在马克思看来，自由时间的根本规定就是"自由运用体力和智力的时间"，它不能被直接的生产劳动所吸收，因而必然包括闲暇或休闲时间在内。从这个意义上说，自由时间并不是现在才有，更不是未来社会才会有的时间，而是作为生命活动的时间结构的一个层次自古以来就存在着的，尽管在生产力的发展不够充分和私有制社会条件下，这种自由时间对于劳动者来说可能是很短的，甚至是微不足道的，但绝不是完全不存在的。

　　一般来说，劳动时间是具有强制性的时间，这种强制或者表现为客观必然性的强制，即出于社会物质生活条件的必须；或表现为人为强制，即生产

---

　　① 卡莱尔·科西克. 具体的辩证法——关于人与世界问题的研究[M]. 北京：社会科学文献出版社，1989：164-165.

　　② Marcuse, Herbert. Towards A Critical Theory of Society: Collected Paper of Herbert Marcuse. Vol. 2. London and New York: Routlege of Taylor & Francis Group. 2001. 74-75.

　　③ 马克思. 资本论：第1卷[M]. 北京：人民出版社，1975：294.

　　④ 马克思恩格斯全集：第26卷（Ⅲ）[M]. 北京：人民出版社，1974：281.

资料所有者对丧失生产资料的劳动者的强制。而自由时间是非强制性的时间，是可以由主体自主决定的时间，但这并不一定是指非劳动时间。"自由时间——不论是闲暇时间还是从事较高级活动的时间——自然要把占有它的人变为另一主体，于是他作为这另一主体又加入直接生产过程。"①这里所说的"变为另一主体"，是指因占有自由时间而成为自由活动或自主活动的主体；"又加入直接生产活动"是指占有自由时间的主体从事的一种自由劳动，这种劳动不是以满足自身的直接需要为目的，而是以发展、彰显、确证自我的能力和价值为根本目的，也就是"用于发展不追求任何直接实践目的的人的能力和社会的潜力（艺术等等，科学）"的。这种活动未必比必要劳动更为轻松，甚至可能更为辛苦和紧张，但这种自由劳动或自主决定的活动具有自我实现的价值，"在这些条件下劳动会成为吸引人的劳动，成为个人的自我实现，但这决不是说，劳动不过是一种娱乐，一种消遣，就象傅立叶完全以一个浪漫女郎的方式极其天真地理解的那样。真正自由的劳动，例如作曲，同时也是非常严肃，极其紧张的事情"②。由此可见，必要劳动与自由劳动的区别并不在于劳动的内容和劳动的强度。同样的劳动，比如说，制作服装，在必要劳动的情况下，劳动的过程和结果都必然受到外在强制力的约束，因而表现为不自由。反之，在自由劳动的情况下，这个劳动过程和结果则表现为劳动主体的自主选择、自愿投入，表现主体自身的观念、知识、审美情趣，一句话把自己意志对象化，从而在对象身上实现自己的目的。很可能一个人在自由劳动的情况下，支出的体力、精力远高于必要劳动，但作为自由劳动，他没有必要劳动那种胁迫感和压力感。

由于必要劳动和自由劳动的区别并不在于劳动的内容和强度，就有可能出现这样的情况，一个人在必要劳动时间里所从事的劳动恰恰也就是在他看来最符合他的个性、最能增长和发挥自己的才智的劳动，那么他同样可以把必要劳动作为自身自由劳动的一部分。同时他不再把他的劳动作为外在于自身的必要劳动，而是将其同时视为体现他的能力、智慧和基本价值取向的劳动，也就是说成为他的自由劳动的一部分。这样，在他个人的劳动中，就扬弃了必要劳动和自由劳动的对立。例如，无论在历史上和现实中，我们在很多劳动者身上，都可以看出那种精益求精、锲而不舍的"工匠精神"，他们的劳作虽然包含谋生的成分，但他们对工作成就的追求远远超出了谋生的考

① 马克思恩格斯全集：第 46 卷（下）[M]. 北京：人民出版社，1980：225-226.
② 马克思恩格斯全集：第 46 卷（下）[M]. 北京：人民出版社，1980：113.

虑，而是将之看成是自我实现的方式。而在艺术家、科学家、学者、教育家、医学家、工程师那里，他们的艺术活动、学术活动、科学研究活动、教育教学活动、医学研究活动、设计创造活动等，都在很大程度上扬弃了必要劳动和自由劳动的对立，甚至可以无界限地把必要劳动时间和自由劳动时间合为一体。

在对自由时间的理解上，还有学者主张，把"闲暇时间"称为"消极自由时间"，而把从事高级活动的自由时间称之为"积极自由时间"，这个区分也是没有足够根据的，因为我们并不总是能够在"闲暇时间"和从事高级活动的时间之间划出泾渭分明的界限。即便是纯粹的休闲娱乐，对于恢复和增长主体的体力和精力，对于培育主体的良好精神状态也是相当积极的，而且休闲娱乐活动也不乏体现主体自我实现的积极功能。不过，笔者主张把人们对自由时间的运用区分为消极运用和积极运用。前者把自由时间用于从事无意义的，甚至有损道德和法律的活动，或有损主体身心健康的活动，如吃喝嫖赌、坑蒙拐骗等；后者则把自由时间用于有益于主体身心健康，有益于培育社会良好风尚，有益于发展主体的知识和能力的活动。显然，这二者的差别不是休闲与从事高级活动的差别，而是体现主体的价值取向和道德自律的差别。

还有一个问题也有必要弄清楚。我们说必要劳动是具有强制性的劳动，但这并不意味着必要劳动就不是人的自由活动。必要劳动作为劳动，作为主体按照自身的意志和目的改变劳动对象的自在形态，打破对象固有形态的限制，实现主体的自我对象化来说，同样体现着人的自由本质。只不过，强制性表明这种劳动总是迫于某种外在强制力而不能不进行。这种外在强制力或者是自然的，或者是社会的，或者二者兼而有之。所谓自然的外在强制力是指产生于人与自然之间关系的自然强制力。人是自然的存在物，自然界是人的无机的身体。人要活着就必须解决衣、食、住等物质生活条件问题。就是说，我们必须要种粮食、必须要织布制衣、必须要盖房子等等，不管我们愿意还是不愿意，也不管这些劳作是多么辛苦、多么艰难。因此，物质生活资料的生产和再生产永远属于马克思所说的那个"必然王国领域"，在这个领域中，劳动的直接目的就是满足需求。所谓社会的外在强制力是指产生于人与人之间社会交往关系中的社会强制力。主要是指随着生产力的发展、贫富分化和私有制的产生，社会成员日益分化为占有生产资料的社会阶级和丧失生产资料的社会阶级，从而造成劳动者与生产资料的分离。在这种情况下，劳动者（奴隶、农奴、雇佣劳动者）为了维持生计不得不忍气吞声地为生产资料所有者（奴隶主、地主或领主、资本家）劳作，接受后者的奴役、剥削和压榨。

自然强制力和社会强制力在人类社会历史中通常是交织在一起的，表现出更为复杂的情况。在私有财产运动的漫长历史中，特别是在经济发展能力相对比较低下的历史发展阶段上，必要劳动时间不能不占去了人们生命活动的绝大部分，再减去必需的生理恢复时间，自由时间所剩无几甚或微不足道。在这种情况下，由于外在强制力的存在，人们很难在这种必要劳动中意识到、感受到、体验到自己的自由本质。只有当社会生产力的发展、经济-技术的进步使人们真正意识到自由时间增长的可能性，并真正感受到必要劳动时间与自由时间的对立时，人们的自由意志才能普遍觉醒。

三、生命活动时间结构的演变

当然，生命活动的时间结构不是固定的、静止的，而是一个历史变化过程，这是人的存在的时间性的一个典型特征。时间结构的变化就是社会发展和历史进步的过程，从而也是人的自由本质的现实化过程，是人的自由的不断深化和拓展的过程。在时间结构中，生理调整时间是一个相对稳定的变量，虽然对一个人来说，用于饮食和睡眠的时间可能有长有短，但它有一个绝不可消失的最低限度，超过这个最低限度就必然会威胁他的健康乃至生命。因此，生命活动时间结构的变化，主要表现为劳动时间和自由时间的比例所呈现的有规律的成反比的变化。一般来说，随着人类征服和改造自然的能力的不断增长和科学技术水平的不断进步，也就是说随着社会生产力的发展，对于社会总劳动来说，劳动时间特别是其中的必要劳动时间必然会不断缩短，而自由时间就会相应地不断延长。这可以说是社会历史发展表现在时间结构中的规律。换句话说，由于"活动是由时间来计量的，因此，时间也成为客体化劳动的尺度"[①]，生产劳动的发展在时间结构上就表现为"劳动时间的节约"，即"一切节约归根到底都是时间的节约"[②]。

从社会总劳动的意义上看，自由时间随着必要劳动时间的缩短而延长是

---

① 马克思恩格斯全集：第 46 卷（下）[M]. 北京：人民出版社，1980：115.
② 马克思恩格斯全集：第 46 卷（上）[M]. 北京：人民出版社，1979：120.

一个基本规律。但是，从劳动分工的发展角度来看，某种单一形式的劳动的时间缩短，却为其他形式的劳动创造了时间条件。如马克思所说："社会为生产小麦、牲畜等等所需要的时间越少，它所赢得的从事其他生产，物质的或精神的生产的时间就越多。正像单个人的情况一样，社会发展、社会享用和社会活动的全面性，都取决于时间的节省。"①劳动的发展带来了需求的多样化增长，这就使满足需要的生产活动也多样化，从而为社会总劳动带来了必要劳动时间的多样化增长。例如畜牧业与农业的分工，进而手工业与农牧业的分工、物质劳动与精神劳动的分工等等，这种多样化的发展都是以必要劳动时间的缩短为前提的，从某种单一的或等量同质的劳动中节约出来的自由时间会在分工发展的新部门中直接转变为必要劳动时间，从而使自由时间在劳动分工的发展中带来了社会必要劳动时间的总量扩大，由此带来必要劳动时间的多样化增长。这种情况与必要劳动时间缩短和自由时间增加的规律并不矛盾。它只是表明，从事等量同质劳动的人数不断减少或者使一部分人可以从某种单一形式的劳动中脱离出来，创造或从事其他形式的劳动；更表现为一部分人从社会总劳动中脱离出来从事其他方面的社会活动，如政治统治、精神文化创造等等；或者表现为必要劳动时间的缩短延长了剩余劳动时间从而促进了社会普遍财富的增长和积累，而这一切恰恰是社会自由时间总量增长的结果，或者是以自由时间的增长为前提的。

四、时间结构的分配率

我们可以把劳动时间、生理调整时间和自由时间在社会成员中的分配称之为时间结构的分配率。这个分配率不是由时间结构本身决定的，而是随着社会生产力的发展自然地、历史地形成的，但可以通过时间结构完整地表现出来。

在自然形成的，以采集狩猎为基本经济形态的原始部落社会中，由于生产力水平极低，必要劳动时间占据了生命活动时间结构的绝大部分，再除去生理调整时间，自由时间微乎其微，但也并非完全没有。在必要劳动时间之外的闲暇时间中，原始人也有自己的自由活动，如祭祀活动、歌舞娱乐活动

---

① 马克思恩格斯全集：第 46 卷（上）[M]. 北京：人民出版社，1979：120.

和原始艺术创造活动。这种自由时间虽然所剩无几，但在生产资料部落成员共同占有的情况下，也没有被少数人所垄断，而是所有部落成员都能享用的自由时间。

到了原始社会末期，随着农业和畜牧业的产生，以采集狩猎经济为基础的原始部落社会逐渐过渡到以自然经济为基础、体现农业文明的传统社会。其中，生产工具的进步和个体劳动能力的增长，使必要劳动时间开始缩短，并在劳动时间中出现必要劳动时间和剩余劳动时间的分化以及自由时间的增长。但是，由于贫富分化、阶级分化和私有制的产生，在人的生命活动的时间结构中历史地出现了时间的不公平分配。如在奴隶社会及其发展时期，奴隶主阶级与奴隶阶级之间压迫与被压迫、剥削与被剥削、奴役与被奴役的关系就表现为时间的极端不公平分配。

在奴隶社会，由于生产工具的进步，使个体化的劳动成为可能，剩余劳动时间开始增长。剩余劳动时间的增长带来了剩余产品的产生和积累，也合乎逻辑地带来了自由时间的增长，从而使一部分人（奴隶主阶级）最终从直接的物质生产劳动中脱离出来，这一部分人基本上垄断了自由时间，他们或者专门从事政治统治和社会管理活动，或者从事精神文化的创造活动。这就产生了第一次社会大分工，即体力劳动和脑力劳动的分工。由于在此一阶段上，必要劳动时间依然占据主导部分，能够提供的剩余产品的数量也是有限的。因而，在奴隶制时期，奴隶主一般采取庄园经济的形式，依靠大量的奴隶劳动所创造的剩余来维持自身的生活。对于奴隶来说，他们除了劳动时间和生理调整时间，没有或很少有自由时间，他们的全部时间都属于他们的主人，这是时间的不公平分配的开始。但这种不公平的时间分配具有历史必然性和历史的进步价值。正是由于少数人垄断了自由时间，才使这些数量不大的自由时间，成为可运用的自由时间，才带来了文明制度的产生和早期的文化繁荣。所以说，"没有自由时间，就没有一切科学、艺术、诗歌等富于创造性、融智慧与浪漫于一体的社会文明"①。

时间结构的分配率表现出时间结构的内在矛盾，即必要劳动时间与自由时间的对立。这种对立本质上又是社会基本矛盾在时间结构中的表现。随着私有制和社会分工的发展，必要劳动时间的缩短并没有使社会成员中的劳动者阶级享受更多的自由时间。自由时间是被社会成员中非劳动者阶级所垄

---

① 马惠娣，成素梅. 关于自由时间的理性思考[J]. 自然辩证法研究，1999（1）：3-5.

断。用马克思的话说："在必要劳动时间之外，为整个社会和社会的每个成员创造大量可以自由支配的时间（即为个人发展充分的生产力，因而也为社会发展充分的生产力创造广阔余地），这样创造的非劳动时间，从资本的立场来看，和过去的一切阶段一样，表现为少数人的非劳动时间，自由时间。"[1]"这些不劳动的人从这种剩余劳动中取得两种东西：首先是生活的物质条件，他们分得赖以和借以维持生活的产品，这些产品是工人超过再生产他们本身的劳动能力所需要的产品而提供的。其次是他们支配的自由时间，不管这一时间是用于闲暇，是用于从事非直接的生产活动（如战争、国家的管理），还是用于发展不追求任何直接实践目的的人的能力和社会的潜力（艺术等等，科学），——这一自由时间都是以劳动群众方面的剩余劳动为前提，也就是说，工人在物质生产中使用的时间必须多于生产他们本身的物质生活所需的时间。不劳动的社会部分的自由时间是以剩余劳动或过度劳动为基础的，是以劳动的那部分人的剩余劳动时间为基础的；一方的自由发展是以工人必须把他们的全部时间，从而他们发展的空间完全用于生产一定的使用价值为基础的；一方的人的能力的发展是以另一方的发展受到限制为基础的。"[2]因此，可以说在以私有制为基础的阶级分化的社会中，由于存在着不公平的时间分配，劳动时间的缩短对劳动者阶级来说，并不必然导致自由时间的增加。

必要劳动时间与自由时间的对立在贯彻资本逻辑的资本主义生产方式中更为突出。资本逻辑的基本特征就是追求价值增殖，因此资本主义生产的基本目的不是为了满足社会的需求，而是为扩大资本的利润实现资本的价值增殖。用马克思的话说，这个资本逻辑就是"生产的扩大或缩小，不是取决于生产和社会需要即社会地发展了的人的需要之间的关系，而是取决于无酬劳动的占有以及这个无酬劳动和物化劳动之比，或者按照资本主义的说法，取决于利润以及这个利润和所使用的资本之比，即一定水平的利润率。……资本主义生产不是在需要的满足要求停顿时停顿，而是在利润的生产和实现要求停顿时停顿"[3]。在这种情况下，科学技术的发展和广泛应用，必然会带来劳动时间的缩短，但这个缩短对追求利润的资本家来说，则意味着，他可以把本属于劳动者的自由时间转换成剩余劳动时间，以扩大资本利润；或者意味着他会让多余的工人失业，以降低生产的成本。失业的工人则不仅失去

---

① 马克思恩格斯全集：第46卷（下）[M]. 北京：人民出版社 1980：221.
② 马克思恩格斯全集：第47卷[M]. 北京：人民出版社，1979：215.
③ 马克思. 资本论：第3卷[M]. 北京：人民出版社，1975：288.

了自由时间，而且连必要的劳动时间也失去了。所以，马克思说："时间是人类发展的空间。一个人如果没有自己处置的自由时间，一生中除睡眠饮食等纯生理上必需的间断以外，都是替资本家服务，那么他就还不如一头载重的牲畜。他不过是一架为别人生产财富的机器，身体垮了，心智也狂野了。现代工业的全部历史还表明，如果不对资本加以限制，它就会不顾一切和毫不留情地把整个工人阶级投入这种极端退化的境地。"①由此，"工人就丧失了精神发展所必需的空间，因为时间就是这种空间"②。

五、资本的历史使命何以完成？

消解必要劳动时间与自由时间的对立，实现时间的公平分配，关键问题是限制资本。所谓限制资本就是限制资本的掠夺本性，但这只有在彻底改变资本主义生产关系的前提下才是可能的。马克思确信，"直接的劳动时间本身不可能像从资产阶级经济学的观点出发所看到的那样永远同自由时间处于抽象对立中，这是不言而喻的。劳动不可能像傅立叶所希望的那样成为游戏"③。他认为，资本本身的发展就存在着走向自己对立面的可能性。资本的发展不断运用科学技术提高劳动生产率，从而也就不断地在缩短必要劳动时间。一旦必要劳动时间缩短到微乎其微的程度，资本就完成了自己的使命，"一方面整个社会只需用较少的劳动时间就能占有并保持普遍财富，另一方面劳动的社会将科学地对待自己的不断发展的再生产过程，对待自己的越来越丰富的再生产过程，从而，人不再从事那种可以让物来替人从事的劳动，——一旦到了那样的时候，资本的历史使命就完成了"④。"靠消耗最小的力量，在最无愧于和最适合于他们的人类本性的条件下来进行这种物质变换"⑤，这就是马克思所设想的"自由王国"。在这个自由王国中，劳动时间和自由时间的对立消解了，"真正的财富就是所有个人的发达的生产力。那时，财富的尺度决不再是劳动时间，而是可以自由支配的时间"⑥。

① 马克思恩格斯选集：第 2 卷[M]. 北京：人民出版社，1995：90.
② 马克思恩格斯全集：第 47 卷[M]. 北京：人民出版社，1979：344.
③ 马克思恩格斯全集：第 46 卷（下）[M]. 北京：人民出版社，1980：225.
④ 马克思恩格斯全集：第 46 卷（上）[M]. 北京：人民出版社，1979：287.
⑤ 马克思恩格斯全集：第 25 卷[M]. 北京：人民出版社，1974：927.
⑥ 马克思恩格斯全集：第 46 卷（下）[M]. 北京：人民出版社，1980：222.

"资本的历史使命就完成了"这句话大致可以用马克思《资本论》中关于商品价值的公式来说明。马克思认为，在资本主义雇佣劳动制下，商品的价值可以用"$W=C+V+M$"（即商品价值＝不变资本+可变资本+剩余价值）公式表达。其中"$C+V$"是商品的成本（K），该公式就可以用"$W=K+M$"，进而，如果"M"转化为利润（P），该公式就可以用"$W=K+P$"表示。但在今天，高科技的普遍发展使高智能机器（智能机器人）得以普遍应用，在这种情况下，"$W=C+V+M$"中"V"（可变资本，活劳动成本）就会逐渐被机器所取代。在这里，需要注意的是，取代活劳动的机器，原则上属于"C"的一部分，因为它是资本所有者作为固定资产购入进来的，但它又不同于原来意义上的"C"①，而是能够创造新价值的"C"。为方便表述，我们可以把作为不变资本的"C"称之为"$C1$"，把能够产生新价值的"C"称之为"$C2$"。"$C2$"创造的新价值并不是活劳动所创造的"剩余价值"，而是直接转化为资本利润（P）。我们可以把"$C2$"创造的新价值转化成的利润用"PC"表示，相应地，把"V"创造的剩余价值转化成的利润用"PV"表示。这样，商品价值的公式就可以改写为"$W=C1+C2+V+PC+PV$"。显然，在商品价值量不变的情况下，"$C2$"所占的比重越大，"V"的比重就越小，相应地，"PC"的比重越大，"PV"的比重越小。当"V"的减少趋向于"0"时，"PV"也趋向于"0"。商品价值公式，亦可还原为"$W=K+P$"，只不过其中的"K"等于"$C1+C2$"，"V"消失或趋近于消失了。这就意味着，以占有剩余价值来实现资本利润增长的资本运作逻辑就终止了。

当然，资本的历史命运的完成不会是一个自然的演化过程。因为，在资本主义私有制条件下，"$C1$"和"$C2$"依然是作为生产资料被资本所有者垄断，"P"作为资本利润首先依然是资本家的私人财富，而不直接就是社会的普遍财富，至于哪一部分能真正成为社会普遍财富，则取决于资本家所缴纳的所得税。但是，对于丧失生产资料的劳动者来说，则意味着被逐渐驱逐出生产过程。在以往的历史过程中，单一生产部门中"V"的减少，可以被新的生产部门消化吸收，因而带来社会总劳动的增长。高科技的发展也的确会

———————————

① 原来意义上的"C"表示不变资本，是资本家用来购买生产资料的那部分资本，本身不产生新的价值，只能通过工人所谓具体劳动把自身的价值逐渐转移到新产品中。而高智能机器人的使用却有了新的特征。首先机器人也是作为生产资料（机器设备）而被购入进来的，因而原则上应当属于"C"的一部分，但机器人并不是仅仅把自身的价值转移到新产品中，而是能够像工人一样创造新的价值，否则资本所有者购买机器人就毫无意义。在这个意义上，购买机器人的资本显然具有了可变资本的性质，但它并不像工人那样可以把工作时间区分为必要劳动时间和剩余劳动时间。本文将这种智能型机器设备暂且称之为"$C2$"。

创造出许多新的劳动部门或工作部门，从而提供新的就业机会。但如果科学技术的普遍发展，使任何劳动部门或工作部门的"V"普遍缩减，甚至趋于"0"，那么"V"的缩减就很难被社会生产总体过程所消化。在这种情况下，如果继续贯彻资本统治的逻辑，就会有大量的社会成员真正地失去就业的机会，由此必然给社会治理造成巨大的压力。这就是说，科学技术的发展必然最终会使贯彻资本逻辑的经济形态面临严重的社会危机，迫使国家或政府重新考虑社会财富的分配格局。

六、谋求时间正义——时间结构的当下意义

说到这，就可以看出，今天讨论这个话题的重要意义了。这个意义说得简单一点，就是谋求时间正义，也就是谋求自由时间在社会成员中的公平分配。21 世纪以来，以微电子技术为核心的新技术革命以惊人的速度发展起来，其普遍化的程度也令人瞠目结舌。特别是近些年来，大数据、云计算、量子通信等等高智能技术的开发和利用把人们带入到一个新的世界。我们已经看到，大量的现代化程度很高的工厂已经不需要那么多的工人，甚至无人工厂、无人商店、无人驾驶汽车、无人飞机等等都已经不是科幻作品中的想象。我们还可以预测，不远的将来，我们还需要那么多的教师、医生、管理干部、城管人员、律师、保姆等吗？随着当今科学技术的高速发展和广泛应用，事实上，已经大大缩短了劳动者的直接劳动时间，相应地也就大大增加了自由时间，但自由时间依然没有公平地分配给全体社会成员，甚至一部分人垄断自由时间，而一部分人依然无法享用自由时间的情况依然还是比较普遍的。

新的问题已经显示出来了，并且会以极快的速度演化。我们甚至可以设想这样一种可能的未来社会状况：马克思所说的作为物质生产活动而存在的"必然王国领域"依然存在，但在这个领域中从事生产活动的不再是直接意义上的劳动者，而是机器。用黑格尔的话说，这是生产的抽象化过程，"生产的抽象化使劳动越来越机械化，到了最后人就可以走开，而让机器来代替他"[1]。当然，可能还会有少量的人员在这个领域中工作，但很有可能是从事生产管

---

① 黑格尔. 法哲学原理[M]. 范扬，张企泰译. 北京：商务印书馆，1961：210.

理和技术管理工作，这就是马克思所说的，"靠消耗最小的力量，在最无愧于和最适合于他们的人类本性的条件下来进行这种物质变换"①。与此同时，绝大多数社会成员将从这个"必然王国领域"脱离出来。在这样一种社会状态下，如果还按资本逻辑来分配社会利益，必然会导致严重的社会危机，因为当"V"被机器所取代的时候，"按劳分配"可能会因无劳可做而失去意义，"按资分配"则意味着社会普遍财富被极少数人垄断。一方面是大量的社会财富，另一方面是大量的社会成员因普遍化的失业而无法享受社会财富。这种情况势必会逼迫社会分配制度的变革，以保证社会成员在不从事直接的生产劳动的前提下，依然能够获得满足自己基本需要的社会财富。只有在这个前提下，社会成员才能真正享受技术进步所创造出来的自由时间，才有可能从事自己认为有乐趣有意义的自由劳动，这种劳动不再是谋生的手段，而是个人兴趣、爱好、智力和创造力的自由发挥，是自我实现的方式。只有发展到这个程度，对于每一个社会成员来说，绝大部分时间甚或全部时间才能成为"自由时间"。如果如施米特所说，人的自由问题可以还原为自由时间问题，那么每个人对自由时间的完全占有，就是时间正义的完整实现。

当然，我们距离这个理想状态恐怕还有相当遥远的距离。我国目前正处在社会主义发展的初级阶段上，必然要通过发展社会主义市场经济来增强综合国力。这就意味着我们在一定程度上会遇到资本逻辑的统治所带来的一系列社会问题，其中就包括劳动时间和自由时间的对立问题。但我们毕竟是社会主义国家，理当注重对资本逻辑的限制，理当在消解劳动时间与自由时间的对立方面做更多的努力。在这方面，我们应特别注重国民收入再分配的重要性。国民收入再分配作为国家通过立法而建立起来的包含社会保险、社会福利、社会救助、社会优抚等内容的社会保障体系，是一种不以直接劳动为前提的分配制度，它更加注重分配公平，因而更有利于迎接智能化技术广泛应用在就业问题上带来的挑战。因此，国民收入再分配可能在技术充分发达的时代更具有本质的重要性，而不仅仅是缩小贫富差别的补救措施。同时，笔者认为，我国的民生建设，除了要增加公民的财产性收入，提高生活质量，合理缩小贫富差别，实现共同富裕外，还应当把增加公民的自由时间考虑进去，缩短工作日和工作时间，让公民能够在更多的自由时间里发展自己的才智，培育自己良好的精神状态。这应当成为我国小康社会建设的基本内

---

① 马克思恩格斯全集：第 25 卷 [M]. 北京：人民出版社，1974：927.

容之一。

（该文原载于《江汉论坛》2019 年第 6 期,《中国社会科学文摘》2019
年第 11 期转载）

对"发展"概念的科学理解和理论辨析

发展问题无疑是当今世界"第一议题",无论是发展问题的理论解决即各种发展观念、发展理论,还是发展问题的现实解决即各种发展策略、发展模式,都呈现着这一议题的重要性和迫切性。其中,发展问题的理论解决,特别是确立一种科学的、经得起检验的发展观则显示出解决发展问题所能达到的理论高度和自觉程度。而发展问题的理论解决又必然要求对"发展"概念在理论上作出新的阐释,以便能够更好地统摄在现实发展过程中涌现出来的经验和困难问题。但就目前来看,人们通常是将"发展"作为一个现成的概念使用,很少有人对这个概念的传统理解提出异议。依笔者之见,我国学界对发展概念的传统理解恰恰是成问题的,需要我们从哲学上予以澄清。

一、能否把发展理解为宇宙的一般特征?

在传统的"马克思主义哲学原理"教科书中,"发展"被表述为物质世界或宇宙的基本特征,其基本论断是:发展既是物质世界的基本特征,也是唯物辩证法的基本观点。对于这个论断,至今很少有人提出疑问,几乎成为"不言而喻"的命题。事实上这个命题并没有经过严密的论证,因而有必要重新对此作出理论上的辨析。

1850 年,克劳修斯根据热传导的不可逆性,提出了热力学的第二定律:"热量总是从高温物体传到低温物体,不能作相反的传递而不带来其他的变化"。1865 年,他又引入一个新的态函数——"熵",以表示热学过程的不可逆性。在热力学中,"熵"是表征热力系统趋向于热力平衡的状态函数。这样,热力学第二定律又可表述为:"在孤立系统内实际发生的过程总是使整个系统的熵的数值增大"。按照这个熵增原理,孤立的系统最终命运必然是达到热力平衡状态，从而停止一切运动。1867 年克劳修斯把热力学第二定律从孤立系统推广到整个宇宙，认为宇宙的能永远守恒，但宇宙的熵不断增大。宇宙的熵越是接近最大的极限状态，进一步变化的能力就越小。如果最后达到了这个状态，宇宙就进入死寂的永恒状态。这就是著名的"宇宙热寂论"。

在克劳修斯发表热力学第二定律后不久，达尔文发表了《物种起源》一书，提出生物进化论。这个理论实际上构成了对"宇宙热寂论"的挑战：为什么在自然界生物系统能够呈现从低级形态到高级形态的进化过程，而不是趋于热寂？正如美国系统论哲学家拉滋洛所说："经典热力学和达尔文生物学确定的进化过程同经典物理学冲突；它们二者又互相冲突。经典热力学和达尔文生物学发现的单向过程并不吻合，在经典热力学中，'时间之矢'朝下，趋向无组织状态和无序；相反，在达尔文生物学中'时间之矢'朝上，趋向于在一定结构和功能方面的组织性的更高层次。"[①]问题在于朝上的"时间之矢"如何确定？

1948 年美国数学家、信息论创始人申农提出了信息概念，认为信息是用来消除事物不确定性的东西。申农很快就发现，他用来测算不确定性的信息公式和熵的概率公式完全一样，只正负相反。为此维纳指出："信息量是一个可以看作几率的量的对数的负数，它实质上就是负熵"，"正如一个系统中的信息量是它的组织程度的量度，一个系统的熵就是它的无组织程度的量度；这一个正好是那一个的负数"。[②]

负熵概念的提出，为解决系统进化问题提供了强有力的武器。1969 年奥地利物理学家普里高津提出了耗散结构理论。该理论把系统区分为封闭系统和开放系统两类。孤立的封闭系统，其自然趋势是熵自发增大，趋向于热力学平衡。对于开放系统来说，熵（S）的变化可以分为两部分：一部分是系统本身由于不可逆过程引起的熵的增加，即熵产生（di S）永远是正数；另一部分是系统与外界进行物质、能量和信息的交换而向系统内部引进的熵流（de S），这一项可正可负。整个系统的熵的变化（dS）就是这两项之和，即 dS＝de S +di S。如果 de S 是负数，其绝对值又大于 di S，则 dS 可以小于零。这表明，只要系统从外界流入的负熵流足够大，就可以抵消系统自身的熵增。当负熵流增加到一定域值，就会使系统远离平衡态，克服无序趋向，引起新的有序结构的产生。由此，普里高津提出"非平衡是有序之源"的著名论断。

① 拉兹洛. 进化——广义综合理论[M]. 北京：社会科学文献出版社，1988：24.
② 庞元正等编. 系统论、控制论、信息论经典文献选编[C]. 北京：求实出版社，1989：640.

耗散结构论很好地解释了开放系统的进化问题。1977 年，西德理论物理学家哈肯进一步提出了关于非平衡系统自组织理论——协同论，该理论以信息论、控制论、随机理论、突变论等现代科学理论为基础，采用统计学和动力学相结合的研究方法，通过对不同领域的分析类比，建立了一整套数学模型和处理方案来描述各种系统和现象中从无序向有序转变的共同规律，使非平衡理论（自组织理论）有了更广泛的适用性。

但是能否认为耗散论、协同论等系统理论证明了进化和发展是整个宇宙（整个物质世界）的一般本性呢？国内学界不少学者几乎不假思索地对这个问题作出了肯定的回答。但事实上，耗散论、协同论等并没有否认热力学第二定律关于系统自发熵增的结论，而仅仅是指出了开放系统的特殊规律。因此，正如孤立、封闭系统的动态趋势不适合解释整个宇宙一样，开放系统的动态趋势也不能证明整个宇宙在本质上是发展的，如果说宇宙是无限大的，那么这就等于说在宇宙中有无数个系统在进化、发展，同时也有无数个系统在退化、衰落。所以，本文认为，说宇宙在一般本性上是发展的，这个论断同"宇宙热寂论"同样是不切实的。发展一词，总是意味着从某个原始形态向更高级的存在形态的转化，只适用于描述有限的事物系统，而对于整个无限的宇宙没有意义。如果一定要把发展理解为物质世界或宇宙的一般本性，那就只有将物质世界或宇宙理解为有限的。而这样一来，唯物主义理论就会面临更多的困难。因此，从宇宙无限性的假定出发，把宇宙自然演化过程中进化和退化的辩证运动理解为宇宙的本性似乎是更为确切的。

把进化和退化的辩证运动理解为宇宙的一般本性，对于确立科学发展观来说具有很重要的理论意义和实践意义。任何系统的进化本身都不可避免地包含着退化（热寂化）的趋势。即便是开放系统，引进负熵流也不是无条件的、无限的。20 世纪 70 年代初，以讨论人类目前和未来的处境而闻名于世的罗马俱乐部在《增长的极限》中，通过对影响经济增长的五个方面的主要因素（人口增长、粮食供应、资本投资、环境污染和资源消耗）的综合分析和计算，得出了以下结论：1970 年以后，人口和工业仍然维持指数增长，但迅速减少的资源将成为约束条件使工业不得不放慢速度，待工业化达到最高点后，人口和污染还会继续增长，但由于食物和医药缺乏引起死亡率上升，最后人口停止增长，这样人类在 2100 年到来之前崩溃。1981 年，美国著名学者里夫金和霍华德发表了《熵：一种新的世界观》一书。这本书把物理学用来表述热力系统无序性的状态函数"熵"广泛应用于哲学、心理学、经济学、政治学、社会学等各个领域，从而向不断追求经济增长的西方经济学思想提出了挑战。作者认为，尽管物理学的质量、能量转化守恒定律说明了自然界中的能量是不灭的、守恒的，只能从一种形式过渡到另一种形式，但这并不意味着我们可以高枕无忧地滥用自然的物质和能源，因为热力学第二定律告诉我们，能量只能不可逆转地沿着一个方向转化，即对人类来说，是从可利用的向不可利用的状态转化，从有效的到无效的状态转化。由于现代经济的快速增长以及人们对科学技术的崇拜和放纵，世界非再生性的能源和物质材料的耗散实际上在加速增大，两者的熵值正提高到一个十分危险的程度，如果继续照现有的经济增长方式发展下去，必然会导致这样一个悲剧：耗尽地球上的非再生性资源。为此，作者告诫人们：以消费为生产目的的现代工业主义，把生产率提高和经济增长视为唯一目的，并通过消除人类劳动和实现生产过程各环节的自动化而增加能量的流动，致使我们的社会已进入高熵的社会，"一场大崩溃已迫在眉睫"。

不管"增长极限论"和"熵"论有何等危言耸听的性质，但这里所包含的问题，是不能忽视的。事实上，可持续发展观的提出已经提醒我们应当从进化与退化的统一中来研究人类社会这个开放系统的发展特征。

二、"进化"与"发展"

进而言之，强调发展这个概念只能用于有限的、开放的系统，是否意味着"发展"是一切有限、开放系统的基本特征呢？要回答这个问题，有必要对"进化"和发展进行理论上的辨析。

发展（development）一词在西语中，原本是指某种看上去不活动的东西逐渐活动起来或某种肉眼看不见的东西逐渐显示出来的过程，其典型的例子是生物胚胎不断生长，其大小、形态和功能逐渐成熟的过程。因此"发展"一词具有"发育、展开"的含义，这个含义在17、18世纪以来近代的科学和哲学的文献中与"演化""进化"这样的语词在使用上的含义几乎没有什么大的区别。根据当代著名英国社会哲学家吉登斯的考证，"进化"或"演化"（evolution）一词来自拉丁语的"evolutio"一词，由前缀"e-"（从……中出来）和词根"volatus"（旋转）构成，最初意思是指羊皮书籍的书页的展开。"直至十七世纪晚期，这个词才逐渐形成它的现代含义，开始指一种历经一些可以识别的阶段的有序变迁过程。"①在近代，这个词被用于描述生物个体的发育与物种起源和演化的过程，并产生了生物进化论，同时这个词也被用于描述地质变动中地层的生成和演变的过程。

由于进化和发展这样的概念出于对生物发育、展开、演变过程的描述，因而当这样的概念最初被用于阐释社会发展过程时总是暗含着一种生物学的隐喻，或者说包含着与生物进化过程的类比，以致产生了各种类型的社会进化论。其中，19世纪后半叶英国著名哲学家、社会学家斯宾塞的普遍进化论和社会生物学观点是最为典型的。深受拉马克、达尔文生物进化论影响的斯宾塞，从哲学的角度对"进化"概念进行了提炼，使之成为具有最高普遍性的哲学概念，他说："进化是物质的集结，以及同时发生的运动的消散，在这个过程中，物质由于相对不确定的、分散的同质状态进到相对确定的、凝聚的异质状态，而被保留的运动也发生了相应的转化。"②从这个普遍的进化概念出发，斯宾塞认为，宇宙间万事万物无不受普遍的进化规律的支配，人类社会当然也不例外。通过与生物有机体的类比，斯宾塞提出了他的"社会有机体"的概念。在他看来，社会的分工类似于动物机体各个器官的分工，动物机体的各种器官的机能是相互配合、均衡的，而"社会有机体如同单个有机体一样，机能的均衡引起结构的均衡"③，生物进化是通过自然选择、生存竞争来实现的，这种"适者生存"的原则经过适当的解释也可以表述为社会进化的原则。当然，斯宾塞并非没有注意到生物机体与社会有机体的区别，他提出了"超有机体"这个概念以示社会不同于生物。但尽管如此，在斯宾塞那里，"进化"始终是描述社会发展过程的核心概念。

20世纪以来，社会科学的发展已使斯宾塞的那种社会生物学观念成为历史遗迹，但"进化"这个概念在许多社会科学家的社会观念中依然占据重要的地位。美国社会学家帕森斯虽然强调社会进化和生物进化有着不同的机制，但两者之间存在一些"进化的共项"（evolutionary universals），因而前者是后者的一种延伸，进化概念依然是把握社会发展的重要范畴。他说："不论是否采用'生物的'这个形容词，进化原理都牢固地确立下来了，可以适用于任何由生命体构成的世界⋯⋯有机进化或变异、选择、调适、分化和整合这样的基础概念。如果适当地加以调整，用到某种社会和文化主题上，就是我们

---

① 吉登斯. 社会的构成[M]. 北京：生活·读书·新知三联书店，1998：342.
② 刘放桐主编. 现代西方哲学：上册[M]. 北京：人民出版社，1990：66.
③ 刘放桐主编. 现代西方哲学：上册[M]. 北京：人民出版社，1990：69.

关注的核心。"①美国社会学家 J. 赫胥黎也称："无论是自然进化，还是社会进化，都是自我维续、自我转变和自我超越的进程，有着时间上的方向性，因此也是不可逆转的。这一进程在其发展历程中总是日新月异，不断产生出更多的变异，更为复杂的组织，更高程度的感察能力，以及日益增长的有意识的心理活动。"②在当代文化学领域，进化一词还被用于描述文化的发展，即所谓"文化进化"的过程。如斯图尔德认为："可以把进化看作是确定反复出现的形式、过程和功能的一种旨趣……我们要么可以把文化进化看作是一种特定类型的历史重构，要么则可以将其看作是一种特殊的方法论或途径。"③美国著名文化学家怀特将文化本身看成是有独特生命的发展过程，从而将文化的发展视之为进化。他在《文化的进化》一书中说："我们可以把进化定义为以各种形式相继出现的时间顺序：一种形式从另一种形式中脱颖而出；文化从一个阶段推进到另一个阶段，时间和形式的变化一样，都是这一进程的内在因素。"④

就人及人类社会是生物进化的产物而言，用进化概念和进化论的话语系统来表述社会发展过程，并非没有一点道理。即便是外在的类比，也总是引导人们从其相似性上将进化、自组织、自我调适、新陈代谢、自我维持等等描述生物系统、生物机能和生物进化的概念经过适当调整用于阐释社会过程。特别是当我们尚未形成把握社会发展过程的恰如其分的独特的概念系统时，进化论的话语方式几乎是不可避免的。然而，上述学者的论点并不仅仅是将进化论的用语作社会学的应用，而是确认生物进化与社会发展有着共同的机制、相同的基本特征，因而归根到底是进化的原理支配着社会的发展过程，尽管社会进化远比生物进化要更复杂、更高级。这就不能不使我们发问，把社会发展过程放置在进化论的模式中加以考察，能否使我们更准确地把握社会发展过程？

"进化"在一般意义上是指物质形态从低级到高级、从简单到复杂的演化过程。在这里，我们可以把"进化"和"演化"概念适当地区分开来。演化仅仅是指物质形态随时间的演变过程，并不特指物质形态从低级到高级的转

---

① Parsons, Talcott. Societies: Evolutionary and CoMparative Perspectives. Englewood Cliffs, NJ: Prentice-Hall, 1966. 2.

② Huxley, Julian. Evolution, Culture and Biological, in Current Anthropology. Ed. WilliaM C. ThoMas. Chicago: University of Chicago Press, 1956. 3.

③ Steward, Julian H. Theory of Culture Change. Urbana: University of Illinois Press, 1955. 248.

④ White, Leslie A. The Evolution of Culture. New York: McGraw-Hill, 1959. 29.

变,而是同时也包括物质形态的退化和消散。而"进化"则仅指物质形态随时间的"上升"运动。从这个意义上说,"进化"仅适用于描述生物形态的演变过程。因为,判定生物是否进化的基本尺度是生物物种对生存环境的适应能力,而任何非生命物质都不存在对环境的适应问题。一般来说,生物的进化取决于生物物种的基因突变和外部自然环境的选择作用。偶然的基因突变可以逐渐改变生物物种的组织结构和体质形态,经过自然选择就会产生能够适应环境变化的新物种。从生物进化论的一般观念看,组织结构越复杂、功能越全面的物种适应环境变化的能力也就越强大,从而在环境中存活下来的机遇也就越大。这样,漫长的进化过程提供了足够的时间,使组织结构更为复杂、生物功能越来越全面的物种产生并保存下来,从而使生物形态的演化表现为从低级到高级、从简单到复杂的进化过程。但总起来说,生物进化并没有创造属于自身的历史,无论是基因突变还是环境选择都属于自然因果过程,因而对进化过程的描述不包含任何有意识的自觉活动或有目的的选择活动,这构成了生物进化与社会发展的本质区别。

虽然人和人类社会是从生物的漫长进化过程中产生的,但在完成了从猿到人、从动物的自然群体向人类社会的转变之后,人类便逐渐摆脱了自然进化的模式,开始创造属于自己的社会历史。而人类之所以能够创造自己的历史,归根到底是因为人的活动本身就是一种自觉的、自由的、富于创造性和超越性的实践活动。语言意识的产生使人类获得了在头脑中建构主观世界的能力,不管这个主观世界在一开始是如何幼稚、粗浅和虚幻,但它切切实实地在人与外部世界的相互作用的活动中,在人与人的交往世界中嵌入了主观化环节,使人的活动具有主观认定的目的和意义。人类之所以能够创造历史,而不仅仅是一个随时间的进化过程,就在于这种主观认定的目的和意义对人的活动起到了一种反思调节的作用,成为人的历史活动的直接根据,也就是说,人能够通过对自身活动的或近或远的历史后果的自觉意识,来调整自身的活动,进而改变自身的生存方式,使社会的发展趋向于自身的目的。这正如吉登斯所说:"人类创造自身历史的过程是在他们认识到自身历史的情况下进行的,也就是说,人类作为一种反思性的存在,是通过认识来把握时间,而不仅仅是'度过'时间的。"①

人的反思性的存在以及人对自身历史的自觉意识虽然没有、也不能改变

① 安东尼·吉登斯. 社会的构成[M]. 李康,李猛译. 北京:生活·读书·新知三联书店,1998:352.

自然的因果性和规律性，但是能够改变自然因果性或规律性起作用的方式。这就使任何试图用一系列绝对的因果机制来解释社会的做法不能成立。首先，人与外部自然的物质和能量的交换活动是有别于动物本能活动的物质生产活动。这种生产活动是人的有自觉意向的工具行为。生产工具的制造和使用使自然的物质和能量按照人的意图和目的发挥作用，从而使人与自然的相互作用可以打破自然对象的既定形态的限制，赋予自然物以新的存在形式。这可以说是人的生产活动或生存活动所具有的自由的本质。因为人的生存方式与他的生产方式直接同一，人是怎样生存的，这既同他们生产什么一致，又和他们怎样生产一致。这样，生产工具的制造和使用就使人不再像动物那样只是通过基因突变和自然选择来改变其适应外部环境的生存方式和活动方式，而是能够通过不断深化对自然的认识、通过改变或创新自己的生产工具系统来自觉地改变自己的存在方式和活动方式。因此，虽然人本身的自然形态被相对地稳定在自然进化的一定阶段上，但人的活动方式或生存方式却表现出无限多样的可能性，并随着人的自觉活动的不断深化和拓展而表现出一种历史的丰富性，人类社会的历史由此成为有别于自然进化的自主活动的历史。其次，人的活动的自觉性和自由性也深刻地表现在人与人的社会交往活动中。人是社会的存在物，生产活动本身就是社会性的活动，人类征服和改造自然的能力，即物质生产力也是通过人们的交往活动而形成的社会力量。因此，任何类型的社会共同体，无论是原始的氏族组织还是现代国家，归根到底都是人的存在方式或人的活动的社会方式。依靠群体的力量克服个体的局限性，这在前人类社会的动物群体中已经部分地成为事实，但人不仅生活在社会中，而且意识到自己生活在社会中。通过精神的交往，人们把交往活动中形成的交往关系规范化、制度化，创造出一整套言语的或象征的语义符号系统，如习俗、道德、法律、制度等，来引导、约束人们的社会行为和调节人们之间的社会关系。这就使人们彻底摆脱了动物群体那种完全凭借自然本能来维系群体生活的状态，而是获得了有意识、有目的地调适、控制、整合社会生活的能力。人们可以通过调整和变革社会的规范体系来获得新的存在方式或生活方式，因此社会的发展不再像生物进化那样取决于外在的自然选择，而是取决于自主的文化选择，尽管这种文化选择在历史发展的每一阶段上必然受到一定的物质生活条件的制约，但没有文化选择就无所谓社会的进步和发展。

社会发展的上述特征表明，"人类历史并没有一副进化论的'外观'，而如果硬要将人类历史塞入这样一种'模式'中，我们就不能准确地理解这一历史"①。因此，对于描述人类社会的历史过程来说，适用的概念不是"进化"，而是"发展"（也包括"进步"），而且，本人认为"发展"这样的概念仅适用于阐发人类历史过程，而不适于描述自然的演化。正如国外的某些学者已经注意到的那样："发展有别于进化之处在于它是有意识的行动。发展是社会，或至少是那些有权代表社会的人们自觉努力的结果；而进化并非在任何时候、任何场合都需要自觉的意识。"②尽管"发展"一词在最初的使用上与"进化"一词没有多大的区别，但这只能说明当时的人们尚不能清晰地分辨出生物进化过程与社会发展过程的本质区别。衡量进化的尺度，是一种自然的尺度，即能够产生出组织结构更为复杂、功能更为全面、适应环境的能力更为强大的新的物种。而衡量社会发展的尺度，则是一种以人为中心的价值尺度，也就是，社会的发展应当有利于人的生存价值的实现，有利于人的自主性、自由性的不断深化和拓展，这个过程只能是通过社会主体的价值选择才能行进下去的过程。为此，我们可以说，如同自然的演化最终产生了必须用"进化"来表述的生物过程一样，生物的进化最终也导致了必须用"发展"来表述的人及人类社会的历史过程。对"发展"的任何意义的考察，都是对人类社会历史的考察，这应当成为社会发展理论的基本立足点。

把发展理解为有着自觉意识和价值取向的过程，才能真正地显示出"发展"与"进化"的严格区别。进化可以被看作是从低级到高级、从简单到复杂的自然过程，这个过程没有价值尺度，不能简单地用"好"和"坏"来加以辨识。而"发展"则不同，"发展"必然要求一种价值理想，因而不能仅仅用复杂程度、高集成度来衡量发展程度。而发展过程所具有的价值取向，意味着这种发展必然是以人为中心的，或者说是以人为根本的。

从我国的发展实践上来看，党中央根据马克思主义基本理论，总结了国内外在发展问题上的经验教训，吸收人类文明进步的新成果，提出了"坚持以人为本，树立全面、协调、可持续的发展观，促进经济社会和人的全面发展"这一科学发展观，并明确指出"坚持以人为本。这是科学发展观的本质

① 安东尼·吉登斯. 社会的构成[M]. 李康，李猛译. 北京：生活·读书·新知三联书店，1998：351.
② 伊斯梅尔·萨布里·阿卜杜拉. 现代性/现代化，抑或发展？[J]. 国际社会科学杂志中文版，1990（1）：138-142.

和核心"。在这里"以人为本"恰恰体现出"发展"概念所应蕴含的价值尺度。

（该文原载于《南开学报》2007 年第 6 期，人大复印资料《哲学原理》2008 年第 2 期全文转载）

关于唯物辩证法矛盾学说的几个基本问题

矛盾学说，也就是关于对立统一规律的学说，是唯物主义辩证法理论的核心内容。在 20 世纪 80 年代，对对立统一规律的研究曾是马克思主义哲学研究的重点问题之一，并取得了丰富的成果。但此后，可能是由于学者们更多地关注新的研究领域的开拓，有关对立统一规律的研究反而在很大程度上被忽视了。实际上，对立统一规律的理论内容十分丰富，其中有很多问题并没有得到明确透彻的阐释，如唯物辩证法的矛盾学说是如何创立和发展的？怎样理解矛盾同一性和斗争性的理论内涵？如何区分、阐释和使用基本矛盾与非基本矛盾、根本矛盾与非根本矛盾、主要矛盾和非主要矛盾等重要概念？等等。这些问题不可避免地给辩证唯物主义理论的研究和教学带来思想上的困惑。本文试就这些问题谈谈自己粗浅的理解，以供从事这方面理论研究和教学的同仁参考。

一、唯物辩证法矛盾学说的确立

从历史上看，最先把矛盾视为事物发展的内在逻辑和规律的是德国客观唯心主义哲学家黑格尔。在西方哲学发展的很长一段历史时期中，绝大多数哲学家都把矛盾归结为逻辑矛盾，即认为思维中出现矛盾是因为思维本身违反了形式逻辑的规律，从而导致了思维或思想中的自相矛盾，也就是认为思维中出现矛盾是不合理的。德国哲学家康德首先打破了这种观念，他在自己的哲学中区分了"物自体"和"现象"，认为人的理性思维不可能超越现象界而达到对物自体的认识。如果理性思维一定要超越现象去把握物自体，就必然会遇到正题和反题同时并存的"二律背反"，亦即矛盾。因此，在他看来，相互对立命题的存在并不是因为思维违反了形式逻辑的规律，我们既可以合乎规律地推出"正题"，也可以合乎规律地推出"反题"。之所以会出现这种奇怪的现象，就是因为理性试图超越现象而把握"物自体"的结果。由此可见，康德的一个重要贡献，就是发现人的理性思维中出现的矛盾并不都是思维违反形式逻辑的结果。但他虽然发现了矛盾的必然存在，但又不愿意承认这种矛盾存在的合理性，而是得出了一个十分消极的结论，即认为人的理性没有能力把握物自体。这样一来，康德就在"物自体"与"现象"之间或"本质"与"现象"之间、"思维"与"存在"之间划出了一条不可逾越的鸿沟。

黑格尔非常赞赏康德对"二律背反"即矛盾的发现，认为这是他的那个时代，思辨哲学的最重要的贡献。但他同时又指责康德在矛盾面前的软弱无力。他认为，康德的理性只是一种"消极理性"，即他只看到"正题"和"反题"的对立，而没有看到二者可以通过自身的辩证运动达到一个"合题"，即对立统一。因而，他要把康德消极理性发展成为一种"积极理性"，即肯定矛盾存在的客观性，并强调正是矛盾自身既对立又统一的辩证运动推动了事物的发展，由此提出了"矛盾是推动整个世界的原则"①这一著名命题。基于这个思想，黑格尔一反康德关于"物自体"不可知的观点，认为"物自体"的本质就是矛盾，抓住了矛盾就能达到对"物自体"或事物本质的认识，只不过必须扬弃那种否认矛盾、坚持无矛盾思维的形而上学观点和那种只见对立不见统一的消极理性观点，用辩证思维的方法从对立统一的关系中把握矛盾，就能做到"通过现象看本质"，从而达到"思维和存在""本质和现象"统一。因此，黑格尔强调："认识矛盾并且认识对象的这种矛盾特性：就是哲学思考的本质。"②不过，作为客观唯心主义哲学家，黑格尔在总体上是把矛盾或对立统一的辩证运动理解为"客观精神"或"绝对理念"自我运动的内在规律，把矛盾双方的对立统一关系仅仅理解为相互对立的思维规定的关系，从而把矛盾学说归结为一种精神活动的原则。

马克思和恩格斯批判地继承了黑格尔辩证法的丰富思想，同时抛弃了它的唯心主义外壳，将矛盾学说运用到对客观事物运动变化和发展过程的辩证理解中。例如马克思在《哲学的贫困》一书中，针对蒲鲁东认为任何经济范畴都可以区分出"好的"方面与"坏的"方面，从而主张"保存好的方面，消除坏的方面"的荒唐观点，指出："两个相互矛盾的方面共存、斗争以及融合成一个新范畴，就是辩证运动，谁要给自己提出消除坏的方面的问题，就

---

① 黑格尔. 小逻辑[M]. 北京：商务印书馆，1980：258.
② 黑格尔. 小逻辑[M]. 北京：商务印书馆，1980：132.

是立即切断了辩证运动。"①马克思还用资本主义生产方式发展中发生的竞争与垄断为例说明客观事物内部的矛盾运动。他指出：竞争前的封建垄断是正题，竞争是垄断的反题，现代垄断则是合题，因为"它既然以竞争的统治为前提，所以它就是封建垄断的否定，同时，它既然是垄断，所以就是竞争的否定"，因而"在实际生活中，我们不仅可以找到竞争、垄断和它们的对抗，而且可以找到他们的合题，这个合题并不是公式，而是运动"。②恩格斯则从更为一般的意义上揭示了客观事物矛盾运动的本性，他在《反杜林论》一书中说道："但是一当我们从事物的运动、变化、生命和彼此相互作用方面去考察事物时，情形就完全不同了。在这里我们立刻陷入了矛盾。运动本身就是矛盾；甚至简单的机械的位移之所以能够实现，也只是因为物体在同一瞬间既在一个地方又在另一个地方，既在同一个地方又不在同一个地方。这种矛盾的连续产生和同时解决正好就是运动。"③马克思、恩格斯去世以后，列宁通过对黑格尔、马克思、恩格斯著作的深入研究，确定了矛盾学说即对立统一规律在唯物主义辩证法理论中的地位，他明确指出："可以把辩证法简要地规定为关于对立面的统一的学说。这样就会抓住辩证法的核心，可是这需要说明和发挥。"至此，对立统一规律的学说被确定为唯物主义辩证法理论的实质与核心。

二、关于矛盾的同一性和斗争性问题

矛盾的同一性和斗争性的问题，实际上就是关于矛盾的性质的问题，也是我们如何认识和把握矛盾的问题。矛盾的同一性和斗争性的关系就是唯物辩证法对立统一规律的核心内容。这里所谓"斗争性"就是指矛盾双方相互对立的性质或关系。

"同一性"和"斗争性"（对立性）首先是与"同一"和"差别"这两个概念相关的。我们认识事物总是从"比较"开始。所谓比较，就是通过观察找到两个事物之间的"相同点"和"相异点"，前者被称为"同一"，后者被称为"差别"。不过，这种通过比较获得的"同一"和"差别"是相互外在的。

① 马克思恩格斯文集：第 1 卷[M]. 北京：人民出版社，2009：605.
② 马克思恩格斯文集：第 1 卷[M]. 北京：人民出版社，2009：636-637.
③ 马克思恩格斯文集：第 9 卷[M]. 北京：人民出版社，2009：126-127.

如黑格尔所说："所谓差异（或多样性）即不同的事物，与他物发生关系后互不影响，因而这关系对于双方都是外在的。由于不同的事物之间的差别对它们没有影响，无关本质，于是差别就落在它们之外而成为一个第三者，即一个比较者。这种外在的差别，就其为相关的事物的同一而言，是相等；就其为相关的事物的不同而言，是不相等。"①这就是说，两个不同事物之间的外在"同一"和外在"差别"本身并不构成关乎事物本质的"矛盾"，找到这种"同一"和"差别"也不需要很高的智慧。例如比较一支铅笔和一峰骆驼，找到二者的共同点和差异点并非一种多么高的聪明。

不同事物之间的外在的同一和差别都是相对的，并不关乎事物的本质，毕竟世界上没有两片完全相同的树叶，也没有两片完全不同的树叶。关乎本质的"同一"，则首先是指事物自身与自身的同一，即"自身同一"。用黑格尔的话说："本质映现于自身内，或者说本质是纯粹的反思，因此本质只是自身联系，不过不是直接的，而是反思的自身联系，亦即自身同一。"②认识或确认事物的"自身同一"无疑是逻辑思维的起点。但是，如果把这种"自身同一"绝对化，脱离或排斥差别，那么这种"同一"，就是形式的或知性的"抽象同一"，即所谓形式逻辑的"同一律"，其表达式为"一切东西和它自身同一"，或"A 就是 A"，或用否定的说法（矛盾律）"A 不能同时是 A 又是非A"，等等。黑格尔将之称为"抽象理智的规律"。他并不否认这种抽象理智规律在人的认识过程中作用，因为我们在认识过程中，总是要指出这个事物是什么，以便把这一事物和另一事物在质上区别开来，以保证思维的确定性和坚定性。但仅此而言又是远远不够的。因为，在现实中，没有任何一种存在是按照同一律存在的，也没有人会按照同一律说话。例如，当我们说"张三是一个人"的时候，这个简单的命题就包含着"个别（张三）"与"一般（人）"的矛盾，亦即一个命题总需说出主词和谓词的区别。如果排斥这个区别或矛盾，就只能做出"张三是张三""狗是狗"这样毫无意义、笨拙可笑的论断。

辩证的思维坚持事物的"自身同一"，但并不认为这种自身同一是绝对的、无差别的同一，而是强调这种自身同一内在地、本质地包含着差别。如同这里讲的同一是本质的同一一样，这里讲的差别也是本质的差别。本质的差别就是肯定与否定两个方面的差别，亦即同一事物本身所包含的肯定方面与否定方面的对立。肯定的一面是一种同一的自身联系，而不是否定的东西，

---

① 黑格尔. 小逻辑[M]. 北京：商务印书馆，1980：251.
② 黑格尔. 小逻辑[M]. 北京：商务印书馆，1980：247.

否定的一面是差别物，而不是肯定的东西。因此，每一方面之所以各有其自身的存在，只因为它不是它的对方，同时每一方面都映现在它的对方内，只由于对方的存在，它自己才存在。也就是说，每一方的存在都以对方的存在为自身存在的前提。"因此，本质的差别即是'对立'。在对立中，有差别之物不是一般的他物，而是与它正相反对的他物；这就是说，每一方只有在它与另一方的联系中才能获得它自己的（本质）规定，此一方只有反映另一方，才能反映自己。另一方也是如此；所以，每一方都是它自己的对方的对方。"①

　　理解矛盾的同一性和斗争性（对立性），唯在于区分这种"本质的差别"和"外在的差别"。并不是任何差别都构成矛盾的对立统一，只有事物自身内部的本质的差别即对立，才构成矛盾的对立统一。例如，一本书放到桌子上，我们很容易看到书和桌子的差别，但这种外在的差别并不构成矛盾，因为，离开了书，桌子照样存在，离开了桌子，书也照样存在，双方都不以对方的存在为自身存在的前提。然而当我们考虑到，书为一物体，桌子为另一物体，二者相互接触时就产生了一种力学结构意义上的矛盾统一体，即作用力与反作用力的关系。书对桌子施加作用力，而桌子对书必然产生反作用力，二者大小相等，方向相反。在这个关系中，作用力的存在是以反作用力为前提的，反作用力的存在则是以作用力为前提的。作用力肯定自身，同时又否定自身而映现在它的对立面反作用力中。

　　把握矛盾的同一性和斗争性（对立性）关键在于发现相互对立的两个方面即肯定自身向否定自身的相互转化。当我们认识一个事物时，总是首先指出这个事物"是什么"，即给予这个事物一个肯定的规定性，但只要把这个规定性在思维中全部展开，它就必然会转向与自身相对立的另一个规定性，即一个否定的规定性，并通过这个否定的规定性来规定自身。而且没有这个否定的规定性，那个肯定的规定性自身也就消失了。因此，当我们讲对立统一关系时，不是讲两个事物之间的外在差别，而是讲同一事物自身必然包含的相互依存又相互对立的关系。对此，黑格尔举例说："正西指西向六英里，负西指东向六英里，如果正负彼此相消，则六英里的路程和空间，不论有没有对立，仍然保持原来的存在。"②这"六英里"就是同一个事物，但它自身包含向西和向东两个相互对立的规定，而且没有向西就无所谓向东，反之亦然。因此，这同一事物可以既是"A"又是"非A"。这是排出任何差别和对立的

---

① 黑格尔. 小逻辑[M]. 北京：商务印书馆，1980：254-255.
② 黑格尔. 小逻辑[M]. 北京：商务印书馆，1980：255.

抽象思维所不能理解的。

恩格斯在《自然辩证法》的手稿中，也指出："同一性——抽象的，a＝a，a 不能同时既等于 a 又不等于 a——这在有机自然界中同样是不适用的。植物，动物，每一个细胞，在其生存的每一个瞬间，都和自身同一又和自身相区别，这是由于各种物质的吸收和排泄，由于细胞的形成和死亡，由于循环过程的进行，一句话，由于全部无休止的分子变化，而这些分子变化便形成生命，其累积的结果一目了然地显现在各个生命阶段上——胚胎生命，少年，性成熟，繁殖过程，老年，死亡。生理学越向前发展，这种无休止的，无限小的变化对于它就越重要，因而对同一性的内部差异的考察也越重要。"①现代生物学的发展，也证明了恩格斯的这一科学论断。按照现代生物学的解释，生命运动自身就包含着"生"与"死"的对立统一运动，"生"可以表现为生命体内部细胞的增殖，"死"表现为细胞的凋亡（死亡）。而在生命运动中，细胞的增殖和细胞的凋亡是一个过程的两个方面，细胞的增殖就是通过细胞的分化来实现的，细胞分化即通过细胞分裂产生出新的细胞，旧的细胞就会被消除，因此细胞增殖过程本身同时也是细胞凋亡过程，据科学家统计，我们的身体每天都会有十亿以上的细胞凋亡，而细胞的凋亡又是我们生命活动必不可少的因素。可以说，没有细胞的凋亡（死），也就没有细胞的增殖（生），生与死的对立统一构成了生命活动本身。

同样的道理，可以用于分析产生于社会生活中的各种矛盾。例如，我们说，资本主义生产方式本身就是一个包含着内在差别和对立的矛盾统一体，即无产阶级与资产阶级的对立统一。无产阶级与资产阶级的对立并不是贫穷和富有的对立，贫穷和富有的差别不过是无产者和资产者两个社会群体的外在差别。真正的对立统一关系在于，在资本主义雇佣劳动制下，由于资本和劳动的分离，丧失生产资料的无产阶级必然要接受资本家的雇佣，否则就不能进行任何生产活动；同样，资产阶级也必然要无偿地占有无产阶级的剩余劳动，否则就不能实现资本的价值增殖。这样在无产阶级和资产阶级之间就必然存在剥削与被剥削的对立统一关系。这意味着，在资本主义生产方式中，资产阶级之为资产阶级就在于它必然包含着剥削和压迫无产阶级的规定性，而无产阶级之为无产阶级就必然包含受资产阶级剥削和压迫的规定性，矛盾的每一方的规定性都必然包含着与自身相反的、否定的规定性，双方互相对

---

① 马克思恩格斯文集：第 9 卷[M]. 北京：人民出版社，2009：475.

立，同时也互相依存。离开了作为被剥削阶级的无产阶级，就没有作为剥削阶级而存在的资产阶级；离开了作为剥削阶级的资产阶级，就无所谓作为被剥削阶级的无产阶级。

矛盾就是事物自身内部的、本质的差别和对立，这是我们认识、辨识和把握矛盾的关键。事物总是自身同一的，但绝不是排斥差别和对立的抽象同一，而是包含着内在差别和对立的具体的同一。在这个问题上，毛泽东在《矛盾论》一文中，做出了简要而又精辟的概括，他指出："同一性、统一性、一致性、互相渗透、互相贯通、互相依赖（或依存）、互相联结或互相合作，这些不同的名词都是一个意思，说的是如下两种情形：第一，事物发展过程中的每一种矛盾的两个方面，各以和它对立着的方面为自己存在的前提，双方共处于一个统一体中；第二，矛盾着的双方，依据一定条件，各向着其相反的方面转化。这些就是所谓同一性。"①

三、关于矛盾的普遍性和特殊性问题

根据矛盾学说，矛盾是推动客观事物运动变化和发展的内在动力，同时也是我们认识和把握客观事物的本质和发展规律的基本方法，即所谓矛盾分析法。这种矛盾分析法首先确认矛盾存在的普遍性和绝对性，即认为矛盾普遍地存在于一切事物的发展过程中（事事有矛盾），矛盾贯穿于每一事物发展过程的始终（时时有矛盾）。矛盾的普遍性是我们坚持矛盾分析法的客观依据。但同时，矛盾的存在于发展又具有特殊性。这种特殊性首先是指在不同的事物的发展过程中存在不同的特殊矛盾，这种矛盾决定了这个事物的特殊本质和特殊的发展规律。在这方面，毛泽东同志在 1937 年发表的《矛盾论》中对矛盾普遍性和特殊性问题的研究和阐述堪称是对矛盾学说迄今为止最为卓越的贡献。他指出，矛盾的普遍性和矛盾的特殊性的关系，就是矛盾的共性和个性的关系。矛盾的普遍性，即矛盾的共性，是绝对性，而矛盾的特殊性即矛盾的个性，都是有条件地暂时地存在的，所以是相对的。"这一共性个性、绝对相对的道理，是关于矛盾问题的精髓，不懂得它，就等于抛弃了辩证法。"①

　　本文在这里重点分析矛盾的特殊性问题。因为把握矛盾的特殊性，无论对于我们认识自然和社会，还是对于我们认识和解决实际工作或实际生活中的问题来说，都是至关重要的。只有把握了矛盾的特殊性才能真正使我们获得对于事物的本质和规律正确理解，才能做到"具体地分析具体的问题"，否则就会把矛盾学说变成毫无意义的空话。

　　矛盾的特殊性是与矛盾的复杂性密切相关的。任何事物都可以看作一个其内部包含多种因素、多种组成部分的系统，因而其发展过程也必然包含多种矛盾。这些矛盾在一个事物发展的全过程中，或在该事物发展的不同阶段上，有着不同的地位，具有不同的特殊内容，起着不同的作用。为了能够在理论上更好地把握复杂事物中矛盾的特殊性，就有必要对事物内部的各种矛盾进行比较和分类，用基本矛盾和非基本矛盾、根本矛盾和非根本矛盾、主要矛盾和非主要矛盾等范畴来把握矛盾的特殊性质，分析它们在事物发展过程中的不同地位和作用。

1. 关于基本矛盾和非基本矛盾

　　所谓基本矛盾，通常是指贯穿一事物发展过程始终，是把该事物与其他事物区分开来的特殊矛盾。基本矛盾本身具有两个方面的规定性：其一，对于一个事物发展的全过程来说，它必然是最具普遍性或抽象程度最高的矛盾，决定了该事物存在和发展的基本性质，构成了该事物发展的基本规律；其二，在该事物所包含的多重矛盾中，它对其他矛盾必然具有根本性的决定作用，使其他矛盾或者表现为它的不同的存在形式，或者决定了其他矛盾的基本发展状态。在这个意义上，基本矛盾同时具有根本矛盾的意义。例如，我们把生产力和生产关系、经济基础和上层建筑的矛盾，称之为人类社会的基本矛盾，就是因为它们贯穿人类社会发展始终，把人类社会同宇宙中其他事物区分开来的矛盾，没有它们，人类社会就不复存在。同时，这两个矛盾的相互结合构成社会的基本结构，在人类社会这个高度复杂的矛盾体系中起着根本性的决定作用。在社会发展的不同历史阶段上相继发生的奴隶阶级的劳动与生产资料奴隶主阶级占有制的矛盾、农民阶级的劳动与生产资料地主阶级占有制的矛盾、工人阶级的劳动与生产资料资本家阶级占有制的矛盾，以及社

---

　　① 毛泽东选集：第 1 卷[M]. 北京：人民出版社，1969：295.

会主义条件下，农民阶级和工人阶级的劳动与生产资料公有制之间的矛盾，都是生产力和生产关系矛盾的不同历史存在形式。同时，这两个矛盾也决定了社会生活中其他矛盾的发展状况。例如，欧洲中世纪末期之所以会发生大规模的宗教改革运动，就是因为资本主义生产方式已经开始突破封建主义生产关系的藩篱。宗教改革所倡导的个人主义精神和自由精神，完全迎合了早期资产阶级打破宗教束缚获得自由发展的要求。再如，当生产力的发展客观上要求变革既定的生产关系形式时，也就是经济基础的变革要求与旧的上层建筑发生尖锐冲突时，通常也就是思想活动最为活跃的时期，各种思想观点之间的对峙和交锋，虽然并不都与生产活动甚至政治革命直接相关，但必然是直接或间接地围绕生产关系和社会制度的变革展开的思想斗争。我国现时期，文化生活空前活跃，文化产业空前繁荣，也同样是改革开放解放和发展了我国的社会生产力所带来的文化成果。

随着历史唯物主义理论的发展，"社会基本矛盾"这个概念在使用上有了相对确定的内涵，即它仅仅是指贯穿人类社会发展始终的生产力与生产关系的矛盾和经济基础与上层建筑的矛盾。当我们使用"社会基本矛盾"这个概念时，还应当特别注意把"社会基本矛盾"和"社会普遍矛盾"适当地加以区分。社会基本矛盾不仅是因其普遍性程度最高，更因为它在人类社会这个矛盾体系中对其他社会矛盾起着规定、制约和影响作用，亦即具有根本矛盾的地位。某些社会矛盾，如个人与社会的矛盾，也可以说是贯穿人类社会始终的普遍矛盾，但为什么不把它说成是社会基本矛盾呢？就是因为，个人与社会的矛盾虽然是社会的普遍矛盾，但它在人类社会这个矛盾体系中并不是最根本的，它们的存在形式和具体内涵需要由比它更根本的矛盾来说明。马克思曾以人的发展为中心线索，把社会形态的发展划分为三个历史阶段："人的依赖性""以物的依赖性为基础的人的独立性"和"建立在个人全面发展和他们共同的社会生产能力成为他们的社会财富这一基础上的自由个性"。这三个历史阶段恰恰就是个人与社会的关系的三个不同的历史形态。何以会出现这三种不同的历史形态？这是三个历史形态本身无法说明的，而是必须从生产力和生产关系、经济基础和上层建筑的矛盾运动出发才能找到三个历史形态得以形成的根本原因并对之做出确切的论证。因此，个人与社会的矛盾可以说是社会的普遍矛盾，但不能将之称为人类社会基本矛盾。

2. 关于根本矛盾和非根本矛盾

根本矛盾和基本矛盾在一定意义上可以说是同一序列的概念。某种矛盾如果对于一个事物发展的全过程来说是具有最高普遍性的矛盾，同时在该事物的矛盾体系中又是最根本的矛盾，这个矛盾就可以说是该事物的基本矛盾。不过，根本矛盾这个概念，主要是指事物矛盾体系中起着决定性作用的普遍矛盾，因而也可以用来表述在事物发展的不同阶段上，对事物发展的该阶段起着根本性决定作用的矛盾。

马克思指出："一切发展，不管其内容如何，都可以看做一系列不同的发展阶段，它们以一个否定另一个的方式彼此联系着。"[①]在事物发展的不同历史阶段上，就有着为其根本矛盾所决定的特殊的历史性质。例如，人类社会的发展迄今已经历了原始社会、奴隶社会、封建社会、资本主义社会和社会主义社会五个历史阶段，形成了五种社会形态。每一个历史阶段或每一种社会形态本身都是一个复杂的矛盾体系，其中必然存在着决定着这个历史阶段或这个社会形态的根本矛盾。这个根本矛盾贯穿于这个历史发展阶段的始终，如毛泽东在《矛盾论》中所说："事物发展过程的根本矛盾及为此根本矛盾所规定的过程的本质，非到过程完结之日，是不会消灭的。"[②]毛泽东的这段话所讲的根本矛盾既可以是指整个人类社会的发展过程，在这个意义上，根本矛盾就是指社会基本矛盾；也可以是指某个特殊的社会发展历史阶段或社会形态，在这个意义上，根本矛盾就是指决定这个历史阶段或社会形态的性质和过程本质的矛盾。这就是说，对于人类社会发展的任何一个历史阶段来说，必然存在着决定这个历史阶段的过程本质的根本矛盾。这个根本矛盾本质上是社会基本矛盾在这个历史阶段上的特殊存在形式，它决定了在这个历史阶段上其他矛盾的发展状态。

由此可见，根本矛盾这个概念的使用有一定的灵活性，在很大程度上取决于我们考察事物的范围。例如，如果我们着眼于整个人类社会，那么根本矛盾就是社会基本矛盾；如果我们仅仅考察资本主义社会这个特定的历史时期，那么根本矛盾就是社会基本矛盾在资本主义社会的特殊表现，即生产的社会性与占有制的私人性之间的矛盾以及它的阶级表现即资产阶级与无产阶级的矛盾。这个矛盾贯穿于资本主义社会发展始终，没有这个矛盾也就没有

---

① 马克思恩格斯全集：第 4 卷[M]. 北京：人民出版社，1958：329.

② 毛泽东选集：第 1 卷[M]. 北京：人民出版社，1969：289.

资本主义社会。

3. 关于主要矛盾和非主要矛盾

主要矛盾和非主要矛盾的区分也是矛盾特殊性问题中的一个极其重要的情形。关于主要矛盾，毛泽东在《矛盾论》中做了这样的表述，他说："在复杂的事物的发展过程中，有许多的矛盾存在，其中必有一种是主要的矛盾，由于它的存在和发展，规定或影响着其他矛盾的存在和发展。"①毛泽东举例说，在资本主义社会中，存在着无产阶级和资产阶级的矛盾、残存的封建阶级和资产阶级的矛盾、农民小资产者和资产阶级的矛盾、无产阶级和农民小资产者的矛盾、自由资产阶级与垄断资产阶级的矛盾、资产阶级的民主主义和资产阶级的法西斯主义的矛盾、资本主义国家相互间的矛盾、帝国主义和殖民地的矛盾等等。但在这些矛盾中，无产阶级与资产阶级的矛盾是主要的矛盾，其他的一切矛盾都为这个主要矛盾所规定、所影响。这就是说，在资本主义社会这个相对漫长的历史发展阶段，主要矛盾始终是资产阶级和无产阶级的矛盾。在这个意义上，主要矛盾就是资本主义社会根本矛盾的阶级表现，是社会基本矛盾在资本主义发展时期的特殊存在形态。

然而，主要矛盾和非主要矛盾的划分主要是取决于在一定的历史条件下或特定的客观条件下某个矛盾在矛盾体系中的地位。也就是说，在一个相对漫长的发展过程中，尽管这个过程的根本矛盾没有发生变化，但其自身也会经历若干个发展阶段，这些阶段的划分就取决于主要矛盾和非主要矛盾在地位上的变化。这就是说，尽管贯穿事物发展过程始终的根本矛盾没有变化，"但是事物发展的长过程中的各个发展的阶段，情形又往往相互区别。这是因为事物发展过程的根本矛盾的性质和过程的本质虽然没有变化，但是根本矛盾在长过程中的各个发展阶段上采取了逐渐激化的形式。并且被根本矛盾所规定或影响的许多大小矛盾中，有些是激化了，有些是暂时地或局部地解决了，或者缓和了，又有些是发生了，因此，过程就显现出阶段性来"②。由此可见，根本矛盾与主要矛盾的区别就在于，主要矛盾未必像根本矛盾那样贯穿事物发展过程的始终，而是有可能随着被根本矛盾所规定和影响的其他矛盾的激化或缓和而产生。毛泽东在《矛盾论》中举例说："自由竞争时代的资本主义发展为帝国主义，这时，无产阶级和资产阶级这两个根本矛盾着的

---

① 毛泽东选集：第 1 卷[M]. 北京：人民出版社，1969：295.
② 毛泽东选集：第 1 卷[M]. 北京：人民出版社，1969：289.

阶级的性质和这个社会的资本主义的本质，并没有变化；但是两阶级的矛盾激化了，各资本主义国家间的矛盾即由各国发展不平衡的状态而引起的矛盾特别尖锐地表现出来了，因此形成了资本主义的特殊阶段，形成了帝国主义阶段。"①

在一个过程的根本矛盾没有发生变化的情况下，其发展呈现出的阶段性就特别体现为主要矛盾和非主要矛盾的相互转化。当原处于次要地位的矛盾在特定的发展阶段和特定的条件下被激化成为对这个发展阶段的全局起决定作用，并制约和影响其他矛盾发展状况的时候，这种矛盾就会从次要矛盾的地位上升为主要矛盾。例如，在新民主主义革命时期，我国的主要矛盾是封建制度与人民大众的矛盾，而中华民族与帝国主义列强之间的民族矛盾虽然早已存在，但相对于主要矛盾来说则处于次要地位。但在抗日战争时期，日本帝国主义对中国的入侵激化了日本帝国主义与中华民族的民族矛盾，使其上升为主要矛盾，这个矛盾不解决，中国社会的其他矛盾或者无法得到解决，或者被日本帝国主义用以制造中国社会的分裂。在这种"倾巢之下，岂有完卵"的危机形势下，中国共产党发出了"停止内战，一致对外"的呼声，积极倡导并建立了抗日民族统一战线，最终赢得了抗日战争的全面胜利。同样的道理，当此一阶段的主要矛盾基本得以解决或缓和，"则矛盾的地位起了变化"，即"当着帝国主义不是用战争压迫而是用政治、经济、文化等比较温和的形式进行压迫的时候，半殖民地国家的统治阶级就会向帝国主义投降，二者结成同盟，共同压迫人民大众。这种时候，人民大众往往采取国内战争的形式，去反对帝国主义和封建阶级的同盟，而帝国主义则往往采取间接的方式去援助半殖民地国家的反动派压迫人民，而不是直接采取行动，显出了内部矛盾的特别尖锐性"②。如，中国抗日战争胜利之后，中国人民与帝国主义列强之间的民族矛盾虽然依然存在，但已从主要矛盾转变为次要矛盾，而中国社会内部人民大众与封建主义制度的矛盾及其新的政治表现形式，即中国共产党领导的革命武装与受帝国主义国家维护和援助的国民党反动统治集团的矛盾，则从抗战时期的次要矛盾转变为主要矛盾，由此爆发了第三次国内革命，使中国新民主主义革命进入一个新的特定的发展阶段。

由此可见，在事物发展的不同阶段上，主要矛盾和非主要矛盾的地位并不是固定不变的，而是可以相互转化的。正是主要矛盾和非主要矛盾地位的

---

① 毛泽东选集：第 1 卷[M]. 北京：人民出版社，1969：289.

② 毛泽东选集：第 1 卷[M]. 北京：人民出版社，1969：296.

转化使事物的发展过程呈现出阶段性。"然而不管怎样，过程发展的各个阶段中，只有一种主要的矛盾起着领导作用，是完全没有疑义的。"①

矛盾的普遍性与特殊性的关系，特别是其中主要矛盾与非主要矛盾的关系体现出客观事物发展的辩证性质。科学地把握这个辩证性质，无论对于大视野地考察中国社会的发展过程和状况，还是在微观层面上对于认识、把握和推进我们的生活实践和工作实践的发展都是至关重要的。

新中国成立以后，经过三年的国民经济恢复时期（1949—1952）和三年的生产资料私有制的社会主义改造时期（1953—1956），我国进入社会主义社会初级阶段的发展时期。社会主义初级阶段是一个相对漫长的历史发展过程，在这个过程中，社会的基本矛盾依然是生产力与生产关系、经济基础与上层建筑的矛盾。但这个基本矛盾在社会主义初级阶段也有着不同于资本主义社会的特殊表现形态，即公有制占主导地位的生产关系或经济基础消灭了生产关系或经济基础中阶级剥削和阶级压迫的阶级对抗关系，社会生产发展的主要目的是满足人民群众的多方面的需要，而不是单纯地为了追求资本的价值增殖。因此，我国社会主义初级阶段的根本矛盾就是人民群众日益增长的多方面需要与社会主义经济、政治、文化等各方面建设相对不足之间的矛盾。但是，由于我国的社会主义制度并不像马克思所设想的那样是建立在资本主义生产力充分发展的基础上的，而是建立在半殖民地半封建社会极端落后的生产力发展状况的基础上的。这就使我国社会主义初级阶段的根本矛盾在相当长的一段时期内表现为人民日益增长的物质文化需要与落后的社会生产之间的矛盾，这一矛盾就是这一时期我国社会的主要矛盾，它制约着、影响着这一时期其他社会矛盾的发展状况。然而，随着我国社会主义建设实践的发展，特别是党的十一届三中全会之后改革开放实践的发展，我国的经济发展基本上摆脱了落后状况，社会主要矛盾也就随之发生了转变。如习近平在十九大报告中指出的那样："我国社会生产力水平总体上显著提高，社会生产能力在很多方面进入世界前列，更加突出的问题是发展不平衡不充分，这已经成为满足人民日益增长的美好生活需要的主要制约因素。"根据这一科学判断，习近平指出："中国特色社会主义进入新时代，我国社会主要矛盾已经转化为人民日益增长的美好生活需要和不平衡不充分的发展之间的矛盾。"社会主要矛盾的转变是我国进入"新时代"的根本依据，体现出社会主义初级

---

① 毛泽东选集：第 1 卷[M]. 北京：人民出版社，1969：296.

阶段发展本身的一种阶段性，同时这个转变也意味着党和国家工作重心的转变。对此，习近平强调："我国社会主要矛盾的变化是关系全局的历史性变化，对党和国家工作提出了许多新要求。我们要在继续推动发展的基础上，着力解决好发展不平衡不充分问题，大力提升发展质量和效益，更好满足人民在经济、政治、文化、社会、生态等方面日益增长的需要，更好推动人的全面发展、社会全面进步。"

正确地把握主要矛盾和非主要矛盾的关系也是我们处理生活实践和工作实践中各种矛盾问题的关键之所在。在我们现实的、具体的生活实践和工作实践中，通常也会遇到复杂程度不同的矛盾体系。矛盾的反复发生和不断解决就是我们生活实践和工作实践本身的发展。能否抓住其中起领导作用的主要矛盾，能否正确地把握主要矛盾和非主要矛盾的转化，直接关系到我们生活实践和工作实践的成败。当然，要正确地认识和把握主要矛盾和非主要矛盾，以及二者间地位的转变，并不是轻而易举的事情。这需要我们通过客观的观察，通过深入细致的调查研究，通过对各种矛盾现象的理性反思，通过实践的反复检验，才能做到。但唯其如此，才能在我们的生活实践和工作实践中增强我们的实践智慧。

（该文原载于《思想理论教育导刊》2020 年第 8 期）

马克思共产主义思想的三个理论维度

马克思和恩格斯毕生的理论努力就是要使人类彻底摆脱使大多数人受奴役、受压迫、受剥削的社会制度，进入人的全面而自由的发展状态。共产主义被理解为是实现和维护这种发展状态的理想的社会制度。因而，共产主义理论是马克思主义理论中的一个最为重要的组成部分，甚至可以说，马克思主义的全部理论都是探讨共产主义这样一种标志着人类解放的社会形态得以实现的客观根据和现实途径。同时，共产主义也是无产阶级政党为之奋斗的终极目标，是共产党人始终为之献身的事业。

然而，与这个宏大目标多少有些不协调的是，学术界关于共产主义的理论研究却相当薄弱。这可能是很多人认为，共产主义是遥远的未来，现在对它进行研究为时过早，因而不愿意把自己的时间和精力花费在这个遥不可及的远大目标上。由于理论研究的缺乏，在有关共产主义的理论教育和宣传方面似乎问题更多。过去，我们曾过多地用一种颇具浪漫主义色彩的话语对共产主义是怎样一种美好的理想社会进行主观的、外在的描述，如共产主义就是苏维埃加电气化，共产主义就是楼上楼下、电灯电话等，或者侧重从分配制度的角度宣传共产主义，认为共产主义就是"各尽所能、按需分配"，而按需分配几乎就被理解为"我想要什么，就有什么"。所有这些宣传鼓动，不能说完全没有道理，但现在看来都是失败的。因为，这些美好的憧憬，有些早已在现实中实现了，有些则至今看不到实现的踪影。这就使不少人很难相信，共产主义这个美好理想还有什么现实性。

特别是改革开放以来，我国把建立和完善社会主义市场经济作为基本的经济战略，这就使市场化改革与共产主义信仰之间的关系问题，日益成为一个极易产生思想混乱的问题。在当下，两种极端的思想倾向严重地影响了我们对这个关系的正确理解。一个是极左思潮，该思潮认为市场化改革只能更多地带来资本主义，而与共产主义背道而驰；另一个是极右思潮，该思潮认为搞市场经济就不要谈共产主义，共产主义是虚无缥缈的幻想，是不切实际的乌托邦，因而应当放弃共产主义这个社会进步的目标。这两个思潮的共同点就是把市场化改革与共产主义信仰对立起来，从而否认了市场经济与共产主义社会的内在联系。我们当然不赞同这两种极端思潮的任何一种，但是如果我们不弄清市场经济的发展与实现共产主义社会的关系，看不到中国的市场化改革与共产主义信仰之间的内在关联，就有可能在市场化改革和共产主义信仰之间产生非此即彼的选择，要么坚持市场化改革而否定共产主义信仰，要么坚持共产主义信仰而否定市场化改革。从现实中多数青年人的思想倾向上看，似乎前者更占优势。这就不能不使我们高度注重这一问题。

马克思的共产主义思想应当得到完整的理解和阐释，这不是去构想关于理想社会的遥远未来，而是在理论上必须关切的重大现实问题，因为共产主义社会得以实现的根据就在我们当下的实践过程中。基于这个看法，本文提出理解马克思共产主义思想的三个理论维度：历史规律维度、人的解放维度和世界历史维度。

一、马克思共产主义思想的历史规律维度

我们知道，市场化改革，即建立和完善社会主义市场经济体制，是我国40余年改革开放伟大实践的核心内容。历史唯物主义从生产力与生产关系矛盾运动出发，揭示了人类社会历史发展规律，而市场化改革的客观必然性是完全可以依据历史唯物主义的历史规律论加以论证的。事实上，马克思在《资本论》中就已经对市场经济作为现代社会的经济形态的存在和发展的客观必然性、历史合理性做出了明确的阐述。他指出："一个社会即使探索到了本身运动的自然规律，——本书的最终目的就是揭示现代社会的经济运动规律，——它还是既不能跳过也不能用法令取消自然的发展阶段。但是它能缩短和减轻分娩的痛苦。"[①]显然，马克思在这里所说的"现代社会的经济运动规律"，也就是"既不能跳过也不能用法令取消自然的发展阶段"就是指市场经济。因此，就市场经济是现代经济形态发展的不可逾越的历史阶段而言，我们完全可以确认，我国的市场化改革完全符合经济形态发展的客观规律，

---

① 马克思恩格斯选集：第 2 卷[M]. 北京：人民出版社，1995：101.

具有无可置疑的客观必然性。中国 40 余年市场化改革所取得的巨大成就充分证明了这一点。

进一步的问题是，建立和发展社会主义市场经济对于实现社会主义的奋斗目标即共产主义是否同时又具有充分的价值合理性？我们知道，从社会发展趋势上看，马克思所追求的是能够使每个人得到全面而自由发展的共产主义社会。市场经济发展是否具有价值合理性就取决于它与共产主义社会，即人的全面而自由的发展是否具有内在的关联。在这个问题上，马克思是有非常明确的观点的，他的观点概括起来说就是一句话：没有市场经济的充分发展，共产主义社会是建立不起来的。在《经济学手稿（1857—1858）》中，他指出"全面发展的个人——他们的社会关系作为他们自己的共同的关系，也是服从于他们自己的共同的控制的——不是自然的产物，而是历史的产物。要使这种个性成为可能，能力的发展就要达到一定的程度和全面性，这正是以建立在交换价值基础上的生产为前提的，这种生产才在产生出个人同自己和同别人的普遍异化的同时，也产生出个人关系和个人能力的普遍性和全面性"。在这里，所谓"全面发展的个人""他们的社会关系作为他们自己的共同的关系，也是服从于他们自己的共同的控制的"，指的就是共产主义社会即"自由人的联合体"或"真实的共同体"，而所谓"建立在交换价值基础上的生产"，就是指发达的商品经济或市场经济。也就是说，尽管市场经济的发展不可避免地会产生"个人同自己和同别人的普遍异化"，但没有市场经济的充分发展，就不可能产生出个人关系和个人能力的全面性，亦即不能产生出共产主义社会得以产生并赖以存在的那个基础和前提。这当然不是说，市场经济本身可以带来人的全面而自由的发展，而是说没有市场经济的充分发展，人的全面而自由的发展就失去了实现的条件。从这个意义上说，发展社会主义市场经济，并不像某些人说的那样，背离了社会主义制度，背离了共产主义理想；相反，市场经济是理想的共产主义社会得以产生的前提，社会主义市场经济的发展越充分，离共产主义就越近。离开了市场经济的充分发展，谈论共产主义、人的解放或人的全面发展，不过是脱离现实的空谈，特别是一旦看到市场经济发展中出现了种种异化现象，就试图用抽象的共产主义理念对市场经济予以抽象的否定，就会把原本正确的理念虚无化，甚至变成对真正实现这个理念的历史过程十分有害的东西。

二、马克思共产主义思想的人的解放维度

历史唯物主义同时又是一整套关于人的解放的价值学说，而社会主义社会也正是以人的解放为终极价值的，共产主义则是人的解放得以实现的社会形态，这就是说失去了人的解放这个目标，也就失去了社会主义本身，失去了共产主义的目标。问题在于，我们必须要对这一学说有完整的理解。

马克思在 1844 年发表的《论犹太人问题》一文中，把人的解放区分为"政治解放"和"人类解放"前后相继的两个阶段。所谓政治解放就是要为现代市场经济创造必要的政治条件和法律条件，其基本内容就是要求国家以法律的形式承认和维护公民的基本权利，其中包括公民平等享有的政治权利和公民个人的自由权利。这种属于个人的自由权利，主要体现在市民社会生活的物质因素和精神因素上。从物质因素上说，个人的自由权利的基本的内容就是私有财产权利，亦即"自由这一人权的实际应用就是私有财产这一人权"[①]；从精神性因素上说，个人的自由权利的基本内容就是信仰自由的权利。毫无疑问，个人的自由权利，特别是其中的私有财产权利，是市场经济的基本前提，也是它的内在要素。没有个人的自由权利，就没有独立地、自主地追求自身特殊利益的市场主体，而没有市场主体对自身特殊利益的追求，就没有能够产生巨大经济效益的市场机制，如竞争机制、价格机制、供求机制和所谓的资源配置机制等等。正是由于政治解放使人摆脱了封建专制制度强加于自身的人身依附关系，人成为获得了独立性、自主性和自由权利的市场主体，马克思称："政治解放当然是一大进步，尽管它不是一般人类解放的最后形式，但在迄今为止的世界制度的范围内，它是人类解放的最后形式。不言而喻，我们这里指的是实在的、实际的解放。"[②]

然而，马克思解放理论的深刻性就在于，它一方面客观地肯定了资产阶级政治解放的历史进步价值；另一方面又指出了这种政治解放的不彻底性和局限性。一方面指出政治解放是一大进步，是人的现实的、实际的解放；另一方面又指出"它不是一般人的解放的最后形式"。在马克思看来，政治解放的局限性和不彻底性就在于它是以私有制为基础，因而必然导致人在现实生

---

① 马克思恩格斯全集：第 1 卷[M]. 北京：人民出版社，2009：438.

② 马克思恩格斯全集：第 1 卷[M]. 北京：人民出版社，2009：429.

活中的自我异化，它所能实现的人的自由与平等也仅仅是法律上的、形式上的自由与平等，或者说是交换价值基础上的自由与平等，而不是事实上的、实质上的自由与平等。对此，马克思在他的著述中做出了极为深刻的分析和批判。他指出，资本主义生产是一种以资本为基础的生产，只要这种生产还是发展社会生产力所必需的，是生产力发展的适当形式，这种生产"在纯粹资本范围内的个人运动"就表现为"个人的自由"，或个人之间的自由竞争。而从根本上说，自由竞争不过是个别资本的自由运动，在这个运动中，自由的并不是个人，而是资本。①因此，"在现存的资产阶级社会的总体上，商品表现为价格以及商品的流通等等，只是表面的过程，而在这一过程的背后，在深处，进行的完全是不同的另一些过程，在这些过程中个人之间的表面的平等和自由就消失了"②。资产阶级政治解放的这种自我矛盾性、不彻底性在现代资本主义社会的发展中暴露得更为明显，更为突出。现代西方马克思主义所做出的理论努力，从总体上说，也正是在揭露和批判资本主义这种现代奴役制度的内在根源和种种表现形式。

从马克思对交换价值基础上的自由平等的批判可以清楚地看出，马克思的自由平等观念与自由主义的根本区别。马克思所追求的人的自由与平等归根到底是一种实质意义上的、事实意义上的自由与平等，而自由主义所理解的自由与平等仅仅是"交换价值基础上的自由与平等"，也就是一种形式上的、法律上的自由与平等。这种自由与平等不可能消除人与人之间的奴役关系，相反掩盖了资本主义生产方式中资产者对无产者的剥削和压迫。马克思的自由理论归根到底就是要彻底地颠覆那种使个人在事实上或实质上受到奴役和压迫的社会。正是由于在现代资本主义社会中，依照资本的逻辑，个人的发展总是不可避免地以牺牲他人为代价，少数人的发展总是以多数人沦为无产者为代价，马克思才旗帜鲜明地把"每个人的自由发展是一切人的自由发展的条件"这样一种新的社会作为他终生奋斗的目标，这个目标就是马克思共产主义思想的实质精神。也正是在这个意义上，马克思才指出："共产主义对我们来说不是应当确立的状况，不是现实应当与之相适应的理想。我们所称为共产主义的是那种消灭现存状况的现实的运动。这个运动的条件是由现有的前提产生的。"③

① 马克思恩格斯全集：第46卷（下）[M]. 北京：人民出版社，1980：159-160.
② 马克思恩格斯全集：第46卷（下）[M]. 北京：人民出版社，1980：200-202.
③ 马克思恩格斯文集：第1卷[M]. 北京：人民出版社，2009：538.

对于当代中国的政治实践来说，我们尤其应当注重马克思解放理论中有关政治解放的历史进步价值和内在局限性的论点。政治解放，从根本上说，就是要为现代市场经济创造必要的政治条件。既然我们承认市场经济是现代经济不可逾越的发展阶段，并且前所未有地开创了社会主义市场经济，那么，我们也就应当合乎逻辑地承认政治解放是人的解放的不可逾越的发展阶段，并且探索在社会主义前提下完成政治解放的必要性和现实性。这就是说，我国现时期社会主义市场经济基础上的政治发展必须是以为社会主义市场经济创造适宜的政治条件为基本内容，其中最根本的就是要完整地实现公民平等享有的政治权利和个人的自由权利，特别是其中的私有财产权利。尽管在政治解放的范畴内，公民的个人自由权利依然是一种形式上的自由与平等，但把人从封建主义宗法制和等级制中解放出来，使人获得形式上的、法律上的自由与平等无疑是人的解放的一个重要的历史阶段。历史发展的逻辑将是克服形式上的自由与平等的局限性和不彻底性，实现向人的实质上的自由与平等即共产主义迈进。但不管怎么说，共产主义是不可能在否认人的形式上的自由与平等条件下产生的。

当然，在认识政治解放的现实性和必要性的同时，我们也必须看到，政治解放是人的解放的一个必经的历史阶段，但不是人的解放的最终完成。资产阶级政治解放之所以只能实现形式上的、法律上的自由与平等，就在于资本主义私有制虽以维护公民的私有财产权利为核心内容，但却并不能以增进每个人的私有财产为目的。在市场体系所导致的普遍的贫富分化面前，它在事实上所能维护的只是少数有产者的私有财产权利，而使广大的无产者或劳动者阶层因丧失私有财产而丧失实质性的自由能力。因此，指出政治解放的局限性和不彻底性，指出政治解放是人的解放的不可逾越的历史阶段，这本身就意味着我们不能在政治解放面前缩步不前。以社会主义基本制度为前提的政治解放在根本上不同于资产阶级的政治解放。资产阶级的政治学说，特别是自由主义的政治学说的一个基本特征，就是把政治解放所能实现的形式上的、法律上的自由与平等视为人们所能获得的最终意义上的自由与平等，由此反对任何限制和缩小贫富差别的政治主张，从而为资本主义制度的奴役性辩护。与此相反，社会主义基本制度前提下的政治解放本质上应当是一种"旨在人类解放的政治解放"，也就是以最终实现共产主义这个远大目标为旨趣的政治解放。它固然要实现，而且应当比资本主义制度更好地实现人们在形式上的和法律上的自由与平等，但它更追求人们在实质上的和事实上的自由与平等。因此，在社会主义基本制度的前提下完成政治解放的任务，绝不意味着接受自由主义的政治主张，而是意味着中国特色社会主义政治发展道路应当能够把政治解放和人类解放历史地衔接起来，逐步克服政治解放的局限性，合理地解决市场经济的发展所必然带来的社会矛盾和社会问题，从而为共产主义的最终实现，也就是为每个人全面而自由的发展创造出充分的社会条件。

三、马克思共产主义思想的世界历史维度

早在 1845 年，马克思和恩格斯就在《德意志意识形态》一书中，明确地提出并系统地阐发了"世界历史"思想，而马克思的共产主义思想也正是他的世界历史思想的一个重要组成部分。

在《德意志意识形态》中，马克思和恩格斯描述了自地理大发现以来，随着交往的扩大、工场手工业的发展、商业的发展、殖民地的开拓，日益形成了资本主义的世界市场，从而也使人类历史从孤立的、封闭的民族国家历史转变为"世界历史"。如马克思指出，大工业首次开创了世界历史，使每个文明国家以及这些国家中的每一个人的需要的满足都依赖于整个世界，消灭了各国的自然形成的闭关自守状态。日益完善的生产方式、交往以及因交往而自然形成的不同民族之间的分工把各民族的原始封闭状态消灭得越彻底，历史也就越是成为世界历史。"由此可见，历史向世界历史的转变，不是'自我意识'、世界精神或者某个形而上学幽灵的某种纯粹的抽象行动，而是完全物质的、可以通过经验证明的行动，每一个过着实际生活的，需要吃、喝、穿的个人都可以证明这种行动。"①

马克思恩格斯进而指出，随着世界历史的形成，单个人自己的活动扩大为世界历史性活动，相应地，个人的存在也就成为世界历史性地存在，成为世界历史性的个人。由于个人在精神上的现实丰富性完全取决于他的现实关系的丰富性，因而"每一个单个人的解放的程度是与历史完全转变为世界历史的程度一致的"。"只有这样，单个人才能摆脱种种民族局限和地域局限而同整个世界的生产（也同精神的生产）发生实际联系，才能获得利用全球的

---

① 马克思恩格斯文集：第 1 卷[M]. 北京：人民出版社，2009：541.

这种全面的生产（人们的创造）的能力。"①与此同时，人们之间相互依存的关系，以及人们之间通过分工和交往形成的共同活动，成为世界历史性的共同活动。在人们共同活动中产生出来的社会力量即生产力，也成为世界历史性力量。

但是，在资本主义雇佣劳动制下，也就是资本与劳动相分离的前提下，劳动者（工人）屈从于分工的一个部门，使其社会活动固定化，使人们自身的产物聚合成为一种统治人们的、不受人们控制的异己的力量。或者说，受分工制约的不同个人的共同活动产生了一种社会力量，即成倍增长的生产力。但由于共同活动不是自愿地而是自然形成的，因而这种力量在这些个人看来就不是他们自身的联合力量，而是某种异己的、在他们之外的强制力量，亦即"社会活动的这种固定化，我们本身的产物聚合为一种统治我们、不受我们控制、使我们的愿望不能实现并使我们的打算落空的物质力量，这是迄今为止历史发展中的主要因素之一"②。而在世界历史背景下，由于在人们共同活动中产生出来的社会力量已经成为世界历史性力量，这种力量就是作为完全异己的力量威慑和驾驭着人们，也就是说，受异己力量支配也就表现为受世界历史量的支配。

在这种情况下，马克思认为，"无产阶级只有在世界历史意义上才能存在，就像共产主义——它的事业——只有作为'世界历史性的'存在才有可能实现一样。而各个人的世界历史性的存在，也就是与世界历史直接相联系的各个人的存在"③。据此，马克思恩格斯强调："共产主义只有作为占统治地位的各民族'一下子'同时发生的行动，在经验上才是可能的，而这是以生产力的普遍发展和与此相联系的世界交往为前提的。"④

之所以是这样，马克思和恩格斯做出了四个方面的论证：（1）生产力的高度发展，使人们的"世界历史性的"而不是地域性的存在已经是经验的存在了；（2）没有生产力的高度发展，那就只会有贫穷、极端贫困的普遍化，"而在极端贫困的情况下，必须重新开始争取必需品的斗争，全部陈腐污浊的东西又要死灰复燃"⑤；（3）只有随着生产力的这种普遍发展，人们的普遍

---

① 马克思恩格斯文集：第 1 卷[M]. 北京：人民出版社，2009：541-542.
② 马克思恩格斯文集：第 1 卷[M]. 北京：人民出版社，2009：537.
③ 马克思恩格斯文集：第 1 卷[M]. 北京：人民出版社，2009：539.
④ 马克思恩格斯文集：第 1 卷[M]. 北京：人民出版社，2009：539.
⑤ 马克思恩格斯文集：第 1 卷[M]. 北京：人民出版社，2009：538.

交往才能建立起来，普遍交往可以使人们看到一切民族中同时都存在着"没有财产的"群众这一现象（普遍竞争），使每一民族都依赖于其他民族的变革；（4）地域性的个人为世界历史性的、经验上普遍的个人所代替。

如果没有生产力的发展带来交往的普遍性，那么"（1）共产主义就只能作为某种地域性的东西而存在；（2）交往的力量本身就不可能发展成为一种普遍的因而是不堪忍受的力量：它们会依然处于地方的、笼罩着迷信气氛的'状态'；（3）交往的任何扩大都会消灭地域性的共产主义"①。

马克思恩格斯的上述论断曾引起颇多的争议。1915 年 8 月，列宁在《论欧洲联邦口号》一文中认为，经济和政治发展的不平衡是资本主义的绝对规律，因而在帝国主义体系的薄弱环节上，社会主义可能首先在少数甚至单独一个资本主义国家内获得胜利。以后的发展也的确验证了列宁的推断：第一次世界大战之后诞生了第一个社会主义国家——苏联，第二次世界大战之后，相继又产生了包括中国在内的 15 个社会主义国家。由此，在世界范围内，一度形成了资本主义和社会主义两大阵营的对峙。但由此认为马克思的论断"过时了"却不一定有多少根据。20 世纪以来，在世界资本主义链条的薄弱环节上产生的社会主义均不是马克思所言称的那种足以支配世界市场和现代生产力的"共产主义"。这些社会主义国家并不具备实现马克思意义上的"共产主义"所必需的社会条件和物质基础。因此，社会主义在一国或几个国家中首先取得胜利，并没有证明马克思所说的"共产主义"可以在一国或几个国家中首先取得胜利。

然而，经过两次世界大战建立起来的社会主义国家，大都忽视了马克思关于现代社会的经济运动（即市场经济）是不能跳过也不能用法令取消的历史阶段的告诫，在选择经济与社会发展道路问题上，错误地采取了排斥市场经济的"计划经济"模式，其结果是使所谓的社会主义经济长期徘徊在世界市场体系之外，使社会生产力长期落后于资本主义发达国家。从这个意义上说，这些国家的社会主义的确在某种程度上成为"地域性"的，并且由于不能真正掌握支配世界市场和现代生产力的能力，从而面临被交往的进一步扩大所消灭的危机。20 世纪 90 年代，东欧剧变和苏联解体，事实上论证了马克思共产主义理论的科学性和严肃性。

当然，至 20 世纪末，在全球的社会主义国家中所发生的戏剧性的变化，

---

① 马克思恩格斯文集：第 1 卷[M]. 北京：人民出版社，2009：539.

也不意味着列宁的论断是错的。事实上，马克思在 1877 年写给俄国《祖国纪事》杂志编辑部的信及手稿中，就针对当时俄国土地公共所有制的农业公社这一不同于西欧国家的特殊国情，表示赞同"俄国可以在发展它所特有的历史条件的同时取得资本主义制度的全部成果，而又可以不经受资本主义制度的苦难"的观点，并指出：俄国农业公社"和控制着世界市场的西方生产同时并存，使俄国可以不通过资本主义制度的卡夫丁峡谷，而把资本主义制度的一切肯定的成就用到公社中来"①。问题的关键是，通过政治革命而建立起社会主义制度的国家如何能够吸收资本主义制度的一切肯定的成就，"怎么能够把西方需要几个世纪才建立起来的一整套交换机构（银行、股份公司等等）一下子就在自己这里建立起来"②，从而能够支配世界市场和现代生产力。在这个问题上，我们不应忘记马克思的告诫，共产主义社会只有在交换手段充分发达的基础上才能产生。中国 40 余年的市场化改革所取得伟大成就成功地回答了这个问题，即在世界历史条件下，对于没有完整地经历市场经济发展阶段的社会主义国家来说，就必须发展市场经济，因为只有市场经济才是能够真正消化和吸收现代资本主义一切肯定成果的社会机制。任何绕开市场经济发展阶段的企图，都会使吸收现代资本主义的肯定成果成为十足的空话，并因此导致封建专制主义的死灰复燃。中国建立和完善社会主义市场经济体制的伟大实践，实际上就是在探索解决这一问题的现实途径。中国改革开放历程所取得的重大成就，也正是为社会主义的生命力同时也是为共产主义这个奋斗目标提供新的历史性证明。

（该文原载于《社会科学辑刊》2020 年第 2 期）

---

① 马克思恩格斯全集：第 19 卷 [M]. 北京：人民出版社，1963：435-436.
② 马克思恩格斯全集：第 19 卷 [M]. 北京：人民出版社，1963：436.

全球化进程的可能走向与马克思的共产主义理论

从总体上看，当今世界仍处在全球化不断深化和拓展的历史氛围中，每个民族国家都是在这个总体背景中思考和探索自身的发展道路。全球化本身是一个充满矛盾、对抗和冲突，充满风险和危机的过程，没有什么铁的必然性可以保证每个民族国家都能成为全球化过程的受益者，这就使全球化问题的研究者们不能不普遍关注全球化的未来走向。特别是由于现代化与全球化本身就是同一个过程，因此全球化的未来走向，毫无疑问，也就是现代化的发展趋势，这关乎任何一个追求现代化的民族国家的前途和命运。在我国，这个问题显得尤为突出。在理解和把握当代全球化的性质和特征问题上，国内不少学者鉴于西方发达国家目前在全球化进程的主导地位，不无忧虑地提出一个问题：全球化是否就是西方化，甚或美国化。这个忧虑包含着对现阶段全球化发展态势的评断，同时又涉及对全球化进程未来走向的预测，需要我们对之作出审慎的研究。

一、全球化的问题决定了全球化的基本走向

本文认为，全球化在其实质上就是市场经济机制超越民族国家的界限在全球范围内的拓展和深化，亦即经济增长要素特别是资本要素、知识要素、技术要素乃至人力要素在市场法则的驱动下在全球范围内流动与组合，以至于国别经济与区域经济越来越多地被纳入了一个一体化的全球体系中，人类社会经济的互补性、关联性前所未有地增强，由此逐渐形成一体化的世界经济体系，相应地也导致各国政治和文化在全球范围内的互动。

基于这个理解，一个不可否认的事实是，长期以来，以美国为代表的西方发达资本主义国家一直在全球化现阶段的发展进程中占据强有力的优势地

位。马克思当年通过对资本主义世界市场的剖析，深刻揭示了资本主义制度的扩张和渗透能力，指出："各国人民日益被卷入世界市场网，从而资本主义制度日益具有国际的性质。"①100 多年过去了，马克思的这个判断似乎并没有过时。以美国为代表的西方发达资本主义国家主导全球化依然是当今全球化的基本特征。这不仅是说，西方发达国家在国际贸易、国际金融和跨国经济等各个方面仍占据主导地位，更重要的是，这些西方发达国家既是全球化的游戏主角，又是游戏规则的制定者，握有引导和规范全球化进程的"指挥棒"，并借助经济、文化、政治、军事、科技、通信等各方面的优势，试图使全球化朝着资本主义化的方向迈进。需指出的是，西方发达国家在全球化进程中的优势地位不仅仅是因为其经济-技术实力远远高于发展中国家，更重要的是西方发达国家已经形成了成熟的市场经济体系以及与市场经济体系相适应的政治形态和文化意识形态，这就必然会使西方发达国家在世界经济一体化的大舞台中扮演君临天下的主角。从这个意义上说，这种优势地位至少在较长的一段历史时期内不会有根本性的改变。

发达资本主义在全球化进程中所占据的优势地位是不是意味着，全球化最终导致资本主义的一统天下，并使西方发达国家的主导地位永久化？实事求是地说，对于这个问题，我们现在还很难做出确切的回答。然而，有一点可以指出的是，市场经济本身是一个具有内在差别的体系，包含着自身无法克服的矛盾。在民族国家范围之内，尚可以通过政府过程形成控制市场体系的内在差别和矛盾的有效机制和方式。但是在市场体系向全球拓展的同时，其内在差别和矛盾也必然超出民族国家的解决能力和起作用的范围，成为诱发国际社会经济、政治和文化冲突的深层根源。因此，对于把握全球化的未来走向来说，最重要的是必须研究市场体系本身的内在差别和矛盾在全球化进程中的演化形态及其所诱发的全球性问题，探讨解决这些矛盾和问题的可能途径。本文认为，市场体系的全球化过程所蕴含的矛盾和问题以及国际社会解决这些矛盾与问题的努力有可能决定了全球化历史进程的可能趋势。在这里，本文主要讨论四个方面的主要矛盾和问题，即全球范围的贫富分化问题、国际秩序问题、文化冲突问题和资源与环境问题。应当说，这四个方面的问题恰恰对现代资本主义在全球化过程的主导地位构成了严峻挑战。

---

① 马克思恩格斯全集：第 23 卷[M]. 北京：人民出版社，1972：831.

1. 全球化进程中的贫富分化问题

从根本上说，世界范围内的贫富分化是市场经济全球拓展的自然结果。市场经济是一个包含内在差别的体系，贫富分化是市场体系运行的自然的和自发的倾向。不过，在民族国家的范围内，市场的这种自发倾向可以通过政府这只"可见的手"加以遏止。也就是说，政府可以利用有效的财政政策、税收政策、就业政策、福利政策等手段把贫富分化限制在一定范围内，最大限度地减少社会摩擦，保证市场的活力。而在经济全球化的过程中，市场的世界化，也就使市场本身造成贫富分化的自然倾向超出民族国家的界限，成为全球经济的自然倾向，而在全球范围内并不存在着一个超越民族国家的世界性政府，这就使贫富分化的自然趋势难以得到有效的遏制。

沃勒斯坦和霍布金斯在其《现代世界体系》一书中认为，资本主义生产商之间为争夺劳动力、原料和市场所进行的日趋复杂、激烈的竞争，最终将世界划分出贫困地区（边陲国家和半边陲国家）和富有地区（西方中心国家），把世界各国纳入不平衡发展着的世界经济之中。每个国家都是这个世界体系的结构要素。各个国家之间的经济活动关系就是世界体系内部的资本积累过程，这个过程的基本特征和结果是，"经济剩余"不断从边陲国家和半边陲国家转移到西方中心国家，以至后者越来越发达，前者越来越不发达。这是世界体系的总体规律。应当说，这个总体规律就是市场自发倾向在全球范围内难以遏制的自然结果。货币主义代表人物米尔顿·弗里德曼用"资本自由流动"的观点进一步说明了资本利益的不平衡分配。他指出，资本的自由流动自动地把资本引向收益最大的地方，因而从表面上看，自由的资本市场能够通过资本的自由流动给所有国家都带来利益，因而能够提高所有参与国的富裕程度，但实际情况并非如此，资本的自由流动取决于投资者对投资利益的判断，只有当某个发展中国家能够使资本的流动获得最大利益的时候，发达国家的资金才会投向那里。因此，最大受益者只能是投资者，而非所有参与这个过程的国家和人民。而且，资本自由流动所追求的"更好的"投资，一般来说，是以当地工人恶劣的工作条件和社会福利的削减为代价换来的，也就是说它是以落后国家的落后状态为前提的。这就意味着，真正通过经济全球化富裕起来的并不是普通工人，而是资本所有者。其中，受冲击最大的恰恰是那些缺乏技术的非熟练工人，他们几乎会被全球市场无情地排斥。

全球范围内的贫富分化不能不使资本主义国家的经济全球化战略遭遇双

重困难。首先，穷国与富国之间的巨大的经济位差，不可避免地带来二者间的利益抗争和政治博弈。一般来说，发展中国家廉价的资源和劳动力以及广大的市场，通常是吸引外国投资的手段，但也正因为如此，又可能成为发展中国家制约发达国家的手段。这就使全球范围内的经济活动充满了限制与反限制、掠夺与反掠夺、制约与反制约的矛盾，使贸易保护主义这种与经济一体化趋势相悖的经济策略总是不断地被应用于国际经济往来中。如果发达国家试图寻找各种借口用经济制裁甚至军事行动之类的强制手段来"教训"那些"不听话"的政府，就会直接把这种利益冲突转变为政治冲突，乃至军事冲突。这就必然使整个世界陷于不断备战的紧张和恐慌中。

其次，从发达国家内部来看，如果国内贫富分化趋势的加大与经济全球化密切相关，那么政府的任何努力都只能是暂时的和被动的，不可能从根本上解决问题。资本的发展本性就是不断使自身最大限度地增殖，发展中国家廉价的资源和劳动力市场，就像"铁律"一样吸引国内资本集团进行跨国投资，这无疑是把大量的就业机会从国内转向国外，并使国内劳动力价格由于受国际市场的牵制而难以提高。这是发达国家普遍出现"反全球化"运动的基本原因之一。资本的本性决定了资本主义在经济全球化的过程中必然导致贫富分化的自然增长，而要遏制这种趋势，避免在全球范围内陷入霍布斯所说的"一切人反对一切人"的战争状态，就必须遏制资本扩张的本性，改变经济增长的方式。但无论怎么说，这种改变都与资本主义的逻辑是相反的。

2. 全球化进程中的国际秩序问题

在全球化加速发展的过程中，以古典国际法为依据的全球秩序建构也不可避免地陷入困境。一方面，国际贸易在不同区域市场上的地理扩展、金融市场的全球网络化、跨国公司在规模和数量上的日益增长等几乎完全打破了国内贸易和对外贸易的界限，加速了国际资本的流动，不断强化各国国民经济对世界经济的依赖。与此相应，各种跨国机构如联合国、世界贸易组织、欧盟、北美自由贸易协定、亚太经合组织等在协调、控制各国经济和世界经济方面发挥着越来越重要的作用，同时也不断深化和扩展了各国之间在政治上和文化上的互动。但是，另一方面，尽管第二次世界大战以后和平主义的意识就已经得到世界公众的普遍认同，但这并没有能够有效地阻止大量发生的局部战争和国内战争。20 世纪 90 年代初期冷战的结束，曾一度使人们产生对世界和平的憧憬，但很快这个憧憬就被更为频繁的冲突与战争蒙上厚厚的阴影。有关民主与专制、领土与主权问题的传统争端与种族冲突和不同文明之间的冲突交织在一起，从而有了非同以往的形式和内容；在世界经济或国际性交换体系中，不同利益群体、不同地区或国家之间在利益分配上的相互竞争加强了各种扩张势力之间的相互角逐，使谋求国家安全、区域稳定和世界和平的努力屡屡受挫。特别是进入 21 世纪之后，带有明显政治意图的、大规模的恐怖主义活动以前所未有的、打破一切常规的方式对世界的安全与稳定构成了新的威胁，这不仅使人们感到世界的不安宁，而且感到这种不安宁的根源和方式是如此的不确定和难以控制。从这方面看，当今国际社会中不同民族国家、不同利益群体之间的"非社会性"或"不合群性"、对抗性依然十分深重，以至我们至今看不到彻底遏制国际矛盾与冲突的希望。

如果说经济全球化的核心是市场经济的运行机制成为全球经济的共同的运行机制，那么这个过程本身客观上就需要形成能够使全球化市场经济运行机制得以健康运行的世界性经济秩序。在一个民族国家自身当中，政府的立法、行政和司法体系是建立市场秩序的关键，而且这种有能力建立市场秩序的政治体系总是直接或间接地以强大的国家暴力机构为后盾，但在全球范围内，则并不存在着一个超越一切民族国家的、有能力建构和维护世界秩序的国际政治体系，更不存在着能够使这种政治体系有效地发挥作用的国际性强制机构。目前已经存在着的国际性、区域性经济、政治组织，如联合国、欧盟、世界贸易组织等，都是作为协商、协调与合作组织来发挥建构和维护世界秩序的作用，但其强制性制约能力非常有限。在这种情况下，政治全球化本身就必然是一个矛盾重重的过程，一方面经济的全球化客观上必然要求建构符合世界市场运行机制和适应跨国经济发展要求的世界秩序，而这就意味着要制约、限制甚至削弱民族国家的主权，迫使民族国家遵从世界市场的游戏规则；另一方面，世界秩序的建构又必须依靠民族国家之间平等的协商与合作，这就意味着必须尊重民族国家的主权，必须使世界秩序符合主权国家利益最大化的要求。在这两个相互矛盾的方面之间所形成的张力，构成了当今世界政治多元化或多极化的态势。

很明显，由于世界经济体系本身的不平衡性，这个态势不可能是稳定、协调的世界格局，而是一个充满纷争、遍布危机的格局。在缺乏有强制性制约能力的国际政治机构的情况下，西方发达国家就有可能无视国际社会的反对，凭借其强大的经济、技术和军事实力推行单边主义、单级主义、霸权主义，扩充自己的势力范围，左右全球化的进程，而这样做的结果又必然会在广大第三世界国家中引起强烈的反弹，这种反弹可以是有序的，即按照一定的程序和规则进行，但由于国际社会缺乏制约强权国家的能力，这种反弹就极有可能被无序化，从而冲击市场经济的全球化所需要的世界秩序。

从国际秩序角度看，经济全球化所带来的国际秩序方面的矛盾和冲突已经表明，应当通过国际社会的共同努力来结束国际范围内的无政府状态。但就目前来看，西方发达国家在这个问题上，十分明显地力图把国际秩序的建立纳入资本主义强权政治的轨道中。这种变相的"帝国策略"只能不断加重国际秩序的混乱，因为任何国家作为主权国家都不会容忍这种侵犯主权的行为。从客观上说，全球化必然要求超越民族国家界限在全球范围内形成有能力建构和维护世界秩序，有能力协调地区之间、国家之间利益冲突和文化冲突的政治机制。这种政治机制能够真正着眼于人的基本权利和人类的共同利益，并有充分能力制约任何违反人的基本权利和人类共同利益的行为，使全球化最终成为利益共享和可持续发展的体系。但如何构建这样一种政治机制，则是国际社会所面临的最为困难的问题。

20 世纪 90 年代，德国哲学家哈贝马斯曾提出"超越民族国家"的设想。他的设想大致包含三个相互联系的方面：第一，建构一种"能够在一定程度上适应跨国经济的政治共同体"或"国家共同体"，将民族国家的某些职能转让给这个共同体，以便通过"负有世界义务的国家共同体的有约束力的合作过程"①来解决人类生存所面临的共同问题（生态问题、资源问题、恐怖主义问题、毒品问题、跨国军火贸易和跨国犯罪问题等），维护世界和平与人权；第二，将西方国家的具有普遍主义的民主机制扩展到国际范围，对横冲直撞的资本主义加以驯化，并使包括民族国家在内的各种政治共同体形成世界性的强制互助意识，从而把自身视为一个只能互相合作和相互兼顾利益的共同体的成员；第三，超越民族国家的政治共同体并不是世界国家，而是各个主权国家相互合作的政治体系。为此，哈贝马斯提出所谓"商谈伦理"的思想，主张通过对话、沟通，建立全球化经济和政治的世界秩序。对于哈贝马斯的这一理论，国内学界多持怀疑或否定的态度。笔者认为，尽管哈贝马斯的设想在今天看来有许多不切实际的地方，但从全球化所蕴涵的矛盾来看，他的观点表现出建构"超越民族国家"的政治机制来解决全球化问题必然面临诸多困难，但尽管如此，没有完备的全球性政治机制，就不可能有完备的全球

---

① 乌尔里希·贝克主编. 全球化与政治[C]. 王学东，柴方国等译. 北京：中央编译出版社，2000：82.

性市场体系，就不可能克服目前市场体系内在差别和矛盾所诱发出来的严重问题。因此，形成这样一种政治机制，应当说，就是全球化进程的基本走向。当然，要能够实现这一设想，用哈贝马斯的话说，就必须"驯化"资本主义。

3. 全球化进程中的文化冲突问题

文化的多元化发展以及不同文明之间的矛盾和冲突在冷战后已逐渐成为一种特别值得重视的政治倾向。文化的多元化或多样化本身指的是一个民族国家的文化的殊异性。这种殊异性通常与文明的起源相关，有着漫长的历史积淀过程。在不同的地域生存和发展起来的各个民族，由于地理环境的不同、与自然界相互作用的方式不同，每个民族都形成了自己独特的劳作方式和生活方式，并在社会交往和社会组织的长期演化中形成了与其生活方式相吻合的独特的语言系统、规范系统、宗教信仰、价值观念、政治理念、审美情趣、艺术形式等等。这种文化的殊异性通过人们的日常生活各个方面，如宅居、饮食、服饰、休闲娱乐、婚丧嫁娶等，明显地表现出来，并通过文化传承而构成了一个民族所特有的文化传统。对于任何一个民族来说，这种文化的殊异性不仅体现出多方面的文化情趣，而且在思想和心理的深层还饱含着强烈的民族优越感、自尊感和认同感。

文化的殊异性造成了全球范围内的文化差异。从理论上说，差异与和谐并不必然构成一对矛盾，正是由于有差异才能产生和谐，没有差异的和谐不是和谐，正如自始至终只有一种声调的乐曲不是乐曲一样。但是当我们面对当今世界的文化格局时，我们又不能不承认，全球范围内的文化差异在很大程度上不是表现为和谐共存，而是表现为激烈的对抗和冲突。亨廷顿在其《文明的冲突与世界秩序的重建》一书中就认为："在这个新的世界里，最普遍的、重要的和危险的冲突不是社会阶级之间、富人和穷人之间，或其他以经济来划分的集团之间的冲突，而是属于不同文化实体的人民之间的冲突。"①也许亨廷顿的结论并不十分准确、全面，但他的观点的确在一定程度上反映出当今世界文化格局的内在矛盾。

但依笔者之见，在全球化的过程中，导致文化冲突的基本根源主要有两个方面：一是来自发达国家的文化霸权，二是来自发展中国家的文化抗拒。

在全球化过程中不断形成的世界体系并不是一个利益均衡的体系，这种

---

① 萨缪尔·亨廷顿. 文明的冲突与世界秩序的重建[M]. 周琪等译. 北京：新华出版社，2002：7.

不均衡性同样十分明显地表现在当今世界的文化格局中。我们知道，有关全球化、现代化的基本理念、价值观念乃至话语方式大都源自西方，以至于在很长一段时间里，现代化被理解为"西方化"。当然，来自西方的东西，并不一定就仅仅属于西方，而是属于整个人类的共同的精神财富。但不能否认的是，在当今世界的政治舞台和文化交往中，某些西方发达国家正是自觉或不自觉地自恃踞于文明的制高点上，并打着"自由""民主""人权"的旗号干预别国的内政，扩充自身的势力范围。它们利用自身在科技文化、市场规范文化、商业文化和人文文化中的优势地位和话语权力，不遗余力地向发展中国家输出自己政治理念、宗教信仰和价值观念，以期从思想文化和社会心理上征服其他的民族和国家。这就不能不在发展中国家引起强烈的文化反弹。20 世纪 70 年代兴起的"后殖民主义"文化批判理论对西方话语霸权和"西方中心主义"观念的谴责，能够使我们更清晰地看到文化霸权与政治霸权的内在联系。

文化冲突的另一根源来自发展中国家的文化抗拒。这种抗拒针对的是某些西方发达国家的文化霸权、政治霸权和话语霸权，因而在维护世界的体系的公正、平等方面有着积极的意义。某些财大气粗的西方国家在极力推行文化霸权或话语霸权时候，它们就已经在用行动证明它们自身不但没有占据文明的制高点，而且是竭力向全球专制主义倒退。真正体现人的自主性和自由性的文化精神同科技文化一样是属于全人类的共同财富，这种文化在本质上拒绝任何支配关系、否认文化霸权或话语霸权的合法性。因此，对于彻底地解除西方文化对非西方文化的支配关系来说，最根本的策略就是在完善市场经济体系、不断提高民族在世界体系中的竞争力的过程中，对民族文化进行适当改造与扬弃，取其精华，去其糟粕，使之真正成为有助于人的自主性和自由性不断深化与扩展的先进文化。在经济全球化的过程中，不经适当改造的民族文化不会产生强大的竞争力，也不可能真正抵挡住西方话语霸权的侵犯。

4. 全球化过程中的资源与环境问题

在人和自然的关系问题上，资源和环境危机更有可能在全球化过程中造成资本主义的危机。关于这一点，当代的生态马克思主义理论为我们提供了丰富的见识。如美国学者约翰·贝拉米·福斯特通过梳理和阐释马克思的实践唯物主义自然观，提出了"物质变换裂缝理论"，成功地为马克思主义的生态立场提供了哲学基础和切入现实的路径。他认为，物质变换既有"自然内涵"又有"社会内涵",前者所面对的是人类一般劳动过程,而后者面对的则是随着人类社会历史发展的具体劳动过程。资本主义生产是人类历史上最为复杂的具体劳动方式,它把一切都卷入了生产和再生产,把包括人的生产劳动和自然的产物在内的一切都贴上了商品的标签。资本主义作为特殊的社会形态在管理、调整现实的社会物质变换以及社会与自然之间的物质变换过程中存在着巨大的局限性,使物质变换产生了裂缝,给人类社会和自然带来了严重的后果,生态破坏就是它的现实的具体的表现形式。如马克思在《资本论》中指出的那样,资本主义生产使人口向大城市聚集,造成人以衣食形式消耗的土地组成部分不能回归到农村土地中,破坏了人和土地间的物质变化;另外,资本主义农业的进步、化学肥料的使用,反而使土地更为贫瘠。因此,在资本主义制度下,人们为了经济目的,破坏了人与自然间正常的物质变换过程,最终导致了自然生态遭到破坏。在福斯特看来,资本主义生产条件下出现的物质变换裂缝实质上是自然和社会关系的异化:首先是人与外部自然间的异化,主要表现为人与土地间的异化;其次是人的内部自然的异化,即在工业资本主义条件下,工人生活的基本条件和身心的异化,也就是说,在资本主义状态下,人类生存的无机条件和人类自身的积极的生存状态相分裂,这种分裂从物质基础上看就是作为自然一部分的人与自然的异化,也就是自然本身的异化,同时也是作为人与自然间物质交换中介的劳动异化。福斯特认为,裂缝产生的原因决定了其无法弥补性。马克思在他的那个时代就发现的物质变换裂缝在当代仍然没有被消除,反而随着城乡的进一步分离、全球化贸易的发展而不断加剧,人与自然间的异化已经成为人类生存与发展所要面对的首要问题。这表明,生态文明与资本主义在本质上和整体上是对抗的,从资本主义的立场上解决环境问题的所有尝试都将是徒劳的,物质变换裂缝的不可修复性证明了资本主义下的可持续发展是不可能实现的。

另一位美国学者奥康纳通过对生产条件的这一理解,发现了资本主义生产方式本身所包含的双重矛盾,即资本主义条件下生产力与生产关系的矛盾和生产方式与生产条件的矛盾。他把后者称之为资本的"第二重矛盾"或第二种类型的矛盾。这两重矛盾的融合决定了资本主义社会结构的内部动态过程。他指出,在当代发达的资本主义条件下,由于生产条件被忽视而导致的生产性能力的破坏,不仅决定了资本主义社会不仅无法逃逸生产不足的经济危机,而且必然遭遇日渐深重的生态危机。在奥康纳看来,破坏生产条件的再生产能力的直接原因不是资本而是国家,国家是资本和自然之间的中介。

因此，在资本主义国家中，由第二重矛盾激发的危机不仅仅是经济危机和生态危机，而且还造成资本主义国家在立法和行政职能方面的政治危机。这意味着如何转变国家的职能就成为解决生态危机和第二重矛盾的关键。据此，奥康纳认为只有生态社会主义才能真正解决资本主义世界所蕴含的经济危机、政治危机和生态危机。

当然，生态危机对于西方发达国家的生活质量同样构成严重的威胁，但是某些发达国家却能够在经济全球化的过程中找到——至少暂时地找到——摆脱威胁的途径，即利用技术转让、资本输出和跨国公司的运作，把大量的高污染、高耗能的产业转移到极力追求工业化和经济增长的第三世界国家，甚至把大量的工业垃圾也拉到别的国家进行处理。这种把生态危机转嫁给落后国家的做法，确实使发达国家在一定程度上保持了自身的生态质量，但却使落后国家成为生态危机乃至生态灾难的受害者，并且第三世界国家为加快经济增长而大力发展高污染、高耗能的产业，也使生态危机在全球范围内更加深重。从长远的角度看，这种向其他国家转嫁生态危机的做法不可能持久，因为以牺牲自身的生态质量为代价来谋求经济增长迟早会变成任何国家、任何人都不能容忍的事情。

从上述分析中，我们可以看出，全球化进程所面临的困难问题已经明显地暴露出现代资本主义的局限性。因此，尽管在当今的全球化过程中，资本主义占据着主导地位，但解决这些困难问题的努力却有可能在全球化进程中催生和培育各种非资本主义因素。应当指出的是，全球化的实质是市场经济在全球范围内的拓展，然而市场经济的逻辑并不就是资本主义的逻辑。正如在许多发达的资本主义国家内部那样，由于加强国家对市场的干预，以克服市场的局限性，由于对实质意义上的自由和平等的追求，以谋求经济增长的利益能够普及整个社会，等等，现代市场经济已经明显表现出脱离资本主义逻辑的倾向。从这个意义上说，解决当代全球化进程中的矛盾的种种努力可能更有利于社会主义发展策略的形成。

二、重温马克思的共产主义理论

之所以在这里要"重温马克思的共产主义理论"，一个最直接的原因就是，马克思和恩格斯共同创立的共产主义理论就是把共产主义的实现理解为一个世界历史过程，也就是说，共产主义理论原本就是马克思全球化理论的一个最有特色的部分。

在马克思和恩格斯看来，世界市场的发展把资本主义生产方式推向全球的同时，也合乎规律地使资本主义生产方式本身所固有的矛盾及其所引发的激烈竞争、商业危机普遍化，从而导致日益严重的世界性危机。这种危机在资本主义生产方式内部是无法克服的，资本主义生产方式本身所固有的矛盾会使"每一个对旧危机的重演有抵消作用的要素，都包含着更猛烈得多的未来危机的萌芽"①。此外，世界市场的发展也必然造成"以全人类相互依赖为基础的世界交往"②，使每个个人成为世界历史性的个人，使资本主义生产方式所造就的否定性因素——无产阶级也成为世界历史性的存在。因此，恩格斯推论说，世界市场的发展终将导致共产主义对资本主义的否定。他说："共产主义的产生是由于大工业以及和大工业相伴而生的一些现象：世界市场的形成和随之而来的无法控制的竞争；具有日趋严重的破坏性和普遍性的商业危机，这种危机现在已经完成了世界市场的危机；无产阶级的形成和资本的积累以及由此产生的无产阶级和资产阶级之间的阶级斗争。"③

由此可见，马克思和恩格斯所预言的共产主义在资本主义世界市场充分发展的基础上才能产生。"历史中的资产阶级时期负有为新世界创造物质基础的使命：一方面要造成以全人类相互依赖为基础的世界交往，以及进行这种交往的工具，另一方面要发展人的生产力，把物质生产变成在科学的帮助下对自然力的统治。"④根据这一点，马克思认为共产主义革命将不仅是一个国家的革命，而且是世界性的革命。如同资本主义生产方式必然是以世界市场为基础的一样，共产主义也只有作为"世界历史性的"存在才有可能实现。"只有随着生产力的这种普遍发展，人们之间的普遍交往才能建立起来；……地域性的个人为世界历史性的、经验上普遍的个人所代替。不这样，（1）共产主义就只能作为某种地域性的东西而存在；（2）交往的力量本身就不可能发展成为一种普遍的因而是不堪忍受的力量：它们会依然处于地方的、笼罩着迷信气氛的'状态'；（3）交往的任何扩大都会消灭地域性的共产主义。共产主义只有作为占统治地位的各民族'一下子'同时发生的行动，在经验上

① 马克思恩格斯全集：第 25 卷（下）[M]. 北京：人民出版社，1974：554.

② 马克思恩格斯全集：第 9 卷 [M]. 北京：人民出版社，1961：252.

③ 马克思恩格斯全集：第 4 卷 [M]. 北京：人民出版社，1958：312.

④ 马克思恩格斯全集：第 9 卷 [M]. 北京：人民出版社，1961：252.

才是可能的，而这是以生产力的普遍发展和与此相联系的世界交往为前提的。"①

马克思和恩格斯的上述论断在今天引起了颇多的争议。19 世纪末 20 世纪初，列宁依据对当时帝国主义发展不平衡状态的分析，认为在世界资本主义链条的薄弱环节上，一国或若干国家可以首先取得社会主义的胜利。以后的发展也的确验证了列宁推断：第一次世界大战之后诞生了第一个社会主义国家——苏联，第二次世界大战之后，相继又产生了包括中国在内的 15 个社会主义国家。但由此认为马克思的论断"过时了"却不一定有多少根据。20世纪以来，在世界资本主义链条的薄弱环节上产生的社会主义均不是马克思所言称的那种足以支配世界市场和现代生产力的"共产主义"。这些社会主义国家并不具备实现马克思意义上的"共产主义"所必需的物质基础。因此，社会主义在一国或几个国家中首先取得胜利，并没有证明马克思所说的"共产主义"可以在一国或几个国家中首先取得胜利。

事实上，马克思在晚年已经在探索不同民族国家的发展道路问题。1881年马克思在写给俄国女革命家维·伊·查苏利奇的信中，阐述了自己对俄国历史发展的前景，特别是对俄国农村公社的命运的看法。他一方面指出，从经济形态自然的发展过程上来看，土地公有制向私有制过渡是不可避免的；另一方面，他也反对把西欧资本主义起源的历史概述彻底变成一般发展道路的历史哲学理论，他说："极为相似的事变发生在不同的历史环境中就引起了完全不同的结果。"②针对俄国的情况，马克思设想，随着资本主义的发展，俄国社会发展的历史环境发生了根本性变化，因而俄国有可能跨越资本主义发展的"卡夫丁峡谷"，直接进入高于资本主义制度的社会发展阶段，因为"在欧洲，只有俄国的'农村公社'在全国范围内广泛地保存下来了。因此，它目前处在这样的历史环境中：它和资本主义同时存在为它提供了集体劳动的一切条件。它有可能不通过资本主义制度的卡夫丁峡谷，而占有资本主义制度所创造的一切积极的成果"③。

在这里，需要特别注意的是，马克思虽然不否认像俄国这样相对落后的国家在资本主义已经发展起来的历史环境中跨越资本主义发展阶段的可能性，但他从来没有设想社会经济形态的发展可以跨越市场经济这样一个历

---

① 马克思恩格斯选集：第 1 卷[M]. 北京：人民出版社，1995：86.
② 马克思恩格斯全集：第 25 卷[M]. 北京：人民出版社，2001：145.
③ 马克思恩格斯全集：第 25 卷[M]. 北京：人民出版社，2001：465.

史发展阶段。在《资本论》第 1 卷第 1 版序言中，马克思把经济的社会形态的发展理解为一种自然史的过程，并明确指出，"一个社会即使探索到了本身运动的自然规律，——本书的最终目的就是揭示现代社会的经济运动规律，——它还是既不能跳过也不能用法令取消自然的发展阶段，但是它能缩短和减轻分娩的痛苦"①。马克思在这里所说的"现代社会的经济运动规律"，也就是"既不能跳过也不能用法令取消自然的发展阶段"就是指市场经济。在《经济学手稿（1857—1858）》中，马克思把共产主义设想为一种使任何个人得以全面发展的社会形态，而"全面发展的个人——他们的社会关系作为他们自己的共同的关系，也是服从于他们自己的共同的控制的——不是自然的产物，而是历史的产物。要使这种个性成为可能，能力的发展就要达到一定的程度和全面性，这正是以建立在交换价值基础上的生产为前提的，这种生产才在产生出个人同自己和同别人的普遍异化的同时，也产生出个人关系和个人能力的普遍性和全面性"②。在这里，所谓"建立在交换价值基础上的生产"，就是指发达的商品经济或市场经济。也就是说，市场经济是通达共产主义的不可逾越的阶段。但经过两次世界大战而建立起来的社会主义国家，大都忽视了马克思的告诫，在选择经济与社会发展道路问题上，错误地采取了排斥市场经济的"计划经济"模式，其结果是使所谓的社会主义经济徘徊在世界市场体系之外，使社会生产力长期落后于资本主义发达国家。从这个意义上说，这些国家的社会主义的确在某种程度上成为"地域性"的了，并且由于不能真正掌握支配世界市场和现代生产力的能力，从而面临着被交往的进一步扩大所消灭的危机。20 世纪 90 年代，东欧剧变和苏联解体，事实上论证了马克思共产主义理论的科学性和严肃性。

当然，至 20 世纪末，在全球的社会主义国家中所发生的戏剧性的变化，也不意味着列宁的论断是错的。问题的关键是，通过政治革命而建立起社会主义制度的国家如何能够"占有资本主义制度所创造的一切积极的成果"，从而能够支配世界市场和现代生产力。在这个问题上，我们不应忘记马克思的告诫，共产主义社会只有在交换手段充分发达的基础上才能产生。对于没有完整地经历市场经济发展阶段的社会主义国家来说，必须补足市场经济这门课。因为只有市场经济才是能够真正消化和吸收现代资本主义一切积极成果的社会机制。任何绕开市场经济发展阶段的企图，都会使吸收现代资本主义

① 马克思恩格斯选集：第 2 卷[M].北京：人民出版社，1995：101.
② 马克思恩格斯全集：第 46 卷（上）[M].北京：人民出版社，1979：108-109.

的积极成果成为十足的空话，并因此导致封建专制主义的死灰复燃。中国建立和完善社会主义市场经济体制的伟大实践，实际上就是在探索解决这一问题的现实途径。中国改革开放历程所取得的重大成就，也正是为社会主义的生命力提供新的历史性证明。

三、中国能否成为引领全球化的主导力量

"共产主义"，从其精神实质上说，就是要追求"每个人的发展是一切人发展的前提"这样一种社会形态。对于现今全球化进程中，一个人发展必须以牺牲他人为代价，一个民族或国家的发展必须以牺牲其他民族或国家为代价这样一种现实来说，马克思的共产主义理想依然具有无穷的魅力。尽管在全球化最终会不会导致共产主义这个问题上，历史还很难给出确切的答案。但可以指出的是，全球化的现有模式使发展中国家始终不能摆脱对资本主义发达国家的依附地位。这种依附性使发展中国家不断地为发达国家的发达付出代价。为此，来自发展中国家的经济学家、社会学家早已呼吁要切断与资本主义发展逻辑的联系，走一条自主的、本土化的现代化道路。从上述这些情况来看，中国建立和完善社会主义市场经济的道路是具有世界历史意义的，它毕竟向世界提供了发展市场经济的另外一种有别于资本主义市场经济的模式。如果社会主义市场经济的不断完善能够在解决资本主义市场经济本身不可克服的矛盾方面，在解决全球性问题方面，在建立公正、互益的国际经济、政治秩序方面显示出强大的优势，那么全球化的未来走向将出现不同于现在的新前景。

应当说，中国在经历了 40 年的改革开放之后，的确逐渐地走出了一条属于自身的独特的发展道路，即中国特色社会主义发展道路。在这条发展道路上，我们取得了巨大的成就，我们国家已经在经济总量上成为世界第二大经济体，人均 GDP 也已达到 8000 美元，对外贸易总额 2013—2015 年位居世界前列（2016 年美国以微弱优势超过中国）；2016 年中国的对外投资达到 1830 亿美元，首次成为全球第二大对外投资国，在吸引外资方面，又是全球第三大外资流入国，人民币的国际化进程也在不断加快；等等。从这些成就中，我们可以明显地看到，由于中国的崛起，全球化进程可能会出现新的态势。

中国的道路不同于西方，因而它为非西方国家或绝大多数发展中国家的发展提供新的启示。2017 年 7 月 26 日，习近平在省部级主要领导干部"学习习近平总书记重要讲话精神，迎接党的十九大"专题研讨班上的讲话指出："中国特色社会主义不断取得的重大成就，意味着近代以来久经磨难的中华民族实现了从站起来、富起来到强起来的历史性飞跃，意味着社会主义在中国焕发出强大生机活力并不断开辟发展新境界，意味着中国特色社会主义拓展了发展中国家走向现代化的途径，为解决人类问题贡献了中国智慧、提供了中国方案。"对于这个中国智慧和中国方案，的确值得我们深思和论证。

特别是自十八大报告首次提出"命运共同体"这个概念以来，习近平在绝大多数重要国际会议和外交场合反复倡导"人类命运共同体"的理念。一方面强调中国永不称霸、永不扩张、永不谋求势力范围，另一方面强调世界各国唇齿相依，谋求互利共赢，共享发展，愿意同世界各国分享自身的发展机遇。这个理念同以往以竞争式博弈为特征的全球化进程构成了鲜明的对照，因而这个理念有可能成为全球化的新的发展趋向。

当然，从目前来看，中国的发展道路一方面取得了巨大的成就，另一方面也衍生出一系列更为更为严重、更为棘手的问题，在惩治腐败、消除贫富两极分化、建立良好社会秩序和生态文明建设等方面，我们依然面临着巨大的挑战；在意识形态领域，对于中国社会的发展道路问题也存在着各种不同的理解甚至相互对立的观念。能否解决好这些社会矛盾和社会问题，关系到中国道路本身的成败，关系到这条道路的世界影响力，最终关系到我们这个民族的命运。因此，中国应当把自己的这条发展道路走好，既能切实地解决自身发展所面临的问题，也能为解决全球化问题提供自己的智慧和方案，最终用中国的成功给全球化进程带来新的希望。

（该文原载于《北方论丛》2017 年第 4 期）

全球化的实质和进程与马克思的全球化理论

早在 150 多年前，马克思就通过对资本主义生产方式的性质和历史发展过程的探讨，通过对资本的扩张本性分析，十分明确地指出了全球化的历史特征和趋势：

> 资产阶级由于开拓了世界市场，使一切国家的生产和消费都成为世界性的了。不管反动派怎样惋惜，资产阶级还是挖掉了工业脚下的民族基础。古老的民族工业被消灭了，而且每天都还在被消灭。它们被新的工业排挤掉了，新的工业的建立已经成为一切文明民族的生命攸关的问题；这些工业所加工的，已经不是本地的原料，而是来自极其遥远的地区的原料；它们的产品不仅供本国消费，而且同时供世界各地消费。旧的、靠本国产品来满足的需要，被新的、要靠极其遥远的国家和地带的产品来满足的需要所代替了。过去那种地方的和民族的自给自足和闭关自守状态，被各民族的各方面的互相往来和各方面的互相依赖所代替了。物质的生产是如此，精神的生产也是如此。各民族的精神产品成了公共财产。民族的片面性和局限性日益成为不可能，于是由许多种民族的和地方的文学形成了一种世界的文学。①
>
> 资本一方面要力求摧毁交往即交换的一切地方限制，夺得整个地球作为它的市场，另一方面，它又力求用时间去消灭空间，就是说，把商品从一个地方转移到另一个地方所花费的时间缩短到最低限度。资本越发展，从而资本借以流通的市场，构成资本空间流通道路的市场越扩大，资本同时也就越是力求在空间上更加扩大市场，力求用时间去更多地消灭空间。②

---

① 马克思恩格斯选集：第 1 卷 [M]. 北京：人民出版社，1972：255.
② 马克思恩格斯全集：第 46 卷（下）[M]. 北京：人民出版社，1980：33.

这些精辟而且脍炙人口的论述，如果是在当今时代背景下首次发表，恐怕没有人会否认，这是最为标准的，也是最为深刻的"全球化"理论话语，虽然马克思在这些论述中并没有使用"全球化"这个概念。然而，尽管马克思的上述论述早已被学者们咀嚼得滚瓜烂熟，但对于马克思是否有全球化理论或思想，或者说能否把马克思的上述理论视为全球化理论，国内学界依然存在着很大争议。其中，比较有代表性的观点有如下三个方面。

第一，肯定在马克思那里已形成了全球化理论。如有学者认为，马克思的"世界历史"思想就是他的全球化思想。马克思"世界历史"理论的核心是"历史向世界历史的转变"，而"历史向世界历史的转变"的过程实质上就是全球化的过程。①

第二，否认马克思提出了全球化理论。如有学者认为，马克思的"世界历史"与人们所讲的"全球化"是有区别的，"'世界历史'是相对于相互分裂的民族历史与地域历史而言，是指世界开始有了一部相互依存和影响的统一的历史，但在这里历史活动的主体及其基本单位是相互独立的民族国家；'全球化历史'则是指世界各国的历史变为一个不可分割的统一整体，社会的经济政治文化活动愈益朝着跨国化方向发展。后者是前者的进一步和更高的发展阶段"②。

第三，有学者认为，马克思虽然没有提出过"全球化"这个概念，也没有提出过系统的全球化理论，但是以"世界历史"的理论形态对全球化的发生和发展作了概括和分析，或者说从全球的视野阐发了"世界历史"的重要思想，为我们研究当代全球化问题奠定了科学的方法论基础。

上述观点虽然各有自己的道理，但本文认为，在这些观点中存在着两个方面的共同缺陷：其一，缺乏对全球化的实质和历史进程的准确理解，因而难以对马克思是否具有全球化理论做出准确的理论定位；其二，缺乏对马克思有关理论的完整把握，仅仅从马克思的"世界历史"理论出发，或者承认马克思有全球化理论，或者否认马克思具有全球化理论，而忽视了马克思更为重要的理论如"世界市场"理论，至少没有对这个理论做出完整、系统的研究和阐发。针对这个问题，我们可以从全球化的实质、全球化的历史进程和马克思全球化理论的构成三个方面，对马克思的全球化理论作一概要性的分析。

---

① 叶险明. "历史向世界历史的转变"与全球化的本质及其发展趋势[J]. 中国人民大学学报, 2002(1): 26-33.

② 杨学功, 孙伟平. 从马克思的"世界历史理论"看全球化[J]. 教学与研究, 2001 (4): 39-46.

一、全球化的实质与马克思的全球化理论

　　随着全球化进程的不断加速和对全球化问题研究的不断深入，国内外众多学者从不同的角度对"全球化"这个概念做出了界定。如美国经济学家奥多尔·拉维特把全球化理解为各国经济的开放度、经济的相互依赖以及经济一体化的过程；英国社会哲学家吉登斯把全球化定义为"世界范围的社会关系的强化"和现代性的全球性扩张；经济学家索罗斯则把全球化理解为资本的自由流动和全球金融市场及跨国公司对各国经济日益加强的支配。类似的观点，还有把全球化看作是信息、资本、资本主义等因素的扩张等等。在我国学界，比较普遍的观点是把全球化看作是人类社会不断超越国家和民族的壁垒，实现世界的普遍交往，全球各国和民族的相互依赖、相互影响的程度不断增强的过程，形成"你中有我，我中有你"的局面，是多样化与一体化的统一。另外，还有学者从观念形态的角度把全球化看作是人类整体意识或者全球价值观的增强，如美国的罗兰·罗伯森认为"作为一个概念，全球化既指世界的压缩，又指认为世界是一个整体的意识的增强"①。我国学者蔡拓亦强调，全球化的本质有两条：其一，把人类作为一个整体来审视、分析、处理人类面临的各种问题。这是一种思维方式的根本转变。其二，承认存在着确实的超民族、超国家的人类共同利益。这是一种价值观的重大调整，它把人们追求纯粹、单一的阶级利益、国家利益提升到自觉关注人类共同利益的高度。②

　　上述有关全球化概念的界定，各自从不同的方面道出了全球化的丰富内容，对于我们全面地认识全球化的表观特征和多方面社会效应有着重要的理论价值和实践意义。但是，在笔者看来，这些观点并没有道出全球化的根本，或者说没有道出全球化的实质。例如，是什么原因导致了"世界范围的社会关系的加强"，或者说使人类社会超出国家和民族的壁垒，实现了世界的普遍交往？资本为什么能够在全球自由流动？为什么我们必须把人类活世界作为一个整体来加以审视？等等。对于这些问题，上述观点均未提出令人信服的解释。缺乏对全球化实质的理解，就易于依据全球化的表观特征做出判断。

① 罗兰·罗伯森. 全球化——社会理论和全球文化[M]. 梁光严译. 上海：上海人民出版社，2000：11.
② 李惠斌主编. 全球化：中国道路[M]. 北京：社会科学文献出版社，2003：255.

例如，我国学者欧阳康在《全球化与马克思主义哲学的当代发展》一文中认为，全球化首先是指资本的全球一体性运动。而资本的全球化有两个必要条件，一是经济信息的全球性同步传输，一是资本组织方式的全球性扩张。为此，经济全球化的基本因素或基本标志是：（1）跨国公司兴起并在国际经济事务中发挥出巨大作用；（2）信息的全球性同步传送；（3）全球组织、全球协作。据此，欧阳康得出结论认为，在马克思的时代全球化的历史进程虽露端倪但还没有真正形成，"马克思和恩格斯已经有了对于全球化历史趋势的科学预见，但很难说它们的理论已经深刻地表述了他们还没有看到的世界"①。欧阳康的观点实际上是把全球化在现今时代或现今历史阶段上的特征理解为全球化进程的全部，而忽视了全球化是一个发展过程这一个事实，尤其是忽视了资本的全球性运动的早期阶段和现今阶段在实质上的一致性。从表观特征上看，全球化的现今阶段肯定远远高于它的早期阶段，马克思和恩格斯也的确难以预料全球化在现今的发展，但同样的道理，全球化的未来发展肯定也大大地不同于现今的形态，到那时我们该如何理解"全球化"这个概念呢？一个过程的表观特征或形态总会随着过程的延展而发生历史性变化，只有过程的实质是贯彻始终的。

所谓"实质"，即贯穿事物发展过程始终的根本性质或者说是支配事物发展全过程的内在机制，虽然"实质"不能涵盖事物或过程的全部内容和表观特征，但是事物或过程的全部内容和表观特征只有以"实质"为根据才能得到可靠的、透彻的说明。根据这一逻辑要求并依据笔者对全球化问题的研究，本文认为，全球化的实质是市场经济机制超越民族国家的界限在全球范围内的拓展和深化，由此逐渐形成一体化的世界经济体系，并导致各国政治和文化在全球范围内的互动。不难看出，正是由于市场经济机制在全球的拓展和深化，才使资本能够在全球范围内自由流动，才使各种生产要素在全球范围内进行配置，才造就出全球金融市场、跨国公司、世界贸易组织等对世界经济起支配作用的经济共同体；正是由于市场经济机制在全球的拓展和深化，才使人类社会超越民族国家的壁垒，实现世界性的普遍交往，从而构成了经济、政治和文化各个方面普遍相互依赖、相互制约的世界体系；正是由于市场经济机制在全球的拓展和深化，才使人们有必要将人类或世界作为一个整体加以审视，以便促使各国人民通过共同努力来解决共同面临的问题。此外，

① 欧阳康. 全球化与马克思主义哲学的当代发展——前提、问题域及研究思路[J]. 哲学研究，2005（9）：3-9. 127.

也只有通过对市场经济机制在全球的拓展和深化进行分析，才能使我们更深刻地认识和把握全球化过程所衍生或所包含的种种困难问题与复杂矛盾，如全球范围内的贫富分化、发达国家与发展中国家之间的不平等关系、种族矛盾、文化或文明之间的差异和冲突以及资源问题、环境问题、人口问题、人权问题等等。

对全球化实质的这个理解，是我们确认马克思具有或者说创立了早期全球化理论的基本依据。因为马克思的"世界市场"理论和"世界历史"理论正是以揭示资本主义市场经济在全球的拓展为核心内容。尤其需要指出的是，在马克思看来，资本主义市场经济并不是首先在一个民族国家内部发展起来，然后逐渐突破民族国家范围，而是在其起步阶段就打破民族国家的界限，因此，"一般说来，世界市场是资本主义生产方式的基础和生活条件"①，没有世界市场的建立和扩张，也就没有资本主义生产方式的产生和发展。这表明，市场经济机制在本性上就是全球性的或世界性的。国内某些学者之所以否认在马克思那里已经形成了全球化理论，其主要原因就在于没有把握到全球化的这个实质，没有看到全球化的历史进程过去是、现在是、今后依然是市场经济机制在全球范围内的拓展和深化，而只是从全球化过程的表观特征上界定全球化的含义，因而当他们看到当今时代全球化的表观特征与马克思的那个时代如此不同时，就怀疑乃至否认马克思的理论本质上就是全球化理论。

二、全球化的历史进程与马克思的全球化理论

由于对"全球化"含义的理解不同，因而国内外学者对全球化历史进程起点的确认和对其发展阶段的划分也存在着很大的差异。

在国外学界，有争议的问题主要集中在对全球化历史起点的确认上。美国历史学家斯塔夫里阿诺斯从历史角度来论述全球化的起源，他认为严格的全球意义上的世界历史直到哥伦布、达·伽马和麦哲伦进行远航探险时才开始。因为在这以前，只有各民族的相对平行的历史，而没有一部统一的人类历史。美洲大陆的发现使人类的眼界前所未有地扩大了，人们的地理知识不再局限于一个地区、一块大陆或半球了。美国著名社会学家罗兰·罗伯逊把

---

① 马克思恩格斯全集：第 25 卷[M]. 北京：人民出版社，1965：126.

民族国家体系、国际关系系统、个人的观念和人类的观念作为参照点，通过考察这些参照点的不断变化和升级来分析全球化的历史进程，从而认为全球化萌芽于15世纪初期到18世纪中期的欧洲，从18世纪中叶到19世纪70年代是全球化的开始阶段。吉登斯把全球化理解为现代性的后果，因此全球化的起源也就是现代性的起源即17世纪的欧洲。乔治·索罗斯则认为全球化主要是指资本的自由流动和全球金融市场及跨国公司对各国经济支配的日益加强，因而全球化是发生在20世纪六七十年代的历史现象。①

在我国学界，有关全球化历史起点和阶段划分的观点更是其说不一。如我国学者纪玉祥把工业化作为全球化的历史参照点，认为全球化始于19世纪后半期，是资本主义大工业出现以后特别是随着资本主义发展到垄断阶段以后才逐步形成的。②曾端祥以推动全球化的三次工业革命为界，把全球化的进程划分为产生与扩大、形成与对抗和掀起浪潮的三个历史时期。从18世纪中叶到19世纪中叶，这是"全球化"产生与扩大的历史时期。"全球化"产生与扩大的动力是世界第一次工业革命。从19世纪中叶到20世纪中叶，这是全球化形成和发展时期。这一时期全球化的动力乃是世界第二次工业革命。从20世纪中叶起是全球化的第三个历史时期，这一时期的动力是第三次工业革命——世界范围内的科学技术和产业革命。③王俊华、徐莉以经济中心的转移为准则，把全球化进程划分为三个阶段。第一阶段，从15世纪全球化进程起源到19世纪70年代大英帝国霸权的确立。大英帝国成为西方的中心，以其庞大的殖民地获得了"日不落帝国"的称号。第二阶段，从1880年一直到1972年美元本位的终止，经历了从欧洲中心向美国中心的转变。第三个阶段，从70年代一直到现在，全球化进程正摆脱由单一中心主导的特点，形成多元推动、多元共存的强大趋势。④李长久以国际经济秩序为标准将全球化进程分为三个阶段：第一个阶段，从16世纪初到第二次世界大战，世界经济全球化主要特点是殖民主义国家掠夺殖民地半殖民地的人力和自然资源；第二阶段，从第二次世界大战结束后到冷战结束之前，在世界经济全球化过程中，南北经济关系仍是不公平、不平等的；第三阶段，冷战结束后，全球

---

① 乔治·索罗斯. 索罗斯论全球化[M]. 王荣军译. 北京：商务印书馆，2003：11.

② 俞可平，黄卫平主编. 全球化的悖论[C]. 北京：中央编译出版社，1998：28.

③ 曾端祥. "全球化"发展新态势与中国战略选择[J]. 江汉大学学报，2001（1）：12-17，112.

④ 王俊华，徐莉. 全球化概念及其历史进程刍论[J]. 河北师范大学学报（哲学社会科学版），2001（4）：20-23.

化进程加快，但要建立公正、合理的国际经济秩序仍任重道远。[1]马俊如、孔德涌、金吾伦、刘钢等以全球化的特点为标准把全球化分为：前全球化阶段、准全球化阶段和全球化阶段三个发展过程。美洲大陆的发现和郑和下西洋属于前全球化阶段，其特征是探险与一定数量的贸易，19 世纪中叶到第二次世界大战以后是准全球化阶段，特点在于技术进步所导致的资本和劳动力在全球范围的流动。20 世纪六七十年代开始是全球化阶段，特点是以网络通信和现代化交通工具而实现了物流、信息流、知识流的全球畅通。[2]

在我国学界还有学者将全球化的历史起点推向了更为遥远的过去，几乎涵盖了整个人类文明史。如纪政文认为，全球化作为萌芽状态发端于人类的社会交往，自人类摆脱了原始的自然存在状态走入文明的社会存在状态之时，人类就已经开始了全球化的过程，只不过最初是全球化的自发阶段，而后又随着资本主义生产关系在欧美等地区普遍确立和发展进入近代自觉无序阶段，20 世纪 90 年代后，由于人们已经开始自觉地把全球化问题当作一个科学研究的客观对象来研究，各国政府也都将其与自身的利益联系起来并采取相应的措施，从而开始进入当代自觉有序阶段。[3]朱厚泽也认为，从某种意义上说，全球化并不是一个新的概念。如果从地球上处于不同地区的各部族、各民族之间人们要求相互交往来说，这是古已有之的。[4]

国内外学界上述有关全球化历史起点和阶段划分的观点，各依据其对全球化性质的理解，各有其划分的依据和标准，因而在各自的论域内都能说出一番道理。本文依据笔者对全球化实质的理解，主张把全球化历史进程划分为如下两个大的阶段。

第一阶段是萌发于 16 世纪的西欧国家。农业文明的积累，孕育了西欧早期的城市化、商业化、工业化和世俗化。"地理大发现"和随之而来的殖民化过程在欧洲诱发了商业革命，促使资本主义生产方式在封建社会的母体中孕育成熟，并于 17、18 世纪导致了欧洲工业革命的爆发和世界贸易的发展。进而在 18、19 世纪欧洲国家相继爆发资产阶级革命，最终使资本主义生产方式取代封建社会的生产方式，并推进了资本主义世界市场的形成。此一时期资本主义的自由贸易和殖民地掠夺已经充分显示出资本的扩张本性和能力。19

① 李长久. 经济全球化的进展、内涵和影响[J]. 世界经济，1997（7）：14-18.

② 马俊如，孔德涌，金吾伦，刘钢. 全球化概念探源[J]. 中国软科学，1999（8）：3-5.

③ 纪政文. 关于全球化问题的哲学探讨[J]. 济南教育学院学报，2001（6）：36-39.

④ 俞可平，黄卫平主编. 全球化的悖论[C]//朱厚泽. 漫议全球化. 北京：中央编译出版社，1998：2-4.

世纪末 20 世纪初，资本主义市场经济从自由竞争阶段转入垄断资本主义阶段，各资本主义国家之间争夺世界领土和势力范围的矛盾，使老殖民主义让位于新殖民主义，并在 20 世纪前半叶导致了两次世界大战的爆发。这个阶段显然是以殖民主义扩张为基本特征，也就是先发的资本主义国家通过商品、资本的输出以及军事侵略、领土分割和势力范围的划分把绝大多数落后民族、国家变成殖民地半殖民地。由于殖民地半殖民地国家领土和主权的沦落，世界范围内的政治格局也必然是单极化的，即以资本主义宗主国对附属国的直接控制和后者对前者的直接依附为特征。

第二阶段是开始于 20 世纪 40 年代中期，即第二次世界大战以后。这个历史阶段起步于全球范围内迅猛发展的非殖民化运动。绝大部分殖民地半殖民地国家通过争取民族独立的斗争恢复或获得了国家主权，取得了经济与社会发展的独立性和自主权。20 世纪 50 年代以后，随着现代交通、通信技术的发展，资本主义市场经济在全球范围内迅速扩张，稳固了资本主义发达国家在世界经济体系中的优势地位，20 世纪六七十年代以后，高新技术产业的迅速发展又使资本主义发达国家的社会生产力进一步跃升。第二次世界大战后产生的一批社会主义国家则在一段历史时期内选择了非市场经济的发展道路，这一历史性的尝试在经历了短暂的成功之后，便暴露出普遍存在的问题。时至 20 世纪七八十年代，绝大部分社会主义国家终于意识到市场经济的不可逾越性，并放手进行经济体制和政治体制的全面改革。然而，由于各种矛盾的复杂性以及国际环境的影响，这个改革在东欧造成了苏联等一些社会主义国家的社会制度的剧变，从而重新被纳入资本主义市场经济的发展轨道，而中国则在努力建构和完善社会主义的市场经济体制。这个阶段显然是以非殖民化为基本特征。第三世界国家在世界范围内的经济、政治和文化的交往中必然要强化主权意识，强调经济发展的自主性、政治过程的独立性和文化形态的特殊性，从而导致政治格局的多极化和文化形态的多样化。

从全球化的这两个历史阶段上，我们不难看出，马克思主义理论创立之时，恰恰处于全球化的第一个历史阶段中。在《德意志意识形态》《共产党宣言》《经济学手稿（1857—1858）》《资本论》等标志性理论著作中，马克思对资本主义生产方式的研究应当说已经明确地具有全球化的视野，他以揭示资本主义市场经济的全球性拓展为最基本的理论依据，对有关商品经济、世界市场、世界贸易等理论进行了深刻分析，揭示了资本主义向全球扩展的野心，得出了资本的本性使乡村从属于城市、使未开化和半开化的国家从属于文明的国家、使农民的民族从属于资产阶级的民族、使东方从属于西方的结论。①
其中有关资本的国际化理论、世界市场理论、世界历史理论以及落后国家的
"跨越发展"理论，对于把握全球化第一阶段的性质和基本特征来说，都是相
当系统、相当严谨、相当经典的。甚至可以说，就对全球化这个历史发展阶
段的理论把握来说，没有人能够达到马克思理论那样的系统性、深刻性和科
学性。国内大多数学者都认为全球化历史进程起步于15、16世纪的欧洲，仅
此而言，马克思对这个阶段的全球化进程的考察以及由此形成的理论，难道
不正是全球化理论吗？

三、马克思全球化理论的构成

国内某些学者认为，马克思没有使用"全球化"这个概念，也没有提出
过系统的全球化理论，因而否认马克思的理论术语全球化理论。这个看法是
片面的，是由于缺乏对马克思理论的完整把握而产生的武断的观点。

的确，马克思在他的理论中没有使用"全球化"这个当代术语，但马克
思的理论是否为全球化理论，绝不取决于是否在理论上使用了这个概念。正
如我国学者丰子义、杨学功所指出的那样："判断一个思想家在全球理论研究
领域是否拥有自己的地位，主要不在于他是否提出和使用过与现在完全相同
的'全球化'术语及相关概念，而是要看他是否对全球化理论关注的基本问
题即关于世界历史的一般理论问题提出了新的、实质性的理解。"②"全球化"
这个被广泛用于把握世界局势的概念能够被提炼出来，既是全球化数百年发
展的历史结果，又是全球化理论长期发展的结果。在这个方面，马克思的全
球化理论对于形成"全球化"这个具有统摄性的概念，功不可没。

至于马克思是否提出了系统的全球化理论这个问题，本文在前面已经指
出，就把握全球化第一个历史发展阶段的实质和特征来说，马克思的理论是
相当系统、相当严谨、相当经典的。事实上，马克思所创立的早期全球化理
论包含着两个不可分割的组成部分，一是他的"世界市场"理论，二是他的
"世界历史"理论。前者主要是通过对资本主义生产方式的扩张本性的分析，
研究资本主义世界市场的形成过程、内在要素、内在矛盾和运行规律，以及

① 马克思恩格斯选集：第1卷[M]. 北京：人民出版社，1972：255.
② 丰子义，杨学功. 马克思"世界历史"理论与全球化[M]. 北京：人民出版社，2002：5.

世界市场在殖民化过程中不断拓展的过程和趋势。这实际上，也就是研究马克思那个时代以殖民化为特征的经济全球化过程。后者主要是通过对世界市场的分析，研究"历史向世界历史转变"的过程和走向，包括研究落后国家是否可以实现"跨越发展"的可能性等等。显然，在这两个组成部分之间，前者是后者的基础，后者是前者的历史结果。正如马克思本人所说的那样：18 世纪末开始大工业"创造了交通工具和现代化的世界市场，控制了商业，把所有的资本都变为工业资本，从而使流通加速、资本集中。……它首次开创了世界历史，因为它使每个文明国家以及这些国家中的每一个人的需要的满足都依赖于整个世界，因为它消灭了以往自然形成的各国的孤立状态"①。这表明，对于马克思的全球化理论来说，"世界市场"理论较之"世界历史"理论更为重要。

在马克思之前，黑格尔就已经提出了"世界历史"思想。不过黑格尔是把世界历史看作自由意识的进展，因而归根到底"世界历史是精神的发展和实现的过程"②。马克思接受了黑格尔"世界历史"概念，但严厉地批判了黑格尔世界历史思想的唯心主义实质，指出世界历史的形成与发展有着实实在在的物质的、经验的内容。这就是，资本的扩张和世界市场的发展，使各个相互影响的活动范围在这个发展进程中愈来愈扩大，各民族的原始闭关自守状态则由于日益完善的生产方式、交往以及因此自发地发展起来的各民族之间的分工而趋于消灭。"由此可见，历史向世界历史的转变，不是'自我意识'、宇宙精神或者某个形而上学怪影的某个抽象行为，而是纯粹物质的、可以通过经验确定的事实，每一个过着实际生活的，需要吃、喝、穿的个人都可以证明这一事实。"③

毫无疑问，马克思在这里所指出的这个物质的、经验的内容，在理论上正是以对世界市场的分析为核心的。没有对世界市场的理解，就无从谈起对马克思"世界历史"理论的理解。国内大多数学者都把研究的重心放在马克思的"世界历史"理论上，虽然间或提到了马克思"世界市场"理论的部分观点，但没有对世界市场理论本身做出系统的分析和研究。在这种情况下，即便肯定马克思的世界历史理论就是全球化理论，也很难完整地理解和把握马克思的全球化理论。

（该文原载于《南开学报》2007 年第 1 期）

完整理解马克思的人的解放理论

——马克思《论犹太人问题》的再解读

马克思于 1844 年发表在《德法年鉴》上的文章《论犹太人问题》不只是他阐述自己的人的解放理论的重要文献，而且可以说是他全部政治哲学理论的纲领性文件。这篇文章透彻鲜明地分析了政治解放与人的解放的关系问题，所形成的基本观念和实质精神贯彻到了马克思日后的全部著述中。但就目前情况来看，我国学术界对这篇文章的重要理论价值和实践意义仍缺乏足够的认识。近来，北京大学的聂锦芳教授写了一篇题为《再论"犹太人问题"——重提马克思早期思想演变中的一桩"公案"》的长文。①在这篇文章中，作者不仅依据文本资料，系统地评述了青年黑格尔派思想家布鲁诺·鲍威尔在其《犹太人问题》和《现代犹太人和基督徒获得自由的能力》两篇文章中所阐述的有关犹太人的解放问题的理论观点，从而深化了对马克思人的解放理论的理解，而且还依据丰富的文史资料对犹太人问题这个复杂的社会历史现象进行了比较细致的分析。作者指出，对于复杂的社会历史问题，不能固执于单一视角的观照而只能从多个维度予以透视，才能找到切实可行的解决之道。聂锦芳教授的这篇文章无疑具有重要的学术价值。但问题在于，马克思这篇文章的主旨是否仅仅在于回答犹太人的解放问题？

依我之见，对于马克思的这篇文章来说，犹太人问题只是一个话题，而不是一个主题。主题是人的解放问题，更为确切地说是政治解放与人的解放的关系问题。显然，这个主题是单纯的犹太人问题所不能涵盖的。事实上，鲍威尔在他的文章中亦有超越犹太人问题的意向，如他所说："解放的问题是一个普遍的问题，我们这个时代的一般问题。不仅犹太人，而且人人都想要

---

① 聂锦芳. 再论"犹太人问题"——重提马克思早期思想演变中的一桩"公案"[J]. 现代哲学，2013（6）：1-14.

得到解放。"①然而，聂锦芳教授接下来的评述说："这不正是长期以来我们所理解的马克思的思想吗？竟然是作为他的批判对象的鲍威尔的观点！由此可知，一方面，如果不直接面对文本而单纯依靠外在的臆想和抽象的推断，会造成多么离谱、荒腔走板的阐释，居然把批判者与批判对象混为一谈，把后者的观点强加在前者身上；另一方面，以'人类解放'来概括马克思的思想，并没有真正理解马克思超越鲍威尔思想的原始初衷、复杂考量和具体论证，从而把批判者降低到批判对象的水准上了。"②笔者以为，聂锦芳教授的批评太过简单了。关于能不能用"人类解放"这个概念来概括马克思的思想这个问题，笔者放到最后去分析。在这里，我想指出的一点是："人人都想得到解放"亦即人的解放问题是欧洲近代启蒙运动的主题之一。在这一点上，马克思与鲍威尔有共同的追求，问题在于对人的解放的理解各不相同。亦即，正是在这个问题上，马克思超越了犹太人问题的狭隘视界，把对犹太人的解放问题转变成对现代社会政治国家的批判，转变为对作为现代社会政治国家之基础的市民社会的批判，并以政治解放与人的解放的关系问题作为核心内容，奠定了人的解放理论的基本思路。本文试将马克思的这一基本思路概括为五个方面的问题。

一、政治解放是否要以废弃宗教为前提？

我们知道，在 19 世纪前半叶，德国思想界特别是德国思想界中的青年黑格尔派对德国的政治批判开始于宗教批判。如马克思所言："对宗教的批判是其他一切批判的前提。"③之所以如此，就在于这个批判贯穿着人的解放这个主题，它必然涉及对现代资本主义政治国家的批判性分析。布鲁诺·鲍威尔是当时青年黑格尔派宗教批判的领军人物之一。他于 1843 年发表的两个作品，其主题就是犹太人的解放问题，更进一步说，就是包括犹太人和基督徒在内的一般人的解放问题。马克思高度注重鲍威尔所谈论的问题。他并没有

---

① 聂锦芳. 再论"犹太人问题"——重提马克思早期思想演变中的一桩"公案"[J]. 现代哲学，2013（6）：1-14.

② 聂锦芳. 再论"犹太人问题"——重提马克思早期思想演变中的一桩"公案"[J]. 现代哲学，2013（6）：1-14.

③ 马克思恩格斯全集：第 3 卷[M]. 北京：人民出版社，2002：199.

否认鲍威尔的一个基本观点，即人的解放就是把人从宗教中解放出来。但他认为这个问题必然包含着一个更为根本的问题，即"政治解放"与"人的解放"的关系问题。正是在这个问题上，鲍威尔的观点遭到了马克思的批判。

鲍威尔认为，犹太人作为犹太人所要求的"政治解放"和作为人所要求的"人的解放"是同一个问题。如果犹太人只为自己要求一种特殊的解放，那就是利己主义者。犹太人作为德国人，应当为德国的政治解放而奋斗；作为人，就应当为人的解放而奋斗。在他看来，如果犹太人不放弃犹太教的话，犹太人的政治解放就不可能完成，因为受犹太人的宗教戒律的束缚，法律上的自由，即公民一律平等，仍然在生活上受到限制，生活仍然被宗教特权控制和划分开来，并使本身自由的公民区分为被压迫者和压迫者。这就是说，犹太人要想获得政治解放，成为真正的自由平等的公民，就必须从犹太教的宗教约束中解放出来，并且，如果犹太人摆脱了宗教约束也就是在实际上废除了犹太教，从而不仅获得了"政治解放"，同时也就获得了一般意义上的"人的解放"。

马克思直截了当地批评了鲍威尔的这个观点。他指出鲍威尔的错误在于：他没有探讨政治解放对人的解放的关系，而是毫无批判地把政治解放和普遍的人的解放混为一谈。所以，马克思说："只是探讨谁应当是解放者？谁应当得到解放？这无论如何是不够的。批判还应当做到第三点：这里指的是哪一类解放？人们所要求的解放的本质要有哪些条件？只有对政治解放本身的批判，才是对犹太人问题的最终批判，也才能使这个问题真正变成'当代的普遍问题'。"①在马克思看来，犹太人或一般人的政治解放，不是一个神学问题，而是宗教和国家的关系问题。一旦国家作为国家不再从神学的角度对待宗教，而是从政治的角度对待宗教，那么对宗教和国家的关系的批判，就不再是对神学的批判，而是对政治国家的批判。而鲍威尔对犹太人的政治解放的理解却撇开了对政治国家的批判，把政治解放归结为一个神学问题，因而"他提出的是一些不包括在他的课题内的问题，他解决的是一些没有回答他的问题的课题"②。

马克思反问鲍威尔："政治解放的观点有权利要求犹太人废除犹太教，要求一般人废除宗教吗？"③或者说，政治解放是否要以废弃宗教为前提？对

---

① 马克思恩格斯全集：第 3 卷[M]. 北京：人民出版社，2002：167.

② 马克思恩格斯全集：第 3 卷[M]. 北京：人民出版社，2002：168.

③ 马克思恩格斯全集：第 3 卷[M]. 北京：人民出版社，2002：167-168.

于这个问题，马克思援引了法国政治学家博蒙、托克维尔和英国政治学家汉密尔顿提供的关于美国在独立战争之后国家和宗教之间关系的资料。这些资料表明，美国作为一个完成了政治解放的国家，虽然在宪法上没有把宗教信仰和某种礼拜作为取得政治权利的条件，但也没有要求公民放弃自己的宗教信仰。据此，马克思指出："在政治解放已经完成了的国家，宗教不仅仅存在，而且是生机勃勃的、富有生命力的存在，那么这就证明，宗教的定在和国家的完成是不矛盾的。"①这表明，政治解放并不需要废除宗教，也没有权利要求一般人废除宗教。

基于上述分析，马克思给予政治解放以明确的界定。他指出：政治解放就是把国家从宗教中解放出来，"当国家作为一个国家，不信奉任何宗教，确切地说，信奉作为国家的自身时，国家才以自己的形式，以自己本质所固有的方式，作为一个国家，从宗教中解放出来"②。这其实也正是近代欧洲启蒙运动所要达到的目标之一——政教分离。

当然，在政治上，把国家从宗教中解放出来，并不意味着在世俗生活中把人从宗教中解放出来，而是把宗教从国家的政治生活领域驱逐到市民社会的私人生活领域。因此，国家的完成与宗教的定在并不矛盾，相反可以说宗教就是国家在世俗生活中的定在。马克思不否认宗教的定在是一种缺陷的定在，但他认为，这种缺陷的根源只能从国家自身的本质中去寻找，因为宗教不是世俗局限性的原因，而只是它的现象。因此不能用宗教约束来说明自由公民的世俗约束，而应当用自由公民的世俗约束来说明他们的宗教约束，只有消除了世俗约束才能真正消除宗教约束。但世俗约束的消除并不是政治解放所能完成的，因为通过政治解放而形成的政治国家在本质上并不能消除世俗约束，相反却以世俗约束的存在为前提。如果说，人的解放就是把人从宗教中解放出来的话，那么政治解放就不可能是一个彻头彻尾、没有矛盾的人的解放方式。这表现出政治解放的一个限度："即使人还没有真正摆脱某种限制，国家也可以摆脱这种限制，即使人还不是自由人，国家也可以成为自由国家。"③正是在这个意义上，"政治解放对宗教的关系问题已经成了政治解放对人的解放的关系问题"④。

---

① 马克思恩格斯全集：第 3 卷[M]. 北京：人民出版社，2002：169.
② 马克思恩格斯全集：第 3 卷[M]. 北京：人民出版社，2002：170.
③ 马克思恩格斯全集：第 3 卷[M]. 北京：人民出版社，2002：170.
④ 马克思恩格斯全集：第 3 卷[M]. 北京：人民出版社，2002：169.

摆脱了宗教的政治解放让宗教持续存在，这使得任何一种特殊宗教的信徒不可避免地同自己的公民身份发生矛盾，但这个矛盾只是政治国家和市民社会之间的普遍世俗矛盾的一部分，"基督教国家的完成，就是国家表明自己是国家，并且不理会自己成员信奉的宗教。国家从宗教解放出来并不是现实的人从宗教中解放出来"①。人们不用完全地、毫无异议地放弃自己的宗教信仰就可以在政治上获得解放。就此而论，如果说人的解放就是从宗教中把自己解放出来，那么政治解放本身并不就是人的解放，更确切地说，就不是"普遍的人的解放"或"一般的人的解放"。

二、公民是否只有放弃宗教信仰才能获得普遍人权？

鲍威尔的另一个问题是，犹太人如果承认由于自己的本质即犹太教徒而不得不永远同他人分开生活，那么他是否能够获得普遍人权并给他人以这种权利？他认为，权利的思想不是天生就有的，而是人在同迄今培育着他的那些历史传统进行斗争中争取的，是通过同出生的偶然性和历史上一代一代流传下来的特权的斗争赢得的，只有争得和应该得到这种权利的人，才能享有这种权利。而使犹太人成为犹太人的那种狭隘本质一定会压倒那种把他作为人而同别人结合起来的人的本质，一定会使他同非犹太人分隔开来，因而他就不能获得这种权利。同样，基督徒作为基督徒也不能给任何人以人权。②

针对鲍威尔的这一观点，马克思首先对人权这个概念做出了分析。他把人权区分为两个部分：一部分是 droits du citoyen（公民权），这是与别人共同行使的政治权利，"这种权利的内容就是参加共同体，确切地说，就是参加政治共同体，参加国家。这些权利属于政治自由的范畴，属于公民权利的范畴"；另一部分权利是 droits de l'homme（人权）。在这里，马克思有意对"公民权"和"人权"做出明确的界分，指出人权中的 homme，是指市民社会的成员，因而人权就是市民社会的成员在市民社会生活中所能享有的个人自由权利，它包括精神因素和物质因素两个方面：从精神因素上说，就是信仰自由的权利；从物质因素上说，主要是指私有财产权利，同时也包括与之相关的平等和安全等等。

---

① 马克思恩格斯全集：第 3 卷[M]. 北京：人民出版社，2002：180.
② 马克思恩格斯全集：第 3 卷[M]. 北京：人民出版社，2002：179.

问题在于，在通过政治解放形成的政治国家中，公民是否必须放弃自己的宗教信仰才能获得普遍人权呢？马克思的回答是否定的。就公民权利或公民的政治自由权利来说，以上对政治解放的本质的分析已经证明，这种权利的获得绝不以毫无异议地和实际地废除宗教为前提，因此也不以废除犹太教为前提。那么，"人权"呢？人权作为个人的自由权利是不是像鲍威尔所说的那样具有把人作为人而同别人结合起来的人的本质呢？对此，马克思针锋相对地指出：在政治解放的范畴内，个人自由权利中所说的自由就是"可以做和可以从事任何不损害他人的事情的权利。每个人能够不损害他人而进行活动的界限是由法律规定的，正像两块田地之间的界限是由界桩确定的一样。这里所说的是人作为孤立的、退居于自身的单子的自由"，因此，"自由这一人权不是建立在人与人相结合的基础上，而是相反，建立在人与人相分隔的基础上。这一权利就是这种分隔的权利，是狭隘的、局限于自身的个人权利"。①

首先是信仰自由，即"信仰的特权或者被明确承认为一种人权，或者被明确承认为人权之一——自由——的结果"。因此，在信仰自由这一概念中"并没有宗教和人权互不相容的含义。相反，信奉宗教、用任何方式信奉宗教、履行自己特殊宗教的礼拜的权利，都被明确列入人权。信仰的特权是普遍的人权"②。

其次是私有财产权利。"自由这一人权的实际应用就是私有财产这一人权"，而私有财产这一人权就是"任意地、同他人无关地、不受社会影响地享用和处理自己的财产的权利；这一权利是自私自利的权利。这种个人自由和对这种自由的应用构成了市民社会的基础。这种自由使每个人不是把他人看作自己自由的实现，而是看作自己自由的限制"。③

最后还有平等和安全。"平等，在这里就其非政治意义来说，无非是上述自由的平等，就是说，每个人都同样被看成那种独立自在的单子。""安全是市民社会的最高社会概念，是警察的概念；按照这个概念，整个社会的存在只是为了保证维护自己每个成员的人身、权利和财产。……市民社会没有借助安全这一概念而超出自己的利己主义。相反，安全是它的利己主义的保

---

① 马克思恩格斯全集：第 3 卷[M]. 北京：人民出版社，2002：183.
② 马克思恩格斯全集：第 3 卷[M]. 北京：人民出版社，2002：182.
③ 马克思恩格斯全集：第 3 卷[M]. 北京：人民出版社，2002：183-184.

障。"①

通过上述分析，马克思总结说："可见，任何一种所谓的人权都没有超出利己的人，没有超出作为市民社会成员的人，即没有超出作为退居于自身，退居于自己的私人利益和自己的私人任意，与共同体分隔开来的个体的人。"②鲍威尔把人权说成是人作为人而同别人结合起来的权利，这说明他并不真正理解人权的实质。在以利己主义为基本特征的市民社会生活中，人权恰恰不是建立在人与人结合的基础上的，而是建立在人与人相分隔的基础上的。因此，"在这些权利中，人绝不是类存在物，相反，类生活本身，即社会，显现为诸个体的外部框架，显现为他们原有的独立性的限制。把他们连接起来的惟一纽带是自然的必然性，是需要和私人利益，是对他们的财产和他们的利己的人身的保护"③。

三、政治解放是不是人的解放？

承认政治解放的限度，必然带来的一个问题就是，如何看待政治解放与人的解放的关系？或者更为具体地说，政治解放是不是属于人的解放的范畴？对于这个问题，马克思的回答应当说是相当明确的，即政治解放属于人的解放，但不是"普遍的人的解放"，不是"一般的人的解放"，不是"彻头彻尾、没有矛盾的人的解放方式"。

如果说，人的解放的一般含义就是把人从宗教中解放出来，那么政治解放把国家从宗教中解放出来，就意味着把人通过国家这个中介从宗教中解放出来，意味着人已经通过国家的中介宣布自己是无神论者，也就是宣布国家是无神论者。但这个解放是不彻底的，因为他只是以抽象的、有限的、局部的、间接的方式超越了宗教的限制，或者说，他必须而且只能通过国家这个必不可少的中介者实现对宗教限制的超越，把自己的全部非神性、自己的全部人的无约束性寄托在国家这个中介者身上。但是，政治解放仅仅是把宗教从政治生活领域驱逐到市民社会生活领域，从公法领域驱逐到私法领域，并没有在人们世俗的市民社会生活中废除宗教，因而，个人在自己的世俗生活

---

① 马克思恩格斯全集：第3卷[M]．北京：人民出版社，2002：184．
② 马克思恩格斯全集：第3卷[M]．北京：人民出版社，2002：184-185．
③ 马克思恩格斯全集：第3卷[M]．北京：人民出版社，2002：184-185．

中总还是要受到宗教信仰的约束。

同时，通过政治解放形成的政治国家不仅在政治上废除了宗教，而且也在政治上废除了私有财产，"一旦国家取消了选举权和被选举权的财产资格限制，国家作为国家就废除了私有财产，人就以政治方式宣布私有财产已被废除。……既然非占有者已经成了占有者的立法者，那么私有财产岂不是在观念上被废除了吗？财产资格限制是承认私有财产的最后一个政治形式"①。但是，正如国家从政治上废除了宗教而在人的世俗生活中没有废除宗教一样，国家从政治上废除了私有财产，但并没有在人们的世俗生活或物质生活中废除私有财产；从政治上废除了出身、等级、文化程度、职业等的差别，但"国家还是让私有财产、文化程度、职业以它们固有的方式，即作为私有财产、作为文化程度、作为职业来发挥作用并表现出它们的特殊本质"②。也就是说，国家并没有在人们的世俗生活或物质生活中废除这些实际差别，相反它以这些实际差别的存在为前提，因为，只有在这些实际差别所表现出的特殊本质面前，国家才表现出自身是对这些特殊本质的超越，从而实现自己的普遍性，感到自己是不同于世俗生活的政治国家。

进而，马克思认为，完成了的政治国家本质上是"人同自己物质生活相对立的类生活"，只不过，这种"类生活"仅仅存在于政治共同体中，亦即，在国家这种政治共同体中，人把自己看作社会存在物，而在人们的物质生活中，即在市民社会的生活中，人是作为私人而活动的，他把他人看作工具，也把自己降为工具，使自己成为异己力量的玩物。也就是说，"人把宗教从公法领域驱逐到私法领域中去，这样人就在政治上从宗教中解放出来。宗教不再是国家的精神；因为在国家中，人——虽然是以有限的方式，以特殊的形式，在特殊的领域内——是作为类存在物和他人共同行动的；宗教成了市民社会的、利己主义领域的、一切人反对一切人的战争的精神。它已经不再是共同性的本质，而是差别的本质。它成了人同自己的共同体、同自身并同他人分离的表现——它最初就是这样的。它只不过是特殊的颠倒、私人的奇想和任意行为的抽象教义"③。这样，"在政治国家真正形成的地方，人不仅在思想中，在意识中，而且在现实中，在生活中，都过着双重的生活——天国

---

① 马克思恩格斯全集：第 3 卷[M]. 北京：人民出版社，2002：171-172.
② 马克思恩格斯全集：第 3 卷[M]. 北京：人民出版社，2002：172.
③ 马克思恩格斯全集：第 3 卷[M]. 北京：人民出版社，2002：174.

的生活和尘世的生活"①。人的生存的这种二重化给人的存在的现实性带来了悖谬：他们在自己的政治生活中把自己看作类的存在物，即在政治民主制中，每个人都享有主权，是最高的存在物，但在其最直接的现实中，也就是在市民社会中，每个人又都是尘世的存在物，是"具有无教养的非社会表现形式的人，是具有偶然存在形式的人，是本来样子的人，是由于我们整个社会组织而堕落了的人，丧失了自身的人，外化了的人，是受非人的关系和自然力控制的人，一句话，人还不是现实的类存在物"②。在国家中，人被看作类的存在物，但被剥夺了自己现实的个人生活，因而充满了非现实的普遍性；在市民社会中，人把自己和他人看作现实的个人，但这个人不是作为类的存在物而存在，因而人是一种不真实的现象。

基于上述分析，马克思明确断言："政治解放当然是一大进步；尽管它不是一般人的解放的最后形式，但在迄今为止的世界制度内，它是人的解放的最后形式。不言而喻，我们这里指的是现实的、实际的解放。"③无须穿凿附会就可以看出，马克思是把人的解放理解为一个历史过程，而把政治解放理解为这个过程的一个阶段或一个历史性的环节。因而，政治解放虽然不是一般的人的解放的最后形式，但在迄今为止的世界制度内，也就是在现代资本主义制度内，它是人的解放的最后形式，而且是现实的、实际的解放。

当然，在这里也清晰地显示出马克思的解放理论与自由主义政治理念的根本区别。从国家与宗教的关系而言，政治解放就是把国家从宗教中解放出来，从而也就是把人在政治上从宗教中解放出来，实现政教分离；从国家与市民社会的关系上说，政治解放就是国家以确认和维护公民的个人自由权利，即信仰自由的权利、私人财产的权利、平等和安全的权利为根本目的。不难看出，政治解放其实就是资产阶级自由主义政治学说所能理解的、所能追求的、所能想象的，并将之终极化了的"人的解放"。但马克思指出，这还"不是一般人的解放的最后形式"。政治解放所能实现的目标同时也说明了它自身的限度，即"人分为公人和私人，宗教从国家向市民社会的转移，这不是政治解放的一个阶段，这是它的完成"④。通过政治解放，人自我分解为宗教信徒和公民，这种分解就是政治解放本身，是人使自己从宗教中解放出来的

---

① 马克思恩格斯全集：第 3 卷[M]. 北京：人民出版社，2002：172.
② 马克思恩格斯全集：第 3 卷[M]. 北京：人民出版社，2002：179.
③ 马克思恩格斯全集：第 3 卷[M]. 北京：人民出版社，2002：174.
④ 马克思恩格斯全集：第 3 卷[M]. 北京：人民出版社，2002：175.

政治方式。

四、如何看待政治解放的历史进步价值？

通过分析政治解放的性质以及政治解放所带来的人的存在的二重化，马克思实际上阐明了这样一个问题，即建立在市民社会基础上的政治国家，并不像黑格尔所宣称的那样是伦理理念的最高实体，是自由意志或法的意志的自在自为的存在形态。人的存在的二重化，表明"政治国家与市民社会也处于同样的对立之中，它用以克服后者的方式也同宗教克服尘世局限性的方式相同，即它同样不得不重新承认市民社会，恢复市民社会，服从市民社会的统治"①。也就是说，当人们通过政治解放获得的公民身份和个人自由权利之后，所建立的政治共同体却都被谋求政治解放的那些人贬低为维护这些所谓人权的一种手段，"就是说，政治生活在其热情还富有朝气而且以后由于形势所迫又走向极端的时候，就宣布自己只是一种手段，而这种手段的目的是市民社会生活"②。不难看出，马克思就是在政治解放的范畴内接受了自由主义学说对政治国家的一般理解。

也正是在这个意义上，马克思肯定了政治解放的历史进步价值。他指出："政治解放同时也是同人民相异化的国家制度即统治者的权力所依据的旧社会的解体。政治革命是市民社会的革命。"③旧社会的性质就是封建主义。在封建社会中，旧的市民社会直接具有政治性质，这主要表现为，市民生活的要素即财产、家庭、劳动方式是以领主权、等级和同业公会的形式上升为国家生活的要素，也就是说，领主权、等级和同业公会既是旧的市民社会的存在形式，同时又是封建社会政治生活的各个组成部分。个人是隶属于领主权、等级和同业公会的。这样，领主权、等级和同业公会这些组织形式就构成了个体与国家之间的隔离层，并规定了单一的个体对国家整体的关系。因此，在封建社会中并在封建的意义上，市民社会的生活机能和生活条件还是政治的，这些机能和条件使个体因隶属于领主、等级和同业公会而同国家整体分隔开来。在这种情况下，国家统一体作为市民社会组织的结果，也像作

---

① 马克思恩格斯全集：第 3 卷[M]. 北京：人民出版社，2002：173.
② 马克思恩格斯全集：第 3 卷[M]. 北京：人民出版社，2002：185.
③ 马克思恩格斯全集：第 3 卷[M]. 北京：人民出版社，2002：186.

为国家统一体的意识、意志和活动的普遍国家权力一样，必然表现为一个同人民相脱离的统治者即君主及其仆从的特殊事务，而不是面向人民生活的普遍事务。

"政治革命打倒了这种统治者的权力，把国家事务提升为人民事务，把政治国家组成为普遍事务，就是说，组成为现实的国家。"①这种革命必然要摧毁把个体同国家分隔开来的那个隔离层，即一切等级、同业公会、行帮和特权，"因为这些是人民同自己的共同体相分离的众多表现"②。这样，政治革命消灭了市民社会的政治性质，并把市民社会分割为简单的组成部分：一方面是个体，另一方面是构成这些个体的生活内容和市民地位的物质要素和精神要素，从而把过去分散在领主权、等级、同业公会和行帮中的政治精神汇集在一起，组成政治国家这种政治共同体，使政治生活成为人民的普遍事务。这种政治国家把国家的政治生活同个体的市民社会生活剥离开来，使市民社会的特定的生活活动和特定的生活地位降低到只具有个体意义，而不再构成个体对国家整体的普遍关系。但个体作为享有公民权的公民参与到政治共同体中，这样，"公共事务本身反而成了每个个体的普遍事务，政治职能成了他的普遍职能"③。

国家摆脱物质生活领域的要素就是"国家的唯心主义的完成"，这同时也就是"市民社会的唯物主义的完成"，即市民社会本身失去了政治性质而仅仅表现为物质生活，由此摆脱了政治桎梏，摆脱了束缚市民社会利己精神的枷锁。正是在这个意义上，"政治解放同时也是市民社会从政治中得到解放"④。封建社会瓦解了，旧市民社会的那些组织形式被消灭了，只剩下了自己的基础——人，即利己的人，这种人作为市民社会成员是政治国家的基础和前提，是国家通过人权予以承认的人。"但是，利己的人的自由和承认这种自由，更确切地说，是承认构成他的生活内容的那些精神要素和物质要素的不可阻挡的运动。""因此，人没有摆脱宗教，他取得了信仰宗教的自由。他没有摆脱财产。他取得了占有财产的自由。他没有摆脱行业的利己主义，他取得了行业的自由。"⑤

① 马克思恩格斯全集：第 3 卷[M]. 北京：人民出版社，2002：187.
② 马克思恩格斯全集：第 3 卷[M]. 北京：人民出版社，2002：187.
③ 马克思恩格斯全集：第 3 卷[M]. 北京：人民出版社，2002：187.
④ 马克思恩格斯全集：第 3 卷[M]. 北京：人民出版社，2002：188.
⑤ 马克思恩格斯全集：第 3 卷[M]. 北京：人民出版社，2002：188.

五、如何从政治解放过渡到"普遍的人的解放"？

如上所述，政治解放的确具有十分重要的历史进步价值，但它同时又不是彻头彻尾的、无矛盾的人的解放，因而进一步的问题是，如何把人的解放从政治解放推进到"普遍的人的解放"。

马克思说："任何解放都是使人的世界和人的关系回归于人自身。"①政治解放也是如此。政治解放一方面把人在政治上从宗教中解放出来，从而把政治关系回归于人自身，使人成为公民、法人，但另一方面，又把人归结为市民社会的成员，归结为利己的、独立的个体，归结为与他人相分隔的、退居于自身的个体，而非"类的存在物"。如此说来，进一步的解放，即普遍的人的解放，就在于克服政治解放所造成的人的存在的这种二重化，使现实的个人把抽象的公民复归于自身，使自己作为个人在自己的经验生活、自己的个体劳动、自己的个体关系中成为类存在物。"只有当人认识到自身'固有的力量'是社会力量，并把这种力量组织起来因而不再把社会力量以政治力量的形式同自身分离的时候，只有到了那个时候，人的解放才能完成。"②

问题在于，怎样才能实现从政治解放到普遍的人的解放的过渡，或者说，要实现普遍的人的解放，需要克服哪些社会障碍？对这个问题，马克思没有像鲍威尔那样，把犹太人的解放问题变成纯粹的宗教问题，从而纠结于犹太人的宗教信仰、宗教戒律、安息日之类的事情，而是明确指出要真正解决犹太人获得自由的能力问题，就必须突破对问题的神学提法，使犹太人获得解放的能力问题变成必须克服什么样的特殊社会要素才能废除犹太教的问题。鲍威尔把犹太人的理想的抽象本质即犹太教看作犹太人的全部本质，这使他对犹太人的解放问题或犹太人获得自由的能力问题的理解不能超出神学的范畴。相反，马克思指出，我们要观察的是世俗的犹太人、日常的犹太人，"我们不是到犹太人的宗教里去寻找犹太人的秘密，而是到现实的犹太人里去寻找他的宗教的秘密"③。犹太教的世俗基础是什么？实际需要和利己主义！犹太人的世俗礼拜是什么？做生意！犹太人的世俗的神是什么？金钱！"那好

① 马克思恩格斯全集：第 3 卷 [M]. 北京：人民出版社，2002：189.
② 马克思恩格斯全集：第 3 卷 [M]. 北京：人民出版社，2002：189.
③ 马克思恩格斯全集：第 3 卷 [M]. 北京：人民出版社，2002：191.

吧！从做生意和金钱中解放出来——因而从实际的、实在的犹太教中解放出来——就会是现代的自我解放了。"①显然，马克思在这里讲的犹太人的世俗基础就是市民社会本身，就是市民社会的一般特征、一般活动。他实际上已经把对犹太教、犹太精神的批判转变为对作为政治国家之基础的市民社会的批判。

马克思设想："如果有一种社会组织消除了做生意的前提，从而消除做生意的可能性，那么这种社会组织也就会使犹太人不可能存在。他的宗教意识就会像淡淡的烟雾一样，在社会这一现实的、生命所需的空气中自行消失。另一方面，如果犹太人承认自己这个实际本质毫无价值，并为消除它而工作，那么他就会从自己以前的发展中解脱出来，直接为人的解放工作，并转而反对人的自我异化的最高实际表现。"②所谓消除了做生意的前提的社会组织，当然不是指通过政治解放而形成的政治国家，而是指把人自身的固有力量作为社会力量组织起来的社会共同体，也就是消除了犹太教世俗基础的社会组织。那么，在现代社会的发展中，是否已经有可能形成这样的社会组织？

马克思确信："我们在犹太教中看到普遍的现代的反社会的要素，而这种要素，经由有犹太人在这一坏的方面热心参与的历史发展，达到自己目前这样的高度，即达到它必然解体的高度。"③所谓"普遍的现代的反社会的要素"就是指实际需要和利己主义，这种要素使人成为与他人相分隔、相对立的利己的人。这些要素由于犹太人的参与已经在现代社会中充分发展起来，以至于达到了必然要解体的高度。对此，马克思用"犹太人已经用犹太人的方式解放了自己"④这样一个看似反讽的方式予以论证。其意是说，尽管犹太人的宗教信仰在基督教国家中遭到了排斥，但犹太人的利己主义的实际精神或世俗精神已成为基督教各国人民的实际精神。犹太人不仅掌握了金钱的势力，而且使金钱通过犹太人或者其他人成了世界势力，这是历史发展的必然趋势。因此，犹太人的实际精神即犹太精神之所以能够在基督教社会本身中保持自己的地位，就是因为基督教社会已经成为利己主义的市民社会。这样看来，犹太精神并不像鲍威尔所说的那样是违反历史的，而恰恰是在历史中保持下来的。市民社会从自己的内部不断产生犹太人，即利己主义的个人，而

① 马克思恩格斯全集：第 3 卷[M]. 北京：人民出版社，2002：191-192.
② 马克思恩格斯全集：第 3 卷[M]. 北京：人民出版社，2002：192.
③ 马克思恩格斯全集：第 3 卷[M]. 北京：人民出版社，2002：192.
④ 马克思恩格斯全集：第 3 卷[M]. 北京：人民出版社，2002：192.

"基督徒在多大程度上成为犹太人，也就是成为利己的人，犹太教就在多大程度上解放了自己"①。

实际需要、利己主义是犹太教的世俗基础，同时也是市民社会的原则。当政治国家产生以后，政治精神、类生活集中于政治生活领域，这就使市民社会的原则赤裸裸地显现出来，从而也使"犹太精神随着市民社会的完成而达到自己的顶点"，因为只有把人的现实生活从政治生活中剥离出来之后，利己主义的犹太精神才能真正成为市民社会赤裸裸的原则。这样，"基督徒的天堂幸福的利己主义，通过自己完成了的实践，必然要变成犹太人的肉体的利己主义，天国的需要必然要变成尘世的需要，主观主义必然要变成自私自利"②。

犹太人的真正本质即实际需要和利己主义在市民社会中得到了普遍的实现，所以在现代社会中，犹太人的本质不是抽象本质，而是高度的经验本质。只有当社会消除了犹太精神的经验本质，即做生意及其前提，才有可能废除犹太教，"因为犹太精神的主观基础即实际需要将会人化，因为人的个体感性存在和类存在的矛盾将被消除"③。为此，马克思断言："犹太人的解放，就其终极意义来说，就是人类从犹太精神中得到解放。"④"犹太人的社会解放就是社会从犹太精神中获得解放。"⑤

六、结语：马克思人的解放理论对我们的启示

根据上述分析，笔者认为，马克思在《论犹太人问题》一文中已经确立了关于人的解放理论从而也是马克思政治哲学理论的基本思路和框架。毫无疑问，沿着这个思路，完整、准确地把握马克思的人的解放理论，无论对于理解马克思的政治哲学理论，还是对于探讨当代中国社会主义政治发展道路都是十分重要的。

长期以来，我们对马克思的人的解放理论的理解确实存在着一定的偏颇，

---

① 马克思恩格斯全集：第 3 卷[M]. 北京：人民出版社，2002：193.
② 马克思恩格斯全集：第 3 卷[M]. 北京：人民出版社，2002：197.
③ 马克思恩格斯全集：第 3 卷[M]. 北京：人民出版社，2002：198.
④ 马克思恩格斯全集：第 3 卷[M]. 北京：人民出版社，2002：192.
⑤ 马克思恩格斯全集：第 3 卷[M]. 北京：人民出版社，2002：198.

而且这种偏颇也的确直接影响了我们对当代中国政治实践的理解。聂锦芳教授在他的文章中尖锐地指出：长期以来，马克思的人的解放的思想并没有得到国内学界的理解，"直到现在，绝大多数论者仍然把马克思关于人的解放的思想错误地解释为'人类解放'。导致这种误解的原因，一方面与过去中文译本的翻译不无关系，另一方面，也表明不在少数的论者在研读马克思著述时'不求甚解'，根本没有深入到马克思的语境、思路和论证逻辑中理解其思想，结果马克思煞费苦心、苦心孤诣的努力就被我们漠视乃至曲解了！"①把马克思的人的解放学说归结为"人类解放"确是一个"误解"，但"误"在哪里呢？笔者认为，误就误在没有完整地理解和把握马克思的人的解放理论，尤其是没有真正领会人的解放是一个从"政治解放"到"普遍的人的解放"的历史过程的思想。因此，当我们打着"人类解放"的旗帜建立起社会主义国家之后，我们就误以为政治解放作为资产阶级政治革命的结果已经被放进历史博物馆了，误以为在中国这样一个没有经历完备的资本主义发展阶段的社会可以不经过政治解放而径直进入人类解放的发展阶段。

今天，我们不能不以更为严肃认真的态度来讨论政治解放与人的解放的关系。如马克思所说，政治解放是以市民社会为自身持续存在的基础和前提的。所谓"市民社会"，就其经济形态而言，就是指市场经济社会，现代意义上的市民社会就是在市场经济充分发展的基础上形成的。在这个意义上，政治解放就是市场经济发展所带来的政治革命，这场革命所要达到的客观目的，就是要为市场经济的发展创造出适宜的政治条件。如，政治解放之所以要把国家从宗教中解放出来，实现政教分离，就是因为现代国家不能以宗教信仰来划分它的国民，而必须确认所有公民在人格上的和法律上的平等地位；政治解放之所以要以宪法和法律的形式确认和维护公民的个人自由权利，特别是其中的私有财产权利，就是因为这些个人自由权利是形成市场经济体制的最为基本的政治前提。因此，可以说，政治解放与市民社会的关系就是政治解放与市场经济的关系。在过去，我们曾经把市场经济归结为资本主义所特有的经济形态，但经过计划经济这个漫长的弯路之后，我们终于确认了市场经济是现代经济形态发展的不可逾越的历史阶段，也就是马克思所说的那个"既不能跳过也不能用法令取消"的"自然的发展阶段"②，并前所未有

---

① 聂锦芳. 再论"犹太人问题"——重提马克思早期思想演变中的一桩"公案"[J]. 现代哲学，2013（6）：1-14.

② 马克思恩格斯选集：第2卷[M]. 北京：人民出版社，1995：101.

地确立了建立和完善社会主义市场经济体制的战略方针，而中国改革开放以来市场取向的改革所获得的辉煌成就也充分证明了这一认识的科学性。既如此，就应当考虑到，政治解放对于我们考察当代中国社会主义政治发展道路的重要性。也就是说，既然我们承认市场经济是现代经济不可逾越的发展阶段，并且前所未有地开创了社会主义市场经济，那么，我们也就应当合乎逻辑地承认政治解放是人的解放的不可逾越的发展阶段，并且探索在社会主义前提下完成政治解放的必要性和现实性。当然，在认识政治解放的现实性和必要性的同时，我们也必须看到政治解放的限度，即它是人的解放的一个必经的历史阶段，但不是人的解放的最终完成。因此，指出政治解放是人的解放的不可逾越的历史阶段，同时也就意味着我们不能在政治解放面前缩步不前。以社会主义基本制度为前提的政治解放在根本上不同于资产阶级的政治解放，它在本质上必然要以普遍的人的解放历史地连接起来，逐步克服政治解放的局限性，合理地解决市场经济的发展所必然带来的社会矛盾和社会问题，逐步为实现普遍的人的解放创造出充分的社会条件。

聂锦芳教授在他的论文中不赞同用"人类解放"来概括马克思的思想。这是需要斟酌的。根据《马克思恩格斯全集》第二版，马克思在《论犹太人问题》一文中，没有使用"人类解放"这个概念，而是用"普遍的人的解放"或"一般人的解放"等概念来表述与政治解放相区别的人的解放的最后形式。但马克思反复用"类生活""类存在物"等概念来表达人的解放的内涵。他认为，通过政治解放而形成的政治国家，就是人同自己的物质生活相对立的类生活。在国家中，人被看作类的存在物，而在以实际需要和利己主义为特征的市民社会中，人不是类的存在物。因此，进一步的解放即"普遍的人的解放"或"一般的人的解放"或"人的解放的最后形式"，就是要把人从市民社会中解放出来，从实际需要和利己主义的世俗精神中解放出来，消除人的感性存在与类存在的矛盾，把人自身"固有的力量"即社会力量组织起来，不再使之以政治力量的形式同自身分离，从而使现实的个人把抽象的公民复归于自身，并作为个人在自己的经验生活、自己的个体劳动、自己的个体关系中成为类存在物。这样看来，"普遍的人的解放"或"一般的人的解放"或"人的解放的最后形式"就包含着"人类解放"的含义。在这个意义上，用更为简洁的"人类解放"概念来表述马克思所说的"普遍的人的解放"或"一般的人的解放"等用语，未尝不可。只不过，需要指出的是，人类解放固然是社会主义社会所要追寻的终极价值目标，但这个解放必然要以政治解放为前提。没有经历完整的政治解放，就不可能实现普遍的人类解放，甚至有可能把"人类解放"变成空泛的、有害于社会主义政治实践的政治口号。

（该文原载于《西南大学学报》2014年第4期）

马克思主义政治哲学和道德哲学研究

马克思主义政治哲学在中国的兴起与发展

马克思主义政治哲学研究在中国学界的兴起绝对是发生在中国改革开放实践过程中的具有重大意义的学术事件，它的非凡的学术价值和实践意义，它对中国社会发展所能产生的影响力，或许只有在它持续健康的发展过程中逐渐显露出来。本文概要地描述马克思主义政治哲学在中国兴起的过程，通过若干问题的讨论，再现这个研究领域内在的学术活力，并对如何推动马克思主义政治哲学的进一步发展提出一些粗浅的个人见解。

一、马克思主义政治哲学在中国的兴起

政治哲学是一门非常古老的学问，在古代社会，无论是东方还是西方，尽管没有现代学科意义上的政治哲学，但却普遍存在着实践意义上的政治哲学。这一情况是由政治与哲学的关系决定的。在列·施特劳斯眼里，政治哲学是以一种与政治生活相关的方式处理政治事宜。因此，如果人们把获得有关好的生活、好的社会的知识作为他们明确的目标，政治哲学就出现了。不过，从西方历史上看，政治与哲学之间这种纠缠不清、不离不弃的关系表面上曾一度被打断。欧洲文艺复兴时期，意大利学者马基雅维利致力于对政治和历史的经验考察，将道德和政治剥离开来，由此导致政治学说与哲学的分离，促使实证性的政治科学逐渐发展起来，政治哲学由此渐趋衰落。直到20世纪60至70年代，以罗尔斯《正义论》的发表为标志，政治哲学才在西方再度复兴。

在中国，政治与哲学就从来没有脱钩的时候。尤其在新中国成立以后，社会主义社会基本制度的确立决定了马克思列宁主义为国家思想意识形态的核心。马克思主义哲学作为意识形态的最为基础的部分也就完全被纳入政治

发展的轨道。其实，不独马克思主义哲学，西方哲学、中国传统哲学以及哲学的任何一个分支领域都在马克思主义哲学的指导作用下成为意识形态的各个组成部分。在这种情况下，哲学研究在整体上被高度政治化。其中，马克思主义哲学研究尤为突出，如发生在 20 世纪 50 至 60 年代的围绕"综合经济基础论"与"单一经济基础论""思维和存在的同一性"以及"一分为二"与"合二为一"问题的大讨论。这三场讨论都是开始于学术争论，最后以政治斗争告终。

说到这里，就不能不谈到一个老话题，即哲学为政治服务。从某种意义上说，哲学为政治服务本身是无可厚非的。黑格尔在《法哲学原理》一书中，说了这样的话："我们不象希腊人那样把哲学当作私人艺术来研究，哲学具有公众的即与公众有关的存在，它主要是或者纯粹是为国家服务的。"[①]当然，说哲学为政治服务并不意味着让哲学屈从于政治的权威，而是要表现为独立的理论思维对政治生活的理性关注。政治生活所遵循的各种规则，虽然有时也被称为规律，但它们并不像自然界规律那样，因存在而有效，它们本身都是被设定的东西，源出于人类自身的理智，因此人们服从这个既定的规则体系不同于服从自然规律，他们的内心总是告诉他们事物"应当是怎样的"，并力图追问这个规则体系的合理性或合法性依据。因此，在政治世界的理智中，永远存在着实然与应然之间的矛盾，特别是在权力斗争的舞台上，各种狭隘的利益诉求和各种邪恶的政治目的通常都被冠冕堂皇的政治话语所遮蔽，要在扑朔迷离的政治现象中找到合理而有效的东西，就必须对政治生活加以彻底的认识。这就是说，在政治生活中，人们必然会碰到他们的理性，所以人们必然要考察政治的合理性，这就是政治哲学本身的事业，它与仅仅经验地考察政治现象和政治过程的政治学殊属不同。这同时也就表明，政治哲学绝不是哲学政治化的结果，而必然是有待于人的理性自由，有待于把哲学从政治羁绊中解放出来的思想进步。

政治哲学在中国的兴起，首先得益于改革开放伟大实践给中国学人造就的自由宽容的学术环境。20 世纪 70 年代末 80 年代初展开的关于"真理标准"的讨论不仅在理论上使马克思主义哲学基本理论得到了充分、深入的研究和探讨，而且在学风上，使以往左的思想路线和教条主义受到了致命的打击，塑造了学术民主的新境界。在这种令人清新振奋的学术氛围中，哲学研究空

---

① 黑格尔. 法哲学原理[M]. 范扬，张企泰译. 北京：商务印书馆，1961：8.

前活跃起来。80 年代中后期兴起的关于"实践唯物主义"的讨论使马克思主义哲学的基本性质、理论原则和实质精神获得了全新的理解，同时也使马克思主义哲学研究不再囿于原有的教科书体系，而是不断开拓哲学研究的新领域、新方向，实现马克思主义哲学与不同学科领域相互融通，这就为政治哲学的产生打开了一个广阔的学术空间。

政治哲学就是在哲学的浪潮涌动中逐渐进入人们的视野的。20 世纪 80 年代中后期，"政治哲学"这个词开始零星地出现在一些评述外国政治哲学家思想的文章中，且大多出自政治学和外国哲学的为数不多的研究。1992 年初，邓小平的南方谈话打破思想禁忌，指出了市场经济作为一种能够促进经济发展的手段与社会主义基本制度结合起来的可能性、必要性和重要性。同年 10 月，党中央召开的第十四届全国人民代表大会首次明确提出了社会主义初级阶段的理论，并把建立社会主义市场经济体制确立为我国初级阶段经济体制改革的战略，开启了我国市场化改革的进程。市场经济作为高效率的经济形态很快就在中国经济的发展中取得了重要的经济成就，在不太长的时间内，使中国迅速摆脱了贫穷落后的面貌，并逐步跻身于世界强国之林。但是正如任何发展都不可避免地要付出一定的代价一样，中国社会主义市场经济的发展在取得巨大经济成就的同时，也在社会生活的各个方面引发或衍生出一系列新的社会矛盾和社会问题。如市场经济的发展使我国固有的城乡二元结构的矛盾凸显出来，大批的农村"剩余劳动力"涌入城市，形成规模巨大的"民工潮"，给城市经济生活的发展注入了活力，但同时农民工又处于城市生活边缘位置，其基本生活权利如工薪收入、医疗卫生、子女教育、福利保障等等一时无法得到有效保证；20 世纪 90 年代中后期到 21 世纪最初几年，在国企改革的过程中又出现了大规模的工人"下岗潮"，数千万国企和集体所有制企业的职工因企业改革、改制、转制、破产、解体失去工作，成为社会中的弱势群体，充满了"相对剥夺感"。与这些特殊的历史事件相互渗透，市场经济的内在差别导致了贫富分化问题；由于缺乏强有力的监督制约机制，一些政府官员在政府投资、国企改制和行政管理中出现的以权谋私的腐败问题等等也都衍生出来。所有这些问题也同样在理论研究领域折射出来，而且特别集中地出现在公平、正义、自由、平等、权利和权力等问题的热烈探讨中。从 20 世纪 90 年代后半期开始，几乎每年都有数千篇甚至上万篇文章讨论"公平""正义""自由""平等"等政治哲学的基本理念及其现实问题。至此，政治哲学研究可以说已到了呼之欲出的程度。例如，美国学者罗尔斯的《正义论》

早在 1970 年就发表了，并且旋即在国外学界引起强烈反响，被视为政治哲学复兴的标志。但在 80 年代的中国却几乎无人关注。该书在 1988 年被何怀宏等翻译出版后，也没有立即在中国学界受到普遍的重视，但是到了 90 年代末和 21 世纪初，中国学者对罗尔斯及其著作的兴趣突然飙升，一度出现了"罗尔斯热"。罗尔斯《正义论》开首之言：Justice is the first value of society system（正义是社会制度的首要价值）几乎对所有学者的心灵都产生了强烈的震撼，使他们一下子找到了现实问题的理论表达方案。于是，罗尔斯对于正义理念的分析，对正义原则的阐述和论证，以及他的一些术语，如"无知之幕""原初状态""重叠共识"等等都成为学者们经常使用的时髦概念。

21 世纪以来，马克思主义哲学研究对政治哲学的介入，可以说是当代中国政治哲学兴起的基本特征。2003 年 9 月，北京大学哲学系主持召开了"全国马克思主义哲学博士点教学与科研研讨会"。在这次会议上，陈晏清教授代表南开大学马克思主义哲学教学科研团队郑重宣布把社会政治哲学作为南开大学马克思主义哲学研究的重点方向。南开团队在会议上还介绍了南开大学开设马克思主义社会政治哲学研究和教学的设想和计划。以陈晏清教授为首的南开团队历来注重把马克思主义哲学研究同中国社会发展现实联系起来。早在 20 世纪 80 年代中后期，陈晏清教授就带领南开团队开展社会哲学研究，21 世纪初，南开团队向政治哲学研究的转变，其实也可以说是在新的历史条件下和新的社会问题面前对社会哲学研究的延伸。2006 年 8 月初，由中国社会科学杂志社和南开大学社会哲学研究所联合主办的第六届"全国马克思哲学论坛"在南开大学举行。此次论坛的主题就是"马克思主义政治哲学：阐释与创新"。来自全国高校、党校、社科院（所）和杂志社的 130 多名学者围绕这一主题展开了广泛而深入的探讨。此次会议，堪称马克思主义政治哲学研究在中国学界兴起的标志。2010 年 4 月下旬，南开大学又承办了由《哲学研究》编辑部、《哲学动态》编辑部、青年论坛主办的第七届"马克思主义哲学创新论坛"，该论坛的主题是"历史唯物主义与政治哲学的关系"。这次论坛彰显出中国中青年学者在马克思主义政治哲学研究中强大力量。政治哲学研究的兴起，为中国马克思主义哲学研究提供了新的生长点和学术活力，很快就在马克思主义哲学研究领域占据了主导地位，成为名副其实的"显学"。

二、建构当代马克思主义政治哲学的若干理论问题

21 世纪以来，马克思主义政治哲学在中国的兴起与发展过程，完全可以通过对学界相关学术问题的回顾和讨论展现出来。当然，近 20 年来，马克思主义政治哲学研究所涉及的理论问题十分广泛，本文试从与马克思主义政治哲学的建构相关的论题中选择若干比较成熟的研究成果作一概要评介。

1. 政治哲学与马克思和马克思主义哲学

马克思主义哲学研究对政治哲学的介入，最初面遇的主要问题，当然是如何理解政治哲学和马克思主义政治哲学本身。我们知道，尽管我们可以在马克思恩格斯著作的文本解读中找到十分丰富的政治哲学理论资源，但在马克思恩格斯那里尚没有自觉形态的政治哲学。正如郁建兴所说，马克思政治哲学既不是现成的，同时又是未完成的，如果说马克思那里存在着一种政治哲学，那么它是一种什么性质的政治哲学？①对于这样的问题，学界只能按照新兴学科建构的常规，把注意力集中在马克思主义政治哲学在当代的建构所必须首先解决的几个理论问题上。

侯才教授认为，政治哲学本身有双重维度：一是把政治哲学定义为用哲学的方式来研究和处理政治问题；二是用政治的方式来研究和处理哲学问题。马克思政治哲学同时包含这两个维度，因而可以把马克思政治哲学区分为狭义和广义两种形态。前者包摄和蕴含了一整套有关各种政治现象、范畴、问题等专门研究的系统和完整的政治哲学思想，或者说，一个狭义上的完整的政治哲学体系；后者则意味着整个马克思哲学都有理由被视为一种地地道道的政治哲学，因为马克思正是从无产阶级的立场、从人类解放的立场来看待和阐释哲学的本性、使命和终极目的的。侯才教授进而指出：所谓狭义的马克思政治哲学和广义的马克思政治哲学在马克思那里是浑然一体的，两者共同构成了马克思政治哲学的完整内容。也就是说，在侯才教授看来，马克思政治哲学就是马克思哲学本身。②把马克思主义哲学等同于政治哲学的观点是不少学者的主张，郁建兴从对马克思思想发展的脉络特别是马克思哲学与

---

① 郁建兴. 马克思的政治哲学遗产[J]. 中国社会科学, 2006（6）: 18-23, 202-203.
② 侯才. 从政治哲学的双重维度透视马克思的政治哲学[J]. 河北学刊, 2006（5）: 1-3, 8.

黑格尔哲学的关系的分析出发，强调"马克思哲学是政治哲学"①。白刚教授甚至认为政治哲学决不是哲学的一个分支或某个领域，而是哲学本身，或哲学的全部。他把马克思主义在中国的发展历程概要地描述为从"辩证唯物主义"到"实践唯物主义"再到"历史唯物主义"再到"政治哲学"的过程，认为在这个过程中存在着从"客体论"到"主体论"再到"存在论"和"价值论"的内在逻辑转换。显然，他倾向于认为"政治哲学"可以取代以往人们对马克思主义哲学的理解。②

上述观点表现出对政治哲学的一种高度的热情，也表现出学者们对哲学研究特别是马克思主义哲学研究与政治生活之关系的深刻理解，但同时也表现出对政治哲学的一种似乎有些过度的期待。我们当然不否认政治哲学具有广泛的意义，不否认任何哲学问题直接或间接地都有其政治意义，但政治哲学作为一个具有学科意义的概念，还是应当有属于自身的理论视域、问题系统以及特定的概念框架。如果我们认为凡是与政治生活有关的思想都可以定义为政治哲学，那就如萨拜因所说："我们几乎是把人类自古以来的一切思想都包括在其中了。"③这样做，似乎无助于政治哲学的发展，反而把政治哲学变成了界限模糊、无所不包的东西。在这里，关键的问题并不是政治哲学能够涵盖多少哲学问题，而是应当从哲学自身的内在逻辑中去发现政治哲学作为哲学的根据。在这方面，较早探讨这个问题的陈晏清教授和王新生教授的观点是值得深思的。他们认为，政治哲学并不是哲学在政治领域中的应用，而是解决哲学根本问题的一种特殊方式，是通过对政治事务的一般本性的反思而深入地理解人的生存和世界本性的学问。④这个观点可以说，道出了政治哲学的本体论意义。

2. 马克思主义政治哲学的理想性与现实性

政治生活有一个根本性的特征，就是它始终居于"事实"与"价值"之间，前者构成了政治生活的"是如此"的经验性内容，允许人们用实证的方式进行科学考察；后者则表现为人们对政治生活"应如此"的价值期待，而这正是政治哲学所要关注的规范性内容。这样，事实性与价值性的关系问题

---

① 白刚. 从"辩证唯物主义"到"政治哲学"[J]. 求是学刊, 2018（5）: 1-10, 181.

② 郁建兴. 马克思的政治哲学遗产[J]. 中国社会科学, 2006（6）: 18-23, 202-203.

③ 乔治·萨拜因. 政治学说史: 上[M]. 邓正来译. 上海人民出版社, 2008: 12.

④ 陈晏清, 王新生. 政治哲学的当代复兴及其意义[J]. 哲学研究, 2005（6）: 25-29, 128.

就必然是理解政治哲学特别是马克思主义政治哲学基本性质的另一个重要的维度。王南湜教授认为，政治哲学是对政治生活的反思，而事实性与价值性的统一则是政治生活的基本结构，同时也是政治哲学的基本问题，它关系到对政治哲学的理想性和现实性关系的理解。①他在与王新生教授合写的《从理想性到现实性——当代中国马克思主义政治哲学建构之路》一文中指出，理想性和现实性的统一可以区分为"理想性统一"和"现实性统一"两种情况。前者在于使事实性服从于价值性，谋求价值完全理想地实现；后者则在于事实性与价值性互相妥协而达成某种一致，即价值在事实性所允许的范围内有限地实现。古代政治哲学多倾向于不顾事实性的限制，追求如何构造一个理想的社会，因而是一种理想性的政治哲学；现代政治哲学一般地是一种现实性的政治哲学，不追求理想的目标，而只是试图说明一个正常社会的条件，至多也只是以良好的社会为目标。据此，王南湜和王新生教授十分明确地指出，适应现今政治生活的马克思主义政治哲学必定首先是一种现实性的政治哲学，而不可能首先是一种理想性的政治哲学。因此，应当在区分理想性和现实性的前提下，将马克思主义的理想放置在社会主义初级阶段这一历史的现实之中，建构一种适合于这一历史现实的现实性马克思主义政治哲学。②只有一种现实性的政治哲学，才可能对现实的政治生活产生一种积极的建设性的言说，而一种理想性的政治哲学却至多只能提供一种批判性的话语。③

　　的确可以把事实性与价值性、现实性与理想性看作政治哲学的基本问题，但如果把是否要求事实性服从价值性作为划分理想性政治哲学和现实性政治哲学的标准，则易于产生误解。事实上，任何政治哲学都必然要求事实性服从价值性，也就是要求经验性的政治生活本身服从政治生活的规范性要求，这同时也正是政治哲学的最基本的建设性意义，这当然也就包含了根据一定的价值理念对现实的政治生活过程进行价值批判，从而达到改变经验世界的目的。政治哲学的批判性功能和规范性功能，或它的理想性和现实性，是同一个硬币的两面。与这种强调现实性的观点有所不同，李佃来教授的观点似乎更倾向于政治哲学的理想性。他认为，政治哲学不同于描述性的实证理论，

---

① 王南湜. 马克思主义政治哲学应当是一种现代政治哲学[J]. 河北学刊，2006（5）：4-6，8.

② 王南湜，王新生. 从理想性到现实性——当代中国马克思主义政治哲学建构之路[J]. 中国社会科学，2007（1）：43-54.

③ 王南湜. 马克思主义政治哲学应当是一种现代政治哲学[J]. 河北学刊，2006（5）：4-6，8.

是一种实至名归的规范性理论，其主要工作就是通过证立某种或某些价值，来提供一种规范性目标或勾画一种理想的政治和生活图景。所以，价值理论是政治哲学最关键的内容和灵魂。①李佃来强调政治哲学的最大特色之一就是它的非实证性和超验性，主要体现为对理想化政治存在的向往和对于政治"乌托邦"的塑造。当代中国政治哲学必须建立自己的"乌托邦"，这种乌托邦不是纯粹理想型的，而是"现实主义的乌托邦"，从而也需要注重构建自己的形而上学，以确保当代中国政治哲学的非实证性和超越性的本色。因而，当代中国政治哲学就不可能将形而上学视为与自己无关乃至与自己对立的东西，而需要将之纳入自身的建构中来。②

3. 历史唯物主义与马克思主义政治哲学

就理解马克思主义政治哲学的性质内容而言，另一个密切相关的问题就是历史唯物主义与马克思政治哲学的关系问题。对于这个问题，学者们通常首先想到的就是通过对历史唯物主义理论性质的阐述来理解历史唯物主义的政治哲学意义。如张文喜教授强调历史唯物主义本身就具有政治哲学向度，他认为，在马克思那里有两个历史唯物主义概念，一个是"以论证客观规律为诉求的历史唯物主义"，一个是以"关于创造一个好社会的历史唯物主义"。"马克思就是从这两种历史唯物主义概念中得出结论，并且从一开始就避免把结论建立在现状如何或现状曾经如何的基础上，而使结论奠基于现实应该如何之上，这就是资本主义必将在历史过程中灭亡的信念。基于这个信念，在关于创造一个好社会的哲学中，马克思对现实与理想的矛盾或实在与理念的差距不满。"获得美好的生活和健全的社会知识是历史唯物主义的题中应有之义，历史唯物主义的生产、生产方式、生产力、生产关系等范畴，不仅对我们理解社会现实作出了贡献，而且也为确立"正确的生活方式"发挥了效力。③李淑梅教授从另一个角度来确认历史唯物主义的政治哲学意义。她认为，历史唯物主义包括两个基本向度：一是揭示处于一定历史阶段的特殊社会的本质和发展趋势，二是揭示历史的一般规律和过程。这两个向度密切联系，相互支撑，互为前提。一方面，马克思把现存社会作为历史的一个特殊阶段来理解和定位，分析其内在结构及其矛盾，评判其主导的价值观念；

---

① 李佃来. 当代中国政治哲学建构的价值前提[J]. 武汉行政学院学报，2017（6）：5-11.
② 李佃来. 当代中国政治哲学建构的三个重大理论问题[J]. 江汉论坛，2018（1）：57-64.
③ 张文喜. 历史唯物主义作为政治哲学的意义[J]. 社会科学战线，2008（1）：28-33.

另一方面，他在解剖现存社会结构的基础上理解已逝的较低社会形态，把握社会发展的未来趋势，概括出历史的一些共同因素和规定，建立贯通不同历史阶段的唯物主义观点。通过这两个向度的探讨，马克思实现了政治哲学的变革。①

就历史唯物主义与马克思主义政治哲学的关系而言，更为重要的一个问题是，能否把历史唯物主义直接理解为马克思主义政治哲学本身。在这个问题上，李佃来教授与段忠桥教授之间发生的争论，无疑大大深化了学界对马克思主义政治哲学理论的理解。

李佃来是从历史唯物主义产生过程的角度思考历史唯物主义与马克思政治哲学的关系的。在他看来，历史唯物主义的创立是从对市民社会的批判切入的。在这一点上，他特别看重马克思《论费尔巴哈提纲》（1845）一文中的第十条："旧唯物主义的立脚点是市民社会，新唯物主义的立脚点是人类社会或社会的人类。"李佃来认为，提纲里所说的新唯物主义就是马克思后来创立的历史唯物主义，而新唯物主义的这个立脚点确立了马克思历史唯物主义理论的政治哲学性质。因为，只有立足于"人类社会"，才能有马克思以"人类解放"为最终目标的政治哲学，而从根本上有别于以"市民社会"的"政治解放"为目标的旧唯物主义的政治哲学。所以，旧唯物主义和新唯物主义的区别可以还原为市民社会和人类社会的区别，并认为历史唯物主义宣指的那些关系、规律与基本范畴，就是在政治哲学的思想运演中推导出来加以厘定的，历史唯物主义作为"新世界观"是在市民社会和人类社会的思想语式下开发出来的。历史唯物主义也正是由于有了政治哲学的思想底蕴并因之而获得了价值论的支撑，才成为一种"改变世界"的新唯物主义进而其内容变得具体、丰富、有历史感、有超越性的。②

对于李佃来的上述见解，段忠桥教授几乎是逐点质疑。受篇幅所限，本文只对其中一点做一粗略的分析。段忠桥首先不同意李佃来把提纲第十条作为理解历史唯物主义的文本依据。他承认，恩格斯针对提纲所说的"新世界观"就是"唯物主义历史观"，但在他看来，从恩格斯的评价推不出"新世界观"就是以人类社会为立足点的"新唯物主义"。"新世界观"仅仅是指提纲中体现"人们的意识决定于人们的存在而不是相反"的那些表述；而"新唯物主义"则至多是指"把感性理解为感性活动的唯物主义"。马克思对于"新

① 李淑梅. 历史唯物主义与政治哲学的变革[J]. 哲学研究，2011（4）：22-28.

② 李佃来. 马克思主义政治哲学研究的两个前提性问题[J]. 马克思主义哲学研究，2010（00）：248-257.

唯物主义"是不是"新世界观"或历史唯物主义"没做任何说明"。因而从提纲第十条既推不出历史唯物主义这一"新历史观"，也推不出马克思对市民社会、人类社会的批判和预设。至于李佃来所说的"立足于'改变世界'的新唯物主义"，也不是马克思说的，是来自提纲第十条和第十一条的拼凑，而"人类社会或社会的人类"与"改变世界"是两个外延内涵截然不同的概念，放在一起就有了"偷换概念的问题"。①

依笔者之见，恩格斯称提纲是新世界观的萌芽，这个新世界观可以体现在提纲的各个部分的观念中：把对象、现实、感性"当作人的感性活动，当作实践去理解"（第一条）、"人应该在实践中证明自己思维的真理性，即自己思维的现实性，自己思维的此岸性"（第二条）、"环境的改变和人的活动的一致，只能被看作并合理地理解为变革的实践"（第三条）、"人的本质……在其现实性上，它是一切社会关系的总和"（第六条）、"宗教感情本身是社会的产物"（第七条）、"社会生活本质上是实践的"（第八条）、"把感性理解为实践活动的唯物主义"（第九条）、"新唯物主义的立脚点是人类社会或社会化的人类"（第十条）、"哲学家们只是用不同的方式解释世界，而问题在于改变世界"（第十一条）。提纲中的这些概念或观念都是"新世界观"的各个方面，在思想上是连贯的、一致的，不存在任何意义上的断裂。只不过，马克思没有对每一个概念以及概念之间的关联作详尽的阐述，而且作为提纲这样的简洁的表述，已经足够了。

段忠桥教授之所以拒绝承认提纲第九条与历史唯物主义产生的思想关联，主要是因为他把历史唯物主义单纯地理解为一种实证性的科学理论，因而只能从人的物质生产这一经验事实出发，通过对社会结构和历史发展的考察以揭示人类社会发展一般规律的理论。这个理解使他看不到历史唯物主义与政治哲学的关系，当然也看不到"市民社会"和"人类社会"两个立脚点的转换对于历史唯物主义的产生的重大意义。我们知道，马克思思想的发展是从对现代社会的政治批判开始的，谋求人的解放则是马克思政治批判的终极目标。而在马克思的那个时代，几乎所有的社会政治理论和历史哲学理论都是立足于市民社会，都把市民社会的解放当作人的解放的终极阶段，把维护以私有财产权利为核心的个人自由权利视为政治斗争的最终目的，从而遮盖了市民社会内部普遍存在的剥削和奴役。为此，马克思和恩格斯通过对旧

① 段忠桥. 历史唯物主义是在"政治哲学思想运演中推导出来的吗"——质疑李佃来教授的一个新见解[J]. 中国人民大学学报，2017（1）：29-39.

哲学的批判，从人的感性活动即实践活动出发创立了历史唯物主义理论，由此为人的解放提供了唯一可靠的理论辩护。可以说，没有从"市民社会"立脚点向"人类社会"立脚点的转换，没有对这两个立脚点之差别的自觉意识，是不可能创立出历史唯物主义这一新的世界观的。因此，历史唯物主义内在地包含着"人的解放"这一政治哲学的主题，对于人类社会里发展客观规律的揭示，就是力图把人的解放奠基在社会历史发展的现实基础上。从这个意义上说，李佃来称"历史唯物主义宣指的那些关系、规律与基本范畴，就是在政治哲学的思想运演中推导出来加以厘定的"也并不过分。

4. 马克思主义政治哲学的正义观念

正义观可以说是政治哲学的核心理念。1970 年，罗尔斯发表了《正义论》一书，正义这个概念被确认为判断政治事务、政治制度是否良善的首要概念。在此之前，很少有人怀疑马克思主义理论的正义性，人们普遍认为马克思恩格斯对资本主义社会的批判，对人的解放和全面自由的发展的期待，都毫无疑问地充满了正义性和正义感，马克思所开创的无产阶级革命解放事业就是一个正义的事业。但是，当我们力图建构马克思主义政治哲学，或者把历史唯物主义理论视之为政治哲学理论的时候，却发现马克思和恩格斯在他们的理论著述中，很少使用正义概念来证明地表述他们的思想，几乎完全没有关于正义问题的系统阐述，相反，他们提到正义概念的时候，多是揭露这个概念在资本主义世界里的虚伪性和欺骗性。那么，马克思主义理论到底有没有自己的正义理论？这个问题至关重要。因为，如果说正义观念是政治哲学的一块基石的话，那么如果找不到马克思恩格斯的正义观念并将其确切地表述出来，建构马克思主义政治哲学的任何努力都是不会成功的。

国内学界对这个问题的讨论集中在对"塔克-伍德命题"的回应上。这个命题是 20 世纪 70 年代初，美国分析哲学家罗伯特·塔克（Robert Tucker）和加拿大学者艾伦·伍德（Allen Wood）提出的。按伍德的解释，正义是一个法权概念，而马克思对正义进行批判的根源，及其社会思想的根本原创性，就在于他拒绝接受这种政治的或法权的社会概念[①]。21 世纪以来，随着英美分析的马克思主义学派进入国内学术视野中之后，这个极富于挑战性的"塔克-伍德命题"也立即引起了国内学者们的关注。

---

① 艾伦·伍德. 马克思对正义的批判[J]. 林进平译. 马克思主义与现实，2010（6）：39-47.

　　段忠桥教授是我国最早研究英美分析的马克思主义哲学的学者之一，他最早对"塔克-伍德命题"做出了深入系统的回应。段忠桥认为，伍德的命题是基于三个理由：在马克思的论述中，正义概念是从司法角度对社会事实的合理性的最高表示；对马克思来说，一种经济交易或社会制度如果与生产方式相适应就是正义的，否则就是不正义的；根据马克思的说法，资本占有剩余价值不包含不平等或不正义的交换。伍德的这三个方面的理由都是以马克思、恩格斯的论述为依据的。对此，段忠桥对伍德引用的文本进行重新解读，证明伍德对马克思和恩格斯的论述和解读都是错误的，因此，他的三个理由都不能成立，其"马克思不认为资本主义是不正义的"这个命题自然也不能成立。①通过段忠桥教授对伍德命题的解析和反驳，大大深化了国内学界对马克思主义正义观的理解。

　　当然，如何理解马克思的正义观依然是包含多方面复杂内容的理论问题。其中，有三个方面的问题是非常值得深思的。

　　其一，如何看待资本主义剥削的非正义性问题。由于资本与劳动的分离，资本主义生产必然采取以雇佣劳动制为基本特征的生产方式，从历史上看，这种生产方式是市场经济发展的必然产物，从而也是与社会生产力发展的一定历史阶段相适应的。马克思、恩格斯据此充分肯定了资本主义生产方式产生的历史必然性、合理性和进步性；然而，雇佣劳动制又是以资本家无偿地占有工人创造的剩余价值为其基本性质，据此，马克思、恩格斯又严厉地指控了资本主义生产方式的剥削性、奴役性和非人性。对于这种现实中的悖反现象，我们应当怎样从马克思的正义观中得到说明？对于这个问题，王峰明教授提出一个"资本主义生产方式二重性"的观点。他认为，资本主义既是一种建立在商品生产基础上的生产方式，又是一种建立在阶级剥削基础上的生产方式。在前者，资本家作为货币商品的占有者，工人作为劳动力商品的占有者，他们之间是普通的买者和卖者的关系；而在后者，资本家作为人格化的资本，工人作为雇佣劳动者，他们之间是一种剥削与被剥削的关系。在前者，资本家和工人的交换遵循商品等价交换规律，既是自由的又是平等的，因而是正义的；而在后者，工人则必须为资本家生产剩余价值，从而实现资本的价值增殖，他们之间的关系既不自由也不平等，因而是非正义的。正是资本主义生产方式的二重性，决定了其正义的悖论性和自反性。王峰明确信，

---

　　① 段忠桥. 对"伍德命题"文本依据的辨析与回应[J]. 中国社会科学，2017（9）：17-32.

理解和把握资本主义生产方式的二重性是破解"塔克-伍德命题"的一把钥匙。如伍德认为马克思之所以谴责资本剥削，并非因为其不正义，而是因为它是一种支配和奴役。然而，如果说资本剥削意味着支配和奴役，那么，支配和奴役不就是一种不自由、不平等吗？而不自由、不平等不就是一种不正义吗？①应当说，王峰明教授的"二重性"思想的提出，的确很机智，也很富有启发性。或许，从正义的角度看，资本主义生产方式就可以被看作由正义与非正义的矛盾所构成的统一体，也正是这个矛盾使其具有活力，并包含着导致资本主义生产方式虚无化的内在否定性。

其二，历史唯物主义与马克思主义正义观的关系问题。人们会普遍认为，马克思的正义观念一定是从历史唯物主义的基本理论中推导出来的，或者说是以历史唯物主义关于人类社会发展客观规律的学说为依据的。段忠桥教授通过自己的理论分析否定了这个看法。他认为，历史唯物主义只是一种实证性的科学理论，而马克思的正义观念只是一种规范性的理论。二者之间构不成相互推导的关系。历史唯物主义只能对资本主义剥削和社会主义按劳分配做出事实性描述和判断，从这些事实性的描述或判断既推导不出资本主义剥削是不正义的，也推导不出社会主义按劳分配是不正义的。为此，他得出结论：历史唯物主义与马克思的正义观念在内容上互不涉及，在来源上互不相干，在观点上互不否定。

由于段忠桥教授把历史唯物主义归结为一种关于客观规律的科学，所以他认为从历史唯物主义所揭示的人类社会历史发展的客观规律本身推导不出马克思主义的正义观。对此，笔者基本赞同。对客观事物自身的客观属性、客观规律、客观本质做出的判断可以说是关于"事实的判断"，而是否正义却恰恰是"价值判断"。休谟早就正确地指出：从事实的判断（"是如此"）中推不出价值判断（"应如此"），正如我们不能从核聚变或核裂变的物理学化学规律中推导出造核电站比造原子弹更正义的结论。

那么，马克思指责资本主义剥削的正义观念来自何方呢？段忠桥教授给出的答案却不那么令人满意。他认为，马克思的正义观念主要是隐含在对资本主义剥削的谴责和对社会主义按劳分配的批评中，即与剥削相关的正义观念和涉及社会主义按劳分配弊病的正义观念。前者源自当时的英国社会主

① 王峰明. 资本主义生产方式的二重性及其正义悖论——从马克思《资本论》及其手稿看围绕"塔克-伍德命题"的讨论[J]. 哲学研究，2018（8）：3-17，89，126.

义，后者来自德国手工业者的共产主义。①关于前者，英国社会主义确认工人的产品属于唯一的、真正的生产者，即工人，而资本家占有了工人生产的产品的绝大部分，这是剥削，"是不公平的，是不应该这样的"。关于后者，段忠桥教授引用了马克思恩格斯《德意志意识形态》的一段话："共产主义的最重要的不同于一切反动的社会主义的原则之一就是下面这个以研究人的本性为基础的实际信念，即人们的头脑和智力的差别，根本不应引起胃和肉体需要的差别。"②（这段话出自马克思和恩格斯对德国手工业社会主义的评述。但其中所说的"共产主义"并不是指德国手工业共产主义。）段忠桥教授的意思是说，马克思是以英国社会主义观念为根据才把"剩余劳动由无酬劳动构成这个简单的事实"指责为剥削，是以德国手工业社会主义观念为根据来指出按劳分配的弊病。这个推论有些过于草率了。实际上，马克思认为把"工人的产品属于唯一的、真正的生产者，即工人"这个观念应用在经济学的形式上是错误的，"马克思从来不把他的共产主义要求建立在这样的基础上，而是建立在资本主义生产方式的必然的、我们眼见一天甚于一天的崩溃上"③。他为什么还以这种无用的道德观念为根据来建立自己的关于剥削的正义观？其实，段忠桥教授引用的马克思关于德国手工业共产主义的那段话，倒是可以给我们一个很好的启发，即共产主义的最重要的原则之一就是"以研究人的本性为基础的实际信念"，我们甚至可以说，马克思的所有正义观念都是以研究人的本性为基础的实际信念。

其三，马克思主义政治哲学的正义观的理论视域和精神境界。这个问题首先涉及马克思主义政治哲学正义观与现代自由主义政治哲学的正义观的区别和联系。对于这个问题，王新生教授在他的《马克思政治哲学研究》一书中做了深入的探讨。他认为，现代自由主义政治哲学的正义观念在于把平等的终极根据理解为权利平等，因而是一个低阶的正义概念；而马克思的正义观念突破了权利平等对实质平等的限制，将平等的最终实现寄托于超越了权利观念的自由人之间的社会合作，因而是一个高阶的正义概念。这种高阶的正义概念所指谓的正义原则可以涵盖低阶正义原则。④王新生教授的这个观点对于理解马克思主义正义观与自由主义正义观的关系是很重要的。自由主

① 段忠桥. 历史唯物主义与马克思的正义观念[J]. 哲学研究，2015（7）：3-11，128.

② 马克思恩格斯全集：第3卷[M]. 北京：人民出版社，1960：637.

③ 马克思恩格斯全集：第21卷[M]. 北京：人民出版社，1965：209.

④ 王新生. 马克思政治哲学研究[M]. 北京：科学出版社，2018：257.

义的以权利平等为核心的正义观念，说到底只是一个法权意义上的正义观，其正义原则是同资本主义生产方式相适合的，因而是具有特定历史内容的正义观，马克思主义的正义观念并不与自由主义正义观截然对立，但必然要超越它，"如果说以否定和批判现代市场制度为目标的经典马克思主义也有其正义理论的话，那么这种正义理论所追求的只能是一种'超正义'或'超越正义'"①。

三、马克思主义政治哲学的理论任务

如果从 2003 年北京大学召开"全国马克思主义哲学博士点教学与科研研讨会"算起，马克思主义政治哲学在中国的兴起和发展已有 16 年之久。本文提到的有关马克思主义政治哲学理论建构的几个重要理论问题的探讨，可以大致显示我国马克思主义政治哲学研究领域中的学者们所付出的努力。这些问题的探讨，使我们已经确信，只有发展马克思主义政治哲学才能真正为中国马克思主义哲学理论研究找到通向中国社会现实的路径。但到目前为止，我们还没有真正找到马克思主义政治哲学在中国发展的立足点。政治哲学是实践性很强的学科，它的生命力就在于能够不断地发现蕴含在社会发展中的重大现实问题，并对之做出批判性的研究。如果说，马克思主义哲学有着深厚的政治哲学传统，当我们去发掘这个传统时，我们就会看到，马克思并没有关于什么是政治哲学的系统阐发，他的政治哲学就存在于他对资本主义的经济批判、政治批判、文化批判和道德批判中。今天，当我们着手创立当代中国马克思主义政治哲学的时候，我们责无旁贷地应当把理论的注意力集中到对中国社会发展现实的批判性研究中。

但恰恰是这个方面成为我国目前马克思主义政治哲学研究的最大的短板。值得一提的是，近些年来，不少学者围绕"分配正义"问题展开的学术讨论，特别是段忠桥与姚大志之间在分配正义问题上的学术争论，表现出了对中国社会发展现实问题特别是弱势群体的处境问题的深切关注。但这样的讨论并不太多，大多数学者依然热衷于研究马克思主义政治哲学的形成、发展、性质、特征等一般性理论问题。不客气地说，这是一种用理论哲学的方

---

① 王新生. 马克思政治哲学研究[M]. 北京：科学出版社，2018：287.

式探讨一种实践哲学。这个探讨是必要的，但驻留于此，则势必影响马克思主义政治哲学在中国的建构与发展。对此，不少学者也表示堪忧，从不同角度对当代中国马克思主义政治哲学的建构提出自己的理解和建议。如李佃来教授认为，在"当代中国"这个历史方位上，最亟待从学术理论上来回应和解决的重大现实政治哲学主要包括以下两个方面：一是收入分配领域中的公平正义问题，二是如何重新树立现代社会规范性目标的问题。应当说，前一个方面已经受到国内学界的重视，后一个问题却的确是一个尚待展开的重大问题。在李佃来看来，重新树立现代社会规范性目标是一个在传统社会向现代社会、计划经济向市场经济的转型中所产生出来的重大现实问题，其实质就在于确立与现代市场社会相匹配的政治和伦理规范体系，与如何建立一个公平正义的社会良序结构紧密关联在一起。①依笔者之见，这个问题如果充分展开，必然涉及经济制度、政治制度、法律制度、思想文化制度的建构，涉及政治统治和社会治理的各个方面。对于这些方面的问题，经验性的阐释和描述倒是不少，而政治哲学的研究眼下看来却明显不足。

2006 年，邹诗鹏教授在《当代政治哲学的复兴与马克思主义政治哲学传统》一文中提到的一个问题，现在看来依然还是有重要意义的。邹诗鹏认为，马克思政治哲学有两个基本向度：一是由阶级分析理论支撑起来的政治解放；二是政治解放必然通向人类解放。②这个问题之所以重要，首先是因为，人的解放的确是马克思政治哲学从根本上区别其他一切政治哲学的最基本最彻底的价值信念；其次它对于把握中国社会现实发展过程来说具有总体性，亦即涉及对中国政治制度、政治文明建设的历史性质和精神实质的总体把握。本人从 2006 年至 2009 年相继在《教学与研究》发表了三篇文章③，专门探讨马克思有关政治解放和人类解放的思想及其对当代中国政治文明建设的重大意义。笔者的基本观点是，马克思毕生追求人类解放，他把政治解放视为人的解放的不可逾越的历史阶段，这个阶段是与市民社会（市场经济）为基本特征的。当代中国处在社会主义初级阶段，必须通过发展社会主义市场经济来完成向现代社会的过渡，在这个意义上说，既然市场经济是社会经济形

---

① 李佃来. 马克思政治哲学与当代中国政治哲学建构[J]. 山东社会科学，2017（12）：32-38.

② 邹诗鹏. 当代政治哲学的复兴与马克思主义政治哲学传统[J]. 学术月刊，2006（12）：25-33.

③ 马克思的解放理论及其对我们的启示——兼论当代中国政治文明建设[J]. 教学与研究，2006（12）：18-25. 政治解放与中国市场取向的改革——再论当代中国政治文明建设[J]. 教学与研究，2008（1）：52-59. 旨在人类解放的政治解放——三论当代中国政治文明建设[J]. 教学与研究，2009（1）：5-13.

态发展的不可逾越的阶段，那么政治解放同样是政治文明发展的不可逾越的历史阶段，因而当代中国社会在政治发展的总体特征上必须首先考虑完成政治解放所要达到的基本目的。当然，这个政治解放是在社会主义基本制度的前提下完成的，因而它不同于以往资产阶级的政治解放，而是一种旨在人类解放的政治解放，需要很高的政治智慧实现政治解放向人类解放的自觉过渡。本人至今依然保持这个观点，甚至认为我国改革开放过程中所衍生出来的一系列新的、重大的社会矛盾，都与对这个问题的认识模糊不清密切相关。更何况，很多研究此问题的学者似乎也急切地想把人类解放这个政治目标放到政治解放尚未完成的今天来实现。比如，当公民基本权利尚没有得到有效的承认和维护之时，一些好心的学者就开始琢磨如何超越公民的权利要求。

当然，让政治哲学研究面向中国社会的现实，还需要我们克服普遍存在的对现实问题"不愿研究""不能研究"和"不敢研究"的"学术犬儒主义"。变动中的中国社会发展本身就是一个向理论敞开的宽博的研究领域。习近平在党的十九大报告中指出，中国社会的主要矛盾已经转化为"人民日益增长的美好生活需要和不平衡不充分的发展"之间的矛盾，我们有责任去研究各个领域中发展的不平衡不充分的问题，研究政治文明建设中的不平衡不充分发展问题更是应当成为新时代中国政治哲学的责任。

（该文原载于《教学与研究》2019 年第 10 期，《高等学校文科学术文摘》2020 年第 1 期转载）

历史唯物主义与中国特色社会主义政治发展道路

　　中国 30 余年的改革开放，不仅是在探索和实践中国特色社会主义经济发展道路，即社会主义市场经济体制的建立和完善，而且也在相应地探索和实践中国特色社会主义政治发展道路，即市场经济基础上的政治文明建设和社会主义民主政治的建设。21 世纪以来，中共中央领导集体多次提出并阐释了关于"中国特色社会主义政治发展道路"的概念和思想。2003 年 2 月，胡锦涛在党的十六届二中全会的讲话中强调："推进政治文明建设，要坚持走中国特色政治发展道路"，"就是说，建设社会主义政治文明必须从我国的国情出发，坚持走自己的路"，"这条政治发展道路，是一条符合中国特色社会主义事业发展要求的政治发展道路，也是一条充分体现全国各族人民根本意愿和根本利益的政治发展道路"。毫无疑问，探讨"中国特色社会主义政治发展道路"是事关我国社会主义政治文明建设、政治体制改革和社会主义民主政治建设的重大主题。中国 30 余年市场取向的改革的确成功地解决了计划经济体制留给我们的各种困难问题，但同时也在向市场体制过渡的过程中衍生出一系列新的甚至更为棘手的社会矛盾和社会问题，而来自国家的政治努力在解决各种社会矛盾和问题的过程中起着决定性的作用。因此，"中国特色社会主义政治发展道路"这一观念的提出，充分表明政治体制改革、政治文明建设和社会主义民主政治建设已是我国现时期社会发展的紧迫任务，同时也预示着中国特色社会主义理论与时俱进的发展。为此，国内学界已有不少学者对"中国特色社会主义政治发展道路"问题作出了比较深入、比较系统的分析和研究。然而，建构中国特色社会主义政治发展道路的理论既要全面地、客观地概括和总结中国共产党人在其自身的政治实践中所产生出来的新经验和所面临的新问题，同时又必须在深层理论基础上为这一政治发展道路提供最基本的思想原则。本人认为，这一深层的理论基础只能是不断发展着的历史唯物主义理论。只有从历史唯物主义基本理论出发来系统地阐释"中国特色社会主义政治发展道路"，才能为有关这一发展道路的思想提供内容充实的理论论证，只有在中国改革开放的实践中发展历史唯物主义理论，才能为中国特色社会主义政治发展道路提供坚实可靠的思想原则和基本理念。但就这个方面而言，国内学界的研究还是很不充分的。本文试就这一问题谈一些初步的看法。

一、唯物史观与中国特色社会主义政治发展道路的基本理念

从历史唯物主义基本理论出发探索中国特色社会主义政治发展道路，首先需要我们对历史唯物主义理论的基本性质有一个比较准确的理解。以本人之见，可以把历史唯物主义理论的基本性质概括为三个方面：其一，它是一种探索人类社会及其历史发展的一般本质和客观规律的科学学说；其二，它是一种以人的解放为终极目标的价值学说；其三，它是一种将前两者统一起来考察和分析社会生活及其历史发展的思维形式和方法。这三个方面恰恰构成我们研究中国特色政治发展道路的基本思路。这就是，运用历史唯物主义的基本理论与方法，从科学分析和价值批判的统一、历史分析及现实考察的统一中探讨中国特色社会主义政治发展道路的基本性质、客观内容、价值内涵、发展规律和趋势，并探寻这一发展道路的实质内容所能采取的政治形式，即社会主义民主政治的基本原则和一般形态。

1. 完整准确地理解和把握历史唯物主义关于社会历史发展规律的学说

我们知道，马克思和恩格斯创立的历史唯物主义理论，其核心内容就是确认人类社会的历史发展是以人们的物质生活的生产和再生产为现实基础的，有着自身的客观性、规律性的过程。马克思在《资本论》第 1 卷第 1 版序言中，明确声称："我的观点是把经济的社会形态的发展理解为一种自然史的过程。"[①]并指出，一个社会即使探索到了本身运动的自然规律，它还是既不能跳过也不能用法令取消自然的发展阶段。[②]马克思在这里所说的"既不能跳过也不能用法令取消自然的发展阶段"就是指市场经济。可以说，现代

---

① 马克思恩格斯选集：第 1 卷[M]. 北京：人民出版社，1995：102.
② 马克思恩格斯选集：第 1 卷[M]. 北京：人民出版社，1995：101.

社会就是以市场经济为基础的体现工业文明的社会形态，因而现代社会的政治建构客观上必然要与市场经济的内在逻辑相吻合，有利于市场机制的不断完善和发展。

从历史上看，中国社会的现代化历程是相当曲折的。在新中国成立之前，中国社会的经济在总体上处于"二元结构"的矛盾状态中。资本主义工商业虽然在少数城市或地区有了一定的发展，但始终受到外国资本的挤压和扭曲，农业经济则长期滞留在自然经济的范畴内，没有根本性的变化。这种二元结构致使市场经济体系难以在中国近代社会的经济结构中发育成熟，同时也使国家的政治制度在根本上具有半封建半殖民地的性质。新中国成立之后，现代化建设依然走了很长一段历史弯路。中国共产党在科学总结历史经验和教训的基础上，于 20 世纪 70 年代末启动了改革开放的历史进程，进而在 90 年代初确立了建立和完善社会主义市场经济体制的战略方针。可以说，当代中国市场取向的改革完全符合经济形态发展的客观规律，而它在发展中所取得的辉煌成就也充分论证了马克思的科学论断。

发展社会主义市场经济，客观上决定了中国特色政治发展道路在其现实内容上要为社会主义市场经济的完善创造适宜的条件。同时，市场经济促进了社会主义民主政治的发展。因为发展市场经济必然要求要承认和维护市场主体平等地位和自由权利，这有利于冲破宗法制、等级制、特权制等封建思想残余。完善社会主义市场经济体制，这不仅是为了追求经济效率的增长和综合国力的增强，同时也是为中国特色社会主义政治的自我完善奠定坚实的社会基础。从这个意义上说，考察和探索中国特色社会主义政治发展道路绝不能离开中国社会主义市场经济体制这个大的背景。这是丝毫不能动摇、不能淡化、不能规避的政治原则。

2. 完整准确地理解和把握历史唯物主义关于人的解放的学说

历史唯物主义同时又是一整套关于人的解放的价值学说，而社会主义社会也正是以人的解放为终极价值的，失去了人的解放这个目标，也就失去了社会主义本身。问题在于，我们必须要对这一学说有完整的理解。马克思把人的解放区分为"政治解放"和"人类解放"两个前后相继的阶段。笼统地说，政治解放就是要为现代市场经济创造必要的政治条件和法律条件，其基本内容就是要求国家以法律的形式承认和维护公民的基本权利，其中包括公民平等享有的政治权利和公民个人的自由权利，特别是其中的私有财产权利，这是市场经济的基本前提，也是它的内在要素。所谓人类解放就是要最终消灭产生奴役和剥削的私有制，实现人的自由而全面的发展。马克思解放理论的深刻性就在于，它一方面客观地肯定了资产阶级政治解放的历史进步价值；另一方面又指出了这种政治解放的不彻底性和局限性。一方面指出政治解放是一大进步，是现实的、实际的解放；另一方面又指出"它不是一般人的解放的最后形式"。在马克思看来，政治解放的局限性和不彻底性就在于它没有消灭私有财产，相反以私有财产为基础，因而必然导致人在现实生活中的自我异化。政治解放所实现的自由与平等也仅仅是法律上的、形式上的自由与平等，或者说是交换价值基础上的自由与平等，而不是事实上的、实质上的自由与平等。对此，马克思在他的著述中做出了极为深刻的分析和批判。资产阶级政治解放的这种自我矛盾性、不彻底性在现代资本主义社会的发展中暴露得更为明显，更为突出，现代西方马克思主义所做出的理论努力，从总体上说，也正是在揭露和批判资本主义这种现代奴役制度的内在根源和种种表现形式。

对于当代中国的政治实践来说，我们尤其应当注重马克思解放理论中有关政治解放的历史进步价值和内在局限性的论点。我国现时期的政治发展必须是以为社会主义市场经济创造适宜的政治条件为重要内容之一，就是要完整地实现公民平等享有的政治权利和个人的自由权利，特别是其中的私有财产权利。可能有人会发出疑问：社会主义是以消灭私有制为特征的，承认和维护公民的私有财产权利会不会与社会主义社会的基本性质相违？对于这样的疑问，事实上，马克思和恩格斯在《共产党宣言》中已经做出了明确地回答："共产主义并不剥夺任何人占有社会产品的权力，它只剥夺利用这种占有去奴役他人劳动的权力。"①也就是说，共产主义或社会主义并不是要消灭个人的私有财产和私有财产权利，而是要消灭利用私有财产去奴役他人的权力，即私有制。我们说资本主义社会所能实现的仅仅是形式上的自由与平等，正是因为资本主义私有制事实上所能维护的只是少数有产者的私有财产权利，广大的无产者或劳动者阶层则因丧失私有财产而丧失实质性的自由能力。就此而论，社会主义市场经济既然以公有制为主体，这就为消灭奴役他人劳动的权力奠定了基础，创造了条件。当然，彻底地消灭这种权力又只有在交换价值的生产即市场经济充分发展起来的基础上才是可能的。不实现人的政治

---

① 马克思恩格斯选集：第 1 卷[M]. 北京：人民出版社，1995：288.

解放，只能使人类解放变成不切实际的一纸空谈。在这方面，我们更应牢记马克思的教导："人类始终只提出自己能够解决的任务，因为只要仔细考察就可以发现，任务本身，只有在解决它的物质条件已经存在或者至少是在生成过程中的时候，才会产生。"①

以社会主义基本制度为前提的政治解放在根本上不同于资产阶级的政治解放。资产阶级的政治学说，特别是自由主义的政治学说的一个基本特征，就是把政治解放所能实现的形式上的、法律上的自由与平等视为人们所能获得的最终意义上的自由与平等，由此反对任何限制和缩小贫富差别的政治主张，从而为资本主义制度的奴役性辩护。与此相反，社会主义基本制度前提下的政治解放本质上是一种"旨在人类解放的政治解放"，它固然要实现，而且应当比资本主义制度更好地实现人们在形式上的和法律上的自由与平等，但它更追求人们在实质上的和事实上的自由与平等。这意味着中国特色社会主义政治发展道路能够把政治解放和人类解放历史地衔接起来，逐步克服政治解放的局限性，合理地解决市场经济的发展所必然带来的社会矛盾和社会问题。其中，特别是要合理地限制贫富差别，防止贫富两极分化，有效地解决各种民生问题，不断增进公民的财产性收入，使经济发展成果能够普及整个社会，真正做到发展依靠人民，发展为了人民，发展成果人民共享。由此逐步为最终实现人类解放创造必要的经济条件、政治条件和社会条件。

二、中国特色社会主义民主政治的基本形式

中国特色社会主义政治发展道路的核心内容是社会主义民主政治的建设。从理论上探讨中国社会主义民主政治的建立与发展，首先需要深入研究民主的实质与形式的关系问题。民主的实质似乎不难确定，从词源上说，民主就是人民的统治②，或用我们熟悉的话说，就是"人民当家作主"，因此，民主政治是与一人统治的君主专制政治和少数人专权的贵族政治或寡头政治直接对立的。民主的形式则是人民的统治所能采取的政治方式，通常以制度的方式存在，如选举制、议会制、政党制等等。民主的实质必然要通过民主的形式才能真正地、现实地体现出来，而在一个民族国家中，民主政治采取

---

① 马克思恩格斯选集：第2卷[M]. 北京：人民出版社，1995：33.

② 民主（deMocracy）源于希腊文 δημος *deMos*（人民）和 κρατειν *kratein*（统治）。

怎样的制度形式则是一个高度复杂的问题。依笔者之见，一个民族国家的民主政治所能采取的形式，至少取决于两个方面的因素：其一是这个民族国家的包含习俗、习惯在内的历史文化传统，特别是其中的政治文化传统和历史地形成的各种社会治理方式；其二是这个民族国家的社会制度的基本性质，而在现代社会中主要就是社会主义社会和资本主义社会在基本社会制度上的根本差别。前一个因素涉及对一个民族国家历史文化传统的深度考察，难度极大，不是本文所能完成的。因而本文主要侧重从第二个方面来探讨这一问题。在这个方面，人们的政治观念存在着很大的偏差。那些认同西方民主政治的人往往把资本主义国家的民主政治所采取的基本形式视为民主政治的实质，因而倾向于用是否采用资本主义民主政治的形式来判定我国现行政治制度是否为民主政治的性质或政治民主化的程度。例如，有人看到中国没有搞西方国家的那种议会制，没有搞三权分立和多党轮流竞选执政，便认为中国的社会主义政治制度不具有民主政治的性质，或者认为中国政治制度的民主指数很低。这种观念的基本误区就在于忽视了社会制度的基本性质与民主政治的基本形式之间的内在联系，从而把资本主义制度下的民主政治形式理解为民主政治的一般形式。

社会主义政治发展道路是以人类解放为终极目标的，这就决定了社会主义民主政治不仅在实质上而且在形式上不同于资本主义的民主政治。当然，社会主义民主政治作为现代民主政治的一种新的历史形态还处在探索之中，我国的民主政治无论是制度建设还是现行制度的履行都还很不完善，需要不断提高。但是，中国共产党人在长期的政治实践中已经摸索出中国特色社会主义民主政治的基本框架，这就是胡锦涛同志在党的十七大报告中讲到中国特色社会主义政治发展道路时强调的"坚持党的领导、人民当家作主、依法治国有机统一"。

1. 坚持党的领导

坚持共产党的领导是中国特色社会主义民主政治的基本前提。如果从西方民主政治的思维框架出发根本无法理解这个前提，这也是一些西方学者否认中国共产党的执政地位具有民主政治的性质的原因之一。对于这个问题，我们应当从社会主义基本制度的性质和无产阶级政党即共产党有别于资产阶级政党的特殊历史地位及其特殊性质这两个方面加以分析。如前所述，社会主义基本制度终极目标是人类解放，即便现时期我们谋求市场经济基础上的政治解放，也绝不会放弃这个目标，而是要自觉地把政治解放和人类解放历史地衔接起来。从这个意义上说，社会主义绝不像资本主义那样在事实上仅仅维护少数资产者的利益，而是要维护和增进全体人民特别是劳动人民群众的基本利益，追求属于全体人民的实质性的自由与平等，客观上就必然要求最能代表劳动人民群众的无产阶级能够在政治上取得统治地位，从而使国家机器的政治运作能够始终不渝地成为全体人民群众实现其基本利益、共同利益和长远利益的工具，并由此彻底扬弃无产阶级本身。在现代政治形态中，无产阶级和劳动人民群众在政治上的统治地位同样必须通过政党制加以实现，而共产党正是无产阶级在政治上的代表。无产阶级政党也是近代以来政党制发展过程的产物，但与资产阶级政党有着完全不同的性质。在资本主义制度下，资产阶级政党尽管可以以多元化的方式存在，可以采取热热闹闹的多党竞选轮流执政的制度，但归根到底都是在从根本上维护资产阶级在政治上的统治地位。在这种情况下，真正代表无产阶级和劳动人民群众的无产阶级政党很难有存身的余地。一个十分明显的事实是，现代资本主义国家大多不允许无产阶级政党的存在，即便某些资本主义国家看似宽容地把无产阶级政党吸收到议会中，但如果这些政党不承诺维护资本主义的基本制度，那就很难获得合法地位。因此，无产阶级的政治统治在资本主义议会制的框架中没有任何实现的可能。这也是资产阶级议会民主制最虚伪的地方。这也说明了，无产阶级政治统治地位的获得，从而无产阶级政党的执政地位的获得，通常都要通过浴血奋斗的历程才能实现。

因此，从理论原则上说，无产阶级政党执政的合法性依据不仅在于执政地位来之不易，更在于它是能够忠实地代表无产阶级和广大人民群众的根本利益、共同利益的政党，它的执政不是为了社会的某一特殊阶级或阶层的特殊利益，而是为了能够实现全体社会成员的基本利益、共同利益和长远利益，能够确保国家公共利益的实现并以人民的共同幸福为根本目的。因而尊重社会发展的客观规律，忠实地贯彻人的解放的价值目标，确保无产阶级和广大劳动人民群众在政治上的统治地位，始终不渝地代表全体人民的基本利益、共同利益和长远利益，决定了共产党执政地位的合法性及其在当代中国民主政治中的优先地位。

当然，共产党的不可动摇的执政地位也必然会使其执政的政治品质面临严峻的考验。在这个问题上，我们必须清醒地认识到这样一个问题，即"阶级统治"和"政治统治"是两个不同的概念。前者是指在经济上占统治地位的阶级客观上必然会制约国家的政治统治，使之能够维护和表达他们的利益和意志。后者则表现为一定的公共活动，即一定的公共权力机构运用公共权力，建立和维护公共秩序的活动。因此，在任何社会中，统治阶级无论是其个人还是整体都不可能直接掌管或行使公共权力，这种公共权力必然是掌握在恩格斯所说的"第三种力量"手中，即由官吏组成的公共机构或国家手中，具有相对独立性和自主性。政治统治的这种相对独立性和自主性很有可能产生一种负面的政治后果，即由官吏组成的政治统治集团有可能使政治统治脱离其阶级基础，异化为与社会，甚至与统治阶级相对立的特殊利益群体，使公共权力的运用既不是为大众服务，甚至也不为统治阶级服务，而是为这个狭隘的统治集团的私利服务。理解这一点，无疑对保持执政的共产党在政治品质上的纯洁性提出了更高的要求。令人感到忧虑的是，某些地方政府官员经不起市场利益的诱惑，在私人企业中进行各种形式的"权力投资"或"权力寻租"，接受贿赂进行权钱交易，把大量的公共资源变成谋取私利的手段。甚至极少数地方政府"集体腐败"，使整个地方公共权力机构堕落为自我保护的利益集团。目前来看，这些现象尚属个别的、局部的，但却是非常危险的信号。因此，社会主义国家的执政党若要使自身始终成为社会公共利益和人民群众根本利益的发展者和保护者，就必须通过法律手段和道德约束保持政治体系的政治自律和道德自律，有效地防止政治腐败，防止政治统治脱离其阶级基础或群众基础。否则，一旦堕落为谋取私利的特殊利益集团，就会使自身的合法性依据丧失殆尽。

2. 人民当家作主

人民当家作主，这是中国特色社会主义政治发展道路所追求的实质性民主。而之所以是实质性的民主，首先在于这种"人民当家作主"应当在事实上、实质上具有真正的广泛性和人民性。资本主义民主政治贯彻的是无视甚至鼓吹贫富分化的自由主义政治原则，因而资本主义民主政治中的"民"虽然在形式上和法律上是指向每一个人，但在贫富分化和阶级分化面前，它于实质上和事实上所能维护的只是少数有产者的利益。正如亚当·斯密曾经说过的那样："就保障财产的安全说，民政组织的建立，实际就是保护富者来抵抗贫者，或者说，保护有产者来抵抗无产者。"①这样的民主，无论其形式如

---

① 亚当·斯密. 国民财富的性质和原因的研究[M]. 郭大力，王亚南译. 北京：商务印书馆，1981：277.

何，在事实上和实质上都不可能具有真正的广泛性和人民性。社会主义民主政治与资本主义民主政治的根本区别就在于，"人民当家作主"是无产阶级和广大劳动人民群众在政治上的统治地位为基础的，以维护和发展人民群众的根本利益为宗旨，以人类解放为目标，逐步消灭贫富分化，走共同富裕的发展道路。而"共同富裕"则意味着为人民群众在政治上获得实质性的平等与自由奠定了充分的物质基础。尽管完全实现这个目标还需要一个较长的历史发展过程，但这个过程本身则必然是实质性民主的不断扩大和深化。

关键的问题在于，在社会主义国家中，"人民当家作主"作为实质性的民主如何通过恰当的民主政治形式而具体地、现实地体现出来。对于这个问题的解答需要我们对"人民当家作主"的内涵进行更为深入的分析。笔者认为，"人民当家作主"应当包含积极的和消极的两个层次的含义。所谓积极的内涵主要体现在人民群众在政治生活中所享有的各种平等权利。我国宪法规定，国家的一切权力属于人民，人民群众主要是通过由民主选举产生的各级人民代表大会积极参与国家管理，通过人民代表大会和其他合法的民主渠道参政、议政，监督国家公共权力的行使。在这方面，公民平等享有的选举权和被选举权、思想和言论自由权（言论、出版、集会、结社、游行、示威的自由）、批评和建议权等构成了民主政治的积极内涵。所谓消极的内涵主要体现在公民在其物质生活和精神生活中所平等享有的个人自由的权利，如私有财产权利、信仰自由的权利、要求国家赔偿的权利以及劳动权、福利权、受教育权、学术和创作自由权等等。这些权利要求得到国家和法律的明确认定和维护。如果说，民主的积极内涵是说人民有权管理国家的话，那么民主的消极内涵则是指国家没有权力剥夺和侵犯公民所应享有的自由权利。在这个意义上，公民的权利构成了对国家权力的制约或限定，而这正是民主政治的本质特征之一。因为，真正的民主原则就是保证公民能够运用自己的权利而尽可能自由地发展，并使这种自由发展的愿望不受国家权力的阻碍。

"人民当家作主"作为实质性民主决定了我国社会主义民主政治在制度形式上不同于资产阶级的民主政治。首先，我国宪法规定，中国共产党是中国的唯一执政党，即始终坚持共产党的领导，不搞多党轮流执政，这主要是维护无产阶级和广大劳动人民群众在政治上的统治地位。其次，我们不搞西方式的议会制度，而是确立人民代表大会制度，确认全国人民代表大会是最高国家权力机关，地方各级人民代表大会是地方国家权力机关。全国人民代表大会和地方各级人民代表大会都由民主选举产生，对人民负责，受人民监督，从而保证人民的意志能够通过这一民主渠道上升为国家意志；在国家公共权力的结构安排上，我们强调国家行政机关、审判机关、检察机关都由人民代表大会产生，对它负责，受它监督，以保证国家意志的表达（立法）和国家意志的执行（行政和司法）达到高度统一。尤其应当注意的是，我国的基本政治制度还包括中国共产党领导的多党合作和政治协商制度，这是具有中国特色的社会主义政党制度。人民代表大会制度、政治协商制度连同民族区域自治制度以及基层群众自治制度等所构成的制度体系是具有中国特色的能体现大多数人的利益要求的成功的民主政治形式。

当然，从目前的发展状况上看，中国民主政治形式还不够成熟，发展中还面临许多重大的现实问题。其中最主要的问题就是如何能够建立起一套有效的监督机制，监督公共权力的行使，避免权力的过分集中导致的腐败，防止公共权力机构脱离其阶级基础或群众基础，蜕变为一种用公共权力谋取私利的特殊利益集团。在这个问题上，不少人对中国不搞三权分立心存忧虑和非议。实际上，即便在资本主义国家的政治建构中，三权分立也并不是毫无矛盾的理想政体。其中最大的问题是，在三权分立的政治体制中，国家意志的表达和国家意志的执行经常发生矛盾，而这种矛盾也往往是因为应和某些特殊利益集团利益要求产生的。正如美国政治学家古德诺所说："在国家中拥有控制国家意志的权力机关，总是趋向于利用它对国家意志执行的控制权力，来不正当地影响国家意志的表达。这样做有时候是出于最纯正和最爱国的动机，但更多的时候却是出于邪恶的和利己的动机。无论是哪种情况，其结果都会是一样的。法律的执行不再是公正无私的，而仅仅是或在很大程度上是为了直接或间接地影响国家意志的表达，而这常常又是为了社会中某些阶层的利益。"①

从现实情况看，我国的政治过程在权利的监督、制约和限制方面还存在着漏洞。形成有效地监督、制约和限制公共权力的制度体系，健全党内的自我监督机制和社会的公众监督机制，既是社会主义国家"一切权力属于人民"这一最高原则的忠实体现，也是防止权力腐败的基本前提。如胡锦涛在党的十七大报告中说的那样："完善制约和监督机制，保证人民赋予的权力始终用来为人民谋利益。确保权力正确行使，必须让权力在阳光下运行。要坚持用制度管权、管事、管人，建立健全决策权、执行权、监督权既相互制约又相

---

① 古德诺. 政治与行政[M]. 北京：华夏出版社，1987：14.

互协调的权力结构和运行机制。落实党内监督条例，加强民主监督，发挥好舆论监督作用，增强监督合力和实效。"

3. 依法治国

依法治国是中国特色社会主义政治发展道路的基本要求。在现代社会中，由于市场主体之间、社会分工的各个部门或环节之间存在着功能上和经济利益上的相互依赖性，经济生活本身形成一个相对独立的自律体系，但这并不意味着削弱政治体系的权威性，相反，市场经济对市场规则的要求更需要强化政治体系的权威性，只不过这种权威性不像传统社会那样来自世袭的神圣地位或来自政治首领的人格特征，而是来自法制的普遍性。德国社会学家马克斯·韦伯认为，在现代社会中法律具有至高无上的地位，这是一种以法律为依据进行治理的社会。法律规范是基于有利权衡或价值合理性（或两者兼而有之）经由协议或强制来建立的，它要求这种统治类型的组织成员——通常包括居住在一定领土范围内的所有人，他们的社会关系、社会行动的方式，要受这一组织的管辖——都要服从其权力。国家立法和行政管理过程旨在制约社会组织和个人在法律规定的界限内理性地追求自身的利益并遵守形式化的原则。领袖和官员必须服从这一非人格的法律秩序，他们的任何决策和命令，也受这一秩序的辖制。服从统治的人所服从的也只是法律秩序，而不是服从统治者本人。因此，个人对掌权者的服从义务，也只限于法律秩序所承认的范围。应当说，韦伯的这一思想具有启发意义。

自改革开放以来，我国的法治建设取得了长足的进步，但从总体上说，仍然需要不断加强和完善。主要存在的问题不仅仅在于法律规范还不够完备，更在于业已形成的法治体系和法律规范尚不能在国家的社会治理过程中完全有效地发挥支配作用，一些政府官员和公民的法治意识相当薄弱，少数地区还存在着司法腐败的严重问题。因此，我国的法治建设至少应从如下三个方面予以努力：其一，必须通过有效的社会动员，强化法治的权威性和普遍性，使依法治理成为党政工作的基本原则，使依法办事成为公民的行为准则；忠实贯彻任何政党、组织和个人不得僭越法律的原则，加强司法部门的廉洁自律，严厉打击司法腐败，由此确立公民对我国法制体系的信任和依赖。其二，公民所依循的法律必须是"良法"，即符合我国社会主义市场经济发展要求、符合社会主义基本性质和价值理念的法律，也就是真正能够维护公民基本权利和国家公共利益的法律。法律规范在整体上必须体现为对公民个人所享有的各项自由权利以及公民个人必须履行的法律义务，对国家和社会的公共利益和公共权力作出明确的界定，并确立维护公民权利和公共利益的法律原则。其三，必须贯彻和落实司法独立的原则，尤其要理顺党政领导与司法工作的关系，坚持在党的领导下，明确司法权与行政权的界限，使二者既能相互监督，同时又互不干预，坚决反对政府官员直接干预司法案件审理的行为。

（该文原载于《高校理论战线》2012 年第 1 期）

马克思历史理论中的市民社会概念

2009 年底，韩立新教授翻译出版了日本学者望月清司的著作《马克思历史理论研究》。这部厚重的作品给我国学界关注此问题的学者带来了不小的震动。据韩立新介绍，望月清司在日本属"市民社会派马克思主义"，其理论特点是，区分"市民社会"和"资产阶级社会"这两个概念，强调市民社会的内在必然性及其积极意义，并将马克思对历史的描述概括为"共同体→市民社会→社会主义"这样一三段式过程。望月先生本人也是把马克思的历史理论表述为"建立在市民社会批判认识基础上的世界史"，或"市民社会的历史理论"。可见，在他对马克思历史理论的解读中市民社会这个概念被赋予了特别重要的地位。望月先生的这部著作充满了细腻的推论分析和复杂的技术性考证，其严谨周密的学术风格令人赞叹不已。然而，从马克思本人对"市民社会"概念的使用情况来看，有一个"面相"上的问题值得重视，即马克思在早期的政治哲学的作品中频繁使用"市民社会"概念来阐释现代资本主义国家的起源、基础、性质和功能，而在他中后期的理论著述中，特别是在他的政治经济学的研究中，却很少使用这个概念。这个现象自然涉及对马克思历史理论的理解。本文试图简要地概述和分析这个现象，但目的不是为了应答望月先生的观点，而是从一个被人忽视的侧面来探视马克思市民社会理论的发展。

一、作为私人等级的市民社会及其精神特质

1843 年 3 月至 9 月，也就是在《莱茵报》被查封之后，马克思着手写下了《黑格尔法哲学批判》这部手稿，对黑格尔法哲学理论即国家学说进行批判。这部手稿主要涉及黑格尔《法哲学原理》的第 261 节至 313 节，内容包括国内法和国家内部制度中的王权、行政权和立法权。在这部手稿中，马克

思并没有对"市民社会"概念作出界定，而主要是评析黑格尔关于国家与市民社会的关系的理论。这很可能是因为，马克思此时对黑格尔有关市民社会的理论没有太多的异议。从手稿中，我们也可以看出，马克思基本上就是从黑格尔关于市民社会的论断出发来讨论问题。而有关国家与市民社会的关系的论述，也是从黑格尔的观点和逻辑出发，通过批判性的分析，推论出与黑格尔不同的结论。如他开篇批评了黑格尔关于国家是家庭和市民社会的"外在必然性"和"内在目的"的观点，认为黑格尔的这个观点"提出了一个没有解决的二律背反"，因为，"外在必然性"表明国家和市民社会在本质上是对立的，市民社会不是以普遍物为自身的本质或规定性，而是以私人目的和特殊利益为本质的活动，由此不能推论出国家是家庭和市民社会的"内在目的"的结论。再如，黑格尔确认市民社会是"私人等级"，这种私人等级通过立法权的要素而获得政治意义和政治效能。对此，马克思批评说，市民社会作为私人等级，表明的是国家与市民社会的分离和对立，"表现出市民社会同政治意义和政治效能的对立，表现出政治性质的缺乏，即市民社会本身是没有政治意义和政治效能的"①。私人等级是市民社会的直接的、本质的、具体的等级，市民社会要获得政治意义和政治效能，他本身就不再是私人等级。所以，一个现实的市民必然处在一个双重组织中：作为公民他处于官僚组织中，而作为私人则处在社会组织即市民社会的组织中。这是市民社会成员的双重生活，或个人存在的二重化。

首先应注意的是，马克思此时对市民社会的理解并不像许多学者所认为的那样已经具有了历史唯物主义的雏形。如马克思自己所承认的那样，他此时"还没有把市民社会同物质生产直接联系起来考察，没有把财产关系看作物质生产关系的表现，没有从财产关系中进一步追视出社会物质生活关系，也没有弄清现存生产关系与其法律用语'财产关系'的联系和区别"②。他更多的是依据黑格尔对市民社会的界说来强调和分析市民社会的精神特质。他认为，黑格尔关于市民社会的规定性有三点是值得注意的："（1）市民社会的定义是一切人反对一切人的战争；（2）在私人的利己主义中既显示出'市民爱国心的秘密'，又显示出'国家在市民信念上具有的深度和强度'；（3）'市民'，即具有同普遍东西的对立的特殊利益的人，市民社会的成员，被看作'固定不变的个人'；另一方面，国家也同'市民'这种'固定不变的个人'

① 马克思恩格斯全集：第 3 卷[M]. 北京：人民出版社，2002：95.
② 李光灿，吕世伦. 马克思恩格斯法律思想史[M]. 北京：法律出版社，1991：130-131.

相对立。"①这三点的核心就是市民社会的"私人利己主义"，这是市民社会的精神特质。所以，当马克思指责黑格尔到处把"观念作为主体"，从而颠倒观念与现实主体的关系时，他所说的"观念"并不是一般意义上的与物质生活相对立的观念，而是特指黑格尔所设立的那个"无限的现实精神"即独立自行的伦理理念。亦即黑格尔所理解的、作为主体的所谓"现实的观念"就是那个按照一定的原则和一定的意图而行动的"无限的现实精神"（或伦理精神）。黑格尔把这个精神看成是真正现实的精神，看成是本质性的东西，而把来自市民社会普遍经验的市民社会精神看成是假象或"现象"，这是一种颠倒的认识，即"现实性没有被说成是这种现实性本身，而被说成是某种其他的现实性。普通经验没有把它本身的精神，而是把异己的精神作为精神；另一方面，现实的观念没有把从自身中发展起来的现实，而是把普通经验作为定在"②。而在马克思看来，真正的现实精神是家庭和市民社会，如他所说："家庭和市民社会是国家的现实的构成部分，是意志的现实的精神存在，它们是国家的存在方式。家庭和市民社会是自身成为国家。它们是动力。可是，在黑格尔看来又相反，它们是由现实的观念产生的。把他们结合成国家的不是它们自己的生存过程，而是观念的生存过程，是观念使它们从它自身中分离出来。就是说，它们才是这种观念的有限性。它们的存在归功于另外的精神，而不归功于它们自己的精神。"③黑格尔把独立自行的伦理理念看成是真正现实的精神，认为这种精神把自己分为家庭和市民社会这两个有限的领域，目的是"返回自身"，这不过是一种"逻辑的、泛神论的神秘主义"。

其次，马克思是在比较宽泛的意义上使用"市民社会"这个概念，而不像黑格尔那样把"市民社会"限定为在"现代世界"中所产生出来的东西。他提到，"在希腊人那里，市民社会是政治社会的奴隶"，并对中世纪的"市民社会"作出了比较多的分析。对市民社会概念的宽泛延伸，主要是为了论证现代国家的产生是市民社会与政治国家相互分离的过程。马克思认为，在中世纪，市民社会的各个等级的全部存在就是政治的存在，"市民社会各等级作为这样的等级在中世纪也是立法的等级，因为它们当时不是私人等级，或者说，因为私人等级当时就是政治等级"④。这些政治等级，直接具有政治

① 马克思恩格斯全集：第 3 卷[M]．北京：人民出版社，2002：54.
② 马克思恩格斯全集：第 3 卷[M]．北京：人民出版社，2002：10.
③ 马克思恩格斯全集：第 3 卷[M]．北京：人民出版社，2002：11.
④ 马克思恩格斯全集：第 3 卷[M]．北京：人民出版社，2002：91-92.

意义和政治效能。但现代国家中，市民社会从政治等级变成私人等级，从而"使市民社会的等级差别完全变成了社会差别，即在政治生活中没有意义的私人生活的差别。这样就完成了政治生活同市民社会的分离"①。因此，在现代社会中，市民社会和国家分裂为两个不同的、各有其独立的本质和精神原则的领域，亦即市民社会与政治国家的"二元性"②。尽管市民社会的主体与政治国家的主体是同一个主体，但这种主体具有本质上不同的规定，是一种"双重主体"③。

最后，马克思在手稿中也谈到了市民社会内部的等级差别问题。他指出："正像市民社会同政治社会分离一样，市民社会在自己内部也分为等级和社会地位，虽然后二者彼此也有一定的关系。享受和享受能力是市民等级或市民社会的原则。"④他也特别指出了在市民社会中存在着一个"丧失财产的人们和直接劳动的及具体劳动的等级"，认为这个等级与其说是市民社会中的一个等级，还不如说是市民社会各集团赖以安身和活动的基础。在这里，他还没有用"无产阶级"或"工人阶级"这样的概念来规定这个等级，而依然是从"私人等级"的意义上理解这个等级，以说明个人作为私人在市民社会中是不平等的。但马克思同时又认为，这种私人等级内部的差别同样没有政治意义。他说："既然黑格尔把整个市民社会当作私人等级而同政治国家对立起来，那么私人等级内部的差别，即不同的市民等级，对国家来说就自然只具有私人的意义，而不具有政治的意义。因为不同的市民等级只是一定原则的实现、存在，即作为市民社会原则的私人等级的实现、存在。但是，如果必须放弃原则，那么这一原则内部的各种分离对政治国家来说自然就更不存在了。"⑤

二、市民社会的自我异化与人的解放

在完成了《黑格尔法哲学批判》的写作之后，马克思接着就写了《论犹太人问题》和《黑格尔法哲学批判导言》两篇文章，同时刊登在 1844 年《德

---

① 马克思恩格斯全集：第 3 卷[M]. 北京：人民出版社，2002：100.
② 马克思恩格斯全集：第 3 卷[M]. 北京：人民出版社，2002：103.
③ 马克思恩格斯全集：第 3 卷[M]. 北京：人民出版社，2002：103.
④ 马克思恩格斯全集：第 3 卷[M]. 北京：人民出版社，2002：101.
⑤ 马克思恩格斯全集：第 3 卷[M]. 北京：人民出版社，2002：98.

法年鉴》上。在这两篇文章中，马克思把市民社会概念同人的解放理论联系在一起，因而有了更为重要的意义。

《论犹太人问题》的主题是"政治解放"和政治解放与人的解放的关系问题。这篇文章对于研究马克思的政治哲学来说，是极为重要的文献。在这篇文章中，马克思围绕政治解放的内涵和政治解放与人类解放的关系问题，比较集中地阐释了他对市民社会的基本理解，其思想内容也有一些重要的进展。

首先，如果说，在《黑格尔法哲学批判》中，马克思更侧重对市民社会精神特质的分析，那么，在这篇文章中，马克思则侧重从现实生活的意义上阐明市民社会的一般特征。他说："在政治国家真正形成的地方，人不仅在思想中，在意识中，而且在现实中，在生活中，都过着双重的生活——天国的生活和尘世的生活。前一种是政治共同体中的生活，在这个共同体中，人把自己看作社会存在物；后一种是市民社会中的生活，在这个社会中，人作为私人进行活动，把他人看作工具，把自己也降为工具，并成为异己力量的玩物。"①马克思认为，市民社会是人的直接的现实，只有在市民社会中，人才把自己和别人看作现实的个人。但马克思同时又借助黑格尔的说法，把市民社会说成是一种"不真实的现象"，即在市民社会中，人不是作为类存在物和社会存在物而存在，仅仅是作为私人而存在。而在不承认人的一切私人差别的政治共同体中，人才作为类存在物、作为社会存在物而存在，但这不是人的现实性，而是被剥夺了自己现实的个人生活，却充满了非现实性的普遍性。马克思在这里第一次使用了"类存在物"和"社会存在物"这样的概念来表述个人作为"公民"的存在，这显然是受费尔巴哈和青年黑格尔派的深刻影响，即把人的本质理解为"类的存在物"。

其次，马克思在政治解放的范畴内非常系统、非常完整地阐述了市民社会中的人权问题。他认为，由于在现代社会中人的存在的二重化，人的基本权利就相应地体现在两个方面，一是"公民权"（droits du citoyen），二是"人权"（Droits de l'homme）。马克思在这里有意把"人权"同"公民权"区分开来。强调人权中的"人"不是指"公民"而是指"市民社会的成员"，因而人权就是市民社会成员的权利，是"利己的人的权利"，并强调，对于这种人权只有用政治国家对市民社会的关系，用政治解放的本质来解释。马克思依

---

① 马克思恩格斯全集：第 3 卷[M]．北京：人民出版社，2002：172.

据法国 1789 年《人权和公民权宣言》第 2 条的内容，把作为市民社会成员的基本权利的"人权"列为：平等、自由、安全、财产。按照马克思的论述顺序，首先是"自由"，"自由是可以做和可以从事任何不损害他人的事情的权利"。马克思认为这种自由是人作为孤立的、退居于自身的单子的自由。因而，自由这一人权并不是建立在人与人相结合的基础上，而是建立在人与人相分隔的基础上。这一权利就是这种分隔的权利，是狭隘的、局限于自身的个人的权利。马克思的这个说法肯定了市民社会的一个本质性的特征，那就是"个人自由"。个人的自由权利可以分为精神的和物质的因素。从精神的方面说，就是信仰自由的权利；从物质的方面说，就是私有财产权利，即个人"任意地（a son gre）、同别人无关地、不受社会影响地享用和处理自己的财产的权利"。马克思更看重的是私有财产权利，他明确指出："自由这一人权的实际应用就是私有财产这一人权。"①同时，他又把私有财产权利指称为"自私自利的权利"，并强调"这种个人自由和对这种自由的应用构成了市民社会的基础"②。"平等"就是上述自由的平等，每个人都被看成那种独立自在的单子。"安全"则是市民社会的"最高社会概念"，是"警察的概念"；按照这个概念，整个社会的存在只是为了保证维护自己每个成员的人身、权利和财产。所以"市民社会没有借助安全这一概念而超出自己的利己主义。相反，安全是它的利己主义的保障"③。

通过分析人权的上述四方面内容，马克思总结说："可见，任何一种所谓人权都没有超出利己的人，没有超出作为市民社会的成员的人，即没有超出作为退居于自身、退居于自己的私人利益和自己的私人任意，与共同体分离开来的个体的人。……把他们连接起来的惟一纽带是自然的必然性，是需要和私人利益，是对他们财产和他们的利己的人身的保护。"④可以说，马克思在这里借助对人权的分析，建立起他关于市民社会的完整概念，并在政治解放的范畴中肯定了自由主义政治学说的那些基本的权利主张。更为重要的是，马克思在这里实际上也反驳了黑格尔把国家理解为超越市民社会的最高伦理目的的观点，而接受了自由主义政治学说对政治合法性的基本论证，他明确地指出："政治生活在其热情还富有朝气而且以后由于形势所迫又走向极端

① 马克思恩格斯全集：第 3 卷[M]. 北京：人民出版社，2002：183.
② 马克思恩格斯全集：第 3 卷[M]. 北京：人民出版社，2002：185.
③ 马克思恩格斯全集：第 3 卷[M]. 北京：人民出版社，2002：185.
④ 马克思恩格斯全集：第 3 卷[M]. 北京：人民出版社，2002：185.

的时候，就宣布自己只是一种手段，而这种手段的目的是市民社会生活。"①

最后，马克思在文中对市民社会的自我异化作出了初步分析。这是马克思最早用"异化"概念描述市民社会的地方。在这里，马克思明确地把犹太精神理解为市民社会精神特质的集中表现，认为犹太宗教的基础本身就是实际需要和利己主义，而实际需要和利己主义也就是市民社会的原则，而实际需要和自私自利的神就是金钱，"金钱是一切事物的普遍的、独立自在的价值。因此它剥夺了整个世界——人的世界和自然界——固有的价值。金钱是人的劳动和人的存在的同人相异化的本质；这种异己的本质统治了人，而人则向它顶礼膜拜"②。所以，"在利己主义的需要的统治下，人只有使自己的产品和活动处于异己本质的支配之下，使其具有异己本质——金钱——的作用，才能实际进行活动，才能实际生产出物品"③。据此，马克思认为，政治解放是有局限性的，是市民社会的解放，而不可能是完备意义上的、彻底的人的解放。

《黑格尔法哲学批判导言》一文的直接主题是德国解放问题。马克思在这里把"市民社会"概念主要用于分析德国解放的实际可能性问题。通过把德国和其他欧洲国家（可能主要是法国）比较，马克思提出了一个问题："德国思想的要求和德国现实对这些要求的回答之间有惊人的不一致，与此相应，市民社会和国家之间以及市民社会本身之间是否会有同样的不一致呢？"④从这个问题中，可以大致看出，马克思开始注重对市民社会内部差别的分析。他认为，德国的解放不可能通过部分的纯政治革命来完成。部分的纯政治的革命的基础是市民社会的一部分解放自己，取得普遍统治，就是一定的阶级从自己的特殊地位出发，从事社会的普遍解放。而在市民社会中，任何一个阶级要能够扮演这个角色，就必须能够与整个社会混为一体并且被看作和被认为是社会的总代表，从而使这个阶级的要求和权利真正成了社会本身的权利和要求。但在德国的市民社会中不存在这样一个能够扮演普遍解放的社会等级，因而也就不能通过部分革命来完成政治解放，只能通过彻底的解放、全人类的解放来实现德国解放。

马克思认为，德国解放的实际可能性"就在于形成一个被戴上彻底的锁

① 马克思恩格斯全集：第 3 卷[M]. 北京：人民出版社，2002：186.
② 马克思恩格斯全集：第 3 卷[M]. 北京：人民出版社，2002：194.
③ 马克思恩格斯全集：第 3 卷[M]. 北京：人民出版社，2002：185.
④ 马克思恩格斯选集：第 1 卷[M]. 北京：人民出版社，1995：11.

链的阶级，一个并非市民社会阶级的市民社会阶级，形成一个表明一切等级解体的等级，形成一个由于自己遭受普遍苦难而具有普遍性值的领域，……形成一个若不从其他一切社会领域解放出来从而解放其他一切社会领域就不能解放自己的领域，总之，形成这样一个领域，它表明人的完全丧失，并因而只有通过人的完全回复才能回复自己本身。社会解体的这个结果，就是无产阶级这个特殊等级"①。在这里，马克思把无产阶级称之为"非市民社会阶级的市民社会阶级"，至少包含两方面含义：其一，无产阶级同样是市民社会阶级（从个体上说，他们也是利己主义的私人），但这个阶级是丧失了一切财产从而遭受普遍苦难的阶级，它与另一个阶级，即资产阶级处于完全不同的地位中。因而市民社会个人的自由权利以及国家对这种自由权利的保护，对于这个市民社会阶级是没有实际意义的，也就是说，在市民社会中，自由权利实际上只是资产者阶级的普遍权利；其二，这个阶级由于遭受普遍苦难，与现行制度全面对立，因而这个阶级的解放就是普遍解放，从而这个阶级是使市民社会一切等级解体的等级，它是市民社会否定性的因素。这样看来，马克思对市民社会内部差别的分析，已上升为阶级分析。当然，还是相当初步的。

三、对市民社会自我异化的批判

依据马克思自己在 1859 年《政治经济学批判·序言》中的陈述，通过对黑格尔法哲学的批判，他"得出这样一个结果：法的关系正像国家的形式一样，既不能从它们本身来理解，也不能从所谓人类精神的一般发展来理解，相反，它们根源于物质的生活关系，这种物质的生活关系的总和，黑格尔按照 18 世纪的英国人和法国人的先例，概括为'市民社会'，而对市民社会的解剖应该到政治经济学中去寻求"②。《1844 年经济学哲学手稿》是马克思在巴黎研究政治经济学的第一个成果。然而，在这部手稿中，马克思几乎完全没有使用市民社会这个概念。但联系马克思先前关于市民社会"自我异化"的观念，也可以说，这部手稿的主要内容就是剖析市民社会。不过，马克思在这里不是从私人利己主义、个人自由、私人权利等抽象规定中理解市民社

---

① 马克思恩格斯选集：第 1 卷[M]. 北京：人民出版社，1995：14-15.
② 马克思恩格斯选集：第 2 卷[M]. 北京：人民出版社，1995：32.

会，而是从劳动、资本和地产三者的分离为起点，运用异化劳动理论，揭示工人、无产者，即他所说的那个非市民社会阶级的市民社会阶级在劳动、交往、需要和需要的满足活动中所遭受的非人性境遇。也可以说，他是把在《黑格尔法哲学批判导言》中对无产阶级的理解在经济学研究中的全面展开。这表明，在此时，在马克思的头脑中，"市民社会"这个概念不再仅仅是一个"一切人反对一切人的战场"，不再仅仅是一个私人利己主义的世界，而是一个包含阶级矛盾和对抗的社会，一个无产者被剥夺、被奴役的世界，一个完全异化了的世界。因而，此时市民社会这个概念在马克思的头脑中越来越阴冷、灰暗。

1844 年 9 月至 11 月，马克思与恩格斯合写了《神圣家族》一书。在这本书中，"市民社会"这个概念再次大量地浮现出来。这首先依然是同对犹太人问题的分析有关。在市民社会与犹太人精神的关系问题上，这本书的基本论点与《论犹太人问题》一文没有太大的差别，但经过《1844 年经济学哲学手稿》对资本主义的人道主义批判，其思想倾向却发生了重要变化，更侧重对市民社会以及市民社会与国家的关系作出否定性的理解，即把市民社会比作现代奴隶制。他们说："现代国家承认人权同古代国家承认奴隶制是一个意思。就是说，正如古代国家的自然基础是奴隶制一样，现代国家的自然基础是市民社会以及市民社会中的人，即仅仅通过私人利益和无意识的自然的必要性这一纽带同别人发生关系的独立的人，即自己营业的奴隶，自己以及别人的私欲的奴隶。现代国家就是通过普遍人权承认了自己的这种自然基础。而它并没有创立这个基础。现代国家既然是由于自身的发展而不得不挣脱旧的政治桎梏的市民社会的产物，所以，它就用宣布人权的办法从自己的方面来承认自己的出生地和自己的基础。"① 他们还指出："在现代世界中每一个人都是奴隶制度的成员，同时也是公法团体的成员。市民社会的奴隶制恰恰在表面上看来是最大的自由，因为它似乎是个人独立的完备形式；这种个人往往把像财产、工业、宗教等这些孤立的生活要素所表现的那种既不再受一般的结合也不再受人所约束的不可遏止的运动，当作自己的自由，但是，这样的运动反而成了个人的完备的奴隶制和人性的直接对立物。"②

另外，还有一点也比较重要。马克思在《论犹太人问题》一文中谈到，市民社会中的个人自由时，曾断定这种个人自由是"原子"意义上的自由。

---

① 马克思恩格斯全集：第 2 卷[M]. 北京：人民出版社，1957：145.
② 马克思恩格斯全集：第 2 卷[M]. 北京：人民出版社，1957：149.

在这里，他纠正了这个说法。他明确表示，"市民社会的成员根本不是什么原子"。原子的特性就在于它没有任何属性，是自我满足的，没有需要，没有与外在世界的关系，它身外的世界是绝对的空虚。市民社会的利己主义者是在他那非感性的观念和无生命的抽象中把自己设想为原子。但是，感性的现实是不顾他这种想象的，"他的每一种感觉都迫使他相信世界和他以外的其他人的存在，……由此可见，正是自然的必然性、人的特性（不管它们表现为怎样的异化形式）、利益把市民社会的成员彼此连接起来。他们之间的现实的联系不是政治生活，而是市民生活。因此，把市民社会的原子彼此连接起来的不是国家，而是如下的事实：他们只是在观念中、在自己的想象这个天堂中才是原子，而在实际上他们是和原子截然不同的存在物，他们不是神类的利己主义者，而是利己主义的人"①。

到了 1844 年年底，"市民社会"这个概念在马克思的思想中已经成为一个在历史上必然产生又必然会被否定的历史环节。这特别体现在他于 1844 年 11 月所写的《关于现代国家的著作的计划草稿》。这个计划草稿显示出，马克思打算从国家和市民社会的关系出发，系统地阐述现代国家的起源、性质、特征、构成和发展趋向。草稿的第一部分是"现代国家起源的历史或者法国革命"，该部分提到，革命派对市民社会的态度；一切因素都具有双重形式，有市民的因素，也有国家的因素。第二部分是"人权的宣布和国家的宪法"，其中包括"个人自由和公共权力；自由、平等和统一；人民主权"，显然这也是对现代市民社会的分析。第三部分是"国家和市民社会"。第四至第九部分计划阐述"代议制国家和宪章""权力的分开""立法权和行政权的机构、建制""司法权力和法""民族和人民""政党"和"选举权"等问题。就在第九部分的最后，马克思写下了"为消灭（Aufhebung）国家和市民社会而斗争"②。很遗憾，这个计划草稿没有成书，否则我们将有一部完整的国家学说。但从这个计划手稿的内容安排上看，我们可以作出这样的推论："市民社会"这个概念对于理解和阐释现代资本主义国家的起源、基础，对于阐明现代国家制度的性质、结构及其历史进步价值，是十分重要的。然而，市民社会本身的内在差异或矛盾，它的利己主义性质和自我异化的特征，却表明它必然具有自我否定性，应当为进一步的历史斗争所消灭。

---

① 马克思恩格斯全集：第 2 卷[M]. 北京：人民出版社，1957：153-154.
② 马克思恩格斯全集：第 42 卷[M]. 北京：人民出版社，1979：238.

四、市民社会与唯物史观的基本表述

现在，我们可以理解马克思在《关于费尔巴哈的提纲》的第 9 条和第 10 条所说的那两句话："直观的唯物主义，即不是把感性理解为实践活动的唯物主义至多也只能达到对单个人和市民社会的直观"（第 9 条）；"旧唯物主义的立脚点是市民社会；新唯物主义的立脚点则是人类社会或社会的人类"（第 10 条）。①如果对旧唯物主义的立脚点是市民社会这个说法做一个注脚的话，可以用马克思在《评弗里德里希·李斯特的著作〈政治经济学的国民体系〉》一书中的一段话："如果说亚当·斯密是国民经济学的理论出发点，那么它的实际出发点，它的实际学派就是'市民社会'，而对这个社会的各个不同发展阶段可以在经济学中准确地加以探讨。"②我们都知道，亚当·斯密就是把建立在自由市场制度上的市民社会看成是最符合人性的社会。他的观点代表了当时自由主义的一般观点。

1845 年秋至 1846 年 5 月，马克思和恩格斯再次合作，写下了《德意志意识形态》这部极为重要的书稿。在这部书稿中，马克思用"市民社会"概念来涵盖社会物质生活的全部内容，即"市民社会包括各个人在生产力发展的一定阶段上的一切物质交往。它包括该阶段的整个商业生活和工业生活"③。在这个意义上，马克思明确地把市民社会理解为"受生产力制约同时又制约生产力的交往形式"，因而说："在过去一切历史阶段上受生产力所制约同时又制约生产力的交往形式，就是市民社会。……从这里已经可以看出，这个市民社会是全部历史的真正发源地和舞台，可以看出过去那种轻视现实关系而局限于言过其实的历史事件的历史观何等荒谬。"④显然，在这一表述中，市民社会概念被赋予了一种历史哲学的内涵，并被用来表述唯物史观的基本观念，即"这种历史观就在于：从直接生活的物质生产出发阐述现实的生产过程，把同这种生产方式相联系的、它所产生的交往形式即各个不同阶段上的市民社会理解为整个历史的基础，从市民社会作为国家的活动描

---

① 马克思恩格斯选集：第 1 卷 [M]. 北京：人民出版社，1995：56-57.
② 马克思恩格斯全集：第 42 卷 [M]. 北京：人民出版社，1979：249.
③ 马克思恩格斯选集：第 1 卷 [M]. 北京：人民出版社，1995：132.
④ 马克思恩格斯选集：第 1 卷 [M]. 北京：人民出版社，1995：87-88.

述市民社会，同时从市民社会出发来阐明意识的所有各种不同理论的产物和形式，如宗教、哲学、道德等等，而且追溯它们产生的过程"①。在 1846 年 12 月，马克思致安年柯夫的信中也是这样说的："社会——不管其形式如何——是什么呢？是人们交互活动的产物。人们能否自由选择某一社会形式呢？绝不能。在人们的生产力发展的一定状况下，就会有一定的交换（commerce）和消费形式。在生产、交换和消费发展的一定阶段上，就会有相应的社会制度、相应的家庭、等级或阶级组织，一句话，就会有相应的市民社会。有相应的市民社会，就会有不过是市民社会的正式表现的相应的政治国家。"②

但特别应当注意的是，为了不致把作为历史哲学概念的市民社会同现代社会中的市民社会相混淆，马克思还是在两者之间作出明确区分。他说："市民社会包括各个人在生产力发展的一定阶段上的一切物质交往。它包括该阶段的整个商业生活和工业生活，因此它超出了国家和民族的范围，尽管另一方面它对外仍必须作为民族起作用，对内仍必须组成为国家。'市民社会'这一用语是在 18 世纪产生的，当时财产关系已经摆脱了古典古代的和中世纪的共同体（Gemeinwesen）。真正的市民社会只是随同资产阶级发展起来的；但是这一名称始终标志着直接从生产和交往中发展起来的社会组织，这种社会组织在一切时代都构成国家的基础以及任何其他的观念的上层建筑的基础。"③

不过，在马克思那个时代，"市民社会"这个概念已经有着确切的历史内涵。黑格尔明确认定市民社会是在现代世界中产生的，这是马克思很熟悉的。1767 年，苏格兰政治思想家亚当·弗格森发表了《市民社会史》一书。这本书亦是以欧洲商业社会的发展为背景描述和分析市民社会的产生及其政治功能。马克思很赞赏这本书，并多次引用这本书的观点和所提供的材料。可以想见，把市民社会这个概念泛化为普遍的历史哲学概念，实际上很难被接受。所以，马克思在以后的著述中很少使用"市民社会"这个概念来表述自己的历史唯物主义观念。可以说，马克思当时用市民社会来表述唯物史观的基本观念很可能只是一个过渡。

事隔十余年之后，也就是在马克思所写的《经济学哲学手稿（1857——

---

① 马克思恩格斯选集：第 1 卷[M]. 北京：人民出版社，1995：92.

② 马克思恩格斯选集：第 1 卷[M]. 北京：人民出版社，1995：532.

③ 马克思恩格斯选集：第 1 卷[M]. 北京：人民出版社，1995：132.

1858）》中，市民社会这个概念被再次提及。但此时，这个概念在马克思的文本中已完全被还原为"现代社会"的产物。如马克思在《政治经济学批判·序言》中指出，斯密和李嘉图把单个的、孤立的个人作为出发点，卢梭的通过契约来建立天生独立的主体之间的相互关系和联系的"社会契约论"，都不是以自然主义为基础的，而是"对于16世纪以来就作了准备、而在18世纪大踏步走向成熟的'市民社会'的预感。……这种18世纪的个人，一方面是封建社会形式解体的产物，另一方面是16世纪以来新兴生产力的产物"①。他还说："我们越往前追溯历史，个人，从而也就是进行生产的个人，就越表现为不独立，从属于一个较大的整体：最初还是十分自然地在家庭和扩大成为氏族的家庭中；后来是在由氏族间的冲突和融合而产生的各种形式的公社中。只有到18世纪，在'市民社会'中，社会联系的各种形式，对个人说来，才表现为只是达到他私人目的的手段，才是外在的必然性。"

在1859年写的《政治经济学批判·序言》中，马克思对唯物史观的基本观点作出了新的表述。与《德意志意识形态》中的表述相比较，一个最明显的特征，就是放弃了对"市民社会"概念的使用，亦即不再用这个有确切历史内涵的概念来表述人类社会的一般物质关系。马克思是这样说的："我所得到的、并且一经得到就用于指导我的研究工作的总的结果，可以简要地表述如下：人们在自己生活的社会生产中发生一定的、必然的、不以他们的意志为转移的关系，即同他们的物质生产力的一定发展阶段相适合的生产关系。这些生产关系的总和构成社会的经济结构，即有法律的和政治的上层建筑竖立其上并有一定的社会意识形式与之相适应的现实基础。物质生活的生产方式制约着整个社会生活、政治生活和精神生活的过程。不是人们的意识决定人们的存在，相反，是人们的社会存在决定人们的意识。"②

从上述分析中可以看出，"市民社会"这个概念在马克思早期的著述中，也就是在他的历史理论的形成期，具有比较重要的地位。这主要是因为，这个概念对于描述和分析市民社会与国家分离的过程，对于阐释现代资本主义国家的基础、前提和功能，对于揭示市民社会本身的一般特征和内在矛盾性，是非常重要的。而在马克思的历史理论形成以后，特别是在马克思对资本主义的政治经济学研究中，这个概念的使用频率急速下降，甚至几乎销声匿迹。本人曾用计算机对《马克思恩格斯全集》第一版的23—26卷（即《资本论》

---

① 马克思恩格斯选集：第2卷[M]. 北京：人民出版社，1995：1-2.

② 马克思恩格斯选集：第2卷[M]. 北京：人民出版社，1995：32.

1—4 卷）进行了全文搜索，发现在这部巨著中，除了引用的资料外，市民社会概念在马克思本人的正面阐述中只出现了 1 次。相比之下，马克思更多的是使用"资产阶级社会"这个概念，共出现了 62 次。虽然这个技术性的搜索是相当外在的，但至少也能说明马克思很少使用市民社会概念来对资本主义社会进行批判性分析。我认为，这可能有两个方面的原因。其一，市民社会概念有利于对市民社会成员作出同质性分析，即把市民社会成员理解为"私人利己主义"的个人或平等地拥有自由权利的个体，包括了资产阶级和无产阶级以及其他一切私人阶层。但这个概念不利于对市民社会的内在差别作出异质性分析，即不利于揭示市民社会内部的阶级差别和对立，尤其是不利于分析无产者阶级的地位、命运和政治意义。其二，在以资本的统治为核心的资本主义生产方式中，在资产阶级占据统治地位的资本主义社会中，市民社会已经成为典型的"资产阶级社会"。这个社会所推崇的是"交换价值基础上的自由与平等"，而不是实质上的或事实上的自由与平等。无产阶级在其中必然日益丧失实质上或事实上的自由与平等。这个内部动态是市民社会概念所不能表述的。因为，在马克思看来，无产阶级争取自由和解放的斗争恰恰是扬弃或消灭市民社会而争取人类解放的斗争。因此，对马克思来说，他的历史理论的立脚点，不可能是"市民社会"，而只能是"人类社会"或"社会的人类"。

当然，这并不是说，"市民社会"这个概念对于理解现代社会的一般特征完全没有意义。市民社会作为交换手段充分发达的商业社会或市场经济社会，在概念上它与"资产阶级社会"是交叉的，而不是重合的。在这一点上，我赞同望月先生对市民社会的积极价值的理解。尤其是对当代中国市场取向的改革来说，市民社会的成熟程度直接决定了中国社会主义市场经济体制的完善程度。然而，更为重要的是，在社会主义制度框架中，市民社会的发育是否能够避免"资产阶级社会"，也就是避免市民社会的内在差别所导致的贫富分化和阶级对抗，而直接与马克思所设想的共产主义社会接壤，这是一个值得关注的重大问题。

（该文原载于《天津社会科学》2010 年第 5 期，人大复印资料《马克思列宁主义》2011 年第 1 期转载）

国家的性质与职能及其合法性

——从恩格斯的国家学说谈起

在马克思主义政治哲学的创立和发展中，恩格斯作出了不容忽视的重要理论贡献，特别是他的国家学说，堪称马克思主义政治哲学理论的最为重要的组成部分之一。然而，在笔者看来，我国学界对恩格斯的国家学说，抑或对马克思主义的国家学说，历来存在着简单化和片面化倾向。例如，片面地强调国家的阶级性，忽视了国家作为公共权力机构而具有的公共性特征；把国家简单地归结为阶级统治的工具，而忽视了国家作为"第三种力量"而具有的自主性和相对独立性；简单地、片面地把国家的政治统治与阶级统治视为直接同一的过程，忽视了国家作为官僚机构而外在于或高居于社会一切阶级的特殊性和脱离其阶级基础的可能性。这种简单化、片面化倾向影响了对国家的政治合法性的准确理解。为此，本文试以马克思和恩格斯有关国家问题的论述为基础，结合当代西方马克思主义者有关国家问题的理论观念，来谈一谈对这些问题的理解。

一、国家的阶级性与公共性

1. 关于国家的阶级性和公共性

关于国家的阶级性，恩格斯在《家庭、私有制和国家的起源》一书中阐述的是十分清楚的。概括起来说，有两个基本的方面：其一，从起源上说，国家是阶级矛盾不可调和的产物；其二，从实质上说，国家是统治阶级实现其阶级统治的手段。对于这两个基本论点，恩格斯的表述是相当清楚的，也是我们非常熟悉的。我国传统的马克思主义哲学教科书也是从这两个方面对国家的起源和本质进行界定的。但是，仅仅熟悉这两个方面的基本论点，并不意味着我们已经准确地把握了恩格斯对国家起源和本质的完整理解。其中最重要的就是忽视了国家在起源和本质上所具有的公共性特征，而这一点又恰恰是恩格斯国家理论中的重要部分。

首先，从国家的起源上说，国家同时也产生于满足和发展公共利益的基本需要。早在 1845 年，马克思和恩格斯在《德意志意识形态》一书中指出："随着分工的发展产生了单个人的利益或单个家庭的利益与所有互相交往的个人的共同利益之间的矛盾，而且这种共同利益……首先是作为彼此有了分工的个人之间的相互依存关系存在于现实中。……正是由于特殊利益和共同利益之间的这种矛盾，共同利益才采取国家这种与实际的单个利益和全体利益相脱离的独立形式，同时采取虚幻共同体的形式。"①也就是说，国家产生于个人的特殊利益与社会的共同利益相互矛盾的现实过程中，而国家必须以共同利益或公共利益的实际承担者的姿态出现在这个现实中。后来，恩格斯在《反杜林论》中又明确地阐述了这个观点。他说："一开始就存在着一定的公共利益，维护这种利益的工作，虽然是在全体的监督之下，却不能不由个别成员来担当：如解决争端；制止个别人越权；监督用水，特别是在炎热的地方；最后，在非常原始的状况下执行宗教职能。这样的职位，在任何时候的原始公社中，……甚至在今天的印度，还可以看到这种职位被赋予了某种全权，这是国家权力的萌芽。生产力逐渐提高；较密的人口在一些场合形成了公社之间的公共利益，在另一些场合又形成了各个公社之间的相抵触的利益，而这些公社集合为更大的整体又引起新的分工，建立保护公共利益和防止相抵触的利益的机构。"②对于这个问题，马克思也持有同样的观点。在马克思看来，剥削阶级国家"既包括由一切社会的性质产生的公共事务，又包括由政府同人民大众相对立而产生的各种特殊职能"③。毫无疑问，社会生活总是会产生与社会生活的整体息息相关的公共利益和与公共利益密切相关的公共事务，即便国家总是在经济上占统治地位的阶级国家，它也必须成为公共利益的实际主体，并承担履行公共事务的公共职能。我们完全不可以想象，在国家的阶级统治之外，再建立一个管理公共事务的公共权力机构。国

---

① 马克思恩格斯选集：第 1 卷[M]. 北京：人民出版社，1995：84.
② 马克思恩格斯选集：第 3 卷[M]. 北京：人民出版社，1995：522.
③ 马克思恩格斯全集：第 25 卷[M]. 北京：人民出版社，1974：432.

家的阶级性和它的公共性必然是合为一体的，而且没有这种公共性，国家也必然失去其存在的合理性或合法性。正如恩格斯所说："政治统治到处都以执行某种社会职能为基础，而且政治统治只有在执行了它的这种社会职能时才能持续下去。"①

其次，国家的公共性特征还表现为，它作为"表面上凌驾于社会之上的力量"是作为掌握和行使公共权力的"第三种力量"而存在的。同氏族社会相比较，氏族制度是从那种没有任何内部对立的社会中生长出来的，除了舆论以外，它没有任何强制手段。但是对于一个已经产生了不可调和的阶级对立的社会来说，氏族制度显然已经不能按照传统的方式发挥作用，即"一个这样的社会，只能或者存在于这些阶级相互间连续不断的公开斗争中，或者存在于第三种力量的统治下，这第三种力量似乎站在相互斗争着的各阶级之上，压制它们的公开的冲突，顶多容许阶级斗争在经济领域内以所谓合法形式决出结果来"②。显然，国家作为"第三种力量"，其基本政治统治的功能就是压制或缓和阶级之间的公开冲突，把冲突保持在"秩序"范围内。这也就是我们常说的国家的建立和维护公共秩序的职能。更进一步说，虽然国家是阶级矛盾不可调和的产物，但这并不意味着政治统治所面临的问题都是阶级斗争问题。就建立和维护社会公共秩序而言，除了阶级矛盾、阶级冲突可能导致社会紊乱，还存在着大量的非阶级矛盾性质的社会问题，如偷盗、抢劫、凶杀、个人恩怨导致的暴力行为等等。因此，政治统治的一般含义就是建立和维护秩序，而不论破坏秩序的因素是来自阶级矛盾、阶级斗争，还是来自非阶级矛盾。

国家之所以能够执行建立和维护公共秩序的职能，就在于它是一种"公共权力"，恩格斯将之理解为国家区别于氏族组织的本质特征，他十分明确地指出："国家的本质特征，是和人民大众分离的公共权力。"③值得注意的是，国家公共权力的设立虽然有其深刻的阶级内涵，但这绝不意味着公共权力仅仅来自阶级斗争的需要，它同时也是社会发展的一般需要。关于这一点，恩格斯在《论住宅问题》一文中作了这样的描述："在社会发展某个很早的阶段，产生了这样一种需要：把每天重复着的生产、分配和交换产品的行为用一个共同规则概括起来，设法使个人服从生产和交换的一般条件。这个规则首先

---

① 马克思恩格斯选集：第 3 卷[M]. 北京：人民出版社，1995：523.
② 马克思恩格斯选集：第 4 卷[M]. 北京：人民出版社，1995：169.
③ 马克思恩格斯选集：第 4 卷[M]. 北京：人民出版社，1995：116-117.

表现为习惯，后来便成了法律。随着法律的产生，就必然产生出维护法律为职责的机关——公共权力，即国家。"①

2. 国家的阶级性与公共性的关系

最需要弄清的问题是国家的阶级性与公共性的关系。在历史上，没有任何一个国家，无论是奴隶制国家、君主制国家，还是现代的资本主义国家，会公然宣称自己的国家仅仅是为统治者或统治阶级的利益服务，而是一再表白，自己是站在各个阶级之上为全体国民服务的，是代表全社会的公共利益或共同利益的。传统的政治理念也不会认同国家阶级偏好的合法性。对此，我们不能简单地认为，历史上的剥削阶级国家的这种自我表白仅仅是统治者或统治阶级的欺骗性宣传，而是应当指出，国家毕竟是阶级矛盾不可调和的产物，在存在着阶级分化和阶级对立的社会中，国家的阶级性恰恰就内含在国家的公共性之中。这是一种政治生活的客观逻辑，它与统治者或统治阶级的自我表白之间存在着深刻的矛盾。这一点特别体现在现代资本主义国家的政治过程中。

现代资本主义国家以"普遍人权"作为其基本的政治特征，它消灭了等级制和特权阶级，赋予公民平等参与政治共同体的公民权利，并在选举权和被选举权上取消了财产资格的限制，用马克思的话说，就是"国家作为国家就废除了私有财产"。同时，国家也从法律上确认了公民在其市民社会的生活中平等享有的自由权利，其中主要的就是私有财产权利和信仰自由的权利。这意味着，资本主义国家至少在政治上和法律上将自由与民主扩展至整个社会，其公共性特征在表层面上指向国家的全体公民，而非哪一个阶级或哪一部分人。然而，正如马克思所说，现代资本主义国家通过政治解放"从政治上废除私有财产不仅没有废除私有财产，反而以私有财产为前提"②。也就是说，资本主义国家的社会基础是以私有财产为前提的市民社会。仅此而论，资本主义国家的公共性本身就包含着阶级性的内在逻辑。因为，所谓市民社会在其实体性上无非就是指交换手段充分发达的市场经济体系。这个市场体系遵循的是资本的逻辑，因而在其自发的发展倾向上必然会通过竞争机制而产生贫富分化，也就是使财富越来越多地集中在少数富有的有产者手中，而使社会中的大多数人日益沦为财产贫乏或丧失财产的无产者，尽管这些无产

① 马克思恩格斯选集：第 2 卷[M]. 北京：人民出版社，1995：538-539.
② 马克思恩格斯全集：第 1 卷[M]. 北京：人民出版社，1956：427.

者依然在法律上享有平等的财产权利。在这种情况下，维护每个公民的私有财产权利或自由平等权利这个看上去极具公共性的国家制度，只不过是保证公民在形式上和法律上的自由与平等，而在事实上和实质上所能维护的只是有产者阶级即资产阶级的利益。关于这一点，亚当·斯密在《国富论》一书中，就直截了当地承认，"就保障财产的安全说，民政组织的建立，实际就是保护富者来抵抗贫者，或者说，保护有产者来抵抗无产者"①正因为如此，以哈耶克和诺齐克为代表的当代新自由主义也同样对贫富两极分化采取完全漠视的态度，从而也就在事实上或实质上把资本主义国家视为维护少数资产者阶级的利益的工具。如诺奇克就坚决主张个人所拥有的不可侵犯的生命权、自由权和财产权仅仅具有否定的意义。一个无家可归者具有生命权，因而固然需要食物和住房，但他既没有权利强求富人也没有权利要求国家为他提供食物和住房，国家可以对他的这种要求无动于衷。由此可见，资本主义国家的公共性外观根本无法掩饰其阶级性的实质。资本主义国家在政治解放的意义上的确达到了形式上和法律上的公共性，但经济生活中资本的统治必然使资产阶级成为政治上的统治阶级，而使整个国家机器在事实上和实质上围绕资产阶级的总体利益这个轴心发挥作用。

二、阶级统治与政治统治

恩格斯把国家的本质特征理解为"和人民大众分离的公共权力"。笔者认为，这个论断包含着对阶级统治和政治统治的重要区别的理解。尽管在阶级社会中，经济上占统治地位的阶级必然会成为在政治上占统治地位的阶级，但"阶级统治"和"政治统治"是两个不同的概念。前者指在经济上占统治地位的阶级客观上必然会制约国家的政治统治，使之能够维护和表达它们的利益和意志。后者则表现为一定的公共活动，即一定的公共权力机构运用公共权力建立和维护公共秩序的活动。在阶级社会中，这种公共权力很可能归根到底主要维护的是统治阶级的利益，但在任何社会中，统治阶级无论是其个人还是整体都不可能直接掌管或行使公共权力，这种公共权力必然是掌握在恩格斯所说的"第三种力量"手中，即由官吏组成的公共机构或国家手中。

---

① 亚当·斯密. 国民财富的性质和原因的研究[M]. 郭大力，王亚南译. 北京：商务印书馆，1981：277.

围绕公共权力的设立和运用，必然会在社会生活中产生表面上凌驾于社会之上的并日益同社会相异化的力量，即由众多官吏所构成的国家统治集团，"官吏既然掌握着公共权力和征税权，他们就作为社会机关而凌驾于社会之上。从前人们对于氏族制度的机关的那种自由的、自愿的尊敬，即使他们能够获得，也不能使他们满足了；他们作为同社会相异化的力量的代表，必须用特别的法律来取得尊敬，凭借这种法律，他们享有了特殊神圣和不可侵犯的地位"①。拉尔夫·密里本德在《资本主义社会的国家》一书中也指出："权力的行使正是通过每个在这些机构中占居领导职位的人——总统、首相和他们的大臣官僚；高级文官和其他国家行政官员；高级军人；议会两院的一些领导人，尽管这些人常常又是政治执行机构的官员；以及在他们后面躲得远远的一些次中央单位的政治和行政领导人，特别是在中央集权国家中。就是这些人构成为国家精英的集团。"②因此，"资产阶级作为一个阶级并不实际上'治理'，这一点，却无疑是真实的"③。

由于公共权力直接掌握在由官吏构成的统治集团手中，因而国家的政治统治具有高度的相对独立性和自主性。它作为"第三种力量"，"似乎站在相互斗争着的各阶级之上"。这意味着在政治统治的意义上，国家不仅与被统治阶级是对立的，而且也与统治阶级之间存在着相互矛盾的关系。实际上，统治阶级同样是国家政治统治的对象，因而这种政治统治并不与阶级统治直接合一，甚至并不总是与统治阶级的利益要求完全一致。例如，在第二次世界大战以后，大多数资本主义国家都加大了政府对社会经济生活的干预力度，并推行一系列社会福利政策和制度，以调节和缓和阶级矛盾，保证社会秩序和经济生活正常运行。这些政策和制度显然并不直接吻合资产阶级的利益要求，因而一再遭到自由主义者的强烈反对。但这个事实至少可以说明，国家的政治统治在一定程度上是独立于统治阶级的。对此，希腊马克思主义政治哲学家普兰查斯指出，阶级并不是外在于国家且能操纵国家的简单经济力量，因此应当把国家的相对独立性理解为：以国家为一方、以垄断资本和整个资产阶级为一方的两者之间的一种关系，一种总是根据阶级代表制和政治组织产生的关系。在他看来，国家不是拥有内在的工具性质的实体，而是"集中起来的阶级关系"。在这个意义上，"资本主义国家在其本身结构中具有一种

---

① 马克思恩格斯选集：第 4 卷[M]. 北京：人民出版社，1995：172.
② 密里本德. 资本主义社会的国家[M]. 沈汉，陈祖洲，蔡玲译. 北京：商务印书馆，1997：59.
③ 密里本德. 资本主义社会的国家[M]. 沈汉，陈祖洲，蔡玲译. 北京：商务印书馆，1997：60.

灵活性，因而对某些被统治阶级的经济利益在这个制度的限度内给予一定的保证"。他认为，这种让步是国家本身职能的一部分，"资本主义国家代表人民大众全体一般利益的这种专有特性，并不单纯是虚构的神话"①。密里本德虽然是工具主义国家观的代表人物，但他同样不否认国家在其政治统治上所具有的独立性和自主性。他认为，"在发达资本主义制度下甚至极其保守的政府，也经常会被迫采取反对某些财产权和资本主义特权的行动"②，"政府确实具有正式的权力，通过行使合法化的权威，将它们的意志强加给实业界，阻止它做某些事，或强迫它做某些事"③。国家有一种凝聚作用，它有大量的基础性程序用以确保国家从长远利益出发来运作资本的集体利益，因而它并不直接等同于统治阶级，它"可能需要办一些为大部分甚至整个资产阶级所不乐意的事情"④。

当然，政治统治的独立性和自主性，并不意味着资本主义国家是一种超阶级国家。相反，阶级性始终是它最根本的特征。如马克思所指出的那样，"现代国家是与这种现代私有制相适应的。……因为资产阶级已经是一个阶级，不再是一个等级了，所以它必须在全国范围内而不是在一个地域内组织起来，并且必须使自己通常的利益具有一种普遍的形式。由于私有制摆脱了共同体，国家获得了和市民社会并列并且在市民社会之外的独立存在；实际上国家不外是资产者为了在国内外相互保障各自的财产和利益所必然要采取的一种组织形式"⑤。只不过政治统治的独立性和自主性有可能使国家更看重的是资产阶级的共同利益、整体利益和长远利益，因而在一定条件下和一定程度上，它可以不顾资产阶级的反对，出台各种照顾劳动者阶级利益要求的策略，但这些策略无非是表现出国家作为"集体资本家"所能发挥的作用，而在归根结底的意义上，总是要维护统治阶级的基本利益。正如密里本德所说："政府一般来说总是努力给予占统治地位的经济利益以非常积极的支持。"⑥而政治统治的自主性有可能以灵活的方式执行阶级任务，"这有助于解释国家为什么始终能够以社会公仆的身份出现以及为什么它一直能得到广

---

① 普兰查斯. 政治权力与社会阶级[M]. 北京：中国社会科学出版社，1982：207.
② 密里本德. 资本主义社会的国家[M]. 沈汉，陈祖洲，蔡玲译. 北京：商务印书馆，1997：83.
③ 密里本德. 资本主义社会的国家[M]. 沈汉，陈祖洲，蔡玲译. 北京：商务印书馆，1997：151.
④ 密里本德. 英国资本主义民主制[M]. 博铨，向东译. 北京：商务印书馆，1988：9.
⑤ 马克思恩格斯选集：第1卷[M]. 北京：人民出版社，1995：132.
⑥ 密里本德. 资本主义社会的国家[M]. 沈汉，陈祖洲，蔡玲译. 北京：商务印书馆，1997：83.

泛的接受"①。

政治统治的独立性和自主性也很有可能产生一种负面的政治效应，即由官吏组成的政治统治集团有可能使政治统治脱离其阶级基础，异化为与社会甚至与统治阶级相对立的特殊利益群体，使公共权力的运用既不是为大众服务，甚至也不为统治阶级服务，而是为这个狭隘的统治集团的私利服务。如马克思就曾指出，资本主义国家的官僚机构完全有可能蜕变为一个特殊利益的等级，在这个等级中，国家利益成为一种同其他私人目的相对立的特殊的私人目的。他说："官僚机构是和实在的国家并列的虚假国家……官僚机构掌握了国家，掌握了社会的唯灵论实质：这是它的私有财产。官僚机构的普遍精神是秘密，是奥秘……就单个的官僚来说，国家的目的变成了他个人的目的，变成了他升官发财、飞黄腾达的手段。"②而资本主义国家的官僚机构之所以有把国家目的变成私人目的的可能性，也恰恰根源于资产阶级追逐私人利益的本性，"这个资产阶级时刻都为最狭小最卑鄙的私人利益而牺牲自己的全阶级和利益即政治利益"③。

三、现代资本主义国家的"合法性危机"

一般来说，在国家生活中，政治统治的相对独立性和自主性比较集中地体现出国家的阶级性和公共性的矛盾。一方面，它面向统治阶级，必须承担起阶级统治的功能，促进和维护统治阶级的共同利益或基本利益；另一方面，它面向整个社会，必须承担起公共管理职能，促进和维护社会的公共利益或普遍利益。这两个方面构成了国家"合法性"的基本依据。然而，在存在着阶级利益根本对立的国家中，国家的阶级性和公共性之间不可避免地存在着内在的不可协调性，从而导致"合法性的危机"。

德国洪堡大学政治社会学教授、法兰克福学派第三代代表人物克劳斯·奥菲在其著名的《福利国家的矛盾》一书中，基于一种社会系统论的思想，把资本主义社会分成三个相互独立而又彼此相互依赖的子系统：经济子系统、政治子系统和社会子系统。三个子系统各有其功能和目标。经济子系

---

① 密里本德. 资本主义社会的国家[M]. 沈汉, 陈祖洲, 蔡玲译. 北京：商务印书馆, 1997：266.
② 马克思恩格斯全集：第 1 卷[M]. 北京：人民出版社, 1956：302.
③ 马克思恩格斯选集：第 1 卷[M]. 北京：人民出版社, 1995：662.

统是资本主义国家的存在基础,它为政治子系统提供运转所必需的财政资源,并且是满足社会子系统需要的物质基础;政治子系统则对经济子系统进行调节和干预,并制定满足社会子系统需要的社会政策;社会子系统则为经济子系统提供了运作的人力资源和工作伦理,同时也为政治子系统提供了必要的合法性支持。[①]

由于资本主义社会是一种普遍商品化的社会,因而在资本主义发展的初始条件下,经济子系统在资本主义国家处于支配地位,它决定其他两个子系统的建构方式,而政治子系统和社会子系统则积极调整自身的内容以适应经济子系统的要求,为交换原则的存在和普遍化积极创造条件。但随着资本主义经济的发展和社会内部各种矛盾的不断激化,普遍商品关系却不断生产和再生产出某些自身无法克服的、累进性的负面结果,如经济危机、垄断、贫富分化等。这些社会现象和社会结构性因素使整个国家的经济基础日益枯竭,使阶级之间的矛盾日趋尖锐,并危及整个资本主义社会的存在。这就使福利国家应运而生。福利国家的出现在很大程度上改变了三个子系统之间的主从关系。其突出表现是,政治子系统加强了对经济子系统的干预和调节,从而日益取代经济子系统成为整个经济生活的组织者。政治子系统的管理在本质上旨在克服资本主义生产方式的内在危机倾向,消除资本主义国家的危机根源,因而是一种"危机管理"。这种危机管理政策主要体现在推行广泛的再就业政策、进行名目繁多的公共建设投资和实行全方位的社会保障政策等等。这些举措旨在建立一种劳资双方彼此能够接受的交换条件,因而它所维护的不仅仅是资产阶级的利益,"相反,在维护资本主义交换关系的基础上,它维护的是所有阶级的普遍利益"[②]。

奥菲的分析表明,现代资本主义国家在其政治统治方面不仅要求从阶级统治的方面获得合法性的资源,而且也谋求从对社会系统的公共管理中谋求其合法性的资源。然而,也正是由于这一点,现代资本主义国家在阶级性和公共性之间陷入不可解脱的矛盾。按照奥菲的分析,首先,从财政资源上看,福利国家主要是通过税收、关税和举债等方式把国民生产总值中的很大部分转入政治子系统,以此作为政府管理的财政资源。但随着政治子系统干预和调节措施日益增多,它的开支也相应增大,从而把越来越多的财政资源转移出生产领域,这不仅妨碍了资本主义不断扩大资本积累的内在要求,而且还

---

① 克劳斯·奥菲. 福利国家的矛盾[M]. 郭忠华等译. 长春：吉林人民出版社，2006：60.

② Offe, Claus. Contradictions of the Welfare State. London: Hutchinson & Co. (Publishers) Ltd, 1984. 123.

把日益繁重的税收强加在资本身上。这必然遭到资本积累内在要求的强烈抵制。其结果是政治子系统的干预不仅没有带来普遍商品化和普遍经济增长，而且还形成了财政支出与财政收入之间的悖论，即政治子系统的干预越是全面和深入就越是需要从经济子系统中获得更多的财政资源，从而导致经济子系统的发展越是低迷，政府财政就越是不足。其次，从合法性资源的角度来看，合法性是福利国家赢得社会认可和接受的能力。然而，尽管政治子系统假定了自身具有改善大众生活和满足社会需要的责任，但它实际上无法满足社会子系统对于福利的期望呈刚性增长的态势，而当后者保持恒定或实际下降时，社会子系统的失望感就会被强化，福利国家的合法化水平从而下降。其结果是福利国家进行危机管理的合法性资源也无法得到保障。

资本主义社会在现实中的发展也表明了奥菲分析的正确性。在 20 世纪 60—70 年代，主要资本主义国家的福利政策导致了长时期的经济滞胀，从而迫使这些国家不得不从福利国家的立场上退出来，以大规模地削减福利开支的方式来摆脱危机，但这毫无疑问地引起了社会公众对资本主义制度的合法性的质疑。"政治权力运行中受阶级限制的内容与否认该内容且以某种方式与人民主权思想相联系的自我正义的资产阶级民主变成了彼此的'障碍'。"[1]因而，福利国家不可避免地处于"危机管理的危机"这一困境之中。奥菲把福利国家的干预政策比作"疗程"。他说道："尽管福利国家的设计旨在'治愈'资本主义积累所产生的各种'病症'，但疾病的性质也迫使病人不能再使用这种'疗程'。"[2]

奥菲的思想深刻地影响了哈贝马斯对资本主义国家的分析。在哈贝马斯看来，流行性的经济危机和政治冲突导致了一种干预主义国家，但国家策略的不断失败破坏了对资本主义国家的合法性的认同。因而，他把晚期资本主义社会中的这种情形称之为"合法性危机"。哈贝马斯指出，这种危机的出现根源于晚期资本主义社会的潜在阶级结构，只要国家仍然为统治阶级的经济利益服务，这种矛盾就无法彻底解决。

和奥菲一样，哈贝马斯认为，在过去的半个世纪中，国家权力的扩大一直是资本主义世界内部的普遍趋势。为克服自由主义资本主义阶段的分裂倾向，国家日益将资方和劳方纳入它的结构，这导致了资本主义生产关系的重

---

① Offe, Claus. Structural ProbleMs of the Capitalist State: Class Rule and the Political SysteM. On the Selectiveness of Political instructions. Ed. John A. Hall. The State, Routledge. Vol 1. 1984. 122.

② Offe, Claus. Contradictions of the Welfare State. London: Hutchinson & Co. (Publishers) Ltd, 1984. 150.

新政治化。自由资本主义时期国家和社会相"分离"的特点，已被两者在有组织的资本主义状态中的相互联结所取代。国家一方面保护资本积累的持续性，另一方面又要扩大"同意"的政治基础，并谋求二者之间的一致性。但哈贝马斯认为，在晚期资本主义社会现实中不存在这种一致性，支持资本积累和获取对一个"中立民主"国家的大众支持常常是相反或冲突的两个目标。因为，"公民参与政治意识形成过程，即实质民主，必定会使人们意识到社会化管理的生产与私人对剩余价值的继续占有和使用这之间所存在的矛盾"①。而且，国家政策输出的合理性危机必然导致群众忠诚的削弱。哈贝马斯把这个危机表述为："由于一直具有私人目的的生产日益社会化，这就给国家机器带来了无法满足的矛盾要求。一方面，国家必须发挥集体资本家的功能，另一方面，只要不消灭投资自由，相互竞争的个别资本就不能形成或贯彻集体意志。这样就出现了相互矛盾的命令，一方面要求扩大国家的计划能力，旨在推行一种集体资本主义的规划，另一方面却又要求阻止这种能力的扩大，因为这会危及资本主义的继续存在。于是，国家机器就左右摇摆，举棋不定，一方面是人们期待的干预，另一方面则是被迫放弃干预；一方面是独立于自己的服务对象，但这样会危及系统，另一方面则是屈从于服务对象的特殊利益。合理性欠缺是晚期资本主义所陷入的关系罗网的必然后果。在这个关系罗网中，晚期资本主义自相矛盾的行为必然会变得更加混乱不堪。"②

哈贝马斯认为，资本主义国家实质上难以在维护资本利益和获取群众忠诚的功能上作出恰当的选择，难以维持自主性的合理幅度。国家既冒屈服于个别资本利益的危险，又面临着脱离与资本利益的联系的威胁。而且，在这两种极端情况下，国家规划和执行资产阶级利益所必需的相对自主权都受到极大的破坏。自主权要么变成绝对的，要么根本不复存在。对于资本主义国家所面临的这种困境，哈贝马斯不相信有什么根本的解决方案。他指出："国家合法性问题不在于如何掩盖国家活动和资本主义经济之间的功能联系，以利于解释意识形态的共同利益……相反，国家的合法性问题在于把资本主义的经济成就，表现为普遍利益的最大可能的实现。在这种表现和假设中，国家有责任在纲领和规划上把功能失常的副作用限制在人们可以接受的范围内。"③

---

① 哈贝马斯. 合法化危机[M]. 刘北成，曹卫东译. 上海：上海人民出版社，2000：50.
② 哈贝马斯. 合法化危机[M]. 刘北成，曹卫东译. 上海：上海人民出版社，2000：84-85.
③ 哈贝马斯. 重建历史唯物主义[M]. 郭官义译. 北京：社会科学文献出版社，2000：283.

四、社会主义国家的合法性问题

资本主义国家无论其具有怎样的公共性职能，但由于它赖以存在的经济基础迫使它不能不把执行阶级统治的职能作为根本特征，因而在实质上它是一个统治阶级即资产阶级专政的国家。与资本主义国家不同，社会主义国家的实质性特征是无产阶级专政。在这个意义上，社会主义国家同样具有阶级性和公共性双重特征。但是，由于无产阶级专政不是建立在具有对抗性和压迫性的经济基础之上，因此从理论原则上说，社会主义国家的阶级性与公共性之间并不存在无法克服的矛盾，毋宁说，它的阶级性恰恰也就是它的公共性。当然，要说明这一点，就必须对"无产阶级专政"这个概念有更准确的理解。

首先，在马克思和恩格斯看来，无产阶级专政的社会主义国家是从阶级社会到无阶级社会的过渡时期。这个专政的最终目的不是为了保持这个专政，而是要消灭一切阶级差别，消灭一切产生阶级差别的生产关系和与之相适应的社会关系，从而也就消灭了一切意义上的阶级专政，乃至最终使国家这种政治组织逐步消亡。从这个意义上说，社会主义国家的阶级统治职能仅限于无产阶级掌握国家政权之后抵制资产阶级或其他剥削阶级的可能的反抗，而面向全社会的公共管理职能将成为社会主义国家的基本特征和主要任务。其次，无产阶级专政意味着无产阶级在政治上的解放。然而，马克思和恩格斯始终认为无产阶级的解放并不是一个特殊阶级的解放，而是在消灭一切阶级差别的意义上的人类解放。因为，在他们看来，无产阶级是人类历史上最后一个受剥削、受压迫的阶级，这个阶级所遭受的不公正不是特殊的不公正，而是一般的不公正，它的存在表明人的完全丧失。因此，无产阶级专政的社会主义国家在其政治统治上也必然不是要消灭特殊的不公正，而是要消灭一般的不公正，它不是把某个阶级的特殊利益上升为国家意志，而是要使国家意志成为全体社会公民的共同利益和公共利益在政治上的体现。在这个意义上，无产阶级专政并不是某一个特殊阶级的专政，而是真正的人民民主专政。这种人民民主专政决定了社会主义国家必然是以实质上的、全面的公共性为基本特征，它所必须承担的阶级统治职能也恰恰是防止这种公共性被特殊阶级的特殊利益所侵害。因此，从理论原则上说，人民民主专政赋予社会主义国家的这种普遍的、实质上的公共性，正是其合法性的根本依据。

当然，马克思和恩格斯在理论上所设想的无产阶级专政的社会主义国家与 20 世纪产生社会主义国家的现实过程有着重要的历史差距。马克思和恩格斯历来认为，共产主义社会作为"自由人的联合体"必然是建立在市场经济充分发展的基础上。马克思在谈到"建立在个人全面发展和他们共同的社会生产能力成为他们的社会财富这一基础上的自由个性"这样一种社会形态时，就强调指出，"要使这种个性成为可能，能力的发展就要达到一定的程度和全面性，这正是以建立在交换价值基础上的生产为前提的，这种生产才在产生出个人同自己和同别人的普遍异化的同时，也产生出个人关系和个人能力的普遍性和全面性"①。毫无疑问，所谓"交换价值基础上的生产"就是指市场经济。而现实中的社会主义国家，按照列宁的论断，都是在资本主义世界发展链条的薄弱环节上产生的，基本上都没有经历市场经济的完整发展。如果说，在薄弱环节上的相对落后的国家通过社会革命而径直进入社会主义社会的发展阶段，在政治实践上是可能的，那么这也绝不意味着我们可以绕过市场经济的发展过程而径直进入"自由人的联合体"这样一种更高的社会发展形态。如马克思所说的那样："一个社会即使探索到了本身运动的自然规律，……它还是既不能跳过也不能用法令取消自然的发展阶段，但是它能缩短和减轻分娩的痛苦。"②在现代社会中，这种既不能跳过也不能用法令取消的发展阶段，恰恰就是市场经济。

在经历了 30 年所谓计划经济的发展时期之后，中国共产党人在充分总结以往经验教训的基础上，经过艰苦努力的探索，最终把握了社会经济形态发展的这种规律性，并确立了建立和完善社会主义市场经济体制这一重大发展战略。此后，32 年市场取向改革所取得的辉煌成就也证明了这一战略的正确性。然而，我们同样也必须清醒地认识到，在市场经济的发展过程中，社会主义国家也必然会在政治合法性上面临新的矛盾。一方面，国家必须致力于市场经济体制的不断完善，这就要求国家必须从法律上承认并维护公民的基本权利，特别是其中的私有财产权利，确立公民在法律上和形式上的平等与自由，以健全市场机制，促进市场效率的充分发挥。这是合法性的基本依据之一。另一方面，面对市场经济不断产生贫富分化的自发倾向，社会主义国家又必须本着追求人民群众在事实上和实质上的平等与自由这一基本价值目

---

① 马克思恩格斯全集：第 46 卷（上）[M]．北京：人民出版社，1956：108-109.
② 马克思恩格斯选集：第 2 卷[M]．北京：人民出版社，1995：101.

标，限制贫富分化的程度，使经济发展的利益能够普及整个社会。这就要求国家必须通过税收政策、金融政策和分配政策等有效手段从社会经济系统中获取财政资源，以发展公民普遍受益的公共事业和建立完善的、有利于贫困阶层的社会保障体系。这是社会主义国家政治合法性的更为根本的依据。事实证明，这两个方面的合法性要求并不是天然相合的。前者在于促进经济体系内部的资本积累，倾向于市场效率；后者则在于把财政资源从生产领域中转移出去，倾向于社会公平。这个矛盾客观上也会使实施市场取向改革的社会主义国家处于两难困境。摆脱这个困境还需要我们进行长期的、艰苦的摸索。但可以肯定的是，如果社会主义国家既要充分发挥市场效率，又不致因此牺牲社会公平，就必然要求社会主义国家的政治统治具有更大的自主性和独立性，从而能够有效地协调经济与社会的发展要求，始终拥有足够的政治力量把"坚持社会主义基本制度同发展市场经济结合起来，发挥社会主义制度的优越性和市场配置资源的有效性"①。

然而，就强化国家政治统治的自主性和独立性而言，最为重要的问题就在于防止政府官员和政府机构蜕变为特殊利益群体，由此导致公共性职能的沦丧。事实上，在我国市场经济的发展过程中，某些地方政府官员经不起市场利益的诱惑，在私人企业中进行各种形式的"权力投资"或"权力寻租"，接受贿赂进行权钱交易，把大量的公共资源变成谋取私利的手段。甚至极少数地方政府"集体腐败"，使整个地方公共权力机构堕落为自我保护的利益集团。目前来看，这些现象尚属个别的、局部的，但却是非常危险的信号。它表明，没有任何铁的必然性可以保证社会主义国家的政治统治能够自然地与其阶级基础或人民基础相吻合。因此，社会主义国家若要在人民民主专政的基础上保持自身的公共性特征，使自身始终成为社会公共利益和人民群众根本利益的发展者和保护者，就必须通过法律手段和道德约束保持政治体系的政治自律和道德自律。否则，一旦堕落为谋取私利的特殊利益集团，就会使自身的合法性依据丧失殆尽。

（该文原载于《马克思主义与现实》2011 年第 2 期）

---

① 胡锦涛. 在纪念党的十一届三中全会召开 30 周年大会上的讲话.

政治解放与当代中国市场取向的改革

——再论当代中国政治文明建设

笔者在《教学与研究》2006 年第 12 期上发表了《马克思的解放理论及其对我们的启示——兼论当代中国政治文明建设》一文，认为马克思在《论犹太人问题》这篇著名的文章中比较系统地阐释了自己的政治哲学基本思路，即把人的"解放"过程区分为"政治解放"和"人类解放"两个前后相继的阶段，并深入地阐释了两个解放的基本内涵。以往我们在理论上和实践上都更重视马克思的"人类解放"理论，而把"政治解放"理解为已经过时了的资产阶级革命的范畴。然而，当我们今天审慎地思考社会主义市场经济条件下中国政治文明建设时，最需要特别注重的恰恰应该是马克思关于"政治解放"的基本观念和理论。为此，笔者在文中结合当代中国社会主义市场经济发展的现实提出：如果说市场经济是社会经济形态发展不可逾越的历史阶段，那么与市场经济相适应的作为市民社会革命的政治解放就必然是人类政治文明发展的不可逾越的历史阶段。因此，当代中国政治文明建设的基本内涵是：在社会主义条件下，为完善社会主义市场经济和社会主义民主政治而推进并完成马克思所阐释的"政治解放"，并在此基础上不断为"人类解放"创造条件。本文就是试图展开这个论点并作出初步的论证。

一、政治解放是市场经济发展的客观要求

马克思在《论犹太人问题》一文中主要是从宗教问题、人权问题和国家与市民社会的关系问题这三个方面阐释了政治解放的基本内容：其一，政治解放就是国家摆脱一切宗教的解放；其二，实现普遍的人权，即实现个人作

为国家公民所享有的政治权利或公民权利和个人作为市民社会成员所享有的私人权利；其三，政治国家和政治解放都必须是建立在市民社会的基础上，其基本的功能就是维护市民社会成员个人的基本权利。很明显，政治解放的这三方面基本内容恰恰也就是近代欧洲政治哲学的三个理论主题，即欧洲近代启蒙运动政治学说最基本的理论主张，只不过马克思对政治解放内涵的阐述较之以往政治学说更为深刻、更为透彻。

问题在于我们应当如何理解政治解放的历史价值。在马克思的那个时代，政治解放属于资产阶级政治革命的范畴。马克思本人也是把政治解放作为资本主义政治要求加以分析，揭示其内在的历史局限性，以期超越资产阶级政治解放而进入人类解放的历史进程。这一特定的历史内涵使后来的马克思主义者对政治解放产生了简单化的理解，即认为政治解放仅仅属于资本主义社会，社会主义社会只能与人类解放联系在一起。显然，这种理解完全忽视了政治解放与其经济基础即市场经济的内在联系，或者说忽视了政治解放与其世俗基础即市民社会的内在联系。这种忽视从根本上说是与 20 世纪社会主义国家普遍实施排斥市场的计划经济密切相关。在计划经济条件下，理论上和实践上对市场经济的绝对排斥使我们难以看到政治解放与市场经济发展要求之间的内在相关性，从而把政治解放连同市场经济一道尘封在思想史的故纸堆中。今天，在经历了 30 年计划经济和近 30 年改革开放的历史发展历程之后，我们在理论上已经十分清醒地认识到市场经济是现代经济与社会发展的不可逾越的历史阶段，并且在实践上，中国社会市场取向的改革正在不可逆转地向纵深发展。这个具有世界历史意义的重大变革给中国社会所带来的深刻变化及其在政治领域所引发的种种问题，使如何建立和完善与中国社会主义市场经济发展要求相适应的社会主义政治体制成为建构当代中国政治文明的主题，一个关乎中国社会主义改革与发展之命运的主题。正是这个主题，促使我们必须重新思考马克思的政治解放理论，并依据政治解放对其经济基础的依赖关系重新认识这一理论在当代中国政治文明建设中的现实内涵和重要意义。因此，必须从市场经济发展的内在要求出发重新理解政治解放的基本内涵。

概括起来说，政治解放的最基本的历史价值归根到底是为市场经济的发展和健康运行创造必要的政治条件。首先，依据马克思的分析，政治解放之所以是把国家从宗教和信仰中解放出来，其根本原因就在于市场经济或市民社会的发展必然使人们在观念上和现实中都过着双重生活，亦即使人生存二重化为"公人"和"私人"。在市场经济社会中，人的生存的这种二重化把人在政治上从宗教中解放出来，使宗教和信仰成为市民社会这个利己主义领域的精神，成为私人的事情。这表明，以市场经济为基础的政治国家在本质上是一种以人的类的共同性为基本内容的生活。也就是说，国家必须从人的类的共同性或者说从人格的一般性上平等地对待自己的公民，而不能依据宗教和信仰的不同而有区别地划分和对待自己的公民。市场经济之所以是一个交换手段充分发达的经济形态，首先就在于这种经济形态确认每一市场主体仅仅是一个都把自身利益作为目的私人，由此确认市场主体在商品交换中的平等权利，从而使交换手段打破种族、地域、阶级、阶层乃至民族、国家的界限成为普遍的交往手段。市场经济的这一基本特征的政治表现就是要求政治国家必须普遍地、明白地确认每个人在政治上所享有的平等权利，即个人之所以为国家的公民，只因为他是人的缘故，而并不是因为他是犹太人、天主教徒、基督教徒、佛教徒或有神论者、无神论者等等不一。只有这样，才能使国家生活真正成为公共生活或共同生活，并把权利和义务公平地分配给每一个社会成员，而不会因宗教信仰的不同使一部分人较之其他人享有更多的特权，或者使某一部分人有可能侵犯另一部分人的基本权利。因此，"人分为公人和私人的这种二重化，宗教从国家向市民社会的转移，这并不是政治解放的一个个别阶段，而是它的完成"①。

当然，把国家从宗教和信仰中解放出来，并不等于把宗教和信仰化为乌有。事实上，现代政治国家在意识形态的引导方面，在伦理道德的建构方面，乃至在政治合理性的论证方面，国家总是要从一定的宗教或信仰中汲取精神统一的原则和终极性的根据。但是，宗教和信仰无论是表现为一种宗教情绪，或是表现为一种理性的理解，毕竟都是人们内心深处的精神，属于精神自由的领域，因而不能成为国家的立法行为和政府行为的准则。如黑格尔所说："国家可能需要宗教和信仰。但是国家本质上仍然是与宗教有区别的，因为国家所要求的东西，都是采取法律义务的形态；至于这种义务是出于怎样的心情来完成，那是无足轻重的。相反地，宗教的园地是内心生活。如果国家要按宗教式样提出要求，它就会危害内心生活的权利。"②同时，如果把宗教和信仰视为国家的现实，把信仰的虔诚当作国家行为的准则或作为行为正当性

---

① 马克思恩格斯全集：第1卷[M]. 北京：人民出版社，1956：430.
② 黑格尔. 法哲学原理[M]. 范扬，张企泰译. 北京：商务印书馆，1961：281-282.

的根据,"那末一切法律都将被推翻,而主观情感就成为立法原则"①。因此,政治解放之所以首先是把国家从宗教中解放出来,就在于使国家成为国家而不再是宗教和信仰的附属物,用马克思的话说:"当国家从国教中解放出来,就是说,当国家作为一个国家,不再维护任何宗教,而去维护国家自身的时候,国家才按自己的规范,用合乎自己本质的方法,作为一个国家,从宗教中解放出来。"②

其次,政治解放把国家从一切宗教和信仰中解放出来,其核心内容就是要使国家能够作为一个国家,按自己的规范,用合乎自己本质的方法去实现和维护个人的基本权利。其中最重要的,就是维护人的自由权利。这种自由权利主要体现在市民社会生活的物质因素和精神因素两个方面。从物质因素方面说,这种自由权利就是私有财产权利,"自由这一人权的实际应用就是私有财产这一人权"③,即任意地、和别人无关地、不受社会束缚地使用和处理自己财产的权利。在市场经济或市民社会中,个别的人就是私人,他们以私人的利益为目的。市场经济就是以作为市场主体的个人独立地、自主地和自由地追求私人的特殊利益即私利为内在的驱动力。正是由于市场主体能够任意地、和别人无关地、不受社会束缚地使用和处理自己财产,才有可能形成各种市场机制,如竞争机制、价格机制、供求机制和资源配置机制等等,才能产生巨大的市场效率。从这个意义上说,否认了私有财产权利,也就否认了市场经济本身。因此,马克思指出:"这种个人自由和对这种自由的享受构成了市民社会的基础。"④

从市民社会生活的精神性因素上说,人的自由权的基本内容就是信仰自由的权利。马克思认为,国家从宗教得到解放并不等于现实的人从宗教得到解放。当国家不再维护宗教的权威,不再以宗教和信仰为依据划分和管理自己的国民的时候,信教就成为市民社会成员私人领域的事情,成为一种私人权利,这就必然导致宗教信仰的私人化和多元化。而宗教信仰之所以能够在市民社会中继续存在,并成为私人的自由权利,其根本原因在于这种宗教桎梏来自市民社会本身的"世俗桎梏",即市民社会的物质因素(私有财产)对人的限制。政治解放把人变成市民社会的成员,变成利己的、独立的个人,

① 黑格尔. 法哲学原理[M]. 范扬,张企泰译. 北京:商务印书馆,1961:281-282.
② 马克思恩格斯全集:第1卷[M]. 北京:人民出版社,1956:426.
③ 马克思恩格斯全集:第1卷[M]. 北京:人民出版社,1956:438.
④ 马克思恩格斯全集:第1卷[M]. 北京:人民出版社,1956:427.

这种个人的物质生活就是一种自私的生活，追求个人私利的生活，因而在政治解放已经完成的国家中，人作为利己主义的个人才具有现实性。市民社会的这种利己主义特征导致人在实践中的自我异化和观念上的宗教狭隘性，亦即"政治国家的成员之所以信奉宗教，是由于个人生活和类生活、市民社会生活和政治生活的二元性；他们信教是由于人把处于自己的现实个性彼岸的国家生活当作他的真实生活；他们信教是由于宗教在这里是市民社会的精神，是人们相互脱节和分离的表现"①。因此，要消灭宗教狭隘性和人的自我异化就必须消灭这种世俗桎梏。但这不是政治解放所能完成的任务，因为政治国家通过人权承认的正是这种自私自利的个人，这种人，市民社会的成员就是政治国家的基础。

最后，在国家与市民社会的关系问题上，马克思彻底破除了黑格尔视国家为"普遍理性"的体现，认为国家作为市民社会的外在必然性和内在目的决定市民社会的观点，从国家的世俗基础或自然基础出发阐明现代政治国家的最基本的政治责任，即维护市民社会成员个人的基本权利。在马克思看来，现代国家"把市民社会，也就是把需要、劳动、私人利益和私人权利看作自己存在的基础，看作不需要进一步加以阐述的当然前提，所以也就看作自己的自然基础"②。在这里，需要、劳动、私人利益和私人权利，从根本上说，就是市场经济、市场机制或市场体系的最基本的构成因素，也是催生现代政治和现代国家的自然基础。如果以市场经济为基础的现代国家不能通过国家行为切实地维护市民社会成员个人的基本权利，那就无异于摧毁市场经济本身，也就是摧毁自身赖以生存的自然基础。在这个意义上，"国家不得不重新承认市民社会，恢复它，服从它的统治"③，而政治国家服从市民社会统治的最基本表现是，国家不过是维护市民社会成员个人基本权利的工具。为此，马克思指出："把人和社会连接起来的唯一纽带是天然必然性，是需要和私人利益，是对他们财产和利己主义个人的保护"④，"政治生活就在自己朝气蓬勃的时候，并且由于事件所迫而使这种朝气发展到顶峰的时候，它也宣布自己只是一种手段，而这种手段的目的是市民社会生活"⑤。

---

① 马克思恩格斯全集：第 1 卷[M]. 北京：人民出版社，1956：434.
② 马克思恩格斯全集：第 1 卷[M]. 北京：人民出版社，1956：443.
③ 马克思恩格斯全集：第 1 卷[M]. 北京：人民出版社，1956：428.
④ 马克思恩格斯全集：第 1 卷[M]. 北京：人民出版社，1956：439.
⑤ 马克思恩格斯全集：第 1 卷[M]. 北京：人民出版社，1956：440.

二、政治解放是人类解放的不可逾越的历史阶段

　　如上所述，政治解放之所以不可能是人的解放的"最后形式"，而只能是有局限性的人的解放，其根本原因就在于它是以市场经济或市民社会为其自然基础或世俗基础，是市场经济得以形成和发展的政治条件。因此，我们能否跨越政治解放这一历史阶段而径直进入人类解放的"最后形式"，就直接取决于我们能否在经济形态的发展中跨越市场经济这样一个发展阶段。

　　马克思在《资本论》第 1 卷第 1 版序言中就已经十分明确地指出，"我的观点是把经济的社会形态的发展理解为一种自然史的过程"①，并强调"一个社会即使探索到了本身运动的自然规律，——本书的最终目的就是揭示现代社会的经济运动规律，——它还是既不能跳过也不能用法令取消自然的发展阶段，但是它能缩短和减轻分娩的痛苦。"②毋庸置疑，马克思在这里所讲的"现代社会的经济运动规律"就是指"发达的商品经济"，也就是"市场经济"这一经济形态，这个经济形态是"自然史的过程"的"既不能跳过也不能用法令取消自然的发展阶段"。从实践上看，中国近 60 年社会主义建设的历程也充分证明了马克思的这一基本论点。如果说前 30 年的计划经济的最根本教训就是在理论上和实践上对市场经济的绝对排斥，那么改革开放的历程就是在理论上和实践上不断认识和实施市场经济的过程。从最初"计划经济为主，商品经济为辅"方针的提出，到最终确立"建立和完善社会主义市场经济体制"这一伟大战略，我们在理论上已经清楚地认识到，市场经济是现代经济发展的不可逾越的历史阶段，在实践上我们正在深化和拓展市场取向的改革，并已取得令世界瞩目的成就。中国市场取向的改革实践雄辩地证实了马克思关于经济形态发展的客观性的科学论断。而根据政治解放与市场经济的关系，我们也完全可以从马克思的这一科学论断出发合乎逻辑地作出推断：如说市场经济是经济形态发展的不可逾越的历史阶段，那么为市场经济的形成与发展创造必不可少的政治条件的政治解放——不论我们赋予它什么新的称谓——也必然是人类政治文明发展的不可逾越的历史阶段，这个历史阶段同样是合乎规律的，具有"既不能跳过也不能用法令取消"的客观性

---

　　① 马克思恩格斯选集：第 2 卷[M]. 北京：人民出版社，1995：102.
　　② 马克思恩格斯选集：第 2 卷[M]. 北京：人民出版社，1995：101.

质。进一步说，如果建立和完善社会主义市场经济体制是当代中国经济与社会发展的主题，那么在社会主义条件下完成政治解放的基本任务就应当是当代中国政治文明建设的基本内涵，因为没有政治解放为市场经济的完善和发展创立必要的政治条件，社会主义市场经济体制就不可能真正地、完备地建立起来。

把政治解放作为当代中国政治文明建设的基本内涵，并不意味着我们在现阶段应当放弃人类解放的目标，而是应当把社会主义条件下的政治解放正确地理解为人类解放的一个不可跨越的历史阶段。马克思本人也正是把政治解放和人类解放联系起来加以理解，由此充分肯定了政治解放的历史进步价值，他说："政治解放当然是一大进步，尽管它不是一般人类解放的最后形式，但在迄今为止的世界制度的范围内，它是人类解放的最后形式。不言而喻，我们这里指的是实在的、实际的解放。"①这就是说，政治解放是"迄今为止的世界制度的范围内"所能完成的人类解放，或者说，是在以市场经济为基础的现代社会中所能完成的、实在的、实际的人类解放。

理解这一问题的关键在于，我们必须把人类解放理解为一个分阶段逐步完成的历史发展过程。马克思在《经济学手稿（1857—1858 年）》中曾以人的发展为中心线索，把社会形态的发展划分为三个阶段，其中第三个阶段被称为"建立在个人全面发展和他们共同的社会生产能力成为他们的社会财富这一基础上的自由个性"②，这个阶段实际上也就是马克思所设想的人类解放的阶段，或"共产主义"阶段。但这个阶段的产生是以在它之前的第二个阶段即"以物的依赖性为基础的人的独立性"阶段为前提的，即"全面发展的个人——他们的社会关系作为他们自己的共同的关系，也是服从于他们自己的共同的控制的——不是自然的产物，而是历史的产物。要使这种个性成为可能，能力的发展就要达到一定的程度和全面性，这正是以建立在交换价值基础上的生产为前提的，这种生产才在产生出个人同自己和同别人的普遍异化的同时，也产生出个人关系和个人能力的普遍性和全面性"③。马克思在这里所讲的"建立在交换价值基础上的生产"，无疑是指发达的商品经济或市场经济；而"物的依赖性为基础的人的独立性"这种社会形态，也就是他在《论犹太人问题》一文中所说的以普遍的交换手段为特征的、利己主义的

---

① 马克思恩格斯全集：第 1 卷[M]．北京：人民出版社，1956：429．
② 马克思恩格斯全集：第 46 卷（上）[M]．北京：人民出版社，1956：104．
③ 马克思恩格斯全集：第 46 卷（上）[M]．北京：人民出版社，1956：108-109．

市民社会生活。这种以物的依赖性为基础的人的独立性使人们获得了现代意义上的自由与平等。对此，马克思指出："如果说经济形式，交换，确立了主体之间的全面平等，那么内容，即促使人们去进行交换的个人材料和物质材料，则确立了自由。可见，平等和自由不仅在以交换价值为基础的交换中受到尊重，而且交换价值的交换是一切平等和自由的生产的、现实的基础。作为纯粹观念，平等和自由仅仅是交换价值的交换的一种理想化的表现；作为法律的、政治的、社会的关系上发展了的东西，平等和自由不过是另一次方的这种基础而已。而这种情况也已为历史所证实。这种意义上的平等和自由恰好是古代的自由和平等的反面。古代的自由和平等恰恰不是以发展了的交换价值为基础，相反的是由于交换价值的发展而毁灭。而现代意义上的平等和自由所要求的生产关系，在古代世界还没有实现，在中世纪也没有实现。古代世界的基础是直接的强制劳动；当时共同体就建立在这种强制劳动的现成基础上；作为中世纪的基础的劳动，本身是一种特权，是尚处在孤立分散状态的劳动，而不是生产一般交换价值的劳动。（资本主义社会里的）劳动既不是强制劳动，也不是中世纪那种要听命于作为最高机构的共同组织（同业公会）的劳动。"①

从政治制度发展史的角度看，人类解放之所以必然依赖于政治解放的完成，是因为政治解放就是从专制制度和专制权力中获得的解放。专制权力和专制制度所依赖的社会基础就是那种"产生不发达的交换、交换价值和货币制度的那种社会关系，或者有这种制度的不发展程度与之相适应的那种社会关系，那么一开始就很清楚，虽然个人之间的关系表现为较明显的人的关系，但他们只是作为具有某种（社会）规定性的个人而互相交往，如封建主和臣仆、地主和农奴等等，或作为种姓成员等等，或属于某个等级等等"②。事实上，专制权力和专制制度总是与不发达的交换手段密切相关，或者说前者就是后者的产物，亦即"交换手段拥有的社会力量越小，交换手段同直接的劳动产品的性质之间以及同交换者的直接需求之间的联系越是密切，把个人互相联结起来的共同体的力量就必定越大"③。这反过来也表明，真正能够摧毁专制权力和专制制度的社会力量，只能是交换手段发达的商品经济或市场经济本身。因为只有市场经济的发展必然会把个人从各种形式的人身依附

---

① 马克思恩格斯全集：第46卷（上）[M]. 北京：人民出版社，1956：197.
② 马克思恩格斯全集：第46卷（上）[M]. 北京：人民出版社，1956：110.
③ 马克思恩格斯全集：第46卷（上）[M]. 北京：人民出版社，1956：104.

关系中解脱出来，使其成为独立的、自主的个人。这种个人作为市场主体，其经济行为必然排斥任何专制权力的干预，即"社会分工则使独立的商品生产者互相对立，他们不承认任何别的权威，只承认竞争的权威，只承认他们互相利益的压力加在他们身上的强制"①。由此可见，政治解放本质上是市场经济发展的结果，同时又是市场经济进一步发展的前提。为此，马克思十分明确地肯定了政治解放的这种历史进步价值，他说："政治革命打倒了这种专制权力，把国家事务提升为人民事务，把政治国家确定为普遍事务，即真实的国家；这种革命必然要摧毁一切等级、公会、行帮和特权，因为这些都是使人民脱离自己政治共同体的各种各样的表现。"②

三、当代中国政治文明建设应当以政治解放为基本内涵

在马克思所处的时代，欧洲和北美国家资产阶级革命的胜利意味着政治解放在这些国家已经完成，而政治解放本身的有限性、矛盾性也日益暴露出来。在利己主义需要的统治下，物的异化或"人的自我异化的实践"在市民社会中不断地深化和拓展。因此，马克思认为进一步的革命应当是揭示现代资本主义社会的内在矛盾，推进以消灭私有财产制度为主要内容的人类解放运动。在此之后，马克思对现代资本主义的批判，基本上都是着眼于人类解放。客观地说，马克思的确低估了资本主义生产方式和政治制度的自我调节能力，也很难对 20 世纪以来资本主义经济与社会发展所产生的种种新的变化作出准确的预见。但是，从根本上说，资本主义社会就是一个终止于政治解放的社会，因而也就是一个不能摆脱政治解放的局限性的社会。"物的异化"和"人的自我异化"始终是资本主义社会的愈演愈烈的痼疾。20 世纪以来，西方马克思主义者和绝大多数西方社会理论家对资本主义现代社会作出的长期的、深入的研究和批判已足够清楚地揭示了这一事实。这表明，马克思提出的人类解放至今是一个尚未完成的、也是在资本主义社会不能完成的历史任务，它过去是今后也将是无产阶级和社会主义的旗帜和目标。

问题在于，我们怎样才能合乎规律地、合乎历史客观进程地推进并最终实现人类解放。纵观 20 世纪无产阶级革命或社会主义革命的理论与实践，我

---

① 马克思恩格斯全集：第 23 卷[M]. 北京：人民出版社，1975：394.
② 马克思恩格斯全集：第 1 卷[M]. 北京：人民出版社，1956：441.

们不难看到,在马克思的人类解放理论与 20 世纪社会主义运动之间存在着一个重要的历史差距:马克思所言说和追求的人类解放是在政治解放已经完成的基础上发生的,而 20 世纪那些旨在实现人类解放的社会主义国家,却无一经历了完整意义上的政治解放,就如同它们无一经历了完整意义上的市场经济发展阶段一样。20 世纪 70 年代末,中国社会开始进入改革开放的历史发展阶段,经过十余年的摸索,直到 90 年代初,终于确认市场经济是社会经济形态发展的不可逾越的历史阶段,并确立了建立和完善社会主义市场的战略目标。这是一个具有划时代意义的、真正能够推动中国发生全面而深刻的社会变革的战略目标。然而,与经济体制改革密切相关的政治体制改革却不能不说至今依然缺乏同样明确的总体思路。新世纪伊始,党中央在"发展社会主义民主"的政治目标下,又进一步提出了建设社会主义"政治文明"这个极富有启发性和想象力的政治主张,开阔了我国政治体制改革的理论视野。但对"政治文明"这个概念本身的内涵却需要作出准确的界定和清晰的阐发。

从政治解放与市场经济之间关系上看,既然我们已经在理论上清醒地认识到市场经济发展的客观必然性,并在实践上明确地确立了建立和完善社会主义市场经济的战略目标,那么从最根本的意义上说,当代中国的政治文明建设的主旨就必须是为社会主义市场经济的发展创立必要的政治条件。也就是说,必须从政治解放的意义上理解政治文明建设的基本内涵,从政治解放的意义上实在地、实际地推进中国现代社会主义民主政治的发展。中国社会经历了漫长的封建社会发展时期,封建专制制度堪称在历史上达到了最完备的形态。封建专制不仅表现为专制权力,而且深深地内化到社会的经济结构、文化结构、心理结构乃至人格结构中。在这种交换手段极不发达的社会中,除了封建专制的政治观念、政治价值和政治话语外,无论是统治阶层还是社会大众都无从想象和理解其他可能的政治形态,也不可能提出超越封建专制制度的政治要求。中国共产党领导的新民主主义革命和社会主义革命,从政治制度上结束了封建专制统治的历史,给中国社会的发展带来了前所未有的新的生机。但是,由于在指导思想上对市场经济是社会经济形态发展的不可逾越的历史阶段这一客观规律缺乏正确的认识,以至把市场经济看成是与社会主义制度根本对立的资本主义经济形式,力图通过非市场经济模式,即所谓权力高度集中的计划经济体制和与之相适应的政治体制,进入现代化建设的历程。计划经济是否为优于市场经济的经济形态,对此,我们至少目前还很难作出科学的分析和论证。但可以指出的是,马克思所设想的计划经济是建立在市场经济充分发达的基础上的，旨在克服资本主义市场经济的内在矛盾和固有缺陷。然而，我国的计划经济却不是奠基在市场经济完整、完备的发展基础上，而是直接落脚在半殖民地半封建社会的土壤中。这不仅使生产关系或经济制度根本不适应我国社会生产力的发展状况，从而严重地阻碍了生产力的发展，而且由于没有经历市场经济的完整发展，积淀在文化传统中、内化在大众心理结构和人格结构中的封建意识，得不到彻底的清除。这表明，真正消灭专制制度或专制统治不仅仅是对政治制度的革命改造，更重要的是让交换手段充分发达的经济形态取代专制政治赖以生存的社会基础或世俗基础，亦即消除和改变专制统治赖以生存的经济结构、文化结构乃至社会大众的心理结构。这也是政治解放所要完成的根本任务。因此，在社会主义条件下完成政治解放的任务，首先要求我们必须从市场经济发展的客观要求上重新理解现代民主政治的内涵，确认现代民主政治形式的合法性和必要性。不经过政治解放，我们事实上也不可能真正获得有关民主政治的感受、体验和理解，不可能真正认识现代民主政治形式的内涵和意义。更进一步说，没有经历完整意义上市场经济和政治解放，就不可能真正结束专制权力的统治，从而也就不可能真正为人类解放的最终形式创造条件。因为，无论从何种意义上说，人类解放都不可能在专制权力的统治中实现。对于这一点，如果我们在理论上和实践上缺乏足够清醒的认识，就有可能在批判资产阶级民主的同时改头换面地走向专制政治的老路。

如果说当代中国政治文明建设的基本内涵就是在社会主义条件下完成马克思所述说的政治解放，那么，在这样一个历史时期，不管以什么名义或采用何种名称，中国的政治文明建设都必须完成三大任务：其一，必须把国家从任何一种意义上的宗教和信仰中解放出来，使宗教和信仰成为私人领域的事情，并完整地确认社会成员信仰自由的权利；其二，必须明确地确认公民的基本权利，特别是私人财产权利的不可侵犯性，确认公民自由地使用和处置私人财产的权利；其三，必须明确国家和政府的最基本的功能与责任就是要维护公民的基本权利不受侵犯，是公民的自由、平等、安全和财产权利得到法律上的保障并通过一定的民主形式在政治上体现出来。不难看出，这三大任务也是当代自由主义政治学说的最基本的权力主张。国内一些对自由主义政治保持"高度警惕"的学者很有可能把完成这三大任务视为实施自由主义政治策略而加以反对。对此，本文有必要指出，政治解放的这三大任务从根本上说就是市场经济发展的客观要求。因此，只要我们坚持建立和完善社会主义市场经济体制，我们就必须通过完成这三大任务为社会主义市场经济的发展创立必要的政治条件。尽管政治自由主义的基本权利主张归根结底也的确是以维护市场体系为目的，但不能认为完成这三大任务就是主张政治自由主义。我们与政治自由主义的根本区别，不在于是否应当完成这三大任务，而在于是把以这三大任务为基本内容的政治解放理解为人类解放的终极形式，还是理解为人类解放的一个不逾越的历史阶段。确切地说，政治解放不是我们的最终目的，但却是我们趋达最终目的所必须经历的历史阶段，正如马克思所说："人类始终只提出自己能够解决的任务，因为只要仔细考察就可以发现，任务本身，只有在解决它的物质条件已经存在或者至少是在生成过程中的时候，才会产生。"①

事实上，目前中国的市场取向的改革和政治文明的建设正在沿着政治解放的路线行进。2004 年 3 月 14 日，第十届全国人民代表大会第二次会议通过的《中华人民共和国宪法修正案》更为明确地规定了中华人民共和国公民所享有的平等的政治权利和基本人权。其中特别是第一次将"公民的合法的私有财产不受侵犯"这一条款郑重地写入宪法，并重申了公民所享有的信仰自由的权利，强调公民的人身自由、人格尊严和住宅不受侵犯。于 2007 年 10 月 1 日起正式施行的我国第一部"物权法"——《中华人民共和国物权法》——对公民的私人财产权利以及对这种私人财产权利的法律保护作出了更为详尽的法律规定。如前所述，政治解放的核心内容就是要使国家能够作为一个国家，按自己的规范，用合乎自己本质的方法去实现和维护个人的基本权利，其中特别是维护公民的私人财产权利和信仰自由的权利。我国的《宪法修正案》和《物权法》的颁布和施行正是体现了现代政治国家的这一基本精神。尽管这些法权的落实并不是人类解放的"最后形式"，但正如马克思所说的那样，它是迄今为止的世界制度的范围内所能实现的人类解放的最后形式，一种实在的、实际的解放。即便是将来的人类解放的最后形式，也必然以人的基本权利的全面实现为基础，而不可能以侵犯个人基本权利为前提。这就是说，不经过完整意义的政治解放，就不会发生真正意义上的人类解放。

当然，社会主义条件下的政治解放在性质上也有别于资本主义条件下的政治解放。指出政治解放是达到人类解放最终形式的一个不可逾越的历史阶段，这就意味着当代中国政治文明建设所要完成的政治解放本质上是旨在人

---

① 马克思恩格斯选集：第 2 卷[M]. 北京：人民出版社，1995：33.

类解放的政治解放。中国作为社会主义国家也不会滞留在政治解放的发展阶段上，政治解放本身所具有的局限性、矛盾性迟早会推动我们朝着人类解放的目标奋进。因此，更为重要的问题是如何能够自觉地将社会主义条件下的政治解放同最终形式的人类解放衔接起来，使这种政治解放能够为全面实现马克思提出的人类解放目标创造条件。

（该文原载于《教学与研究》2008 年第 1 期）

马克思的解放理论及其对我们的启示

——兼论当代中国政治文明建设

马克思的《论犹太人问题》写于 1843 年秋，载于 1844 年《德法年鉴》。在此之前，欧洲近代政治哲学在文艺复兴运动、宗教改革运动和启蒙运动的孕育下，已经历了三百多年的发展，其中产生了马基雅维利、格劳修斯、斯宾诺莎、霍布斯、洛克、孟德斯鸠、卢梭、康德、黑格尔、贡斯当、阿克顿、托克维尔等一批至今仍在政治哲学和政治理论领域有着重大影响的思想家；在这期间，欧洲也经历着剧烈的政治革命和社会变革，其中发生在 17 世纪中叶的英国资产阶级"光荣革命"和爆发于 1789 年的法国大革命深刻地影响着世界历史，堪称人类政治文明发展史中颇具象征意义的"历史符号"。《论犹太人问题》一文，可以说是马克思对近代以降欧洲政治哲学理论与政治实践的一个重要的总结，同时也是马克思系统地阐释自己的政治哲学基本思路的一个不可多得的历史文献。概括起来说，马克思政治哲学的核心观念就是人的"解放"。在这篇文章中，马克思把人的"解放"过程区分为"政治解放"和"人类解放"两个前后相继的阶段，并比较系统地阐释了政治解放的内涵。以往我们在理论上和实践上都更重视马克思的"人类解放"理论，而把政治解放理解为已经过时了的资产阶级革命的范畴。然而，当我们今天审慎地思考社会主义市场经济条件下中国政治文明建设时，最需要特别注重的恰恰应该是马克思关于"政治解放"的基本观念和理论。

一、政治解放的内涵

在《论犹太人问题》一文中，马克思对政治解放的阐释，主要是围绕宗教问题、人权问题和国家与市民社会的关系问题展开的。很明显，这三个问题恰恰也就是近代欧洲政治哲学的三个理论主题。

1. 政治解放与宗教问题

鲍威尔认为，犹太人的解放就是犹太人从犹太教中的解放，就是放弃犹太教。针对鲍威尔的这个观点，马克思指出，只是探讨"谁应该得到解放？"这样的问题是不够的，重要的是必须指出人们所要求的是哪一种解放？这种解放的本质要求哪些条件？为此，马克思把人的解放区分为"政治解放"和"人类解放"两个不同的范畴，并指出，德国的犹太人所要求的解放是公民的解放，政治的解放。因此，真正的问题是，政治解放的观点有没有权利要求犹太人放弃犹太教，要求一切人放弃宗教呢？

马克思认为，一切宗教信徒的政治解放就是国家摆脱一切宗教的解放，亦即"当国家从国教中解放出来，就是说，当国家作为一个国家，不再维护任何宗教，而去维护国家自身的时候，国家才按自己的规范，用合乎自己本质的方法，作为一个国家，从宗教中解放出来"①。这也可以说是把人在政治上从宗教中解放出来，亦即把宗教从公法范围内驱逐出去，转到私法范围。宗教不再是国家的精神，而是成了市民社会这个利己主义领域的精神。因此，"在政治上从宗教解放出来，宗教依然存在，虽然不是作为特权宗教存在。任何一种特殊宗教的信徒和自己作为公民的矛盾，只是一般世俗矛盾即政治国家和市民社会的矛盾的一部分。……国家从宗教得到解放并不等于现实的人从宗教得到解放"②。犹太人不必完全和无条件地放弃犹太教，也可以在政治上获得解放。例如，在政治解放已经完成的北美国家中，宗教不仅存在，而且表现了生命力和力量，这表明"宗教的存在和国家的完备并不矛盾"。

马克思进而指出，在完成了政治解放的条件下，"政治国家的成员之所以信奉宗教，是由于个人生活和类生活、市民社会生活和政治生活的二元性；他们信教是由于人把处于自己的现实个性彼岸的国家生活当作他的真实生活；他们信教是由于宗教在这里是市民社会的精神，是人们相互脱节和分离的表现"③。完备的政治国家在本质上是一种类生活，即以人的类的共同性为基本内容的生活，而物质生活则是一种自私的生活，追求个人私利的生活，

---

① 马克思恩格斯全集：第 1 卷[M]. 北京：人民出版社，1956：426.
② 马克思恩格斯全集：第 1 卷[M]. 北京：人民出版社，1956：435.
③ 马克思恩格斯全集：第 1 卷[M]. 北京：人民出版社，1956：434.

"物质生活这种自私生活的一切前提正是作为市民社会的特性继续存在于国家范围以外，存在于市民社会"①。所以，在政治国家真正发达的地方，人们在观念上和现实生活中都过着双重生活：一是政治共同体中的政治生活，在这种生活中，人把自己看作社会存在物，并作为类存在物和别人共同行动，理解到、意识到并追求自己的社会性；而在市民社会的生活（物质生活、现实生活、尘世生活）中，人只是一个私人，即追求自己的私利的私人，把别人当作自己的工具，也把自己降低为工具。

现代社会中的人二重化为公人和私人，使得被逐出政治共同体的宗教成为市民社会这个利己主义领域的精神，亦即当公共生活或共同生活本身不再需要宗教纽带的时候，信教就成了个人的事情，个人通过信某种宗教而表现出与别人的相同和不同。"人分为公人和私人的这种二重化，宗教从国家向市民社会的转移，这并不是政治解放的一个个别阶段，而是它的完成；因此，政治解放并没有消灭人的实际的宗教观念，而且它也不想消灭这种观念。"②

2. 政治解放与人权问题

在犹太人问题上，鲍威尔认为，人要获得一般人权，就必须牺牲"信仰的特权"。为了反驳这一观点，马克思首先对人权概念进行了分析。他指出，人权分为两个部分，一部分是政治权利，即只有同别人一起才能行使的权利，这种权利的内容就是参加这个政治共同体或国家。这种权利属于政治自由的范畴，属于公民权利的范畴，这种权利绝不以无条件地彻底废除宗教为前提。另一部分权利，也就是最需要研究的权利是与公民权不同的"人权"。马克思强调，人权之中的不同于"公民"的这个"人"不是别人，就是市民社会的成员，因而"首先我们肯定这样一个事实，就是不同于 droits du citoyen（公民权）的所谓人权（droits de l'homme？）无非是市民社会的成员的权利，即脱离了人的本质和共同体的利己主义的人的权利"。依据法国 1789 年《人权与公民宣言》和 1791 年、1793 年、1795 年宪法，这些权利包括平等、自由、安全、财产。

关于自由权利，马克思依据法国 1791 年宪法和 1793 年宪法对自由所作的规定，指出"自由就是从事一切对别人没有害处的活动的权利"，然而"这里所说的人的自由，是作为孤立的、封闭在自身的单子里的那种人的自由"。

① 马克思恩格斯全集：第 1 卷[M]. 北京：人民出版社，1956：428.
② 马克思恩格斯全集：第 1 卷[M]. 北京：人民出版社，1956：430.

也就是说这是市民社会中独立的个人的自由权利，因此，"自由这项人权并不是建立在人与人结合起来的基础上，而是建立在人与人分离的基础上。这项权利就是这种分离的权利，是狭隘的、封闭在自身的个人的权利"①。这种属于个人的自由权利，主要地体现在市民社会生活的物质因素和精神因素上。

从市民社会生活的物质因素上说，人的自由权的基本的内容就是私有财产权利，亦即"自由这一人权的实际应用就是私有财产这一人权"②。马克思指出，私有财产这项人权作为自由这一人权的实际应用，就是任意地、和别人无关地、不受社会束缚地使用和处理自己财产的权利，"这种个人自由和对这种自由的享受构成了市民社会的基础"。但是，这种自由"使每个人不是把别人看作自己自由的实现，而是看作自己自由的限制"，因而这又是一种"自私自利的权利"。在国家与私有财产的关系问题上，马克思肯定，政治解放使国家在政治上超越了私有财产，即一旦国家取消了选举权和被选举权的财产资格，国家作为国家就废除了私有财产，或宣布了私有财产在政治上已被废除。但也正如在政治上超越宗教并没有在世俗生活中废除宗教一样，"从政治上废除私有财产不仅没有废除私有财产，反而以私有财产为前提"③。这一点也正是政治解放的局限性、矛盾性的基本表现。

从市民社会生活的精神性因素上说，人的自由权的基本内容就是信仰自由的权利，即"从人权这一概念决不能得出宗教和人权毫不相容的结论。相反地，在这些权利中间，直接提出了信奉宗教、用任何方式信奉宗教、举行自己特殊宗教的仪式的权利。信仰特权是一般人权"④。如前所述，政治解放使宗教转移到市民社会生活中，成为市民社会的精神，因此宗教信仰在本质上所表现的也不再是共同体精神，而是个人脱离自己所属的共同体、脱离自身和别人的表现，不过是特殊歪曲观念、私人臆想和任性的抽象教义。

自由权无非是利己主义的人的自由和承认这种自由，即承认构成这种人的生活内容的精神要素和物质要素的不可阻挡的运动。"因此，人并没有从宗教中解放出来，他反而取得了宗教自由。他并没有从财产中解放出来，反而取得了财产自由。他并没有从行业的利己主义中解放出来，反而取得了行业

① 马克思恩格斯全集：第 1 卷[M]. 北京：人民出版社，1956：438.
② 马克思恩格斯全集：第 1 卷[M]. 北京：人民出版社，1956：438.
③ 马克思恩格斯全集：第 1 卷[M]. 北京：人民出版社，1956：427.
④ 马克思恩格斯全集：第 1 卷[M]. 北京：人民出版社，1956：437.

自由。"①

关于平等权利，法国 1795 年宪法把"平等"规定为："平等就是法律对一切人都一视同仁，不管是保护还是惩罚"，亦即平等就是法律面前人人平等，而非实质意义上的社会平等。马克思指出："从非政治的意义上看来，平等无非是上述自由的平等，即每个人都同样被看作孤独的单子。"②

关于安全，马克思指出："安全是市民社会的最高社会概念，是警察的概念；按照这个概念，整个社会的存在都只为了保证它的每个成员的人身、权利和财产不受侵犯。""市民社会并没有借助安全这一概念而超越自己的利己主义。相反地，安全却是这种利己主义的保障。"③

3. 国家与市民社会

在写作《论犹太人问题》一文之前不久，也就是在 1843 年夏天，马克思曾在《黑格尔法哲学批判》一书中对黑格尔法哲学理论进行了深刻的批判，破除了黑格尔法哲学中那种绝对的国家主义，指出家庭和市民社会是国家的前提，他们才是真正的活动者。因此，不是国家决定市民社会，而是市民社会决定国家。现代政治国家绝无可能是普遍理性的体现，它的作用仅在于维护私有者的权利，整个社会的存在都只为了保证它的每个成员的人身、权利和财产不受侵犯。在《论犹太人问题》一文中，马克思通过对政治解放的分析，进一步指出市民社会对国家的基础作用和决定作用。他说："和宗教与世俗世界的关系一样，政治国家和市民社会也是处于对立的地位，它用以克服后者的方式也是和宗教克服世俗狭隘性的方式相同的，就是说，正像宗教对待世俗一样，国家不得不重新承认市民社会，恢复它，服从它的统治"④。这就是说，国家只有承认、恢复和服从市民社会的统治才能使自己成为完备的政治国家。因此、政治国家和政治解放都必须是建立在市民社会的基础上，即"把市民社会，也就是把需要、劳动、私人利益和私人权利看作自己存在的基础，看作不需要进一步加以阐述的当然前提，所以也就看作自己的自然基础"⑤。

---

① 马克思恩格斯全集：第 1 卷[M]. 北京：人民出版社，1956：442.

② 马克思恩格斯全集：第 1 卷[M]. 北京：人民出版社，1956：439.

③ 马克思恩格斯全集：第 1 卷[M]. 北京：人民出版社，1956：439.

④ 马克思恩格斯全集：第 1 卷[M]. 北京：人民出版社，1956：428.

⑤ 马克思恩格斯全集：第 1 卷[M]. 北京：人民出版社，1956：443.

政治国家服从市民社会统治的最基本表现是，国家不过是维护市民社会成员个人基本权利的工具。通过对人权内容的分析，马克思得出结论说："任何一种所谓人权都没有超出利己主义的人，没有超出作为市民社会的成员的人，即作为封闭于自身、私人利益、私人任性、同时脱离社会整体的个人的人。在这些权利中，人绝不是类存在物，相反地，类生活本身即社会却是个人的外部局限，却是他们原有的独立性的限制。把人和社会连接起来的唯一纽带是天然必然性，是需要和私人利益，是对他们财产和利己主义个人的保护。"①同样，作为类生活的政治共同体即国家或政府本身也只是为了保护个人的这些基本权利。如法国 1791 年宪法第 2 条称："一切政治结合的目的都是为了维护自然的和不可剥夺的人权。"或如 1793 年宪法所规定："政府的设立是为了使人能够行使自然的和不可剥夺的权利。"对此，马克思评论说："可见，政治生活就在自己朝气蓬勃的时候，并且由于事件所迫而使这种朝气发展到顶峰的时候，它也宣布自己只是一种手段，而这种手段的目的是市民社会生活。"②不难看出，马克思所说的这一点，实际上也正是自霍布斯、洛克以来欧洲近代自由主义政治哲学极力声张的最基本的理论观点。

二、从政治解放到人类解放

1. 政治解放是一大进步

从上述内容可以看出，马克思的政治解放理论实际上是对欧洲近代以来政治理论与政治实践的一次比较全面的理论总结。在这里，马克思对政治解放的进步价值作出了十分明确的肯定，他说："政治解放当然是一大进步，尽管它不是一般人类解放的最后形式，但在迄今为止的世界制度的范围内，它是人类解放的最后形式。不言而喻，我们这里指的是实在的、实际的解放。"③

政治解放之所以是一大进步，就在于政治解放同时也是人民所排斥的那种国家制度即专制权力所依靠的旧社会即封建主义社会的解体。在封建专制社会中，"旧的市民社会直接地具有政治性质，就是说，市民生活的要素，如

---

① 马克思恩格斯全集：第 1 卷[M]. 北京：人民出版社，1956：439.

② 马克思恩格斯全集：第 1 卷[M]. 北京：人民出版社，1956：440.

③ 马克思恩格斯全集：第 1 卷[M]. 北京：人民出版社，1956：429.

财产、家庭、劳动方式，已经以领主权、等级和同业公会的形式升为国家生活的要素"，并用领主权、等级和同业公会的形式确定了个人和国家整体的关系，确定了个人的政治地位，"即孤立的、脱离社会其他组成部分的地位"，亦即这个个人的地位只属于这个领主、这个等级、这个同业工会。个人只有依附于领主、等级、同业公会才能获得自己的生活机能和生活条件。这些生活的组织形式把人民同自己政治共同体隔离开来，并在国家权力与人民之间普遍地建立起统治者与仆从的关系，这是一切专制权力的基本特征。

就此而论，政治革命本质上就是市民社会的革命。因为"政治革命打倒了这种专制权力，把国家事务提升为人民事务，把政治国家确定为普遍事务，即真实的国家；这种革命必然要摧毁一切等级、公会、行帮和特权，因为这些都是使人民脱离自己政治共同体的各种各样的表现"[①]。这样，政治革命也就消灭了市民社会的政治性质。它把人从领主、等级、工会、行帮等在封建社会具有政治性质的组织中解放出来，在消灭政治桎梏的同时也就粉碎了束缚市民社会利己主义精神的羁绊。因此，政治解放同时也是市民社会从政治中获得解放。

2. 政治解放的局限性与人类解放的内涵和展望

马克思对政治解放的进步价值的充分肯定，表明马克思实际上是在政治解放这个范畴中肯定了并接受了自由主义政治哲学的基本理论和主张。但这并没有使马克思在同黑格尔决裂后转向政治自由主义。相反，马克思在肯定政治解放的进步价值的同时，又同样深刻地揭示和分析了政治解放的历史局限性，认为政治解放归根到底是有限度的、有矛盾的解放，而不是彻底的、无矛盾的人类解放。在这个问题上，马克思把政治解放与宗教的关系理解为政治解放与人类解放的关系。他认为，人类解放最终是把个人从宗教中解放出来，也就是从现实生活中消灭宗教桎梏的世俗根源。显然，这个任务是政治解放所不能完成的，因为使宗教桎梏得以存在的世俗因素，恰恰又是完成了政治解放的政治国家的前提，这是现代政治国家在宗教方面的无能。宗教的存在是一个缺陷的存在，但这个缺陷的根源只应该到国家自身的本质中去寻找，亦即"在我们看来，宗教已经不是世俗狭隘性的原因，而只是它的表现。因此，我们用自由公民的世俗桎梏来说明他们的宗教桎梏。我们并不认

---

① 马克思恩格斯全集：第 1 卷[M]. 北京：人民出版社，1956：441.

为：公民要消灭他们的世俗桎梏，必须首先克服他们的宗教狭隘性。我们认为：他们只有消灭了世俗桎梏，才能克服宗教狭隘性。我们不把世俗问题化为神学问题。我们要把神学问题化为世俗问题"①。

马克思在这里所说的"世俗桎梏"指的就是市民社会的物质因素（私有财产）和精神因素（宗教）对人的限制。政治解放导致了封建社会的瓦解，只剩下了自己的基础——人，即利己主义的人，"这种人，市民社会的成员，就是政治国家的基础、前提。国家通过人权承认的正是这样的人"②。因此，政治解放在建立了政治国家的同时也把市民社会分解为独立的个人，一方面把人变成市民社会的成员，变成利己的、独立的个人，另一方面把人变成公民，变成法人。作为市民社会成员的人是本来的人，是有感觉、有个性、自然的、直接存在的人，而政治人只是抽象的、人为的人，法人。这就是说，在政治解放已经完成的国家中，人作为利己主义的个人才具有现实性，而作为类的存在物，即作为真正的人，却没有现实性。

市民社会的这种利己主义特征导致自由公民的宗教狭隘性和生活实践中人的自我异化，因为"物的异化就是人的自我异化的实践。一个受着宗教束缚的人，只有把他的本质转化为外来的幻想的本质，才能把这种本质客体化，同样，在利己主义的需要的统治下，人只有使自己的产品和活动处于外来本质的支配之下，使其具有外来本质——金钱——的作用，才能实际进行活动，实际创造出物品来"③。正是市民社会的这种利己主义构成了导致宗教狭隘性和人的自我异化的世俗桎梏，要消灭宗教狭隘性和人的自我异化就必须消灭这种世俗桎梏。

在《论犹太人问题》一文中，马克思并没有对人类解放的图景作出具体的说明或描述，而仅仅是在克服政治解放的局限性、矛盾性的意义上，阐释了人类解放的一般含义。他指出："任何一种解放都是把人的世界和人的关系还给人自己。只有当现实的个人同时也是抽象的公民，并且作为个人，在自己的经验生活、自己的个人劳动、自己的个人关系中间，成为类存在物的时候，只有当人认识到自己的'原有力量'并把这种力量组织成为社会力量因而不再把社会力量当作政治力量跟自己分开的时候，只有到了那个时候，人

---

① 马克思恩格斯全集：第 1 卷[M]．北京：人民出版社，1956：425.
② 马克思恩格斯全集：第 1 卷[M]．北京：人民出版社，1956：442.
③ 马克思恩格斯全集：第 1 卷[M]．北京：人民出版社，1956：451.

类解放才能完成。"①也就是说，人类解放就是国家与市民社会二元对立的克服，是人的存在的二重化的消除。

三、"政治解放"理论对当代中国政治文明建设的启示

在马克思看来，欧洲和北美国家资产阶级革命的胜利意味着政治解放在这些国家已经完成，而政治解放本身的有限性、矛盾性也日益暴露出来。在利己主义需要的统治下，物的异化或"人的自我异化的实践"在市民社会中不断地深化和拓展。因此，进一步的革命应当是揭示现代资本主义社会的内在矛盾，推进以消灭私有财产制度为主要内容的人类解放运动。在此之后，马克思对现代资本主义的批判，基本上都是着眼于人类解放。而在马克思之后，人类解放更是成为无产阶级革命的口号、旗帜、目标。

然而，纵观 20 世纪无产阶级革命或社会主义革命的理论与实践，我们不难看到，在马克思的人类解放理论与 20 世纪人类解放运动之间存在着一个重要的历史差距：马克思所言说和追求的人类解放是在政治解放已经完成的基础上发生的，而 20 世纪那些旨在实现人类解放的社会主义国家，却无一经历了完整意义上的政治解放，就如同它们无一经历了完整意义上的市场经济发展阶段一样。这个历史过程使我们不能不面对一个十分严峻的问题，即能否不经历政治解放而径直进入人类解放的发展阶段？毋庸讳言，这个问题直接地、深切地关涉着我们对中国当代政治文明的理解。

能否不经历政治解放而径直进入人类解放？对这个问题，马克思没有给予直接的回答。但我们可以通过对马克思一些相关理论的分析和引申，而找到这个问题的可靠答案。马克思作为唯物史观的创立者，毕生强调社会历史发展的客观性、规律性。马克思对现代资本主义的批判，也就是对人类解放的诠释，既是用充满活力的政治激情去争取人类文明进步价值的实现，同时更是冷静严谨的科学探索，而不是把对现代资本主义的批判变成海客谈瀛的乌托邦情怀或苍白无力的道义清谈。他在《资本论》第 1 卷第 1 版序言中，明确声称："我的观点是把经济的社会形态的发展理解为一种自然史的过

---

① 马克思恩格斯全集：第 1 卷 [M]. 北京：人民出版社，1956：443.

程"①，并指出"一个社会即使探索到了本身运动的自然规律，——本书的最终目的就是揭示现代社会的经济运动规律，——它还是既不能跳过也不能用法令取消自然的发展阶段，但是它能缩短和减轻分娩的痛苦"②。这段话虽然并没有直接谈到政治形态的发展，但我们不难从中作出推断："经济的社会形态"本身必然包括与经济形态发展的一定历史阶段相适应的社会政治形态，也就是说，如果政治形态必然要与经济形态相适应，那么它的发展也同样具有合乎规律的、不可取消、不可超越的历史阶段。问题在于，就最终实现人类解放而言，这个不可取消、不可超越的历史阶段又是什么呢？

马克思在《经济学手稿（1757—1758年）》中曾以人的发展为中心线索，把社会形态的发展划分为三个阶段，其中第三个阶段被称为"建立在个人全面发展和他们共同的社会生产能力成为他们的社会财富这一基础上的自由个性"③，这个阶段实际上也就是马克思所设想的人类解放的阶段，或"共产主义"阶段。但这个阶段的产生是以在它之前的第二个阶段即"以物的依赖性为基础的人的独立性"为前提的，即"全面发展的个人——他们的社会关系作为他们自己的共同的关系，也是服从于他们自己的共同的控制的——不是自然的产物，而是历史的产物。要使这种个性成为可能，能力的发展就要达到一定的程度和全面性，这正是以建立在交换价值基础上的生产为前提的，这种生产才在产生出个人同自己和同别人的普遍异化的同时，也产生出个人关系和个人能力的普遍性和全面性"④。马克思在这里所讲的"建立在交换价值基础上的生产"，无疑是指发达的商品经济或市场经济；而"物的依赖性为基础的人的独立性"这种社会形态，也就是他在《论犹太人问题》一文中所说的以普遍的交换手段为特征的、利己主义的市民社会生活。这就意味着，"人类解放"只能在市场经济和市民社会充分发展的基础上发生。也就是说，人类解放必然依赖于政治解放为其创造的条件，因为在市场经济和市民社会的基础上只能建立起体现政治解放的社会政治形态。

从理论上说，人类解放之所以必然依赖于政治解放的完成，是因为"政治解放同时是市民社会从政治中获得解放"，从而也就是专制权力所依靠的旧的社会的解体。专制权力和专制制度所依赖的社会基础就是以"人的依赖性"

---

① 马克思恩格斯选集：第2卷[M]. 北京：人民出版社，1995：102.
② 马克思恩格斯选集：第2卷[M]. 北京：人民出版社，1995：101.
③ 马克思恩格斯全集：第46卷（上）[M]. 北京：人民出版社，1956：104.
④ 马克思恩格斯全集：第46卷（上）[M]. 北京：人民出版社，1956：108-109.

为特征的社会，是那种"产生不发达的交换、交换价值和货币制度的那种社会关系，或者有这种制度的不发展程度与之相适应的那种社会关系，那么一开始就很清楚，虽然个人之间的关系表现为较明显的人的关系，但他们只是作为具有某种（社会）规定性的个人而互相交往，如封建主和臣仆、地主和农奴等等，或作为种姓成员等等，或属于某个等级等等"①。事实上，专制权力和专制制度总是与不发达的交换手段密切相关，或者说前者就是后者的产物，因为"交换手段拥有的社会力量越小，交换手段同直接的劳动产品的性质之间以及同交换者的直接需求之间的联系越是密切，把个人互相联结起来的共同体的力量就必定越大"②。这反过来也表明，真正能够摧毁专制权力和专制制度的社会力量，只能是交换手段发达的商品经济或市场经济本身。这是因为市场经济的发展必然会把个人从各种形式的人身依附关系中解脱出来，使其成为独立的、自主的个人。这种个人作为市场主体，其经济行为必然排斥任何专制权力的干预，即"社会分工则使独立的商品生产者互相对立，他们不承认任何别的权威，只承认竞争的权威，只承认他们互相利益的压力加在他们身上的强制"③。由此可见，政治解放本质上是市场经济发展的结果。

从根本上说，政治解放就是为市场经济的发展和市民社会摆脱政治约束创建政治条件，从这个意义上说，只有作为市民社会革命的政治解放才能真正结束专制权力或专制统治的历史。也就是说，真正消灭专制权力和专制制度并不是另一个更为强大的政权，而是让交换手段充分发达的经济形态取代专制政治赖以生存的社会基础或世俗基础，亦即消除和改变专制统治赖以生存的经济结构、文化结构乃至社会大众的心理结构。没有经历市场经济完整发展的社会，就不可能经历完整意义上的政治解放，而没有经历完整意义上政治解放，就不可能真正结束专制权力的统治，从而也就不可能真正为人类解放创造条件。因为，无论从何种意义上说，人类解放都不可能在专制权力的统治中实现。20世纪的社会主义发展史已经清楚明白地证明了这一点，拒绝市场经济的发展，实际上也就是拒绝了唯一能够彻底铲除专制政治的武器。在这种情况下，尽管在主观上的确是把"人类解放"作为终极的政治目标，并从人类解放的意义上从事社会主义革命和建设，但这种没有经历政治解放的所谓"人类解放"由于没有从根本上消除专制权力赖以生存的社会基

---

① 马克思恩格斯全集：第46卷（上）[M]. 北京：人民出版社，1956：110.
② 马克思恩格斯全集：第46卷（上）[M]. 北京：人民出版社，1956：104.
③ 马克思恩格斯全集：第23卷[M]. 北京：人民出版社，1975：394.

础，因而也就没有彻底地消灭专制政治本身，在很大程度上不过是给这种专制政治更换了一件政治外衣。

20 世纪 70 年代末，中国社会开始进入改革开放的历史发展阶段，经过十余年的摸索，直到 90 年代初，终于确认市场经济是社会经济形态发展的不可逾越的历史阶段，并确立了建立和完善社会主义市场的战略目标。这是一个具有划时代意义的、真正能够推动中国发生全面而深刻的社会变革的战略目标。新世纪伊始，党中央在"发展社会主义民主"的政治目标下，又进一步提出了建设社会主义"政治文明"这个极富有启发性和想象力政治主张，开阔了我国政治体制改革的理论视野。但对"政治文明"这个概念本身的内涵却需要作出准确的界定和清晰的阐发。事实上，社会主义市场经济本身的发展正在改变我国政治发展的基础，并且正在逐步明确市场经济本身的发展所需要的政治条件，这个变革过程本身已经表明，如果说市场经济是社会经济形态发展不可逾越的历史阶段，那么与市场经济相适应的作为市民社会革命的政治解放就必然是人类政治文明发展的不可逾越的历史阶段。问题只在于我们如何从理论上去把握这个过程的性质和趋势。为此，依据马克思的解放理论，我们完全可以而且也应该提出，当代中国政治文明建设的基本内涵，在社会主义条件下，为完善社会主义市场经济和社会主义民主政治而推进并完成马克思所阐释的"政治解放"，并在此基础上不断为"人类解放"创造条件。也就是说，必须在政治解放的意义上重新理解民主政治的内涵，确认现代民主政治形式的合法性和必要性。

如果说当代中国政治文明建设的基本内涵就是在社会主义条件下完成马克思所述说的政治解放，那么，在这样一个历史时期，宗教问题、人权问题、国家与市民社会的关系问题也就不可避免地成为我国政治文明建设所要解决的主要问题。这就是说，不管以什么名义或采用何种名称，中国的政治文明建设都必须完成三大任务：其一，必须把国家从任何一种意义上的宗教信仰中解放出来，使宗教信仰成为私人领域的事情；其二，必须明确地确认公民的基本权利，特别是私人财产权利的不可侵犯性，确认公民自由地使用和处置私人财产的权利；其三，必须明确国家和政府的最基本功能就是要维护公民的基本权利不受侵犯，使公民的自由、平等、安全和财产权利得到法律上的保障并通过一定的民主形式在政治上体现出来。毋庸讳言，我国目前在政治文明建设过程中所发生的一切矛盾和问题都与这三大问题密切相关，这意味着我们必须而且也只有通过政治解放才能真正完成政治体制改革的任务，建立起与社会主义市场经济体制相适应的现代社会主义政治体系。

当然，指出当代中国政治文明建设的任务是完成马克思所述说的政治解放，这并不意味着我们可以把政治解放理解为人的终极解放，而是仅仅把政治解放理解为达到人类解放的一个不可逾越的历史阶段。中国作为社会主义国家也不会滞留在政治解放的发展阶段上，政治解放本身所具有的局限性、矛盾性迟早会推动我们朝着人类解放的目标奋进。在社会主义条件下完成的政治解放本身就应当把这一解放自觉地同人类解放衔接起来。但是必须指出的是，不经过完整意义的政治解放，就不会发生真正意义上的人类解放。政治解放的全部努力，就在于完善市场经济体系，也就是完善马克思所说的那个"建立在交换价值基础上的生产"，只有在这个基础上，人类解放的条件才能被创造出来。正如马克思所说的那样："人类始终只提出自己能够解决的任务，因为只要仔细考察就可以发现，任务本身，只有在解决它的物质条件已经存在或者至少是在生成过程中的时候，才会产生。"①

（该文原载于《教学与研究》2006 年第 12 期，人大复印资料《马克思主义、列宁主义研究》2007 年第 4 期全文转载）

---

① 马克思恩格斯选集：第 2 卷[M]. 北京：人民出版社，1972：33.

旨在人类解放的政治解放

——三论当代中国政治文明建设

一、问题的提出

三十年前，党的十一届三中全会启动了我国改革开放的社会变革历程。在经历了多年的实践摸索和理论探索之后，1992 年，中国共产党第十四次全国代表大会明确提出，"我国经济体制改革的目标是建立社会主义市场经济体制，以利于进一步解放和发展生产力"。至此之后，中国的市场取向的改革不断向纵深发展，并取得了令世人瞩目的辉煌成就。

应当说，"社会主义市场经济"这个概念的提出，无论在理论上还是在实践上都是一个伟大的创举。在以往的社会主义理论中，"市场经济"被理解为"资本主义经济"的同义语，或者认为，只有在资本主义私有制的前提下，才能建立和发展市场经济体系。由于这种观念的影响，人们甚至无法在想象中，把"社会主义"同"市场经济"联系在一起。但是，理论的想象力历来是在现实运动的土壤中获得生命力。计划经济体制的种种弊端以及经济体制改革的实践最终使求真务实的中国共产党人在"思想解放"的旗帜下冲破了既定理论的束缚，将建立和完善社会主义市场经济体制确立为当代中国经济体制改革的核心战略目标，并在理论上确认，市场经济是现代经济发展的不可逾越的历史阶段。理论上和实践上的这一重大突破，使当代中国的市场取向的改革，不仅对于中国社会自身的发展具有划时代的重大意义，而且对于整个世界的文明进程来说，也是一个史无前例的重大"世界历史"事件。它已经向世界表明，市场经济作为现代社会的经济形态，它不是资本主义社会的"特权"，而是完全可以在社会主义社会条件下建立起来的。或者说，在社会主义社会基本制度和价值取向下，选择市场经济的发展道路，不仅是可能的，而且是可行的，"市场经济"完全有可能成为实现社会主义社会本身所具有的价值理性或价值理想提供强大的经济支持。

然而，我们又必须看到，三十年市场取向的改革的确成功地解决了计划经济体制留给我们的各种困难问题，但在向市场体制过渡的过程中也衍生出一系列新的甚至更为棘手的社会矛盾和社会问题。其中，依本文之见，具有全局性的重要问题包括：如何在多种经济形式、经营形式、所有制形式同时并存、共同发展的情况下维护或保持公有制经济的主体地位问题；如何合理地解决市场经济的发展所带来的贫富分化问题，特别是其中的"弱势群体"问题；如何有效地遏制官员腐败、行业腐败和商业腐败，以促进市场机制和其他各种社会机制正常发挥作用的问题；如何在利益群体不断分化、价值观念不断多元化、社会结构不断异质化的情况下实现社会公正与社会和谐问题；如何最大限度地实现资源的合理开发和利用，维护生态平衡、消除资源与环境危机，以确保社会的可持续发展；等等。这些问题，有的是市场经济本身所固有的矛盾，有的是在社会转型过程中由于制度建构的不完善而难以避免的矛盾，有的则是社会主义市场经济的建构所遇到的特殊矛盾。尤其值得注意的是，在我国社会转型过程中，这些矛盾和问题具有相互交织、综合发生的特征。

毋庸讳言，市场经济本身作为以交换价值为基础的经济形态正是衍生上述矛盾和问题的现实土壤，而其中任何一个矛盾或问题如果得不到合理的解决，都会全局性地威胁市场机制本身，在极端的情况下，甚至会最终瓦解市场体系，或者使市场体系偏离正常轨道而畸形化。这表明，市场经济本身并不是一个自足的体系，它包含着单凭其自身不能克服的矛盾，它的健康运行需要健康的社会环境，其中，来自国家的政治努力在解决或缓和市场内在矛盾的过程中起着决定性的作用。因为这些矛盾和问题的相互交织和综合发生已经表明，合理地解决这些矛盾和问题，不仅需要从制度上、法律上、策略上得到合理的解决，更需要为从总体上驾驭这些矛盾和问题确立最基本的政治理念和政治原则。2002年11月，中共中央第十六次全国代表大会在"发展社会主义民主"的政治目标下，又进一步提出了建设社会主义"政治文明"这个极富有启发性和想象力的政治主张，开阔了我国政治体制改革的理论视野。这意味着，当代中国的政治发展已经开始从经验意义上的"政治体制改革"上升为全面建构与社会主义市场经济发展要求相适应的，同时又体现社会主义社会基本价值理念的、新型的现代政治形态。因此，"政治文明"是一个涵盖民主与法制、权利与义务、自由与平等、公正与和谐、和平与发展等一系列政治关系或政治环节的重要概念。能否完整、准确地把握这一概念的重要理论内涵和重大实践价值，并将其运用到中国政治体制改革的政治实践中，直接关系到中国社会主义民主政治建设的成败，归根到底也最终关系到以社会主义市场经济为基础的中国特色社会主义现代社会的成败！

就完整准确地把握现代中国"政治文明"建设的理论内涵和实践价值而言，首要的问题是必须在理论上确立有关政治文明的最基本的政治理念和政治原则。对于这个问题，笔者曾发表《马克思的解放理论及其对我们的启示——兼论当代中国政治文明建设》和《政治解放与中国市场取向的改革——再论当代中国政治文明建设》两篇文章①。在这两篇文章中，笔者依据马克思关于政治解放和人类解放的理论，通过分析三十年来中国市场取向的改革所取得的成功经验和所面临的主要问题，指出当代中国政治文明建设的基本内涵是：在社会主义条件下，为完善社会主义市场经济和社会主义民主政治而推进并完成马克思所阐释的"政治解放"，并在此基础上不断为"人类解放"创造条件。也就是说，当代中国政治文明的核心理念必然是"政治解放"，而从中国特色社会主义的基本性质和价值要求及其总体发展过程和趋向方面来理解，这种"政治解放"又必然是"旨在人类解放的政治解放"。

之所以把"社会主义条件下的政治解放"理解为当代中国政治文明建设的核心理念，其根本原因就在于，它客观上是为市场经济的形成与发展建立必要的政治条件。马克思称政治解放"是一大进步"，是"在迄今为止的世界制度的范围内"的"实在的、实际的解放"，就是因为"政治解放同时也是人民所排斥的那种国家制度即专制权力所依靠的旧社会的解体"，从而把国家从国教中解放出来，使国家能够作为一个国家，按自己的规范，用合乎自己本质的方法去实现和维护个人的基本权利，即私有财产权利和信仰自由的权利。不难看出，政治解放的这一基本内容，正是市场经济得以形成并不断发展和完善的政治前提。因此，如果说市场经济是社会经济形态发展不可逾越的历史阶段，那么与市场经济相适应的政治解放就必然是现代政治文明发展的不可逾越的历史阶段，同时也就是人的解放的不可逾越的历史阶段。事实上，社会主义市场经济本身的发展正在改变我国政治发展的基础，并且正在

---

① 这两篇文章分别发表在《教学与研究》2006 年第 12 期和《教学与研究》2008 年第 1 期。

逐步明确市场经济本身的发展所需要的政治条件。这使得目前中国的政治文明的建设正在沿着政治解放的路线行进。2004 年通过的《中华人民共和国宪法修正案》第一次将"公民的合法的私有财产不受侵犯"这一条款写入宪法，2007 年 10 月实施的我国第一部"物权法"——《中华人民共和国物权法》——对公民的私人财产权利以及对这种私人财产权利的法律保护作出了更为详尽的法律规定，胡锦涛同志在党的十七大报告中提出了"创造条件让更多群众拥有财产性收入"等明确指示，都充分体现了社会主义条件下政治解放的基本精神。

之所以必须把"社会主义条件下的政治解放"理解为"旨在人类解放的政治解放"，这不仅是因为人类解放是马克思主义理论的基本宗旨和社会主义社会的基本价值目标，更因为单纯意义上的"政治解放"不是彻底的、无矛盾的人类解放，它促进市场经济形态的形成，但不能从根本上解决市场经济形态本身所固有的矛盾，甚至完全无视这个矛盾的存在；它把人们从专制权力和人身依附关系中解放出来，但它又将人们的现实生活过程变成人的"自我异化"的过程，把人置于异己力量的统治之下；它使人们实现了法律上的、形式上的自由和平等，但它又使人们的自由和平等在事实上、实质上化为乌有；它促使人类在利益的驱动下毫无节制地向自然界释放能量，同时又使自然界借助人类利益格局中的矛盾对人类的生存构成威胁。政治解放的这种有限性和矛盾性，表明它不是"一般人类解放的最后形式"。因此，"旨在人类解放的政治解放"就是在把政治解放理解为人类解放的不可逾越的历史发展阶段的前提下，自觉地将政治解放同人类解放联系起来，把人类解放这一社会主义的价值目标作为基本尺度和依据，审视和正视市场经济本身的固有矛盾和政治解放的局限性或矛盾性，并在政治实践中以人类解放为根本原则在充分发挥市场机制的积极作用的同时，适时地、合理地解决市场经济自身的固有矛盾所引发的各种社会矛盾和问题，逐步地为最终实现人类解放创造必要的物质条件和社会条件。这种旨在人类解放的政治解放，一方面确认人类解放在完成政治解放的基础上才能发生，无论政治解放的完成需要经历多长的时间，也绝不跨阶段地把人类解放当作当前的直接任务，亦即绝不把人类解放这一崇高理想变成脱离其现实基础的虚幻目标，甚至变成与现代经济、政治和社会健康发展相违的有害目标；另一方面，也绝不囿于政治解放的局限性和矛盾性，把政治解放看成是终极的解放，亦即绝不在逐步完成政治解放的过程中淡化或失去人类解放的价值理念，而是积极地克服和解决政治解放的局限性和矛盾性及其引发的社会问题，并把克服和解决这些矛盾和问题的每一步个骤同人类解放的价值原则内在地联系在一起。从这个意义上说，这种"旨在人类解放的政治解放"构成了当代中国政治文明的实质，构成了中国以社会主义市场经济为基础的现代政治文明与现代西方资本主义政治文明的根本区别。

二、旨在人类解放的政治解放与现代政治自由主义

依据马克思对政治解放的阐释，政治解放包括三个方面的基本内容：其一，政治解放就是国家摆脱一切宗教的解放，即实现政教分离，使国家作为一个国家，按照自己的规范，用合乎自己本质的方法，从宗教中解放出来；其二，实现普遍的人权或人的自由权利，即实现个人作为国家公民所享有的政治权利或公民权利和个人作为市民社会成员所享有的私人权利，其中最重要的就是私人财产权利和信仰自由的权利；其三，政治国家和政治解放都必须是建立在市民社会的基础上，其基本的功能就是维护市民社会成员个人的基本权利。很明显，政治解放的这三方面基本内容恰恰也就是近代欧洲政治哲学的三个理论主题，即欧洲近代启蒙运动政治学说，特别是自霍布斯、洛克以来，欧洲自由主义政治学说的最基本的政治主张和权利要求。

更为确切地说，上述政治主张和权利要求正是市场经济这样一种现代经济形态得以形成和发展的政治前提或政治条件，亦即必须通过政治的民主化才能得以建立的政治前提或政治条件。从这个意义上说，既然当代中国的政治文明是以市场经济为基础的，那么，这些政治主张和权利要求就是社会主义条件下的政治解放必须予以实现的基本任务，同时，也理所当然地是当代中国政治文明的基本内容。尽管社会主义社会是以人类解放为基本价值理念和终极目的，但从人类解放是以历史过程的角度看，我们当下必须确立的明确意识是，人类解放必然是在保留政治解放的一切积极成果的同时又扬弃政治解放的局限性或矛盾性的基础上逐步实现的过程。

问题在于，实现上述政治主张和权利要求，是否意味着社会主义条件下的政治解放也必须接受自由主义的政治学说？或者说，社会主义条件下的政治解放与现代政治自由主义之间是否存在着根本性的区别？回答这样的问题，首先必须指出的是，上述政治主张和权利要求与自由主义政治学说并不

直接同一，前者是现代市场经济形态所必需的政治前提或条件，后者则是关于这种政治前提或条件的理论学说。因此，不是因为有了自由主义学说，才有了这些政治主张和权利要求，恰恰相反，是由于市场经济本身的发展孕育出了这些政治主张和权利要求，才有了关于这些主张和要求的理论即自由主义学说。我们关于中国当代政治文明建设的理论建构就必须吸收和借鉴自由主义学说的一切积极内容，以深化我们对市场经济的本质、机制和运行过程的理论把握，完善我们对政治解放的理论理解。

当然，吸收和借鉴自由主义政治学说的积极内容，并不意味着中国的社会主义条件下的政治解放或者说当代中国政治文明建设应当以政治自由主义为理论基础。"旨在人类解放的政治解放"这一理念本身就已经表明，当代中国政治文明建设归根到底应当以马克思的人的解放理论为思想理论基础。在这一点上，我们有必要首先指出的是，马克思的解放理论与自由主义学说的根本区别，不在于它否认了通过自由主义学说表述出来的、与现代社会相适应的最基本的权利要求和政治原则，而在于它揭示了在这种权利要求和政治主张的包容之下市场社会或市民社会本身所固有的内在矛盾和局限性，从而力图促使"政治解放"向"人类解放"推进，并通过人类解放消解和克服政治解放的矛盾性、局限性和不彻底性，以实现"19 世纪的伟大经济运动所引向的人道目标"①。

三、旨在人类解放的政治解放与黑格尔的国家主义

在马克思之前，黑格尔就已经在理论上以伦理理念的进展为依据揭示了"现代世界"中的市民社会本身所具有的内在矛盾性和局限性。他认为，市民社会本身有两个原则：其一，"具体的人作为特殊的人本身就是目的"②，即每个个人都以自身为目的，追求自身的特殊利益或私利，这可以说是市民社会的特殊性原则；其二，"每一特殊的人都是通过他人的中介，同时也无条件地通过普遍性的形式的中介，而肯定自己并得到满足"③，这可以说是市民社会的普遍性原则。这两个原则表明，在市民社会中，伦理理念将特殊性和

① 马克思恩格斯选集：第 3 卷[M]. 北京：人民出版社，1995：130.
② 黑格尔. 法哲学原理[M]. 范扬，张企泰译. 北京：商务印书馆，1961：197.
③ 黑格尔. 法哲学原理[M]. 范扬，张企泰译. 北京：商务印书馆，1961：197.

普遍性两个环节分解出来，一方面"赋予特殊性以全面发展和伸张的权利"，另一方面又"赋予普遍性以证明自己既是特殊性的基础和必要形式，又是特殊性的控制力量和最后目的的权利"。这表明，普遍性和特殊性这两个环节仍然是相互束缚和相互制约的，其中每一个都要以另一个为其条件。但是，由于市民社会中每个人都以自身的特殊利益为目的，又由于个人对特殊利益的追求受到个人的禀赋、体质、资金、技能以及市场中各种偶然情况的制约，因而必然会造成个人财富和技能的不平等，也就是产生贫与富的两极分化。黑格尔肯定这种不平等的合理性，认为这是"理念包含着精神特殊性的客观法"①，但他同时又指出，特殊性本身是没有节制、没有尺度的，一方面，对私利的追求扩张着人的情欲，并把情欲导向"恶的无限"，另一方面，"匮乏和贫困也是没有尺度的"，它不会随着财富的积累和增长而自然消失，相反，随着劳动的细分和局限性，"束缚于这种劳动的阶级的依赖性和匮乏，也愈益增长。与此相联系的是：这一阶级就没有能力感受和享受更广泛的自由，特别是市民社会的精神利益"②。这种情况必然造成穷人"对富人、对社会、对政府等等的内心反抗"。因此，"怎样解决贫困，是推动现代社会并使他感到苦恼的一个重要问题"③。

在黑格尔看来，上述情况表明，在市民社会的"现象界"，特殊性和普遍性是分离的。特殊性本身不是以普遍性为目的，而是表现为自身的无限扩张，而普遍性只是作为市民社会的"内部基础"和"中介"，作为必然性制约着特殊性自身的实现。黑格尔意识到，特殊性与普遍性的这一矛盾以及这一矛盾所造成的混乱状况，在市民社会的范围内是不能解决的。为此，他寄希望于现代国家，认为："这种混乱状态只有通过有权控制它的国家才能达到调和。"④需要特别注意的是，黑格尔所说的国家并不仅仅是指司法、警察、等级议会等公共权力机构。黑格尔把这些公共权力放到"市民社会"这个范畴中加以考察，因为在他看来，这些公共权力固然是普遍物，但它们的运用主要是为了维护个人的基本权利、福利，也就是说，它们依然是以特殊性为目的，而不是以普遍性为目的，不过是特殊性借以实现自身的普遍形式。国家则是更高的伦理实体，是"绝对自在自为的理性的东西"，是"伦理理性的整

---

① 黑格尔. 法哲学原理[M]. 范扬，张企泰译. 北京：商务印书馆，1961：211.
② 黑格尔. 法哲学原理[M]. 范扬，张企泰译. 北京：商务印书馆，1961：244.
③ 黑格尔. 法哲学原理[M]. 范扬，张企泰译. 北京：商务印书馆，1961：245.
④ 黑格尔. 法哲学原理[M]. 范扬，张企泰译. 北京：商务印书馆，1961：200.

体"，只有在国家中，特殊性和普遍性才能真正实现统一，因为现代国家的本质就在于，"普遍物是同特殊性的完全自由和私人福利相结合的"，"对私权和私人福利，即对家庭和市民社会这两个领域来说，国家一方面是外在必须性和它们的最高权利，它们的法规和利益都从属于这种权力的本性，并依存于这种权利；但是，另一方面，国家又是它们的内在目的，国家的力量在于它的普遍的最终目的和个人的特殊利益的统一，即个人对国家尽多少义务，同时也就是有多少权利"①。由此可见，黑格尔是在"市民社会"这个范畴内接受了当时自由主义政治学说的一切权利主张和政治要求，但是由于他看到了市民社会本身所包含的自身无法克服的矛盾，也看到了以维护个人基本权利为目的的公共权力的局限性，因而他把国家设想为更高的伦理实体，希望借助于国家的力量把市民社会从其自身的矛盾中拯救出来。

对于黑格尔的国家学说，马克思最初是持赞同态度的。他在《莱茵报》时期对德国普鲁士政府所进行的政治批判就是以黑格尔的国家观为基本立足点的。那时，他认为国家和法应该是超越私人利益的普遍理性的体现，是调节社会力量的伦理性实体。任何现代国家都不应为了私人利益而利用立法权力，所以，立法者应站在国家的立场，即站在理性和法的立场，超脱狭隘、实际而卑鄙的自私心理。然而莱茵省议会乃至普鲁士政府的所作所为实际上就是把国家变成私人利益的代表，这完全违背了国家的理性精神。特别值得注意的是，马克思在这一时期的政治批判，是以对"穷人权利"的关注为出发点的，他旗帜鲜明地宣称："我们为穷人要求习惯权利，并不是限于某个地方的习惯权利，而是一切国家的穷人所固有的习惯权利。"②如果说，自由主义政治学说所关注的是"个人"，马克思所关注的则是"穷人"。正是由于这一点，马克思不久就在理论上既超越了黑格尔的国家学说，又超越了自由主义的政治主张。

《莱茵报》时期的政治批判最终因《莱茵报》被查封而终止。但在这个时期，马克思所经历的一切政治事件，使他最终认识到，黑格尔的国家观实际上不过是一个关于现代国家的幻觉。为此，他从根本上颠倒了黑格尔关于国家决定市民社会的观点，明确指出，家庭和市民社会是国家的前提，他们才是真正的活动者。因此，不是国家决定市民社会，而是市民社会决定国家。现代政治国家，即资本主义政治国家，绝无可能是普遍理性的体现，它的作

---

① 黑格尔. 法哲学原理[M]. 范扬，张企泰译. 北京：商务印书馆，1961：261.
② 马克思恩格斯全集：第1卷[M]. 北京：人民出版社，1956：142.

用仅在于维护私有者的权利，因为安全是市民社会的最高社会概念，是警察的概念；按照这个概念，整个社会的存在都只为了保证它的每个成员的人身、权利和财产不受侵犯。马克思在这里并不是否认现代国家的合法性，而恰恰是指出现代国家只有在维护私人权利的意义上才是合法的。这就是他后来在《论犹太人问题》一文中指出的："政治生活就在自己朝气蓬勃的时候，并且由于事件所迫而使这种朝气发展到顶峰的时候，它也宣布自己只是一种手段，而这种手段的目的是市民社会生活。"①从这个意义上说，马克思通过对黑格尔的批判接受并肯定了自由主义政治学说对国家的一般理解。这同时也使他把通过自由主义政治学说表达出来的权利要求和政治主张的实现称为"政治解放"，并明确地肯定了这个政治解放的历史进步价值。

但是，马克思并不像自由主义者那样把政治解放看成是人的解放的终极形式，他一方面充分肯定政治解放"当然是一大进步"，另一方面又指出政治解放不是一般人类解放的最后形式，因为政治解放并不是彻底的没有矛盾的人类解放的方法。在这种解放中，人并没有摆脱宗教、财产和行业利己主义的限制，没有获得真正意义上的自由。市民社会的利己主义特征一方面导致自由公民的宗教狭隘性，一方面导致人的自我异化，因为"物的异化就是人的自我异化的实践。一个受着宗教束缚的人，只有把他的本质转化为外来的幻想的本质，才能把这种本质客体化，同样，在利己主义的需要的统治下，人只有使自己的产品和活动处于外来本质的支配之下，使其具有外来本质——金钱——的作用，才能实际进行活动，实际创造出物品来"②。正是市民社会的这种利己主义构成了导致宗教狭隘性和人的自我异化的世俗桎梏，要消灭宗教狭隘性和人的自我异化就必须消灭这种世俗桎梏，从而"把人的世界和人的关系还给人自己"③，亦即实现人类解放。

可以看出，正如黑格尔在"市民社会"的范畴内接受并肯定了自由主义政治学说的权利要求和政治主张一样，马克思是在"政治解放"的范畴内接受并肯定了自由主义政治学说的权利要求和政治主张。他也同黑格尔看到市民社会本身的内在矛盾和局限性一样，看到了政治解放的内在矛盾和局限性。但是，马克思完全拒绝了黑格尔用国家来解决市民社会内在矛盾的企图，他从市民社会决定国家这个基本论点出发，认为现代国家亦即现代资本主义国

---

① 马克思恩格斯全集：第 1 卷[M]. 北京：人民出版社，1956：440.
② 马克思恩格斯全集：第 1 卷[M]. 北京：人民出版社，1956：451.
③ 马克思恩格斯全集：第 1 卷[M]. 北京：人民出版社，1956：442.

家就是以私有财产权力为前提的，是以市民社会为基础的，因而它根本不可能解决市民社会中人的自我异化问题，不能解决现代社会中人的生存二重化问题，也不可能解决国家与市民社会的二元对立问题。为此，他把市民社会或政治解放的矛盾性和局限性的解决，寄希望于人类解放，亦即希望通过消除异化的革命实践来解决。对于这个问题，马克思在随后不久所写的《〈黑格尔法哲学批判〉导言》和《1844年经济学哲学手稿》中，作出了更为深入、更为系统的阐释。从这时起，马克思也把对"穷人权利"的关注转变为强调无产阶级的解放，因为无产阶级是一个"自己遭受普遍苦难而具有普遍性质"的阶级，它所遭受的不是特殊的不公正，而是一般的不公正，是人的完全丧失，"只有通过人的完全回复才能回复自己"。因此，无产阶级的解放就是"以宣布认识人的最高本质这个理论为立足点的解放"，也就是人类解放。①马克思的这一思想实际上构成了他的政治哲学的核心内容，贯穿于他对现代资本主义的全部批判之中。

四、旨在人类解放的政治解放与"第三条道路"

从一般政治策略上说，"第三条道路"是一种以经济全球化为背景，在国家与社会、国家与市场、主权国家与世界秩序的二元对立中探寻新的发展道路的政治理论和政治策略；从最一般的政治理念上说，"第三条道路"是一种力图克服和超越形式上或法律上的民主、自由、平等与实质意义上的或事实意义上的民主、自由、平等的二元对立，克服和超越传统社会民主主义与当代新自由主义的对立的新的政治哲学学说。这一学说的提出者和主要代表人物是当代英国著名政治哲学家安东尼·吉登斯。他在其代表作《第三条道路：社会民主主义的复兴》一书中明确表示："'第三条道路'指的是一种思维框架或政策制定框架，它试图适应过去二三十年来这个天翻地覆的世界。这种'第三条道路'的意义在于：它试图超越传统社会民主主义和新自由主义。"②

应当说，在力图克服和解决现代资本主义的内在矛盾与局限性方面，"第三条道路"学说的确提出了一系列新的思路和政治主张。

---

① 马克思恩格斯选集：第1卷[M]. 北京：人民出版社，1995：15-16.
② 吉登斯. 第三条道路：社会民主主义的复兴[M]. 郑戈译. 北京：生活·读书·新知三联书店，2000：16.

　　首先，在国家与社会以及国家与市场的关系问题上，新自由主义认为，包括经济生活在内的市民社会是一个自足的机体，在没有政治国家干预情况下，它才能更好地实现其目标，因此政治国家不应干预经济活动，也不应干预市民社会的其他活动。与此相反，传统社会民主主义则认为，自由主义学说会导致社会意识的沦丧，把社会变成个人的集合体，使非人化的市场力量和"金钱关系"控制个人之间的关系，并终将摧毁人类生活不可或缺的共同意识和人际纽带。吉登斯认为，新自由主义和传统社会民主主义各执一端，因而不可避免地在其政治实践中陷入自身无法克服的矛盾和困境。在他看来，在现代社会中，市场机制下的政治国家的确不同于传统社会中的全能国家，它不能也不应代替市场机制行使资源配置的职能，其作用应被限制在一定范围内，但这并不意味着可以否认国家的存在价值或认为国家可有可无，国家的存在具有合理性、必要性。吉登斯说："实现社会计划，毕竟还得靠国家"，但是"国家'不应该划桨，而是掌舵：它应迎接挑战，而不是太多地控制'，必须提高公共服务的质量；监督政府的动作，培养有利于企业的独立精神和主动性的积极氛围等"。①

　　其次，在民主问题上，吉登斯一方面肯定了现代自由民主制度的意义，指出这种自由民主制度本质上是一种代表制度。作为一种政府形式，它以定期选举、全民投票、良知自由以及承担公职或组成政治社团的普遍权利为特征，因而可以把这种民主制理解为多元主义和各种利益的表现。另一方面，他也认识到民主制度面临的困境，指出："不管怎样组织，代议制民主制度国家指的是由远离选民的团体统治，而且往往受正常政治的琐事所支配。"②也就是说，代议制民主制度并不有利于民主的进一步发展。为此，吉登斯在其"第三条道路"理论中提出"对话民主制"的设想，以谋求"在自由民主政体范围内鼓励民主国家的民主化"③。他认为，对话民主制在于"使民主与协商机构保持日常联系"，在对话民主的民主化中，有发达的交往自主权，这种交往构成对话，并通过对话形成政策和行为。这种对话民主化也并不一定要求达成共识，它仅仅意味着公共场合的对话提供了与他人在一种彼此宽容的

---

① 吉登斯. 第三条道路及其批评[M]. 孙相东译. 北京：中共中央党校出版社，2002：7.

② 吉登斯. 超越左和右：激进政治的未来[M]. 李惠斌，杨雪冬译. 北京：社会科学文献出版社，2000：116.

③ 吉登斯. 超越左和右：激进政治的未来[M]. 李惠斌，杨雪冬译. 北京：社会科学文献出版社，2000：116-117.

关系中相处的手段，并把政治权力变成一种协商关系。对话民主并非说所有分裂和冲突都能通过对话来消除，也不意味着在任何制度或关系中对话都必须继续下去，而是说要在个人之间建立积极信任的能力，这种信任是跨时间调整社会关系的手段，它保持"必要的沉默"，从而使个人团体能够在社会联系中与他们或其他团体继续共存。吉登斯确信，对话民主制能够突破自由民主制度的作用只限于政治领域的局限性，而把作用对象延伸到了其他领域，体现为个人生活领域的民主化、社会生活和自助团体的增加、组织领域的民主化以及全球秩序的民主化等。

再次，在平等问题上，吉登斯既反对"不惜一切的平均主义"，同时又不同意任凭不平等的经济后果不断蔓延，他主张发展一套动态的、提供生活机会的平等模式，其理由是"既然机会均等产生结果的不平等，所以再分配就是必需的，因为生活机会必须在代际之间再分配，没有这种再分配，这一代人的结果不平等就是下一代人的机会不均等。另一个原因是，总是有人其机会必然受到限制，或落后于其他境况不错的人，但他们不应被剥夺过充实生活的机会"①。吉登斯把平等定义为"包容性"，把不平等定义为"排斥性"。所谓包容性是指，"一个社会的所有成员不仅在形式上，而且在其生活的现实中所拥有的民事权利、政治权利以及相应的义务。它还意味着机会均等以及在公共空间中的参与"②。所谓"排斥性"是指把属于某些群体的人排除在社会主流之外的机制，其中最主要的就是将处于社会底层的人们排除在社会提供的主流机会之外。吉登斯认为，要解决不平等的排斥问题，就必须建立一个包容性的社会，通过"公民自由主义"重建公共领域。

最后，在自由问题上，吉登斯倡导的具有包容性的平等模式体现出对"实质性"自由的某种程度的追求。在这方面，吉登斯比较充分地吸收了当代著名经济学家、诺贝尔经济学奖获得者阿马蒂亚·森的观点。阿马蒂亚·森认为，许多自由主义者所理解的自由是程序性的，在他们那里，程序先于后果，并且不考虑后果。但事实上人们的价值观中必然包含对后果的考虑。为此，森主张："既要考虑法治的权利（程序性自由），也要考虑人们可以实际达到的享受，例如经济上不致饿死的保障、社会上扫除文盲的普遍措施。"③在自

---

① 吉登斯. 第三条道路及其批评 [M]. 孙相东译. 北京：中共中央党校出版社，2002：91.

② 吉登斯. 第三条道路：社会民主主义的复兴 [M]. 郑戈译. 北京：生活·读书·新知三联书店，2000：107.

③ 阿马蒂亚·森. 以自由看待发展 [M]. 任赜，于真译. 北京：中国人民大学出版社，2002：6.

由的定义中，森提出了以"可行能力"为核心的自由概念，强调自由应当从"实质性"的意义上去理解，而"可行能力指的是此人有可能实现的、各种可能的功能或生活的组合。可行能力是一种自由，是实现各种可能的功能活动组合的实质自由（或者用日常语言说，就是实现各种不同的生活方式的自由）"①。吉登斯肯定了森对自由概念的理解，认为森的"社会能力"（可行能力）概念是一个适当的出发点。为了促进平等，政治设计应当体现森提出来的"能力集合"，即以个人所拥有的追求自身幸福的全部自由。他说："把自由定义为社会能力并不是接近新自由主义经济理论假定的利己主义的经济人的观点。正如社群主义者所言，个人恰恰是通过它们作为集团、社群和文化的成员身份来行使其自由的。"②因此，吉登斯排除了自由主义对国家的怀疑态度，主张国家应"尽可能投资于人力资本"，关注人的能力的发展，其基础是提高贫困人口的行为能力。

从吉登斯的上述观点可以十分明显地看出，"第三条道路"的思考在理论上凸现出聚焦当代现代性批判理论所针对的三个方面的核心问题，即国家与市场的关系问题、现代代议制民主的局限性问题和形式上的（或法律上的）平等、自由与实质上的（或事实上的）平等、自由的矛盾问题。吉登斯"第三条道路"理论试图在不改变市场经济的基本模式和资本主义民主政治的基本制度的前提下，为这三方面问题的合理解决提供有效的方案和政治策略。该理论对这三方面问题的深入思考和所提出的政治主张是非常值得重视的。因为，这三个方面的问题，确切地说，是任何一种以市场经济为基础的现代社会在其发展中所必然面临的问题，而能否合理地解决这些问题又从根本上决定了现代社会可能的发展趋向。事实上，在我国社会主义市场经济的发展过程中，尽管我国的市场体系并不十分健全，但这三个方面的问题已经十分普遍地表现出来，成为我国政治理论和政治实践必须应对的现实问题。可以毫不夸张地说，目前我国经济与社会发展过程中所衍生出来的各种社会矛盾和社会问题都直接或间接地与这三个方面的问题密切相关，或者说以这三个方面的问题为其深刻根源。因此，这三个方面的问题及其合理解决就决定了当代中国政治文明建设的基本内容和发展趋向。

事实上，"第三条道路"理论同黑格尔关于国家与市民社会的关系的理论有着共同的理论旨趣。黑格尔在市民社会的范畴内肯定并接受了自由主义的

---

① 阿马蒂亚·森. 以自由看待发展[M]. 任赜，于真译. 北京：中国人民大学出版社，2002：62-63.
② 吉登斯. 第三条道路及其批评[M]. 孙相东译. 北京：中共中央党校出版社，2002：90.

全部权利主张和政治要求，同时他也深刻地洞见了市民社会本身无法克服的矛盾，他把这些矛盾的解决寄希望于国家。为此，他把维护个人权利和特殊利益的"司法"和"警察"留在市民社会的范畴内，而把国家设想为凌驾于市民社会之上的"普遍物"，即市民社会的"外在必然性"和"内在目的"，希图通过确立合理的权利义务关系实现国家对市民社会的绝对统治。"第三条道路"的政治思考所包含的对自由主义的批判，无疑也是针对着以市场经济（市民社会）为基础的现代社会的内在矛盾和局限性，并力图通过构设既不同于自由主义，也不同于传统社会民主主义的所谓"第三条道路"来克服或解决这些矛盾和局限性。然而，"第三条道路"的构想未必能够在现实中达到自己的政治目标。因为现代资本主义的政治制度归根到底是以马克思所说的"政治解放"为终极内容，政治解放所能实现的政治要求构成了现代资本主义政治国家不可超越的底线，这也正是自由主义政治理念和政治策略至今在现代资本主义世界中占据优势地位的基本原因。从这个意义上说，"第三条道路"提出的"非自由主义"政治策略依然不可能超越自由主义最基本的权利主张和政治要求，它所包含的对实质上的或事实上的自由与平等的考虑，有可能在资本主义现实的政治过程中为摆脱或缓解在这个问题上引发出来的社会矛盾或社会对抗提供修补性的策略，但不可能成为资本主义国家的政治原则和政治价值。资本主义的基本制度所能实现的并竭力加以维护的只能是形式上的或法律上的自由和平等，在这个意义上，任何对实质上的或事实上的自由与平等的考虑本质上都具有非资本主义性质。因此，即便是修补性的策略，也不可避免地会在固守自由主义政治原则的政治势力中引起强烈的反弹。"第三条道路"理论在当代自由主义阵营中遭到的围攻已经清楚地说明了这一点。当然，也不能排除另外一种可能性，即随着现代资本主义社会各种内在矛盾的发展以及克服这些矛盾的政治努力，将使各种非资本主义因素逐渐地发展积累起来，并以渐进的方式对资本主义社会起到改造作用，使现代资本主义朝着非资本主义或后资本主义方向发展。如果这种发展是基于对实质上的或事实上的自由与平等的考虑，并且这种考虑不仅仅是提供一种修补策略，而是作为社会进步的基本价值予以制度上的保证，那么这个发展就必然具有社会主义的倾向。关于这一点，某些西方学者也有类似的猜测。如德国学者托马斯·迈尔就试图把自由主义和社会主义对接起来，他说："从历史来说，现代社会主义是近代自由主义的自由运动的彻底的继续发展。它克服了由资产阶级的财产利益决定的对近代自由主义概念的限制和歪曲。"他还说："社会主义要使所有的人在一切生活领域的自由成为现实。它作为自由主义的自由运动的继承者和完成者建立在这一运动的基础上，并且在自己的纲领中保持了这一运动的真正成就。"①为此，他寄希望于一种社会民主主义的制度，在这种制度下，"所有的人在一切领域的平等的自由将通过团结互助和社会组织得到实现"②。当然，这种可能性仅仅是一种可能性，而且从现代资本主义的主导倾向上看，还是一种微小的可能性。

从对"第三条道路"理论的上述分析可以看出，马克思的解放理论不仅超越了黑格尔的国家学说，而且也包含着在理论上超越"第三条道路"政治主张的可能性。马克思是在政治解放的范畴内肯定并接受了自由主义的全部权利主张和政治要求，同时他也深刻地揭示了市民社会本身的内在矛盾和政治解放的局限性，即市民社会的利己主义性质、人的生存的二重化和人在市民生活中的"自我异化"，但他否认了黑格尔关于国家决定市民社会的理论，也就是否认了黑格尔希图通过国家来克服市民社会的局限性的政治理念。在马克思看来，完成了政治解放的现代政治国家"把市民社会，也就是把需要、劳动、私人利益和私人权利看作自己存在的基础，看作不需要进一步加以阐述的当然前提，所以也就看作自己的自然基础"③，它不可能超越市民社会成为拯救市民社会的政治力量。因此，马克思认为，要真正够克服政治解放的局限性，克服市民社会的自我矛盾，不能寄望于以政治解放为其基本内容的政治国家，更不能寄望于黑格尔所设想的"君主立宪制"，而必须在政治解放的基础上进一步发动和推进"人类解放"，从而消灭导致宗教狭隘性和人的自我异化的世俗桎梏，"把人的世界和人的关系还给人自己"④。依据马克思解放理论的基本思路，我们完全可以作出如下推断：在我国建立和完善社会主义市场经济体制的历史时期，我们必须在政治体制改革或政治文明建设方面毫不动摇地完成马克思所说的政治解放的历史任务，以便为社会主义市场经济的发展创造适宜的政治条件。但这并不意味着我们可以放弃马克思主义所确立的人类解放的伟大目标，甚至也不意味着我们应当把这个目标推向遥远的未来。市场经济本身的固有矛盾和政治解放本身的历史局限性，必然会使我们在这样一个历史时期遇到前文所述的各种社会矛盾和困难问题，在这

① 托马斯·迈尔. 社会民主主义导论[M]. 北京：中央编译出版社，1996：6.
② 托马斯·迈尔. 社会民主主义导论[M]. 北京：中央编译出版社，1996：5.
③ 马克思恩格斯全集：第1卷[M]. 北京：人民出版社，1956：443.
④ 马克思恩格斯全集：第1卷[M]. 北京：人民出版社，1956：442.

一点上，"第三条道路"政治思维所提供的理论见解和修补策略对于我们解决现时期社会发展过程中出现的各种矛盾和问题无疑具有直接的借鉴和启发意义，是非常值得重视的。但是，我们又必须十分清醒地意识到，我们所要完成的政治解放是以社会主义基本制度为前提的政治解放，是旨在人类解放的政治解放。这意味着，对我国当代社会主义政治文明建设的思考，既不能脱离政治解放的基本要求，又不能囿于政治解放的历史框架，而应当着眼于政治解放和人类解放的历史转换，把解决现实问题的出发点和基本思路合理地纳入人类解放的价值目标中，不仅仅是为减缓社会压力而提供修补策略，而是为人类解放的实现奠定基础、创造条件。就此而论，在社会主义市场经济的发展时期，作为以人类解放为目标的社会主义国家，我们在思考和解决国家与社会、政府与市场、民主与法治、形式上的自由平等与实质上的自由平等、社会公正与和谐等诸多方面的矛盾和问题上，应当能够提出并实施较之资本主义更为合理、更为有效的理论和策略。因为，只要明确人类解放的目标，市场经济本身的固有矛盾和政治解放本身不能解决的问题都能在明确的价值取向中找到消解的现实途径。政治解放是不可逾越的，但不是不可超越的。笔者相信，对于当代中国社会主义政治文明的建设来说，最伟大的政治智慧正是体现在政治解放与人类解放的交接点上。这一点构成了资产阶级政治解放与旨在人类解放的政治解放的根本区别，构成了社会主义市场经济与资本主义市场经济的根本区别，也构成了"旨在人类解放的政治解放"的政治思维与包括"第三条道路"在内的所有旨在维护资本主义基本制度的政治思维的根本区别。

五、旨在人类解放的政治解放与民主社会主义

早在 1951 年，社会党国际在德国法兰克福召开成立大会，通过了《民主社会主义的目标与任务》的原则声明，即《法兰克福宣言》（以下简称《宣言》）。该《宣言》提出，社会主义的目的是要把人们从对占有或控制生产关系的少数人的依附中解放出来，它的目的是要把经济的权力交给全体人民，进而创造一个合理的社会，使全体人民能以平等地位在社会中共同工作。尽管社会主义的实现不是必然的，但社会主义是最高形式的民主主义。在政治民主方面，《宣言》提出社会党人的目标是以民主的方法建立一个自由的新社会，民

主是民有民治民享的政府；在经济民主方面，《宣言》提出，取代资本主义制度的新制度是公共利益优先于私人利益。而社会主义的计划并不以生产资料公有制为先决条件，所有公民可以通过参加相应的组织和通过个人自愿，参与生产过程，以防止公营企业和私营企业的官僚主义的发展。在社会民主方面，《宣言》提出，社会主义区别于资本主义的指导原则是满足人的需要。《宣言》还批判资本主义背叛正义观念，批判极权主义侵犯人类的尊严。在国际民主方面，《宣言》提出民主社会主义是国际性的，维护时代和平是时代的最高任务，呼吁所有的工人团结起来为这个伟大的目标而奋斗。继《法兰克福宣言》之后，1959 年 11 月 13 日至 15 日，德国社会民主党又在哥德斯堡召开特别代表大会，会上通过了《德国社会民主党基本纲领》，即《哥德斯堡纲领》，该纲领提出社会主义是一切具有良好意愿的人们的共同努力下建设一个没有贫困和恐惧，也没有战争和压迫的符合人类尊严的社会。纲领宣布，德国社民党是一个思想自由的党，由具有不同信仰和思想的人组成的一个共同体。社会主义的任务是争取、捍卫自由和公正。社会民主党经济政策的目标，是实现不断增长的社会富裕，使人人能从国民经济收入中得到公正的分配。在文化生活方面，发挥人的创造力，尊重教会和宗教团体，重视教育和科学，保证艺术创造自由，并指出当前最重大和最迫切的任务是保卫和平和保障自由。纲领还认为，发展中国家的生产率还没有提高时，国民民主就不能保证。

在 20 世纪 70 年代末到 90 年代中期，资本主义国家普遍出现的长时期的"经济滞胀"宣告了凯恩斯主义的失败，这使得新自由主义思潮占据优势地位，民主社会主义或社会民主主义一度陷入低谷或危机。但是，到了 90 年代中期以后，社会民主主义再度复兴，其主要表现是欧盟 15 个国家中有 13 个国家的社会民主党在选举中获胜而上台执政。今天欧洲"第三条道路"的代表人物都是有实权的人物，如英国首相布莱尔、德国总理施罗德、法国总理若斯潘等。因此，当前关于"第三条道路"的讨论在世界上非常引人注目。

迈尔教授认为，正是由于第二阶段危机的出现，使社会民主党开始寻找走出危机的道路，寻找在经济全球化的新形势下夺回自己的多数的新办法，于是，开始了对"第三条道路"的探索和讨论。布莱尔、施罗德和若斯潘的成功，证明了通过新的办法，即通过"第三条道路"来重新获得多数是可能的。

法国学者雅克·德罗兹认为，"民主社会主义就是建立在议会制和为实现各自的目标而进行合法斗争的各政党基础上的社会主义"。托马斯·迈尔认为："民主社会主义是建立这样一种国家和社会制度的原则，在这种制度下，所有的人在一切生活领域的平等的自由将能通过团结互助和社会组织而得到实现。"①

迈尔认为："从历史来说，现代社会主义是近代自由主义的自由运动的彻底的继续发展。她克服了由资产阶级的财产利益决定的对近代自由主义概念的限制和歪曲。"他还说："社会主义要使所有的人在一切生活领域的自由成为现实。它作为自由主义的自由运动的继承者和完成者建立在这一运动的基础之上，并且在自己的纲领中保持了这一运动的真正成就。"②在民主社会主义制度下，"所有的人在一切生活领域的平等和自由将能够通过团结互助和社会组织得到实现"③。

民主社会主义认为，国家不是阶级统治的工具，而是一种支配民族经济、政治、文化和社会生活的人类共同享有的组织体。

德国社会民主党在《哥德斯堡纲领》中写道："国家应当成为一个从各种社会力量中吸取内容并且为人的创造精神服务的文明国家。"④该党 1986 年 8 月通过的新纲领草案（《依尔塞草案》）指出："国家并不是必然要成为经济上占统治地位的阶级或者有势力的利益集团的工具。国家也能够成为按更加民主的方向变革社会的那种势力的重要工具。"⑤这实际上反映了当代民主社会主义的多元主义国家观。多元主义国家观的核心是承认代表不同利益群体的政治组织（政党和各种利益团体）对国家的决策能起重大影响，实际上分享着国家的政治权力，即主张在资本主义经济制度和议会民主范围内"改善"或"驯化"资本主义。

（该文原载于《教学与研究》2009 年第 1 期）

---

① 迈尔. 社会民主主义的转型[M]. 北京：北京大学出版社，2001：8.

② 迈尔. 社会民主主义导论[M]. 北京：中央编译出版社，1996：6.

③ 迈尔. 社会民主主义导论[M]. 北京：中央编译出版社，1996：5.

④ 苏珊·米勒，海因里希·特波霍夫. 德国社会民主党简史（1848—1983）[M]. 北京：求是出版社，1984：347.

⑤ 李兴耕. 当代西欧社会党的理论与实践[M]. 哈尔滨：黑龙江人民出版社，1989：37.

政治哲学的伦理学基础

在西方学界，政治哲学的复兴是以罗尔斯在 20 世纪 70 年代初发表的《正义论》为标志的。而在我国学界，政治哲学研究进入活跃状态已是 21 世纪的事情，晚于欧美近 30 年。因此，在我国，政治哲学仍然属于新兴的研究领域。这自然会带来对政治哲学的学科性质的讨论。在这个讨论中，厘清政治哲学与伦理学的关系是尤为重要的。因为这个关系不仅涉及政治哲学的学科定位问题，同时也涉及我们对政治生活与道德生活的内在相关性的理解，更涉及我们对政治生活的基本性质的理解。在笔者看来，政治哲学与伦理学的关系，简单地说，就是政治与道德的关系。从最一般意义上说，"善"是道德生活的核心概念，或者说是伦理学的最高范畴；"正义"是政治生活的核心概念，或者说是政治哲学的最高范畴。但无论是道德生活，还是政治生活，都具有建立和维系社会生活秩序的基本功能，而无论是"善"还是"正义"都代表着一种体现健全人格和健康社会的正面价值。因此，对"善"的追求和对"正义"的追求无论是在伦理学中，还是在政治哲学中，都是紧密地交织在一起的，表现出道德与政治相互交融性。本文试图通过概要地梳理政治哲学与伦理学的关系的历史发展过程来阐释笔者对这个问题的粗浅理解。

一、古代政治哲学：道德与政治的直接同一

无论是在中国古代哲学中，还是在古希腊哲学中，有关政治问题的哲学思考都属于伦理学的一部分，或者说是伦理学的一个分支。在古代哲人看来，政治统治的合法性、权威性来自道德伦理的基本要求。为政者必须是善者，这一点在古代哲人那里是不言而喻的。在社会生活的共同体中，掌握公共权力的政治统治者以及大大小小的官吏，他们的道德品行的优劣直接决定了政

治的兴衰。如果统治者和政府官吏不顾公共利益和大众利益，而将公共权力变成谋取私利的工具，那就必然导致政权的腐败、社会矛盾的激化乃至共同生活的瓦解。

在中国古代文化中占据主导地位的儒家学说，从其主要内容上看，就是一种包含政治学说在内的伦理道德学说。在这种学说中，政治的最高境界同时也是最高的道德境界，即"仁政"。儒学创始人孔子就直截了当地指出："政者，正也。子帅以正，孰敢不正？"①其意就是说，为政者必须良善正直，才有可能避免臣民的邪恶。道德上的正直和政治上的正义均是"道义"本身的基本内涵。离开了"道义"，不仅无从判断政治行为和政治活动的是是非非，而且会造成政治秩序的混乱，并最终导致天下大乱。孟子更注重人的道德品性与政治的关系。他强调人性在根本上是"善"的。人性的善表现为每个人都有"不忍人之心"，即"仁心"。而君王有不忍人之心，就会有不忍人之政，即"仁政"。所以他说："人皆有不忍人之心；先王有不忍人之心，斯有不忍人之政矣。"②人有"仁心"若能"推恩"，便可使道义原则广布天下，"老吾老以及人之老，幼吾幼以及人之幼，天下可运于掌。《诗》云：'刑于寡妻，至于兄弟，以御于家邦。'言举斯心加诸彼而已。故推恩，足以保四海；不推恩，无以保妻子。古之人所以大过人者无他焉，善推其所为而已矣。"③

在古希腊政治哲学中，柏拉图和亚里士多德的政治理论是最为卓越的。尽管他们二人对诸多政治问题的理解存在着很大差异，但他们都把"善"或"至善"作为政治活动、国家生活的最高目标，也是衡量政治行为和人的政治品质的最终标准，政治统治的合法性也是从"善"的理念中获得最终的依据。如柏拉图所说："善的理念是最大的知识问题，关于正义等等的知识只有从它演绎出来的才是有用的和有益的。"④柏拉图在他的著作《理想国》中就是把正义作为他的国家学说的核心理念。这使他成为历史上第一位对正义概念进行理论探讨的政治哲学家。在他看来，一个城邦（国家）主要由三个阶层的人构成，即统治者（护国者）、辅助者（保卫者或武士）和农耕商人。每种人在城邦中都做最适合他的天性的事情，互不干扰，这是构成城邦的原则。所谓"正义"就在于符合这个原则，即"正义就是有自己的东西干自己的事

① 中国哲学史资料选编：上[M]. 北京：中华书局，1984：296.
② 中国哲学史资料选编：中[M]. 北京：中华书局，1984：507.
③ 中国哲学史资料选编：中[M]. 北京：中华书局，1984：488.
④ 柏拉图. 理想国[M]. 郭斌和，张竹明译. 北京：商务印书馆，1986.

情"①。同时，正义就是智慧与善。城邦的"正义"主要体现为"智慧""勇敢"和"节制"这三种美德。其中，"智慧"是属于城邦统治者的美德，"勇敢"是属于城邦保卫者的美德，而"节制"则是属于城邦中所有人的美德。因此，正义的城邦就应当是"善"的，"这个国家一定是智慧的、勇敢的、节制的和正义的"②。

柏拉图还确信，城邦的正义与个人的正义具有一种同构性。国家有三个部分，每个人的灵魂也有三种品质，这就是"理性""激情"和"欲望"。当人的这三个部分彼此友好和谐，理智起领导作用，激情和欲望一致赞成由它领导而不反叛，这样的人就是有节制的人，这种人能够"自己主宰自己，自身内秩序井然，对自己友善"③。他们能够带来城邦的和谐。

亚里士多德同样把"至善"理解为人们组成城邦所要达到的目的。所以，他在《政治学》一书中，开篇就说："所有城邦都是共同体，所有共同体都是为着某种善而建立的（因为人的一切行为都是为着他们所认为的善），很显然，由于所有的共同体旨在追求某种善，因而，所有共同体中最崇高、最有权威、并且包含了一切其他共同体的共同体，所追求的一定是至善。这种共同体就是所谓的城邦或政治共同体。"④在亚里士多德看来，而所谓"至善"就是"追求完美的、自足的生活"⑤，因而也就是"公正"或"正义"。既然城邦的最高目的是至善，那么"公正"就是为政的准绳。他说："人一旦趋于完善就是最优良的动物，而一旦脱离了法律和公正就会堕落成最恶劣的动物。不公正被武装起来就会造成更大的危险，人一出生便装备有武器，这就是智能和德性，人们为了达到最邪恶的目的有可能使用这些武器。所以，一旦他毫无德性，那么它就会成为最邪恶残暴的动物，就会充满淫欲和贪婪。公正是为政的准绳，因为事实公正可以确定是非曲直，而这就是一个政治共同体秩序的基础。"⑥

在古代哲学中，政治哲学之所以从属于伦理学，大致有如下几个方面的原因：

其一，就建立和维系社会生活秩序而言，习俗、习惯和道德作为生成和维系秩序的文化机制要比法律、政治制度久远得多。习俗、习惯和道德是在

① 柏拉图. 理想国[M]. 郭斌和，张竹明译. 北京：商务印书馆，1986：155.
② 柏拉图. 理想国[M]. 郭斌和，张竹明译. 北京：商务印书馆，1986：144.
③ 柏拉图. 理想国[M]. 郭斌和，张竹明译. 北京：商务印书馆，1986：172.
④ 亚里士多德. 政治学[M]. 颜一，秦典华译. 北京：中国人民大学出版社，2003：1.
⑤ 亚里士多德. 政治学[M]. 颜一，秦典华译. 北京：中国人民大学出版社，2003：90.
⑥ 亚里士多德. 政治学[M]. 颜一，秦典华译. 北京：中国人民大学出版社，2003：5.

人们的共同生活的漫长发展过程中逐渐形成的一系列有效的行为规则以及解释这些行为规则的观念。这些行为规则和观念经过长期的演化过程已经固化到人们的生活方式、行为方式和思维方式中，甚至深深地植根于人们心理结构下意识层面中，成为社会秩序的深层机制。法律、政治制度通常是阶级、国家产生以后才形成的社会规范，因而法律、政治制度等的产生也就标志着文明社会的开始。但是法律和政治制度与社会习俗、道德有着密切的联系。由于习俗和道德构成了社会秩序的深层机制，因而法律和制度的制定和施行就必须与这些习俗和道德保持基本的一致。事实上，大部分法律与制度都是通过立法程序和政治过程而将那些对社会整体利益和社会总体秩序至关重要的习俗和道德规范法律化、制度化。因此，法律和制度在很大程度上根源于习俗和道德。离开了习俗和道德，政治问题就成了无源之水、无本之木。

其二，在古代哲人看来，政治统治的合法性、权威性也来自道德伦理的基本要求。在社会生活的共同体中，掌握公共权力的政治统治者以及大大小小的官吏，他们的道德品行的优劣直接决定了政治的兴衰。如果统治者和政府官吏不顾公共利益和大众利益，而将公共权力变成谋取私利的工具，那就必然导致政权的腐败、社会矛盾的激化乃至共同生活的瓦解。柏拉图之所以在《理想国》中呼吁让哲学家出任国家统治者，就是因为他认为真正的哲学家的最高追求就是至真、至善的理念，因而能够将"善"作为自己的执政标准，他们不看重浅近的物质利益，也不在乎手中的权力，因而较之其他人更有利于政治的清明和社会良好风尚的建树。

其三，政治哲学对政治问题的考察和研究必然带有一定的价值取向，而这种价值取向归根到底来自道德原则。也就是说，政治的合法性或合理性的根据并不在于政治活动自身，而在人们最基本的道义原则中。因此，只有伦理学才能为政治的合法性或合理性提供形而上学的终极依据。从这个意义上说，伦理学构成了政治哲学的形而上学基础，具有绝对意义的"善"，是所有道德行为和政治行为归宗。

二、近代政治哲学：道德与政治的疏离

在欧洲传统政治学说中，确信"善"与"正义"、道德与政治的直接同一始终占据主流地位。特别是在中世纪，由于宗教神学和罗马教会的强权统治，

使道德与政治直接同一，并形成了政教合一的政治形态，即作为"至善"的神是王权或国家权力的全部根据。然而，到了中世纪末期，教权的腐败、王权的专制、教权与王权之间的矛盾以及宫廷内部围绕权力展开的争斗等等，使人们越来越难以看到，也越来越难以相信政治统治的良善本性，并逐渐对"政治植根于道德"这一传统观念产生怀疑。

最先对这一传统政治观念提出挑战的是文艺复兴时期著名政治理论家马基雅维里。他在《君主论》一书中干脆把政治统治与道德本性剥离开来，提出"用目的说明手段正当"为原则的政治无道德论。马基雅维里是中世纪晚期意大利新兴资产阶级的代表，从政治理想上说，他崇尚共和政体，认为共和政体有助于促进社会福利，发展个人才能，培养公民美德。但面对当时意大利人性堕落、国家分裂和社会动乱的状态，他认为实现国家统一、社会安宁的唯一出路只能是建立强有力的君主专制制度。在他看来，人是自私的，追求权力、名誉、财富是人的本性，因此人与人之间经常发生激烈斗争，为防止人类无休止的争斗，国家应运而生，颁布刑律，约束邪恶，建立秩序。为了达到这个目的，君主应当不图虚名，注重实际，只要能够达到目的，无须考虑手段的道德性质。残酷与仁慈、吝啬与慷慨，都要从实际出发，即所谓"明智之君宁蒙吝啬之讥而不求慷慨之誉"。所以他在《君主论》中说，君主"常常不得不背信弃义，不讲仁慈，悖乎人道，违反神道"，君主"如果有必须的话，他就要懂得怎样走上为非作恶之途"①，当君主认为"如果没有那些恶行，就难以挽救自己的国家的话，那么也就不必因为对这些恶行的责备而感到不安，一些事情看来是恶行，可是如果照着办了却能给他带来安全与福祉"②。这就是说，政治统治的正义是用其最终目的和效果来说明的，一切与此无关的道德都应该被抛弃。基于这种观点，马基雅维里明确地把政治学当作一门实践学科，将政治和伦理区分开，把国家看作纯粹的权力组织。可以说，他是近代第一个使政治学独立于伦理学的思想家，因而有资产阶级政治学奠基人之称。

当然，在近代政治哲学中，马基雅维里的这种比较极端的政治学观点并不多见。多数政治哲学家并不否认政治合法性本身所蕴含的道义原则。这特别体现在近代法学和政治学有关自然法的讨论中。所谓自然法不过是一些最基本的道义原则，如"各有其所有，各偿其所负"（格劳修斯）、"既受他人恩

---

① 马基雅维里. 君主论[M]. 潘汉典译. 北京：商务印书馆，1985：85.
② 马基雅维里. 君主论[M]. 潘汉典译. 北京：商务印书馆，1985：75.

施之惠，就应努力使他不因施惠而自悔"（霍布斯）等。当然，自然法的内容应当是什么，这是一个争议很大的问题，但不管怎样，自然法所涉及的就是一些最基本的道义原则，法律和政治行为如果不符合自然法的要求，就是不合理的、不合法的。因为"自然法"本身就被理解为维系社会共同生活的最基本的尺度，没有这些基本要求或不符合这些基本要求，社会生活就建立不起来，即便建起来了也维持不下去。

但问题在于，如何才能使自然法成为共同的生活准则而不致被个人的任意性所破坏？人性中是否具有足以使自然法得以贯彻的道德根基？对于这样的问题，近代思想家则比较普遍地表现出对人的德性能力的不信任，即便不否认道德良善的重要性，但也不把政治正义的实现寄希望于人的道德品性。如英国哲学家霍布斯从人性本恶的基本立场出发，干脆否认了人凭其本性执行自然法的可能性。在他看来，尽管自然法是理性法则，但人的趋利避害的自私本性使人倾向于不愿接受自然法的约束，因此，要使自然法行之有效，就必须依靠具有强制力的政治权力。他说："正义的性质在于遵守有效的信约，而信约的有效性则要在足以强制人们守约的社会权力建立以后才会开始，所有权也就是在这个时候开始。"①按照霍布斯的这一观点，政治的正义与其说是根源于人性的善，不如说是为了防范人性的恶。

稍晚于霍布斯的英国哲学家洛克不同意人性本恶的说法，而是认为人天生就是要过社会生活，这就决定了最初的"自然状态"应当是一种社会生活的状态，一个自由、平等的状态。在自然状态中，人们根据自己的愿望行动，并受理智的约束，在理性的范围内，其行动服从自然的道德律，这就是"自然法"。洛克还认为，在自然状态中，每个人都有根据自然法来惩罚违反自然法的人的权利和要求犯罪人作出赔偿的权利。这就是所谓自然权利。由此看来，洛克既肯定了自然法是一种道德律，又肯定了个人执行自然法的正当权利，但他同样认为，政治的正义不可能直接从这种自然法和自然权利中产生。因为，尽管在自然状态中，人们的行为是受理性的自然法约束的，但人们的行为却常常是非理性的，这就造成了自然状态的种种缺陷，其中最主要的缺陷是：第一，在自然状态中，缺少一种确定的、规定了的、众所周知的法律为判别是非的标准和裁决纠纷的共同尺度，从而使有些人由于利害关系而心存偏见，按照对自己有利的方式理解和运用自然法；第二，在自然状态中，

---

① 霍布斯. 利维坦[M]. 黎思复，黎廷弼译. 北京：商务印书馆，1985：109.

缺少一个有权依照既定的法律来裁判一切争执的知名的和公正的裁判者，每个人以自然法的裁判者和执行者自居，而又偏袒自己，这就使他们的裁决因情感和报复之心而超越正当的范围；第三，在自然状态中，往往缺少权力来支持正确的判决，使它得到应有的执行。这就是说，在自然状态下，人们无法解决在理解和执行自然法方面所产生的分歧，这就易于导致战争状态。要避免可能发生的战争状态，就必须走出自然状态，组成公民社会和公民政府，把每个人执行自然法的自然权利交给这样的政府，通过颁布和执行确定的、众所周知的、大家共同接受的法律，来维护自然法和自然赋予每个人的基本权利。他说："虽然他在自然状态中享有那种权利，但这种享有是很不稳定的，有不断受别人侵犯的威胁。既然人们都像他一样有王者的气派，人人同他都是平等的，而大部分人又并不严格遵守公道和正义，他在这种状态中对财产的享有就很不安全、很不稳妥。这就使他愿意放弃一种尽管自由却是充满着恐惧和经常危险的状况；因而他并非毫无理由地设法和甘愿同已经或有意联合起来的其他人们一起加入社会，以互相保护他们的生命、特权和地产，即我根据一般的名称称之为财产的东西。"①

霍布斯和洛克的上述观点在近代欧洲政治哲学的诸多学派中是很普遍的。近代欧洲正处在由以自然经济为基础的传统社会向以市场经济为基础的现代社会的过渡过程中。而市场经济是以作为市场主体的个人最大限度地追求私人利益为内在驱动力的，这就必然要求个人的私有财产权利得到国家和法律的保护。不管这种私人财产权利被理解为来自人的趋利避害的本性（如霍布斯），还是被理解为来自人的劳动（如洛克），或者被理解为私有财产制度的产物（如卢梭），私人财产权利都是不能被取消，不能被侵犯的。这也是近代政治思想家竭力予以肯定的自由平等权利的核心的内容。因此，在近代政治思想家们看来，要保护私有财产权利，防止相互侵犯，靠人们的善良意志是根本不可能的，必须将私有财产权利以法律的形式确立起来，并使之得到有强制力的国家的保护。因而在近代大多数政治哲学家看来，道德的良善和政治的正义并不是直接同一的，后者总是在前者不起作用的地方才能发生。这样，思想家们在人们角逐私利的行为中难以相信道德意识本身可以产生积极的政治后果，同时又在自由平等的理想之下寻求实现正义的政治途径。

道德与政治之间的这种疏离使政治思想家们越来越倾向于把政治生活或

---

① 洛克. 政府论：下篇[M]. 瞿菊农，叶启芳译. 北京：商务印书馆，2005：77.

国家政府之类的问题当作独立的研究领域，探讨政治过程、政治生活、政治制度、政治策略的性质及其发展变化的规律。特别是在 19 世纪后半叶，随着各门社会科学的普遍兴起，政治问题的研究也逐渐被纳入科学研究的轨道，诞生了作为实证科学的政治学。

三、现代政治哲学：为政治正义确立道德依据

当政治学成为独立的社会科学学科以后，政治哲学一度衰落，政治问题的探讨逐渐被纳入实证科学的轨道，从而在很大程度上将道德问题从政治视野中排除出去。并且受"唯科学主义"思潮的影响，政治学界一度对政治哲学采取漠视的态度，认为政治哲学所关注的价值判断，没有严格的确定性，只能各执己见，莫衷一是，不可能是真正的科学，因而不值得重视。这种情况延续了几乎一个世纪。应当说，把政治生活作为独立的对象，从"事实"的意义上加以研究的确是非常必要的，但是从政治生活的总体上说，排除道德问题的或忽视"价值"维度的思考，又是十分片面的。在现实的政治活动中，事实与价值是不可分离的。从客观事实上说，人类的政治生活本身就是一个高度复杂的有机体，它在任何一个历史起点上的未来演化趋势都具有多种可能性，而哪一种可能性能够变成现实，则在很大程度上取决于社会主体的价值选择。在这种价值选择中，人们关于正义与非正义、善与恶、平等与自由等道德原则的理解显然起到了至关重要的作用，它决定了人们的历史活动所具有的基本目的和所要采取的基本步骤。正是由于这一点，罗尔斯在试图通过对政治正义的思考来解决政治过程所面临的各种困难问题时，也指明了政治哲学对于伦理学的从属性。他说："政治哲学有他自己的明确特征和问题。作为公平的正义是针对现代民主社会的基本结构这个具体问题而言的一种政治正义观念。就此而言，它的范围要比统合性的哲学和道德学说狭窄得多，诸如功利主义、至善主义、直觉主义以及其他的学说。它关注的是（以基本结构形式存在的）政治问题，而政治问题不过是道德问题的一部分。"[①]

在罗尔斯看来，如果我们把社会看作一个公民平等参与的公平的合作系统，那么这种平等的基础就是拥有最低限度得到的能力。因此他确信，作为

---

① 罗尔斯. 作为公平的正义[M]. 姚大志译. 上海：三联书店，2002：23.

公平的正义将公民视为从事社会合作的人，这种人拥有两种道德能力："一种道德能力是拥有正义感（sense of justice）的能力：它是理解、应用和践行（而不是仅仅服从）政治正义的原则的能力，而这些政治正义的原则规定了公平的社会合作条款"，"另一种道德能力是拥有善观念（conception of good）的能力：它是拥有、修正和合理地追求善观念的能力。这样一种善观念是由各种终极目的和目标组成的有序整体，而这些终极目的和目标规定了一个人在其人生中被看作最有价值的东西，或者被视为最有意义的东西"。①因此，罗尔斯高度注重政治的正义与道德能力的关系，他在《正义论》中这样说："我希望强调，正义观只是一种理论，一种有关道德情感（重复一个十八世纪的题目）的理论，它旨在建立指导我们的道德能力，或更确切地说，指导我们的正义感的原则。"②

不独罗尔斯这样看，几乎所有的当代政治哲学家都这样看。与罗尔斯齐名的当代政治哲学家诺齐克，他在有关政治正义的理解上尽管与罗尔斯有着尖锐的对立，主张一种极端的自由主义，但他同样明确地强调，道德哲学为政治哲学既提供了背景又确定了边界。而具有约束力的道德禁令就是国家强制力的最根本的合法性源泉。《当代政治哲学》的作者金里卡也认为，在道德哲学与政治哲学之间有一种根本性的关联，政治哲学关注的焦点是那些使得公共机构的运作具备合法性的道德义务,公共责任和私人责任的内容和界限，都必须诉求更深刻的道德原则才能确定。他说："对公共责任的任何解释都必须契合更宽广的道德框架：这种道德框架既要能够容纳又要能够说明我们的私人责任。"③

从上述对政治哲学与伦理学的关系的历史梳理，已经可以清楚地看出，政治哲学在当代的复兴包含着人们对政治生活的道德价值的重新理解。这一点，在我国学界还是相当模糊的。不少学者认为，现代社会是一个普遍的法治社会，依法治国是一个根本性的原则。因此，确立治理社会的道德原则似乎是不合时宜的事情。这些学者也许并不否认道德建设的重要性，但却在观念上把道德建设与政治建设和法制建设看成是不同的过程。他们忽视了一个更为根本的问题，即任何政治生活都有其道德基础，至少在本质上包含着道德原则在其自身之中。至于法治建设，更是如此，正如美国伦理学家麦金太

---

① 罗尔斯. 作为公平的正义[M]. 姚大志译. 上海：三联书店，2002：31.
② 罗尔斯. 正义论[M]. 何怀宏等译. 北京：中国社会科学出版社，1988：47.
③ 金里卡. 当代政治哲学[M]. 刘莘译. 上海：三联书店，2001：11.

尔所说：“只有那些具有正义德性的人才有可能知道怎样运用法律”。[①]

（该文原载于《理论与现代化》2011 年第 1 期，人大复印资料《伦理学》2011 年第 4 期转载）

---

① 麦金太尔. 德性之后[M]. 龚群等译. 北京：中国社会科学出版社，1995：15.

"社会公正"与社会和谐

中共中央提出的"构建社会主义和谐社会"这一战略目标，之所以能够在我国社会生活中产生强烈的震撼力，并迅速成为普遍的社会诉求，主要是因为，我国社会生活的不和谐性已经发展到相当严重的程度，而且这种社会不和谐并非在短时期内形成的，各种导致不和谐的社会因素和态势，事实上在改革开放初期就已经初露端倪，经过长期的积累，现在已经深深地植根在社会的动态结构中。当然，这种社会不和谐状态的出现，往往是发展中的社会难以避免的。它既是发展的结果，又是进一步发展的障碍。问题的关键在于找到导致社会不和谐的主要因素或原因，对症下药，谋划构建和谐社会的恰当方案。本文力图阐明的问题，是"社会公正"这一价值理念与"和谐社会"的关系，并从社会公正的角度理解或诠释"和谐社会"的基本内涵和操作依据。

一、社会公正是和谐社会的首要价值

对于社会公正（或者说作为公平的正义）与和谐社会的关系问题，约翰·罗尔斯已经作出了比较系统的分析。他在 2001 年出版的《作为公平的正义——正义新论》一书中专门阐释了"秩序良好社会的理念"，明确提出"秩序良好的社会"是"一种由公共的正义观念所有效调节的社会"，并指出秩序良好的社会必须具备三个条件：第一，"它是这样一个社会，在这个社会中，每一个人都接受，并且知道所有其他的人也都接受相同的政治正义观念（以及相同的政治正义原则）"；第二，"公众认为，或者有充分的理由相信，社会的基本结构——它的主要政治制度和社会制度以及它们结合成为一种合作体系的方式——能满足这些正义要求"；第三，"公民具有一种通常情况下起作用的正义感，也就是说，这种正义感能够使他们理解和应用为公众所承认的正义原则，对大多数人来说，这种正义感使他们根据其社会位置而采取相应的行动，而且这些行动也符合义务和职责的要求"。①

在罗尔斯的这个论述中，他所使用的"作为公平的正义"（justice as fairness）完全可以翻译为"公正"，而他所说的"秩序良好的社会"，在基本含义上，相当于我们所要探讨的"和谐社会"。不过，本文认为，"和谐社会"可能比"秩序良好的社会"一词更准确地表达了罗尔斯所要描述的社会理念。"和谐社会"这个词当然包含"秩序良好"之意，而"秩序良好"却未必"和谐"。因为，在专制社会中，统治集团完全可以借助暴力机器的强制力量，在完全丧失"公正"或"正义"的意义上构造出"秩序良好"的外观，这样的社会可能"秩序良好"，但并不"和谐"。

我们可以进一步把罗尔斯所说的"秩序良好的社会"的三个条件，引申为和谐社会的三个基本要求：第一条是观念的要求，即和谐社会必须拥有一个为社会公众所公认，能够被公民普遍接受的社会公正观念和原则；第二条可以说是结构要求或制度要求，即在和谐社会中，社会公众普遍认为现有的社会结构或主要制度符合公认的公正理念和原则，并能满足公正的要求；第三条是行为要求，即公众能够理解和应用社会公正的理念和原则，愿意根据公正的理念和原则采取行动，并由此形成足以引导和监控行为或活动的正义感，使社会形成普遍的正义风气。

根据上述分析，我们可以一般地确认"社会公正"是"和谐社会"的首要价值或核心价值。也就是说，当一个社会的社会成员普遍相信社会的基本结构、主要的政治及法律制度能够满足为公众普遍接受的"社会公正"理念的要求，当社会成员能够理解并在行动上遵从和应用公众所承认的社会公正理念和原则，这个社会就是一个为社会公正理念所有效调节的"和谐的社会"；反之，丧失了社会公正的社会，就必然是一个不和谐的社会，尽管这个社会可能并不混乱。

---

① 约翰·罗尔斯. 作为公平的正义[M]. 姚大志译. 上海：三联书店，2002：14-15.

二、作为政治实践价值原则的"社会公正"观念

和谐社会，作为一个为社会公正理念所有效调节的社会，它的观念要求，就是必须拥有一个为社会所公认的、能够被国家公民普遍接受的社会公正观念和相应的原则。就此而言，社会公正理念在不同的民族国家、不同的历史时期和不同的社会制度下有着不同的具体内涵。也就是说，不同民族国家、不同历史时期、不同社会制度下的社会公众对社会公正的理解可能是很不相同的。同时，社会公正作为和谐社会的结构性要求和制度性要求，也必然地要同一定社会的基本的经济政治制度密切相关，具有非常现实的内容。关于这一点，马克思曾说过："希腊人和罗马人的公平观认为奴隶制度是公平的，1789 年资产阶级的公平观则要求废除被宣布为不公平的封建制度……所以关于永恒公平的观念不仅因时因地而变，甚至因人而异。"①有鉴于此，就有必要首先限定我们所讨论的社会公正观念的适用条件，或者说，在特定社会条件下，哪一种公正观念是可以被公众所接受的。为了明确我们所讨论的公正观念的适用条件，我们可作如下假定。

第一，在这个社会中，市场制度或市场体系构成了社会资源分配和利益实现的主要方式。即这是一个以市场经济为基础的现代社会。在不存在一个市场制度和市场体系，或市场制度和市场体系不完善、不占主要地位的社会中（如自然经济社会和计划经济社会），资源的分配和利益的实现有着完全不同的社会机制，因而公正观念也会完全不同，故而不在本文的探讨范围内。

第二，与第一点相联系，在市场经济社会中，社会成员在广义上都是独立的、自主的市场主体，其社会活动的基本目的是满足和不断扩大自身的特殊利益或私利。我们作这个假定，并不否认在现实社会中存在着道德高尚的个人，并且可能存在着完全不是出于私利的道德行为。但在市场经济条件下，这些道德情操可以成为社会所倡导的精神境界，但不能成为理解操作社会发展策略的原则。因为追求私利，是市场经济的内在驱动力，没有社会成员对私利的普遍追求，就没有市场机制的存在。

由以上两点假设可知，我们今天所要讨论的社会公正原则，仅适用于市

---

① 马克思恩格斯全集：第 2 卷[M]. 北京：人民出版社，1972：539.

场经济社会，而不适用于自然经济社会和计划经济社会，也不适用于未来的共产主义社会。因为在交换手段不发达或完全不占主导地位的社会中，社会公正无论作为理念，还是作为结构和制度要求以及行为要求，都会与市场经济社会有着根本性的不同。

社会公正这个概念有着丰富的内涵。但是，在市场经济社会中，社会公正所涉及的主要问题是在利益格局和利益分配上的平等问题。因此，本文倾向于把"社会公正"理解为罗尔斯意义上的"正义"，即作为"公平的正义"，它所关注的主要问题就是权利和义务的公平分配和与此密切相关的"平等问题"。

"平等"（equality）一词的含义，就是"相同""相当""相等"的意思。如同"公平""正义"一样，"平等"自古以来就是人们苦心追求的价值目标。然而，对平等的理解又的确充满歧义。应当说，在大众的有关公正和平等的心理反应中，这种含混矛盾的心态至今挥之不去，并在很大程度上左右着人们对正义、公正、平等的理解。

人们在平等问题上的含混、矛盾心态，也反映出平等问题的复杂性。罗尔斯在《正义论》中讨论正义原则时，将人们的权利和利益分为两类，一类是一切人都应平等享有的权利，这包括"公民的基本自由有政治上的自由（选举和被选举担任公职的权利）及言论和集会自由；良心的自由和思想的自由；个人的自由和保障个人财产的权利；依法不受任意逮捕和剥夺财产的自由"。由此形成正义的第一个原则，即"每个人对于其他人所拥有的最广泛的基本自由体系相容的类似自由体系都应有一种平等的权利"[①]。按照这个原则，这些自由都要求一律平等，因为一个正义社会中的公民拥有同样的基本权利。另一类是事实上不可能平等地分配的权利或利益，这包括"收入和财富的分配，以及对那些利用权力、责任方面的不相等或权力链条上的差距的组织机构的设计"。在这方面"虽然财富和收入的分配无法做到平等，但它必须合乎每个人的利益，同时，权力地位和领导性职务也必须是所有人都能进入的"。由此形成正义的第二个原则，即"社会的和经济的不平等应这样安排，使它们（1）被合理地期望适合于每一个人的利益；并且（2）依系于地位和职务向所有人开放"[②]。

罗尔斯进而认为，这两个原则之间，第一个原则优先于第二个原则。也

① 罗尔斯. 正义论[M]. 何怀宏译. 北京：中国社会科学出版社，1988：57，56.

② 罗尔斯. 正义论[M]. 何怀宏译. 北京：中国社会科学出版社，1988：57，56.

就是说，"对第一个原则所要求的平等自由制度的违反不可能因较大的社会经济利益而得到辩护或补偿。财富和收入的分配及权力的等级制，必须同时符合平等公民的自由和机会的自由"。依据上述观念，罗尔斯认为，可以把正义的这两个原则概括为一个更为一般的原则，即"所有社会价值——自由和机会、收入和财富、自尊的基础——都要平等地分配，除非对其中的一种价值或所有价值的一种不平等分配符合每一个人的利益"。与此相对应，"不正义就仅是那种不能使所有人得益的不平等"①。

由于本文所使用的"社会公正"这个概念基本上取义于罗尔斯的"作为公平的正义"这个理念，因而罗尔斯上述关于正义的原则和正义概念的一般表述，均适合于本文所言的作为实践理念的"社会公正"概念。不过，在笔者看来，对于罗尔斯的正义原则和正义概念来说，最关键的问题不是"所有社会价值能否平等地分配？"而是"某些社会价值的不平等分配能否以及怎样符合每一个人的利益？"也就是说，恰恰是社会价值的不平等分配，决定了人们对社会公正的感受和理解。这就需要我们对不平等的复杂性进行仔细的辨析。

三、不平等分配的特征和效应

在市场经济社会中，事实上不可能平等分配的社会价值主要有三类：财富、权力和声望。这三类社会价值均为社会生活中的三种稀缺性资源。因而，尽管我们每个人都有获取这三类社会价值的平等权利，但这并不意味着我们每个人都能平等地获得这些社会价值。而在这三类社会价值中，财富作为每个人的生存须臾不可缺少的资源，显然较之权力和声望更具普遍性。为此，本文主要以财富分配的不平等为重点来分析不平等所具有的一些基本特征。

必须承认的一个事实是，自文明社会产生以来，任何民族或国家、任何政治制度下都未曾真正实行过绝对平均的分配制度。关于这一点，黑格尔说得很明白："关于财产的分配，人们可以实施一种平均制度，但这种制度实施以后短时期内就要垮台的，因为财产依赖于勤劳。"②因此，我们能够谈的平等仅仅是财产占有来源上的平等，即每个人必须拥有财产，"但是特殊性的规

---

① 罗尔斯. 正义论[M]. 何怀宏译. 北京：中国社会科学出版社，1988：57，58.
② 黑格尔. 法哲学原理[M]. 范扬，张企泰译. 北京：商务印书馆，1961：58.

定，即我占有多少的问题，却不属于这个范围。由此可见，正义要求个人的财产一律平等这种主张是错误的，因为正义所要求的仅仅是各人都应该拥有财产。其实特殊性就是不平等所在之处，在这里，平等反倒是不法"①。黑格尔的这一观点实际上是近现代西方政治哲学各个派别中高度一致的看法。

在以市场经济为基础的现代社会中，财富分配上的不平等是与市场经济的本性和运作机制密切相关的。市场经济是以市场主体独立地、自主地追求自身的特殊利益或私利为内在驱动力的。在市场行为中，市场主体只承认竞争的权威而不承认其他任何权威，市场主体的权利也不允许受到任何侵犯。市场主体的这种独立性、自主性和追逐私利的合法性造就了市场经济的各种运行机制，使市场经济成为高效率的经济形态。然而，在这种情况下，市场主体个体上的差异就必然导致财富分配上的差异。如黑格尔所说：分享普遍财富的可能性，"一方面受到自己的直接基础（资本）的制约，另一方面受到技能的制约，而技能本身又转而受到资本，而且也受到偶然情况的制约；后者的多样性产生了原来不平等的禀赋和体质在发展上的差异。这种差异在特殊性的领域中表现在一切方面和一切阶段，并且连同其他偶然性和任性，产生了各个人的财富和技能的不平等为其必然结果"。这就是说，市场经济本身的自发倾向必然是产生财富分配上的不平等，也就是产生贫富分化，而且正是这种贫富分化所带来的市场差别，才使得市场充满活力和创造性。所以，提出平等的要求来对抗这种不平等，纯粹是"空洞的理智的勾当"②。

由此可见，在市场经济社会中，财富分配上的不平等可以说是一种必然的现象。对此，我们一方面必须承认，这种不平等是使市场经济体系充满活力和具有效率的动力之源，另一方面我们也必须看到，这种不平等又是引起社会矛盾、社会摩擦乃至社会动荡的基本原因，从而也是导致社会不和谐的基本原因。之所以如此，显然与财富不平等的一些基本特征和社会效应密切相关。

首先，财富不平等具有累积性。由于市场体系是一个充满差别的体系，市场主体的个体差异必然导致财富分配上的差异，使财富更多地积聚到少数私有者手中，因而财富的积累同时也就是不平等的积累；又由于市场机遇与个体财富的多寡密切相关，一定的机遇总是相对于一定的资本才是有效的机遇，拥有更多资本的人也就拥有更多的机遇。因此，不平等的积累必然使"机

① 黑格尔. 法哲学原理[M]. 范扬，张企泰译. 北京：商务印书馆，1961：58.
② 黑格尔. 法哲学原理[M]. 范扬，张企泰译. 北京：商务印书馆，1961：211.

遇平等"变成毫无意义的空话，因为更多的机遇对于资本匮乏甚至没有资本的人来说，根本就不是什么机遇。正如奥肯所说："机会均等概念远比收入均等难以捉摸，而且它使任何有意义的衡量都落空了。"同样，不平等的积累也使"起点公平"变得没有真实性或现实性。"起点公平"这个概念来自公平赛跑的隐喻，有如在田径场上人们站在同一条起跑线上，但是，在市场中却很难找到这个起跑线。特别是当财富作为家产为子女所继承时，出身富有的人和家境贫寒的人，在一开始进入市场时就完全不平等，而且，这个不平等不仅限于财富多寡，同时还包括意义广泛的社会资本，如社交圈层、人际关系等，"成功靠的是你认识谁，而不是你懂得什么，这种成功是机会不均等的明显事例"①。

其次，财富不平等具有延伸性。在市场经济条件下，财富不平等的累积可以使财富不平等向个人的其他权利延伸，导致其他权利的不平等。黑格尔将这一点称之为内在于市民社会的客观法则，他说："理念包含着精神特殊性的客观法。这种法在市民社会中不但不扬弃人的自然不平等（自然就是不平等的始基），它反而从精神上产生它，并把它提高到技能和财富上甚至在理智教养和道德教养上的不平等。"②这就是说，由于市场经济本身的发展自发地具有将社会生活甚或日常生活各个方面市场化的倾向或效应，如果得不到有效的约束，不平等不仅会延伸到诸如权力和声望之类的资源分配中，如权力和声望的分配延伸，加剧这些资源分配的不平等、不公正状态，甚至向那些原本是平等的自由权利延伸，如受教育权利、生命健康权利乃至各种政治权利。也就是说，财富不平等的延伸性在极端的情况下，完全有可能对人的基本生存和发展权利构成事实上的威胁或侵犯。

在利益分配方面，如果国家不能发挥必要的、适当的调节作用，那么随着市场经济的发展，贫富分化的程度就会自发地不断增加，使财富越来越多地集中在少数富人阶层，同时，也使越来越多的人陷入贫困，形成日益庞大的弱势群体。从而导致经济发展的效益不能惠及整个社会，由此形成社会的总体不合理、总体不公正。在这种情况下，财富不平等本身的累积性和延伸性，使事实上的不平等自发地延展到个人生活的一切方面，不断扩大和强化了不平等的程度，使那些原本平等的权利要么受到事实上的侵犯，要么就是变成了无法兑现的空洞的法律承诺。

---

① 阿瑟·奥肯. 平等与效率[M]. 王奔州译. 北京：华夏出版社，1987：68.
② 黑格尔. 法哲学原理[M]. 范扬，张企泰译. 北京：商务印书馆，1961：211.

从一定意义上说，贫富分化的扩大之所以必然会导致社会矛盾的深化和激化，主要是因为贫富分化的这种累积性和延伸性造成的这种"社会不平等"效应。当各种社会力量不能改变弱势群体的生存境遇，反而不断恶化这种境遇时，这些社会力量对于弱势群体来说就成为异己的、不可理解的、与自己相对立的力量，这就必然会加剧弱势群体对社会不公正的感受，引发甚或激起穷人阶层对富人阶层的仇恨情绪以及弱势公众对政府的不满。这种情况的进一步演化，要么加大不同阶层、阶级之间的社会摩擦，诱发大规模的社会动荡，要么导致所谓"贱民"的产生。如黑格尔所说："当广大群众的生活降到一定水平——作为社会成员所必需的自然而然得到调整的水平——之下，从而丧失了自食其力的这种正义、正直和自尊的感情时，就会产生贱民，而贱民之产生同时使不平均的财富更容易集中在少数人手中……贫困自身并不使人就成为贱民，贱民只是决定于跟贫困相结合的情绪，即决定于对富人、对社会、对政府等等的内心反抗。此外，与这种情绪相联系的是，由于依赖偶然性，人也变得轻佻放浪，害怕劳动……它不以自食其力为荣，而以恳扰求乞为生并作为它的权利。"在通常情况下，社会摩擦的不断加剧与社会成员中贱民的产生是同时发生的，从而使社会生活的矛盾呈现出高度复杂性，并构成社会的深层危机。因此，黑格尔感慨地说："怎样解决贫困，是推动现代社会并使他感到苦恼的一个重要问题。"①

四、作为政治实践策略的"社会公正" 是对不平等范围的"边际调节"

从上述分析可以看出，在市场经济社会中，社会公正所针对的主要是不能平等分配的资源或利益的分配问题，特别是财富的分配问题。"社会公正"作为和谐社会的核心价值，不仅在于它是人们评价社会是否和谐、是否合理的基本价值尺度，而且它直接关涉能否最大限度地实现社会合作、社会稳定和社会效率。如果我们把"社会公正"理解为和谐社会的首要价值，那么，合作、稳定和效率则是和谐社会所应达到的三个基本的目标。

所谓"合作"（cooperation），其理想状态是指社会成员在社会分工体系

---

① 黑格尔. 法哲学原理[M]. 范扬，张企泰译. 北京：商务印书馆，1961：244-245.

中具有基于公平竞争的就业机会、就业资格和就业能力，从而使社会分工体系在整体上成为社会合作体系。所谓"效率"（efficiency），其理想状态是指在合作的基础上，社会系统充满活力，各种社会机制健全而完善，从而使社会的经济体系、政治体系和思想文化体系都能实现其效益的最大化。所谓"稳定"（stabilization），其理想状态是指社会成员确信社会的基本制度能够满足社会公正的基本价值要求，愿意由这些制度来调节自身的行为和自身与他人、与社会的关系，并自觉地根据自己的社会位置而采取相应的行动，从而使社会成员的社会行为总体上符合社会的规范要求，最大限度地减少了反社会行为，或者最大限度地降低了反社会行为起作用的强度。

由此不难看出，在这三个"效果目标"之间存在着互为因果的相关性，每一个目标的实现都不可能完全脱离其他两个目标。作为政治实践原则策略的"社会公正"，应当是一整套合理地分配这些资源或利益的策略，这些策略的实施能够同时满足合作、稳定和效率这三个"效果目标"，由此达到社会和谐状态。

由于向公民分配权利和义务的社会制度决定由社会合作产生的利益的分配方式，因而"社会公正"的观念和原则必然是在社会制度的建构中实现自身。这就是说，我们必须探讨一种社会制度体系或政治实践策略，这种制度体系或实践策略既符合公众普遍认同的、有关社会公正的价值观念，同时又符合市场经济——特别是社会主义市场经济——的客观规律。

依照前文对不平等问题的分析，我们可以看出，在以市场经济为基础的现代社会中，对于不可能平等分配的社会财富，"社会公正"应当是一个"适度不平等"的观念。一方面必须肯定财富分配上的差别的合理性，确认依据个人之间自然禀赋不同、劳动状况不同以及资本和技能的不同，不平等地分配财富是公正的、合理的；另一方面又必须确认限制贫富分化的必要性，也即当贫富分化的累积性和延伸性，事实上已经侵犯了个人的平等权利，或者使大多数人的平等权利成为空洞的法律承诺的时候，这种不平等就是不公正的、不合理的。

从政治实践的角度来看，这种"适度不平等"的社会公正观念，是可以转化为与合作、稳定和效率三个效果目标密切关联的实践策略的。我们可以把平等问题视为从绝对平等状态到绝对不平等状态的横轴线，把合作、稳定和效率视为纵轴线。不难看出，在绝对平等的一段，由于财富分配的绝对平均必然会在劳动报酬上完全抹杀个体之间的实际差异，从根本上挫伤个体从事实践活动的积极性和参与社会分工体系的能动性，因而不可能产生有效的社会合作，不会产生基于对社会制度体系基本认同的稳定，更不会产生任何意义上的社会效率，而是一个怠惰停滞的社会；而在绝对不平等的一端，则是贫富的极度分化造成了穷人阶层对富人阶层的普遍仇恨，造成了阶级和阶层之间或不同利益群体之间的激烈对抗，因此，也不可能产生有效的社会合作、社会稳定和社会效率，而是危机四伏，社会动荡不断加剧。从严格意义上说，绝对平等和绝对不平等这两个极端是很难出现的，即便出现了也不可能长久地维持下去，因为这两个极端社会的制度体系从根本上失去了公正。

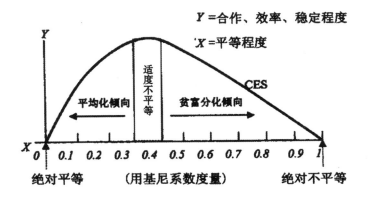

从上述分析中可以看出，"社会公正"作为一种政治实践，必然存在于这两个极端之间的某个区域中。例如，我们暂且用目前国际上通用的、描述社会贫富分化程度的基尼系数来分析这个区域。当基尼系数为 0 时，表明财富分配完全平等（完全没有差别），当基尼系数为 1 时，表明财富分配完全不平等。这样，如图所示，取基尼系数 0 至 1 之间的数值为 X 轴，表示平等程度，用 Y 轴表示合作、效率和稳定的程度，把表示合作、效率和稳定程度从 0 到 1 变化着的曲线简要地称之为"CES"。按照一般经验，"适度不平等"应在 0.3 到 0.4 之间的区域中。我们看到，当基尼系数等于"0"或"1"时，CES 都为"0"，即合作、效率和稳定状态的丧失；而 CES 的最高点则在 0.3 到 0.4 之间，即合作、效率和稳定程度最高。很明显，基尼系数 0.3 和 0.4 分别构成了"适度不平等"区域的两个边界。如果基尼系数低于 0.3 则可视为出现了"平均化倾向"，高于 0.4 则会出现"过度贫富分化倾向"。当然，在不同的民族或国家中，由于经济发展水平、文化传统、社会制度等诸多因素综合起作用，基尼系数所规定的具体界限可能并不相同。

根据官方统计，目前中国社会贫富分化的程度已达到 0.47，但社会总体状况依然是比较稳定的。这表明，中国社会现阶段适度不平等的范围可能较其他国家，特别是较发达国家要更大一些。在这里，需要注意的是，分配差距一旦超出了"适度不平等"的界限，通常并不会立即导致社会合作的瓦解并引起社会动荡，而是进入一个期待解决平等问题的"容忍状态"，这个容忍状态的强度更是与一个国家的具体国情密切相关。中国社会很可能就是一个容忍强度比较大的国家。但是，不管一个社会的容忍强度有多大，一旦进入容忍状态，就意味着社会公众普遍要求政府出面解决"平均化倾向"或"贫富分化倾向"所引发的各种社会问题。这种要求会随着时间的延续和"平均化倾向"或"贫富分化倾向"的不断延展而不断强化，如果政府方面不能积极地采取措施或措施不当，就会使社会矛盾突破容忍状态的强度界限，导致社会系统进入全面崩溃的"危机状态"。在这种状态中，不仅利益冲突无法调和，而且社会公众也会对政府普遍失去信任，因而大规模的社会动荡几乎不可避免。

根据上述分析，"社会公正"作为政治实践的策略，必然是政府维护"适度不平等"的努力，是对适度不平等的范围做一种"边际调节"。当财富分配差距突破了"适度不平等"的边界，朝着过度贫富分化方向演化时，政府就应采取有利于缩小贫富分化的措施。反之，当财富分配差距朝着平均化方向演化时，政府就应采取有利于扩大差距的措施。在这里，最应强调的是，任何政治策略都必然是在复杂的充满不确定性的社会环境中实施的，纠正贫富分化倾向的策略在达到预期目标之后，有可能由于时延而在客观上导致平均化倾向。同样，纠正平均化倾向的策略，也可能存有推进贫富分化倾向，要想确立一种既可以避免平均化，又能够有效地限制贫富分化的程度的一劳永逸的策略，事实上是不可能的。政府行为只能针对各种市场倾向的调节行为。因而，在一定时期内，政府采取增加累进税、扩大社会福利等限制贫富分化程度的政策是必要的，而在另一时期内，政府降低累进税、降低社会福利等扩大差别的政策，也是必要的。把任何策略凝固化，以为现今有效的策略就是最好的、永远有效的，或不可改变的，这不过是一种僵化的、片面的思维，一种"空洞理智的勾当"。

第二次世界大战以后，西方主要资本主义国家都程度不同地接受了凯恩斯"消除经济危机，实现充分就业"的主张，运用税收政策、财政政策和货币政策，加强政府对经济活动的干预和调节。由于这些策略有效地遏制了贫富过度分化的趋势，缓和了日益激化的社会矛盾，使战后资本主义国家迅速恢复了活力。由此，在战后很长一段时间里，西方国家的政府和公众都确信凯恩斯主义拯救了资本主义，确信资本主义社会已经进入高福利社会。结果导致了西方国家在 20 世纪 70 年代后进入长期的"经济滞胀"，并引起了经济政策上的强烈反弹。20 世纪 70 年代末 80 年代初，在美国风行一时的供应学派认为，美国近十几年来经济衰退的症结在于国家对经济的过多和不适当的干预，挫伤了储蓄、投资和人们的工作积极性，其中特别是政府的高累进税制相对提高了用于储蓄和投资的价格，而降低了用于消费的价格，致使人们宁愿选择消费，而不是投资。为此，他们提出了大规模降低所得税税率，削减联邦预算中的民用支出，特别是社会福利费用，进而放宽限制企业活动的规章条例等政策性建议。这些策略显然是有利于扩大财富分配差别的策略，因而能够有效地限制平均化倾向。

从推行凯恩斯主义到实施供应学派主张，其实正是政府对不平等范围的"边际调节"过程，两种策略哪一个也不是永久适用、绝对不变的。政府的公正不应当是寻找一种一劳永逸的毫无偏颇的公正策略，而是应当依据"适度不平等"的要求，审时度势，自觉地、慎重地依靠策略的调整维护社会合作、稳定与效率的最佳状态，从而使我们生活的社会成为一个和谐的社会。

（该文原载于《天津社会科学》2007 年第 1 期，《高等学校文科学术文摘》2007 年第 2 期摘录，《光明日报》《文摘报》作论点摘编）

协商民主中的社会协商

如何推进我国社会主义协商民主广泛多层制度化发展，既是一个高度复杂的理论问题，又是一个高度复杂的实践问题。2013 年中共中央十八届三中全会的决定明确提出要"构建程序合理、环节完整的协商民主体系，拓宽国家政权机关、政协组织、党派团体、基层组织、社会组织的协商渠道。深入开展立法协商、行政协商、民主协商、参政协商、社会协商"。这五个方面的协商包含着对协商民主的不同层次的理解。笔者认为，在这五个方面的协商中，社会协商尤其值得在理论上予以充分的关注。而就我国学界目前关于协商民主的讨论情况来看，有关社会协商的研究至今尚未得到学者们的普遍重视。尽管学者们的研究大都涉及社会协商的内容，但专以社会协商为主题的研究成果并不多见。这表明，社会协商这个概念还没有在理论上得到明确的界定，其思想内涵还需要得到进一步的研究和阐发。

一、如何理解社会协商概念

从最一般的意义上说，"协商"属于哈贝马斯所提出的以语言为媒介的社会交往活动，它存在于社会生活的各个领域。因而必然存在着属于各个领域的，有着自身特定内容、方式和机制的协商活动，并且各个不同领域的协商活动总体上也都是协商民主体系的各个环节。但是，以领域划分为依据显然不适合对社会协商这个概念进行界定。这首先是因为，社会协商的内容是十分广泛的，往往会涉及经济建设、政治建设、文化建设、社会治理、生态文明等各个领域中发生的重大问题和实际问题，因此，社会协商并不是属于某个特殊领域的民主协商，而是在内容上必然要涉及各个领域的民主协商。此外，即便强调社会协商的内容主要涉及社会生活领域中的重大问题和实际问题，但要把这些问题从政治、经济、文化等诸领域剥离开来往往是徒劳无益的，因为不存在孤立于经济生活、政治生活和文化生活的纯粹的社会生活问题。尤其是不能把社会协商限定在政治领域之外，社会协商的内容必然要包含政治领域中发生的重大问题和实际问题。如果把社会协商局限在政治领域之外的社会生活领域，势必会削弱社会协商的政治参与功能，使其在协商民主这个总体概念中失去意义。

基于上述理解，社会协商既不是一个按协商领域划分的概念，也不是一个按协商内容来划分的概念，而应当从国家与社会的互动关系中理解社会协商的特定内涵。在这里，首先应适当区分"国家"和"社会"这两个概念。在现代社会中，市场经济的发展造成了国家和社会的分化。这里所说的有别于社会的"国家"不是泛指包容社会生活各个方面、各个领域和全体公民在内的地域性共同体，而是特指社会生活中拥有公共权力、具有公共权威因而在社会生活中占据统治地位或领导地位的政治共同体或政治国家。相应地，有别于国家的"社会"也不是指广义上的作为"一切交往关系的总和"的"人类社会"，而是特指由众多独立的、自主的社会成员所构成的"市民社会"或"公民社会"，是社会成员自身的物质生活、精神生活和社会交往活动的总和，它有其属于自身的内在规则和不受政治国家干预和侵犯的权利，但同时又必然要接受或服从政治国家的统治。正如加拿大政治哲学家查尔斯·泰勒所说，社会不同于政治组织的观点，可以看作一个重要的分化，是后来市民社会概念的渊源。[①]

国家与社会的二分意味着协商民主体系至少应当包含三个基本层次：①发生在政治共同体内部的民主协商过程；②国家与社会、政府与民众直接互动的民主协商过程；③社会民众之间的有组织的民主协商过程。我们可以把发生在政治共同体内部的民主协商称之为"政治协商"，它包括立法协商、行政协商、参政协商等，而把国家与社会、政府与民众直接互动的民主协商和社会民众之间的有组织的民主协商，统称为"社会协商"。在这个方面，复旦大学林尚立教授的观点值得赞同，他认为："社会协商，既不简单是在社会领域展开的协商，更不是在国家层面展开的协商，而是国家与社会、政府与民众围绕着建构社会秩序、促进社会发展而展开的协商。因而，国家与社会、政府与民众的互动是其存在的前提，而这种互动所形成的国家与社会、政府

---

① 查尔斯·泰勒. 市民社会的模式[M]. 邓正来译. 北京：中央编译出版社，1999：11.

与民众的交流与互动的公共空间，则成为社会协商的公共空间。"①当然，还需要补充一点，即应当把民众与民众之间的有组织的民主协商纳入社会协商的概念中。民众之间的协商可以发生在一个公民组织的内部，也可以发生在不同公民组织之间，它属于市民社会本身的公共领域，同样具有建构和维持社会秩序、促进社会发展的积极功能。

从上述分析中可以看出，"政治协商"和"社会协商"都不是依据协商领域和协商内容进行划分的两个概念。既然政治协商的内容是经济与社会发展的重大问题和涉及群众切身利益的实际问题，它就必然涉及社会生活的各个领域、各个方面，必然包含在国家与社会、政府与民众的关系中发生的各种重大问题和实际问题，而不仅仅是政治领域内部有关政治问题的协商。只不过，政治协商发生在政治共同体内部，具有间接民主的性质。这不是说，国家公民不能参与政治协商，而是说公民参与政治协商的基本形式是代议制或代表制。如我国政治协商的两大基本政治载体是人民代表大会和人民政协会议，参与"两会"政治协商的人员是通过选举产生的人大代表和通过推举产生的政协委员以及与协商议题密切相关的政府官员，他们都有确定的政治角色地位，拥有直接参与政治协商的权利和对协商议题进行表决的权利，因而是政治协商的实际主体。一般公众或普通社会成员则不可能直接参与政治协商的过程，而只能把表达自身权益和观点的权利授予或转让给自己选举或推举的代表。

社会协商则不同，社会协商是以社会民众能够直接参与协商过程为基本特征，具有直接民主的性质。在广泛多层的社会协商过程中，民众可以以个人的身份直接与政府部门进行对话（如政府接待日、信访等），或通过大众媒体、网络平台直接面向政府部门和其他社会公众发表个人的意见和建议、申诉自己的委屈或提出自己的利益要求，以谋求同政府部门和其他社会公众就自己所关注的问题进行对话；民众也可以通过自己自愿加入的自治性公民组织，或通过推举自己的公民代表就某些共同关心的、具有一定普遍性的问题与政府部门和其他社会公众进行协商对话。在这种形式中，无论是公民组织还是公民代表都是以公民身份同政府进行直接的协商对话，因而属于政府与公民之间的直接互动。

---

① 林尚立. 社会协商与社会建设：以区分社会管理与社会治理为分析视角[J]. 中国高校社会科学，2013（7）：135-146，157.

二、社会协商在民主政治体系中的地位

民主政治起源于古希腊的奴隶制民主制，其中雅典民主制最为典范。在公元前 5 至前 4 世纪，通过"克里斯蒂尼改革"和"伯利克里改革"，雅典建立了以公民大会为核心的民主政治体制。在这种政治体制中，公民大会是最高权力机构，一切国家大事由公民大会决定，政府机关和官吏均隶属于公民大会。这种"公民大会式的民主"是一种直接民主。凡是享有公民身份的雅典人都可以甚至都必须参加公民大会，参与对城邦公共事务的讨论和表决。当然，雅典民主制之所以可以采取这种直接民主的形式，主要是因为在雅典城邦中真正平等享有公民权的人在全部人口中所占的比重不足十分之一，实际上只是一个小众群体，而且居住地相对集中。这个小众的公民集体构成了一个统治集团，对没有公民权的平民，特别是人口数量巨大的奴隶阶级实行直接的政治统治。

近代以来，资本主义代议民主政治是在反抗或瓦解封建王权专制统治的政治斗争中产生的。这种政治斗争同时包含两个基本过程，一是限制王权乃至最终消解王权的过程，一是逐步确立全体社会成员（不含未成年人）平等政治地位的过程。限制王权的基本政治形式就是建立议会制度并逐步扩大议会的权力，最终使议会取代王权成为最高的政治权力机构。但在享有平等政治地位的公民的数量不断增加且公民的居住地相当分散的国家中，实行古希腊公民大会式的直接民主在实际上是不可能的。唯一的办法，就是建立代议制机构，即公民投票选举自己的代表，再由这些代表作为议员组成议会。有关国家公共事务（如立法、征税、对外战争、财政预算等）的政治协商主要在议会内部进行，一般公民无权参与政治协商和公共决策的表决。因此，代议制民主是典型的间接民主。一般公民的平等政治地位主要体现在选举权上。这就是为什么争取普选权的斗争历史上始终是资本主义民主政治发展过程的主要内容。

从理论上说，直接民主可能是最能体现民主本义的民主形式。全体公民可以直接参与国家层面的政治协商，直接表达自己的政治意愿和利益诉求，并对政治决策产生直接的影响。但面对数量庞大且居住分散的公民群体，以直接民主的形式进行政治协商已无可能，因而国家层面的政治协商不可避免

地实行以选举民主为基本特征的间接民主。从这个意义上说，代议制民主的确是民主政治的一个极为重要的制度形式，它使民主政治能够在一个人口众多、地域广阔的国家中成为现实。为此，早期的民主政治理论家对代议制备加推崇。如 19 世纪英国政治学家约翰·斯图亚特·密尔就把代议制度称作"现代最伟大的发现"，他说："唯一能够充分满足社会所有需求的政府是全体人民参加的政府；任何的参与，即使职务很小也是有益的；这种参加的范围大小应当和社会一般进步程度所允许的范围一样，让所有的人分享国家主权才是最可期望的。但是既然在面积和人口超过一个小城镇的社会里除了公共事务的某些极次要的部分外所有的人亲自参加公共事务是不可能的，从而就可以得出结论说，一个完善政府的理想类型一定是代议制政府了。"①

然而，正是由于代议制民主是一种间接民主，同直接民主相比，它自身又必然带有与生俱来的局限性。它不可避免地在国家政治过程与社会民众政治参与之间制造出一个政治间隔层，使公民把表达自己的政治意愿、利益诉求和参政议政的权利转让给通过选举产生的代表来行使。当代美国政治学家达尔，将这种情况概括为"时间与人数定律"，即"一个民主单位拥有的人数越多，公民直接参与政府政策的机会就越少，他们移交给别人的权力就越多"②。尽管可以用严格的法律制度和程序规则对选举、议事和决策做出严格的限制，但要保证政治协商和政治决策能够忠实地体现公民的政治意愿和利益诉求依然是困难重重，很难充分地体现民主的本义，甚至有可能出现违背民主精神的政治后果。20 世纪以来，资本主义代议制民主本身所暴露出来的局限性就是最为鲜明的例证。

首先，资本主义的代议制民主是建立在资本主义私有制基础上的，贯彻资本逻辑的经济形态只能塑造出以个人主义为基本价值取向的竞争式民主模式，这种模式客观上往往会促使追逐私人利益的特殊利益集团谋求在政治决策中的优势地位。这样，基于自利观念的个人主义不断冲击民主政治为公众利益服务的理念，很难与民主政府的良性运作相容。尤其是贯彻资本逻辑的经济形态不可避免地造成普遍的阶级分化和贫富分化，导致社会各阶层民众在事实上的不平等。其中，经济实力雄厚且能与政府相互勾连的强势群体完全有可能通过操纵选举过程、议事过程和决策过程而在政治上呼风唤雨，而

---

① Mill, John Stuart. Consideration on Representative GovernMent [1861]. New York: Liberal Arts Press, 1958. 55.

② 罗伯特·A. 达尔. 论民主[M]. 李风华译. 北京：中国人民大学出版社，2012：93.

那些既无钱又无权的弱势群体则在很大程度上被政治过程边缘化。正如达尔所分析的那样，"市场资本主义不可避免地会产生不平等，它引发了政治资源分配中的不平等，从而限制了多元民主的潜力"，政治资源分配中的不平等使一些公民对政府政策、决定和行动的影响比另一些公民大得多，这就使民主的道德基础和公民的政治平等遭到严重的破坏。①

其次，这种代议制民主是一种按照多数原则进行投票活动的选举民主和票决民主。这种投票活动实际上只是简单地聚合了选民的利益倾向和偏好。选民在投票中并没有充分的机会完整地表达自己的意愿和要求，而那些被投票活动否决了的少数人更少有机会为自己的主张提出申辩的理由，这就使投票的结果往往不能真实地反映公众的普遍意志。这种情况在投票活动产生"微弱多数"的结果中更为明显。对此，美国学者萨托利一针见血地指出："最初，选举是作为一种为了进行质的选择而得到提倡和安排的数量手段……随着时间的推移，对量的强调渐渐侵夺了质的位置。"②

再次，随着经济与社会的不断发展，代议制民主的制度体系和内在结构也日益复杂化，其中所包含的选举程序、议事程序、立法程序、行政程序、司法程序等成为高度专业化的领域，或者说，成为主要由政治精英来运作的政治过程。因此，代议制民主具有很明显的精英政治的性质和特征。普通公民不仅很难参与其中，也很难窥视其中的奥秘。这也为政府追逐自身利益和利益集团操纵政治过程留下了很大的空间。此外，有关公共事务和公共政策的商议也易于成为政治精英之间的讨价还价，从而难以避免以特殊利益群体的利益代替公共利益、以政治精英的偏好代替民众意志的现象。如吉登斯所说："不管怎样组织，代议制民主制度国家指的是由远离选民的团体统治，而且往往受政党政治的琐事所支配。"③

最后，代议制民主在很大程度上限于单纯的政治民主，而非经济、文化或社会治理方面的民主。也就是说，代议制民主的现有形式很难延伸为意义更为广泛的社会民主。有关经济与社会发展中的重大问题和与社会成员切身利益密切相关的实际问题的政治协商和政治决策被限定在政治团体和政治机构内部，普通公民只是政治决策的被动受者，除了投票选举自己的代表外，没有更多的有效的民主渠道直接就这些问题发表自己的意见和要求，这就使

① 罗伯特·A. 达尔. 论民主[M]. 李风华译. 北京：中国人民大学出版社，2012：148-149.
② 乔万尼·萨托利. 民主新论[M]. 冯克利，阎克文译. 上海：上海人民出版社，2009：158.
③ 安东尼·吉登斯. 超越左与右[M]. 李惠斌等译. 北京：社科文献出版社，2000：116.

社会生活中的弱势群体或底层人民普遍缺乏参与政治过程的能力和兴趣，由此导致公众对政治决策过程的不满或疏离政治过程的政治冷漠。

民主的本义就是"人民的统治"或"人民当家作主"。用这个基本尺度来衡量，西方代议制民主的上述局限性表明这种代议制民主在其实际运作过程中潜在地包含了非民主的倾向。用吉登斯的话说，代议制民主最大的敌人是它自身，其最大的问题就在于它还不够民主。20世纪以来，出于克服市场失灵问题的需要，政府不断加大对市场的干预，由政府直接提出议案，经议会通过制定法律的现象越来越普遍。这表明资本主义国家的政府不再满足于充当消极、被动的"守夜人"角色，而是日益广泛地介入经济与社会生活过程。在这种情况下，各种利益集团和广大民众也不再满足于维护传统的政治权利和消极的个人自由权利，而是要求直接参与政治决策过程，谋求一种支持公民积极参与公共对话的协商制度。这就使支持公民参与、鼓励对话协商的协商民主成为当代西方政治理论和政治实践的普遍要求。因此，"从代议民主，到协商民主，既是民主本身内在的发展逻辑，也是现代民主政治逐步走向完善的必然趋势"①。

代议制民主的局限性在一定意义上也就是间接民主的局限性。协商民主如果被局限在国家层面的政治协商过程中，就不可能超出间接民主的范畴。因为，国家层面的政治协商早就历史地存在于代议制民主的制度框架中，如果协商民主局限于此，那就没有特别值得注重的政治意义。因此，若要使协商民主在理论上和实践上克服间接民主的局限性，就必须把协商民主建构在更为广泛的社会协商过程中。事实上，当代协商民主理论更重视的就是政府与民众之间的直接互动，因而协商民主理论的大部分内容都适合对社会协商的描述和分析。只不过，把具有间接民主性质的政治协商和具有直接民主性质的社会协商区分开来，更有助于我们理解和分析协商民主的理论和实践所涉及的主要问题，即国家公民如何能够通过多样化的、有序的民主渠道直接参与国家管理和社会治理。

社会协商存在于政府与公民直接的互动关系中，因而无论采取何种形式或方式，都必然具有直接民主的性质。广泛多层的社会协商可以在地方、基层、社区形成数量众多、形式多样、规模相对较小的多元化和分散化的民主单位（民主单元）。在这些民主单位中，政府与民众之间、民众与民众之间能

---

① 陈家刚. 当代中国的协商民主：比较的视野[J]. 新疆师范大学学报（哲学社会科学版），2014（1）：21-29，2.

够进行平等的、公开的、理性的对话协商，既可以讨论和审议经济社会发展中发生的具有普遍性的重大问题和实际问题及其相应的公共决策，更可以讨论和审议那些普遍性程度相对较低的地方性、局部性、基层性乃至个人性的特殊问题。在这方面，国内外都有不少比较成功的范例，如美国马萨诸塞州的"市镇会议"、加拿大不列颠哥伦比亚公民大会、澳大利亚的新型城镇会议等等；在我国则有浙江温岭模式的民主恳谈会以及属于基层自治领域中的村民会议、居民会议、集体协商制度和劳动恳谈制度等等。一般来说，民主单位越小，公民直接参与政治的程度就越高。因而在各种类型的民主单位中进行的广泛多层的社会协商就可以在民主政治的制度体系和运作过程中嵌入直接民主的成分，促进民主政治体系的自我完善化。

三、政治协商与社会协商的关系

把体现间接民主的政治协商和体现直接民主的社会协商有机地结合起来，将有可能形成二者间相互促进的良性互动关系。在多种形式的社会协商中，一方面公民可以直接面向政府讲述自己对问题的理解，提出自己的意见和建议，诉说自己的利益要求和在实际生活中所面遇的困难和委屈，从而使政府能够直接从民众那里获得有关民心、民情和民怨的第一手资料，更能获得或集中来自民众的政治智慧和生活智慧，以此最大限度地保证政府决策的合理性和正确性；另一方面，政府也直接面对公众讲述政府决策和政府行为的意图，提供全面的决策信息，诉说政府在实际工作中所面临的困难和问题，以此保证公众对决策形成过程的全面知情和充分理解。政府与民众之间的这种双向互动不仅能够扩大和充实政府决策所需的信息资源，促进政府与民众之间和谐关系的建构，而且也能够为国家层面的政治协商提供更为坚实的社会基础。

首先，多层次、多形式的社会协商能够使政治协商从社会协商过程中获得有关社会问题的更全面、更准确的信息。尤其是政府官员、人民代表、政协委员参与社会协商，能够使他们在充分了解社会问题的基础上，把那些具有普遍性的社会矛盾和社会问题提炼出来，形成议案，使社会协商的内容合理地、有序地进入政治协商的过程中，实现社会协商与政治协商的有机结合，并使国家层面的政治协商能够更客观、更真实地反映社会生活中的实际问题。

同时，社会协商过程也有助于民众发现哪些人更有资格担当人民代表的责任，从而使通过民主选举产生的人民代表能够真正成为民意的代言人，也使民众更关心民主选举的过程和质量，消除政治冷漠的心态。在这个意义上，社会协商更充分地体现出协商民主促进选举民主不断完善的作用。

其次，社会协商也是培育理性公民的过程。在社会协商过程中，协商主体用理性的话语进行平等对话、讨论甚或辩论，既充分地表达自己的意愿或观点，同时又能充分地听取和了解到他人的意愿或观点，并愿意根据各方的意见修正自己的理由和价值偏好，理性地反思各种可能性，批判地审视各种决策建议，相互理解，相互妥协，在达成共识的基础上形成大家都能接受的决策。即便最终不能形成共识而不得不采用票决的方式形成决策，人们也更愿意理性地接受经过充分协商的票决结果。因而，社会协商有助于使公民超越自身的私人利益的价值偏好而更注重公共利益的实现，由此形成和促进民主政治所需的公共理性。这不仅为社会协商，而且也为国家层面的政治协商，创造出良好的、健全的公民环境，使公民能够更为理性地理解和接受通过政治协商而形成的国家决策。如罗尔斯所说："公共理性是一个民主国家的基本特征。它是公民的理性，是那些共享平等公民身份的人的理性。他们的理性的目标是公共善，此乃政治正义观念对社会之基本制度结构的要求所在，也是这些制度所服务的目标和目的所在。"①

从更为根本的意义上说，社会协商与政治协商的相互结合本身就是民主政治自我完善的内在机制。关于这一点，我国学者黄杰认为："社会协商对话机制在促进中国政治'双轨'——精英政治和社会民主——的有效衔接和良性互动上可以发挥重要的作用。甚至可以认为，当前由执政党主导的自上而下的'精英政治'同公民自主的自下而上的'社会民主'之间有效衔接的重要纽带就是社会协商对话机制。"②这就是说，社会协商的充分发展必然会推动民主政治的社会化，由此逐渐构建出把选举民主与协商民主、间接民主与直接民主、政治民主和社会民主有机结合起来的社会总体民主。

---

① 约翰·罗尔斯. 政治自由主义[M]. 万俊人译. 南京：译林出版社，2002：225.
② 黄杰. 社会协商对话：中国共产党沟通和回归社会的有效机制[J]. 甘肃理论学刊，2013（5）：14-19.

四、社会协商的民主功能

近代以来的民主政治，不论在不同的民族国家采取了怎样的制度形式，其实质性的核心内容就是用宪法和法律的形式确认和维护公民平等享有的政治权利和个人自由权利，防止政府滥用公共权力侵犯乃至剥夺公民个人的基本权利。建立在选举制度基础上的代议制民主无疑是维护公民基本权利的有效政治机制。但对选举、票决、议会斗争和精英协商的过度依赖，使代议民主又有着自身无法克服的内在局限性。社会协商作为一种直接民主的形式，可以在很大程度上克服代议民主的这种局限性。因为，发生在政府与民众直接互动中的社会协商，赋予每个公民平等的话语权，不仅使普通公民可以直接面对政府提出自己的利益诉求和权利主张，或就公共利益的发展问题同政府进行平等的协商对话，理性地审议各种可能的决策建议，而且可以在公开的协商对话中揭示和论证可能出现的侵犯公民基本权利的政府意图和行为，并依法予以制止。在这个意义上，社会协商本身就是公民直接参政议政的基本方式、依法监督和限制政府权力的基本形式，因而也就是公民维护自身基本权利的有效机制。用权利制约权力，这是民主政治的本质特征。社会协商可以在很大程度上加强公民对政府权力的监督、制约和限制，比较充分地体现出民主政治的实质精神。

社会协商的民主功能还在于它有助于推进政府决策的民主化，增强政府决策的合法性。在我国，随着社会主义市场经济的不断发展，社会结构日趋多元化和异质化，不同民族、不同社会阶层、不同利益群体之间在利益发展要求和基本价值观念上存在着的矛盾也日益深化，由此衍生出一系列复杂的社会矛盾和社会问题，如贫富分化问题、政府权力的滥用和腐败问题、公民的权利保障问题、生态环境恶化问题等等，而且这些问题具有综合发生的特征，这就使政府的决策环境高度复杂化，客观上必然要求政府决策能够真实地反映社会生活中的各种矛盾和问题，能够充分听取和广泛吸收来自社会公众的各种意见和要求，能够合理地、富有包容性地协调不同利益群体之间的矛盾，亦即要求政府决策的科学化和民主化。而社会协商本身恰恰可以成为实现政府决策科学化和民主化的基本方式，"因为广泛吸收社会各方面的意见和建议，并经过充分的讨论、论证和协商，协商民主能够包容各种不同的利益、立场和价值，能够使讨论和决策过程中的社会知识最大化，从而形成普遍的共识；能够使决策程序更规范，决策过程更加民主，决策结果更加科学，有效地防止或消除了决策的随意性、短期性、盲目性；协商民主能够通过协商过程使政策获得广泛的认同和支持，从而保证政策实施过程更为顺利"①。广泛多层的社会协商为政府的公共决策提供丰富的社会资源，增强了决策过程的公开性或公共性，也为公共决策的实施赢得广泛的社会支持，并且通过将各项决策的前提、理由和形成过程的透明化处理使决策过程能够有效地避免长官意志的独断专行，也能够摆脱单纯票决的"数量魔咒"，从而使社会协商真正"成为公共决策获取合法性的其他任何公民参与方式都无法取代的民主途径"②。

社会协商的民主功能还表现为促使政府职能的根本转变，即促使政府从无限权力政府向有限责任政府的转变，从管制型政府向服务型政府转变。传统社会的专制政府既是一个无限权力政府，也是一个贯彻权力本位执政理念的管制型政府。政府的权力没有明确的边界，可以任意伸延到社会生活的各个方面，甚至直接干预社会成员的个人生活。这种政府将自身视为高居于民众之上的统治者和管制者，而把社会成员看成是无条件地接受政府管制并随时都应被驯化的臣民。与此相反，现代社会的民主政府则必然应当是一个有限责任政府和贯彻人民本位或公民本位执政理念的服务型政府。这种政府承认人民在国家生活中的主体地位或主权者地位，承认任何公民都平等地享有不可侵犯的基本权利，将自身看成是受人民委托行使公共权力的服务型机构，承担依法维护公民基本权利和发展社会公共利益、提供公共服务的责任，并自觉接受人民的监督和制约。因此，民主政府作为有限责任政府和服务型政府必然要严格限定、规范公共权力的运作范围与方式。对于破坏公共秩序、危害公共利益、任意侵犯公民权利和利益的行为，政府有权行使强制性公共权力，依法进行制止和惩处，但对于政府发展公共利益的意图与公民合法的正当权利或私人利益之间所发生的矛盾，以及公民之间因权利冲突而发生的矛盾，政府就不能任意动用强制性公共权力，而必须采取社会协商的方式予以解决。特别是在我国社会转型时期，社会阶层和利益群体的不断分化、利益诉求和价值观念的多元化和多样化以及由此产生的各种复杂的社会矛盾和

---

① 陈家刚. 当代中国的协商民主：比较的视野[J]. 新疆师范大学学报（哲学社会科学版），2014（1）：21-29，2.

② 孙存良. 当代中国民主协商研究[M]. 北京：中国社会出版社，2009：107.

社会问题，不是单凭强制性手段就能压抑的，而且滥用强制性手段本身就是制造社会混乱乃至社会动荡的根源。因此，民主政府虽然始终拥有合法使用强制性手段的公共权力，但对于那些不能也没有必要采取强制手段的矛盾和问题，就应当或者说必须通过社会协商来化解矛盾和冲突。如美国学者简·曼斯布里奇（Jane Mansbridge）所言："任何论证强制正当性的阐述都不可能是完备的，……当认识到强制不可或缺、也认识到任何强制都不可能实现无可争辩的公平或理所当然的正当时，民主就必须在利用强制的同时找到对抗强制的方法，在政党、利益团体与其它可作为正式对抗手段的传统制度外，民主还需要培育和珍视非正式的协商性抵抗领域。"①从这个意义上说，社会协商本身就是有限责任政府或服务型政府运用公共权力的一种基本方式，只不过，它不是强制性地、单方面地迫使公民接受或服从，而是通过与民众的对话协商来消除误解、增进理解、达成共识，使政府决策更具合法性和说服力。

社会协商促进政府职能的转变并不意味着削弱政府的功能。在这个方面，我们应当放弃那种"强政府，弱社会"和"强社会，弱政府"的思维。确切地说，政府在自己的权限之内或责任范围内应当足够强大，这也是社会协商的必要条件。关键的问题是，政府必须明确使用强制性公共权力的边界。超过了这个边界，就可能使社会协商要么不可能，要么流于形式，但如果没有一个强有力的、权责明晰的政府，社会协商本身也会变成无序化的一盘散沙。因此就推进和完善我国社会协商广泛多层制度化发展而言，政府应当充分发挥其主导作用，不仅要积极地倡导和支持社会协商工作的开展，而且要成为形成社会协商机制的强有力的中介，以保证社会协商的理性化、有序化，使社会协商真正构成我国社会主义民主政治的一个有机的组成部分。正如我国学者杨弘所指出的那样："社会协商政治的实质是国家、政府与社会多元主体合作，共建公共政治。在我国是营造一种国家领导、政府负责、公众参与、社会协调的社会协商政治格局。"②

（该文原载于《社会科学》2014 年第 10 期）

---

① Mansbrid, Jane. Using Power/Fighting Power: The Polity. Seyla Benhabib. DeMocracy and difference: contesting the boundaries of the political. Princeton, N. J. : Princeton University Press, 1996.（参见邢玲，高信奇. 言语、行动与共识：协商民主的三重面向[J]. 学海，2013（5）：102-107.）

② 杨弘. 试论社会协商政治制度的构建——以政治制度化过程为视角[J]. 内蒙古大学学报，2009（1）：88-92.

社会协商与社会治理

党的十八届三中全会颁布的《中共中央关于全面深化改革若干重大问题的决定》明确强调"协商民主是我国社会主义民主政治的特有形式和独特优势"，并要求"构建程序合理、环节完整的协商民主体系，拓宽国家政权机关、政协组织、党派团体、基层组织、社会组织的协商渠道。深入开展立法协商、行政协商、民主协商、参政协商、社会协商"。同时，该决定又提出"创新社会治理体制"的战略任务，首次用"社会治理"这个概念来表述建构和维系社会公共秩序、化解社会矛盾、协调社会关系、发展社会主义和谐社会的基本思路和策略，并就社会治理方式提出要"坚持系统治理，加强党委领导，发挥政府主导作用，鼓励和支持社会各方面参与，实现政府治理和社会自我调节、居民自治良性互动。坚持依法治理，加强法治保障，运用法治思维和法治方式化解社会矛盾。坚持综合治理，强化道德约束，规范社会行为，调节利益关系，协调社会关系，解决社会问题。坚持源头治理，标本兼治、重在治本，以网格化管理、社会化服务为方向，健全基层综合服务管理平台，及时反映和协调人民群众各方面各层次利益诉求"。"协商民主"和"社会治理"是党中央针对我国社会政治建设和社会建设所面临的新的发展问题和发展趋势提出的新的思路和主张，二者密切相关。特别是就社会治理所要实现的政府主导和社会参与、政府治理和社会自我调节而言，协商民主中所包含的"社会协商"无疑是实现社会治理的基本方式之一。本文试就这二者之间的关系问题做一概要的理论分析。

一、社会治理中的社会协商

"治理"（governance）作为表述现代社会公共政治活动的独特概念最早

是在 1989 年世界银行讨论非洲发展问题时提出的,此后被广泛使用,逐渐形成为一个内涵丰富、普遍适用的理论。1995 年,由 28 名国际知名人士发起成立的"全球治理委员会"发表了一篇名为《我们的全球伙伴关系》的研究报告,该报告将"治理"界定为:治理是各种公共的或私人的个人和机构管理其共同事务的诸多方式的总和。它是使相互冲突的或不同的利益得以调和并且采取联合行动的持续的过程。它既包括有权迫使人们服从的正式制度和规则,也包括各种人们同意或以为符合其利益的非正式的制度安排。①从这个界定中可以看出,治理这个观念强调社会治理的主体既包括公共部门也包括私人部门乃至个人;社会治理过程注重协调不同的甚至相互冲突的利益关系;社会治理包括强制性公共权力的使用,同时也包括基于人们同意的非正式制度安排。

在我国学界,多数学者是从"社会管理"和"社会治理"这两个概念的区别上理解"社会治理"的内涵。一般认为:①社会管理的主体是单一的,即社会管理的主体是国家或政府(广义的政府,是国家的立法、行政、司法等公共权力机关的总和),而社会治理的主体则是多元的,除了政府外,还包括在公民社会中形成的各种类型的社会组织、社会团体乃至公民个人的协同参与。②社会管理活动是单向性的、自上而下的,即各级公共权力机构或部门依法对社会的经济生活、政治生活和文化生活进行管制,依法对社会生活中发生的社会矛盾和社会问题进行行政调解和司法调解,对违反法律法规和政策的行为进行行政处罚和法律制裁。社会治理则是双向性的,除了政府自上而下的管理外,还包括公民对政府的监督和制约,防止或抵制政府的不当行为侵犯公民的基本权利。更为重要的是,社会治理还在于公民的社会组织能够广泛地承担起社会的微观管理职能,使政府有可能从日益繁杂、琐碎的日常管理事务中脱手,把主要精力和财力用于间接的宏观管理,提高政府宏观调控的质量和效率。③社会管理是以公共权力的行使为基本方式,属于国家的政治统治范畴,具有一定的强制性;社会治理则在政府管理的前提下,更注重有组织的公民社会的协同和参与,具有很强的自治性和自律性。

从"管理"和"治理"这两个概念的区分中,我们可以看出,社会治理较之国家或政府基于公共权力的社会管理,更强调政府与社会的互动关系,更注重公民的协同和自治。一个高度民主的社会必然是一个高度自治的社会,

① 俞可平. 治理与善治[M]. 北京:社会科学文献出版社,2000:270-271.

一个高度自由的社会也必然是一个高度自律的社会。而高度自治和高度自律必然来自理性公民的自觉，这就必然要使社会协商成为公民社会参与社会治理的基本方式。

所谓社会协商，就是指国家和社会之间或政府与民众之间进行直接互动的民主协商过程。它不同于国家层面的、主要是发生在政治共同体内部的民主协商过程。如我国政治协商的两大基本政治载体是人民代表大会和人民政协会议，参与"两会"政治协商的人员是通过选举产生的人大代表和通过推举产生的政协委员以及与协商议题密切相关的政府官员，他们都有确定的政治角色地位，拥有直接参与政治协商的权利和对协商议题进行表决的权利，因而是政治协商的实际主体。一般来说，普通公民或社会成员不可能直接参与政治协商的过程，而只能把表达自身权益和观点的权利授予或转让给自己选举或推举的代表。因而政治协商必然具有间接民主的性质。社会协商则不同，社会协商是以社会民众能够直接参与协商过程为基本特征，具有直接民主的性质。它包含两个基本层次，一是政府与民众之间直接互动的民主协商过程，二是民众之间的有组织的民主协商过程。在广泛多层的社会协商过程中，民众可以以个人的身份直接与政府部门进行对话（如政府接待日、信访等），或通过大众媒体、网络平台直接面向政府部门和其他社会公众发表个人的意见和建议、申诉自己的委屈或提出自己的利益要求，以谋求同政府部门和其他社会公众就自己所关注的问题进行对话；民众也可以通过自己自愿加入的自治性公民组织，或通过推举自己的公民代表就某些共同关心的、具有一定普遍性的问题与政府部门和其他社会公众进行有组织的协商对话。

当然，使用"社会治理"这个概念，并由此论证社会协商的必要性，并不意味着排除国家或政府依法对社会生活的管理，绝不排除国家或政府在社会治理中行使强制性公共权力。这是因为，在复杂的社会矛盾和社会问题中，并不是所有的社会矛盾和社会问题都必须通过社会协商来解决。对于那些违法、违纪、违规或违反公共政策的行为以及由此引发的社会矛盾和社会问题，特别是对于某些政府部门或政府官员以权谋私、违法乱纪、直接或间接侵犯公民基本权利和利益的问题，以及分裂国家、出卖国家利益、破坏公共秩序的行为，国家或政府必须动用强制性公共权力予以制止乃至惩治。从原则上说，在必须共同遵守的公共规则面前，不应当有任何妥协的余地。

我们之所以主张采用"社会治理"这个更具包容性的概念，主要是因为随着我国社会主义市场经济的深入发展，社会治理所面对的是一个高度分化、高度异质化的社会结构。不同的民族、地域、阶层和利益群体往往有着不同的习俗、习惯、信仰、利益诉求和价值观念，因而不可避免地存在着复杂的、多样化的社会矛盾和社会问题。除了其中可能存在的违法乱纪行为之外，这些矛盾和问题通常不能用强制性公共权力予以解决，而必须通过理性的商谈予以协调。因此，对于社会治理这个概念来说，最为重要的问题就是明确强制性公共权力的边界，也就是说应当对强制的正当性有一个合理的理解。美国学者简·曼斯布里奇（Jane Mansbridge）认为：“任何论证强制正当性的阐述都不可能是完备的，……当认识到强制不可或缺、也认识到任何强制都不可能实现无可争辩的公平或理所当然的正当时，民主就必须在利用强制的同时找到对抗强制的方法，在政党、利益团体与其它可作为正式对抗手段的传统制度外，民主还需要培育和珍视非正式的协商性抵抗领域。”①对于那些不能用至少不能单凭强制性公共权力予以解决的社会矛盾和社会问题，社会协商尽管未必一定能产生尽善尽美的效果，但至少可以为解决这些矛盾和问题提供合乎理性的，从而能最大限度避免矛盾激化的方式或途径。因此，社会协商不仅是我国协商民主的基本层次，更是完善社会治理的基本手段。对此，我国学者林尚立教授指出：“社会协商，既是实践与深化中国协商民主的关键，更是整体撬动中国社会建设的杠杆。通过社会协商，社会管理能够深入到社会生产和生活的中心，与此同时，社会治理也能够凝聚社会力量与政府力量形成社会建设的合力，从而创造出社会管理与社会治理共强、国家与社会合作共治的格局。”②

二、社会协商与“善治”

从社会治理这个概念出发，人们自然想到的就是“良好的社会治理”即“善治”（good governance）这个概念。所谓善治通常被理解为使公共利益最大化的管理活动。这个理解略显偏颇。实际上，善治不仅在于维护和推进社

① Mansbrid, Jane. Using Power/Fighting Power: The Polity. Seyla Benhabib. DeMocracy and difference: contesting the boundaries of the political. Princeton, N. J. : Princeton University Press, 1996.（参见邢玲，高信奇. 言语、行动与共识：协商民主的三重面向[J]. 学海，2013（5）：102-107.）

② 林尚立. 社会协商与社会建设：以区分社会管理与社会治理为分析视角[J]. 中国高校社会科学，2013（4）：135-146，157.

会公共利益的发展，更在于依法维护公民个人的基本权利和基本利益，并能够为公民个人发展自身的特殊利益创造良好的社会环境和社会条件。因此，我们一方面可以从"良善治理"的意义上理解善治，即认为善治以维护公平正义为核心价值，以增进人民的共同福祉为基本目的，尊重宪法和法律的最高权威性，依法维护公民的个人自由权利，公正地分配和管理公共资源，合理调解社会的利益格局，完善和发展对人民负责、为人民服务的政府机构和政府管理机制，培育健全的公民意识和良好的社会风尚，等等；另一方面，我们也可以从"善于治理"这个意义上理解"善治"，而善于治理，最主要的就是善于化解或消解前文所说的那些用强制性公共权力或单凭强制性公共权力不能予以解决的社会矛盾和社会问题。

单凭强制性公共权力不能予以解决的社会矛盾和社会问题，大致体现为两个基本层次：一是政府与公众之间的矛盾；二是公众之间的矛盾。

政府与公众之间的矛盾主要表现为公共利益与私人利益的矛盾。一般来说，在以市场经济为基础的现代社会中，社会成员作为广义上的市场主体，都是以发展自身的特殊利益或私人利益为基本目的。在这种情况下，国家或政府就不可避免地成为公共利益的实际主体，承担发展社会公共利益的责任。因而政府通常会通过颁行公共政策或举办公共事业发展项目的方式来促进社会公共利益的发展。理论上说，以发展公共利益为价值指向的公共事业必然会使社会成员普遍受益，因而能够赢得社会成员的理解和支持。但是，公共政策或公共项目的实施往往有可能使一部分社会成员或利益群体直接受益，而使另一部分社会成员或利益群体会程度不同地蒙受直接损失。例如，我国宪法规定"公民的合法的私有财产不受侵犯"，同时又规定"国家为了公共利益的需要，可以依照法律规定对公民的私有财产实行征收或者征用并给予补偿"。按照宪法规定，公民有依法维护自身合法权利的正当要求。如果政府制定公共政策或发展公共项目的意向同公民维护自身权利和利益的正当要求之间发生了矛盾，政府和公众之间就有必要就公共事业的发展问题展开社会协商，共同讨论政府的公共政策的合理性，审议政府公共项目的实际价值、必要性和可行性以及项目实施过程可能引发的各种问题及其解决方案，尤其要审议蒙受直接损失的社会成员或利益群体的财产损失如何得到合理的补偿，等等。在社会协商过程中，政府充分尊重作为协商主体的公众与政府的平等地位，一方面向公众发布有关公共政策或公共项目的全部信息，讲解公共政策和公共项目实施的意图和目的，保证公众的全面知情权，另一方面怀着真诚的心态充分听取公众的意见和要求，尊重公众对政府决策的理性分析，并愿意根据大多数人的意见和要求决定是否贯彻、是否修正乃至是否放弃某些公共政策和公共项目的实施。在全面知情的前提下，公众也可以依照自己的理解、意愿和利益诉求对公共政策或公共项目的实施进行质询、质疑、提供修正方案或反对意见，同时也理性地思考公共政策或公共项目对于发展公共利益的重要性，愿意听取政府和其他公众的理由和建议以修正自己的价值偏好，谋求在协商中同政府部门和其他公众达成共识，或者愿意接受依据大多数人的意愿而产生的协商结果。

公众之间的矛盾通常表现为个体与个体之间、个体与群体之间以及群体与群体之间围绕私人利益或群体特殊利益而发生的矛盾。在这里，我们主要谈利益群体之间的矛盾。所谓利益群体，就是指以自身的特殊利益为基本目的的社会组织或社会群体。在市场经济的发展中，市场主体之间的竞争关系不可避免地会导致利益群体之间在权利和利益上发生矛盾冲突。如某些企业自身规模的扩大或商业项目的推进，有可能涉及征地、拆迁、生活条件的改变、环境污染等一系列问题，由此可能会同其他企业和企业所在地的居民发生矛盾。这就需要通过社会协商来解决。这种社会协商有可能是面对个人的，但更有可能是面对群体的。在现代社会中，大量涌现的公民自愿参加的各种非政府组织——包括依法定程序建立的、有法人资格的正式组织，也包括围绕某一问题而自愿结合起来的临时性组织——在社会协商中发挥着极为重要的作用。这种非政府组织一方面可以为自身的成员提供协商的机会和场所，协调成员之间的利益纠纷，促使其成员在利益纠纷中相互妥协，维护成员的共同利益；另一方面也可以以一种有组织的力量同其他社会组织、社会公众乃至政府进行平等的协商对话，尽可能地消解矛盾和冲突，谋求达成共识。在民众之间的社会协商过程中，有时也需要政府的参与。但政府在其中应当保持价值中立的姿态，组织和促进协商过程，劝说协商主体理性地相互听取对方的意愿和要求，协调各方的利益，并防止或制止利益纠纷中可能存在的侵犯公民基本权利和利益的行为，尤其要依法对协商过程进行监督，防止违法违规现象的发生。当然，政府出于公共利益的考虑，也可能支持某些企业项目的实施，但这更需要通过社会协商来解决项目实施过程可能造成的利益纠纷。政府可以阐释这些企业项目的公共利益价值，以增强实施这些项目的说服力，但更要考虑项目的实施给其他公众特别是弱势群体带来的直接影响，有责任敦促企业对蒙受直接损失的公众做出合理的补偿，以达到利益平衡，而不能利用政府的权力或权威迫使其他公众接受这些项目。

社会协商无论是发生在政府与公众之间，还是发生在公众之间，都是一个通过平等的、理性的协商对话来消除矛盾、解决问题、谋求共识、形成合作，以达到实现社会团结、社会和谐的过程。在社会协商过程中，协商主体之间相互尊重其主体地位、独立地位和平等地位，使协商主体能够有机会充分地、自由地表达自己的意愿和要求，并愿意在听取他人的意愿和要求过程中修正自己的价值偏好，以谋求共识，这本身就具有很高的政治价值，能够更为真实地体现社会公平正义的基本价值，同时作为一种社会民主又同政治民主相互结合、相互补充，实现民主政治体系的自我完善化。

在如何实现善治这个问题上，西方学界历来存在着多元主义和社团主义之争，前者强调竞争，主张在多元化的社会结构中对权力进行均衡配置，后者强调合作，主张建立国家和利益团体互相合作、相互支持的关系。实际上，在市场社会中，竞争与合作并非绝然对立的两极，竞争未必都是你死我活，而是可以实现合作共赢，合作也并非化多为一，而是尊重差异和多元以达到平等互利。尤其是对于中国特色的社会主义市场经济来说，如果能够把竞争机制和合作机制有效地、合理地结合起来，就能为良好的社会治理奠定坚实的社会基础。在这方面，社会协商必然能够发挥不可替代的重要作用，甚至可以说，只有通过社会协商才能使多元社会主体在相互竞争中谋求相互合作，才能使相互不同甚至相互冲突的利益得到相互协调。因此，在政府的主导下，形成广泛多层制度化的社会协商机制，将有助于使包含竞争因素的多元治理成为体现合作精神的和谐治理，使社会治理真正成为善治。

三、社会协商与社会稳定

社会治理，总体上说，就是在政府发挥依法管理社会生活的主导作用的基础上，谋求政府与社会公众的协同与合作，以社会的公平正义为基本价值导向，建构和维护有利于经济与社会发展的社会秩序，维护社会稳定，实现社会和谐。社会协商作为社会治理的基本方式，尊重协商主体相互间的平等地位，表现出愿意通过协商来谋求共识的诚意，这本身就具有缓和矛盾冲突、平息极端情绪的重要作用。民众也更乐于接受和遵从通过平等协商而形成的公共政策或解决问题的方案。这在很大程度上能够避免因有话无处讲、有冤无处申、有委屈无处说而造成的不满情绪甚或对抗情绪的积累，以及由此导致的非理性化的外部冲突。因此，社会协商实际上是为化解社会矛盾和冲突提供了一个理性化的途径。更为重要的是，社会协商也能成为理性地维护公民基本权利和利益的有效机制。习近平在 2014 年 1 月 7 日的中央政法工作会议上明确指出："维权是维稳的基础，维稳的实质是维权。"他强调要处理好维稳和维权的关系，把群众合理合法的利益诉求解决好，"完善对维护群众切身利益具有重大作用的制度，强化法律在化解矛盾中的权威地位"，使群众"由衷感到权益受到了公平对待、利益得到了有效维护"。

处理好维权和维稳的关系，更要注重社会协商对于维权和维稳的重要作用。事实上，大量的社会矛盾和社会冲突都直接或间接地与公民的基本权利和义务密切相关。因此，就维稳而言，从政府的角度说，政府肩负着依法维护公民基本权利的责任，一方面要坚决抵制任何形式的侵犯乃至剥夺公民基本权利的行为，特别应防止政府部门或政府官员滥用公权成为侵犯公民基本权利和利益的丑恶角色；另一方面，对于发生在政府与公众、公众之间的非违法性质的矛盾冲突，政府部门要以依法维护公民的基本权利和利益为基本原则，善于运用广泛多层的社会协商方式进行对话沟通，尤其要鼓励公民社会组织之间展开协商对话，以理性的方式消除分歧、化解矛盾。

从政府角度来讲，政府积极采用社会协商的方式来解决政府与公众之间的矛盾，本身就表现出政府维护公民权益的诚意，有助于树立政府包容、开放和亲和的形象，使政府成为公众信赖和依靠的对象，从而愿意依靠政府和法律来解决自身所面临的问题，而不是动辄诉诸非理性的行为。从公民角度讲，社会协商有助于培育健全的、理性的公民意识。一方面，通过理性的协商，公民能够更加明确地知晓自己的哪些利益要求作为基本权利是必须受到法律的保护的，哪些利益要求没有法律依据甚至同法律规则相抵触，因而必然要受到法律的制止，还有哪些具有正当权利的利益要求会同他人正当权利发生抵触，从而必须通过协商来解决；另一方面，社会协商使公民能够更加明确自己在平等享有基本权利的同时必须履行哪些义务，尤其是明确公民必须履行的基本义务即遵从法律的义务，如依法纳税、依法经营、遵守公共生活规则等等。在一个普遍法治的公民社会中，理性公民的法律自律和道德自律是社会稳定的最基本的保障，而社会协商则是培育公民道德自律和法律自律的有效途径。

总起来说，依法维护社会稳定必然包含自上而下的国家治理或政府治理，也就是包含强制性公共权力的运用。在这方面，政府在社会治理中的主导作用是毋庸置疑的。美国学者科林·法雷利（Colin Farrelly）在他的《正义、民主与理性协商》这本书中指出："依靠行政机关是实际民主社会的特征之一……现代民主社会必须依靠行政机关执行政策与法律。"[①]中国社会正处在剧烈的社会转型时期，这在客观上需要"一条在不失去对政治制度的控制的同时处理政治改革和经济开放的途径"[②]，需要"由权威政权内部力量发起……有控制性地开放政治空间"[③]。以为"一俟民主建立，效率和福利必将如影随形般地自动跟进"[④]是不切实际的幻想，公民理性不成熟，法治规则不健全，都有可能使社会秩序因政治空间的松动而发生紊乱。因此，"可管理导向的积极民主化策略体现了一种审慎的态度、是一种务实的选择"[⑤]。

当然，有效地发挥政府的主导作用的基本前提是，国家必须通过宪法和法律的形式严格规定国家公共权力的行使范围或界限，明确承认公民在其政治生活和社会生活中平等享有的基本权利和必须履行的基本义务，确保国家的立法、行政和司法部门能够忠实地按照法律规则、法定程序行使公共权力。限定强制性公共权力的行使边界之所以重要，就在于面对大量的非违法性质的社会矛盾和社会问题，强制性公共权力起作用的范围是十分有限的。如果对于这些矛盾和问题，简单地甚或粗暴地动用强制性公共权力，要么有可能激化矛盾，造成外部冲突，要么有可能带来暂时的平静，但却会在公众的心里积累对抗的情绪。合理的方式只能是用广泛多层制度化的社会协商方式来解决那些不能用强制性公共权力来解决的问题。

社会协商本身就是建构和维护社会秩序的机制，它不是单凭公权的强制作用而形成社会稳定，而是在促进社会和谐的基础上实现社会稳定。一般来说，在广泛意义的社会生活中，社会成员既有发展自身利益的普遍要求，又有健全和维护社会生活秩序的普遍要求。对发展自身利益的追求往往是没有

① Farrelly, Colin. Justice, DeMocracy and Reasonable AgreeMent. Basingstoke; New York: Palgrave MacMillan, 2007.

② 斯迪芬·海哥德，罗伯特·R. 考夫曼. 民主化转型的政治经济分析[M]. 张大军译. 北京：社会科学文献出版社，2008：12.

③ 亚当·普奥斯基. 民主与市场——东欧与拉丁美洲的政治经济改革[M]. 包雅钧，刘忠瑞，胡元梓译. 北京：北京大学出版社，2005：39.

④ 奥勒·诺格德. 经济制度与民主改革：原苏东国家的转型比较分析[M]. 孙友晋等译. 上海：上海人民出版社，2007：213.

⑤ 杨守涛. 中国地方治理中的政府与社会协商困境分析——基于民主化宏观策略的思考[J]. 陕西行政学院学报，2012（1）：47-51.

限度的，始终以利益的最大化为目标，而社会秩序则是以规则的方式对社会成员发展自身利益的方式进行制约和引导，使自身利益的发展不能侵犯公共利益和其他社会成员的合法权益。所谓社会秩序就是社会成员的社会行为的合乎规范性。国家的法治建设显然是社会秩序的基础和前提，它为社会秩序的建构和维持提供了最低限度的保障，而广泛、多层、制度化的社会协商则为协调和解决可能存在于政府与公众之间、公众之间的矛盾和问题提供了更为有效的社会机制和公共平台，从而使国家的法治和公民的自治有机地结合起来，形成良性循环，由此保证社会的和谐稳定和国家的长治久安。

（该文原载于《南开学报》2015 年第 4 期，人大复印资料《中国政治》2016 年第 1 期转载）

生态问题的政治哲学探究

一、生态危机：从伦理学到政治哲学

当工业文明正在凯歌行进之时，这个文明进程的阴影——由人类行为所造成的生态问题——就已经进入马克思和恩格斯的理论视野中。为攫取浅近的利益，为满足资本的贪欲而对自然资源的滥用和对自然环境的破坏等问题在马克思和恩格斯的文本中被揭示出来，并且对这些问题的揭示是同对资本主义生产的批判性分析联系在一起的，足以显示出他们对生态问题及其社会根源有着独到的深刻洞见。不过，在马克思和恩格斯的那个时代，工业文明正朝气蓬勃地显示着创造物质财富的强大能力，"物质带着诗意的感性光辉对人的全身心发出微笑"，使人们忽视了这个文明阴影的存在，至少不太相信这个阴影终有一天会遮天蔽日。但随着工业文明的进一步发展，这个阴影也被逐渐地拉长，以致达到了足以使人类进步的前景暗淡无光的程度。

早在 1949 年，美国自然保护活动家 A. 莱奥波尔德在《原荒纪事》中就提出了"大地伦理"的概念。他认为以往人们只注重人与人之间或者人与社会之间的道德关系，却忽略了人与大地、人与环境的道德关系，因而有必要探索人们对待自然环境系统的行为准则和规范,保护自然环境系统生态平衡，以达到使人类能在良好生态环境系统中生存和发展的目的。他的这本书成为生态伦理学的开山之作，但单纯的理论呼声尚不足以惊醒人们面对环境的漠然心态。1962 年，美国身患绝症的女学者蕾切尔·卡逊发表了《寂静的春天》一书，用浅显通俗且又相当沉重的笔触描述了杀虫剂的使用是如何破坏了从浮游生物到鱼类、鸟类直至人类的生物链。她向人们问道：如果从某一时刻起，在本应百鸟争鸣的春天里，再也听不到燕呢莺啼，田野里寂静无声，那将意味着什么？这本书打破了美国社会乃至国际社会在生态问题上的"寂静"。一些生产和使用化学杀虫剂的工业巨头，也包括一些利益相关的科学家和政客，连连发文谴责卡逊的"感情冲动"。但卡逊的书却以无可辩驳的事实唤起了世界公众对生态问题的自觉意识。卡逊逝世后不久，美国各州相继出台了禁止使用 DDT 等化学杀虫剂的法案，此后，世界各国也逐步禁止生产和使用化学杀虫剂。然而，问题并不仅仅在于杀虫剂，工业废物的倾泻、化学制品的滥用、臭氧层空洞的扩大、温室效应的加重等等，正在一步一步地侵蚀着我们赖以生存的土地、河流和空气，当人们终于注意到这个文明的阴影时，却惊讶地发现在财富盛宴的餐桌下已经堆满了垃圾。这不能不促使人们认真检讨人类行为给自然环境造成的损害。

最引人注目的是环境伦理学对所谓"人类中心主义"价值观念的批判。在许多西方学者看来，人类中心主义价值观把人当作宇宙的中心，视"人的价值高于一切"，以完全利己主义的态度对待自然。这种价值观忽略了自然作为人类家园的前提性意义，导致了工业文明对自然的掠夺和对生态环境的破坏。因此，要避免更为惨痛的结局，就必须放弃这种表现人的狂妄和傲慢的价值观念，代之以尊重自然价值和尊严的新型自然观。不能否认，这种自然观对"人类中心主义"价值观的批判有着十分积极的意义。随着工业文明而产生的所谓"人类中心主义"价值观的确给人们盲目地、没有节制地滥用自然资源提供了某种"价值合理性"的解释或支持。改变这种价值观，形成一种"尊重自然的价值和尊严"的强烈意识，有助于把保护资源环境的努力上升为伦理原则和道德自律。然而单纯的道义批判尽管可以唤起人们的情感和热情，却毕竟不能替代对问题实质的分析。"尊重自然的价值和尊严"这样一种说法，多少具有把自然人格化的意向，作为抒发情感和激发热情的艺术夸张，无可厚非，但如果真的拿来作为分析和解决问题的理论根据，就不能不说带有脱离对自然的科学理解的倾向。自然界是无意识的，其本身并无离开人类主体的价值内涵。自然界也不在乎人们是否尊重它，而只是依其本性对人类行为做出机械的、物理的、化学的和生物的反应。事实上，如果自然界对人类行为做出的反应并不构成对人类生存的威胁，很难说还有现今对"人类中心主义"的口诛笔伐。更为重要的是，如果我们把经过几个世纪的蓄积而形成的沉重问题最终归结为文化或道德观念使然，似乎改变了价值观念就能解决我们在生态环境上所面临的一切困难问题，这不能不说是避重就轻的道义清谈，不管言辞如何激烈，终归是轻描淡写。

对生态问题社会根源的批判性研究来自西方马克思主义阵营。第二次世界大战结束以后，西方马克思主义中的法兰克福学派就已经对生态环境问题有所关注。该学派的创始人 M. 霍克海姆和 T. W. 阿多尔诺在《启蒙辩证法》（1947）一书中，就曾运用马克思的异化理论批判当代资本主义的"自然异化"现象。在他们看来，欧洲近代启蒙运动的发展确立了理性能够统治世界的信念，确立了人对自然界的无限统治权。但在现实的历史进程中，倡导人的自由和解放的启蒙精神悄悄地走向自己的反面，即走向了"自我摧毁"。这种"自我摧毁"也表现在人和自然的关系上，即人对自然的征服没有使人成为自然的主人，也没有使自然成为属人的存在，相反却造成了人与自然关系的破裂，导致自然对人类的报复。在完全被技术理性统治的世界中，不但人与人之间相互异化，而且人与自然也相互异化[①]。

20 世纪 60 至 70 年代以来，西方国家的绿色运动和环境伦理学蓬勃发展，生态环境问题日益受到广泛的关注。法兰克福学派的另一位重要代表人物马尔库塞直接从对资本主义制度的政治批判中表现出对生态问题的忧虑。他在《反革命与造反》（1972）一书中直言："（空气）污染和水污染、噪音、工业和商业抢占了迄今公众还能涉足的自然区，这一切较之于奴役和监禁好不了多少……我们必须反对制度造成的自然污染，如同我们反对精神贫困化一样。"[②]美国学者威廉·莱易斯在 1972 年和 1976 年分别发表了《自然的统治》和《满足的极限》两本书。在《自然的统治》中，莱易斯第一次明确地把生态危机界定为：人类依靠科技手段实现对自然的控制，反过来遭到自然的反抗和报复，遭遇异化的命运。他认为，资本主义不断强化对自然的统治，也就"不断地吞噬着它赖以存在的自然基础"。在《满足的极限》一书中，他进一步指出，资本主义生产以追求利润最大化为唯一原则，造成过度生产和"消费异化"，导致生产力与资源的浪费和自然生态环境的破坏。为此，资本主义国家有必要增加干预力度，压缩生产能力，削减人们的物质需求，改变人们的消费方式，从根本上调整人与自然的整体关系。

如果说，莱易斯还在一定程度上把生态问题的解决寄希望于资本主义的自我节制，那么长期注重生态运动与政治斗争关系的法国学者安德烈·高兹则明确提出"生态社会主义"的构想。他于 1977 年发表了《生态学与自由》一书，强调生态运动本身不是目的，而是一种更广泛、更深刻的政治斗争即与资本主义斗争的一部分。解决当代资本主义的生态危机，应该实行民主的、

---

① 霍克海默，阿多诺. 启蒙的辩证法[M]. 洪佩郁等译. 重庆：重庆出版社，1990：241.
② 马尔库塞. 反革命与造反[M]. 载任立编译. 北京：商务印书馆，1982：129.

社会主义的方式，而不是专制的、资本主义的方式。他坚信，人类完全可以在民主的和非集权的技术基础上建立起个人自主的、同自然相协调的生态社会主义社会。

上述理论研究一步一步地将生态问题的研究从伦理学推向政治哲学，关注生态问题的西方马克思主义者创造性地发挥马克思主义理论，在资本主义生产方式及其社会制度中剖析当代生态危机的社会根源，从而使生态马克思主义在众说纷纭的生态理论中脱颖而出，并迅速成为不可忽视的学术思潮。

二、生态马克思主义：一种切近现实的政治哲学

马克思主义政治哲学是一种深刻地揭示现代资本主义的动态规律、内在矛盾和社会危机的理论，或者用时下较为流行的说法，是一种现代性批判理论。生态马克思主义（包括生态社会主义）可以说是马克思批判理论在生态运动中的延伸，把马克思主义理论同生态学创造性地结合起来，并将生态危机理解为资本主义政治危机的凸现。正如法国学者乔治·拉比卡所说："生态社会主义的理论基础是马克思主义。马克思在《资本论》中第一次揭示了资本主义逻辑，从而为我们认识生态危机的实质、根源和解决出路奠定了基础。"[1] 从 20 世纪 70 年代末至今，生态马克思主义已经形成了一个有一定规模的理论阵营，产生了一批颇具影响力的学者。本文选择其中一些具有代表性的理论观点予以简要评述。

1. 阿格尔："异化消费"与"生态危机"

"生态马克思主义"（Ecological Marxism）一词最初见于加拿大学者本·阿格尔在 1979 年出版的《西方马克思主义概论》一书。这本书也被国内外学界视为生态马克思主义思潮形成的标志。阿格尔从马克思的异化劳动和经济危机理论出发，重点探讨了现代资本主义消费异化与生态危机的关系。他认为，现代资本主义的危机趋势已经从生产领域转向消费领域，即"资本主义和国家社会主义的结构上的弱点导致了人们在其中不得不通过个人的高消费来寻求幸福的环境，从而加速工业的增长，对业已脆弱的生态系统进一

---

① O'Connor. Natural Causes, the Guilford Press, 1998: 339.

步造成压力。一句话，劳动中缺乏自我表达的自由和意图，就会使人逐渐变得越来越柔弱并依附于消费行为"①。他把这种情况称之为与马克思的异化劳动概念相对应的"异化消费"。这种异化消费带来的是人们疯狂地获取商品、满足物欲，由此引发了生态危机。在他看来，马克思的传统理论注重的是考察资本主义生产领域和经济危机，而没有充分分析资本主义的消费领域，更没有预示资本主义在今天所面遇的生态危机。因此，面对当代资本主义更富有弹性的现实，有必要建立新的生态危机理论——生态马克思主义。这种生态马克思主义"把矛盾置于资本主义生产与整个生态系统之间的基本矛盾这一高度加以认识"②，用"异化消费"理论补充马克思的"异化劳动"理论，用对生态危机的分析取代对经济危机的分析，最终用"期望破灭的辩证法"来克服异化消费及其生态危机。阿格尔承认，异化消费源于异化劳动，要消灭异化消费，就必须消灭异化劳动。而要消灭异化劳动，就必须改组资本主义生产结构，即消灭雇佣劳动制度。他主张，以"分散化"和"非官僚化"来改变资本主义的生产制度，使人类重新回归生产领域，从那里去寻求人生的满足和快乐，改变消费等同幸福的旧价值观。

阿格尔用生态危机来取代马克思的经济危机的观点显然是有失偏颇。20世纪70年代以来，先后爆发了蔓延资本主义国家的经济滞胀危机、拉美债务危机、欧洲货币体系危机、东南亚金融危机以及自2007年至今的世界范围内的大规模的金融危机等等。经济危机的频繁发生及其在经济全球化加速发展的背景下表现出的深刻性和复杂性，远非生态危机所能涵盖，反而表明经济危机是资本主义世界无法治愈的痼疾。在这个问题上，美国学者奥康纳的观点显得更为全面。他在1998年发表的《自然的理由》这本书中，修正了阿格尔的观点，恢复了马克思主义经济危机理论对资本主义批判的合理性，提出了全球化时代资本主义经济危机和生态危机共存的双重危机理论。

2. 奥康纳：资本的"第二重矛盾"

奥康纳着力探讨历史唯物主义理论如何向生物学领域和客观自然界延伸的问题。他尝试着把生态学和马克思主义结合起来，构建一种生态学马克思主义历史观。在这个问题上，他特别注重分析和开发马克思关于生产条件的理论。他认为，生产条件并非纯粹意义上的自然因素或客观因素，同时也是

---

① 阿格尔. 西方马克思主义概论[M]. 王瑾，梁树发等译. 北京：中国人民大学出版社，1991：493.
② 阿格尔. 西方马克思主义概论[M]. 王瑾，梁树发等译. 北京：中国人民大学出版社，1991：475.

由社会主体创造出来的具有历史文化意义的因素。据此，他从比较宽泛的"文化"概念出发，重新定义了资本主义生产方式条件下的"生产条件"概念，认为生产条件就是"那些并不是根据价值规律或市场力量作为商品生产出来，但却被资本当成商品来对待的所有东西"[①]。从一般意义上说，确认生产条件是人们以往历史活动的结果而非纯粹的自然因素，这原本就是马克思生产条件理论的基本内涵，从这个内涵出发也不难引申出生产条件的历史文化意义。但重要的是，奥康纳通过对生产条件的这一理解，发现了资本主义生产方式本身所包含的双重矛盾，即资本主义条件下生产力与生产关系的矛盾和生产方式与生产条件的矛盾。他把后者称之为资本的"第二重矛盾"或第二种类型的矛盾。这两重矛盾的融合决定了资本主义社会结构的内部动态过程。他指出，在当代发达的资本主义条件下，由于生产条件被忽视而导致的生产性能力的破坏，不仅决定了资本主义社会不仅无法逃逸生产不足的经济危机，而且必然遭遇日渐深重的生态危机。马克思本人的理论聚焦在生产力与生产关系的矛盾中，因而没有发展出系统的第二重矛盾理论。这在一定程度上忽视了资本运行所必然造成的对生态的破坏作用。奥康纳强调，在当代资本主义社会中，第二重矛盾占据着主导地位，因此资本主义的矛盾有可能会导致一种在危机及社会转型问题上的"生态学"理论。

奥康纳进而分析了资本主义社会能否克服生态危机的问题。在这一点上他特别注重的是国家职能问题。他认为，破坏生产条件的再生产能力的直接原因不是资本而是国家，国家是资本和自然之间的中介，生产条件由此被政治化。国家本身能创造某种独立的或"相对自主性"的东西，借以控制生产条件的生产和再生产及其参与和退出商品市场的时间和地点。而资本主义国家就是以资本的运作为前提的，因此，在资本主义国家中，由第二重矛盾激发的危机不仅仅是经济危机和生态危机，而且还造成资本主义国家在立法和行政职能方面的政治危机。这意味着如何转变国家的职能就成为解决生态危机和第二重矛盾的关键。据此，奥康纳认为只有生态社会主义才能真正解决资本主义世界所蕴含的经济危机、政治危机和生态危机。生态社会主义是替代传统社会主义和资本主义的理想的社会形态，它是这样一些理论和实践，"它们希求使交换价值从属于使用价值，使抽象劳动从属于具体劳动，……按

---

① 奥康纳. 自然的理由[M]. 唐正东，臧佩洪译. 南京：南京大学出版社，2003：486.

照需要……而不是利润来组织生产"①。从这个意义上说，走向生态社会主义就是真正实现国家民主和改革现实生产条件的政治革命。

3. 岩佐茂：从"资本逻辑"到"生活逻辑"

岩佐茂教授是当代日本著名的马克思主义哲学家，也是日本最早开创生态马克思主义研究的学者之一。他在 1994 年发表的《环境的思想——环境保护与马克思主义的结合处》一书堪称日本生态马克思主义的经典之作。作为日本学者，他的生态理论是以日本国的环境问题为分析背景的。日本是世界上科技和工业发展速度最快的国家，同时又是一个国土狭小、资源贫乏的岛国，因而与工业发展如影随形的环境污染问题就显得特别尖锐，经常引发较大规模的社会矛盾。迫于公众的压力，日本政府高度重视环境污染问题。1967年出台了《公害对策基本法》，用立法手段协调环保与经济发展的关系，投入大量资金治理化学公害，进行农业补偿和土壤恢复；倡导循环经济，减少化学制品的使用，降低温室气体排放量，加强中金属回收；等等。这些措施虽然未能完全奏效，但也的确产生了相当积极的效果。应当说，在环境治理方面，日本确实走在世界前列。

通过概括和总结日本在消灭公害、环境保护运动中形成的思想和理论，岩佐茂对公害产生的社会原因以及公害与资本主义的关系问题提出了自己的见解。他并不完全赞同把公害的原因归结为资本主义生产关系或资本主义体制的观点，而是认为公害的产生的确同资本的本性密切相关，但资本的本性与资本主义生产关系二者并不同义。尽管资本一方面生产资本主义生产关系，另一方面又在这种生产关系的规定下进行活动，但资本毕竟不是资本主义生产关系本身。如果把公害的原因归结为资本主义生产关系，并认为"在资本主义体制下公害是不可避免的"，那就必然会陷入由于资本主义生产关系不能预防公害，只有改变资本主义生产关系才能消除公害这种宿命论中去，而且还会产生社会主义不会引起公害这种错觉。"因此，我们不应该在资本主义生产关系中寻找公害这一社会现象的原因，而应该将资本主义生产关系本身和被这一关系规定的、承担这一关系的资本区别开来，把资本的本性以及以此作为基础的经济活动看成引发公害的原因。"②

---

① 奥康纳. 自然的理由[M]. 唐正东，臧佩洪译，南京：南京大学出版社，2003：525-526.
② 岩佐茂. 环境的思想——环境保护与马克思主义的结合处[M]. 韩立新等译. 北京：中央编译出版社，1998：23.

在岩佐茂看来，所谓资本的本性也就是"资本逻辑"，即通过生产来追求利润，谋求自身增殖。为追求资本增殖，必然要尽可能压缩不能带来利润的经费。如果没有法律的限制，处理废物的经费，肯定要服从资本节约的冲动，而在资本主义生产关系下，公害就是由在充分使用不变资本上的节约这一资本逻辑引起的。如果没有法律规定，资本逻辑必然倾向于无偿接受自然资源，并且对生产过程所造成的环境破坏漠不关心。这意味着，从资本的逻辑中不可能产生积极地保护环境的逻辑，单凭市场机制不可能解决环境问题，20 世纪以来，环境破坏主要是基于市场原理的产业主义，这就是以追求利润为最高目的的资本的逻辑所引起的。岩佐茂认为，唯一能够与这种资本逻辑相对抗的是"生活逻辑"，即指在人的生存或"更好的生存"中发现价值，在劳动生活与消费生活的各个方面重视人的生活态度和方法。对人的生存来说良好的环境是不可缺少的，因此生活的逻辑也就必不可少地包含环境保全之意。基于这个看法，岩佐茂提出了一个非常新颖的观点，认为"环境问题是资本逻辑和生活逻辑之间尖锐对立的矛盾焦点"。

岩佐茂指出，资本逻辑和生活逻辑是不相容的，生活逻辑只有在与资本逻辑的对立中才能展开。回避与资本逻辑的对立就看不到实际解决问题的希望。抑制资本逻辑的横行霸道，不能寄希望于通过企业、资本家个体的责任感的觉醒或"良心发现"，而应当实现向环境保护型生产体制乃至循环型生产体制的转换，因此，有必要对由大量生产体制造成的环境破坏行为进行法律制裁，并引入税金和罚金等经济手段来保全环境。同时，还必须通过舆论和运动的力量来与资本逻辑进行斗争，否则任何手段都不能有效地发挥作用。不彻底改变资本逻辑，就不可能从根本上摆脱生态环境问题所引发的社会危机。不过，岩佐茂并不认为资本主义生产关系条件必然会抵制生态环境保护运动。他认为，即使在资本主义生产关系下，如果劳动的逻辑和生活的逻辑力量强大也可以达到预防公害的目的，但贯彻资本逻辑的资本主义必然无法从根本上解决生态问题。从这个意义上说，"可持续型社会只有在以追求利润为最高目的的资本的逻辑进行决裂的基础上才能实现。不控制资本的暴行，不对资本的逻辑带来的自然环境破坏加强民主制约，可持续社会就不可能实现"①。

① 岩佐茂. 环境的思想——环境保护与马克思主义的结合处[M]. 韩立新等译. 北京：中央编译出版社，1998：55.

4. 福斯特：物质变换裂缝论

美国学者约翰·贝拉米·福斯特可以说是 21 世纪以来马克思主义生态学研究领域中最具影响力的学者。他在 1994 年就出版了《脆弱的星球：环境经济简史》一书，展示了从前资本主义社会到当前阶段的生态破坏情况，"为读者提供了一幅前资本主义社会到今天生态环境恶化的简明历史画卷"①。2000 年他又发表了代表作《马克思的生态学：唯物主义和自然》。这本书的主旨是"挖掘对自然和生态危机的唯物主义认识"②，阐释马克思的实践唯物主义自然观的范畴，成功地为马克思主义的生态立场提供了哲学基础和切入现实的路径。2001 年，他又出版了《生态危机与资本主义》一书。在这本书中，福斯特不再作单一的历史性描述，而是直接介入当代政治经济领域对资本主义和环境的争论，以解读当今生态危机的各方面具体问题。

福斯特在梳理马克思唯物主义发展史的过程中发现了马克思的"物质变换裂缝理论"。通过对这个理论的解读，福斯特找到了马克思思想与当代生态问题间有机联系的切入点。马克思的物质变换理论源自德国农业化学家李比希提出的"物质变换"概念。李比希于 1840 年出版了《农业化学》一书，从自然科学的角度对土壤进行了研究，提出了"归还定律"，即"要维持地力必须全部归还从土壤中拿走的东西。如果拿走的东西不全部归还的话，那么不可能指望再收到那么高的产量"③。马克思吸收了李比希的物质变换概念，并将其纳入政治经济学的研究中，以分析和批判资本主义农业、工业对人力的自然力和土地的自然力的破坏。如马克思在《资本论》里分析资本主义地租的产生问题时就指出："大土地所有制使农业人口减少到不断下降的最低程度，而在他们的对面，则造成不断增长的拥挤在大城市的工业人口。由此产生了各种条件，这些条件在社会的以及由生活的自然规律决定的物质变换过程中造成了一个无法弥补的裂缝，于是就造成了地力的浪费，并且这种浪费通过商业而远及国外……大工业和按工业方式经营的大农业一起发生作用。"④

从马克思运用物质变换概念分析自然和人类社会间物质变换的联系与矛

---

① 福斯特. 生态危机与资本主义[M]. 耿建新，宋兴无译. 上海：上海译文出版社，2006：1.
② 福斯特. 生态危机与资本主义[M]. 耿建新，宋兴无译. 上海：上海译文出版社，2006：1.
③ 李比希. 农业化学[M]. 刘更另译. 北京：农业出版社，1983：6.
④ 马克思恩格斯全集：第 25 卷[M]. 北京：人民出版社，1982：916-917.

盾（裂缝）中，福斯特看到了马克思的生态学及其解读当代生态问题的可能。他认为，马克思的物质变换概念包含自然和社会双重内涵：一方面是物质变换的"自然内涵"，主要是指自然界内部的物质交换和以劳动为中介的自然与社会间的物质交换；另一方面是物质变换的"社会内涵"，即社会的物质变换，包括人类在劳动过程中以劳动组织为基础形成的各种需要和关系构成的网络，人类通过劳动获得的产品或商品根据这个网络在人类社会内部进行分配、交换和消费。福斯特强调，物质交换的社会内涵（社会的物质变换）是以自然内涵（自然的物质变换）为前提和物质基础的，二者的结合能够表达人与自然的辩证关系，既强调人类赖以生存的自然条件的客观性，又强调人类改造自然条件的能动性。资本主义生产是人类历史上最为复杂的具体劳动方式，它把包括人的生产劳动和自然的产物在内的一切都贴上了商品的标签，把管理、调整现实的社会物质变换以及社会和自然之间的物质变换过程纳入商品经济的发展轨道，从而使物质变换产生了"裂缝"，给人类社会和自然带来了严重的后果，生态破坏就是其现实的具体的表现。福斯特将这个所谓"物质变换裂缝"概括为："自然的生命律规定并控制着社会的物质变换。自然的生命律要求土壤营养成分的'系统归还'，然而社会的物质变换却掠夺了土壤的营养构成要素，使之不能'系统归还'，而是导致了'土壤构成要素异化'。"[①]在他看来，资本主义生产条件下出现的物质变换裂缝实质上是自然和社会关系的异化，亦即在资本主义状态下，人类生存的无机条件和人类自身的积极的生存状态相分裂，这种分裂从物质基础上看就是作为自然的一部分的人与自然的异化，也就是自然本身的异化，同时也是作为人与自然间物质交换中介的劳动异化。因此，导致物质变换裂缝或者说导致生态危机的本质原因是资本主义的生产方式，资本主义雇佣劳动制发展的前提就是自由劳动同其赖以实现的客观条件相分离，即劳动手段和劳动资料的分离。这意味着，无论资本主义制度下的农业在技术和管理上如何进步，它都不可能成为合理的，因为在资本主义制度下人与土地之间的物质变换裂缝的产生是必然的。这表明，生态与资本主义在本质上和整体上是对抗的，从资本主义的立场上解决环境问题的所有尝试都将是徒劳的。

　　福斯特的上述理论，可以说是非常成功地发展了马克思实践唯物主义的自然观和劳动异化理论，并通过物质变换裂缝理论的重新建构找到了用马克

---

① 福斯特. 马克思主义的生态学：唯物主义和自然[M]. 刘仁胜, 肖峰译. 北京：高等教育出版社, 2006: 156.

思主义解读当代资本主义生态危机的切入点。他的理论充分显示出马克思主义理论在当代生态问题研究中的重要价值，确立了现代资本主义批判的新的角度和方法。

三、构建中国的生态马克思主义

从国外生态马克思主义研究领域上述有代表性的理论观点中可以看出，生态马克思主义实质上是围绕生态问题而进行的现代资本主义批判或现代性批判的政治哲学。这些理论家十分敏感地意识到，现代资本主义很可能无法从根本上克服日益深重的生态问题，生态危机很有可能同经济危机融合在一起，共同构成现代资本主义的最为深刻的政治危机和社会危机。生态马克思主义哲学家们从不同的角度成功地把马克思的政治哲学理论同生态学和生态问题的研究结合起来，也充分显示出马克思主义理论的当代价值。

在我国学界，生态马克思主义的研究可以说是姗姗来迟。早在 20 世纪 80 年代初，国内一些思想敏锐的学者将国外发展了数十年的环境伦理学或生态伦理学思想介绍到我国学界。但在 80 年代，经济体制和政治体制的改革正处在初步发展阶段，经济发展问题具有压倒一切的态势，因而生态问题的研究显然并没有引起学界的广泛关注。20 世纪 90 年代以后，生态伦理学的研究逐渐受到伦理学界和哲学界的重视，并逐渐达到一个高峰。这推动了我国生态伦理学的发展。然而，受国外反人类中心主义思潮的强烈影响，国内关注此问题的大多数学者都集中在生态伦理学方面，围绕"人类中心主义"等问题展开自然观和道德观的讨论，无论是维护者，还是反对者，似乎都认为解决环境问题的关键就在于应当改变或者调整我们在人和自然关系问题上的价值取向，很少有人系统地探讨生态问题的社会根源，对于生态马克思主义也只有一些零星的介绍。

2000 年，笔者在《天津社会科学》第 6 期上发表了《环境危机及其根源》一文，对生态问题的社会根源作了初步的探讨。笔者认为，生态问题的社会根源在于财产私有制对社会生活的绝对统治。从一定意义上说，所有制是控制物质资源的社会权力，因而是一切社会权力中最根本的权力。财产私有制则是把这一社会权力转变为个人权力的社会机制。因此，在私有制社会中，特别是在资本主义社会中，个人对物质财富的占有不仅是为了维持生计和满足消费需求的增长，而且是获取社会权力的最基本方式，这就不能不使个人对物质资源和财富的占有带有强烈的利己主义性质。当市场经济的发展把人们之间的一切社会关系实际地物化为商品交换关系后，私有财产权力也就膨胀为支配一切社会生活的权力。对物的占有具有全面的社会意义，个体对物质利益的追求成为驱动社会生活的普遍原则，它使人与人之间在经济利益上产生普遍的竞争和对抗，并使自然界不可避免地成为这种竞争和对抗的牺牲品。因为，一旦人们把最大限度地获取物质财富作为唯一的目的，经济利益上的相互对抗就必然会引起人们对自然资源的争夺，商业利益的竞争也使人们难于考虑自身经济行为对自然环境的损害。这样，在市场经济中，每个经济主体的局部行为都是有意识、有目的、由自身的意志所决定的自觉行为，但相互冲突的意志的交互作用却产生了盲目的"合力"，这种合力在增加社会物质财富的同时，也使人类行为对自然资源和环境的破坏性负作用日积月累，以至我们在享受现代物质文明的同时又堕入日趋严重的生态危机。

事实上，真正的困难在于我们必须消除制造生态危机的社会根源。私有财产的权力一旦泛化为普遍的社会权力就必然导致人与人之间在物质利益上的冲突和对抗，造成特殊利益与普遍利益、局部利益和整体利益的对立，使贫富分化成为社会生活的顽疾。在这种情况下，我们所能看到的只是相互对立、相互竞争的私人利益、集团利益、地区利益和国家利益，而对自然的掠夺，大多出于利益群体之间特殊利益或私利的角逐。更使我们痛心疾首的是，迄今为止，不管关注人类命运的人们在保护资源和环境的主题上奏出何等壮烈的乐章，人与人之间、地区与地区之间、民族与民族之间、国家与国家之间在利益上的相互冲突，都在不断地抵消着人们所做出的努力。利益的抗争使真正出于"人类利益"的种种考虑变得苍白无力。即便人们意识到了危机的深重，意识到现代工业文明的发展模式正在加速危机的到来，但要说服那些被竞争搞的头昏脑胀的利益群体彻底地放弃现代工业模式所能创造的唾手可得的利益却是难上加难。

生态问题的严重性以及解决生态问题所遇到的重重困难，预示着生态问题必然是 21 世纪经济与社会发展的主题。如何借鉴国外的理论资源开创中国生态马克思主义理论研究当为中国学界迫在眉睫的理论任务。在 21 世纪已经过去的第一个十年里，中国学者对国外生态马克思主义理论的研究的确取得了十分重要的进展，但就创建中国生态马克思主义理论来说，还没有找到自己的立足点。

　　中国生态马克思主义作为一种政治哲学，首先应当高度注重对中国生态问题进行实事求是的考察和研究。岩佐茂教授曾告诫说，以社会主义为目标的革命主体能否实现社会主义也取决于他们能否提出解决环境问题的未来社会计划。即使在社会主义生产关系下，如果急于产业化、工业化，热衷与发达资本主义国家竞争，从"生产第一主义"的立场出发节约处理废弃物的经费，也会引发公害。事实也正是如此。中国是一个人口众多、人均收入偏低的发展中国家，关注民生的发展策略不可避免地会把加快国民经济的发展、提高国民收入作为首选目标，这就促使中国必须通过发展社会主义市场经济的方式来达到这个目标。三十余年的市场取向改革的确极大地推动了中国经济的发展，但不能否认，市场的逻辑就是资本的逻辑，最大化地追求资本的价值增殖，很少会考虑必须加大成本才能予以解决的环境问题。此外，区域经济发展不平衡，不同地区、不同社会阶层或利益群体之间贫富差别比较大，更加重了为浅近的功利目的而挥霍资源和破坏环境为代价的经济行为，这就使生态环境伴随着经济的高速发展而迅速恶化。这表明，社会主义国家在其经济与社会的发展中同样会面临生态危机的严峻挑战。没有任何铁的必然性可以保证社会主义能够自然地实现人们业已追求的生态目标。

　　当然，中国作为社会主义国家，归根到底是以全体人民的共同富裕或共同幸福为基本目标。对于这个基本目标来说，市场经济只是手段而不是目的本身。并且中国的社会主义市场经济始终保持公有制经济的主体地位，国家对市场有着强有力的制约作用，这对于解决生态问题可能是极为重要的。如奥康纳所指出的那样，国家是资本和自然之间的中介，可以控制生产条件的生产和再生产。也就是说，尽管市场主体的经济行为不可避免地遵循资本的逻辑，但社会主义国家可以在资本和自然之间发挥强有力的中介作用，用强有力的经济手段、法律手段和行政手段抵制资本逻辑的无限扩张，逐渐使经济与社会朝着有利于保护和改善生态环境的方向发展，并为从根本上解决生态问题创造出良好的社会条件。国外生态马克思主义者在批判资本主义的同时，提出了"生态社会主义"或"绿色社会主义"等主张，但这些理论上的设想很难在资本主义社会中成为一种实践原则。关注民生的社会主义国家应当使社会主义成为最有利于保护和改善生态环境的社会形态，因为生态问题正在成为关乎人民的生活条件和生活质量的民生问题。因此，探讨中国特色社会主义从根本上解决生态问题的可能性和实践策略，是中国生态马克思主义研究的基本任务和历史责任。

生态危机不是哪一个民族、哪一个国家、哪一个地区、哪一个阶级或哪一部分人的危机，而是人类所面临的共同危机，从根本上消除危机需要人类的共同努力。现代科学技术的发展已经证明人类具有走出困境和危机的充分能力，但关键是必须创造出能够使这种能力充分发挥作用的社会条件。而哪一种社会制度更有利于推进人类的这种共同努力，更能为解决生态问题创造出良好的社会条件，势必成为现代社会主义和现代资本主义之间的较量。在经济全球化加速发展的今天，围绕生态问题而产生的国际争端，越来越显示出这个问题的重要性。中国的社会主义制度如果能够在解决生态问题上显示出较之资本主义制度更大的优越性，也是为社会主义制度的合理性做出了具有普遍意义的论证。

（该文原载于《南开学报》2010 年第 6 期，2010 年 7 月 17 日《光明日报》"论点摘编"，《新华文摘》2010 年第 19 期全文转载）

道德信念、道德权威性与人的自由

一、当前"道德失范"问题的实质

在我国向市场经济社会过渡的社会转型时期，道德建设方面所发生的种种问题最令人忧心忡忡。面对诸如"见死不救""以权谋私""学术腐败"之类恶性的"道德失范"现象的大量发生，人们不能不对自身的生存环境产生极大的忧虑。"道德危机"一词已经成为我国学术界和公众社会表述我国社会道德境况的常用词。

然而，这是怎样的一种危机？或者说当前道德失范问题的实质是什么？

我们可以很清楚地看出：第一，对于上述非道德现象或"道德失范"现象，并非没有明确的适用的道德规范和法律规范，也就是说，当前的道德失范问题，不是道德规范和法律规范不够健全的问题，至少主要不是这个问题；第二，非道德行为者并非不知道他们的行为触犯了社会的道德和法律规则，他们是"明知故犯"，大量的非道德现象就是大量的"明知故犯"。上述非道德现象的这两个基本特征表明，我国现实生活中的"道德危机"不是发生在道德准则上，而是发生在道德信念上，不是发生在"我们应当遵守什么样的道德"这一问题上，而是发生在"我们为什么一定要遵守道德"这一更为根本的问题上，因此，这种道德危机在其实质上是"道德信念危机"，是道德"权威性"的下降，以及由此引起的道德自律性或道德约束力的弱化。

"我们应当遵守什么样的道德"和"我们为什么一定要遵守道德"这是两个不同的问题。前者是指道德规范体系的具体内容，后者则是指人们履行道德义务的基本信念。对于道德信念问题似乎历来有着是不言而喻的肯定回答。个人在社会生活中应当遵守道德规范，这本来是天经地义的事情，很少有人对此发生过怀疑。即便在伴随着社会转型而发生的道德转型过程中，从旧的道德规范体系走出来转而适应新的道德体系，可能会使人们在道德行为的选择和道德价值评判上出现一时的混乱或困惑，但只要没有动摇人们最基本的道德信念，走出混乱和困惑、建构新的道德秩序就是指日可待的事情。然而，一旦人们的道德信念发生了动摇，道德约束便在人们的行为和社会秩序的构建中失去了应有的权威性，取而代之的将是人们对道德义务的冷漠和麻木。一方面是道德自律的不断弱化，行为的道德要求与行为的利益要求相比，越来越降至次要的地位，甚至降低到可有可无的地位，这就势必导致大量的"明知故犯"性的非道德现象的发生，而且一些非道德行为者在其行为中有可能更倾向于欣赏自己的计谋和逃避惩罚的幸运，而很少感到良心的不安和灵魂深处的愧疚；另一方面则是道德批判力的不断下降，社会舆论对于各种非道德现象不是因为缺乏道义评判的公度而表现出众口不一的混乱，就是因为道德信念的动摇而表现出没有痛痒感的漠然态度，从而在现实的道德环境中，社会舆论、公众价值评价对道德问题呈现出一种"暧昧"的态度，甚或表现出某种程度的"宽容"和"理解"。如果有一天，真的到了"老鼠过街，无人喊打"的程度，那就无疑会加快老鼠的繁衍速度，甚至过去属于打鼠行列的人，也有可能自己变成老鼠，横行于街市。

我国学界颇为关注当今的道德危机问题，但大多数研究者只限于从优化道德环境和完善道德规范的角度来理解和解决道德危机问题，或者主张把道德建设与制度建设结合起来，使完整有效的制度体系和全社会范围内的道德建设相得益彰，或者主张把道德建设与法律建设结合起来，甚至提出了"道德法律化"的建议，等等。这些观点和主张都有其合理性和建设性，但需要指出的是道德和法律都是生成和维系社会秩序的文化机制，而社会秩序的生成和维系不外体现在两个基本的方面：其一，借助社会道德和法律的规范体系进行外部约束，即通常所说的他律；其二，通过人心灵的内在要求，即通常所说的自律。他律在很大程度上是"被外界事物所影响或受感情的驱使，为追求道德之外的目的而制定的伦理原则"①。二者间，他律是对人的外部行为的一种限定，要求人们在驱达某种目的的活动中必须遵从某种规范，否则其外部行为就将被法律或社会舆论所终止，或者用应得的惩戒抵消其行为的结果；自律则是指个人从自我人格的意义上，把道德视为完善人格的有机构成，从而把道德准则作为自身行为的基本价值取向。"道德的基础是人类精

---

① 简明伦理学辞典[M]. 兰州：甘肃人民出版社，1987：284.

神的自律"①，也就是说道德规范不仅要求人们遵守，而且要内化到人的人格结构中，成为人的社会品质的主要内容。从人的活动的角度看，社会秩序无非是人的活动的合乎规范性。从这个意义上说，自律较之他律更为重要，这不仅是因为法律条文大多源自道德规范，更因为遵守法律本身就是以道德自律为内在动力的。尽管法律要依靠强大的暴力机器发挥作用的，但是如果人们只是因为畏惧惩罚才遵守法律，那么在有可能逃逸法律制裁的情况下，犯罪随时都有可能发生。因此，无论是法律规范还是道德规范都只有在成为人的人格自律的内在要求时才能真正成为生成和维系社会秩序的文化机制。正如美国伦理学家麦金太尔所说"只有那些具有正义德性的人才有可能知道怎样运用法律"②。因此，就建立和维护正常的社会生活秩序而言，不仅要建构合理的道德和法律规范体系，更重要的是要在人的内心世界中确立"一定要使行为合乎规范"的"道德信念"，使行为的合乎规范性成为人的行为的自律性要求，从这个意义上说，道德信念或道德自律既是道德建设的根基，也是法治建设的根基，没有道德根基的法治，不可能是完备的法治。因此，如何强化人们的道德信念，恢复道德的权威性，从而切实发挥道德生产社会秩序的作用，这是现在我国道德建设工作所面临的亟待解决的问题。

二、道德、道德信念和道德的权威性

以往我国哲学和伦理学教科书，对道德一词的界定比较侧重于强调道德是一种"规范"体系，如"道德是以善恶为标准，依照社会舆论、传统习俗、内心信念的力量调整人们之间相互关系的规范的总和"③。这种界定的一个很明显的偏颇在于忽视了道德本应具有的"人格修养"或"人格自我完善"的含义。古希腊哲学家亚里士多德曾经把道德（美德）划分为与感性欲望相关的实践美德和与纯粹理性活动相关的理智美德。他认为，实践美德充其量只能培养"善人"，而理智美德则造就"完人"，是人生追求的最高目标，因为"理性的沉思的活动则好象既有较高的严肃的价值，又不以本身以外的任何目的为目标，并且具有它自己本身所特有的愉快……而且自足性，悠闲自

---

① 马克思恩格斯选集：第 1 卷[M]. 北京：人民出版社，1995：15.
② 麦金太尔. 德性之后[M]. 龚群等译. 北京：中国社会科学出版社，1995：15.
③ 宋希仁. 伦理学大词典[M]. 长春：吉林人民出版社，1980：102.

适、持久不衰。"①在中国古代文献中，"道"与"德"是相互贯通的概念，"道"通常是指贯彻宇宙（包括社会与人生）的普遍法则，而"德"则是宇宙法则在人的行为中的体现。因而孔子主张"志于道，据于德"（《论语·述而》），其意为以悟道为志向，以德性为根据，目的在于构建理想的人格和良好的社会图景。所以，在我国古代哲学的文献中，道德一词亦十分注重人格修养的含义。可以说，人格修养是传统德性的核心内容。

在道德建设中，道德本身所具有的"人格修养""人格完善"的意义对于我们理解道德在社会的存在和发展中的作用有着特殊的重要性。因为，只有当人们不是仅仅从服从的意义上接受道德规范的约束，而且还把道德修养作为自我完善化的精神追求并以此体验自身生存与发展的最基本价值和终极性意义的时候，道德要求才能成为行为选择的第一要求。这也就是所谓"道德信念"的确立。

当然，道德信念并不仅仅是精神生活领域的内在需求，它还有着普遍的、深刻的社会根源，即它根源于社会生活的实践本质，在人们的生活实践中有着不依人的意志为转移的客观根据。人的本质体现在人所特有的活动方式中，而人所从事的任何一种实践活动从一开始就是一种社会性的活动，即以个人之间的社会交往为前提的活动。个体的人因其自身的有限性，必须同众多的他人进行广泛意义上的社会交往。通过这种交往，一方面众多个人的活动和个人的力量被整合成为社会的共同活动和共同力量，一方面个人也只有在交往中才能占有这种社会力量以克服自身的有限性。因此，人作为社会的存在物，尽管有着自身的利益，但这种利益本质上是被社会所决定的利益，其满足利益的活动也是被社会所决定了的活动。正如马克思所说的那样，人"不仅是合群的动物，而且是只有在社会中才能独立的动物"②。社会生活的实践本质决定了道德信念或道德的权威性在本质上也是实践的。因为人不仅生活在社会中，而且意识到自己生活在社会中。对生活的社会性的意识，使人们在交往活动中结成的交往关系通过主观化的环节被规范化、制度化，形成了一整套言语的或象征的语义符号系统，即一整套引导、约束人们的社会行为和调节人们之间关系的社会交往规则，如习俗、道德、法律、制度等等，以避免因个人的任意性导致交往活动的紊乱或中断。我们之所以必须遵守道德，就是因为体现我们生命特性的实践活动本身是社会性的，道德正是人的

① 亚里士多德. 尼各马克伦理学[M]. 北京：商务印书馆，2003：327.
② 马克思恩格斯全集：第 12 卷[M]. 北京：人民出版社，1979：734.

生命活动的内在性特征。就人们的一切交往活动必须遵从一定的社会规范而言，人们的道德实践是融合在人们一切实践领域之中的，或者说任何实践活动都必然具有道德实践的意义。由此可见，从道德权威性的社会根源上看，道德的核心问题就是个人与社会的矛盾，而道德信念的确立则是通过强化人们的道德自律意识而促使这一矛盾得到合理化的解决，从而保证道德在生成和维系社会秩序的过程中发挥基础性的作用。只要人们的社会生活是实践活动的总和，遵守道德对于每一个实践活动的主体来说，就是一种无条件的义务，它不容许任何活动的非道德化，因为从实践本身的社会性来说，非道德化就是一种非社会化或反社会化。由此可见，正是社会生活的实践本质决定了道德根据的绝对性、客观性和对于人的生存来说所具有的永恒性。尽管随着历史的发展，一些具体的道德规范乃至整个道德体系不可避免地会发生变化，以适应新的社会生活内容，但交往的道德性要求，也就是交往的合乎规范性要求则是为人的生活实践的一般性特征所决定的，是不能在历史过程中消失的。因为道德规范体系的变化，只能是从一种道德体系向另一种道德体系的转型，而不是走向非道德化。

道德和道德信念的社会根源表明，遵从道德规范、履行道德义务是人不同于其他任何一种存在物的存在方式或生存方式，在这个意义上，道德信念在人的精神生活领域中就表现为对自身生存方式的一种终极意义上的关注，即人对自身生存价值的追问或反思。在现实生活中，出于对自身生存需求的考虑，我们必定会关注许许多多与我们的生存息息相关的物质利益问题，但是如果我们仅仅停留在对这些事物的关注上，或者把这些事物当作生存的终极目的加以追求，就不可避免地会因这些具体事物的相对性和有限性而导致生存"失望"或生存意义的缺失。正如马克思所说的那样，"吃、喝、性行为等等，固然也是真正的人的机能，但是，如果使这些机能脱离了人的其他活动，并使他们成为最后的和唯一的终极目的，那么，在这种抽象中，它们就是动物机能"[①]。因此，对生存价值的追问和反思总是要超越生活的直接经验内容，超越浅近的功利目标，而从人生在世这样一个层面上，思寻生活的终极意义，使人们在充满不确定因素的生活世界中获得持久的价值定向，并把生活的直接经验寄寓在对生活的一般理解中，让生活本身为意义感所充实。由此，我们可以看出，道德要求正是体现出那种"人之为人"的根本性意义，

---

① 马克思恩格斯全集：第 42 卷[M]．北京：人民出版社，1979：94．

它所包含的是人对自身所具有的人格、尊严、幸福、快乐的理解和追求，对自身生活目标和自我实现方式的价值选择。一旦缺乏甚至丧失了对生存意义的确认，人就难免沉沦、颓废。所以，人必须对生活意义进行追问，确立生命的价值。"除我们关于诸如正义及对其他人的生命、幸福和尊严的尊重等议题的概念和反应之外，我也要考察对支撑着我们自己尊严的东西的感受，或考察对使我们的生活富有意义和完满的东西的追问。"①这种追问不仅仅是对生活经验层面，更是对生活本体层面的追问，是对生命价值的确认。正是通过这种追问，道德信念在人的生活实践中有了不可践踏的至上意义。道德的权威性就在于建立这样一种道德信念：合乎规范的活动是一种真正属于人的生存状态，是对人的基本权利、尊严和生命价值的尊重，是人的一种自我实现。一切非道德行为归根到底都是对人性的践踏，是对人的生命价值的摧残。"人"与"非人"，由此成为一切道德评价的基本准则和道德良心的核心内容。

就道德信念或道德权威性体现着人的生存的终极价值或意义而言，道德信念在人们的精神生活中总是同信仰联系在一起，并通过信仰使社会生活的客观要求得到主观的表达。从历史上看，世界上不同的民族或种族有着不同的文化传统和宗教信仰，但是任何一个民族的宗教信仰作为精神生活和道德情操的总体都是一种使其民族成员能够团结起来、凝聚起来的精神力量和文化机制，而不是去制造人与人之间的隔阂和对立。因此，不管信仰的对象是出于精神的虚构（如宗教神学），还是出于对社会和人生的科学把握（如马克思主义），信仰本身都会成为使人们对道德体系产生价值认同的精神象征。也就是说，一旦人们信仰什么，就会把自身的全部价值寄托在信仰对象上，从中去理解和体验生命的意义，并使之成为自己行为方式的最终依据，从而可以为信仰而道德，甚至为信仰而献身。道德依托于信仰而获得一种高尚性、神圣性，促使人们把道德要求作为自己选择行为方式的第一要求，使人满足利益需求的活动方式不同于动物，使人须臾不可脱离的共同生活能够持续下去并不断得到发展，"……于是，一切天赋渐渐发展起来，趣味也高雅起来，经过不断的启蒙，开始形成一种思维模式，从而最终可以逐渐道德差别的自然本性转化成具体的实践原则，把一种强制达成的病态和谐的社会转化成一种道德总体性"②。

道德信念的确立，使道德要求在人的行为选择中具有不可动摇的权威性，

---

① 查尔斯·泰勒. 自我的根源：现代认同的形成[M]. 韩震等译. 南京：译林出版社，2001：4.
② 康德语，转引自哈贝马斯. 公共领域的结构转型[M]. 上海：学林出版社，1999：131.

它贯穿于人的整个一生，始终是人的行为的价值导向。这种道德权威性不是指那种外在的强加给我们的权威道德，而是根源于我们自身对自我人格的理性追求。这种理性追求赋予道德信念、道德要求以确定性、绝对性和整体性。尽管生活世界充满了不确定性的因素，但除非个人放弃了原本属于自己的道德信念，否则没有什么力量能够阻止人履行自己应尽的道德义务，没有什么力量可以阻止人们根据自己的道德信念来决定做什么或不做什么；尽管我们从事的每一事情都是有限的、相对的，尽管道德规范的内容是具体的、历史的、可变的，但行为的道德要求却是无条件的、绝对的，它意味着在我们生存的时空结构中不能留下无道德的缝隙；尽管人的生活是丰富的、多样的，因而人的种种价值观念和道德观念也是多样的、具体的，但道德的根据则是贯穿我们全部生活的主线，它把我们各种具体的价值观念和道德观念整合起来，使我们从中体验自我的同一性和生命的整体性，使我们从每一件事情中体验自己的生存价值，从而把生活的碎片整合到我们自己创造出来的意义世界中。"没有一个至上的整体生活和目的概念，某些个别的德性概念必定仍然是部分的、不完全的。"[①] "除非有一个目的（telos）一个借助构成整体生活的善（good），即把一个人的生活看成是一个统一体的善，而超越了实践的有限利益的目的，否则就将是这两种情形：某种破坏性的专横将侵犯道德生活；我们将不能适当地说明某些德性的背景条件。这两种问题由于第三种问题而更为严重：至少有一种为传统所认识到的德性，它除了依据个人生活的整体，根本不能得到说明——这就是完善的或坚贞的德性。"[②]道德信念或道德的权威性就是人对自身自我人格的完整理解，意味着一种人生状态，作为无条件的道德要求，始终具有"人之为人"的一般意义。

正是道德信念的这种确定性、绝对性、整体性，才使人的道德行为的"深刻、影响力和普遍性是非同寻常的。它们如此深刻，以致我们不由得认为它们植根于本能"[③]。在这里，我们不同意道德相对主义的主张。正如弗洛姆所说的那样："相对主义提出，价值判断和伦理规范完全是体验的问题或主义选择的问题，在这个领域里，不存在客观的、正确的陈述。然而，由于没有价值和规范，人就不能生存，因此，这种相对主义易使人追求非理性的价值

① 麦金太尔. 德性之后[M]. 龚群等译. 北京：中国社会科学出版社，1995：256.
② 麦金太尔. 德性之后[M]. 龚群等译. 北京：中国社会科学出版社，1995：256.
③ 查尔斯·泰勒. 自我的根源：现代认同的形成[M]. 韩震等译. 南京：译林出版社，2001：5-6.

体系。"①我们也不同意把道德和道德信念理解为仅仅是私人生活领域的事情的观念。道德信念应当成为普遍的社会原则。在现代社会中，由于经济状况、社会地位、文化背景（其中主要是信仰）以及个人境遇的不同，人们的道德实践和道德价值观念通常是多元的或多样化的。但是，社会的公共生活则必然要求从这种差异中寻找同一，以形成对于建立和维护共同生活秩序所必需的共同的价值准则。而达此目的基本前提是，不管个人的境遇和个人的信仰怎样不同，不管个人如何依据自己的信仰对道德规范的意义做出怎样的理解，个人都应当把道德要求作为行为选择的基本价值尺度，把履行道德义务作为生活的基本要求。从这个意义上说，道德要求应当成为社会的普遍精神，从而使有助于建构和维护社会生活秩序的种种道德规范成为对任何个人有着客观制约力的社会机制。因此，不能因道德是一种观念领域的东西，而把道德主观化、私人化，导向道德主观主义、情感主义和直觉主义。事实上，否认道德根据的客观性和普遍性，将道德判断视为纯属个人主观选择，也就取消了履行道德义务的必要性。正因为如此，当前国内外学界有关道德问题的种种争论，实际上都是在寻求道德根据的客观性和普遍性，"这些争论没有一个不是旨在做出一种非个人的合理论证，因而通常它们都以某种非个人的模式出现"②。

三、道德信念与人的自主性和自由性

实践活动作为人的"自觉的自由的活动"就是人的存在方式，蕴涵着人的存在的全部价值和终极意义，也就是说，劳动或实践活动，不只是我们谋生的手段，更重要的，它是体现我们生命价值的活动。我们知道，马克思主义哲学始终把人类最基本的实践活动——物质生产活动作为考察社会历史及其发展的现实基础。然而，马克思所讲的物质生产活动本身就具有经济学的和人本学的双重意义。从经济学意义上说，物质生产活动是全部社会生活的基础、前提和条件，人们进行生产活动首先是为了满足自身生存的物质需求和社会生活对物质手段与条件的需求。从人本学意义上说，生产活动作为人类最基本的实践活动又是一种自由自主的活动。马克思非常反对那种仅仅从表面

① 弗洛姆. 为自己的人[M]. 孙依依译. 北京：生活·读书·新知三联书店，1988：26.
② 麦金太尔. 德性之后[M]. 龚群等译. 北京：中国社会科学出版社，1995：252.

的有用性的角度来看待物质生产活动的观念，他在《经济学手稿（1857—1858 年)》中明确指出："诚然，劳动尺度本身在这里是由外面提供的，是由必须达到的目的和为达到目的而必须由劳动来克服的那些障碍所提供的。但是克服这种障碍本身，就是自由的实现，而且进一步说，外在目的失掉了单纯外在必然性的外观，被看作个人自己对自我提出的目的，因而被看作自我实现，主体的物化，也就是实在的自由，——而这种自由见之于活动恰恰就是劳动，——这些也是亚当·斯密料想不到的。"① 由此可见，在马克思那里，生产活动就是一种与人的自由直接联系在一起的，具有本体论意义的实践形式。沿着马克思的思路继续延伸，我们就不难看到，人类的一切实践活动本质上都是自主自由的活动，因而人的存在的终极性价值实际上是蕴含在一切形式的实践活动中。

实践是体现人的自由价值的活动，这种自由不是指人可以摆脱客观必然性而独立，而是指人的实践活动是以人本身的存在为根据的自主的活动，是人依据自己的理想、目的而进行的一种创造性的活动。从这个意义上说，人们的道德实践就是要使这种自由自觉的活动能够不断地扩展，使人的自由价值得到充分地实现。正如黑格尔所说的那样："只有把现有的东西提升为某种自己创造的东西……才会产生善的更高境界。"② 因此，道德权威性的基本价值或终极价值就是人对自由性和自主性的追求。从这个意义上说，我们之所以遵守道德，是因为道德体现了我们自由的本质。

实践活动的自由性、自主性是人们确立道德信念、履行道德义务、承担道德责任的最终根据。如果实践活动仅仅被铁的必然性所支配，没有任何意义上的自主选择，那么道德实践就既没有必要，也不能发挥任何作用。而当人们在客观规律、客观条件所提供的可能性空间中有能力进行选择的时候，也就是当人们有能力利用物质世界的质料来构造"属人"的世界的时候，道德要求就成为实践的内在要求，这种道德要求的基准就是：我们怎样才能使自由在我们的创造性的活动中得到充分的实现？在这里，人对自身自主性、自由性的不懈追求也就成为我们衡量社会道德进步状态的尺度。

人的自主性和自由性对人来说并不仅仅是一个抽象规定，而是一个随着人们的最基本的实践活动即物质生产活动的历史发展而不断扩大和深化的历史过程。马克思指出："生产力与交往形式的关系，就是交往形式与个人的行

① 马克思恩格斯全集：第 46 卷（下）[M]. 北京：人民出版社，1980：112.

② 黑格尔. 法哲学原理[M]. 北京：商务印书馆，1961：126.

动或活动的关系。"①在物质生产活动中，人们只有通过社会交往占有现有的生产力的总和，才能使他们的活动成为真正意义上的自主活动，而这种占有必然要受到历史上形成的交往形式的制约。这样，当既定的社会交往形式在总体上同社会生产力的发展水平相适应的时候，个人活动的社会条件就是同他们的自主活动相适应的条件，"这些条件对于他们说来不是什么外部的东西；它们是这样一些条件，只有在这些条件下，生存于一定关系中的，一定的个人才能生产自己的物质生活以及与这种物质生活相关的东西，因而它们是个人自主活动的条件，而且是由这种自主活动创造出来的"②。而当生产力的发展同原有的社会交往形式发生矛盾的时候，既定的社会交往形式"起初本是自主活动的条件，后来却变成了它的桎梏"，成为束缚人的自主活动的社会障碍。在这种情况下，改变既定的社会交往形式，就成为社会进步的客观要求。

从社会交往形式的规范化、制度化角度来看，作为自主活动的社会条件的社会交往形式必然包括历史上形成的道德规范体系。因此，在生产力也就是人的自主活动发展的一定历史阶段上，必然会形成与这个历史阶段上的生产力水平或自主活动的具体内容相适应的道德规范体系。正如恩格斯所说："人们自觉地或不自觉地，归根到底总是从他们阶级地位所依据的实际关系中——从他们进行生产和交换的经济关系中，吸取自己的道德观念"③，"一切以往的道德论归根到底都是当时的社会经济状况的产物"④。随着物质生产活动以及人们各个领域的实践活动的发展，具体的、历史的道德规范体系不可避免地也会发生变化。只要它不再是人们自主活动的条件，而是成了自主活动的桎梏，它就应该发生变化。但是，具体的道德规范的变化，并不是实践的道德要求和道德信念的变化，而是用新的更适应于人的自主活动的进步状况的道德体系取代旧的道德体系的过程，它不是使社会走向非道德化，而毋宁说是使社会生活更为道德化。

不管社会历史发展过程经历怎样的曲折和坎坷，它总是朝着人的自由的不断深化和扩展的方向挺进。英国自由主义政治哲学家哈耶克认为，自由是一种人的状态，"在此状态中，一些人对另一些人所施以的强制，在社会中被

---

① 马克思恩格斯选集：第 1 卷[M]. 北京：人民出版社，1972：78.
② 马克思恩格斯选集：第 1 卷[M]. 北京：人民出版社，1972：78.
③ 马克思恩格斯选集：第 3 卷[M]. 北京：人民出版社，1972：133.
④ 马克思恩格斯选集：第 3 卷[M]. 北京：人民出版社，1972：134.

减至最小可能之限度"①。哈耶克对自由的这种理解当然是正确的，但需要指出的是，这种自由的状态应当是与道德的不断进步成正比的。根据法律和道德起作用方式的不同，我们可以把社会规范区分为"强制性规范"和"自律性规范"。道德是一种自律性规范，也就是人们依据自己的道德信念和价值追求而对自己的行为方式做出合乎道德要求的选择，体现着人的活动的自主性。因此，自由的状态，并不是没有规范的状态，而恰恰是人的自律性规范在越来越大的范围内起作用的状态。只有当自律性规范在社会中被增至最大可能之限度时，强制性规范才有可能被减至最小可能之限度。道德化，不是自由的消失，而是自由的放大。当前，学术界有些人认为，现代社会是一个法治的社会，道德的作用将越来越边缘化。这种观点是缺乏反思的，也是非常有害的。因为，社会秩序无非是人的行为的合乎规范性，自律性规范的不断弱化，要么会导致强制性规范的扩张（正如当前学界不少人主张把道德法律化那样），要么会造成"行为失范"的蔓延，无论哪一种结果都与我们所要追求的自由状态相去甚远。没有自律性的社会，不可能是一个自由的社会。

总之，道德权威性的实践本质决定了道德的基本价值是追求人的自主性和自由性。道德的自律性源于这种追求，因为正是这种追求使不堪屈辱、不堪奴役的人们能够把真正体现自己生命活动特征的道德规范内化到自己的人格结构中，并理性地审视道德规范的历史性、具体性，弃绝那些同社会生活的进步状态相矛盾的陈旧的道德说教，敢于同一切假借道德之言压抑人性的伪善做不妥协的斗争。

（该文原载于《教学与研究》2002 年第 11 期）

---

① 哈耶克. 自由秩序原理[M]. 北京：生活·读书·新知三联书店，1997：2.

"道德危机"及其社会根源

　　道德问题恐怕是现代社会所面临的最令人头痛和困惑的问题之一，对于处在社会转型过程中的中国社会来说，这个问题更是令人忧虑。近来媒体披露的诸如在北京某公共汽车上，一名外地 14 岁少女因与售票员发生口角，而被售票员当场活活掐死；湖南数家福利院倒卖婴儿，已达数年之久；一位老人住院 66 天，医院开出天价药费等等，折射出中国现代社会中存在着一些有悖道德常理的现象。

　　剖析"道德危机"的实质和根源并从中摸索出走出危机的途径，当是哲学和伦理学研究的首要任务。

一、现代社会中"道德危机"的实质

　　事实上，道德危机不仅仅存在于转型中的中国社会，也同样地、程度不同地存在于发达的西方国家中，毋宁说它是以市场经济为基础的现代社会普遍面临的危机。美国当代著名哲学家麦金太尔曾在他的《德性之后》一书中，对现代社会的普遍的道德危机进行了分析，指出：当代人类的道德实践所处的危机体现在三个方面：（1）社会生活中的道德判断的运用，是纯主观的和情感性的；（2）个人的道德立场、道德原则和道德价值的选择，是一种没有客观依据的主观选择；（3）从传统的意义上，德性已经发生了质的改变，并从以往在社会生活中所占据的中心位置退居到生活的边缘。由此，麦金太尔认为，当代道德危机从根本上说是道德权威性的危机，这种危机的表现是人们的道德判断陷入没有公准、没有客观尺度的道德相对主义。

　　麦金太尔的论断的确是一种明见，但却没有完全说到要害之处。如果说，道德权威性的危机仅仅是由于道德判断失去公准而陷入相对主义，那么至少还表明人们的道德信念尚未动摇，还是愿意遵守道德规范的，只不过在遵守何种道德规范上表现出了困惑。然而，上文提到的种种非道德现象中可以很清楚地看出：第一，对于这些非道德现象或"道德失范"现象来说，并非没有公认的、明确适用的道德规范和法律规范，也就是说，当前的道德失范问题，不是道德规范和法律规范不够健全的问题，至少主要不是这个问题；第二，非道德行为者并非不知道他们的行为触犯了社会的道德和法律规则，他们是"明知故犯"，大量的非道德现象就是大量的"明知故犯"。非道德现象的这两个基本特征表明，在现代社会中，"道德危机"不是发生在道德准则上，而是发生在道德信念上，不是发生在"我们应当遵守什么样的道德？"这一问题上，而是发生在"我们为什么一定要遵守道德？"这一更为根本的问题上。

"我们应当遵守什么样的道德？"和"我们为什么一定要遵守道德？"这是两个不同的问题。前者是指道德规范体系的具体内容，后者则是指人们履行道德义务的基本信念，二者的基本关系是，如果后者得不到肯定，前者就没有任何意义。麦金太尔所言称的道德权威性危机所针对的主要是前一个问题，而本文所指称的道德权威性危机则主要是后一个问题，也就是说这种"道德危机"在其实质上是"道德信念危机"，是道德"权威性"的下降，以及由此引起的道德自律性或道德约束力的不断弱化。

对于道德信念问题似乎历来有着不言而喻的肯定回答。而且在日常生活中，人们通常也是倾向于把遵守道德规范理解为天经地义的事情，很少有人对"一定要遵守道德"这一点发生过怀疑。即便在伴随着社会转型而发生的道德转型过程中，从旧的道德规范体系走出来转而发展和适应新的道德体系，可能会使人们在道德行为的选择和道德价值评判上出现一时的混乱或困惑，但只要没有动摇人们最基本的道德信念，走出混乱和困惑，建构新的道德秩序就是指日可待的事情。然而，一旦人们的道德信念发生了动摇，使道德约束在人们的行为中和在社会秩序的构建中失去应有的权威性，其结果必然是道德自律的不断弱化，行为的道德要求与行为的利益要求相比，越来越降至次要地位，甚至降低到可有可无的地位，这就势必导致大量的"明知故犯"性非道德现象的发生，而且一些非道德行为者在其行为中有可能更倾向于欣赏自己的计谋和逃避惩罚的幸运，而很少感到良心的不安和灵魂深处的愧疚。

道德信念的危机同时表现出道德教育和道德修养的不断外在化。就传统德性而言，道德不只是培养人的操守的一系列规范，其最高境界是指人的"人格修养"或"人格自我完善"。古希腊哲学家亚里士多德曾经把道德（美德）划分为与感性欲望相关的实践美德和与纯粹理性活动相关的理智美德。他认为，实践美德充其量只能培养"善人"，而理智美德则造就"完人"，是人生追求的最高目标，因为"理性的沉思的活动则好象既有较高的严肃的价值，又不以本身以外的任何目的为目标，并且具有它自己本身所特有的愉快……而且自足性，悠闲自适、持久不衰"[①]。在中国古代文献中，"道"与"德"是相互贯通的概念，"道"通常是指贯彻宇宙（包括社会与人生）的普遍法则，而"德"则是宇宙法则在人的行为中的体现。因而孔子主张"志于道，据于德"（《论语·述而》），其意为以悟道为志向，以德性为根据，目的在于构建理想的人格和良好的社会图景。可以说，人格修养是传统德性的核心内容，亦即道德规范不仅要求人们遵守，而且要内化到人的人格结构中，成为人的社会品质的主要内容，使人能够始终从"人之为人"的意义上，从人的生存的崇高境界上理解道德价值，由此才使道德具有很强的自律性。而今天的情况是，人们的道德行为日益从"人格修养"和"人的自我完善"的境界中退出来，导致道德这种自律性体系日益被他律化。在很多情况下，人们不是为了健全自己的人格而遵守道德，而是因为惧怕社会舆论的压力而不得不遵守道德规范。我们知道，道德他律远不如法律的他律更具有强制性，因而道德系统的不断他律化，本身就意味着道德约束力的根本性松动。

二、道德危机的社会根源

现代社会的这种道德危机有着深刻、复杂的社会根源。国内学界许多研究者都从不同的角度对此作出了深入的分析。一种比较占主流的观点认为，发展市场经济本身就会使传统道德价值面临严峻挑战。因为市场经济总是以市场主体无休止地追求特殊利益或私利为内在驱动力的。这样重功利的市场关系与超功利的道德价值之间就不可避免地发生冲突。这种观点固然很有道理，但以笔者之见，这种冲突并不必然地导致上述道德危机的发生，因为市场体系本身也必须依赖于一定的道德基础，如尊重个人的独立、自主和人格尊严、讲究诚信、遵守规则、信守道义、追求亲和等等，这些道德要求并非

---

① 亚里士多德. 尼各马克伦理学[M]. 北京：商务印书馆，2003：327.

全都与传统道德价值相矛盾，或者本身就是传统道德价值的延伸。冲突大都发生在传统道德价值中与市场经济不相吻合的那些方面，如无视或轻视个人的基本权利，压抑人的个性、自主性、自由性，等等。至于那些坑蒙拐骗、以权谋私之类的行为，不仅为传统道德价值所摈弃，而且也是现代社会严厉打击的对象。因此，市场机制与传统道德价值之间的冲突，并不必然动摇人们心灵中的道德信念和道德权威性，而是要求重新理解传统道德价值并实现必要的道德规范转换，尽管这项工作的完成也是很艰难的。

我们所要讨论的道德危机即道德信念的危机是如何发生的呢？对此，我们不妨借助哈贝马斯关于"系统"与"生活世界"之间关系的理论来概要性地分析或尝试性地解答这个问题。

哈贝马斯认为现代社会中人的异化和社会危机根源于"生活世界"与"系统"的分离。所谓的"系统"主要是指社会的经济系统和国家管理系统，前者的主要运作媒介是货币，主要机制是市场，后者的主要运作媒介是权力，主要机制是科层制度。相对于系统而言，生活世界则是人们共同生活、共同经历、共同言说和共同行动所依赖的世界，它既是人们日常交往的领域，又是人们交往实践的产物，其主要运作媒介是语言。哈贝马斯认为，经济活动和国家管理活动原本属于生活世界，与生活世界融为一体。但在现代社会的形成过程中，经济和社会管理活动的复杂性大大增加，并逐渐从人们的生活世界中独立出来，形成具有自己特定制度和运行规则的系统。在正常的情况下，经济系统通过货币的运作追求效率和价值增殖，政治系统通过公共权力的运作追求社会资源符合公平正义原则的分配，而在人们日常的生活世界中，则通过平等的对话形成公共理性，达到相互理解和共识，使生活世界成为公民的自由和自律的领域。然而，难以避免的是，两个系统一经形成就具有一定的使系统有序运行的整合力量，这种整合是针对系统的，但也影响生活世界，通过货币和权力媒介与作为环境的生活世界形成交换，并要求生活世界适应系统自身的逻辑，由此构成了对生活世界的侵犯或对生活世界的殖民化。其主要表现就是货币、权力一类的媒介超出自己的活动范围，取代语言成为支配生活世界的规则，从而必然直接导致生活世界的危机或病态。

对于哈贝马斯的观点，我们还可以进一步延伸：尤其是在发展中国家向现代社会的转型过程中，急于摆脱贫困和落后状况的愿望往往使经济系统最先获得自己的增长动力，从而它不仅侵犯生活世界，而且也不可避免地侵犯或腐蚀另一个系统即国家管理系统或政治领域，如果政治体系本身缺乏强有力的道德与法律的防范机制，就会在两个系统的制度缝隙之间形成特有的货币与权力的畸形交易，使公共权力不再维护公共利益和公民的基本权利，而是为少数人的特殊利益服务，成为私利的工具。

这种畸形的"钱权交易"一经形成就会反过来侵犯生活世界，造成生活世界的严重扭曲。从维护道德信念和道德权威性的角度来看，"钱权交易"对生活世界所造成的危害，首先表现为"道德表率效应"的蜕变和"伪善"的横行。这里所说的"道德表率效应"并非仅仅是指极少数优秀分子的道德榜样作用，更重要的是指各个层级党政官员的道德示范作用。从一般原则上说，党政官员当是人群中的优秀分子，社会公众给予他们的道德期望值要远远高于一般人。然而，在"钱权交易"的网络中，党政官员的腐败行为与他们在公共场合必须表现出的道德风范形成了极其鲜明的对照。这种自上而下的"伪善"，不只是败坏了社会风气，更严重的是它潜移默化地动摇乃至摧毁社会公众心灵中的最基本的道德信念。

"钱权交易"对生活世界的进一步侵犯，表现为社会公众的"道德冷漠"。生活世界原本是公众的道德自律领域，在正常的生活秩序中，良好的道德操守往往是可以在公众舆论中获得良好的声誉，或者在广泛的交往活动中因其善良而得到良好的回报，而道德败坏的不良分子则通常会遭到公众舆论的谴责，并在交往活动中遭到排斥，由此保证生活世界中由道德规范维系的基本秩序。其中特别是公共权力机构可以利用公共资源对道德良善者进行各种形式的奖励或鼓励，从而使良善者和良善行为得到社会的肯定。这些都可以说是现实生活中"善有善报，恶有恶报"的因果链。然而，在"钱权交易"中形成的"伪善"却使这个因果链日益脆弱。因为一旦公共权力转变为谋取私利的手段，它所能控制的资源就会或者被伪善所欺骗，或者直接用于为非作歹，使社会失去对善给予"善报"、对恶给予"恶报"的能力，甚至可能出现"善有恶报，恶有善报"的"黑暗世道"。在这种情况下，"道德"本身就面临着被败坏的危险，道德话语逐渐失去了应有的神圣性、纯洁性，不是被当作"愚蠢""无用"的代名词，就是被看成掩饰邪恶目的的花言巧语。这就必然造成道德批判力的不断弱化，"社会舆论对于各种非道德现象不是因为缺乏道义评判的公度而表现出众口不一的混乱，就是因为道德信念的动摇而表现出没有痛痒感的漠然态度，从而在现实的道德环境中，社会舆论、公众价值评价对道德问题呈现出一种'暧昧'的态度，甚或表现出某种程度的'宽容'和'理解'。如果有一天，真的到了'老鼠过街，无人喊打'的程度，那就无疑会加快老鼠的繁衍速度，甚至过去属于打鼠行列的人，也有可能自己变成老鼠，横行于街市"①。

与法律的强制性作用相比，道德是人们"心内的秩序"，它通过人格自律来建立和维护社会生活的一般秩序，或者说实现社会秩序的生产和再生产。而道德信念、道德权威性的丧失不可避免地使社会秩序沿着恶性循环的线路演化下去，这种情况演化到极端，要么诱发大规模的社会动荡，要么在大众社会中，特别是弱势公众中不断衍生对社会的报复行为，使社会秩序陷入极度混乱。这两种可能情况的发生所导致的社会无序状态，单凭国家暴力机器是无法治理的。

三、若干流行观点的辨析

对于探讨现代社会，特别是我国社会目前道德状况来说，本文属于诊断性的，而非治疗性的。由于目前的道德危机是发生在"我们为什么要遵守道德？"这一根本性的问题上，其根源的深刻性就决定了摆脱这种危机的复杂性，在这方面我们还需要更多的、更为艰苦的思索和摸索。但对于目前学界在讨论中产生出来的一些有代表性的观点或治疗方案，本文是不能同意的。

基于对道德危机的性质的上述分析，本文不能苟同道德制度化、法律化的主张。尽管随着社会生活的不断发展，有时有必要把一些最基本的关乎社会成员的基本权利的道德原则或规范（如反对歧视和虐待妇女、儿童，反对家庭暴力等）生成为法律规范，但这并不意味着通过道德法律化就可以走出当前道德危机的困境。道德和法律都是生成和维系社会秩序的文化机制，而社会秩序的生成和维系不外体现在两个基本的方面：其一，借助社会道德和法律的规范体系进行外部约束，即通常所说的他律；其二，通过人心灵的内在要求，即通常所说的自律。二者中，他律是对人的外部行为的一种限定，要求人们在实现某种目的的活动中必须遵从某种规范，否则其外部行为就将被法律或社会舆论所终止，或者用应得的惩戒抵消其行为的结果。自律则是指个人从自我人格的意义上，把道德视为完善人格的有机构成，从而把道德准则作为自身行为的基本价值取向。从人的活动的角度看，社会秩序无非是

---

① 阎孟伟. 道德信念、道德权威性与人的自由[J]. 教学与研究，2003（11）：22-27.

人的活动的合乎规范性，而"道德的基础是人类精神的自律"①，从这个意义上说，自律较之他律更为重要，这不仅是因为法律条文大多源自道德规范，更因为遵守法律本身就是以道德自律为内在动力的。高度和谐的、秩序良好的社会必然是建立在高度自律的体系中的，而不是建立在高度强制的体系中。

基于同样的看法，本文更反对"道德边缘化"的主张。这种观点认为，现代社会是法治的社会，强调依法治国，重要的是加强法制建设，道德生活则退居为私人领域的事情。如果说，"道德边缘化"是现代社会在其发展中出现的一个事实，那么这个事实恰恰就是道德危机本身的一种表现形式，或者说是我们应当加以避免或克服的事实。但是如果把"道德边缘化"看成是一种主张，那么这种观点在理论上是幼稚的、荒谬的，在实践上是非常有害的、危险的。因为，无论是法律规范还是道德规范都只有在成为人的人格自律的内在要求时才能真正成为生成和维系社会秩序的文化机制。正如美国伦理学家麦金太尔所说："只有那些具有正义德性的人才有可能知道怎样运用法律。"②因此，尽管我们强调现代社会是法治社会，但全面地理解法治是应当把道德自律包含在其中的，片面地迷信法律制度，以为只要有了法制的强制作用就能达到建立和维系良好的社会秩序，是纯属不切实际的"法制乌托邦"。虽然法律可以依靠强大的暴力机器发挥作用，但如果人们只是因为畏惧惩罚才遵守法律，那么在主观上认为有可能逃逸法律制裁的情况下，犯罪随时都有可能发生。何况，在道德信念普遍下降的情况下，又有什么力量可以保证法律的公平、公正的运用？从这个意义上说，强大而有效的法治是建立在道德自律基础上的，道德信念或道德自律既是道德建设的根基，也是法治建设的根基，没有道德根基的法治，不可能是完备的法治。

近年来，学界还流行一种"道德底线论"观点，这种观点用"突破道德底线"来描述我国社会日益恶化的道德状况。应当肯定，"底线论"至少注意到了我国社会道德危机的严重性。但是"道德底线"本身是一个含糊的概念，因为，哪些道德规范属于底线道德，哪些属于非底线道德，并没有明确的界限。而且更为重要的问题是，如果将道德规范划分为底线的和非底线的，就等于默认了有些道德失范是不可原谅的，而有些道德规范则是可以原谅的，

---

① 马克思恩格斯选集：第 1 卷[M]. 北京：人民出版社，1972：15.
② 麦金太尔. 德性之后[M]. 龚群等译. 北京：中国社会科学出版社，1995：15.

或者说，某些道德规范是必须遵守的，而某些道德规范则并非必须遵守，一旦形成这样的观念就势必削弱人们履行道德义务的责任感。

（该文原载于《道德与文明》2006 年第 2 期）

道德权威性：历史界说与现代困惑

　　所谓道德的权威性，主要是指人们在其内心世界中，把遵从道德规范、履行道德义务视为完善自我人格的道德信念和使行为的合乎规范性成为自身生存方式的道德自律性要求。在这个意义上，道德权威性所涉及的主要问题不是"我们应当遵守什么样的道德规范"的问题，而且是"我们为什么一定要遵守道德规范"这一更根本的问题。在现代社会道德领域所发生的问题中，我们不难看出，绝大多数"道德失范"现象并非没有明确的适用的道德规范和法律规范，触犯道德规范的人并非不知道他们的行为会给他人或社会造成危害。这表明，当今的道德失范问题，主要不是道德规范和法律规范不够健全的问题，而是道德信念的淡化、道德"权威性"的衰落和由此引起的道德自律性或道德约束力的下降。

　　道德的权威性根源于人的生存的社会本性，同时又依托于人的信仰而在精神生活领域中获得主观的表达。因此，在不同的民族文化体系中，在社会发展的不同历史阶段上，对于道德的权威性有着不同的文化诠释和历史解答。这些诠释和解答最终都是为强化人们的道德信念，为确立客观的、非个人的道德准则，探询或提供具有终极性、确定性、客观性和统摄性的根据。然而，在现代社会中，这一努力却似乎陷入一种"无所适从"的困惑状态。本文的目的就是要通过简要的历史回顾，梳理有关道德权威性的各种文化界说及其演变的历史脉络，以供关注此问题的学者参考。

一、道德权威性的宇宙论界说

　　对道德的权威性作出宇宙论界说是古代哲学和伦理学说的一个基本特征，这种界说的特点是将道德准则同宇宙本性视为一体，从宇宙法则的永恒性、绝对性中论证道德根据的绝对性、确定性。

在古希腊自然哲学家中，明确地把对宇宙本原的认识运用于界说道德根据的是赫拉克利特和德谟克里特。赫拉克利特视"火"为宇宙的本原，认为"火产生了一切，一切都复归于火，一切都服从命运"①。他把这个"命运"称之为"逻各斯"，强调"命运的本质就是那贯穿宇宙实体的逻各斯"②。逻各斯是统摄宇宙万物的法则，人的活动亦受这个法则的支配，因此"逻各斯"作为人人共有且"顷刻不能离的那个东西"③，体现在人们的道德生活和城邦的法律建构中。德谟克里特则把万物的始基归结为"原子"和"虚空"，用原子在虚空中的必然性运动解释万物的生成与毁灭。由此出发，他认为人的灵魂也是由圆的、光滑的、精细的原子构成，"灵魂就是理性"④。为此，德谟克里特提出，"生活的目的是灵魂的安宁"，也就是说，要过一种理性的生活，这种生活是出于对必然性的服从，而不是出于利己的目的。

与自然哲学家不同，苏格拉底和柏拉图所代表的形而上学的思维路线则是把宇宙的本原归结为某种抽象的精神实体，由此推论道德的绝对性和至上性。苏格拉底不满意自然哲学家对世界本原的理解，认为"他们从来没有想到，把这些东西安排成现在这个样子，正是一种要把它们安排得最好的力量；……他们丝毫不想'好'这种担当一切、包罗一切的力量。然而这正是我最乐意知道的本原"⑤。显然，苏格拉底已经意识到，有关世界的"事实判断"不等于有关世界的"价值判断"，世界之所以如此，不是因为世界是由什么构成的，而是因为存在着一种使世界万物都追求完满性的力量，这个力量就是"好"或"善"，因此，只有"善"才是支配宇宙万物的"本原"。据此，苏格拉底反对道德上的相对主义，他认为现实的、具体的道德行为是相对的，甚至是矛盾的，但"善"本身则是绝对的，不带有任何"恶"的成分，只有达到了对"善"本身的认识，才能真正做出符合道德的行为。苏格拉底的这一思想在柏拉图的哲学中得到了延伸。柏拉图从他的"理念论"出发，把世界分为"理念世界"和"感性世界"两个部分，认为理念的世界是真实

① 北京大学哲学系外国哲学史教研室编译. 古希腊罗马哲学[M]. 北京：商务印书馆，1961：15.
② 北京大学哲学系外国哲学史教研室编译. 古希腊罗马哲学[M]. 北京：商务印书馆，1961：17.
③ 北京大学哲学系外国哲学史教研室编译. 古希腊罗马哲学[M]. 北京：商务印书馆，1961：26.
④ 北京大学哲学系外国哲学史教研室编译. 西方哲学原著选读：上[M]. 北京：商务印书馆，1981：97.
⑤ 北京大学哲学系外国哲学史教研室编译. 西方哲学原著选读：上[M]. 北京：商务印书馆，1981：64.

的、永恒的、完满的世界，而现实的感性世界则是对理念世界的"摹仿"和"分有"。在理念世界中，"善"的理念是最高的实在，真理、正义、美等等都是以善为最终根据的。同样的道理，现实中具体的道德行为之所以为善的，就是因为它分有了善的理念或以绝对的善为根据。亚里士多德就把善理解为实践哲学的最高原则。他说："善是一切活动的目的，人的最高的善是伦理学和政治学的研究对象。"①人的善和幸福是合于德性而生成的，这种德性分为理智德性和伦理德性。理智德性是理智将其发现真理的能力发挥出来，它使人能够把握住人生的至善，而伦理德性则是将至善运用于具体事物而产生的具体的善。生活实践是需要理智的，但仅此而已并不意味着理智的运用都是合理的，都能使人达到最高的幸福，"实践理智力的运用就需要品质德性的在场，否则它一开始就会堕落"②。这就是说，道德要求应当成为实践的永恒准则。

在古希腊哲学中，无论对于自然主义哲学家来说，还是对于形而上学的哲学家来说，道德要么是宇宙本体或宇宙法则的体现，要么它本身就是宇宙的本体或本性，因而它是绝对的、无限的、客观的。人之所以必须遵守道德，就在于人必须使自己的活动与世界的本性或法则保持一致，而不能违反和抗拒无所不在的宇宙法则。况且，人也没有能力与宇宙法则相对抗。这种道德权威性的宇宙论界说始终是西方古代哲学和伦理学的主调。古罗马斯多葛学派的哲学家奥勒留对这一界说作出了清晰的表达："不管宇宙是原子的集合，还是自然界是一个体系，我们首先要肯定，我是自然所统治的一部分；其次，我是在一种方式下和与我同种的其他部分密切关联着。……因此，由于记住我是这种整体的一部分，我就会对一切发生的事情满意。而由于我同与我自己同种的那些部分在一种方式中密切地关联着，我就不会作不合乎人群的事情，而宁愿使自己趋向与我自己的同类的东西，会把我的全部精力放到共同利益上面，而使它离开与共同利益相反的事情。那么，如果这样办，生活就一定过得愉快。"③

① 北京大学哲学系外国哲学史教研室编译. 古希腊罗马哲学[M]. 北京：商务印书馆，1961：316.

② 北京大学哲学系外国哲学史教研室编译. 西方哲学原著选读：上[M]. 北京：商务印书馆，1981：113.

③ 北京大学哲学系外国哲学史教研室编译. 西方哲学原著选读：上[M]. 北京：商务印书馆，1981：449-450.

二、道德权威性的神学论证

在古希腊哲学传统中，理智主义居于主导地位。先哲们对人的理智能力寄予厚望，都希望通过理智的力量发现那支配一切并为我们奠定道德基准的宇宙法则或宇宙本体，由此确立道德的至上性和权威性。然而到了希腊晚期，动荡不安的社会现实却使人的理智能力日益失去往日的辉煌，并受到普遍的怀疑。晚期希腊怀疑论哲学家皮浪干脆把世人无法解脱的社会动荡和世间烦恼归咎于寻找真假、对错的努力，宣布"最高的善就是不作任何判断"。与这种怀疑主义并行的则是以斯多葛学派为代表的宿命主义和神秘主义，主张放弃对财产、权力、地位、荣誉的追求，过一种顺从人的本性和宇宙的普遍本性的生活。对人的理智能力的怀疑、轻视和不信任，以及对宇宙神秘本性的崇拜，致使人们转而力图从人自身之外寻找拯救的力量，并推动理智哲学向宗教哲学转变。

罗马帝国时期的新斯多葛学派的哲学实际上已经是一种准宗教哲学，十分明显地将希腊哲学对世界本体的探讨导向对神灵的崇拜。如斯多葛学派哲学家爱比克泰德说："要相信敬神的本质在于对神形成正确的意见，认为神灵是存在着，并且是公正地、很好地管理着宇宙。"[①]他进而认为，神既是宇宙的根据，也是至善的根据："神是有益的，善也是有益的。那么，似乎神的本质在哪里，善的本质也就在哪里了。那么神的本质是什么呢？——肉体？决不是。土地？名誉？决不是。智慧？知识？健全的理性？当然是的。那么，在这里找到善的本质就没有什么困难了。"[②]

罗马帝国后期，基督教神学终于在精神生活领域占据了统治地位。来自希伯来文化的信仰主义和来自古希腊的理性主义相互融合，衍生出西方理性神学的传统。一切道德说教也就完全被纳入人对上帝的关系中加以解释，希图使适于当时社会秩序需要的道德规则能够借助于这些超自然的力量得到贯彻执行。

基督教神学对于道德权威性的神学论证，不只是颂扬上帝的至善本质，

---

① 北京大学哲学系外国哲学史教研室编译. 古希腊罗马哲学[M]. 北京：商务印书馆，1961：440.
② 北京大学哲学系外国哲学史教研室编译. 西方哲学原著选读：上[M]. 北京：商务印书馆，1981：192.

这对它们来说是不言而喻的，而且还从人的"罪恶"本性出发，论证信仰上帝和皈依宗教的必要性。这就是以"原罪论"为核心的一整套道德观念。教父哲学家奥古斯丁认为，人是有罪恶的本性的，这种罪恶本性的特点在于，"罪恶是丑陋的，我却爱它，我爱堕落，我爱我的缺点，不是爱缺点的根源，而是爱缺点本身"①。人的罪恶本性不仅导致人的堕落，而且是人自身无法克服的，只能通过信仰上帝才能得到解脱。奥古斯丁不否认人的自由意志，但认为人的自由可以使人向善，也可以使人向恶。人类之初本来是可以选择永恒的、神圣的自由，但他们没有选择，而是自由地选择了犯罪。自由被罪恶所胜，人成了自由的奴隶，这不是真正的自由。真正的自由是神的自由。这种自由是舍感性而向善，趋向至善和神，这是快乐的。这种自由受制于上帝对克服物欲的要求，但受制也是快乐。②不难看出，奥古斯丁试图向人们论证，现实的苦难源于人的罪恶本性，因而人自身无法摆脱堕落的趋势，只有通过信仰才能使道德的力量发挥作用。

到了中世纪，基督教的伦理学说在经院哲学的发展中得到了完整的阐释。道德权威性的神学论证通过对上帝存在的论证得到了确认。其中，最具代表性的是托马斯·阿奎那的神学理论体系。托马斯·阿奎那认为，在任何一类现实的事物中，都存在着一个等级系列，即真、善、美的不同等级。既然有一个相比较的等级，必然存在最高的等级，例如必然有最美、最善和最真的东西。这个最高等级是所有等级的规定者，是世界上一切事物得以存在和具有善良以及其他完善性的原因。③上帝是最高的善，是一切具体的善的规定者，因此人的道德行为也必然是以上帝为根据的。在托马斯·阿奎那看来，人同自然物一样，有自然的欲求，人也同动物一样，有感性的欲望，而人不同于自然物和动物的地方就在于人有理智和意志，追求普遍的和最高的善。然而，人的自然欲求和感性欲望虽然可以带来尘世的享受，但也阻碍了人对上帝的接近，"万事万物的最后目的就是上帝。……因此，我们必须把那些特别使人接近上帝的东西作为人的最后目的。上述快乐阻碍了人接近上帝；接近上帝是要通过深思熟虑，上述快乐对于这种接近是很大的阻碍。……它使

---

① 奥古斯丁. 忏悔录[M]. 周世良译. 北京：商务印书馆，1963：30.
② 北京大学哲学系外国哲学史教研室编译. 西方哲学原著选读：上[M]. 北京：商务印书馆，1981：221.
③ 北京大学哲学系外国哲学史教研室编译. 西方哲学原著选读：上[M]. 北京：商务印书馆，1981：263-264.

人脱离理性的事物"①。因此，人的道德行为就是要克服尘世的快乐，依靠自己的理性和意志去接近上帝，道德是理性创造物向着上帝的运动。

总之，道德权威性的神学论证就在于把"神"或"上帝"视为道德的终极根据，认为只有通过信仰神或上帝，才能真正获得道德的力量。我们之所以必须遵守道德，是因为道德是来自上帝的绝对命令，它决定了人的往世、现世和来世，决定了怎样一种生活才是属于人的最高的幸福。

三、道德权威性的人性根据

15、16 世纪以后，随着工商业、科学技术和海外贸易的发展，资本主义生产方式在欧洲封建社会的母体中逐渐孕育生长。商品经济的不断扩大和深化，一步一步地把人从传统的纽带中解脱出来，成为追求自身利益的独立的市场主体。这个发展趋势必然同以贬低人性、轻视人的尘世生活、主张禁欲为特征的基督教道德相抵牾。因此，解除传统宗教的精神枷锁，高扬人性和人的感性生活，寻求个性解放客观上已成为这一时期社会进步的基本要求，并通过著名的文艺复兴运动、宗教改革运动和思想启蒙运动，这种人文主义思潮成为欧洲近代社会精神解放运动的主流。在人文主义思潮的推动下，人们转而力图为道德权威性寻找人性根据。从人性出发阐释道德的永恒根据，必然起之于对人性的假定，而如何界定人的本性，又决定了界说道德根据的不同思路。根据这一点，我们可以将近代欧洲的道德学说，大致区分为三种形态：道德理性主义、道德情感主义和道德功利主义。

1. 道德理性主义

欧洲古代伦理学说，无论是自然哲学，还是形而上学，甚至还包括中世纪的神学，一般都强调人的理性在道德生活中的至高无上性。但它们认为道德原则和道德权威性并不是根源于人的理性，而是根源于普遍的宇宙本性或世界的本体，或者来自某种神秘的超自然力量，人们只是凭借自己的理性来发现这些道德法则，并通过对宇宙或神的敬畏来维护道德的权威性。

与传统的理性主义道德观不同，近代以来的道德理性主义十分明确地把

---

① 北京大学哲学系外国哲学史教研室编译. 西方哲学原著选读：上[M]. 北京：商务印书馆，1981：278.

人的理性视为道德原则的前提和基础，认为普遍的道德法则来自人本身所具有的理性能力。这首先体现在近代"自然法"理论中。所谓"自然法"其实就是在人们长期的共同生活中产生的最基本的道义原则。荷兰法学家、哲学家格劳修斯认为，人和动物的最主要的差别就在于人有要求社会交往的愿望。人的这种本性使得人类要过一种理智的生活，这种理智生活必须遵守的最基本的道义原则就是"自然法"。因此，"自然法是正当的理性准则，他指示任何与我们理性和社会性相一致的行为就是道义上公正的行为；反之，就是道义上罪恶的行为"①。格劳修斯之后，英国经验论哲学家霍布斯和洛克同样把自然法理解为人们必须遵循的最基本的道德准则和衡量是非善恶的标准。这种自然法根源于人的自我保存的本性和人权衡利弊的理性能力。荷兰哲学家斯宾诺莎继承了笛卡尔以来的理性主义传统，从理性主义认识论出发对道德的理性根据进行了论证。他认为，"保存自我的努力乃是德行唯一的基础"②，而人要真正达到自我保存的目的，就必须能够在理性命令的指导下过有道德的生活。因此，"道德的原始基础乃在于遵循理性的指导以保持自己的存在，因此一个不知道自己的人，即是不知道一切道德基础，亦即是不知道任何道德"③。

道德理性主义在德国哲学家康德的道德理论中得到了最完整的论证。康德认为在由人们的实践活动所构成的社会世界中，起作用的就是普遍的道德律。这种普遍的道德律不是来自对经验世界的观察，也不是来自上帝的启示，而是来自人的纯粹理性。为此，他强调，"全部道德概念都先天地坐落在理性之中"，并且导源于理性，不仅来自高度的思辨理性，而且也是来自最普通的理性。既然道德律不是从偶然的经验知识中抽象出来的，因而不能用任何有条件的假言命题来表述，只能呈现为无条件的定言命题，即"绝对命令"："你的行动，应该把行为准则通过你的意志变成普遍的自然律"④。正是由于道德律只能来自人的纯粹理性而不带有任何经验的杂质，它才成为我们的最高实践原则，并赢得尊严。

康德确立这种超验的、绝对的道德律令基于两个前提，其一，人是自由的，自由是人的唯一的自然权利；其二，人是理性的存在物。人的一切行为

---

① 西方法律思想史资料选编[M]. 北京：北京大学出版社，1983：143.
② 斯宾诺莎. 伦理学[M]. 贺麟译. 北京：商务印书馆 1983：173.
③ 斯宾诺莎. 伦理学[M]. 贺麟译. 北京：商务印书馆 1983：196.
④ 康德. 道德形而上学原理[M]. 苗力田译. 上海：上海人民出版社，2012：30.

都是以自身的理性为根据，因而是自由的，既是自由的，就应当而且必须承担道德义务和责任。人的所谓"善良意志"就是无条件地执行道德命令的信念，或者说是根据"义务"而行事的意志。康德确信，"每个有理性东西的意志的观念都是普遍立法意志的观念"①。也就是说，每个人都能够凭借自己的理性发现普遍的道德律。人既然是理性存在物，并且具有依据自己的理性而行动的自由，人就应当为自己立法，并且把被动的"我应该如此行动"变为自觉的"我立意如此行动"。当然，康德并不认为在经验世界中人们能够永远无条件地绝对遵守这一道德律令，由于对感性欲望的追求，人们很难完全按照理性命令行事，因而道德律令对人来说只是一种"应当"。但他认为，尽管在经验世界中我们并不是到处都可以找到完全符合理性命令的事例，道德律令因其产生于我们的纯粹理性，其正确性依然不可怀疑和动摇。

在康德之后，黑格尔同样是把道德原则建立在理性主义的思维框架中。他在《法哲学原理》一书中，把道德和伦理作了区分。他认为，道德和伦理是法的理念（自由意志）的定在，或者说是法的理念现实化的两个不同阶段。道德是主观意志的法，表现为个人在自己的主观精神中自为地追求普遍的原则即善，但却缺乏客观性，即主观追求并不必然地成为人们的现实行为；伦理是法（自由意志）的现实化，即现实化为客观存在的伦理实体（家庭、市民社会和国家）。伦理实体就是由规章制度所构成的伦理共同体，因而具有客观性和现实性。生活在伦理实体中的人们遵守这些规章制度不是仅靠自己的心愿，而是伦理上的必须如此，否则就会遭到伦理实体的排斥。

2. 道德情感主义

与道德理性主义不同，道德情感主义对道德权威性的界说诉诸人的情感和良知。法国启蒙运动时期著名哲学家和政治学家卢梭同样把道德根据归之于人的本性，但他并不认为理性是道德的最终根源。他认为，人天性是自由者，作为自由者，存在两条先于理性的原理，即自爱心和怜悯心。"为了保持我们的生存，我们必须爱自己，我们爱自己胜过爱其他一切东西；从这种情感中将直接产生这样一个结果，我们也同样爱保持我们生存的人。"②自爱心与怜悯心靠良心来调节，而良心是判断人行为是否合乎道德的标准，行为凡是符合良心的即是善，反之就是恶，"我们的良心是万无一失的善恶评判者"。

---

① 康德. 道德形而上学原理[M]. 苗力田译. 上海：上海人民出版社，2012：38.
② 卢梭. 爱弥尔：上[M]. 李平沤译. 北京：商务印书馆，1978：95.

"良心之所以能激励人正是因为存在这样一种根据对自己和同类的双重关系而形成的一系列道德。"①因此，使我们能够确立道德信念、履行道德义务并作出道德评价的力量来自普遍地存在于人性中的道德情感和良知。

英国哲学家休谟较之卢梭更为明确地否认道德的理性根据。他在《人性论》中极力把理性从道德领域中排斥出去，认为道德的根据不是理性而是人的感性，"道德宁可说是被人感觉到的，而不是被人判断出来的"②。善与恶的道德价值不是从快乐和痛苦中推断出来的，而是在人们感觉到愉快和不快的同时就感觉到了善与恶。善或恶就直接涵摄在快乐或痛苦之中，快乐就是善，痛苦就是恶；德与不德归根结蒂是由快与不快的感觉印象决定的。正如美国当代伦理学家麦金太尔所评价的那样，"休谟坚持认为对善恶的判断，除了是赞成或反对的情感表达以外，别无他物；所以，我们就不可能有任何一种外在于这些感情的标准来判断这些感情……能诉诸的最后法庭无非是有善恶感的人的感情，诉诸世俗中人的感情共鸣而已"③。休谟在其《道德原理探究》一书中，虽多少改变了在《人性论》中那种极端的态度，但仍坚持道德根据不在于理性而在于情感。他认为引发我们的行动必须先有一定的倾向，而引起这一倾向的只能是人们的欲求、需要，而不可能是理性，因为一件事即使再合理，如果毫不能引起人们的情感，我们也不会去做。但人的情感各自有别，是否有一种统一的情感标准呢？"道德概念总是包含着某种人类共有的情感，这种情感使相同的对象得到普遍的赞美，并且使得每个人或大部分人对这个对象有一致的看法或决断"。④

3. 道德功利主义

道德功利主义实际上是近代的道德情感主义和传统的道德幸福主义相融合的产物。英国哲学家边沁在其 1789 年出版的《道德和立法原理导论》一书中，阐述了由他创立的功利主义的基本理论。边沁的功利主义包括两个原理，其一是功利原理或最大幸福原理，其二是自利选择原理，即认为一切行为要给予肯定或否定，就看这种行为对人的幸福是增加还是减少。边沁认为，人都是生活在能够引起人的快乐和痛苦的环境中，人的本性是趋利避苦的，因

---

① 卢梭. 爱弥尔：下[M]. 李平沤译. 北京：商务印书馆，1978：417.
② 休谟. 人性论[M]. 关文运译. 北京：商务印书馆，1996：510.
③ 麦金太尔. 德性之后[M]. 龚群译. 北京：中国社会科学出版社，1995：290-291.
④ 休谟. 道德原理探究[M]. 王淑芹译. 北京：中国社会科学出版社，1999：91.

而追求幸福是出于人的天性。社会是由个人构成的，它只是一个假想团体，社会幸福或社会利益只能是个人幸福和个人利益的总和。但是苦乐是人的一种感觉，何以能成为一种客观的适用于一切人的标准呢？边沁认为人性是共同的，都是相同的感官、相同的苦乐感受。人的苦乐感受只有量上的区别，而没有质上的区别，所以每个人对于什么是快乐和痛苦，他自己知道的最清楚，也就是说，个人是幸福的最好判断者。为着自己而去谋取最大的幸福，这是每个有理性的人的目的，所以"自利选择"是人性的自然倾向。人类在进行一切行动时，如果认为对于自己的幸福能有最大的贡献，那么，不管对于其他人的全体幸福有什么样的结果，他都会朝着这个行动方向去努力。

英国哲学家密尔直接继承发展了边沁的功利主义伦理思想，建立了以最大幸福主义为内容的完整系统的功利主义理论体系，并努力避免边沁的功利主义走向极端的个人主义。密尔认为人的本性都是追求幸福的，幸福就是获得快乐和免除痛苦。人的幸福有高级（精神快乐）和低级（感官快乐）之分，人们都愿意而且应该选择高级快乐，放弃低级快乐。他认为，幸福就是一种利益，个人的幸福就是个人的利益，追求幸福的要求使人成为利己的。但在人性中又有一种强大的欲望即社会感情，这种感情使个人想同人类成为一体，不再作损害他人和社会的事情，而要求人们以公共利益为行动的目的。由此，密尔提出，应以增进还是减少社会幸福作为善恶标准，以"最大多数人的最大幸福"为最高的道德标准。

四、道德权威性的现代困惑

从以上对近代欧洲道德理论发展线索的分析中可以看出，无论是道德理性主义，还是道德情感主义和道德功利主义，都试图为道德原则找到永恒不变的、绝对的人性根据。但是，由于对人性的理解不同，或者说对人性的各个侧面各执一端的见解，使上述道德学说各自带有明显的片面性。道德理性主义片面追求理性原则，忽视或贬低道德情感、道德经验的现实性，最终把道德原则、道德信念抽象化，并导向信仰主义，而道德情感主义和道德功利主义则忽视或否认道德原则和道德信念的超验性，使道德原则情感化、功利化，并走向道德的相对主义、主观主义。由此可见，近代以来欧洲哲学家对道德的人性根据的探询并没有找到足以代替宗教伦理的客观的、非个人的道德公准，而是更多地引起了对道德根据的争论。然而确认道德应该具有客观的、绝对的根据这个基本信念并没有丧失，只不过人的感性、理性、快乐、幸福在其现实性上都是有限的，不足以成为道德的最终判据。为此绝大多数受欧洲传统宗教文化深刻影响的哲学家都程度不同地仰仗宗教信仰来为道德的人性根据作出客观的描述。正如麦金太尔所说的那样，在近代哲学中，存在着维护客观的非个人的道德判断的不成功的企图，而且依据标准和为标准提供合理的正当的理由的运动持续地失败，这就是自从启蒙运动的思想家直至功利主义者为道德进行合理论证全部失败的历史时期。这种情况，到了 19 世纪末期，终于导致伦理学思想的重大转折。

从 19 世纪后半期开始，西方资本主义市场经济已经逐步走出自由竞争阶段而向垄断资本主义过渡。垄断资本的不断扩张，使传统的道德情怀、理性精神和宗教意识在具有强大诱惑力的市场利益面前黯然失色，不是被市场的原则所转换，就是被它所取代。尼采的"超人哲学"应运而生，干脆对传统的基督教伦理进行直截了当的批判，宣称基督教道德是一种违反生命特征的罪行。他不无煽动性地提出"上帝死了"，"要重估一切价值"。善恶的标准不过是强弱的对比，强就是善，弱就是恶，强者战胜弱者，就是隐恶扬善。无疑，尼采的"超人道德"所迎合的正是垄断资本雄心勃勃的"强权意识"。

"上帝死了"，这意味着道德意识和道德根据失去了传统的宗教根基，在这种情况下，"重估一切价值"是否可能？19 世纪末 20 世纪初，以英国哲学家摩尔和罗斯等人为代表的直觉主义伦理学对此作出这样的回答："善自身"存在于宇宙中，不依赖于任何经验的事物和人的意识，它是简单的、自明的，不能被分析，也不能被定义，只能靠直觉来把握（摩尔）。道德义务的根据不是社会需要，而是自明的直觉，只有道德直觉是永恒不变的（罗斯）。直觉主义伦理学的这一基本观点，实际上取消了评价道德行为的客观标准，甚至取消了道德评价的可能性，经验的或理性的抑或情感的道德原则成了说不清道不明的东西。麦金太尔对此评价说："客观的非个人的标准已不适用，情感主义的主张已为社会所接受。这是从 20 世纪初直至现在这个当代的历史时期，其开端以直觉主义的出现为代表。在这个时期，普遍性道德已变得不可诠释，善已不可定义了。"①这种情况表明，近代以来，一直占据优势地位的理性主义开始受到普遍的怀疑，就像宗教信仰在文艺复兴时期所遭遇的冲击那样。

---

① 麦金太尔. 德性之后[M]. 龚群译. 北京：中国社会科学出版社，1995：10.

20 世纪前半叶，两次世界大战的爆发，更使人难以相信理性为人类行为建立永恒的道德基准的可能性。"启蒙运动的思想教导人们，人应该相信自己的理性，以引导自己建立正确的伦理规范；人应该信赖自己，他既不需要教会出启示，也不需要权威的启迪，以辨别善恶。……而对人的自主精神和人的理性与日俱增的怀疑，产生了道德上的混乱。人既失去了权威性领导，又失去了理性的指引，结果是接受了相对主义的立场。"①

事实上，宣布"上帝死了"，已经使从人性中寻找道德的绝对根据的努力看上去非常可疑。后现代哲学家福柯指出，上帝被"人"杀死了，但这并没有在世间给人"建立一个稳定的栖息之地"，反而是宣告了"人的终结"。他说："在当今时代，尼采依然是一条漫漫长路的转折点的标志，与其说是上帝的缺失或死亡，不如说是人的终结（那种移置是微妙而不易察觉的，是向同一性形式的退缩，是人的有限性之所以成为人的终结的原因所在）。……既然他杀死了上帝，他就必须为自己的有限性负责。但是既然他通过上帝之死言说、思考和存在，他的谋杀行为本身也必定会死亡。新的神灵、同样的神灵，已经开始掀动未来的波涛，人类行将消失。尼采思想预告了谋杀者的终结，而不是上帝的死亡；或者说预告了随上帝之死而来的人的终结。"②任何个人的存在都是有限的，如果人不能从自身的有限的存在中找到使人成其为人的那种绝对的根据，或者把人性的各个有限的侧面（无论是理性、情感或是功利目的）夸大为人的生存根据，其结果都只能导致道德相对主义的蔓延。

道德上的相对主义不只是一种学术立场或理论观点，它更重要的是这样一种现实：维系我们共同生活秩序的道德实践正在失去不言而喻的公准，失去客观的、非个人的根据，随之而来的无休无止的道德争论和相互矛盾的道德推论，使客观的、确定的道德评价几乎化为乌有。麦金太尔描述了这种道德危机的特征，他说："这一危机体现在三个方面：（1）社会生活中的道德判断的运用，是纯主观的和情感性的；（2）个人的道德立场、道德原则和道德价值的选择，是一种没有客观依据的主观选择；（3）从传统的意义上，德性已经发生了质的改变，并从以往在社会生活中所占据的中心位置退居到生活的边缘。"③这种危机蕴涵着更大的危险性，这就是最终摧毁人们的道德信念，使道德原则丧失其权威性。因此，"当代道德危机是道德权威的危机，人们无

---

① 弗洛姆. 为自己的人[M]. 孙依依译. 北京：生活·读书·新知三联书店，1988：26.
② 汪民安等主编. 人文科学[M]. 杭州：浙江人民出版社，2000：34.
③ 麦金太尔. 德性之后[M]. 龚群译. 北京：中国社会科学出版社，1995：252.

从找到这种合理的权威。而这种权威危机的一个深刻的现代社会根源在于：道德行为者虽然从似乎是传统道德的外在权威（等级、身份等）中解放出来了，但是这种解放的代价是新的自律行为者所表述的任何道德言辞都失去了全部权威性内容。各个道德行为者在获得这种解放以后，可以不受外在神的律法、自然目的论或等级制度等权威的约束来表达自己的主张，但问题在于，其他人为什么应该听从他的意见呢"①？

以上，我们粗线条地描述了有关道德权威性的各种历史界说以及道德权威性在现代社会中所面临的困境。道德是生产社会秩序的文化机制，从这个意义上说，道德主要的不是解释生活世界的规则，而是构造生活世界的规则。所谓社会秩序不过是人的行为的合乎规范性，因此，道德权威性的危机从根本上说就是社会秩序的危机，甚或是人的生存方式的危机，既如此，我们可以听任这种危机的不断深化吗？

（该文原载于《湖北大学学报》2018 年第 3 期，《高等学校文科学术文摘》2018 年第 4 期转载，人大复印资料《伦理学》2018 年第 8 期转载）

---

① 麦金太尔. 德性之后[M]. 龚群译. 北京：中国社会科学出版社，1995：9.

和谐社会呼唤公德

　　中国堪称礼仪制度和道德文化根基深厚的大国，夏商周时期已逐步形成了相当完整的、涵盖伦理关系、国家制度和法律制度的礼仪体系（如夏礼、殷礼和周礼）。春秋战国时期，诸子百家特别是其中的儒家学说，更是围绕传统礼仪制度创立了我国古代的德性理论，并竭力将道德修养内化到个人的人格结构中。东汉以后，儒家学说获得了独尊的政治地位，成为中国封建社会国家意识形态的核心内容。此后，经官方的强力推行和历代儒学家们持续不懈的努力，儒家学说的德性理论深入民心，形成了强有力的道德意识、伦理原则和细致入微的道德规范体系。可以说，在中国漫长的封建社会发展时期，上至王公大臣，下至平头百姓，无不是以这一整套家国一体化的德性理论为依据理解自己的生活规范和行为准则，建立自己的道德信念，强化自己的伦理意识和道德责任感。

　　然而，匪夷所思的是，这样一个重礼仪、讲道德的文明古国在公共生活领域却没有表现出应有的道德风范。在私人关系、私人生活或亲人与熟人群体中，人们甚至可以把道德讲到极致，而一旦涉及公共生活、公共秩序和公共财物，人们的道德意识就突然变得相当淡漠。而且，公众的道德舆论对此也往往表现出十分"宽容"的态度。这不能不使我们对中国传统的德性观念进行彻底的反思或检讨，一个礼仪文化历史悠久、道德意识根深蒂固的大国，其公共生活领域何以是道德意识和道德责任的真空地带？显然，这就是"私德"与"公德"的讨论所要澄清的问题。

一、"公德""私德"之辨

说中国人缺乏公德意识，当然不是说，在中国的传统文化中就从来没有人对公德问题作出过言说和讨论。西汉学者戴圣在《礼记·礼运篇》就托孔子之口发出有关"天下为公"和"天下为家"的感慨：

> 昔者仲尼与于蜡宾。事毕，出游于观之上，喟然而叹。仲尼之叹，盖叹鲁也。言偃在侧，曰："君子何叹？"孔子曰："大道之行也，与三代之英，丘未之逮也，而有志焉。"大道之行也，天下为公。选贤与能，讲信修睦。故人不独亲其亲，不独子其子。使老有所终，壮有所用，幼有所长，矜寡孤独废疾者皆有所养。男人分，女有归。货，恶其弃于地也，不必藏于己；力，恶其不出于身也，不必为己。是故谋闭而不兴，盗窃乱贼而不作。故外户而不闭。是谓大同。今大道既隐，天下为家。各亲其亲，各子其子。货、力为己。大人世及以为礼，城郭沟池以为固，礼义以为纪；以正君臣，以睦兄弟，以和夫妇，以设制度，以立田里，以贤勇智，以功为己。故谋用是作，而兵由此起，禹、汤、文、武、成王、周公由此其选也。此六君子者，未有不谨于礼者也。以著其义，以考其信。著有过，刑仁讲让，示民有常。如有不由此者，在执（势）者去，众以为殃。是谓小康。

这段文字堪称我国古代政治哲学中有关"公德"和"私德"之区分的最为经典的文献。然而，这种"大道之行""天下为公"的公德状态不过是儒家学者对远古社会的一种过于理想化的描述，而"天下为家"倒是对中国传统社会实质性特征的极为准确的把握。简单地说，在中国传统社会中，人们一般是把"国"理解为"家"的延伸或扩大，习惯于从家族伦理关系中直观国家制度，即所谓"家国同构"。这样，国家生活的最基本的政治理念也就是家族关系中最基本的伦理理念，即"孝悌"。后世的"三纲五常"之说，可谓家族伦理关系与国家政治关系一体化的典型表达。由此不可避免地形成"各亲其亲，各子其子，货、力为己"的伦理观念，即所谓"私德"观念。

与中国传统政治文化中的国家观念有所不同，在西方古代社会，至少从古希腊时代开始，国家就是一个公共生活的概念。如柏拉图在《理想国》一书中，就十分明确地把"城邦"亦即"国家"理解为一种公共生活的共同体，并且认为人们之所以组成这样一个共同体，就是因为彼此相互需要。他说："在我看来，之所以要建立一个城邦，是因为我们每一个人不能单靠自己达到自足，我们需要许多东西"，"因此我们每个人为了各种需要，找来各种各样的人。由于需要许多东西，我们邀集许多人住在一起，作为伙伴和助手，这个公共住宅区，我们叫它作城邦"[①]。柏拉图的这个看法很可能代表了希腊人对城邦或国家的一般看法。从这种公共生活的观念出发，西方人自古以来最基本的政治理念就是"正义"或"公正"。因此，西方人的伦理观念自古以来并无"公德"和"私德"的明确划分。在他们看来，尽管在不同的伦理实体中，具体的道德规范不尽相同，但德性只有一种，那就是任何个人，作为公共生活共同体的成员，都不能以侵犯他人的权利和损害公共利益为代价而满足自己的利益，如果自己的行为给他人和公共利益造成了损失，就必须做出相应的赔偿或接受相应的处罚。这种德性，其实也正是西方人根深蒂固的"自然法"所包含的最基本的道义原则。

事实上，在中国漫长的古代社会中，也没有在人们的观念中出现"公德"与"私德"的明确划分。只不过与西方人不同的是，中国人始终是不自觉地在"家天下"的范畴内理解和履行自己的道德责任，而并无完备的公共道德意识。从理论上辨析"公德"与"私德"是近代以后的事情。最先提出这个问题并对之进行深入研究的学者是梁启超。

梁启超在他的《新民说》中对"公德"和"私德"分别作出简要的界定。他说："人人独善其身者谓之私德，人人相善其群者谓之公德。"[②]即每个人仅仅关注自身道德修养的完善就是私德，一种私人的或私人之间的道德；而公德则表现为个人对群体、团体、国家、社会的公共生活的关注。亦即，公德是一种来自公共观念的德性，"所谓公德云者，就其本体言之，谓一团体中人公共之德性也；就其构成此本体之作用言之，谓个人对于本团体公共观念所发之德性也"[③]。基于这个理解，梁启超认为，私德和公德并不是对立的，对于人们正常的社会生活来说，二者不可偏废，"无私德则不能立，合无量数卑污虚伪残忍愚懦之人，无以为国也。无公德则不能团，虽有无量数束身自

① 柏拉图. 理想国[M]. 郭斌和，张竹明译. 北京：商务印书馆，1986：58.
② 梁启超. 梁启超全集：第 2 册[M]. 北京：北京出版社，1997：660.
③ 梁启超. 梁启超全集：第 2 册[M]. 北京：北京出版社，1997：714.

好、廉谨良愿之人，乃无以为国也"①。这就是说，私德是公德的基础，公德是私德的延伸，"夫一私人之所以自处，与一私人之对于他私人，其间必贵有道德者存。此奚待言！虽然，此道德之一部分，而非其全体也。全体者，合公私而兼善之者也。私德公德，本并行不悖者也"②。在梁启超看来，中国传统社会道德理念的最重要的缺陷就是只重私德，不重公德。他不无感慨："今吾中国所以日即衰落者，岂有他哉？束身寡过之善士太多，享权利而不尽义务，人人视其所负于群者如无有焉。人虽多，曾不能为群之利，而反为群之累，夫安得不日蹙也？"③因此，"我国民中无一人视国事如己事者，皆公德之大义未有发明故也"④。然而，由于梁启超把私德理解为公德的基础，在他看来，公德的培育也仅在"一推"，即"公德者私德之推也，知私德而不知公德，所缺者只在一推；蔑私德而谬托公德，则并所以推之具而不存也"⑤。

梁启超对公德的理解虽过于概略，但大致是正确的，而他对私德的理解却未必精准。无论是公德还是私德，作为道德，总是直接或间接地涉及个人与他人、个人与群体、个人与国家或民族的关系的一整套伦理理念和行为规则，所谓"独善其身"者，无非是把这些伦理理念和行为规范内化到自己的人格结构中，使之成为自己的稳定的社会品质。在这个意义上，说"独善其身"而不能"向群"或"利群"，是说不通的。事实上，在中国传统社会的历史中，绝对不乏为国、为民献力、献身的志士仁人，他们可歌可泣的人格精神和伟业丰功依然是不朽的道德典范。至于那些所谓"独善其身"而不能"视国事为己事者"，或是因"不得志"并缺乏与邪恶势力进行抗争的勇气和能力的那种人的精神自慰，或者干脆是伪善者的自我掩饰。梁先生所说的那种"享权利而不尽义务""视其所负于群者如无有焉"的人，根本算不上"束身寡过之善士"，充其量不过是一些道貌岸然的伪君子。

因此，私德的本质不在于是否"向群"或"利群"，而在于所向所利之"群"是哪一种"群"，是"私群"还是"公群"？或者，更为确切地说，这个"群"是被理解为"私群"还是"公群"？笔者认为，所谓"私德"不过是私人之间的道德、私人群体的道德，也就是熟人之间的道德。首先是有血亲关系的

① 梁启超. 梁启超全集：第 2 册[M]. 北京：北京出版社，1997：660.
② 梁启超. 梁启超全集：第 2 册[M]. 北京：北京出版社，1997：661.
③ 梁启超. 梁启超全集：第 2 册[M]. 北京：北京出版社，1997：661.
④ 梁启超. 梁启超全集：第 2 册[M]. 北京：北京出版社，1997：662.
⑤ 梁启超. 梁启超全集：第 2 册[M]. 北京：北京出版社，1997：714.

家庭和家族成员之间的道德，然后可以外推至亲朋好友之间的道德，再外推至相识人之间的道德。私德的外推，在外延上其实并无固定的界限，下至单一家庭，上至民族国家。在以"家国同构"或"天下为家"为特征的中国传统政治社会中，社会伦理和国家制度在很大程度上表现为私德的外推和延伸，即一整套以"孝悌"为核心的伦理制度，其中"三纲五常"便是这种私德体系的结晶。在这种情况下，原本具有公共生活性质的伦理规则也被私德化，因而即便一个人做到了"视国为家""视国事为己事"，也依然没有跃出私德的范畴。中国传统社会的这种典型的家长式的封建专制政治所能培育出的只能是这种私德观念。梁启超先生称"公德者私德之推也，知私德而不知公德，所缺者只在一推"。梁先生说得太轻松了，数千年至今，号称礼仪大邦的中国竟始终未能从私德中推出一个深入人心的公德观念，这绝非"公德大义未有发明"之故。在一个庞大的足以包含民族和国家的私德体系中，无论如何不可能推出公德观念，即便发明出"公德大义"也未必能够得到国人的普遍认同并实行之。正如我们已经看到的，梁先生提出公德和私德问题至今已有半个多世纪了，我国学界围绕公德和私德问题的讨论也有几十年的历程了，然而从国民意识的角度看，公德观念的培育进展不大，国民公德意识仍然较为薄弱。

尽管私德的外推和延伸在外延上没有固定的界限，甚至可以涵盖我们今天称之为"公德"的许多东西。然而，从内涵上说，私德与公德却有明确的界限。私德归根到底是以私人之间的、私人群体的道德为根基的，即便向外延伸，也总是表现为私人群体在观念上的扩展。公德则不同，公德所向所利之群不是"私群"而是"公群"。所谓"公群"，不外就是把社会、国家理解为集结公共利益的公共生活共同体。在这个共同体中，公共利益主要体现在公共秩序、公共财物和公共事业三个方面。由于我们每个人都必然地生活在这种公共生活的共同体中，体现公共利益的公共秩序、公共财物和公共事业，就是我们每个人生存和发展的须臾不可或缺的社会条件。维护公共利益，也就是维护我们每个人生存和发展的社会条件，归根到底也就是维护我们每个人的生存与发展。所以，公德的存在与人们之间是否有血亲关系，是否相互熟识没有关系，它毋宁说是一种"陌生人"之间的道德，是一个公民对公共生活所必须履行的道德责任。从这个意义上说，公德的最低要求或最基本的原则就是不要为一己之私利而损害公共利益。这个要求虽然是最低的和最基本的，但它绝非可以从私德的观念中推演出来。如果不能把国家、社会真正地理解为公共生活的共同体，不能把公共利益理解为每个人生存和发展的条件，并赋予它们以最高的存在价值，那么，无论私德在外延上如何扩张，也绝不会衍生出真正的公德观念。例如，在以"天下为家"为特征的中国传统封建社会中，尽管面对国家生活，必然存在着大量的属于公德的道德规范，但这些规范通常也被从私德意义上加以理解。因为，国家乃是君主的私业，臣民自为君主的子民，在这种外延足够大的家天下中，即便"视国为家"也无非是"家天下"中的"家道德"，而非是真正的"公德"观念。这表明，在中国传统封建专制制度根本就不是一个培育社会公德的社会制度。从这个意义上说，只有把中国改造成一个民主的、开放的、法制的、能够尊重和维护公民的自由平等权利的公民社会，才能培育出真正的"公德"观念来。

二、疏忽公德必然增大社会发展的成本

由于私德观念的本质在于将道德责任局限于亲人、熟人之间，因而私德的延伸也必然出现道德约束力不断递减的倾向。也就是说，具有最亲密关系的群体就自然会具有最强的道德约束力，关系越疏远，道德约束力就越弱。在私德的观念中，亲缘关系或亲密关系群体内部的道德，特别是家庭的和家族的道德始终是第一位，在这个方面，很多人可以把自身的道德义务履行到无可挑剔的程度，而且私德观念中的公众道德舆论也特别看重这个私德范围内的道德，但凡有违家庭伦理的行为，总是会遭到公众的"白眼"或最强烈的道义谴责。但是对于非亲缘关系或亲密关系的群体来说，道德义务观念就变得十分淡漠，公众舆论对此似乎也是漠然相待。至于体现公共利益的公共秩序和公共财物，更不在私德的范围之内，人们可以完全不顾及它，甚至可以任意地侵害它，而不必担心会有多少公共舆论的谴责。我们到处可以看到，家里窗明几净，楼道里却堆满了无用的杂物和脏物；为了栽种自己的花草，不惜破坏公共绿地；为了自己能省点事，就向大马路肆无忌惮地乱泼污水、乱扔垃圾；为了宣泄自己的"游兴"，在旅游胜地的景物上乱刻乱画。至于随地吐痰、闯红灯、跨越交通护栏、随手乱扔果皮烟头、排队夹塞儿、公共场合大声喧哗等更是随处可见，甚至蜚声国外。不少出国旅游的游客，把这些无视公德的"恶习"带到了国外的景地或购物场所，迫使外国管理当局不得不针对中国游客发出令国人感到羞耻的警示。更有甚者，某些人竟然格外喜

欢有意地破坏公共设施、设备，而且这种破坏并不一定就是宣泄自己的某种不满和怨恨，或谋取某种利益，而纯属"找乐"，即从破坏行为中获得一种快感。尤其令人忧虑的是，很多人做起这些事情来，心安理得，毫无歉疚，甚至"理直气壮"，蛮横无理，而公共舆论对此也似乎"习以为常"，即便有所不满也不愿"多管闲事"。

在一个公德意识薄弱的国度内或社区中，其社会管理成本必然高不可堪。行人车辆不遵守交通规则，就必然要不断增大警力来维护交通秩序；在公共场地随意丢弃杂物，就必然需要更多的环卫工人清扫街道；不断地向湖泊河流中肆意地投放垃圾、排放污水，就不得不斥巨资予以疏通清理。再看看那些无人照管的公共厕所、公共花园、管理不善的公共市场（特别是自由市场）、公共电话亭、公共旅游设施等等，只要涉及"公共"二字，几乎难以逃脱被损害的命运。唯一的办法就是不断地花钱为这些不良的生活习惯和行为举止"擦屁股"。此外，在这些不讲公德的行为中往往还包含着许多惨痛的事件（如交通事故），并经常引发诸多的社会矛盾，从而增加了社会管理的难度和风险。可以简单地想象一下，在一个数百万人抑或上千万人的城市中，这些事情总合起来，无疑是一笔巨大的财政负担。而且，在缺乏普遍公德精神的情况下，仅靠花钱是不可能从根本上解决上述问题的。

三、公德的积极内涵与消极内涵

批评私德观念的狭隘性并不是否认私德本身的道德价值。梁启超先生关于私德是公德的基础的观点，也是很有道理的。我们每个人在社会生活中都会形成或大或小的私人圈层或熟人圈层，如家庭、社区、学习或工作单位与团体等等。这种私人圈层或熟人圈层是每个人最直接、最近己的生活世界。在这种私人圈层或熟人圈层中履行道德责任直接关系到个人生存条件的完善化，因而较之"公德"，私德更易于在个人生活中形成并得到遵奉。更为重要的是，私人圈层中的道德修养本身就包含着自我对他人、个体对整体、个人对社会的认同，在一个民主的、法制的公民社会中，这种认同有利于使个人生成履行公共道德的公共责任感。从这个意义上也可以说，私德是培育公德的学校。但问题在于，私德向公德的延伸并不能仅仅依靠个人道德修养的升华，更为重要的是造就出使这种升华能够得以实现的社会条件。因此，并非从私德的观念中可以自然地生长出公德精神来，公德和私德一样需要来自整个社会的培育和引导，尤其在中国这样的私德传统极其深厚的国度内。当代中国，随着市场取向改革的不断深化和扩展，已经走向了普遍法治的公民社会，走向了一个以理性公民为主体的现代社会。而理性公民最基本的特征就是具有普遍的公德精神。

无论是出于个人和社会的道德完善化这一崇高目标，还是出于减少社会发展的成本这一直接的目的，培育公民的公德精神已成为我国社会道德建设的主要内容，甚或当务之急。在这个方面，需要我们对公德的内涵有更为准确的把握。依本人的理解，公德与私德的区别主要不是体现在具体的道德规范上，而是体现在德性精神上。体现尊重、诚信、友好、宽容等精神的道义原则无论对熟人还是对陌生人都是一样的，不能以一己私利损害公共利益，无论对家庭、社会和国家来说都是一样的。公德精神所涉及的是个人与公共生活的关系，所要达到的目标是公共生活的完善化。为了能够有效地培育社会的普遍公民精神，笔者认为，有必要区分公德精神积极内涵和消极内涵。

公德的积极内涵就是指一种以牺牲个人利益来成全公共利益的道德精神，即我们通常所说的公而忘私、大公无私、先公后私等。这无疑是一种包含牺牲精神和奉献精神的最高道德境界。学界大多数学者都倾向于从这个道德境界上理解公德精神。这种公德精神的确具有值得崇尚的高尚性，而且我们也绝不否认现实社会生活中总能产生具有这种高贵品质的道德模范。事实上，在特定的场合、特定的时刻，如地震、洪水，乃至国难当头之时，这种积极的公德精神均能产生出巨大的社会动员力。但是，我们同时也必须清醒地认识到，公民追求自身特殊利益的权利必须受到尊重，并且必须得到国家和法律的保护。如果认为培育公德精神就是要求公民公而忘私、大公无私，不仅是不切实际的抽象议论，而且必然与我国社会主义市场经济发展的客观要求相矛盾。

然而，公德观念除了具有这种积极内涵外，还具有一个更具普遍意义的消极内涵。所谓消极内涵，在道德命题中可以表现为一系列否定性的规则，即"不要……"或"不应当……"。如"不要（不应当）随地吐痰"；"不要（不应当）在公共场合大声喧哗"；"不要（不应当）违反公共秩序"；"不要（不应当）损害公物"；"不要（不应当）排队加塞儿"；等等。显然，公德的消极内涵，无论其囊括多少命题，所表达的只是一个简单的却是最基本的道德原则，即不要因一己私利而损害他人的利益和公共利益。如果再加上一个道德警戒的话，那就是"莫以恶小而为之"。我们最好将此看作一个道德命令。这个道德命令易于理解，如果能够将其内化到自己的人格结构中，使之成为道德自律的基本原则，我们根本无须死记硬背那些道德规范，就能使我们在面对道德选择问题的时候，很容易地从这个道德原则出发推导出我们应该怎样做或不应当怎样做的具体要求。用柏拉图的话说，就是能够从我们的内心中发现秩序。因为，所谓"秩序"，无非就是每个人的行为的合乎规范性。从这一点上看，公德精神的培育同样是某种意义上的"独善其身"。

与积极意义上的公德观念相比，消极意义的公德并不否认每个人追求私利的合法性，而只是对人们追求私利的方式进行道德约束。用我们常说的一句话来说，就是"君子爱财取之有道"。所谓"有道"，就是说一个人固然有追求私利的权利，但他的这个权利的实现不能以妨害他人同样的权利为代价；一个人固然有权最大化地追自己的私人利益，但这不能以侵害公共利益为代价。由此观之，这个看似简单的道德命令，必然有三个不可缺少的观念前提：视国家和社会为公共生活的共同体的观念，人格、权利平等的观念和个人自由的观念。在我国现时期社会进步的过程中迫切需要培育的正是这种消极意义上的公德观念。这种公德观念与现代社会发展的内在逻辑相吻合，体现着市场经济完善化的客观要求，展现着现代文明的基本价值，因而必然具有普遍的适用性。

（该文原载于《道德与文明》2011 年第 3 期）

马克思"个人所有制"思想研究

1997 年，党的十五大报告明确指出："公有制实现形式可以而且应当多样化。一切反映社会化生产规律的经营方式和组织形式都可以大胆利用。要努力寻找能够极大促进生产力发展的公有制实现形式。"从那以后，有关公有制的多种实现形式的探讨，就成为我国学界的主要议题之一。这个议题在理论上的更为深刻的内容就是对马克思"个人所有制"思想的研究。以往在计划经济体制下形成的有关公有制的传统观念通常都把公有制归结为国有制（全民所有制）和集体所有制两种形式，并把国有制看成是公有制的最高形式，一当谈到公有制经济时，人们头脑里更多想到的就是国有制企业和集体所有制经济。在这种情况下，我们不可能而且似乎也没有必要去思考马克思"个人所有制"思想有什么特殊意义或特定内涵。但是，随着改革开放以来社会主义市场经济的深入发展，我国的国民经济体系形成了以公有制经济为主体，多种所有制形式、多种经济成分同时并存、共同发展的结构形态。在这种情况下，我们有必要思考一个重要问题，即社会主义市场经济本身的发展是否能够合乎规律地孕育出公有制经济的新的存在形态？笔者认为，马克思的"个人所有制"思想对于回答这个问题具有重要的启发意义。

一、马克思"个人所有制"思想的概念辨析

"重新建立个人所有制"这一思想是马克思在《资本论》第 1 卷论述"资本主义积累的历史趋势"时明确提出的，他说："从资本主义生产方式产生的资本主义占有方式，从而资本主义的私有制，是对个人的、以自己劳动为基础的私有制的第一个否定。但资本主义生产由于自然过程的必然性，造成了对自身的否定。这是否定的否定。这种否定不是重新建立私有制，而是在资

本主义时代的成就的基础上，也就是说，在协作和对土地及靠劳动本身生产的生产资料的共同占有的基础上，重新建立个人所有制。"①这个思想中的最重要的概念就是"个人所有制"，但马克思本人并没有对这个概念的特定内涵做出更为具体的说明，这就使后人对这个概念的理解充满了疑义。因而我们有必要对这个概念进行理论辨析。有一点可以首先明确。马克思讲的"个人所有制"是通过对资本主义私有制的否定而形成的一种公有制经济形态，而非任何意义上的私有制。马克思也明确地把"个人所有制"表述为"已经以社会生产为基础的资本主义所有制转化为公有制"。我国学界曾有学者把"个人所有制"理解为"人人皆有的私有制"或"以个人私有为基础的均富状态"，这些看法显然都与马克思的思想不相吻合，至少这种在用语上的似是而非混淆或模糊了公有制与私有制的界限，并不能使人们获得清晰明了的认识。

然而，"个人所有制"作为一种公有制的经济形态如何被理解？在这个问题上，国内学界不少学者对之做出一种"二分法"的解释，即把所有制区分为生产资料所有制和生活消费资料所有制两个部分，而个人所有制不是指生产资料个人所有制，而仅仅是指消费资料个人所有制。这一观点主要是源自恩格斯对"个人所有制"的理解。恩格斯是在《反杜林论》中通过对杜林的批判阐述了这一观点。杜林把马克思关于"个人所有制"的设想说成是用黑格尔否定之否定公式构造出来的一种"既是个人的又是社会的所有制"的"混沌世界"。对此，恩格斯反驳说，处于这个"混沌世界"之中的不是马克思，而是杜林自己。他认为，杜林把马克思的这一思想说成是"既是个人的又是社会的所有制"是"令人惊奇地确实说对了"。但恩格斯对此做出的解释是："社会所有制涉及土地和其他生产资料，个人所有制涉及产品，也就是涉及消费品"②，换句话说，"个人所有制"只涉及消费品，而不涉及土地和其他生产资料。本文认为，这个解释并不符合马克思"个人所有制"思想的本义。

所有制当然包含生产资料和消费资料两个方面，但决定所有制性质的仅仅是指生产资料而非消费资料。因为，作为消费品的消费资料一经分配——不管用什么方式——落到个人手中，就必然是只归个人使用的私有物，否则它就毫无用处。这在任何社会、任何生产方式之下都是一样的。如在资本主义生产方式下，工人用自己的工资购买的消费品在所有权上同样是个人所

---

① 马克思恩格斯文集：第5卷[M]．北京：人民出版社，2009：874.
② 马克思恩格斯文集：第9卷[M]．北京：人民出版社，2009：138.

有，而且同样受到私有财产权利法则的保护。因此，如果说"个人所有制"仅仅是指消费品的个人所有制，那么这种个人所有制就谈不上是对资本主义生产方式的否定。

在马克思"个人所有制"思想中内在地包含着这样一种看法，即他认为"个人的、以自己劳动为基础的私有制"是一种前资本主义的个人所有制，或者说，是一种"孤立的单个人的所有制"，即一种以私有制为本质特征的"个人所有制"。这种个人所有制即小私有制，按马克思的理解，已经被资产阶级的私有制、被工业的发展否定了，而通过对资本主义生产方式的否定而建立起来的"个人所有制"是建立在以协作和对土地及靠劳动本身生产的生产资料的共同占有的基础上的个人所有制，即一种以公有制为本质特征的个人所有制，也就是说，"重新建立个人所有制"就是指通过对资本主义生产方式的否定，实现个人所有制从私有制向公有制的过渡。因而，"重新建立个人所有制"必然是以生产资料所有制形式的转变为基本判据，否则"重新建立"这个用语就毫无意义了。马克思在《1861—1863 年经济学手稿》中写道："在大农业中，也像在大工业中一样，这种劳动和对生产条件的所有权不需要事先分离，它们已经在事实上分离了；西斯蒙第为之痛哭的所有权和劳动的这种分离，是生产条件的所有制转化为社会所有制的必要的经过点。如果单个工人作为单独的人要再恢复对生产条件的所有制，那只有将生产力和大规模劳动发展分离开来才有可能。资本家对这种劳动的异己的所有制，只有通过他的所有制改造为非孤立的单个人的所有制，也就是改造为联合起来的、社会的个人的所有制，才可能被消灭。"①在写于 1871 年的《法兰西内战》中，马克思还指出：巴黎公社"是要想把现在主要用作奴役和剥削劳动的手段的生产资料、土地和资本完全变成自由的和联合的劳动的工具，从而使个人所有制成为现实"②。从这两段话中不难看出，马克思的"个人所有制"概念绝不仅仅是指消费资料所有制，而必然是指生产资料所有制，一句话，个人所有制就是生产资料公有制的一种存在形态。

---

① 马克思恩格斯文集：第 8 卷[M]. 北京：人民出版社，2009：368.
② 马克思恩格斯选集：第 3 卷[M]. 北京：人民出版社，1995：459.

二、股份制：通向新的生产方式的"过渡点"

马克思"重新建立个人所有制"的思想并非仅仅是出自对"否定之否定"规律的逻辑演绎，而是出自对资本主义生产方式在较高的发展形态上呈现出的自我否定性的分析。也就是说，"个人所有制"的重新建立是资本主义生产方式或资本主义市场经济本身合乎规律的发展结果。关于这一点，我们可以从马克思在《资本论》第 3 卷中对资本主义信用制度和股份制的论述中获得重要的启发。

马克思认为，资本主义生产方式的发展必然会导致信用制度的形成，而信用制度的形成推动了股份公司的发展。由于股份公司的成立，"生产规模惊人地扩大了，个别资本不可能建立的企业出现了。同时，以前曾经是政府企业的那些企业，变成了社会的企业"①。

在这里，马克思高度关注的是股份公司的产生所带来的资本主义生产方式或生产形式的变化。首先，他认为，股份公司的资本不同于私人资本，它是"建立在社会生产方式的基础上并以生产资料和劳动力的社会集中为前提的资本"，这种资本"直接取得了'社会资本'……的形式"，"社会资本"作为"直接联合起来的个人的资本"与私人资本相对立，与此同时，股份制企业"也表现为'社会企业'而与私人企业相对立"。②由于这两个对立，马克思认为，股份公司的出现意味着"作为私人财产的资本在资本主义生产方式本身范围内的扬弃"，也就是说，股份制的出现意味着在资本主义生产方式本身范围内扬弃了私人资本和私人企业。

其次，在以往的私人企业中，资本家既是资本的所有者，同时也承担掌管资本的运作过程和生产经营过程的实际执行职能，而在股份制企业中，实际执行职能与资本所有权分离，实际执行职能由"单纯的经理"承担，资本所有者则转化为单纯的所有者或"单纯的货币资本家"，他们仅仅收取资本利润，而全部利润仍然只是在利息的形式上成为资本所有权的报酬。其中，"单纯的经理"不是资本的所有者，而是别人的资本的管理人，其薪金不包括在利润之内，而只是某种熟练劳动的工资，亦即一种劳动的价格，同其他劳动

---

① 马克思恩格斯文集：第 7 卷[M]. 北京：人民出版社，2009：494.
② 马克思恩格斯文集：第 7 卷[M]. 北京：人民出版社，2009：495.

的价格一样，受劳动市场的调节。这样一来，资本所有权就同现实再生产过程中的职能完全分离。

最后，由于"在股份公司内，职能已经同资本所有权相分离，因而劳动也已经完全同生产资料的所有权和剩余劳动的所有权相分离"①。这就是说，在股份公司内，生产资料的所有权和剩余劳动的所有权依然掌握在资本所有者手中，但由于职能与资本所有权的分离，股份公司内的社会化生产使"一切在生产中实际进行活动的个人（从经理一直到最后一个短工）"与资本所有权相对立，因而股份公司的产生意味着社会化的生产本身并不需要掌控在资本所有者手中。正如马克思所说，"资本主义生产本身已经使那种完全同资本所有权分离的指挥劳动比比皆是。因此，这种指挥劳动就无须资本家亲自进行了"②，从而"证明资本家作为生产上的执行职能的人员已经成为多余的了，就像资本家自己发展到最成熟时，认为大地主是多余的一样"③。

马克思把职能与资本所有权的分离称之为"资本主义极度发展的"一个结果。这个结果，一方面"是资本再转化为生产者的财产所必需的过渡点"④，另一方面，"这是再生产过程中所有那些直到今天还和资本所有权结合在一起的职能转化为联合起来的生产者的单纯职能，转化为社会职能的过渡点"⑤。在这里，特别应当注意的是，马克思把这两个"过渡点"称之为"必需的过渡点"。就是说，只有经过这两个"过渡点"，也就是只有在资本所有权与社会化的劳动相分离的情况下，只有当再生产过程的执行职能转化为联合起来的生产者的单纯职能或"社会职能"而不是资本所有者的职能时，或者说，只有当社会化的再生产本身不再需要资本家承担生产的执行职能时，才有可能在不破坏再生产过程的前提下消灭资本所有权使之转化为生产者的财产。它表明"在资本主义生产方式内部发展起来的形式竟能够离开并且摆脱它们的对立的、资本主义的性质"⑥。

基于上述分析，马克思认为，股份制度"是在资本主义体系本身的基础上对资本主义的私人产业的扬弃；随着它的扩大和侵入新的生产部门，它也

---

① 马克思恩格斯文集：第7卷[M]．北京：人民出版社，2009：495．
② 马克思恩格斯文集：第7卷[M]．北京：人民出版社，2009：434．
③ 马克思恩格斯文集：第7卷[M]．北京：人民出版社，2009：435．
④ 马克思恩格斯文集：第7卷[M]．北京：人民出版社，2009：495．
⑤ 马克思恩格斯文集：第7卷[M]．北京：人民出版社，2009：495．
⑥ 马克思恩格斯文集：第7卷[M]．北京：人民出版社，2009：435．

在同样的程度上消灭着私人企业"①，因而"这是资本主义生产方式在资本主义生产方式本身范围内的扬弃，因而是一个自行扬弃的矛盾，这个矛盾明显地表现为通向一种新的生产形式的单纯过渡点"②。如果说，对直接生产者的剥夺是资本主义生产方式的出发点和目的，那么随着资本主义生产方式的"极度发展"，这种剥夺已经从直接生产者扩展到中小资本家本身，"而且最后是要剥夺一切个人的生产资料，这些生产资料随着社会生产的发展已不再是私人生产的资料和私人生产的产品，它们只有在联合起来的生产者手中还能是生产资料，因而还能是他们的社会财产，正如它们是他们的社会产品一样"③，"这种财产不再是各个互相分离的生产者的私有财产，而是联合起来的生产者的财产，即直接的社会财产"④。由此可以看出，马克思所设想的以公有制为本质特征的"个人所有制"，即在协作和对土地及靠劳动本身生产的生产资料的共同占有的基础上重新建立的个人所有制只有在资本主义生产"极度发展"所提供的这个"过渡点"上才有可能真正地建立起来。

当然，尽管信用制和股份公司的出现为资本主义生产转向新的与资本主义对立的生产形式提供了必需的过渡点，但这并不意味着资本主义生产方式可以经过这个过渡点而自然自发地过渡到新的生产方式，或者如我国某些学者所想的那样，"资本主义就这样完成了向社会主义的和平过渡"。这里的关键问题是，股份制虽然同生产资料所有制密切相关，但它本身并不是生产资料所有制的存在形式，而是一种资本运作的形式。马克思反复强调，借助信用制度而产生的股份制是"作为私人财产的资本在资本主义生产方式本身范围内的扬弃"，或者说是"资本主义生产方式在资本主义生产方式本身范围内的扬弃"，之所以没有超出资本主义生产方式本身范围，就是因为，股份公司的资本所有权依然掌握在私人手中，只不过由于职能与资本所有权的分离、劳动生产资料所有权的分离，使资本的所有者作为"单纯的货币资本家"不再参与股份公司的生产经营过程，但却分享这个生产经营过程产生出来的全部利润。这个利润"表现为对他人的剩余劳动的单纯占有，这种占有之所以产生，是因为生产资料已经转化为资本，也就是生产资料已经和实际的生产者相异化，生产资料已经作为他人的财产，而与一切在生产中实际进行活动

---

① 马克思恩格斯文集：第 7 卷[M]. 北京：人民出版社，2009：497.
② 马克思恩格斯文集：第 7 卷[M]. 北京：人民出版社，2009：497.
③ 马克思恩格斯文集：第 7 卷[M]. 北京：人民出版社，2009：498.
④ 马克思恩格斯文集：第 7 卷[M]. 北京：人民出版社，2009：495.

的个人（从经理一直到最后一个短工）相对立"①。这就是资本的社会化（社会资本）和生产的社会化与资本所有权之间的尖锐对立。这种对立在资本主义制度范围内通过一系列现象表现出来，如"它再生产出了一种新的金融贵族，一种新的寄生虫，——发起人、创业人和徒有其名的董事；并在创立公司、发行股票和进行股票交易方面再生产出了一整套投机和欺诈活动"②。此外，由于股份公司的资本是"直接联合起来的个人资本"即"社会资本"，因此，"信用为单个资本家或被当做资本家的人，提供在一定界限内绝对支配他人的资本，他人的财产，从而他人的劳动的权利。对社会资本而不是对自己的资本的支配权，使他取得了对社会劳动的支配权"③。这就使得进行投机的批发商人拿着社会的财产，而不是自己的财产进行冒险，并且"因为财产在这里是以股票的形式存在的，所以它的运动和转移就纯粹变成了交易所赌博的结果；在这种赌博中，小鱼为鲨鱼所吞掉，羊为交易所的狼所吞掉"④。这一切表明，"这种向股份形式的转化本身，还是局限在资本主义界限之内；因此，这种转化并没有克服财富作为社会财富的性质和作为私人财富的性质之间的对立，而只是在新的形态上发展了这种对立"⑤。在资本主义生产方式范围内，尽管股份制的产生和发展可以为向新的生产方式转变提供"过渡点"，但这并不意味着资本主义生产方式可以自发地完成这个过渡。关于这一点，我国经济学家卫兴华教授说得很对："马克思绝不会认为，股份公司已使资本主义和平过渡到了社会主义。难道能认为英、美、日等资本主义国家已经通过股份公司和平过渡到社会主义了吗？所谓'资本再转化为生产者的财产'，是指转化为生产劳动者的财产。所谓'再转化'，是指资本原始积累时期剥夺了个体生产者的财产，而股份公司的资本集中和两权分离，是使资本家的资本再转化为生产劳动者的财产的'过渡点'，也可说是阶梯。股份公司的大资本，比起众多分散的小资本来，更容易转化社会主义社会化的公有财产。"⑥

① 马克思恩格斯文集：第 7 卷[M]. 北京：人民出版社，2009：495.
② 马克思恩格斯文集：第 7 卷[M]. 北京：人民出版社，2009：497.
③ 马克思恩格斯文集：第 7 卷[M]. 北京：人民出版社，2009：497-498.
④ 马克思恩格斯文集：第 7 卷[M]. 北京：人民出版社，2009：498-499.
⑤ 马克思恩格斯文集：第 7 卷[M]. 北京：人民出版社，2009：498-499.
⑥ 卫兴华. 关于股份制与重建个人所有制问题研究[J]. 经济学研究，2008（6）：42-48.

三、"工人自己的合作工厂"：扬弃资本与劳动的对立

资本与劳动的分离和对立，是马克思批判资本主义生产方式的基本立足点和前提。在《1844 年经济学哲学手稿》中，马克思明确指出："我们是从国民经济学的各个前提出发的。我们采用了它的语言和它的规律。我们把私有财产，把劳动、资本、土地的互相分离，工资、资本利润、地租的互相分离以及分工、竞争、交换价值概念等等当做前提。"①在《资本论》第 1 卷中，马克思也说道："商品市场的这种两极分化，造成了资本主义生产的基本条件。资本关系以劳动者和劳动实现条件的所有权之间的分离为前提。资本主义生产一旦站稳脚跟，它就不仅保持这种分离，而且以不断扩大的规模再生产这种分离。因此，创造资本关系的过程，只能是劳动者和他的劳动条件的所有权分离的过程，这个过程一方面使社会的生活资料和生产资料转化为资本，另一方面使直接生产者转化为雇佣工人。因此，所谓原始积累只不过是生产者和生产资料分离的历史过程。"②正是由于资本和劳动的分离，或者说，劳动条件的所有权与劳动者的分离，才使得资本所有者能够采用雇佣劳动的方式无偿地占有工人的剩余劳动。这是资本主义生产方式得以存在和发展的全部奥秘的谜底。从这个意义上说，对资本主义生产方式的否定就是要从根本上消灭资本与劳动或者说劳动与劳动条件相分离的状态，就是要使劳动者通过"协作和对土地及靠劳动本身生产的生产资料的共同占有"实现劳动与劳动条件的结合，从而消灭雇佣劳动制，消灭资本主义剥削的根基。这就是马克思所讲的"个人所有制"的实质。

在这方面，马克思在《资本论》第 3 卷有关"工人自己的合作工厂"的论述更具有直接的启发意义。马克思认为："工人自己的合作工厂，是在旧形式内对旧形式打开的第一个缺口，虽然它在自己的实际组织中，当然到处都再生产出并且必然会再生产出现存制度的一切缺点。"③也就是说，工人自己的合作工厂也和股份公司一样是在资本主义生产方式的发展中产生的，但与股份公司不同的是，资本主义股份公司显示出资本所有权与社会生产之间的

---

① 马克思恩格斯文集：第 1 卷[M]. 北京：人民出版社，2009：155.
② 马克思恩格斯文集：第 5 卷[M]. 北京：人民出版社，2009：821-822.
③ 马克思恩格斯文集：第 7 卷[M]. 北京：人民出版社，2009：499.

对立，即资本和劳动的对立，而"工人自己的合作工厂"则表明"资本和劳动之间的对立在这种工厂内已经被扬弃，虽然起初只是在下述形式上被扬弃，即工人作为联合体是他们自己的资本家，也就是说，他们利用生产资料来使他们自己的劳动增殖"①，因而它是在旧形式内对旧形式打开的第一个缺口。在工人自己的合作工厂中形成了联合起来的个人对生产资料的共同占有，工人作为联合体拥有对生产资料的所有权，从而他们才能利用生产资料使他们自己的劳动增殖。这表明，"缺口"就意味着它不仅仅是一个过渡点，而是新的生产方式的萌芽。对此，马克思明确指出："这种工厂表明，在物质生产力和与之相适应的社会生产形式的一定的发展阶段上，一种新的生产方式怎样会自然而然地从一种生产方式中发展并形成起来。"②而这种新的生产方式之所以能够从资本主义生产方式中自然而然地产生，同样是资本主义生产方式"极度发展"的结果，没有从资本主义生产方式中产生的工厂制度，没有从资本主义生产方式中产生的信用制度，合作工厂也不可能发展起来。为此，马克思得出结论："信用制度是资本主义的私人企业逐渐转化为资本主义的股份公司的主要基础，同样，它又是按或大或小的国家规模逐渐扩大合作企业的手段。资本主义的股份企业，也和合作工厂一样，应当被看做是由资本主义生产方式转化为联合的生产方式的过渡形式，只不过在前者那里，对立是消极地扬弃的，而在后者那里，对立是积极地扬弃的。"③

当然，在资本主义生产方式内产生的这种工人自己的合作工厂本身不可能完全摆脱资本主义生产方式的局限，相反在生产和经营的具体运作中依然必须遵从资本主义生产方式的内在逻辑。因而，正如马克思所说："它在自己的实际组织中，当然到处都再生产出并且必然会再生产出现存制度的一切缺点。"④但是，马克思毕竟在这种工人自己的合作工厂中看到了与资本主义私有制、雇佣劳动制相对立的新的生产方式得以产生的可能性，因而他指出，"合作运动是改造以阶级对抗为基础的现代社会的各种力量之一。这个运动的重大功绩在于：它用事实证明了那种专制的、产生赤贫现象的、供劳动附属于资本的现代制度将被共和的、带来繁荣的、自由平等的生产者联合的制

---

① 马克思恩格斯文集：第 7 卷[M]．北京：人民出版社，2009：499.
② 马克思恩格斯文集：第 7 卷[M]．北京：人民出版社，2009：499.
③ 马克思恩格斯文集：第 7 卷[M]．北京：人民出版社，2009：499.
④ 马克思恩格斯文集：第 7 卷[M]．北京：人民出版社，2009：499.

度所代替的可能性"①。工人合作工厂在资本主义生产方式中的产生表明，"工人们不是在口头上，而是用事实证明：大规模的生产，并且是按照现代科学要求进行的生产，在没有利用雇佣工人阶级劳动的雇主阶级参加的条件下是能够进行的；他们证明：为了有效地进行生产，劳动工具不应当被垄断起来作为统治和掠夺工人的工具；雇佣劳动，也像奴隶劳动和农奴劳动一样，只是一种暂时的和低级的形式，它注定要让位于带着兴奋愉快心情自愿进行的联合劳动"②。

由此可见，"工人自己的合作工厂"的出现表明，在资本主义生产方式的"极度发展"必然会合乎逻辑、合乎规律地孕育出最终扬弃资本与劳动的对立、扬弃雇佣劳动制的新的生产方式，即否定资本主义所有制的"个人所有制"。就像历史上资本主义生产方式是在封建主义经济制度的母体中孕育出来的一样，资本主义生产方式同样会在自身的发展中孕育出自身的否定因素。

四、马克思"个人所有制"思想的启示

尽管马克思关于信用制和股份制以及"工人自己的合作工厂"的论述并不直接地构成对"个人所有制"的论证，但却有助于深化我们对"个人所有制"的理解。因为，如果说"个人所有制"对资本主义私有制的否定必然要经过资本主义生产方式的极度发展所提供的那个"所必需的过渡点"，那么我们就完全可以考虑，在我国社会主义基本制度下，随着市场化改革的不断深入和扩展，市场经济本身的发展同样会客观地、合乎规律地产生出从私有经济转向公有制经济的"过渡点"，并在这个过渡点上，通过自觉的制度改革和规范管理，逐渐形成社会主义公有制的一种新的存在形式，即"个人所有制"。

说到这里，为了准确地理解"个人所有制"是公有制的一种新的存在形式，我们有必要分析一下"个人所有制"与国有制或全民所有制的区别。马克思对公有制的一般理解就是"联合起来的个人对生产资料的共同占有"。从这个含义上看，在社会主义条件下，国有制或全民所有制无疑是公有制的一个重要的存在形式。在国有制经济中，资本或生产资料所有权掌握在国家手中，原则上说就是为联合起来的全体社会成员共同占有，生产的目的归根到

① 马克思恩格斯全集：第 16 卷[M]．北京：人民出版社，1964：219．
② 马克思恩格斯选集：第 2 卷[M]．北京：人民出版社，1995：605-606．

底也是为了全民的共同利益。因而国有经济用国家资本取代了私人资本，消灭了少数人占有多数人劳动的剥削关系，改变了劳动者在生产体系中的地位。因而国有制在我国社会主义国民经济体系中的地位举足轻重，做大、做强、做优国有企业也是我国重要的经济发展战略之一。但是，我们也必须看到，国有制是公有制经济的重要形式，但不能将其理解为公有制的唯一存在形式。首先，国有制经济的载体是国有企业，而任何国有企业都是具体的、特定的经济组织，是社会生产得以进行的基本形式。国有企业的资本或生产资料所有权掌握在国家手中，而国家则是全民所有的总代理，因而作为全民所有的国有财产具有不可分割的整体性。按我国 2017 年发布的《企业国有财产监督管理条例》的规定，只有国家或政府才能直接享有所有者的权利，任何个人对于国有企业资产的占有、使用、收益和处分都没有直接的权利。任何个人所拥有的生产资料的所有者身份与他是否参与国有企业的经济过程并无直接的关系，即无论他是否参与到国有企业的生产经营活动中，他在原则上都与他人平等地享有生产资料所有者的身份。这样，个人只是作为劳动者参与到国有企业的经济活动中，劳动是他能够为国有企业生产经营活动提供的唯一生产要素，他在国有企业中的收益也只是与他作为劳动要素的提供者直接相关，即依然仅仅是依靠自身的劳动以工资形式获得收入来源，而与他作为生产资料所有者的身份无直接的关系。在国有企业中，劳动者所创造的剩余劳动直接为国家所占有，并不能由劳动者自己直接支配。当然，在社会主义国家中，劳动者创造的剩余劳动最终还是让全民受益，但劳动者所能享受的最终利益，也与他在国有企业中的劳动无直接关系，而是主要体现在国家对财富的再次分配中。

上述情况表明，国有制经济以全民所有制的形式从总体上扬弃了资本与劳动的对立，但在国有企业内部的经济运作过程中仍然在一定程度上保留了资本与劳动相分离的状态。这不是它的缺点，而是它的特点。因为只有适当地保留这种分离状态，才能保证国有企业的资产不会沦为一部分人的财产而失去全民所有制的性质，也就是保证全体社会成员与生产资料的结合。但也正因为如此，国有制企业的建立并不必然地以否定资本主义生产方式为前提。目前绝大多数资本主义国家都在不同程度上保有一定数量的国有制企业。例如，法国在 1950 年至 1980 年，在金融和工业这些受战后国有化运动影响最直接的产业部门中，政府在总财富中所占的比例都超过了 50%，以至被《21

世纪资本论》的作者托马斯·皮凯蒂称为"没有资本家的资本主义"①。同时，社会主义国有制经济的建立也并不必然地要经过马克思所说的那个从资本主义生产方式向新的社会生产方式转变的"过渡点"。例如，我国的国有制经济最初主要就是通过没收官僚资本主义经济和改造民族资本主义经济的途径而形成的。

今天，在我国社会主义市场经济深入发展的大背景下，探讨"个人所有制"问题实际上就是探讨在马克思所说的"过渡点"上所能形成的公有制的新的存在形式，也就是社会主义市场经济充分发展本身所孕育出来的那种公有制的存在形式。随着市场经济的发展，社会财富也会在个人手中不同程度地积累起来。而当个人试图将积累起来的财富用作资本重新投入到生产或经营活动中，就会有两种可能的路径或方案。一是个人开办企业，这是私营经济产生的一般路径，属于私有制经济范畴；另一个是采取一种个人资本的社会结合方式，实现对生产资料的"共同占有"，在这个路径上就有可能形成马克思所说的"个人所有制"。在这种个人所有制中，消灭了资本与劳动相分离的状态，同时也消灭了少数人通过对私有财产的占有去奴役他人劳动的权力。而且，这种个人资本的社会联合所形成的企业，有可能在生产经营的规模上、质量上、速度上远远高于私人企业，更有可能采用新的科学技术和现代管理方式，因而更具有竞争力，更有能力把个人资本吸收到社会资本中，甚至有可能最终使单纯意义的私有经济失去存在的必要性。因而在个人财富不断增长的情况下，国家应当鼓励探索个人资本的社会结合方式，使个人所有制成为社会主义市场经济的重要力量。

（该文原载于《马克思主义理论学科研究》2019 年第 4 期）

---

① 皮凯蒂. 21 世纪资本论[M]. 巴曙松等译. 北京：中信出版社，2014：138.